说成就成

律师点评大要案

王朝勇　胡忠义　张凌霄　王宝林　杨建军　陆云英
蔡春雷　毛伟　王发旭　刘志民　郑小宁　孙铭 ◎ 主编

西南师范大学出版社
国家一级出版社　全国百佳图书出版单位

图书在版编目(CIP)数据

说成就成：律师点评大要案 / 王朝勇等主编. —重庆：西南师范大学出版社，2018.4
 ISBN 978-7-5621-9181-0

Ⅰ. ①说… Ⅱ. ①王… Ⅲ. ①案例－汇编－中国 Ⅳ. ①D920.5

中国版本图书馆CIP数据核字(2018)第009612号

说成就成：律师点评大要案
SHUOCHENGJIUCHENG：LÜSHI DIANPING DA-YAO'AN

王朝勇等　主编

责任编辑：	应　娟
装帧设计：	元明设计
排　　版：	重庆大雅数码印刷有限公司·张祥
出版发行：	西南师范大学出版社
	地址：重庆市北碚区天生路2号
	邮编：400715　市场营销部电话：023-68868624
	网址：http://www.xscbs.com
经　　销：	新华书店
印　　刷：	重庆升光电力印务有限公司
幅面尺寸：	185mm×260mm
印　　张：	28.25
字　　数：	660千字
版　　次：	2018年5月　第1版
印　　次：	2018年5月　第1次印刷
书　　号：	ISBN 978-7-5621-9181-0

定　　价：128.00元

编委会

主　编： 王朝勇　胡忠义　张凌霄　王宝林
　　　　　杨建军　陆云英　蔡春雷　毛　伟
　　　　　王发旭　刘志民　郑小宁　孙　铭

编　委： 应凌宇　王浩德　闫　硕　严玉莹
　　　　　许崇辉　单子峰　杨泽坤　杨　瑾
　　　　　齐淑慧　陈奎良　陆一凡　武让芳
　　　　　刘绪光　吴修合　张海军　冯现顺
　　　　　蔡绪清　刘清清　孙经纬　马　腾
　　　　　王彬懿　胡裕岭　蔡煜坤　王朝刚
　　　　　朱子智　邓燕丽　朱　丹　薛　琦

作者简介

王朝勇律师

山东人,现为北京市京师律师事务所战略规划与案件指导部(战略部)主任、虚假诉讼法律事务部主任、京师律师学院执行院长、京师青少年法治教育研究中心主任、京师中国企业重大法律事务解决中心副主任、京师疑难案件中心秘书长等。

社会职务:

北京市律师协会刑民交叉法律事务专业委员会委员、北京大学法学院法律硕士研究生兼职导师、清华大学法学院法律硕士专业学位研究生联合导师、国际关系学院硕士研究生实践导师、最高人民法院国家责任研究基地研究员、中国人民大学法治与社会治理研究中心战略发展部主任、中国人民大学虚假诉讼治理研究中心执行主任及研究员、北京航空航天大学法学院基地实践导师、北京师范大学中国企业家刑事风险防控(北京)中心核心成员、环宇中国东盟法律合作(北京)中心第一届理事会理事、环宇中国东盟法律合作(北京)中心企业投资与经济犯罪研究院执行院长、成都理工大学"一带一路与青年发展研究院"专家委员会委员、点睛网律师学院高级培训师、海南仲裁委员会仲裁员、大同仲裁委员会专家(顾问)咨询委员会专家(顾问)、大同仲裁委员会仲裁员。

业务领域及评价:

主要执业领域为民商事法律诉讼、仲裁法律服务、公司法律服务、刑民交叉案件、学校法律顾问、政府法律顾问。在多年的办案过程中其积累了丰富的法律实务经验,运用扎实的理论功底,幽默机智的法庭辩论,为客户争取合法利益的最大化。其诚实、稳重、高效的工作作风深得客户好评。

主要著作:

《说过就过——司法考试通关大全》《说上就上——151个案例实证解析新三板挂牌审核要点》《说赢就赢——虚假诉讼案例指导》《保卫资本——中国企业资本化成长的实战路径》《说成就成——律师点评大要案》《国有资产交易操作与法律实务》《司考宝典》《2007年国家司法考试重点考题历年真题演绎》《2002—2007年国家司法考试历年试题解析》《2007年国家司法考试应试指南论述题高分应试手册》《2008年国家司法考试重点考题命题预测》《2009年国家司法考试卷四高分突破》《司考通系列之〈卷一高分突破〉》《2009年国家司法考试重点考题命题预测——社会主义法治理念考前20题》《2009年国家司法考试重点考题特AB卷》《2009年国家司法考试历年试题汇编及答案解析》《2010年国家司法考试应试指南——社会主义法治理念考前29题、论述题考前40题》《2011年国家司法考试重点考题特AB卷》《2012年国家司法考试卷四高分绝密内参》《中学生法治教育读本》《中华人民共和国新〈预算法〉解读》,《说董就懂》(即将出版)。

发表文章:

《深度解读中小企业法律风险控制》发表于《祖国》(半月刊)法制专刊2014年5月版;《法治中国下的政府法律顾问制度》发表于两岸经贸发展与司法互助第一届学术论文集;《证据视角下的虚假诉讼》发表于中国律师网;《非法证据排除程序研究》发表于《祖国》(半月刊)法制专刊2015年6月版。

社会活动:

2002年以来,每年受邀讲授国家司法考试辅导课程。2016年、2017年在中国政法大学司法考试学院、华旭司考、律智司考、京师律师学院、点睛网等辅导机构讲授卷四考前预测,得到考生一致好评。

法律咨询电话:13720063789,13911652166

法律咨询邮箱:cnlaw365@163.com

作者简介

胡忠义律师

北京市盈科律师事务所党委委员、盈科全球律师联盟主席、盈科全国新闻宣传工作委员会主任、盈科北方区合伙人管理委员会主任联席会议主席、盈科北京合伙人管理委员会主任。

社会职务：

北京化工大学、西藏大学、安徽师范大学、安徽农业大学、北京吉利学院、安徽审计职业学院兼职（客座）教授，中国行为法学会培训与合作中心客座教授，西南政法大学、安徽师范大学、中国传媒大学硕士研究生导师，中国政法大学六年制法学实验班联合培养导师，西北政法大学民事司法改革研究所研究员。

从业经历：

胡忠义律师从事法律教学和司法实务工作已三十年，曾任高等院校法学教师、中级人民法院副庭长等职。担任专职律师后，代理过在基层人民法院及其派出法庭、中级人民法院、高级人民法院、最高人民法院和若干仲裁机构审理的大量复杂、疑难商事纠纷案件和职务犯罪、经济犯罪案件，以及经济行政案件。胡忠义律师现担任国家统计局中国经济景气监测中心、中国统计信息服务中心、国家统计局社情民意调查中心、内蒙古自治区兴安盟行政公署、突泉县人民政府、北京市路政局大兴公路分局、北京市路政局通州公路分局、北京学校后勤事务中心、《统计月报》等多个国家机关、企业事业单位的常年法律顾问。

典型案例：

胡忠义律师代理的邱少云人格权纠纷案入选"2016年推动法治进程十大案件"、最高人民法院名誉权典型案例。

作者简介

张凌霄律师

北京市京师律师事务所主任、负责人、律所管委会成员、"一带一路"法律事务部主任、慈善经济法律事务部主任。

毕业于浙江大学法学院、河北经贸大学国际贸易学院，曾在俄罗斯伊尔库茨克国民经济学院学习，具有法学和经济学双重学历背景，具有经济师资格和证券律师从业资格。

社会职务：

现担任西藏自治区人民政府、中国慈善联合会、中国扶贫志愿服务促进会等十余个国家机关、事业单位、慈善组织的法律顾问；担任北京工美集团有限责任公司等十余家央企的法律顾问。中国SOS儿童村协会监事会主席、成都理工大学"一带一路与青年发展研究院"理事、中国人民大学虚假诉讼治理研究中心研究员。

学术成果：

张凌霄律师在执业的同时还专注于法律理论的研究。

主要著作：2015年，中国法律出版社出版专著《企业"新三板"市场融资操作实务指引（修订）》；2016年，中国发展出版社出版《国有资产交易操作与法律实务》，担任该书顾问；2016年，中国经济出版社出版《说上就上——151个案例实证解析新三板挂牌审核要点》，担任该书顾问。

专业论文：发表《QFII制度引入与我国对策》《保险法告知义务制度研究》等30余篇文章。

媒体专访：

多次接受中央电视台、法制日报、中国网、新华网、凤凰网、今日头条等多家媒体单位的专访报道；接受京华时报、中国经济网、千华网、网易、搜狐网、民主与法制网、新北方网、北京在线、海外网、北晚新视觉、光明网、企业家在线、扬子晚报网、千龙网、大公网、中国新闻网、中华网等多家媒体的采访报道。

业务领域：

张凌霄律师长期专注于公司运作及资本市场的法律实践与研究，在著作权、商标权、金融证券、私募融资、公司法人治理、改制重组、收购兼并、破产清算、新三板、民事诉讼与仲裁、刑事诉讼、企业法律顾问、慈善经济等领域积累了丰富的法律风险防控经验。张凌霄律师主要业务集中在非诉讼领域，在投融资领域具有丰富的经验，并经办了大量案例，如：北京某投资开发股份有限公司IPO首次公开发行股票并上市法律服务案；广东某投资公司股权并购案；国机集团中央级基本建设基金项目案；内蒙古自治区呼伦贝尔商业集团公司并购上市案；北京某公司收购广东某基金公司并购服务案；某集团公司收购山东某公司LNG项目并购案；某央视传媒公司收购某电影公司并购案等。

授课经历：

作为知识型、专家型律师，张凌霄律师具有丰富的授课经历，多次应邀给北京市国资委、中铁建设集团、西门子股份公司、北京工美集团、中国机械工业集团、中粮集团、内蒙古巴彦淖尔市律师协会、北京市东城区教委及下辖学区等多家单位讲课。并受邀作为《点睛网》高级讲师进行"慈善信托法律实务"等的法律讲座。

作者简介

王宝林律师

山西宝翰律师事务所主任、中国法学会会员、最高人民法院国家责任研究基地研究员、中国人民大学虚假诉讼治理研究中心研究员、环宇中国东盟法律合作(北京)中心理事、北京师范大学中国企业家刑事风险防控(北京)中心核心成员、京师公司治理与股权实务研究中心副主任。

社会职务：

山西省人大常委会基层立法联系点(大同大学)研究团队成员、中共大同市委及市委工作部门法律顾问、大同市人大常委会立法咨询专家、大同市人大常委会信访法律咨询专家组成员、大同市人民政府法律专家库成员、大同市法律援助业务指导委员会委员、大同市政协常委会委员、大同市政协社会法制委员会副主任、山西省新的社会阶层人士联谊会理事、山西省律师协会常务理事、大同市工商业联合会(总商会)副会长、大同市新的社会阶层人士联谊会会长、大同市光彩事业理事会理事、民革大同市委会社会和法制工作委员会主任、大同市律师协会副会长、大同市人民检察院特约检察员、大同市中级人民法院特邀调解员、太原仲裁委员会仲裁员、大同仲裁委员会仲裁员、大同市公安局警风警纪监督员、大同市保险纠纷人民调解委员会委员及调解员。

作者简介

杨建军律师

山西宝翰律师事务所律师、党支部书记。曾做过插队知青、工人、公务员（山西省大同市经济委员会办公室主任）、国企高管（山西省大同市吴官屯煤矿副矿长）、资深记者（《山西经济日报》首席记者）。

社会职务：

现为中国法学会会员、最高人民法院国家责任研究基地研究员、中国人民大学虚假诉讼治理研究中心研究员、大同市法律援助业务指导委员会委员。

从业经历：

在大同市经济委员会工作十年以上，从事过企业管理、能源管理、办公室等部门工作，曾任五年以上办公室主任。

在大同市吴官屯煤矿（国有中型企业）任过二年以上副矿长（挂职）。

在《山西经济日报》大同记者站任过十年以上记者站站长、首席记者。

在山西宝翰律师事务所从事执业律师五年以上。在刑事案件方面，曾代理由最高人民法院、山西省高级人民法院、大同市中级人民法院、大同市人民检察院办理的可能判处无期徒刑以上案件40余件，其中包括审查起诉阶段和审判阶段的一审、二审、申请再审案件。在民事案件中，代理过由山西省高级人民法院审理、山西省检察院抗诉案件，大同市中级人民法院审理、大同市检察院民行监督案件等复杂案件，特别是代理的信访案件，当事人权利得到充分的救济，息访息诉。

现为中共大同市委机关刊物《今日大同》法律顾问、大同市人民政府法律顾问、大同一中法律顾问，还担任大同市多家企业的法律顾问。

学习简历：

1982—1985年就读中央广播电视大学首届汉语言文学专业；

2004—2007年参加国家自学考试（山西大学新闻专业）本科学习；

2010年通过国家司法考试，取得"法律职业资格证（A）证"。

发表文章：

《谈调整性法律关系和保护性法律关系》发表于2013年中共大同市委机关刊物《今日大同》第10期；《法律援助升华律师的执业价值》发表于2014年大同市法学会主办的《法治大同》第1—2期；《谈刑事辩护控方证据的应用》发表于2015年全国45家仲裁委员会联合主办的《仲裁信息》第6期；《准确适用最高人民法院关于审理民间借贷案件适用法律若干问题的规定第24条的思考》发表于2016年全国45家仲裁委员会联合主办的《仲裁信息》第1期。

作者简介

陆云英律师

汉族,法律本科,浙江金兰律师事务所律师(主任)。

社会职务:

最高人民法院国家责任研究基地研究员、中国人民大学虚假诉讼治理研究中心研究员、环宇中国东盟法律合作(北京)中心第一届理事会理事、北京师范大学中国企业家刑事风险防控(北京)中心核心成员、北京市京师律师事务所虚假诉讼法律事务部高级顾问、金华市人民政府法律顾问(2009—2015年)、金华市"市民大讲堂"讲师、金华市人民政府法律专家库成员、金华市人大立法咨询专家、金华市律师协会副秘书长、金华市科技园创业导师、金华仲裁委员会仲裁员。

从业经历:

2000年之前曾先后在法院和企业参加工作;2000—2002年兼任兰溪广播电视大学讲师;2001年正式成为执业律师;2008年组建成立浙江金兰律师事务所,系该所的主任。

业务领域:

公司治理结构的设计、公司相关的诉讼;企业法律顾问,企业及企业家的风险防范和化解法律服务;房地产和建筑法律服务;民商事案件的诉讼、仲裁;政府法律顾问服务。

主要业绩:

从事法律工作20余年,律师执业17年。执业期间办理了上千余件民商事、刑事、行政案件;兼任房地产、建筑公司(包括水利、公路、房屋)、工业企业、经营市场企业、银行、电子商务企业、商会的法律顾问;在担任金华市人民政府法律顾问和专家成员期间,起草规范性文件,对县市部门的文件进行合法性审查、参与政府重大事项的谈判讨论、为政府重大事项提供法律建议;2014—2016年赴清华大学、浙江大学学习企业管理课程,并学以致用,帮助多家企业化解困难;曾荣获"浙江省服务中小企业优秀律师"和"金华市优秀律师"荣誉称号;作为仲裁员处理了大量案件。

法律咨询电话:13655899993

法律咨询邮箱:1041524690@qq.com

作者简介

◀

蔡春雷律师

北京市京师律师事务所创始合伙人、朝阳区律协执业纪律与执业调处委员会秘书长、北京市通州区第六届人民代表大会代表、2012—2014年度北京市优秀律师、环宇中国东盟法律合作（北京）中心副主任、海南仲裁委员会仲裁员、中国人民大学虚假诉讼治理研究中心研究员、金蝉投资首席合伙人、雷石投资决策委员会主任、2009年因业绩突出被收录于《中国律师年鉴》。

专业资质：

上市公司独立董事资格、混凝土外加剂工程师、基金从业资格。

专业方向：

金融不良资产处置、私募基金。

从业经历及业绩：

蔡春雷律师现任北京市京师律师事务所创始合伙人、不良资产法律事务部主任。蔡春雷律师综合实力强，具有独特的律师服务能力，善于商务谈判，精于法庭诉讼，是法律筹划专家，尤其在不良资产收购与处置、私募基金、拆迁法律服务、重大民商事案件代理、政府法律顾问、建筑工程与房地产开发服务、宅基地纠纷法律服务领域具有丰富的经验。善于从全局高度预见性的鉴别法律风险，善于运用综合手段解决各种法律纠纷。曾先后担任百余家大、中型企业和政府、事业单位的法律顾问，领域涉及拆迁、投资、建筑工程等；代理过千余宗各类诉讼、非诉讼案件。

蔡春雷律师在成功办理大量复杂、疑难案件的同时，还积极投身司法改革，投身公益事业；曾担任北京市某区人大常委会第一届至第三届内务司法工作委员会委员，现担任北京市通州区第六届人民代表大会代表；于2008年被北京市委评选为"新的社会阶层代表人士"，2009年其事迹被收录至《中国律师年鉴》，2013年被评为"2011—2013年度北京市朝阳区优秀律师"，2014年被评为"2012—2014年度北京市优秀律师"，还获得某区直属机关工作委员会颁发的"年度先进工作者""抗击'非典'先进个人"等荣誉称号；此外，还兼任北京师范大学硕士生联合导师，在执业之余，关心青年的成长，多次应邀到各高校讲授法律实务课程（包括应邀在中国政法大学学术大讲堂、九信资产以"金融不良资产处置十八般武艺"为主题的授课），受到广大师生的一致好评。

主要著作：

《掘金之旅——投资金融不良资产疑难案例精析》《掘金新三板之股权兵法》。

法律咨询电话：13910831822

法律咨询邮箱：1025051826@qq.com

作者简介

毛伟律师

北京市京师律师事务所高级合伙人、资本市场部主任。资深证券律师,对公司、证券业务有深入研究,成功承办数十家公司境内外上市业务。

毕业于中国政法大学、北京大学,获得法学学士和管理学学士学位,中国民主同盟盟员,具有企业法律顾问资格、上市公司独立董事任职资格、军工保密资格。

社会职务:

最高人民法院国家责任研究基地研究员、中国人民大学虚假诉讼治理研究中心研究员、中国阿拉伯交流协会副秘书长、环宇中国东盟法律合作(北京)中心理事、京师中国企业重大法律事务解决中心副主任研究员、点睛网律师学院高级培训师。

业务领域:

主要业务领域为企业法律服务,业务专长为企业改制上市(包括上海、深圳、中国香港、新加坡、北美、伦敦等上市地)、私募及外商投融资、境内外并购重组、金融等法律服务领域。

主要业绩:

主办了成都利君实业股份有限公司(股票代码:002651)主板上市、北京易华录信息技术股份有限公司(股票代码:300212)创业板上市、北京旋极信息技术股份有限公司(股票代码:300324)创业板上市、大明国际有限公司(香港主板上市)等业务。承办了江苏新日电动车股份有限公司(股票代码:603787)主板上市、广东奥飞动漫文化股份有限公司(股票代码:002292)中小板上市、无锡双象超纤材料股份有限公司(股票代码:002395)中小板上市、上海新阳半导体材料股份有限公司(股票代码:300236)创业板上市、广州普邦园林股份有限公司(股票代码:002663)中小板上市、德朗国际有限公司(新加坡上市)等上百家企业的境内外上市(IPO/红筹)、投融资(PE/VC)、企业重组改造、资产重组、股权转让、资产转让等项目。为数十家公司(包括中石化集团)提供国有企业改制、资产重组、新三板、股权交易所的改制及挂牌法律服务。

近两年新三板业绩包括:长春希迈(军工)、武汉永力(军工)、华瑞核安、奥拓福、艾迪尔、天津华彩、北创网联、大连福岛、唐是文化、润丰物业、宏乾科技、天驰新材、中科博润、华熠股份、恒荣汇彬等,尚有十余家正在改制、申报过程中。

主要著作:

《说上就上——151个案例实证解析新三板挂牌审核要点》《说赢就赢——虚假诉讼案例指导》《国有资产交易操作与法律实务》《保卫资本——中国企业资本化成长的实战路径》《新三板操作实务及分析解读》《最新H股香港上市法律实务和案例分析》《创业板上市法律实务》《上市被否企业案例分析(2009年度)》《上市被否企业案例分析(2010—2011年度)》《中国IPO年度评论(2011年度)》。

作者简介

王发旭律师

曾任临江市人民法院刑庭、民二庭庭长,现任北京市京师律师事务所刑事部主任,高级合伙人。

社会职务:

北京大学法学院法律硕士研究生兼职导师、最高人民法院国家责任研究基地研究员、中国人民大学虚假诉讼治理研究中心研究员、北京市律师协会刑民交叉法律事务专业委员会委员、北京师范大学中国企业家犯罪预防研究中心研究员、中国企业重大法律事务解决中心副主任。

从业经历及获得荣誉:

1991年10月—2000年10月,在法院系统工作,历任审判长、庭长,连续多年被评为法院系统先进工作者,多次立功受奖。

业务领域:

重大职务犯罪、经济犯罪辩护。

法律顾问客户:

中国民生银行信用卡中心专项法律顾问;中国民生银行专家律师网首席执行律师;中国和平利用军工技术协会;中国教育电视台;北京中线传媒有限公司;北京国视果实网络科技有限公司;北京欧力普灯饰有限公司;北京相约紫禁城相识服务中心;北京蓝英通达科技有限公司;北京兴昌达博房地产开发有限公司等单位。

主要业绩:

刑事案件业绩: 深圳市梅某被诉合同诈骗1亿元、职务侵占4800万元成功无罪辩护案;唐山市王某等四人被诉诈骗1500万元成功无罪辩护案;大连市孙某被诉诈骗1800余万元成功无罪辩护案;贵阳市姜某被移送审查起诉职务侵占50万元,成功不予起诉辩护案;山东省枣庄市刘传某被控受贿30万元、滥用职权造成损失42万元成功无罪辩护,并取得无罪判决案;山东省张某被控贪污受贿1100余万元无罪辩护案;北京市刘某被诉合同诈骗1亿元无罪辩护案;山西省魏某被诉职务侵占罪成功无罪辩护案;河南省工商局局长张某被诉40万元无罪辩护案;山西吴某被诉贪污700余万元无罪辩护案;大连市姜某涉嫌职务侵占罪,经二审由无期徒刑改判为十年有期徒刑。

民事案件业绩: 浙江省某公司诉广东省某建行3000万元存款纠纷案胜诉;沈阳市某房地产公司申请最高人民检察院2000万元抗诉案胜诉;某大型房地产开发有限公司经法院调解须向刘某支付4.5亿元补偿费,成功改判支付800余万元案;香港特别行政区某公司成功执行深圳市某房地产公司7000余万元案等。

非诉讼业绩:

大连市某信用担保公司与北京市某房地产开发有限公司3.3亿元融资案;代表北京市某地产开发有限公司谈判并挽回损失4600万元案等。

主要著作:

《有效辩护之道——王发旭律师无罪辩护策略案例选》《说赢就赢——虚假诉讼案例指导》。

发表文章:

《公司清算责任主体不尽清算责任应当承担连带赔偿责任之思考》发表于《北京律师》;《有效辩护的关键是什么?——从刘传稳受贿、滥用职权无罪辩护案谈起》发表于《民主与法制》2016年7月第26期;连续6年在《吉林法制报》《审判研究》发表多篇论文。

法律咨询电话:13801082073

法律咨询邮箱:wangfaxu1003@vip.sina.com

作者简介

刘志民律师

现任北京市京师律师事务所高级合伙人、民商事权益法律事务部主任、环宇中国东盟法律合作(北京)中心主任。

社会职务：

环宇中国东盟法律合作(北京)中心企业投资与经济犯罪研究院执行院长、最高人民法院国家责任研究基地研究员、中国人民大学虚假诉讼治理研究中心执行主任及研究员、中国企业重大法律事务解决中心研究员副主任、海南仲裁委员会仲裁员。北京师范大学公共选修课实践导师，国际关系学院研究生院实践导师，哈尔滨工业大学环境与社会研究中心学术委员、法律专家、客座教授，赤峰学院兼职教授，中央电视台特邀嘉宾，法制晚报《法律大讲堂》特约嘉宾，科技部京师咖啡创新空间法律顾问，公安部公共安全行业标准起草工作组法律专家，人民日报海版"中国画强元课题"法律顾问等。

获得荣誉：

2017年被教育部评为全国优秀创新创业导师，2017年被评为中国海南仲裁委员会优秀仲裁员，2017年被评为赤峰市政协经科委调研活动先进个人，2017年被评为北京市京师律师事务所优秀部门主任，2016年被北京师范大学校友会企业家联谊会评为第一届"优秀京师企业家"，2015－2017年连续三年被中共京师律师事务所党总支评为优秀共产党员，2016年经评选获得法制晚报《法律大讲堂》魅力律师奖。

业务领域：

专注于复杂、疑难民商事案件处理、刑事案件有效辩护、企业法律顾问以及独立董事的实践与研究。

主要业绩：

代理的辽宁省周胜喜19年讨债案被评为2016年央视标志性案件；内蒙古自治区张嘉伟5000里广东行凶错抓案，被载入《最高人民检察院关于加强侦查监督、维护司法公正情况的报告》。办理了袁成家、谢艳敏向公安部提起37亿国家赔偿复议案，营口市大石桥抢劫运钞车犯罪嫌疑人李绪义维权案，江西省周运煌涉境内外"百川币"组织领导传销活动罪案，赤峰市五甲万房置业有限公司孙海军涉嫌非法吸收公众存款案，河北省公务员谷增群21年宣告无罪赔偿案，黑龙江省汤兰兰案中被告万某某申诉代理案，山东省张志超校园强奸杀人案最高人民法院指令再审王某某申诉代理案，河北省邢劲松1996年故意杀人案申诉代理，内蒙古自治区天骄公司建设工程施工合同纠纷最高人民法院上诉代理案，某官员贪污案内蒙古自治区高级人民法院再审申诉代理案等一些有社会影响且关注度高的案件。

主要著作：

法律经济类合作著作《保卫资本——中国企业资本化成长的实战路径》，法律诉讼类合作著作《说赢就赢——虚假诉讼案例指导》，考试类合作著作《说过就过——司法考试通关大全》。文学类哲学散文专著《心灵漫步》于2016年9月出版，该书被誉为"中国律师界首部心灵哲学散文集"，新华社、法制网、中国律师、法制晚报、民主与法制、新浪网、凤凰网、人民日报海外网等数十家媒体给予关注报道。

法律咨询电话：13701191418

法律咨询邮箱：liuzhimin1818@163.com

作者简介

郑小宁律师

中共党员，法学硕士。北京市京师律师事务所党总支副书记、执行副主任、职务犯罪法律事务部主任。多次荣获北京市"优秀共产党员""优秀青年律师""优秀刑事辩护律师""优秀法律服务工作者"等称号。

社会职务：

北京市律师协会职务犯罪与预防专业委员会委员、北京市朝阳区律师协会律师权益保障委员会委员、中国人民大学虚假诉讼治理研究中心研究员、北京师范大学中国企业家刑事风险防控（北京）中心执行主任、北京师范大学中国企业家犯罪预防研究中心专家委员会委员、中央财经大学预防金融证券犯罪研究所高级研究员、国际关系学院硕士研究生实践导师、北京航空航天大学硕士研究生实践导师。

业务领域：

从职务犯罪案件的实际情况出发，注重将法学理论与司法实践相结合，致力于重大职务犯罪刑事案件的辩护，同时对职务犯罪的初查体系、案件认定的争论焦点、犯罪的主客观因素以及证据结构进行深入研究；对职务犯罪的审讯控制、侦查流程，以及职务犯罪的风险防控对策进行系统研究，针对不同的职务犯罪类型和特点，为党政机关、国有公司企业、司法机关等特定部门人员的职务犯罪案件辩护及廉政风险点的防控打造个性化的、专业化的法律服务方案。

发表文章：

已发表《论犯罪嫌疑人的权益保障》《法律移植与法律发展》《企业家犯罪的成因和表现以及律师在企业家犯罪辩护中的作用》等优秀论文。

主要业绩：

河北省张某某涉嫌行贿罪案成功辩护，北京铁路运输检察院作出不予起诉决定；北京市陈某涉嫌职务侵占罪案成功辩护，北京市海淀区人民检察院作出不起诉决定；浙江省玉环县某学校党支部书记王某某涉嫌受贿罪案成功辩护；北京市马某涉嫌贪污罪案成功辩护；河北省吕某涉嫌挪用资金罪案成功辩护；河北省某公司董事长吕某某涉嫌挪用资金罪案成功辩护；吉林省杨某涉嫌职务侵占罪案成功辩护；内蒙古自治区某集团公司董事长李某涉嫌私分国有资产罪、单位行贿罪、行贿罪案成功辩护等。

作者简介

孙铭律师

山东人,现为北京市浩东律师事务所高级合伙人、中华全国律师协会会员和北京市律师协会会员、京师律师事务所战略部高级顾问、京师律师事务所虚假诉讼法律事务部高级顾问、京师律师事务所律师学院高级顾问、北京市浩东律师事务所优秀青年资深律师。孙铭律师以维护当事人合法权益最大化为宗旨,细心严谨,勤勉尽责,忠于事实、忠于法律,热心公益,维护公平,促进社会和谐;以扎实的法学理论功底、顽强的拼搏精神和丰富的实战经验,帮助当事人防范法律风险,解决法律实际问题,获得了较好的社会效益;同时,积极为社会弱势群体无偿提供法律帮助,树立了良好的青年律师形象。"予人玫瑰,手有余香。"

社会职务:

最高人民法院国家责任研究基地研究员、中国人民大学虚假诉讼治理研究中心研究员、环宇中国东盟法律合作(北京)中心第一届理事会理事、环宇中国东盟法律合作(北京)中心企业投资与经济犯罪研究院研究员及专家委员会委员。

主要著作:

参与编写《说过就过——司法考试通关大全》《说上就上——151个案例实证解析新三板挂牌审核要点》《说赢就赢——虚假诉讼案例指导》《说成就成——律师点评大要案》《2008年国家司法考试重点考题命题预测》《2009年国家司法考试历年试题汇编及答案解析》《2010年国家司法考试应试指南——社会主义法治理念考前29题、论述题考前40题》《2011年国家司法考试重点考题特AB卷》《司考通系列之〈卷一高分突破〉》《2012年国家司法考试卷四高分绝密内参》《中学生法治教育读本》、《说董就懂》(即将出版)。

发表文章:

《深度解读中小企业法律风险控制》发表于《祖国》(半月刊)法制专刊2014年5月版;《法治中国下的政府法律顾问制度》发表于两岸经贸发展与司法互助第一届学术论文集;《证据视角下的虚假诉讼》发表于中国律师网;《非法证据排除程序研究》发表于《祖国》(半月刊)法制专刊2015年6月版。

序 言

最高人民法院院长周强指出,案例指导制度是最高人民法院根据中央关于司法改革的决策部署,为总结审判经验、加强监督指导、统一法律适用、提高审判质量、维护司法公正而建立的一项具有中国特色的司法制度。通过典型案例发挥司法规范、指导、评价、引领社会价值的重要作用,大力弘扬社会主义法治精神和社会主义核心价值观,增强全民法治意识,倡导良好社会新风。

第一,案例指导制度是中国特色社会主义司法制度的重要组成部分;

第二,案例指导制度在人民法院工作中发挥着重要作用;

第三,以改革创新精神进一步加强案例指导工作。

自2011年12月20日《最高人民法院关于发布第一批指导性案例的通知》发布以来,截至2017年11月24日已经发布到第十七批指导性案例。该通知中指出"要宣传案例指导制度的意义和成效,营造社会各界理解、关心和支持人民法院审判工作的良好氛围"。

最高人民检察院检察长张军曾在全国法院案例工作会议上强调:中国特色的案例指导制度是司法机关为总结司法经验,指导审判工作,统一司法尺度和裁判标准,规范自由裁量权,充分发挥指导性案例作用的一项具有中国特色的司法制度。加强案例指导工作,对公正高效司法,完善社会主义法律体系,宣传社会主义法治,建设公正高效权威的社会主义司法制度,满足人民群众日益增长的司法需求,创新中国特色社会主义审判事业,具有特别重要的意义。开展案例工作,一要坚持政治原则,确保案例工作正确方向;二要坚持法治原则,确保法律统一正确实施；三要坚持统一原则，确保案例工作协调规范；四要坚持服务原则，着力拓展案例指导功能。要大力加强案例工作制度机制建设，重点强化案例工作组织建设、案例编选制度建设、统一案例库建设和案例工作激励机制建设。各级人民法院要高度重视案例的应用工作，以典型、鲜活案例的示范意义，作为贯彻落实中央有关政法工作部署、最高人民法院工作要求的有效抓手，使案例成为监督指导下级法院审判工作的重要方式，展示公正司法的重要窗口，宣传社会主义法治的重要平台，充分发挥人民法院审判工作经典案例的重要作用。

《说成就成——律师点评大要案》中的部分案例由12名律师从最高人民法院公布的第一批至第十七批指导性案例中选出，从案例介绍、争议与问题、案例分析、律师支招、必懂知识点、必知法规的角度对指导性案例进行了点评，并详细分析了实践中应当注意的问题，对律师、学者研究指导性案例，更好办理类似案件具有重大意义。

本书由51篇独立的文章组成，分为六个部分，分别是"刑事案件""民事案件""商事案件""知识产权案件""行政与国家赔偿案件""综合类案件"，主要选取最高人民法院公布的第一批至第十七批指导性案例中的部分案例进行分析，是对最高人民法院发布指导性案例精神的贯彻，有利于律师在法律实务中贯彻法院的审判精神，推动法治的完善。

希望本书的读者能细心琢磨，勤于思考，唯其如此方能有所收获。孔子曰：学而不思则罔，思而不学则殆。诚哉斯言！

俗话说：种瓜得瓜，种豆得豆。拥有和阅读本书，领悟案例指导的精髓，播下成功的种子，必能结出胜利的果实！

选择此书，选择成功！

2018年4月26日于京师律师学院

目 录

第一部分 刑事案件

3　婚恋纠纷引发犯罪,保留死刑但严格控制
13　追逐竞驶,警钟长鸣
17　利用职务便利,骗取土地安置补偿
24　广义解释为他人谋取利益,严厉打击贪污贿赂犯罪
34　单位被以行贿起诉,查明真相还清白
41　交友不慎误入歧路,迷途小伙险被重判
47　拆迁补偿成诈骗,定罪免罚把家还
58　昔日功臣遭诬陷,职务侵占惹非难
67　刑事手段扰经营,合同诈骗惹上身

第二部分 民事案件

79　企业考核规定制定严格,员工权益保障需重视
93　最高额担保须谨慎,贷款到期要担责
101　拍卖行恶意串通买受人,法院判处拍卖行为无效
107　工伤认定纠纷多,劳动者权益需维护
115　居间合同防违约,"跳单"行为要分析
123　违法出借机动车号牌,交通事故责任需连带
131　交通事故摊责任,受害人体质原因不摊责
138　人工授精受争议,子女均有继承权
146　感情破裂诉离婚,共同财产遭转移
154　民以食为天,赔以十为先
163　涉外仲裁执行难,申请期间惹争议
169　联程机票遇延误,下段航程谁负责
175　执行前达成和解协议,原判决效力如何认定
181　保险代位求偿,起诉须注意管辖
190　以房抵债,是担保还是真实的房屋买卖
198　关联交易转移资产,债权人须注重保护
209　人格混同为逃债,连带担责是必然

第三部分 商事案件

219	公司僵局无法破解，法院裁判解散公司
225	高管被撤不服，状告公司维权
232	公司经营者"跑路"的危机化解
239	破产成为债务人保护伞，债权人何去何从
247	赔偿限额通知晓，责任减轻心不慌
254	汽车厂商欲盖弥彰，双倍赔偿自食其果
261	民间借贷成本高，调控资金渡难关
276	民间借贷需谨慎，资金断链有风险
288	网络服务提供须诚信，同行竞争方式要正当

第四部分 知识产权案件

301	专利开发成本高昂，临时保护保驾护航
313	盗用知名企业简称，混淆视听属侵权
322	通用名称不侵权，公众知悉均可用
330	民间艺术绚丽多彩，权利维护不差分毫
343	处理侵权不及时，电商平台需担责
350	专利技术特征划太广，权利保护范围反不清
357	故意仿冒老字号，侵权行为赖不掉
363	外观设计需创新，整体效果判相近

第五部分 行政与国家赔偿案件

373	一审法院未查清事实作审判，上级法院发回重审
380	四年苦读丧失学位，学子母校对簿公堂

第六部分 综合类案件

389	资金占用是红线，企业资本运作避雷区
398	股权代持经常见，法律风险不可控
408	股权质押很严谨，不仔细研究会"吃亏"
419	高息融资有陷阱，非法集资后果重
430	虚构债权兴讼不止，恶意诉讼昭然若揭
440	企业贷款险破产，担保贷款需谨慎

第一部分
刑事案件

婚恋纠纷引发犯罪,保留死刑但严格控制

近年,在刑事司法案件中由婚姻家庭、恋爱关系纠纷引发的故意杀人案件占有很大比重,无论从加害人的人身危险性还是社会危害性上来说,此类纠纷引发的故意杀人犯罪不同于社会上严重危害治安的其他类型的故意杀人犯罪。为贯彻宽严相济的刑事政策,最高人民法院在1999年和2005年分别出台了相关司法解释,要求司法机关在处理因婚恋纠纷引发的故意杀人案件时应综合考虑案件情节,酌情从宽处罚。在相关司法解释的指引下,最高人民法院颁布了《李飞故意杀人案》作为婚恋纠纷类案件的指导性案例。该案例立足于目前我国"保留死刑,但严格控制死刑"的刑事政策要求,同时明确体现了因婚恋纠纷引发的故意杀人致人死亡案件应当慎用死刑的要求。

案例介绍

一、基本案情

2006年4月14日,被告人李飞因犯盗窃罪被判处有期徒刑二年,2008年1月2日刑满释放。2008年4月,经他人介绍,李飞与被害人徐某某(女,殁年26岁)建立恋爱关系。同年8月,二人因经常吵架而分手。8月24日,当地公安机关到李飞的工作单位给李飞建立重点人档案时,其所在单位得知李飞曾因犯罪被判刑一事,并以此为由停止了李飞的工作。李飞认为其被停止工作与徐某某有关。

同年9月12日21时许,被告人李飞拨打徐某某的手机号码,因徐某某外出,其表妹王某某(被害人,时年16岁)接听了李飞打来的电话,并告知李飞,徐某某已外出。后李飞又多次拨打徐某某的手机号码,均未接通。当日23时许,李飞到哈尔滨市呼兰区徐某某开办的"小天使形象设计室"附近,再次拨打徐某某的手机号码,与徐某某在电话中发生争执。后李飞破门进入徐某某在"小天使形象设计室"内的卧室,持室内的铁锤多次击打徐某某的头部,击打徐某某表妹王某某头部、双手数下。稍后,李飞又持铁锤再次击打徐某某、王某某的头部,致徐某某当场死亡、王某某轻伤。为防止在场的"小天使形象设计室"学徒工佟某报警,李飞将徐某某、王某某及佟某的手机带离现场并抛弃,后潜逃。同月23日22时许,李飞到其姑母李某某家中,委托其姑母转告其母亲梁某某送钱。梁某某得知此情后,及时报告公安

机关,并于次日晚协助公安机关将来姑母家取钱的李飞抓获。在本案审理期间,李飞的母亲梁某某代为赔偿被害人亲属4万元。

二、裁判要点

对于因民间矛盾引发的故意杀人案件,被告人犯罪手段残忍,且系累犯,论罪应当判处死刑立即执行,但被告人亲属主动协助公安机关将其抓捕归案,并积极赔偿的,人民法院根据案件具体情节,从尽量化解社会矛盾角度考虑,可以依法判处被告人死刑,缓期二年执行,同时决定限制减刑。

三、裁判结果及裁判理由

黑龙江省哈尔滨市中级人民法院于2009年4月30日以(2009)哈刑二初字第51号刑事判决,认定被告人李飞犯故意杀人罪,判处死刑,剥夺政治权利终身。宣判后,李飞提出上诉。黑龙江省高级人民法院于2009年10月29日以(2009)黑刑三终字第70号刑事裁定,驳回上诉,维持原判,并依法报请最高人民法院核准。最高人民法院根据复核确认的事实和被告人母亲协助抓捕被告人的情况,以(2010)刑五复66820039号刑事裁定,不核准被告人李飞死刑,发回黑龙江省高级人民法院重新审判。黑龙江省高级人民法院经依法重新审理,于2011年5月3日作出(2011)黑刑三终字第63号刑事判决,以故意杀人罪改判被告人李飞死刑,缓期二年执行,剥夺政治权利终身,同时决定对其限制减刑。

黑龙江省高级人民法院经重新审理认为:被告人李飞的行为已构成故意杀人罪,罪行极其严重,论罪应当判处死刑立即执行。本案系因民间矛盾引发的犯罪;案发后,李飞的母亲梁某某在得知李飞杀人后的行踪时,主动、及时到公安机关反映情况,并积极配合公安机关将李飞抓获归案;李飞在公安机关对其进行抓捕时,顺从归案,没有反抗行为,并在归案后始终如实供述自己的犯罪事实,认罪态度好;在本案审理期间,李飞的母亲代为赔偿被害方经济损失;李飞虽系累犯,但此前所犯盗窃罪的情节较轻。综合考虑上述情节,可以对李飞酌情从宽处罚,对其可不判处死刑立即执行。同时,鉴于其故意杀人手段残忍,又系累犯,且被害人亲属不予谅解,故依法判处被告人李飞死刑,缓期二年执行,同时决定对其限制减刑。

争议与问题

如何正确界定婚恋纠纷案件?在被告人同时具有从重和从轻情节时,应当如何量刑?

案例分析

一、婚恋纠纷案件包括婚姻家庭纠纷案件和恋爱纠纷案件

婚恋纠纷案件在刑事司法中具有一定的特殊性,如果不能对什么是婚恋纠纷作出正确

的界定,对于量刑标准的正确使用也就无从谈起。婚姻家庭纠纷是指夫妻或共同生活的家庭成员之间产生的纠纷,产生因素多是情感或财产经济问题。恋爱纠纷是恋人在恋爱过程中由于情感、经济等原因而产生的纠纷。从不同角度来看,婚姻家庭关系与恋爱关系存在较大差异:从形式要件上来看,恋爱关系没有进行婚姻登记;从实质要件上来看,恋爱关系没有双方事实上共同生活的状态。如此一来,处于恋爱关系的当事人不具备受到法律保护的权利义务关系,一旦一方权利受到侵害,往往不能诉诸法律维护自己的合法权利。但是,从刑事案件的表现特点来看,婚姻家庭矛盾和恋爱矛盾在本质上有较多共通之处。首先,从纠纷双方的主体来看,纠纷发生在恋爱者或婚姻家庭成员之中,所以此类纠纷引发的刑事案件导致的社会危害相对局限在一定范围内;其次,从纠纷当事人的过错程度来看,无论是恋爱纠纷还是婚姻家庭纠纷,都是平时累积的情感或经济矛盾爆发导致刑事案件的发生,被害人往往存在一定程度的过错,被害人过错程度的认定标准是二者应当考量的重要因素;最后,纠纷的类型较为相似,都是由情感或经济矛盾的累积引发的暴力或其他不当行为。

婚恋纠纷中的矛盾是矛盾双方相处中因情感、经济方面的摩擦而引发的,矛盾双方有相互的刺激或干扰行为,最终导致危害结果的发生。在这类案件中,被害人即使没有明显的过错,但对矛盾的产生和激化也的确有一定的影响。这种矛盾可能是由一时刺激引发的,也可能是由于矛盾的长期积累,导致加害人在某个时候突然产生犯罪意图,希望通过杀害被害人而得到解脱。另外,在对婚恋纠纷中的矛盾进行分析时,前提是矛盾发生在婚恋纠纷的特定当事人之间,矛盾的发生具有直接性。

二、量刑标准的确立

在婚恋纠纷引发的故意杀人致人死亡的案件中,死刑的适用标准有以下三种情况。(1)对于犯罪情节特别恶劣、犯罪后果特别严重、人身危险性极大的被告人,应当判处死刑立即执行。(2)对于案件中存在法定从轻情节的被告人,可以判处死刑缓期二年执行;如果被告人仅存在法定量刑情节且被害人亲属对于被告人不予谅解的,可以判处死刑缓期二年执行并限制减刑。(3)对于案件中被害人存在过错或者被害人亲属予以谅解的被告人,应当在死刑缓期二年执行以下判处刑罚。

法定从轻情节,是相对于酌定从轻情节而言的。在婚恋纠纷引发的故意杀人案件中,法定从轻情节包括自首和立功,以及在婚恋纠纷案件中占有相当比重的坦白情节。值得注意的是,最高人民法院刑三庭《在审理故意杀人、伤害及黑社会性质组织犯罪案件中切实贯彻宽严相济刑事政策》文件指出,在故意杀人案件中,除犯罪情节特别恶劣,犯罪后果特别严重的,如果被告人存在自首、立功等法定从轻处罚情节,一般不应考虑判处死刑立即执行。所以,在婚恋纠纷案件中,如果被告人存在自首、立功等法定从轻处罚情节时,可以不判处其死刑立即执行。

律师支招

一、激情杀人的认定及行为特征

（一）激情杀人的认定

犯罪心理学认为，"激情"是一种迅猛爆发、激动而短暂的情绪状态，如狂喜、狂怒和绝望等。在刑法理论界，学者们通常将激情杀人归为故意的范畴，与预谋杀人相对应。行为激情并非出于行为人切实的意图，而是基于被害人的挑逗和刺激，使行为人处于一种难以抑制愤怒、冲动的状态之下。在此种状态下，行为人的主观情绪受到了严重影响进而导致其理智被削弱甚至丧失。行为人在认识上和自我控制上都受到了局限，其必然会减弱行为人对自己行为性质和后果的考虑，进而引起突发犯罪。这不同于有预谋的故意杀人行为，前者没有长时间的预谋过程，没有明确的犯罪目的和恶劣的杀人动机，主观恶性、人身危险性、社会危害性等各个方面都相对较小。

（二）激情杀人的行为特征

1.激情杀人的行为源于被害人有严重过错。

2.激情杀人是在一种极度愤懑的情绪下实施的杀害行为。

3.行为人实施的杀人行为在时间上具有当场性，即必须是行为人在被害人的刺激或干扰下当场实施杀害行为。

4.激情杀人犯罪应当仅限制于暴力的范畴之中，如故意伤害罪和故意杀人罪，因为在刑法中只有暴力性犯罪才可能会严重侵害公民的人身权利。

5.自身不良情绪的长期郁积也可能引发行为人的杀人行为，即在被害人的言语或是行为的刺激、挑逗下，行为人将内心长期郁积的情绪在瞬间发泄出来。此时，即使行为人的行为造成了很严重的后果，但其本人也不一定能认识到自身内心深处长期郁积的情绪来源。只有在这种负面情绪累积到了一定程度，超过行为人的忍耐力时，才会在一定时刻突然爆发。

二、激情杀人犯罪成立的必要条件

行为人的杀人行为并非源于自己的事前预谋，而是在被害人的刺激、挑逗下，行为人丧失了理智和行为控制能力而当场杀死被害人。明确"激情"成立的必要条件，可以有效地发挥刑罚的人权保障机能和社会保护机能。纵观世界各大法系的刑事立法，笔者认为激情杀人犯罪成立的必要条件应当有以下四个构成要件：

1.应当将激情犯罪限定在一定的特殊范围内。应将其限制在行为人实施的暴力性犯罪中，如故意伤害罪、故意杀人罪，而不包括财产犯罪。因为，只有在故意伤害罪和故意杀人罪中，行为人才可能在受到被害人挑逗、刺激下处于极度疯狂的状态进而丧失理智实施犯罪行为。暴力性犯罪是侵害公民人身权利最严重的犯罪。

2.起因条件。笔者认为,激情杀人犯罪的主观方面应当从以下三个方面来加以限定。首先,起因必须是源自被害人的严重过错,也就是说该过错导致行为人产生激情而杀死了被害人。这种被害人的严重过错可以是有违社会道德的,也可以是违反法律的,总之一般人难以接受。其次,言语上的挑拨和刺激应当是其严重侮辱了行为人或其近亲属的人格,或是严重危害了行为人或其近亲属的生命健康。最后,该类言语或行为应当具有社会一般群众难以接受、引起丧失理智并因此产生激情的性质。

3.对象条件。激情杀人犯罪是行为人在难以忍受被害人的挑逗或刺激下丧失理智和行为控制能力而当场杀害被害人的犯罪。这里的对象必须严格限定为被害人,而非被害人的近亲属或其他有关联的人。如果行为人在受到挑逗或刺激后,并没有暴力反击挑逗者或刺激者而是针对其近亲属或其他关联人,这则是一种故意伤害或故意杀人犯罪,而非激情犯罪。

4.时间条件。行为人在激愤的情绪下失控杀害被害人,这种状态持续的时间应当受到严格的限制。笔者认为,激情杀人的行为必须在一个较短时间内实施,即及时性。具体来说,是指行为人意识到被害人有侮辱性的言语或暴力行为时当场产生杀人的行为。如果行为人受被害人挑逗或刺激引起的激愤情绪在一段合理时间内得到了缓解,那么在这种状态下的杀人行为就不能被认定为激情杀人。因为,一段合理的时间完全可以缓解行为人内心的激愤情绪,进而意识到自己的行为后果,使自己的行为控制能力并未因激愤而处于严重被削弱甚至丧失的状态。

必懂知识点

一、法定从宽情节

法定从宽情节因其法定性在量刑方面发挥的作用要大于酌定量刑情节。对在故意杀人死刑案件中存在法定从宽情节的,一般不适用死刑缓期二年执行并限制减刑。但也有特殊情况:各法定从宽情节因各自的具体情形不同,对死刑缓期二年执行并限制减刑适用的影响也不同。

(一)自首

2010年,最高人民法院印发的《人民法院量刑指导意见(试行)》(现已失效)对规范自首情节在量刑中的作用作出了具体规定:"对于自首情节,综合考虑投案的动机、时间、方式、罪行轻重、如实供述罪行的程度以及悔罪表现等情况,可以减少基准刑的40%以下;犯罪较轻的,可以减少基准刑的40%以上或者依法免除处罚。"该量刑指导意见虽然不适用于死刑,其规定的量刑比例也无法在死刑案件中进行折合,但是,在该意见中提出的影响自首情节量刑的因素值得借鉴。

第一,自首的动机。动机不是认定是否构成自首的标准,但是自首动机的不同,反映了自首犯悔罪的程度和人身危险性程度的不同,以此为基础对其的改造难度也有所不同,因此决定了对自首犯是否从宽处罚以及从宽处罚幅度的不同。我国的故意杀人罪只在犯罪主观方面区分直接故意杀人和间接故意杀人。从实践中来看,大多是没有预谋的故意杀人,鉴于法治理念的广泛普及和犯罪人犯罪后的悔意,自首行为多是出于悔罪的动机,因此在司法机关的审查期间,大多数犯罪人能够达到主动、如实地供述自己所犯的全部罪行的程度。在现行宽严相济的刑事政策环境下,凡是故意杀人罪中存在法定从轻处罚的自首情节的,都不支持对被告人判处死刑立即执行,但是以自首规避法律处罚的除外。这样的话,对被告人只能选择判处死刑缓期二年执行,并且在排除死刑立即执行的时候已经对自首情节进行过一次评价,所以在决定是否同时对其限制减刑时,需要更多地考虑自首情节之外的其他案件因素。对出于悔罪动机自首的被告人,在决定是否宣告对其限制减刑时,相对因其他动机而自首的被告人而言,更倾向于不限制减刑。

第二,自首的时间。我国刑法对自首的时间幅度的规定非常宽,只要是在犯罪之后、归案之前的即可。但是,实践中从犯罪到归案有时时间范围很长,在不同时间段自首的案例均不在少数,有早有晚,如:有的是犯罪事实和犯罪人均未被发觉前的投案;有的是犯罪事实已被发觉,但犯罪人未被发觉前的投案;有的是犯罪事实或者犯罪人均已被发觉后的投案;有的是作案后立即投案;有的是潜逃很长一段时间后投案。自首时间早,反映出犯罪人意识到其犯罪行为的时间早,产生悔罪态度的时间也早,人身危险性减弱或者是不再持续具有危险性的时间早。另外,对自首时间早的案件,司法机关的时间、经济投入也相对较少。所以,自首时间越早,在量刑时从轻的幅度应当越大。对因故意杀人而自首的被告人来讲,自首时间越早,在死刑执行方式判处上更轻,也就是自首越早,越可能被判处死刑缓期二年执行,并且不被宣告限制减刑。

(二)坦白

法律规定具有坦白情节的从宽量刑幅度有两种,一种是"可以从轻处罚",一种是"可以减轻处罚"。"可以减轻处罚"的前提除了犯罪人要如实供述之外,还需要满足因如实供述自己的罪行而"避免特别严重后果发生"。《人民法院量刑指导意见(试行)》(2010年发布,现已失效)发布于《中华人民共和国刑法修正案(八)》(2011年发布)通过之前,规定"对于被采取强制措施的犯罪嫌疑人、被告人和已宣判的罪犯,如实供述司法机关尚未掌握的罪行,与司法机关已掌握的或者判决确定的罪行属同种罪行的,根据坦白罪行的轻重以及悔罪表现等情况,可以减少基准刑的20%以下"。虽然没有直接表述为"坦白",但其实质是对坦白情节的量刑规定。虽然该意见不适用于死刑案件,但其中提到的几个因素还是具有借鉴意义。比起自首情节,坦白从宽的量刑幅度相对较小,幅度减小的范围应当是自首的下一个档次,在故意杀人死刑案件中应体现为,如果案件的所有其他情节都相同,只有自首与坦白的区别,若是对具有自首情节的被告人判处死刑缓期二年执行,那么对具有坦白情节的被告人就可以考虑判处死刑缓期二年执行并限制减刑。但在故意杀人死刑案件中除了法律规定的两种不同幅度外,具体案件的其他因素也会影响到从宽的幅度。如坦白的时间,犯罪分子在被动归案后坦白时间的早晚和背景的不同不仅说明了犯罪嫌疑人对所犯罪行悔悟的早晚,反映了其人身危险性的不同,还可能直接影响司法资源效益和刑事诉讼效率,因此对量刑的影响也不同。一般来说,越早坦白,说明犯罪嫌疑人认罪、悔罪态度越积极、越真诚、越彻底,对办案机关及时收集证据、及早侦破案件越有帮助,越能节约司法资源,提高司法效率。若到了审判阶段以后才坦白,对于侦破案件所起到的作用不大,不符合坦白制度的本意。因此,刑法将坦白严格限制在侦查和审查起诉阶段的如实供述,对于到审判阶段才如实供述的,不能认定为坦白。在侦查机关侦查时如实供述、在审判阶段又翻供的,不能认定为坦白,但是在一审判决前又能如实供述的,应认定为坦白。

二、酌定从宽情节

(一)被害人过错

被害人在案件中存在过错的可以对被告人从宽处罚,这是典型的酌定从宽情节。对被告人的从宽幅度依据的是被害人的过错程度,分为原生性过错和诱生性过错。以被害人过错形成的原因为标准,被害人原生性过错是指被害人在不受加害人影响的情况下自主产生的过错,诱生性过错是指被害人在加害人的诱发刺激下产生的过错。在被害人的行为存在原生性过错时对被告人从宽处罚的程度比在被害人的行为存在诱生性过错时给予被告人的从宽处罚要大。在故意杀人死刑案件中,被害人存在原生性过错的,一般不应当考虑判处被告人死刑立即执行和死刑缓期二年执行并限制减刑。但如果存在的是诱生性过错,那么结合被告人的其他犯罪情节,不排除对被告人判处死刑立即执行或死刑缓期二年执行并限制减刑。实践中,决定被告人最终刑罚时,除考虑犯罪的性质、情节、后果、被告人的主观恶性、人身危险性等因素外,还要结合宽严相济刑事政策的要求,以达到法律效果和社会效果的统一。因被害人过错引发的犯罪发生在特定的当事人之间,其社会危害性与其他严重危害社会治安和严重影响人民群众安全感的犯罪有区别,一般不判处被告人死刑立即执行或死刑缓期二年执行并限制减刑。

(二)经济赔偿

经济赔偿作为一个酌定情节,在司法实践中认定时应当满足以下三个条件:第一,赔偿数额应当能够达到对犯罪行为造成的损害后果有相当于恢复原状的弥补程度,能够降低已经发生的社会危害性;第二,赔偿行为应当与被告人的主观意愿不冲突,即被告人愿意对被害人及其家属进行经济补偿,能够表明被告人真诚悔罪的态度,体现其人身危险性的降低;第三,赔偿应当能够被被害人或者被害人家属所接受,并取得其谅解,至于谅解的程度不加要求,有的被害人或者家属谅解后表示愿意以书面形式请求审判机关对被告人从轻处罚,有的则达不到这种程度,只表示愿意接受赔偿,至于如何处罚则由审判机关依法判处。以上三个条件应当同时具备,缺一不可。经济赔偿的主要目的是修复民事法律关系,刑事法律关系不能通过赔偿得以修复,也就是说,赔偿损失不是刑事司法的目的。但是通过赔偿使被害方谅解被告人,恢复双方的社会关系,化解双方的矛盾,则是刑事司法的功能之一。

如果赔偿不能同时满足以上三个条件，特别是并未取得被害方的谅解，那么就没能切实达到修复民事法律关系的目的，可以认定被告人具有认罪、悔罪的积极态度，但是不能作为酌定从宽情节给予量刑上的从轻考量。从宽的幅度主要考虑被害方对被告人的态度，如果被害方对被告人表示谅解，原则上应从轻处罚，一般都不考虑判处死刑立即执行和死刑缓期二年执行并限制减刑，这是贯彻宽严相济刑事政策的要求。但是，对于那些严重危害社会治安、严重影响人民群众安全感的案件，犯罪情节特别恶劣、犯罪后果特别严重的案件，以及犯罪分子的主观恶性极深、人身危险性极大的案件，即使被告人积极赔偿，获得了被害方谅解，应当判处死刑的，还是应依法判处死刑缓期二年执行并限制减刑。也就是说，在被告人积极赔偿，被害方又谅解的情形下，要着重考虑犯罪行为的社会危害性以及由此造成的严重社会影响，对量刑社会效果的评价不能仅局限于赔偿和被害方的谅解，否则在社会生活当中就会造成"赔钱减刑"的不良法律效果。

(三)亲属协助抓捕

在故意杀人案中对亲属协助抓捕的情形，要区别对待被告人的主观认罪态度和被告人亲属的态度。前文已经分析过，单纯的被告人亲属协助公安机关抓捕被告人的行为只能反映被告人亲属对被告人犯罪行为的认识，"想让被告人归案并且认罪"只是被告人亲属本人的意思表示，不是被告人对自己的犯罪行为有所悔悟，进而降低自身人身危险性、降低改造难度的表现。但是，被告人亲属的这种"大义灭亲"行为应该得到刑事政策的肯定，所以在司法实践中，对亲属协助抓捕犯故意杀人罪的被告人的情形，一般可以不判处被告人死刑立即执行，而是判处死刑缓期二年执行并限制减刑。

必知法规

◎ 《中华人民共和国刑法》

第十七条 已满十六周岁的人犯罪，应当负刑事责任。

已满十四周岁不满十六周岁的人，犯故意杀人、故意伤害致人重伤或者死亡、强奸、抢劫、贩卖毒品、放火、爆炸、投毒罪的，应当负刑事责任。

已满十四周岁不满十八周岁的人犯罪，应当从轻或者减轻处罚。

因不满十六周岁不予刑事处罚的，责令他的家长或者监护人加以管教；在必要的时候，也可以由政府收容教养。

第二百三十二条 故意杀人的，处死刑、无期徒刑或者十年以上有期徒刑；情节较轻的，处三年以上十年以下有期徒刑。

◎ 《全国人民代表大会常务委员会关于修改〈中华人民共和国人民法院组织法〉的决定》

四、第十三条"死刑案件由最高人民法院判决或者核准。死刑案件的复核程序按照中华人民共和国刑事诉讼法第三编第四章的规定办理。"修改为:"死刑案件除由最高人民法院判决的以外,应当报请最高人民法院核准。杀人、强奸、抢劫、爆炸以及其他严重危害公共安全和社会治安判处死刑的案件的核准权,最高人民法院在必要的时候,得授权省、自治区、直辖市的高级人民法院行使。"

◎ 《最高人民法院关于授权高级人民法院核准部分死刑案件的通知》(1983年发布,现已失效)

根据第六届全国人民代表大会常务委员会第二次会议的决定,修改后的《中华人民共和国人民法院组织法》第十三条规定:"死刑案件除由最高人民法院判决的以外,应当报请最高人民法院核准。杀人、强奸、抢劫、爆炸以及其他严重危害公共安全和社会治安判处死刑的案件的核准权,最高人民法院在必要的时候,得授权省、自治区、直辖市的高级人民法院行使。"

依照上述法律规定,经本院审判委员会第一百七十七次会议讨论决定:在当前严厉打击刑事犯罪活动期间,为了及时严惩严重危害公共安全和社会治安的罪大恶极的刑事犯罪分子,除由本院判决的死刑案件外,各地对反革命案件和贪污等严重经济犯罪案件(包括受贿案件、走私案件、投机倒把案件、贩毒案件、盗运珍贵文物出口案件)判处死刑的,仍应由高级人民法院复核同意后,报本院核准;对杀人、强奸、抢劫、爆炸以及其他严重危害公共安全和社会治安判处死刑的案件的核准权,本院依法授权由各省、自治区、直辖市高级人民法院和解放军军事法院行使。

◎ 《最高人民法院关于办理减刑、假释案件具体应用法律若干问题的规定》(1997年发布,现已失效)

第十二条 根据刑法第八十一条第二款的规定,对累犯以及因杀人、爆炸、抢劫、强奸、绑架等暴力性犯罪中的一罪被判处十年以上有期徒刑、无期徒刑的犯罪分子,不得假释。

◎ 《最高人民法院关于对故意伤害、盗窃等严重破坏社会秩序的犯罪分子能否附加剥夺政治权利问题的批复》

根据刑法第五十六条规定,对于故意杀人、强奸、放火、爆炸、投毒、抢劫等严重破坏社会秩序的犯罪分子,可以附加剥夺政治权利。对故意伤害、盗窃等其他严重破坏社会秩序的犯罪,犯罪分子主观恶性较深、犯罪情节恶劣、罪行严重的,也可以依法附加剥夺政治权利。

◎ 《最高人民法院关于执行刑法中若干问题的初步经验总结》

十一、关于杀人罪与伤害罪的问题

杀人罪是指故意或过失地非法剥夺他人生命的行为,分为故意杀人罪与过失杀人罪两种。伤害罪是指故意或过失地非法损害他人身体健康的行为,分为故意伤害罪与过失重伤罪两种。

(一)如何分清故意杀人罪与故意伤害罪

区别故意杀人罪与故意伤害罪,关键在于区别故意的内容,要看是杀人的故意还是伤害的故意。杀人的故意是指行为人明知自己的行为会发生他人死亡的结果,并且希望或者放任这种结果的发生。伤害的故意是指行为人明知自己的行为会发生损害他人身体健康的结果,并且希望或者放任这种结果的发生。

判断故意的内容,不能单凭犯罪分子的口供或犯罪行为与结果等某一方面的情况,主要是考虑案件的起因和发展过程、犯罪的工具、打击的部位和强度、犯罪的后果、犯罪后的态度,以及作案的时间、地点、环境,犯罪分子与被害人的关系等,以案件的全部事实为根据,综合地进行分析。

在审判实践中,应当注意区分以下几种情况:

1. 间接故意杀人与故意伤害致人死亡的区别。

间接故意杀人主要是犯罪分子对他人死亡结果的发生采取放任的态度,即满不在乎,听之任之。而故意伤害致人死亡,犯罪分子只有伤害的故意,没有杀人的故意。

2. 故意杀人未遂与故意伤害的区别。

故意杀人未遂,犯罪分子具有杀人的故意,只是由于犯罪分子意志以外的原因(如被害人的反抗、他人对被害人的援助和及时抢救等等),而没有发生被害人死亡的结果。故意伤害,指犯罪分子只有伤害的故意,没有杀人的故意。

◎ 《最高人民法院关于死刑缓期执行限制减刑案件审理程序若干问题的规定》

第一条 根据刑法第五十条第二款的规定,对被判处死刑缓期执行的累犯以及因故意杀人、强奸、抢劫、绑架、放火、爆炸、投放危险物质或者有组织的暴力性犯罪被判处死刑缓期执行的犯罪分子,人民法院根据犯罪情节、人身危险性等情况,可以在作出裁判的同时决定对其限制减刑。

追逐竞驶，警钟长鸣

随着经济的飞速发展，机动车的保有量急速上升，醉酒驾车、飙车及交通事故等近年不断引发社会关注。因此，2011年发布的《中华人民共和国刑法修正案（八）》将追逐竞驶的危险驾驶行为纳入规制。最高人民法院也于2014年12月18日发布了指导案例32号《张某某、金某危险驾驶案》，供审判类似案件时参照。

案例介绍

2012年2月3日20时20分许，被告人张某某、金某相约驾驶摩托车出去享受大功率摩托车竞驶的刺激感，约定"陆家浜路、河南南路路口是目的地，谁先到谁就等谁"。随后，张某某驾驶无牌的本田大功率二轮摩托车（经过改装），金某驾驶套牌的雅马哈大功率二轮摩托车（经过改装），从上海市浦东新区乐园路99号车行出发，行至杨高路、巨峰路路口掉头沿杨高路由北向南行驶，经南浦大桥到陆家浜路下桥，后沿河南南路经复兴东路隧道、张杨路回到张某某住所。全程28.5千米，沿途经过多个公交站点、居民小区、学校和大型超市。在行驶途中，二被告人驾车在密集车流中反复并线、曲折穿插、多次闯红灯、大幅度超速行驶。当行驶至陆家浜路、河南南路路口时，张某某、金某遇执勤民警检查，遂驾车沿河南南路经复兴东路隧道、张杨路逃离。其中，在杨高南路浦建路立交（限速60 km/h）张某某行驶速度为115 km/h、金某行驶速度为98 km/h；在南浦大桥桥面（限速60 km/h）张某某行驶速度为108 km/h、金某行驶速度为108 km/h；在南浦大桥陆家浜路引桥下匝道（限速40 km/h）张某某行驶速度大于59 km/h、金某行驶速度大于68 km/h；在复兴东路隧道（限速60 km/h）张某某行驶速度102 km/h、金某行驶速度99 km/h。

2012年2月5日21时许，被告人张某某被抓获到案后，如实供述上述事实，并向公安机关提供被告人金某的手机号码。金某接公安机关电话通知后于2月6日21时许主动投案，并如实供述上述事实。

上海市浦东新区人民法院于2013年1月21日作出（2012）浦刑初字第4245号刑事判决：被告人张某某犯危险驾驶罪，判处拘役四个月，缓刑四个月，并处罚金人民币四千元；被告人金某犯危险驾驶罪，判处拘役三个月，缓刑三个月，并处罚金人民币三千元。宣判后，二被告人均未上诉，判决已发生法律效力。

争议与问题

本案中张某某、金某的行为构成什么犯罪？本案被告人的行为是否属于"情节恶劣"？

案例分析

一、本案中张某某、金某的行为构成什么犯罪

根据《中华人民共和国刑法》第一百三十三条之一第一款的规定，"在道路上驾驶机动车追逐竞驶，情节恶劣的"构成危险驾驶罪。刑法规定的"追逐竞驶"，一般指行为人出于竞技、追求刺激、斗气或者其他动机，二人或二人以上分别驾驶机动车，违反道路交通安全规定，在道路上快速追赶行驶的行为。本案中，从主观驾驶心态上看，二被告人张某某、金某到案后先后供述"心里面想找点享乐和刺激""在道路上穿插、超车""得到心理满足"；在面临红灯时，"刹车不舒服、逢车必超""前方有车就变道曲折行驶再超越"。二被告人的上述供述与相关视听资料相互印证，可以反映出他们追求刺激、炫耀驾驶技能的竞技心理。从客观行为上看，二被告人驾驶超标大功率改装摩托车，为追求速度，多次实施随意变道、闯红灯、大幅超速等严重违章行为。从行驶路线看，二被告人共同自浦东新区乐园路99号出发，至陆家浜路、河南南路路口，约定了竞相行驶的起点和终点。综上，可以认定二被告人的行为属于危险驾驶罪中的"追逐竞驶"。

二、本案被告人的行为是否属于"情节恶劣"

关于本案被告人的行为是否属于"情节恶劣"，应从他们追逐竞驶行为的具体表现、危害程度、造成的危害后果等方面，综合分析其对道路交通秩序、不特定多人生命、财产安全的威胁程度是否"恶劣"。本案中，二被告人追逐竞驶的行为，虽未造成人员伤亡和财产损失，但从以下情形分析，属于危险驾驶罪中的"情节恶劣"：第一，从驾驶的车辆看，二被告人驾驶的系无牌和套牌的大功率改装摩托车；第二，从行驶速度看，总体驾驶速度很快，多处路段超速达50%以上；第三，从驾驶方式看，反复并线、穿插前车、多次闯红灯行驶；第四，从对待执法的态度看，二被告人在民警盘查时驾车逃离；第五，从行驶路段看，途经的杨高路、张杨路、南浦大桥、复兴东路隧道等均系城市主干道，沿途还有多处学校、公交站点、居民小区、大型超市等，不但交通流量较大，而且距离较长，在高速驾驶的刺激心态下和躲避民警盘查的紧张心态下，极易引发重大恶性交通事故。上述行为，给公共交通安全造成一定危险，足以威胁他人生命、财产安全，故可以认定二被告人追逐竞驶的行为属于危险驾驶罪中的"情节恶劣"。

律师支招

机动车驾驶人员出于竞技、追求刺激、斗气或者其他动机，在道路上曲折穿行、快速追赶行驶的，属于《中华人民共和国刑法》第一百三十三条之一规定的"追逐竞驶"。追逐竞驶虽

未造成人员伤亡或财产损失,但综合考虑超过限速、闯红灯、强行超车、抗拒交通执法等严重违反道路交通安全法的行为,足以威胁他人生命、财产安全的,属于危险驾驶罪中"情节恶劣"的情形。

危险驾驶罪是刑法所有犯罪中唯一一个刑罚在有期徒刑以下的犯罪。

1.追逐竞驶,情节恶劣的

(1)该行为不要求发生在公共道路(公路)上,只需要发生在道路上(如在校园内、大型厂矿内的道路上)即可。

(2)该犯罪是抽象的危险犯,以高速或危险驾驶(醉酒驾车)为前提,不要求出现具体的危害结果,反之缓慢驾驶行为不可能构成危险驾驶罪。

(3)在没有其他车辆与行人的荒野道路上追逐竞驶的行为,不构成危险驾驶罪。

2.在道路上醉酒驾驶机动车

车辆驾驶人员血液中的酒精含量大于或等于 80 mg/100 ml 的属于醉酒驾驶。

(1)本罪也是抽象的危险犯,不需要司法人员具体判断醉酒行为是否具有公共危险。在没有其他车辆与行人的荒野道路上醉酒驾驶机动车的,不具有抽象的危险,不应以危险驾驶罪论处。

(2)醉酒驾驶属于故意犯罪,行为人必须认识到自己是在醉酒状态下驾驶机动车。对于醉酒状态的认识不需要十分具体(不需要认识到血液中的酒精具体含量),只要有大体上的认识即可。一般来说,只要行为人知道自己喝了一定量的酒,事实上又达到了醉酒状态,并驾驶机动车的,就可以认定其具有醉酒驾驶的故意。

必懂知识点

危险驾驶罪与交通肇事罪的关系

1.交通肇事罪作为单纯的过失犯,不以危险驾驶为前提。

2.交通肇事罪可以作为危险驾驶罪的结果加重犯,即实施危险驾驶行为,过失造成他人伤亡或重大财产损失的结果,符合交通肇事罪的犯罪构成的,应以交通肇事罪论处。

必知法规

◎ 《中华人民共和国刑法》

第六十七条 犯罪以后自动投案,如实供述自己的罪行的,是自首。对于自首的犯罪分子,可以从轻或者减轻处罚。其中,犯罪较轻的,可以免除处罚。

被采取强制措施的犯罪嫌疑人、被告人和正在服刑的罪犯,如实供述司法机关还未掌握的本人其他罪行的,以自首论。

犯罪嫌疑人虽不具有前两款规定的自首情节，但是如实供述自己罪行的，可以从轻处罚；因其如实供述自己罪行，避免特别严重后果发生的，可以减轻处罚。

第六十八条　犯罪分子有揭发他人犯罪行为，查证属实的，或者提供重要线索，从而得以侦破其他案件等立功表现的，可以从轻或者减轻处罚；有重大立功表现的，可以减轻或者免除处罚。

第一百三十三条　违反交通运输管理法规，因而发生重大事故，致人重伤、死亡或者使公私财产遭受重大损失的，处三年以下有期徒刑或者拘役；交通运输肇事后逃逸或者有其他特别恶劣情节的，处三年以上七年以下有期徒刑；因逃逸致人死亡的，处七年以上有期徒刑。

第一百三十三条之一　在道路上驾驶机动车，有下列情形之一的，处拘役，并处罚金：

（一）追逐竞驶，情节恶劣的；

（二）醉酒驾驶机动车的；

（三）从事校车业务或者旅客运输，严重超过额定乘员载客，或者严重超过规定时速行驶的；

（四）违反危险化学品安全管理规定运输危险化学品，危及公共安全的。

机动车所有人、管理人对前款第三项、第四项行为负有直接责任的，依照前款的规定处罚。

有前两款行为，同时构成其他犯罪的，依照处罚较重的规定定罪处罚。

利用职务便利，骗取土地安置补偿

本文所选案例为最高人民法院指导案例 11 号《杨延虎等贪污案》，其明确了土地使用权可以成为贪污罪的对象，抓住了贪污罪中利用职务便利非法占有公共财物的本质，对解决城市化进程中利用职权非法占有土地的问题和深入推进反腐败斗争具有重要的指导意义。贪污罪中的"利用职务上的便利"，是指利用职务上主管、管理、经手公共财物的权力及方便条件，既包括利用本人职务上主管、管理、经手公共财物的职务便利，也包括利用职务上有隶属关系的其他国家工作人员的职务便利。土地使用权具有财产性利益，属于刑法第三百八十二条第一款规定中的"公共财物"，可以成为贪污的对象。

案例介绍

被告人杨延虎1996年8月任浙江省义乌市委常委；2000年8月兼任中国小商品城福田市场（2003年3月改称中国义乌国际商贸城，简称国际商贸城）建设领导小组副组长兼指挥部总指挥，主持指挥部全面工作；2003年3月任义乌市人大常委会副主任。2002年，杨延虎得知义乌市稠城街道共和村将被列入拆迁和旧村改造范围，决定在该村购买旧房，利用其职务便利，在拆迁安置时骗取非法利益。杨延虎遂与被告人王月芳（杨延虎的妻妹）、被告人郑新潮（王月芳之夫）共谋后，由王、郑二人出面，通过共和村王某某，以王月芳的名义在该村购买赵某某的3间旧房（房产证登记面积61.87平方米，发证日期1998年8月3日）。按当地拆迁和旧村改造政策，无论赵某某有无该旧房，其均可得相同面积的安置土地，事实上赵某某也按无房户得到了安置土地。2003年3至4月，为使3间旧房所占土地确权到王月芳名下，在杨延虎指使和安排下，郑新潮再次通过共和村王某某，让该村村民委员会及其成员出具了该3间旧房系王月芳1983年所建的虚假证明。杨延虎利用职务便利，要求兼任国际商贸城建设指挥部分管土地确权工作的副总指挥、义乌市国土资源局副局长吴某某和指挥部确权报批科工作人员，对王月芳拆迁安置、土地确权予以关照。国际商贸城建设指挥部遂将王月芳所购房屋作为有村民委员会证明但无产权证的旧房进行确权审核，上报义乌市国土资源局确权，并按丈量结果认定其占地面积64.7平方米。

此后，被告人杨延虎与郑新潮、王月芳等人共谋，在杨延虎岳父王某祥在共和村拆迁中可得25.5平方米土地确权的基础上，于2005年1月编造了由王月芳等人签名的申请报告，谎称"王某祥与王月芳共有三间半房屋,占地90.2平方米,二人在1986年分家,王某祥分得36.1平方米,王月芳分得54.1平方米,有关部门确认王某祥房屋25.5平方米、王月芳房屋64平方米有误",要求义乌市国土资源局更正。随后,杨延虎利用职务便利,指使国际商贸城建设指挥部工作人员以该部名义对该申请报告盖章确认,并使该申请报告得到义乌市国土资源局和义乌市政府认可,从而让王月芳、王某祥分别获得72平方米和54平方米(共126平方米)的建设用地审批。按王某祥的土地确权面积,其仅应得36平方米建设用地审批,其余90平方米系非法所得。2005年5月,杨延虎等人在支付选位费24.552万元后,在国际商贸城拆迁安置区获得两间店面共72平方米土地的拆迁安置补偿(案发后,该72平方米的土地使用权被依法冻结)。该处地块在用作安置前已被国家征用并转为建设用地,属国有划拨土地。经评估,该处每平方米的土地使用权价值35270元。杨延虎等人此前非法所得的建设用地90平方米,按照当地拆迁安置规定,折合拆迁安置区店面的土地面积为72平方米,价值253.944万元,扣除其支付的24.552万元后,实际非法所得229.392万元。

此外,2001年至2007年间,被告人杨延虎利用职务便利,通过为他人承揽工程、拆迁安置、国有土地受让等谋取利益,先后非法收受或索取57万元,其中索贿5万元。

浙江省金华市中级人民法院于2008年12月15日作出(2008)金中刑二初字第30号刑事判决:一、被告人杨延虎犯贪污罪,判处有期徒刑十五年,并处没收财产二十万元;犯受贿罪,处有期徒刑十一年,并处没收财产十万元;决定执行有期徒刑十八年,并处没收财产三十万元。二、被告人郑新潮犯贪污罪,判处有期徒刑五年。三、被告人王月芳犯贪污罪,判处有期徒刑三年。宣判后,三被告人均提出上诉。浙江省高级人民法院于2009年3月16日作出(2009)浙刑二终字第34号刑事裁定,驳回上诉,维持原判。

争议与问题

本案中三名被告人的行为各构成什么犯罪?本案中杨延虎是否利用了职务上的便利?

案例分析

一、本案中三名被告人的行为各构成什么犯罪

被告人杨延虎作为国家工作人员,利用担任义乌市领导兼国际商贸城指挥部总指挥的职务便利,伙同被告人郑新潮、王月芳通过虚构事实的方法,骗取国有土地使用权,非法占有公共财物,三名被告人的行为均已构成贪污罪,应依法惩处。其中,杨延虎起主要作用,系主犯。郑新潮、王月芳在共同贪污犯罪中起次要作用,系从犯,均应减轻处罚。杨延虎还利用职务上的便利,索取或收受他人贿赂,为他人谋取利益,其行为又构成受贿罪,应依法数罪并罚。

二、本案中杨延虎是否利用了职务上的便利

本案中,义乌国际商贸城指挥部系义乌市委、市政府为确保国际商贸城建设工程顺利进行而设立的机构,指挥部下设确权报批科,该科工作人员系从国土资源局抽调的,负责土地确权、建房建设用地的审核及报批工作,分管该科的副总指挥吴某某也是国土资源局的副局长。确权报批科作为指挥部下设机构,同时受指挥部的领导,作为指挥部总指挥的杨延虎具有领导该科室的职权。贪污罪中的"利用职务上的便利",是指利用职务上主管、管理、经手公共财物的权力及方便条件,既包括利用本人职务上主管、管理、经手公共财物的职务便利,也包括利用职务上有隶属关系的其他国家工作人员的职务便利。本案中,杨延虎正是利用担任义乌市委常委、义乌市人大常委会副主任和兼任指挥部总指挥的职务便利,给下属的土地确权报批科工作人员及其分管副总指挥打招呼,才使得王月芳等人虚报的拆迁安置得以实现。因此,杨延虎实施犯罪行为明显利用了其职务上的便利。

三、被告人王月芳是否应当获得土地安置补偿,涉案土地属于集体土地,能否构成贪污罪的对象

王月芳虽购买了赵某某在稠城街道共和村的三间旧房,但根据义乌市稠城街道办事处《关于批准稠城街道长春村、共和村、畦田王村旧村改造实施细则的通知》的规定,非本村集体经济组织成员只有在村内有祖传合法旧房的才可获得安置。王月芳不符合该条件。杨延虎、郑新潮、王月芳通过让共和村村民委员会以及相关村干部出具虚假证明,将王月芳购买的旧房谎报为其祖传房屋,利用杨延虎的职权,骗得旧房拆迁安置的资格,骗取相应的国有土地确权,又通过利用杨延虎的职权,让有关部门认可王月芳与王某祥分家的虚假事实,将骗取的国有土地确权面积增大。《中华人民共和国土地管理法》第二条和第九条规定,我国土地实行社会主义公有制,即全民所有制和劳动群众集体所有制,并可以依法确定给单位或者个人使用。对土地进行占有、使用、开发、经营、交易和流转,能够带来相应经济收益。因此,土地使用权自然具有财产性利益,无论国有土地,还是集体土地,都属于刑法第三百八十二条第一款规定中的"公共财物",可以成为贪污的对象。王月芳名下的安置地块已在2002年8月被国家征用并转为建设用地,义乌市政府文件抄告单也明确了该处的拆迁安置土地使用权登记核发的是国有土地使用权证。

律师支招

一、贪污罪的行为主体

本罪为真正的身份犯,即贪污罪的行为主体为"国家工作人员",其主要包括以下几类。

1. 国家机关、国有公司、企业、事业单位、人民团体中从事公务的人员或上述机关、单位委派到其他非国有公司、企业、事业单位、社会团体从事公务的人员。

2. 协助人民政府从事行政管理工作的村民委员会等基层组织人员。

3.通过伪造国家机关公文,担任国家工作人员的人员(伪造国家机关公文、证件罪和贪污罪不具有牵连关系,应实行数罪并罚)。

4.根据刑法第三百八十二条第二款的规定,受国家机关、国有公司、企业、事业单位、人民团体委托管理、经营国有财产的人员属于国家工作人员。按照司法解释,该规定属于法律拟制,即这种人员仅在贪污罪中被视为国家工作人员,在其他犯罪中不属于国家工作人员。故受委托管理、经营国有财产的人受贿、挪用公款的,仅构成非国家工作人员受贿罪、挪用资金罪。

5.刑法第三百八十二条第三款规定只要与该条前两款规定的国家工作人员勾结,伙同贪污的,以贪污罪的共犯论处。因为对真正身份犯而言,其身份仅仅是对实行犯的要求,没有身份的人可以成为其教唆犯或者帮助犯。因此,本案中,郑新潮和王月芳虽然不是国家工作人员,但是杨延虎是国家工作人员,其二人与杨延虎实施了共同贪污,因此以贪污罪共犯论处。

二、利用职务上的便利解析

利用职务上的便利,是指利用职务上主管、管理、经手公共财物的权力及方便条件。如果只是利用与职务无关的仅因工作关系熟悉作案环境或易于接近作案目标、凭工作人员身份容易进入某些单位等方便条件非法占有公共财物的,不构成贪污罪。另外,即使行为人利用了职务上的便利,但非法占有的财物非其主管、管理、经手的公共财物,也不构成贪污罪,可构成诈骗罪等其他财产性犯罪。

必懂知识点

贪污罪与侵占罪、盗窃罪、诈骗罪、职务侵占罪的关系

(一)贪污罪与侵占罪、盗窃罪、诈骗罪的关系

从客观行为上来讲,可以认为,贪污罪与侵占罪、盗窃罪、诈骗罪是特别法条与普通法条的竞合关系;贪污罪的侵吞行为,必然符合侵占罪的犯罪构成;贪污中的窃取行为,必然符合盗窃罪的犯罪构成;贪污罪中的骗取行为,必然符合诈骗罪的犯罪构成;符合侵占罪、盗窃罪、诈骗罪的犯罪构成的行为,却不一定符合贪污罪的犯罪构成。

对构成贪污罪的行为,不应认定为侵占罪、盗窃罪与诈骗罪;但国家工作人员利用职务上的便利,窃取、骗取公共财物的,如果不符合贪污罪的构成要件而不构成贪污罪,但达到盗窃罪、诈骗罪的数额起点的,应认定为盗窃罪、诈骗罪。

(二)贪污罪与职务侵占罪的关系

犯罪客体不同:贪污罪是复杂客体,既侵犯了国家工作人员的职务廉洁性,也侵犯了公共财产所有权;而职务侵占罪的客体是简单客体,只侵犯单位所有财产所有权。

犯罪主体不同:贪污罪的主体是国家工作人员和受国家机关、国有公司、企业、事业单位、人民团体委托管理、经营国有财产的工作人员;而职务侵占罪的主体则是公司、企业中不

具有国家工作人员身份的工作人员。

立案及量刑标准不同:贪污罪的立案标准为贪污数额在1万元以上不满3万元且具有其他较重情节的或者贪污数额在3万元以上的可以立案,犯贪污罪的最低可判处拘役,最高可判处死刑;职务侵占罪的立案起点数额为6万元,职务侵占罪最低可判处拘役,最高可判处有期徒刑。

贪污罪和职务侵占罪的相同点:两罪在主观上均由故意构成;两罪在客观方面都表现为利用职务上的便利。

必知法规

◎ 《中华人民共和国土地管理法》

第二条 中华人民共和国实行土地的社会主义公有制,即全民所有制和劳动群众集体所有制。

全民所有,即国家所有土地的所有权由国务院代表国家行使。

任何单位和个人不得侵占、买卖或者以其他形式非法转让土地。土地使用权可以依法转让。

国家为了公共利益的需要,可以依法对土地实行征收或者征用并给予补偿。

国家依法实行国有土地有偿使用制度。但是,国家在法律规定的范围内划拨国有土地使用权的除外。

第八条 城市市区的土地属于国家所有。

农村和城市郊区的土地,除由法律规定属于国家所有的以外,属于农民集体所有;宅基地和自留地、自留山,属于农民集体所有。

第九条 国有土地和农民集体所有的土地,可以依法确定给单位或者个人使用。使用土地的单位和个人,有保护、管理和合理利用土地的义务。

◎ 《中华人民共和国刑法》

第六十九条 判决宣告以前一人犯数罪的,除判处死刑和无期徒刑的以外,应当在总和刑期以下、数刑中最高刑期以上,酌情决定执行的刑期,但是管制最高不能超过三年,拘役最高不能超过一年,有期徒刑总和刑期不满三十五年的,最高不能超过二十年,总和刑期在三十五年以上的,最高不能超过二十五年。

数罪中有判处有期徒刑和拘役的,执行有期徒刑。数罪中有判处有期徒刑和管制,或者拘役和管制的,有期徒刑、拘役执行完毕后,管制仍须执行。

数罪中有判处附加刑的,附加刑仍须执行,其中附加刑种类相同的,合并执行,种类不同的,分别执行。

第三百八十二条 国家工作人员利用职务上的便利,侵吞、窃取、骗取或者以其他手段非法占有公共财物的,是贪污罪。

受国家机关、国有公司、企业、事业单位、人民团体委托管理、经营国有财产的人员,利用职务上的便利,侵吞、窃取、骗取或者以其他手段非法占有国有财物的,以贪污论。

与前两款所列人员勾结,伙同贪污的,以共犯论处。

第三百八十三条 对犯贪污罪的,根据情节轻重,分别依照下列规定处罚:

(一)贪污数额较大或者有其他较重情节的,处三年以下有期徒刑或者拘役,并处罚金。

(二)贪污数额巨大或者有其他严重情节的,处三年以上十年以下有期徒刑,并处罚金或者没收财产。

(三)贪污数额特别巨大或者有其他特别严重情节的,处十年以上有期徒刑或者无期徒刑,并处罚金或者没收财产;数额特别巨大,并使国家和人民利益遭受特别重大损失的,处无期徒刑或者死刑,并处没收财产。

对多次贪污未经处理的,按照累计贪污数额处罚。

犯第一款罪,在提起公诉前如实供述自己罪行、真诚悔罪、积极退赃,避免、减少损害结果的发生,有第一项规定情形的,可以从轻、减轻或者免除处罚;有第二项、第三项规定情形的,可以从轻处罚。

犯第一款罪,有第三项规定情形被判处死刑缓期执行的,人民法院根据犯罪情节等情况可以同时决定在其死刑缓期执行二年期满依法减为无期徒刑后,终身监禁,不得减刑、假释。

第三百八十五条 国家工作人员利用职务上的便利,索取他人财物的,或者非法收受他人财物,为他人谋取利益的,是受贿罪。

国家工作人员在经济往来中,违反国家规定,收受各种名义的回扣、手续费,归个人所有的,以受贿论处。

第三百八十六条 对犯受贿罪的,根据受贿所得数额及情节,依照本法第三百八十三条的规定处罚。索贿的从重处罚。

◎ 《全国法院审理经济犯罪案件工作座谈会纪要》

二、关于贪污罪

(一)贪污罪既遂与未遂的认定

贪污罪是一种以非法占有为目的的财产性职务犯罪,与盗窃、诈骗、抢夺等侵犯财产罪一样,应当以行为人是否实际控制财物作为区分贪污罪既遂与未遂的标准。对于行为人利用职务上的便利,实施了虚假平账等贪污行为,但公共财物尚未实际转移,或者尚未被行为人控制就被查获的,应当认定为贪污未遂。行为人控制公共财物后,是否将财物据为己有,不影响贪污既遂的认定。

(二)"受委托管理、经营国有财产"的认定

刑法第三百八十二条第二款规定的"受委托管理、经营国有财产",是指因承包、租赁、临时聘用等管理、经营国有财产。

(三)国家工作人员与非国家工作人员勾结共同非法占有单位财物行为的认定

对于国家工作人员与他人勾结,共同非法占有单位财物的行为,应当按照《最高人民法院关于审理贪污、职务侵占案件如何认定共同犯罪几个问题的解释》的规定定罪处罚。对于在公司、企业或者其他单位中,非国家工作人员与国家工作人员勾结,分别利用各自的职务便利,共同将本单位财物非法占有的,应当尽量区分主从犯,按照主犯的犯罪性质定罪。司法实践中,如果根据案件的实际情况,各共同犯罪人在共同犯罪中的地位、作用相当,难以区分主从犯的,可以贪污罪定罪处罚。

(四)共同贪污犯罪中"个人贪污数额"的认定

刑法第三百八十三条第一款规定的"个人贪污数额",在共同贪污犯罪案件中应理解为个人所参与或者组织、指挥共同贪污的数额,不能只按个人实际分得的赃款数额来认定。对共同贪污犯罪中的从犯,应当按照其所参与的共同贪污的数额确定量刑幅度,并依照刑法第二十七条第二款的规定,从轻、减轻处罚或者免除处罚。

广义解释为他人谋取利益,严厉打击贪污贿赂犯罪

近年,贪污受贿犯罪已经成为民众普遍关心的问题。同样,我国司法机关也在不断地努力加强打击此类犯罪。当前情况下,重大的贿赂案件量呈现逐步上升的态势,贿赂犯罪严重损坏了党和政府的清廉形象,民众对铲除腐败官员和严惩腐败的意愿也不断增强。因此,只有加大对此类犯罪,特别是对受贿罪的惩处力度,才能合乎民情、顺应民意,促进社会的和谐与稳定。本文以最高人民法院指导案例3号《潘玉梅、陈宁受贿案》为基础进行分析。

案例介绍

一、基本案情与裁判结果

2003年8至9月间,被告人潘玉梅、陈宁分别利用担任江苏省南京市栖霞区迈皋桥街道工委书记、迈皋桥办事处主任的职务便利,为南京某房地产开发有限公司总经理陈某在迈皋桥创业园区低价获取100亩土地等提供帮助,并于9月3日分别以其亲属名义与陈某共同注册成立南京多贺工贸有限责任公司(以下简称"多贺公司"),以"开发"上述土地。潘玉梅、陈宁既未实际出资,也未参与该公司经营管理。2004年6月,陈某以多贺公司的名义将该公司及其土地转让给南京某体育用品有限公司,潘玉梅、陈宁以参与利润分配为名,分别收受陈某给予的480万元。2007年3月,陈宁因潘玉梅被调查,在美国出差期间安排其驾驶员退给陈某80万元。案发后,潘玉梅、陈宁所得赃款及赃款收益均被依法追缴。

2004年2月至10月,被告人潘玉梅、陈宁分别利用担任迈皋桥街道工委书记、迈皋桥办事处主任的职务之便,为南京某置业发展有限公司在迈皋桥创业园购买土地提供帮助,并先后4次各收受该公司总经理吴某某给予的50万元。

2004年上半年,被告人潘玉梅利用担任迈皋桥街道工委书记的职务便利,为南京某发展有限公司受让金桥大厦项目减免100万元费用提供帮助,并在购买对方开发的一处房产时接受该公司总经理许某某为其支付的房屋差价款和相关税费61万余元(房价含税费121.0817万元,潘支付60万元)。2006年4月,潘玉梅因检察机关从许某某的公司账上已掌握其购房仅支付部分款项的情况而补还给许某某55万元。

此外,2000年春节前至2006年12月,被告人潘玉梅利用职务便利,先后收受迈皋桥办

事处一党支部书记兼南京某商贸有限责任公司总经理高某某人民币201万元和美元49万元、浙江某房地产集团南京置业有限公司范某某美元1万元。2002年至2005年间，被告人陈宁利用职务便利，先后收受迈皋桥办事处一党支部书记高某某21万元、迈皋桥办事处副主任刘某8万元。

综上，被告人潘玉梅收受贿赂人民币792万余元、美元50万元（折合人民币398.1234万元），共计收受贿赂1190.2万余元；被告人陈宁收受贿赂559万元。

江苏省南京市中级人民法院于2009年2月25日以（2008）宁刑初字第49号刑事判决，认定被告人潘玉梅犯受贿罪，判处死刑，缓期二年执行，剥夺政治权利终身，并处没收个人全部财产；被告人陈宁犯受贿罪，判处无期徒刑，剥夺政治权利终身，并处没收个人全部财产。宣判后，潘玉梅、陈宁提出上诉。江苏省高级人民法院于2009年11月30日以同样的事实和理由作出（2009）苏刑二终字第0028号刑事裁定，驳回上诉，维持原判，并核准一审以受贿罪判处被告人潘玉梅死刑，缓期二年执行，剥夺政治权利终身，并处没收个人全部财产的刑事判决。

二、裁判要点

1. 国家工作人员利用职务上的便利为请托人谋取利益，并与请托人以"合办"公司的名义获取"利润"，没有实际出资和参与经营管理的，以受贿论处。

2. 国家工作人员明知他人有请托事项而收受其财物，视为承诺"为他人谋取利益"，是否已实际为他人谋取利益或谋取到利益，不影响受贿的认定。

3. 国家工作人员利用职务上的便利为请托人谋取利益，以明显低于市场的价格向请托人购买房屋等物品的，以受贿论处，受贿数额按照交易时当地市场价格与实际支付价格的差额计算。

4. 国家工作人员收受财物后，因与其受贿有关联的人、事被查处，为掩饰犯罪而退还的，不影响认定受贿罪。

三、裁判理由

法院生效裁判认为：关于被告人潘玉梅、陈宁及其辩护人提出二被告人与陈某共同开办多贺公司开发土地获取"利润"480万元不应认定为受贿的辩护意见。经查，潘玉梅时任迈皋桥街道工委书记，陈宁时任迈皋桥街道办事处主任，对迈皋桥创业园区的招商工作、土地转让负有领导或协调职责，二人分别利用各自职务便利，为陈某低价取得创业园区的土地等提供了帮助，属于利用职务上的便利为他人谋取利益；在此期间，潘玉梅、陈宁与陈某商议合作成立多贺公司用于开发上述土地，公司注册资金全部来源于陈某，潘玉梅、陈宁既未实际出资，也未参与公司的经营管理。因此，潘玉梅、陈宁利用职务便利为陈某谋取利益，以与陈某合办公司开发该土地的名义而分别获取的480万元，并非所谓的公司利润，而是利用职务便利使陈某低价获取土地并转卖后获利的一部分，体现了受贿罪权钱交易的本质，属于以合办公司为名的变相受贿，应以受贿论处。

关于被告人潘玉梅及其辩护人提出潘玉梅没有为许某某实际谋取利益的辩护意见。经查，请托人许某某向潘玉梅行贿时，要求在受让金桥大厦项目中减免100万元的费用，潘玉梅明知许某某有请托事项而收受贿赂；虽然该请托事项没有实现，但"为他人谋取利益"包括承诺、实施和实现不同阶段的行为，只要具有其中一项，就属于为他人谋取利益。承诺"为他人谋取利益"，可以从为他人谋取利益的明示或默示的意思表示予以认定。潘玉梅明知他人有请托事项而收受其财物，应视为承诺为他人谋取利益，至于是否已实际为他人谋取利益或谋取到利益，只是受贿的情节问题，不影响受贿的认定。

关于被告人潘玉梅及其辩护人提出潘玉梅购买许某某的房产不应认定为受贿的辩护意见。经查，潘玉梅购买的房产，市场价格含税费共计应为121万余元，潘玉梅仅支付60万元，明显低于该房产交易时的当地市场价格。潘玉梅利用职务之便为请托人谋取利益，以明显低于市场的价格向请托人购买房产的行为，是以形式上支付一定数额的价款来掩盖其受贿权钱交易本质的一种手段，应以受贿论处，受贿数额按照涉案房产交易时当地市场价格与实际支付价格的差额计算。

关于被告人潘玉梅及其辩护人提出潘玉梅购买许某某开发的房产，在案发前已将房产差价款给付了许某某，不应认定为受贿的辩护意见。经查，2006年4月，潘玉梅在案发前将购买许某某开发房产的差价款中的55万元补给许某某，相距2004年上半年其低价购房有近两年时间，没有及时补还巨额差价；潘玉梅的补还行为，是由于许某某因其他案件被检察机关找去谈话，检察机关从许某某的公司账上已掌握潘玉梅购房仅支付部分款项的情况后，出于掩盖罪行目的而采取的退赃行为。因此，潘玉梅为掩饰犯罪而补还房屋差价款，不影响对其受贿罪的认定。

综上所述，被告人潘玉梅、陈宁及其辩护人提出的上述辩护意见不能成立，不予采纳。潘玉梅、陈宁作为国家工作人员，分别利用各自的职务便利，为他人谋取利益，收受他人财物的行为均已构成受贿罪，且受贿数额特别巨大，但同时二被告人均具有归案后如实供述犯罪、认罪态度好，主动交代司法机关尚未掌握的同种余罪，案发前退出部分赃款，案发后配合追缴涉案全部赃款等从轻处罚情节。

争议与问题

被告人潘玉梅利用职务上的便利收受他人贿赂，没有为他人实际谋取利益，她收受贿赂的行为能否作为受贿罪论处？

案例分析

一、"为他人谋取利益"要件在我国刑法中的规定

《中华人民共和国刑法》第三百八十五条第一款规定："国家工作人员利用职务上的便

利,索取他人财物的,或者非法收受他人财物,为他人谋取利益的,是受贿罪。"该条规定根据行为人获取财物的方式不同,将受贿罪划分为主动的索取型和被动的非法收受型。从犯罪构成要件来讲,前者不要求具备为他人谋取利益的要件,而后者要求有为他人谋取利益这一要件。正如张明楷教授认为:索贿只要求利用职务之便就构成受贿罪,而收受贿赂的必须还要有为他人谋取利益要件,否则不构成受贿罪。

所谓索取他人财物,是指行为人利用职务之便,主动向他人索要并收取财物,其主要特点是行为人索要财物的主动性和他人交付财物的被动性。1989年最高人民法院、最高人民检察院发布的《关于执行〈惩治贪污罪贿赂罪的补充规定〉若干问题的解答》(现已失效)和1999年最高人民检察院发布的《关于人民检察院直接受理立案侦查案件立案标准的规定(试行)》中有关受贿罪的解释都指出:在索取他人财物的情况下,无论是否"为他人谋取利益",均可构成受贿罪。索贿行为可以是明示的,也可以是暗示的;可以是本人直接索取,也可以是通过他人间接索取。法律之所以这么规定,是由于与被动收受型受贿相比较而言,索取型受贿的主观恶性更严重,情节更恶劣,社会危害性更大。

所谓非法收受他人财物,是指行为人被动地非法接受他人给付自己的财物,其基本特征是行贿人给付自己财物的主动性和受贿人接受他人财物的被动性。关于行为人接受他人财物的被动程度,既可以是在行贿人主动给付财物之后,行为人没讲一句友善的话,无所顾忌地接受;也可以是在再三委婉拒绝后最终接受;还可以是受贿人本人根本不知道行贿人当时留下了财物,但在行贿人走了之后才看到并接受。1989年最高人民法院、最高人民检察院发布的《关于执行〈惩治贪污罪贿赂罪的补充规定〉若干问题的解答》(现已失效)和1999年最高人民检察院发布的《关于人民检察院直接受理立案侦查案件立案标准的规定(试行)》中有关受贿罪的解释都指出:非法收受他人财物的,还必须同时具备"为他人谋取利益"的条件,这样才可以构成受贿罪。至于为他人谋取的利益是否合法,为他人谋取的利益能否实现,不影响受贿罪的认定。可见"为他人谋取利益"是收受型受贿罪的必备要件,这也是我国法院在审理一般受贿案件中必须要认真遵循的重要原则。

二、对"为他人谋取利益"行为的认定

在一般情况下,行贿人向国家工作人员送钱送物是为了达到具体的目的,实现具体的利益,即行贿人有具体的请托事项需要国家工作人员帮助其完成。当国家工作人员收受财物之后,行贿人会告知其请托事项,不论该国家工作人员是与请托人当面沟通还是由第三人转达,不管该国家工作人员是否明确表示帮助行贿人谋取利益,只要他收受了行贿人的财物,就应当认定该国家工作人员愿意帮助行贿人实现其期望的利益。

最高人民法院于2003年发布的《全国法院审理经济犯罪案件工作座谈会纪要》中规定,明知他人有具体请托事项而收受其财物的,视为承诺为他人谋取利益。也就是说,国家工作人员明知道对方有求于自己,仍然收受对方的财物,就算没有明确许诺"为他人谋取利益",也可以认定他在请托事项上愿意给予请托人帮助。此种情形侵犯了受贿罪的客体,使国家工作人员职务行为的廉洁性和不可收买性遭到破坏,行为人成立受贿罪。因此,国家工作人

员凡是在明知他人有请托事项的情形下收取了对方的财物,无论其是否承诺谋取利益,都符合"为他人谋取利益"要件,构成受贿犯罪。在本案中,被告人潘玉梅及其辩护人提出潘玉梅没有为许某某实际谋取利益,其行为应不构成犯罪。对此,法院判决认为,"潘玉梅明知他人有请托事项而收受其财物,应视为承诺为他人谋取利益,至于是否已实际为他人谋取利益或谋取到利益,只是受贿的情节问题,不影响受贿的认定"。

这一指导案例说明了最高人民法院肯定了行为人在明知对方有具体请托事项的情况下而收受其财物的,就应当认定为承诺"为他人谋取利益",从而构成受贿罪。

律师支招

一、谋利的受益人范围

谋利的受益人是"他人"。这里的"他人",不仅包括行贿人自己,而且包括行贿人指定的与其有利害关系的第三人。这里的"利益",不但包括为自然人谋取利益,而且包括为单位谋取利益。需要留意的是,一些受贿者在收受他人财物的同时,既为他人谋取了利益,也给本单位带来了好处。行为人利用其职务上的便利不仅对单位的发展无害而且还有利,这一事实经常被被告人用来为自己作无罪辩解。但这种情况下行为人真的不成立受贿罪吗?深入研究后就会发现,为他人谋取利益的性质和受贿的性质并不会因这一事实而发生变化。因为刑法首先要考虑的是公正,是一种对是非的基本分辨,是否有利于本单位不应是定罪考虑的内容。虽然单纯地从某一单位经济发展的角度讲,这种行为应当是有利而无弊,至少利大于弊,于企业都只有好处而无坏处。但从国家和社会的全局看,从维护社会风气,确保国家工作人员清正廉洁,全心全意为人民服务等角度而言,则其行为仍然具有社会危害性,符合受贿罪的构成要件,其性质仍然是受贿。不过,在决定刑事责任轻重时,其行为对发展经济、发展生产是否有利,是否为本单位谋取利益等,仍然应当作为一个情节考虑。

"他人"是否包括本人主管的下属单位?例如,某公司的下属分支机构给公司领导送钱,公司领导收下了,是不是受贿?曾有人认为,这里的"他人",只能指本单位以外的人或单位。正常履职中,有的国家工作人员为公益积极作为,在这种情形下,受益者一般是某个地方或某个单位,受益者因此送财物表示感谢的,对国家工作人员不宜认定为犯罪,可以作违纪处理。财物数额很大的,也不宜以受贿罪论处,可以按照公务活动中收受礼物不交公的规定处理。

二、所谋取利益的性质

从利益本身的合法性角度分析,贿赂犯罪谋取的利益可以表现为三种类型,即非法利益、合法利益和不确定的利益。非法利益,是指违反法律、法规、国家政策所取得的利益。受贿人为他人谋取非法利益,如某甲携带走私物品,行贿海关工作人员某乙后得以放行,某乙为他人谋取的就是非法利益,这种情形通常被称为"贪赃枉法"。合法利益,是指按照法律、法规和政策本来就应该由行贿人得到的利益。例如，某甲到公安局办理户口转移，经办人员某乙收受某甲送的财物才予以办理，某乙为某甲谋取的应为合法利益，这种情形通常被称为"贪赃不枉法"。不确定的利益，是指按照法律、法规和政策的规定，符合条件者才能得到但尚处于不确定状态的利益。例如，某甲代表所在建筑公司参与一工程的投标，该公司符合招标文件所设条件，但某甲为了争取公司中标，向负责招标的负责人某乙行贿，某乙收受财物后为某甲提供帮助。不论国家工作人员利用职务上的便利为请托人谋取何种性质的利益，其实质都是对公务人员职务行为廉洁性的背叛。不过，"贪赃枉法"行为与"贪赃不枉法"行为的社会危害程度应该有所区别，应是量刑的一个酌定情节。

在司法实践中，对"贪赃枉法"性质的认定较为清楚。对那些"贪赃不枉法"行为的性质认定，则有些争议。似乎只要行为人实施的是正当职务行为，或者行为人的行为不是针对某一特定的个人，同时也为本单位和其他人谋取了利益，本单位没有损失，就不具备"为他人谋取利益"的要素，就不应构成受贿罪。因此，明确"利益"性质，可以理清"为他人谋取利益"要素在认识上的误区，即使是在为他人谋取合法利益或者为他人谋取利益的同时本单位也获得利益的情况下，该要素同样构成刑法上的"为他人谋取利益"的认定。

必懂知识点

一、受贿罪的主体

受贿罪的主体是特殊主体，即国家工作人员。《中华人民共和国刑法》第九十三条规定："本法所称国家工作人员，是指国家机关中从事公务的人员。国有公司、企业、事业单位、人民团体中从事公务的人员和国家机关、国有公司、企业、事业单位委派到非国有公司、企业、事业单位、社会团体从事公务的人员，以及其他依照法律从事公务的人员，以国家工作人员论。"这是刑法对国家工作人员的概念所作的立法解释，这一规定解决了长期以来在国家工作人员概念上的争论，相比之前的规定有一定进步。

在刑法分则中，涉及国家工作人员的犯罪主要有三类：以国家工作人员作为犯罪主体的犯罪；以国家机关工作人员作为犯罪主体的犯罪；以国有公司、企业人员作为犯罪主体的犯罪。在涉及国家工作人员的犯罪中可以看出，他们所侵犯的客体都是国家的管理职能，即他们破坏了国家的管理职能。之所以涉及国家工作人员的犯罪破坏了国家管理职能，主要是由于这类犯罪中国家工作人员的身份和其所具有的职务性相互关系所造成的。

二、受贿罪的客体

我国关于受贿罪客体的理论主要有单一客体说、复杂客体说和选择性客体说。

单一客体说。该说认为受贿罪客体仅涉及一个客体，即单一客体。其主张廉洁性，认为受贿罪客体是职务行为的廉洁性，这里的廉洁性包括国家机关（或集体经济组织）及其工作人员的廉洁性。持这一理论的学者认为，该理论揭示了受贿罪的本质，体现了各种形式的公务受贿犯罪行为的本质。

复合客体说。该说认为受贿罪客体并不是单一的,而是具有复合性,即受贿行为侵犯了两个或两个以上的客体,这些客体都是受贿罪的客体。该理论认为受贿罪的客体是国家机关正常的管理活动和社会主义经济的正常活动。受贿罪是以谋取经济利益为目的,往往与其他经济犯罪交织在一起,干扰并破坏了以经济建设为中心的国家机关的正常管理活动,并阻碍了经济的发展,甚至使经济活动偏离了社会主义的方向,因此也就侵犯了社会主义经济的正常活动。

选择性客体。该说认为受贿罪的客体是一种综合性客体,不能明确地说受贿罪的客体是单一客体还是复合客体,受贿罪的客体应依具体的受贿行为而定,即具体受贿行为侵犯了何种客体,则受贿罪的客体就是什么。例如,在"贪赃枉法"中,受贿罪的客体是国家工作人员职务行为的不可收买性和公正性,而在"贪赃不枉法"中受贿罪的客体是国家工作人员职务行为的不可收买性,而公正性则并没有受到侵犯。持这一观点的学者较少。

三、受贿罪的主观方面

受贿罪的主观方面,是直接故意,即行为人明知利用职务上的便利,索取他人财物或者非法收受他人财物为他人谋取利益的行为是违法的,却故意为之。犯罪的目的,是取得他人的财物或非财产性利益。受贿罪的直接故意,可以从其索取或非法收受他人财物的行为表现出来。在索贿场合,行为人主动向他人提出要求或故意用各种手段给对方施压迫使对方行贿;在收受贿赂场合,可能事先与对方通谋,先使对方获利,然后收受对方财物,或者事先接受贿赂物,然后再为对方谋取利益,具有以权换利的属性;在经济受贿场合,表现为"舍利换贿",即以损失单位利益为条件,换取个人私利,收取应当归单位所有的回扣、手续费等;在间接受贿场合,表现为贿赂物通过第三人转给自己,或者从请托人直接谋取非法利益。总之,受贿罪在主观方面的实质,表现了行为人对贿赂物的占有欲望。

四、受贿罪的客观方面

受贿罪的客观方面表现为利用职务上的便利,索取他人财物,或者非法收受他人财物为他人谋取利益。所谓"利用职务上的便利",目前,在刑法学界主要存在以下三种不同的观点:一种观点认为,利用职务上的便利受贿,包括利用本人职务范围内的权力,以及利用本人的职务和地位所形成的便利条件,通过第三者的职务行为为他人谋取利益而从中受贿;另一种观点认为,利用职务上的便利,是指行为人利用自己职务范围内的方便条件,即利用自己职务上主管、经管、经手的便利条件;第三种观点认为,利用职务上的便利,不仅包括利用自己职务范围内的权力,而且包括利用职务的影响而利用第三人的职务之便,甚至包括自己本身没有任何职务而纯粹利用第三者的职务之便。

必知法规

◎ 《中华人民共和国刑法》

第三百八十五条 国家工作人员利用职务上的便利,索取他人财物的,或者非法收受他人财物,为他人谋取利益的,是受贿罪。

国家工作人员在经济往来中,违反国家规定,收受各种名义的回扣、手续费,归个人所有的,以受贿论处。

第三百八十八条 国家工作人员利用本人职权或者地位形成的便利条件,通过其他国家工作人员职务上的行为,为请托人谋取不正当利益,索取请托人财物或者收受请托人财物的,以受贿论处。

◎ 《全国法院审理经济犯罪案件工作座谈会纪要》

三、关于受贿罪

(一)关于"利用职务上的便利"的认定

刑法第三百八十五条第一款规定的"利用职务上的便利",既包括利用本人职务上主管、负责、承办某项公共事务的职权,也包括利用职务上有隶属、制约关系的其他国家工作人员的职权。担任单位领导职务的国家工作人员通过不属自己主管的下级部门的国家工作人员的职务为他人谋取利益的,应当认定为"利用职务上的便利"为他人谋取利益。

(二)"为他人谋取利益"的认定

为他人谋取利益包括承诺、实施和实现三个阶段的行为。只要具有其中一个阶段的行为,如国家工作人员收受他人财物时,根据他人提出的具体请托事项,承诺为他人谋取利益的,就具备了为他人谋取利益的要件。明知他人有具体请托事项而收受其财物的,视为承诺为他人谋取利益。

(三)"利用职权或地位形成的便利条件"的认定

刑法第三百八十八条规定的"利用本人职权或者地位形成的便利条件",是指行为人与被其利用的国家工作人员之间在职务上虽然没有隶属、制约关系,但是行为人利用了本人职权或者地位产生的影响和一定的工作联系,如单位内不同部门的国家工作人员之间、上下级单位没有职务上隶属、制约关系的国家工作人员之间、有工作联系的不同单位的国家工作人员之间等。

(六)以借款为名索取或者非法收受财物行为的认定

国家工作人员利用职务上的便利,以借为名向他人索取财物,或者非法收受财物为他人谋取利益的,应当认定为受贿。具体认定时,不能仅仅看是否有书面借款手续,应当根据以下因素综合判定:(1)有无正当、合理的借款事由;(2)款项的去向;(3)双方平时关系如何、有无经济往来;(4)出借方是否要求国家工作人员利用职务上的便利为其谋取利益;(5)借款后是否有归还的意思表示及行为;(6)是否有归还的能力;(7)未归还的原因;等等。

(七)涉及股票受贿案件的认定

在办理涉及股票的受贿案件时,应当注意:(1)国家工作人员利用职务上的便利,索取或非法收受股票,没有支付股本金,为他人谋取利益,构成受贿罪的,其受贿数额按照收受股票时的实际价格计算。(2)行为人支付股本金而购买较有可能升值的股票,由于不是无偿收受请托人财物,不以受贿罪论处。(3)股票已上市且已升值,行为人仅支付股本金,其"购买"股票时的实际价格与股本金的差价部分应认定为受贿。

◎《最高人民法院、最高人民检察院关于办理受贿刑事案件适用法律若干问题的意见》

一、关于以交易形式收受贿赂问题

国家工作人员利用职务上的便利为请托人谋取利益,以下列交易形式收受请托人财物的,以受贿论处:

(1)以明显低于市场的价格向请托人购买房屋、汽车等物品的;

(2)以明显高于市场的价格向请托人出售房屋、汽车等物品的;

(3)以其他交易形式非法收受请托人财物的。

受贿数额按照交易时当地市场价格与实际支付价格的差额计算。

前款所列市场价格包括商品经营者事先设定的不针对特定人的最低优惠价格。根据商品经营者事先设定的各种优惠交易条件,以优惠价格购买商品的,不属于受贿。

二、关于收受干股问题

干股是指未出资而获得的股份。国家工作人员利用职务上的便利为请托人谋取利益,收受请托人提供的干股的,以受贿论处。进行了股权转让登记,或者相关证据证明股份发生了实际转让的,受贿数额按转让行为时股份价值计算,所分红利按受贿孳息处理。股份未实际转让,以股份分红名义获取利益的,实际获利数额应当认定为受贿数额。

三、关于以开办公司等合作投资名义收受贿赂问题

国家工作人员利用职务上的便利为请托人谋取利益,由请托人出资,"合作"开办公司或者进行其他"合作"投资的,以受贿论处。受贿数额为请托人给国家工作人员的出资额。

国家工作人员利用职务上的便利为请托人谋取利益,以合作开办公司或者其他合作投资的名义获取"利润",没有实际出资和参与管理、经营的,以受贿论处。

六、关于特定关系人"挂名"领取薪酬问题

国家工作人员利用职务上的便利为请托人谋取利益,要求或者接受请托人以给特定关系人安排工作为名,使特定关系人不实际工作却获取所谓薪酬的,以受贿论处。

七、关于由特定关系人收受贿赂问题

国家工作人员利用职务上的便利为请托人谋取利益,授意请托人以本意见所列形式,将有关财物给予特定关系人的,以受贿论处。

特定关系人与国家工作人员通谋,共同实施前款行为的,对特定关系人以受贿罪的共犯论处。特定关系人以外的其他人与国家工作人员通谋,由国家工作人员利用职务上的便利为请托人谋取利益,收受请托人财物后双方共同占有的,以受贿罪的共犯论处。

九、关于收受财物后退还或者上交问题

国家工作人员收受请托人财物后及时退还或者上交的,不是受贿。

国家工作人员受贿后,因自身或者与其受贿有关联的人、事被查处,为掩饰犯罪而退还或者上交的,不影响认定受贿罪。

十、关于在职时为请托人谋利,离职后收受财物问题

国家工作人员利用职务上的便利为请托人谋取利益之前或者之后,约定在其离职后收受请托人财物,并在离职后收受的,以受贿论处。

国家工作人员利用职务上的便利为请托人谋取利益,离职前后连续收受请托人财物的,离职前后收受部分均应计入受贿数额。

单位被以行贿起诉,查明真相还清白

由于历史遗留原因,一些原行政机关下设的三产服务企业虽然形式上经历了现代化的股份制改革,但是在实际经营管理过程中,仍然按照旧有的模式依托于原行政机关,经营业务以及利润归属均没有自主性。在这种模式下,其很容易被有关部门误以为涉嫌单位犯罪,造成不必要的困扰。

案例介绍

一、交警支队需保障,三产服务企业来帮忙

某市荣成服务有限责任公司(以下简称"荣成公司")的前身为某市公安局交警支队(以下简称"交警支队")下设的三产服务企业,是劳动服务公司,主管单位为交警支队,从业人员和管理人员是公安局(含交警支队)干警家属和子女,经营的业务也全部是为交警支队对车辆进行管理而提供的一些保障服务,一直依赖于交警支队的支持和帮助而生存。

2006年5月1日,经交警支队召开有被告人张某、李某二人参加的党委会决定,在原企业的基础上,以张某、李某二人共同出资的形式注册登记体制为股份制的荣成公司,但从业人员、业务范围、业务来源、经营方式、场所等均维持不变。新成立的公司负责为交警支队支付干警福利、伙食补助和招待费用,张某、李某二人分别担任公司经理和副经理兼会计。2012年4月1日,交警支队与荣成公司再次签订协议,将上述党委会决定事项写入协议内容。

2008年7月至2013年5月,交警支队经荣成公司及其下设超市为干警发放实物福利计款41万元、为支队食堂支付伙食补助计款13万元、以会议费名义支付招待费20万元,以上总计74万元。

二、支队领导被调查,公司股东被公诉

2013年12月间,某市公安局原副局长、交警支队原支队长肖某因涉嫌违纪被该市纪委调查,后因涉嫌受贿、单位受贿等罪名被某市检察院立案侦查并起诉。与此同时,被告单位荣成公司、被告人张某和李某亦因向交警支队提供福利、支付各种费用涉嫌对单位行贿罪而

被某市检察院立案侦查,后移送至某市某区人民检察院。2014年5月10日,某市某区人民检察院以被告单位荣成公司、被告人张某和李某的行为构成对单位行贿罪为由,向某区人民法院提起公诉。

三、律师无罪辩护,控方针锋相对

公诉机关指控:2006年5月1日,交警支队党委会议决定"成立体外公司,股份制,人员是民警家属和子女中无业的,其业务凡属与支队业务有关系的,均可交给该公司"。会后被告人张某、李某两人出资成立了被告单位荣成公司。2007年4月1日,交警支队与荣成公司签订了为期5年的协议,内容是交警支队将其机动车喷门字、放大号牌等事务委托给荣成公司,荣成公司为交警支队提供一定的交通管理费用。2012年4月1日双方续签协议,内容增加了拍照和固定安装车牌业务。

公诉机关认为,荣成公司为谋取不当利益,给予交警支队以财物共计74万元,其行为触犯了《中华人民共和国刑法》第三百九十一条之规定,犯罪事实清楚,证据确实充分,应当以对单位行贿罪追究其刑事责任。被告人张某作为单位直接负责的主管人员,被告人李某作为单位其他直接责任人员,其行为也均触犯了《中华人民共和国刑法》第三百九十一条之规定,犯罪事实清楚,证据确实充分,应当以对单位行贿罪追究其刑事责任。

辩护律师在接受委托后,累计历时15天对调取的20卷本案卷宗进行了认真、细致的查阅。期间,律师依法会见了被告单位负责人和被告人。通过上述工作,辩护律师发现,案件事实与公诉机关的指控并不一致。本案被指控的被告单位及被告人在主观上既无主动谋取不当利益的目的,客观上被告单位也没有独立的法律人格,不符合指控犯罪的法定构成要件。

在充分了解案情的基础上,辩护律师按照无罪辩护的逻辑思路,依据庭审程序准备了发问提纲、预设公诉人提问提纲、举证提纲、质证提纲,并编制了拟在法庭出示的证人名单与身份表、指控支付款项明细表等材料。辩护律师以案件事实为根据,精心拟写了辩护词,紧紧围绕刑法规定的犯罪构成要件进行无罪论述。

四、辩护意见被采纳,公诉机关终撤诉

某市某区人民法院审理后,认可辩护律师的无罪辩护意见,支持相关辩护观点。在与公诉机关反复交换意见后,公诉机关亦同意辩护律师的辩护观点,遂于2016年2月21日,以不符合起诉条件为由向人民法院提出撤回起诉。人民法院于2016年2月22日作出裁定,准许公诉机关撤诉。

争议与问题

名为独立法人,实为被行政机关控制的三产服务企业,为行政机关解决费用的行为是否构成对单位行贿?

案例分析

一、荣成公司为交警支队干警解决、支付福利等费用的行为不是行贿

交警支队部分领导、荣成公司负责人和有关证明文件均能证实：公司的前身本就是交警支队下设的三产劳动服务企业——某市公安局服务社，从业人员和管理人员是公安局（含交警支队）干警家属和子女，经营的业务也全部是为交警支队对车辆进行管理而提供的一些保障服务，一直依赖于交警支队的支持和帮助。由于国家政策变化的原因，公司名称和登记形式虽经变化，但其业务、从业人员范围、管理模式乃至营业场所并未发生质的变化，也一直与交警支队相生相伴，延续至今。

相对于交警支队而言，荣成公司并没有完整的自主经营决策权和财务支配权，不具备独立完整的法律人格。其设立目的、业务来源、从业人员来源、公司体制、人事安排、财务支出、组织进货等均受交警支队支配，交警支队为荣成公司的实际控制人，荣成公司在本质上仍然是交警支队下设的三产企业，是劳动服务公司。

(1)2006年5月1日，交警支队召开了党委会，并通知张某、李某二人参加了会议。张某、李某二人根据会议的决定和交警支队领导的安排，在原企业的基础上，以张某、李某二人共同出资的形式注册登记了体制为股份制的荣成公司，其从业人员、业务范围、业务来源、经营方式及场所等均维持不变。

(2)荣成公司下属超市在开办、经营、组织福利物品货源以及福利发放过程中，荣成公司的公司人格与交警支队完全混同并受交警支队支配和控制。荣成公司下属超市本属荣成公司的分支机构，然而其设立、经营以及资金来源、人事安排等却均由交警支队领导决定。在2010年8月至2011年4月间，交警支队还委派一名前政工科长兼任超市负责人，审批支付了一笔给交警支队食堂的伙食补助款。在2011年和2012年决定发放中秋月饼的人员范围时，交警支队队长肖某甚至还明确了包含荣成公司人员。此外，起诉指控涉及的大部分福利物品和经费经超市发放或支付。

(3)荣成公司为交警支队支付的每一笔款项，均是由交警支队相关领导作出的决定，荣成公司只是按要求无条件执行拨付；组织福利货源也是由交警支队委派专人与荣成公司负责人共同考察确定。

(4)张某、李某在荣成公司设立时各出资15万元，在法律上为公司股东，本应当享有公司股东的决策和分红权利，而实际情况却是，公司自成立以来从未开过股东会，也从未分过红利，公司营业收入除支付经营成本外绝大部分用作支付交警支队干警福利等费用。二人从未真正行使过股东权利。经营期间，他们除作为管理人员比普通员工多1000元左右工资外，并无其他区别。二人名为股东，实为员工。交警支队事实上成了公司的实际股东。

荣成公司为交警支队发放福利及支付部分费用，并非为公司谋取不当利益。荣成公司从来没有主动向交警支队谋取利益，也从未主动向交警支队支付过款项。公司在更改名称之前的30余年一直从事现在的业务，后来企业变更名称重新设立，确定从业人员、业务范

围、业务来源,以及为交警支队支付的每一笔款项,均是由交警支队党委会和相关领导决定的,荣成公司仅仅是贯彻和执行。

荣成公司没有获得任何不正当利益。根据公司2007年至2013年间的资产负债表和损益表显示,公司除支付员工工资、社会保险费用、必要的经营管理费用和交警支队的福利等费用外,实际处于亏损状态,合计亏损300余万元。交警支队是公司利润的实际获得者。

荣成公司经营相关机动车喷门字、放大号牌以及拍照和固定安装车牌等业务与其为交警支队干警解决支付福利等有关费用并没有必然的因果关系。交警支队委托荣成公司经营相关业务是基于企业与交警支队的历史渊源和安排干警家属子女就业,稳定干警队伍,同时兼顾了企业熟悉业务的能力等因素。要求荣成公司提供经费以解决干警福利则主要是历史做法的延续,尽管其违反了国家现行有关政策,但应由有关行政纪律调整处理,并不属于刑法处罚的范畴。而且,由此产生的相关责任也不应当由相对处于弱势、被动地位的企业来承担。不能仅以交警支队与荣成公司签订的协议简单地认定荣成公司构成对单位行贿犯罪。

综上,荣成公司依据交警支队的决定和有关领导的要求成立,并延续历史惯例,继续经营原企业一直从事的业务。在经营期间,荣成公司从来没有主动向交警支队谋取利益,也从未主动向交警支队支付过款项;公司经营收入除支付员工工资、社会保险费用、必要的经营管理费用和应交警支队要求支付的福利等费用外,实际处于亏损状态,并未获得不正当利益;交警支队因循旧例要求公司提供经费解决干警福利的做法虽违反政策性规定,但不构成犯罪,相关行政责任亦不应由企业承担;且该行为与荣成公司经营有关业务并无必然的因果关系。据此,荣成公司的行为不符合《中华人民共和国刑法》第三百九十一条规定的对单位行贿犯罪的构成要件,不应被追究刑事责任。

二、本案被告人张某、李某不是荣成公司为交警支队支付福利等费用的直接负责的主管人员和其他直接责任人员

张某、李某二人虽名为荣成公司股东,但其从未参加过股东会,从未参与过公司决策事项,包括未参与决定为交警支队支付福利等费用的事项,其甚至在出资份额发生变化时也毫不知情。张某作为经理,李某作为副经理,并不分管为交警支队支付福利等费用的工作,公司向谁付款、付多少,并不由其决定。在为交警支队支付福利等费用的过程中,李某仅是作为公司会计,按照自己会计本职工作要求,依据公司经理的签批做好相关的账务记载。李某对于为交警支队支付福利等费用既不起决定作用,也不是实际实施者。

不能仅仅因为李某是公司股东和副经理,或者在公司按交警支队的要求为其支付福利等费用的过程中,由于尽责本职工作而进行相关账务的记载,就简单地认定李某为应当承担责任的人员。同时,因为荣成公司的行为不构成犯罪,李某更不是刑法第三百九十一条第二款规定的其他直接责任人员。

无视案件事实发生的历史背景,忽略涉案当事人的实际关系地位,不调查被指控被告单位的经营现实和被指控被告人的行为作用,不分析事实行为之间是否存在必然的因果关系;简单片面地认定案件事实,机械生硬地套用刑法法条,随意启动刑事追责程序,不符合罪刑

法定原则和刑事法律在适用中应当遵循的谦抑原则。激浊扬清,惩治腐败,本属正当之举,然而,良莠不分,动辄入罪,却也并非刑法应有之本义。

综上所述,辩护律师认为,本案指控事实不清。根据本案证据能够认定的事实,荣成公司的行为不构成对单位行贿罪。本案被告张某、李某也不是应当对指控行为承担责任的直接负责的主管人员和其他直接责任人员;指控被告人张某、李某犯有对单位行贿罪的罪名不能成立。

律师支招

根据《中华人民共和国刑法》第三百九十一条和最高人民法院、最高人民检察院发布的《关于在办理受贿犯罪大要案的同时要严肃查处严重行贿犯罪分子的通知》的规定,不论个人或单位,凡为谋取违反法律、法规、国家政策和国务院各部门规章规定的利益,以及要求国家工作人员或者有关单位提供违反法律、法规、国家政策和国务院各部门规章规定的帮助或者方便条件,而给予国家机关、国有公司、企业、事业单位、人民团体以财物,或者在经济往来中,违反国家规定,给予各种名义的回扣、手续费的,均属于为"谋取不正当利益"的对单位行贿行为。至于谋取的不正当利益是归个人,还是归单位,以及谋取的不正当利益是否得到,均不影响对单位行贿行为的认定。而根据最高人民检察院发布的《关于人民检察院直接受理立案侦查案件立案标准的规定(试行)》对此类案件立案标准的解释,对单位行贿涉嫌下列情形之一的视为达到追究对单位行贿犯罪的刑事责任界线:个人行贿数额在10万元以上、单位行贿数额在20万元以上;或者个人行贿数额不满10万元、单位行贿数额在10万元以上不满20万元,但具有为谋取非法利益而行贿、向3个以上单位行贿、向党政机关行贿、向司法机关行贿、向行政执法机关行贿、致使国家或者社会利益遭受重大损失等情形之一的。

依照法律规定,对单位行贿罪的刑罚区间为,处三年以下有期徒刑或者拘役,并处罚金。单位犯本罪的,对单位判处罚金,并对其直接负责的主管人员和其他直接责任人员,依照上述规定处罚。

本案被告单位荣成公司由于在法律人格方面存在缺陷,也不具备刑法规定的"谋取不正当利益"的主动性,最终经律师依法辩护后,公诉机关撤回了对荣成公司和张某、李某犯有对单位行贿罪的指控,取得了对委托人有利的结果。但就案情本身而言,反映出来的被告单位荣成公司和相关当事人员法律意识淡薄、企业运营唯上不唯法、有关行为介于罪与非罪之间、并由此给企业和负责人带来被指控犯罪的刑事法律风险等问题却不容忽视。

必懂知识点

一、何为单位犯罪

所谓单位犯罪就是公司、企业、事业单位、机关、团体等法定单位,经单位集体研究决定或由有关负责人员代表单位决定,为本单位谋取利益而故意实施的,或不履行单位法律义务、过失实施的危害社会而由法律规定为应负刑事责任的行为。

单位犯罪具有法定性,如果刑法没有规定单位可以犯某种罪,即使公司、企业、事业单位、机关、团体的行为与法律规定的犯罪行为相符,也不能给该公司、企业、事业单位、机关、团体定这种罪。

二、何为单位犯罪双罚制

双罚制,又称为"两罚制",指在单位犯罪中,既处罚单位又处罚单位中的个人。我国刑法对单位犯罪的处罚以双罚制(即对单位、单位直接负责的主管人员和直接责任人员均处以刑罚)为主,以单罚制(即只处罚单位直接负责的主管人员和直接责任人员)为辅。在双罚制中,对单位判处罚金,判处罚金采取无限额罚金制,即对罚金的数额未作规定。

在双罚制中,对直接负责的主管人员和直接责任人员判处刑罚,这里的刑罚包括自由刑与罚金,主要是自由刑。对个人判处自由刑的,又有以下两种情况:(1)在绝大多数情况下,判处与个人犯罪相同的刑罚。例如刑法第二百二十条规定:"单位犯本节第二百一十三条至第二百一十九条规定之罪(侵犯知识产权罪——引者注)的,对单位判处罚金,并对其直接负责的主管人员和其他直接责任人员,依照本节各该条的规定处罚。"这里所谓"依照本节各该条的规定处罚",就是指依照对个人犯罪的规定处罚。(2)在少数情况下,判处低于个人犯罪的刑罚。例如个人犯受贿罪的,最重可以判处死刑。但根据刑法第三百八十七条规定:"国家机关、国有公司、企业、事业单位、人民团体,索取、非法收受他人财物,为他人谋取利益,情节严重,对单位判处罚金,并对其直接负责的主管人员和其他直接责任人员,处五年以下有期徒刑或者拘役。"由此可见,在单位犯受贿罪的情况下,对直接负责的主管人员和其他直接责任人员判处的刑罚远轻于个人犯受贿罪的情况。

必知法规

◎ 《中华人民共和国刑法》

第三十条 公司、企业、事业单位、机关、团体实施的危害社会的行为,法律规定为单位犯罪的,应当负刑事责任。

第三十一条 单位犯罪的,对单位判处罚金,并对其直接负责的主管人员和其他直接责任人员判处刑罚。本法分则和其他法律另有规定的,依照规定。

第三百八十九条 为谋取不正当利益,给予国家工作人员以财物的,是行贿罪。

在经济往来中,违反国家规定,给予国家工作人员以财物,数额较大的,或者违反国家规定,给予国家工作人员以各种名义的回扣、手续费的,以行贿论处。

因被勒索给予国家工作人员以财物,没有获得不正当利益的,不是行贿。

第三百九十条 对犯行贿罪的,处五年以下有期徒刑或者拘役,并处罚金;因行贿谋取不正当利益,情节严重的,或者使国家利益遭受重大损失的,处五年以上十年以下有期徒刑,并处罚金;情节特别严重的,或者使国家利益遭受特别重大损失的,处十年以上有期徒刑或者无期徒刑,并处罚金或者没收财产。

行贿人在被追诉前主动交待行贿行为的,可以从轻或者减轻处罚。其中,犯罪较轻的,对侦破重大案件起关键作用的,或者有重大立功表现的,可以减轻或者免除处罚。

第三百九十一条 为谋取不正当利益,给予国家机关、国有公司、企业、事业单位、人民团体以财物的,或者在经济往来中,违反国家规定,给予各种名义的回扣、手续费的,处三年以下有期徒刑或者拘役,并处罚金。

单位犯前款罪的,对单位判处罚金,并对其直接负责的主管人员和其他直接责任人员,依照前款的规定处罚。

◎ 《最高人民法院、最高人民检察院关于在办理受贿犯罪大要案的同时要严肃查处严重行贿犯罪分子的通知》

二、对于为谋取不正当利益而行贿,构成行贿罪、向单位行贿罪、单位行贿罪的,必须依法追究刑事责任。"谋取不正当利益"是指谋取违反法律、法规、国家政策和国务院各部门规章规定的利益,以及要求国家工作人员或者有关单位提供违反法律、法规、国家政策和国务院各部门规章规定的帮助或者方便条件。

对于向国家工作人员介绍贿赂,构成犯罪的案件,也要依法查处。

交友不慎误入歧路,迷途小伙险被重判

现实生活中,一些缺乏社会经验的青年很容易被所谓的"朋友"欺骗,出于江湖义气,一时冲动参与违法犯罪活动,从而导致个人的人生道路一片黑暗。而非法拘禁罪与抢劫罪十分相似,一些人很有可能被按照较重的罪名判刑,导致罪刑不相适应。这种情况下,就需要律师参与到具体案件之中来维护公平与正义。

非法拘禁罪,是指以拘押、禁闭或者其他强制方法,非法剥夺他人人身自由的犯罪行为。非法拘禁罪侵犯的客体是他人的身体自由权。所谓身体自由权,是指以身体的动静举止不受非法干预为内容的人格权,亦即在法律范围内按照自己的意志决定自己身体行动的自由权利。公民的身体自由,是公民正常工作、生产、生活和学习的保证,失去身体自由,就失去了从事一切正常活动的可能。抢劫罪,是以非法占有为目的,对财物的所有人、保管人当场使用暴力、胁迫或其他方法,强行将公私财物抢走的行为。所谓暴力,是指行为人对被害人的身体实施打击或强制。抢劫罪的暴力,是指对被害人的身体施以打击或强制,借以排除被害人的反抗,从而劫取被害人财物的行为。这里的其他方法,是指行为人实施暴力、胁迫方法以外的其他使被害人不知反抗或不能反抗的方法。在司法实践中,这两种罪行的实施手法和犯罪表现十分相似,因此对于二罪的认定界线常常存在争议。

案例介绍

一、网络结识不良青年,不抵诱惑共同犯罪

王亚因为父母外出打工而缺乏教育,初中毕业之后就没有继续接受学校教育,开始在社会上闯荡。不久后他迷恋上了网络游戏,并且在网上结识了张阳、王西二人,后张阳谎称被害人李芳乃其前女友(事实上被害人与张阳并无关系),分手之后李芳还欠其人民币5000元。王亚、王西二人便出于江湖义气,愿意帮助张阳追回欠款,二人与张阳在被害人李芳住处将李芳控制并前往外地,后张阳、王西二人以暴力方式取得被害人的手机,并扣留了被害人随身携带的现金300元。被害人侥幸逃脱后,公安机关迅速将三人抓获,三人也因为自己的行为而付出了惨痛的代价。

二、共同犯罪被起诉,律师辩护得轻判

公诉机关将王亚、王西、张阳三人起诉至人民法院后,认为三人事先预谋,并以殴打、言语威胁等方式拘禁、控制被害人,并以暴力手段强行拿走被害人的手机以及随身携带的现金,应当以非法拘禁罪以及抢劫罪追究王亚等人的刑事责任。辩护人则认为被告人王亚客观上没有实施暴力手段劫取被害人财物,主观上也不具有非法侵占被害人财物的目的和故意,王亚与同案犯张阳、王西事前也没有抢劫被害人财物的通谋。人民法院采纳了辩护人的辩护意见,认为公诉机关指控王亚抢劫罪的证据不足,仅以非法拘禁罪判处王亚有期徒刑一年。

争议与问题

共同犯罪中,超出共同犯意的行为是否属于实行过限?

案例分析

一、公诉机关有关被告人王亚犯有抢劫罪的指控不能成立

首先,被告人王亚客观上没有实施以暴力手段劫取被害人财物的行为。综观本案,决定、指挥、扣留被害人手机、钱款的是同案行为人张阳,具体实施扣留财物行为的是张阳与同案的王西,除此以外,并无他人。公诉机关也无其他证据,能够证实被告人王亚实施了以暴力手段劫取被害人财物的行为。

其次,被告人王亚主观上没有非法占有被害人财物的目的与故意。根据本案证据及被告人法庭供述,被告人王亚本人毫无控制及支配被害人财物的目的,与其他同案行为人之间也无非法占有并处置被害人财物的意思联络。扣留被害人手机及钱款,完全是同案另一行为人张阳的意思,与本案被告人王亚没有任何关系,不能因为王亚全程与张阳和其他行为人及被害人在一起,就推断出其有非法占有被害人财物的目的。

再次,其他同案行为人的行为也不符合抢劫罪的主观特征。根据我国刑法规定,抢劫罪在主观方面除要求必须出于直接故意外,还应当具有非法占有财物的目的。同案其他行为人虽然强行扣留了被害人的手机,但其主观目的仅是为了防止被害人逃跑;虽扣留被害人300元钱款,但那是为了给张阳索回被害人所欠张阳的欠款。这些行为,均不是同案其他行为人为了将被害人财物据为己有。由此可知,同案其他行为人也并没有非法占有相关财物的目的,其不符合抢劫罪的主观特征。

综上,鉴于被告人王亚没有实施以暴力手段劫取被害人财物的实行行为,主观上也不具有非法占有被害人财物的目的与故意,兼之其他同案行为人的行为并不符合抢劫罪的主观特征,公诉机关对被告人王亚犯有抢劫罪的指控不能成立。

二、被告人王亚在指控的非法拘禁行为中仅起"助威"作用,其情节显著轻微,危害不大,依法应当从轻、减轻或免除处罚

根据证据证明的事实,对于张阳等人欲带被害人去外地的意图,本案被告人王亚尽管知晓也未表示反对,但其从始至终既未对被害人进行过殴打、威胁或侮辱,也未对被害人进行拘押、看管,不存在对被害人实施非法拘禁或者以其他方法非法剥夺其人身自由的具体实行行为。

在张阳等人带被害人去外地,直至被害人报警被解救的整个过程中,被告人王亚所有的行为不过就是"跟从"张阳等人一同乘车、一同吃饭、在同一个旅店睡觉、在同一个台球厅一起玩耍,而并没有对被害人施以任何不法侵害行为。

如果说张阳等人的行为构成非法拘禁犯罪,那么被告人王亚在犯罪过程中所起的作用显著轻微,危害不大,应当从轻、减轻或免除处罚。

律师支招

一、实行过限对共同犯罪认定的影响

实行过限,指在共同犯罪中,原共同犯罪中某一或数个共同犯罪人,实施了超过原共同谋定的故意范围的犯罪行为。实行过限的犯罪行为由过限行为实施者自己承担,对过限行为没有共同故意的原共同犯罪人,不对过限行为负刑事责任。这里与其说超越共同犯罪故意,还不如说是有别于共同犯罪故意。因此产生了新的犯罪故意,实行过限即在新的犯罪故意的支配下实施的犯罪行为。鉴于实行过限与共同犯罪共生又相斥的关系,共同犯罪的责任原理,反过来就是判定实行过限的责任承担原理。这里概述一下共同犯罪的责任承担原则,以作为认定实行过限问题的依据。

主观罪过原则,根据我国的刑法学理论,行为人只有在对危害结果有过错的情况下才负刑事责任。共同犯罪人的刑事责任以共同犯罪故意为限。而过限行为超越了共同犯罪故意,共同犯罪中的其他人对过限行为没有主观罪过,因此对过限行为不负刑事责任,由过限行为人单独承担刑事责任。

部分行为全部责任原则,是团体责任的一种延伸,即在共同正犯的场合,之所以行为人实施了部分行为却要承担全部责任,是因为通过犯意的联络,共同犯罪人形成了一个犯罪共同体。在这个共同体中,每个行为人基于共同的犯罪故意,实施了部分行为,都指向共同的犯罪目的,对犯罪结果的造成都有原因力,因此每个共犯都要对犯罪结果负责。

罪责自负亦即个人责任原则,即行为人对自己的行为承担刑事责任,对他人的行为不承担刑事责任。共同犯罪中,对超出共同犯罪故意的过限行为,由过限行为人自己承担刑事责任,其他人不承担责任。

全部责任原则的突破和修正,是部分行为全部责任原则向个人原则的一种理性回归。

二、本案被告王亚不符合抢劫罪的构成要件

本案审理的重点是对抢劫罪和非法拘禁罪犯罪构成的区分。《中华人民共和国刑法》第二百六十三条规定的抢劫罪,是以非法占有财产为目的,对财物的所有人、保管人当场使用暴力、胁迫或其他方法,强行将公私财物抢走的行为。从犯罪构成要件上看,该罪侵犯的客体是公私财物的所有权和公民的人身权利。客观方面表现为行为人对公私财物的所有者、保管者或者守护者当场使用暴力、胁迫或者其他对人身实施强制的方法,强行劫取公私财物的行为。主观上的根本目的是要抢劫财物,侵犯人身权利只是达到目的的一种手段。正因如此,我国刑法把抢劫罪规定在侵犯财产罪这一章。

《中华人民共和国刑法》第二百三十八条规定的非法拘禁罪,是以拘押、禁闭或者其他强制方法,非法剥夺他人人身自由的犯罪行为。非法剥夺人身自由是一种持续行为,即该行为在一定时间内处于持续状态,使他人在一定时间内失去身体自由,不具有间断性。从犯罪构成要件上看,该罪侵犯的客体是他人的人身自由权,是一种严重剥夺公民人身自由的行为。客观上表现为有非法剥夺他人人身自由的行为,这一行为的特征是非法拘禁他人或者以其他方法非法剥夺他人的人身自由(包括直接拘束他人的身体而剥夺其身体活动自由,也包括间接拘束他人的身体而剥夺其身体活动自由),如非法逮捕、拘留、监禁、扣押、绑架等。无论是以暴力、胁迫方法拘禁他人,还是以欺诈方法拘禁他人,均不影响本罪的成立。

具体到本案中,公诉机关控诉被告人王亚犯抢劫罪的定性之所以不被采纳,是因为从被害人身上搜出财物,乃张阳等人的单独意思表示,被告人使用暴力限制被害人人身自由并没有以非法占有被害人财产为目的,也没有取财的当场性,不符合抢劫罪的犯罪构成,故人民法院对被告人王亚作出了非法拘禁罪的最终判决。

必懂知识点

《中华人民共和国刑法》第二十五条规定的共同犯罪是指二人以上共同故意犯罪。二人以上共同过失犯罪,不以共同犯罪论处;应当负刑事责任的,按照他们所犯的罪分别处罚。如果二人以上事先同谋,事中有人没去实行犯罪,也按共犯处罚。

共同犯罪分为一般共犯和特殊共犯即犯罪集团两种。一般共犯是指二人以上共同故意犯罪,而三人以上为共同实施犯罪而组成的较为固定的犯罪组织,是犯罪集团。组织、领导犯罪集团进行犯罪活动的,或者在共同犯罪中起主要作用的,是主犯。对组织、领导犯罪集团的首要分子,按照集团所犯的全部罪行处罚。在此之外的主犯,应当按照其所参与的或者组织、指挥的全部犯罪处罚。共同犯罪人主要分为主犯、从犯、胁从犯。

主犯是指组织、领导犯罪集团进行犯罪活动或者在共同犯罪中起主要作用的犯罪分子。包括以下两种情况:

(1)组织、领导犯罪集团进行犯罪活动的犯罪分子,即犯罪集团的首要分子,有两个特征:第一,必须是集团犯罪中的犯罪分子;第二,必须实施了组织、领导犯罪集团进行犯罪活动的行为。

（2）在共同犯罪中起主要作用的犯罪分子，即犯罪集团首要分子以外的在共同犯罪中起主要作用的犯罪分子，包括犯罪集团的骨干分子和在某些聚众犯罪中起组织、策划、指挥作用的犯罪分子。

组织、领导犯罪集团的首要分子，按照集团所犯的全部罪行处罚。集团所犯的全部罪行指首要分子组织、领导的犯罪集团在预谋犯罪的范围内所犯的全部罪行。对于犯罪集团首要分子以外的其他主犯，应当按照其所参与的或者组织、指挥的全部犯罪处罚。

必知法规

◎ 《中华人民共和国刑法》

第二十五条 共同犯罪是指二人以上共同故意犯罪。

二人以上共同过失犯罪，不以共同犯罪论处；应当负刑事责任的，按照他们所犯的罪分别处罚。

第二十六条 组织、领导犯罪集团进行犯罪活动的或者在共同犯罪中起主要作用的，是主犯。

三人以上为共同实施犯罪而组成的较为固定的犯罪组织，是犯罪集团。

对组织、领导犯罪集团的首要分子，按照集团所犯的全部罪行处罚。

对于第三款规定以外的主犯，应当按照其所参与的或者组织、指挥的全部犯罪处罚。

第二十七条 在共同犯罪中起次要或者辅助作用的，是从犯。

对于从犯，应当从轻、减轻处罚或者免除处罚。

第七十二条 对于被判处拘役、三年以下有期徒刑的犯罪分子，同时符合下列条件的，可以宣告缓刑，对其中不满十八周岁的人、怀孕的妇女和已满七十五周岁的人，应当宣告缓刑：

（一）犯罪情节较轻；

（二）有悔罪表现；

（三）没有再犯罪的危险；

（四）宣告缓刑对所居住社区没有重大不良影响。

宣告缓刑，可以根据犯罪情况，同时禁止犯罪分子在缓刑考验期限内从事特定活动，进入特定区域、场所，接触特定的人。

被宣告缓刑的犯罪分子，如果被判处附加刑，附加刑仍须执行。

第七十三条 拘役的缓刑考验期限为原判刑期以上一年以下，但是不能少于二个月。

有期徒刑的缓刑考验期限为原判刑期以上五年以下，但是不能少于一年。

缓刑考验期限，从判决确定之日起计算。

第二百三十八条 非法拘禁他人或者以其他方法非法剥夺他人人身自由的，处三年以下有期徒刑、拘役、管制或者剥夺政治权利。具有殴打、侮辱情节的，从重处罚。

犯前款罪,致人重伤的,处三年以上十年以下有期徒刑;致人死亡的,处十年以上有期徒刑。使用暴力致人伤残、死亡的,依照本法第二百三十四条、第二百三十二条的规定定罪处罚。

为索取债务非法扣押、拘禁他人的,依照前两款的规定处罚。

国家机关工作人员利用职权犯前三款罪的,依照前三款的规定从重处罚。

第二百六十三条 以暴力、胁迫或者其他方法抢劫公私财物的,处三年以上十年以下有期徒刑,并处罚金;有下列情形之一的,处十年以上有期徒刑、无期徒刑或者死刑,并处罚金或者没收财产:

(一)入户抢劫的;

(二)在公共交通工具上抢劫的;

(三)抢劫银行或者其他金融机构的;

(四)多次抢劫或者抢劫数额巨大的;

(五)抢劫致人重伤、死亡的;

(六)冒充军警人员抢劫的;

(七)持枪抢劫的;

(八)抢劫军用物资或者抢险、救灾、救济物资的。

第二百六十九条 犯盗窃、诈骗、抢夺罪,为窝藏赃物、抗拒抓捕或者毁灭罪证而当场使用暴力或者以暴力相威胁的,依照本法第二百六十三条的规定定罪处罚。

◎ 《人民法院量刑指导意见(试行)》(2010年发布,现已失效)

非法拘禁罪

1.构成非法拘禁罪的,可以根据下列不同情形在相应的幅度内确定量刑起点:

(1)未造成伤害后果的,可以在三个月拘役至六个月有期徒刑幅度内确定量刑起点。

(2)致一人重伤的,可以在三年至四年有期徒刑幅度内确定量刑起点。

(3)致一人死亡的,可以在十年至十二年有期徒刑幅度内确定量刑起点。

2.在量刑起点的基础上,可以根据非法拘禁人数、次数、拘禁时间、致人伤亡后果等其他影响犯罪构成的犯罪事实增加刑罚量,确定基准刑。

3.有下列情节之一的,可以增加基准刑的20%以下:

(1)具有殴打、侮辱情节的;

(2)国家机关工作人员利用职权非法扣押、拘禁他人的。

4.为索取合法债务、争取合法权益而非法扣押、拘禁他人的,可以减少基准刑的30%以下。

拆迁补偿成诈骗,定罪免罚把家还

随着我国经济的发展和城市化进程的不断推进,大量土地被征用。随着拆迁引起被拆迁人获得暴利情况的增多,各地方各种利益群体展开了激烈较量。利益的诱惑是容易让人失去理性的,但是是否构成犯罪并不能仅从利益的角度来衡量,定罪必须要有证明犯罪事实的充足证据。由于拆迁在我国现代化进程中扮演着重要角色,本文特选此案例,以供读者参阅并运用于实际的拆迁过程中。

案例介绍

一、拆迁地上种葡萄,被控诈骗无处诉

林成才系大连市金州区四十里堡街道王家村村民。1999 年,他承包了钟家村 200 多亩的山地种植粮食和果树。2000 年,又承包了新港 5600 亩海域进行海参、海胆养殖。随后他连开了两家公司:大连明泽海产科技开发有限公司和大连成才生态科技开发有限公司。日子过得风生水起,堪称农民勤劳发家致富的典范。

2004 年秋天,林成才组织工人在承包地里种植了大约 20 万株葡萄苗,2005 年 2 月底至 3 月初,他又在承包地里种植了大约 50 万棵葡萄苗。2005 年,国家要新建王家窑疏通路,该项工程要从四十里堡钟家村穿过。2005 年 5 月 24 日,在省、市交通部门组织的最终的征地复核工作中确定林成才的承包地里含有原植葡萄苗 14.9 万株,新植 40 余万株。据此,林成才获得该原植部分 1877.4 万元的动迁差额补偿款。

2008 年 6 月 18 日,林成才因涉嫌犯诈骗罪被刑事拘留,同年 7 月 24 日被逮捕。后被辽宁省大连市人民检察院指控涉嫌犯诈骗罪。

二、拆迁补偿引祸灾,一审无期刑加身

辽宁省大连市人民检察院认为:林成才得知即将修建的王家窑疏通路工程,将从其承包的金州区四十里堡街道钟家村土地上经过,为了多获得动迁补偿款,在自家将被征占的地里抢栽抢种大量葡萄苗。2005 年 4 月中旬,在金州区四十里堡街道组织的动迁核量中,核量人员将被告人林成才承包地里的葡萄苗均认定为"新植"(抢栽抢种)。被告人林成才得知此情

况后,先后找钟家村原书记高家宝(另案处理)以及四十里堡街道原副主任孙有才(另案处理)帮忙,将其"新植"8年生葡萄苗里的14.9万株改为"原植",从而获得国家动迁补偿款1877.4万元。

据此,辽宁省大连市中级人民法院一审判决被告人林成才犯诈骗罪,判处无期徒刑,剥夺政治权利终身,并处没收个人全部财产。

争议与问题

本案中,将林成才承包地里的葡萄苗全部认定为"新植"是否合理?"原植""新植"的区分标准究竟如何?

案例分析

一、争取二审开庭,打击法外干预

二审审理有开庭审理和书面审理两种形式。如果二审开庭审理,辩护意见效果往往更好,改变一审不利判决的概率更高。律师必须及时向二审法院提交《公开审理申请书》,并言明公开审理的主要理由:一审法院认定事实不清、证据不足且违反法定程序;一审后又出现能够影响判决结果的新证据。本案,律师在接受委托后,发现本案存在纪委干预,并要求将林成才作为打击重点的情况。大连市纪委插手了该案的审判,严重侵害了司法机关的独立审判地位,影响了审判的公正性。大连市纪委、市监察局纪检监察三室主任刘成直接参加了法院合议庭的评议,并且以纪委的名义对合议庭法官施加影响。针对该事实,必须组织搜索相关证据,一并递交到纪委进行举报,以此迫使法外干预收手,最大限度地保证二审审判的独立和公正。

二、重审庭审以证据为基石,推翻一审事实认定

(一)司法机关未对涉案植株的新旧予以区分

公诉机关将林成才承包地里的14.9万株葡萄苗全部认定为"新植",与客观情况不符。14.9万株葡萄苗中有一部分是2004年栽种的,属于"原植",但是公诉机关并没有进行区分,而是将林成才承包的该片土地内的全部葡萄苗均认定为"新植"。一审法院支持了控方的指控,根据控方证据认定林成才的14.9万株葡萄苗全部属于"新植",属于事实认定有误。

事实上,林成才第一次种植葡萄是在2004年开春,原来地里种植的是玉米、黄豆、花生。证人证言也可以佐证,林成才的土地里既有旧种植的葡萄苗,也有新种植的葡萄苗。林成才和拆迁工作人员都认为林成才的葡萄苗有"旧"也有"新",并非全部都是新栽种的葡萄苗。法院将其均认定为"新植"属于事实认定有误。

(二)"原植""新植"区分标准不统一,一审法院认定过于随意

通过研究全部证据材料和相关证人证言,案中所谓的"新植"和"原植"没有客观的评判标准,完全是由国家指派的核量人员主观评断的。而一审法院在审理中所采用的区分"新植"还是"原植"的做法也没有任何具有说服力的依据。实践中关于区分"新植""原植"并没有统一标准。

检察机关虽然向法庭提交了大连市农业科学研究院出具的鉴定报告,作为区分"原植""新植"的标准,法院也予以采信了。但仔细研究可发现此份鉴定报告根本不具有证据能力。在国家司法鉴定人和司法鉴定机构名册上查无此鉴定机构及相应鉴定人,该鉴定意见欠缺证据资格。除此之外,以理论鉴定来约束农民的种植行为缺乏科学和法律依据。首先,鉴定报告明确说明,除土壤化学分析外,对其他问题只能从理论上进行评估。因为现场早已毁坏,时隔多年之后,再用该报告来认定当时的葡萄苗是"新植"还是"原植"没有任何意义。其次,不能用农业科学家的标准来要求被告人如何种植葡萄,不能为其设定过高的要求。最后,上诉人林成才在其承包的土地如何种植葡萄是其个人的自由,一切的风险收益均由其个人承担,至于理论上如何栽种与认定对其没有任何意义和束缚力。

(三)林成才种植葡萄苗在征地公告发布之前,不存在抢栽抢种

根据关于"抢栽抢种"的法律标准,林成才不存在抢栽抢种的行为。国土资源部2001年发布的《征用土地公告办法》(现已被修订)第四条规定:"被征用土地所在地的市、县人民政府应当在收到征用土地方案批准文件之日起10个工作日内(从严格意义上镇政府的公告没有批准文件,是违法的——笔者注)进行征用土地公告,该市、县人民政府土地行政主管部门负责具体实施。"第五条规定:"征用土地公告应当包括下列内容:(一)征地批准机关、批准文号、批准时间和批准用途;(二)被征用土地的所有权人、位置、地类和面积;(三)征地补偿标准和农业人员安置途径;(四)办理征地补偿登记的期限、地点。"根据辽宁省交通厅、省国土资源厅、省林业厅发布的《关于全省高速公路建设征地动迁补偿实施方案》规定:"……(三)征地工作程序:1.告知征地情况。……在告知后,凡被征地农村集体经济组织和农户在拟征土地上抢栽、抢种、抢建的地上附着物和青苗,征地时一律不予补偿。"由此可以看出,征地公告发布的日期是判断是否应当给予被征地对象补偿的界限。自征地公告发布之日起,抢栽、抢种、抢建的地上附着物和青苗等国家不予补偿;而在征地公告发布之前无论什么原因栽种的果树,国家应当依法予以补偿。根据法律法规的有关规定,应当以征地公告发布之时,确定行为人是否为抢栽抢种,而这也是界定补偿标准的唯一法律标准。

证据表明,林成才是在2004年秋季和2005年2月底到3月初种植的葡萄苗,但是镇政府的征地公告是在2005年4月7日才公布的。征地公告要求从公布之日起严禁在规定范围内增加新的地上物。林成才所有种植的葡萄均早于公告发布日,按照法律规定不属于抢栽抢种。

(四)政府违法征地,林成才理应依法获得补偿

该镇政府2005年4月7日发布的征地公告以及2005年大连市组织的最终征地复核都

是违法征地行为,没有依法履行批准手续。依据《中华人民共和国土地管理法》第四十五条规定:"征收下列土地的,由国务院批准:(一)基本农田;(二)基本农田以外的耕地超过三十五公顷的;(三)其他土地超过七十公顷的。"而根据中华人民共和国国土资源部国土资函2007年第76号《关于王家窑疏通高速公路工程建设用地的批复》可知,国务院同意批准的时间是2007年2月14日。据此,可以断定2005年该镇政府针对林成才承包地的征地行为,是没有得到国务院的批准的,是违反《中华人民共和国土地管理法》的行为。因此,林成才种植葡萄苗,只是一种个人处置财产的行为。相反,正是由于政府的违法拆迁,侵犯了林成才的个人财产权。政府非法征地系侵权行为,侵权适用《中华人民共和国侵权责任法》中恢复原状、赔偿损失的规定,其中该赔偿包括可得利益损失;而合法征地行为系合同行为,适用《中华人民共和国合同法》,需依据合同补偿。政府非但没有基于市场价格、双方自愿来协商解决征地补偿的标准,还借着合法征地的名义进一步挤压林成才的议价权利。司法机关追究林成才的刑事责任为诈骗,完全是黑白颠倒。

林成才提出的征地补偿要求只是一种民事议价的行为。补偿与被补偿是平等主体之间的民事法律行为,如果双方对补偿标准存在分歧,可以通过法定程序处理,而不应界定为犯罪。现实中,被补偿人所提出的补偿要求一般高于实际补偿标准,如果因提出的补偿要求过高而定诈骗罪,那么在土地征用、拆迁过程中,被补偿方几乎全部要被定诈骗罪,岂不荒唐?

三、适时递交专家意见书,为审判开阔思路

为了确保辩护效果,律师适时向法院提交了一份专家意见书,以专业的力量加强辩护效果。

专家意见认为,即便根据一审判决书认定的事实,林成才找时任村书记高家宝、街道办副主任孙有才帮忙,将14.9万株葡萄苗由"新植"改为"原植",从而骗取1877万余元动迁补偿款,也不能认定林成才的行为具有诈骗性质。

(1)高家宝、孙有才审核葡萄苗数量及"原植"还是"新植"时,是建立在现场核查的基础上的,他们对实际情况一清二楚。他们将"新植"改为"原植",并非由于林成才的欺骗或者林成才使他们的认识发生了误解,而是经林成才请求后提供的"帮忙"。高家宝、孙有才二人提供"帮忙",其中可能有徇私、让步,甚至渎职的因素,但就是没有被欺骗或受骗上当的因素。

(2)高家宝、孙有才修改后的数据只是初查结果,不是最终的补偿依据。只有经省交通厅交管局、市交通局、金州区交通局等部门共同确认的数据,才是补偿金发放的依据,才对补偿金的发放具有决定性。而省交通厅交管局、市交通局、金州区交通局等部门人员在之后的多次核查中,也没有受到高家宝、孙有才"修改"的欺骗而上当。负责动迁补偿的工作人员等,也对林成才的葡萄苗栽植状况进行过多次核查,完全了解其"新植""原植"的实际情况,并予以认可。这一点在已生效的大连市金州区(2010)金刑初字第422号判决书中说得非常清楚。既然本案"将'新植'改为'原植'"的关键事实中不存在林成才的欺骗与负责动迁工作人员的被欺骗,那么,不应称其为诈骗行为。

（3）就被动迁方林成才而言，遇到承包的葡萄园动迁自然想多得补偿，所以大肆"抢栽抢种"。这虽然是一种弄虚作假的行为，具有欺骗性，但不是刑事欺诈行为。在遇到动迁拆迁时，这类弄虚作假现象极为普遍，所以动迁方需要核查把关、严加防范。有时为了完成动迁任务还不得不迁就这种作假行为，如本案中动迁方就认可新植的葡萄苗也给每株14元的补偿。可见，林成才获得1877.4万元动迁补偿，虽不合法，却不是刑事诈骗取得。同理，动迁方有关工作人员支付1877.4万元动迁补偿，虽不妥当，却不是因为上当受骗而作出的行为。本案中动迁方工作人员支付1877.4万元动迁补偿，并非出于被骗误解。国家机关财物的交付必须通过"人"来实施，它的被骗必须是其工作人员的被骗。而本案中，林成才没有对动迁方工作人员进行欺骗，没有欺骗也就不成立诈骗罪。所以，本案中林成才的行为不构成诈骗罪。

（4）动迁补偿活动极为特殊、十分复杂，同样的情况，获得不一样补偿的情形比比皆是，获得超出国家标准的补偿情形也比比皆是。各种原因相当复杂。不能仅以当事人得到的补偿远远超出正常范围，就认为其涉嫌犯罪，也不能以当事人有多得补偿的想法或某些弄虚作假的做法，就倒推其具有诈骗犯罪的故意。

专家们所提出的这些意见再次加强了辩护意见。在法院对诈骗行为的认定存在疑问时，及时递交专家意见书，获得了非常好的辩护效果。律师的辩护意见最终获得二审法院的支持，二审法院裁定撤销一审判决，并发回重新审判。

四、行百里半九十，重审是辩护的关键阶段

林成才案件的二审辩护取得了成果，推翻了一审的判决，案件发回大连市中级人民法院进行重审，这离辩护目标又近了一步。重审有其特色，需要对症下药。重审是行百里半九十的关键时刻，必须高度调动积极性来应对可能出现的任何问题。

公诉机关意识到对林成才诈骗罪的指控在律师的辩护下漏洞百出，再获得法院支持已经希望渺茫。2013年3月，在重审的同时开始对林成才展开所谓行贿罪的立案调查，并于6月14日对林成才追加起诉。大连市人民检察院认为：2005年4月中旬，金州区四十里堡街道组织动迁核量，林成才承包地里的葡萄苗均被认定为"新植"。林成才得知此情况后，先后找到协助政府从事动迁工作的时任本村党支部书记高家宝（已判刑）以及主管动迁工作的四十里堡街道副主任孙有才（已判刑）帮忙将14.9万株"新植"葡萄苗变更为"原植"，从而获取该部分动迁补偿款1877.4万元。2006年元旦前后，林成才在获取补偿款后，给高家宝现金10万元作为感谢费。公诉机关认为林成才的行为构成行贿罪，并应承担相应的刑事责任。

面对公诉机关的"突袭"，首先不能乱了阵脚，律师分析追加起诉的材料后，调整辩护策略，除了对诈骗罪进行乘胜追击式的无罪辩护之外，还将第二次庭审的重点放在对行贿罪的辩护上。

五、步步为营，终于还家

辩护律师的大部分辩护意见得到了法院的认可，重审判决彻底推翻了林成才无期徒刑的量刑，改判免于刑事处罚。大连市中级人民法院重审判决认为，虽然林成才诈骗罪指控罪

名成立,但鉴于被告人林成才诈骗犯罪情节较轻,且主动退还非法所得,使国家损失得以弥补,可对其所犯诈骗罪免于刑事处罚。大连市中级人民法院的这一判决可以理解为事实上的无罪判决。根据我国刑法及相关司法解释,诈骗公私财物数额"五十万元以上"为"数额特别巨大",将处十年以上有期徒刑或者无期徒刑,并处罚金或者没收财产。在司法实践中,诈骗数额达千万的犯罪人一般将被判处无期徒刑。本案重审判决显然是否认林成才诈骗获得了动迁补偿款1877.4万元人民币。

重审判决没有采纳林成才及辩护律师提出的不构成行贿罪的辩解及辩护意见,以行贿罪判决林成才三年六个月有期徒刑。本案从一审判决诈骗罪成立到二审发回重审,再到重审判决,经历了三年的时间。期间,林成才一直被羁押,截止判决当日,林成才已经被羁押近三年五个月。羁押期限折抵刑期之后,林成才很快就可以走出监狱重获自由。

律师支招

一、打碎原有的案情框架,另起炉灶确立新思路

我国刑事诉讼法规定我国采取两审终审制,奉行全面审查原则的二审往往是被告人寻求司法公正的最后一个机会,也是刑事司法纠正可能存在错误定罪的有利机会。在司法实践中,如果被告人二审再次失利,想要启动再审程序往往是极为艰难的。先不对一审辩护律师的工作做评价,一审有罪认定以及无期徒刑的判决对林成才而言确实是一个很大的打击。二审辩护律师接到一审材料之后,也感到巨大的压力。

二审辩护成功的关键在于仔细研究一审法院作出的判决和庭审资料,找出了一审法院不支持辩护人的原因,重新构建了二审辩护的思路。只有有针对性地重构二审辩护策略,才有可能从根本上逆转一审判决的不利后果,令法院采纳辩护意见,为被告人争取最有利的裁判结果。

之于本案,一审判决关于林成才的14.9万株葡萄苗全部属于违法抢种的"新植"的事实认定存在错误。建立在这一错误前提下得出的判决结果应当予以推翻。如果二审法院认为一审判决存在严重的事实不清、证据不足的问题,发回重审的概率增大。如果二审法院裁定发回重审,则必须根据重审程序的特殊性再调整辩护策略,而这要求辩护律师具有相当的职业敏感性以及准确的预见性。

二、巧用专家学者论证,决胜法律争议

经过对相关证据、案件卷宗的研究和实地考察发现,林成才的行为只是拆迁户维护自己权益的正当行为,不符合诈骗罪的成立要件。一审判决存在着明显的法律适用错误。然而实践中越是浅显的问题,往往越难以证明。辩护律师就事论事,围绕简单问题展开辩论的辩护效果也难以得到保障。且此案处于二审阶段,如果二审失利,再扭转局势就是难上加难的事。因此,此时借助专家学者的论证意见,以专业的力量,向办案人员更加有理有力地证明法律适用当中的错误就显得十分必要。

需要注意的是,目前在刑事案件中使用专家论证意见已不鲜见,但即使都是十分有名的专家学者,其辩护效果却不尽相同。专家论证意见的提出时机十分关键。本案中,如果在庭审一开始就提出专家论证意见,不一定会取得最佳辩护效果。因为庭审之初双方争议的焦点,以及法官的问题点在哪里并不明确。贸然使用专家论证意见可能会使庭审焦点过早转移到一个全新的争议点上。这样不但辩方原本准备的辩护工作无用武之地,而且面对全新的争议问题,辩方准备不足,辩护效果便无从保证。然而,如果等待庭审发酵到一定程度,在法官对相应的法律适用问题存在疑惑时再提出,专家论证意见会得到法官的特别重视,对其心证的形成也会产生更大的参考作用。

三、庭审也是心理战,口头表达很关键

辩护律师不仅要成为一个法律专家,也要成为口头表达专家。庭审过程中优秀的口头辩护技术,往往可以收到最佳庭审效果。在取证能力和法律素质之外,演讲和辩论等基本功对于律师来说也十分重要。辩护律师要善于运用心理学知识,通过口头辩护保障辩护效果。

本案二审裁定发回重审。重审阶段的庭审不同于一审,不是从无到有的过程,而是要扭转原一审的错误。这对辩护律师提出了更高的挑战。重审辩护词应当具备以下三个要点:一是不能遗漏任何一个要点;二是各要点之间不能平铺直叙,必须根据法官对不同问题点的态度,适时进行详略调整;三是切忌一开始就说出结论,而是要引导法官进行思考,逐渐形成与辩护意见契合的心证。本案二审辩护律师在庭审发表辩护意见时条理清晰,注重逻辑,以浅显易懂的口语将案件中复杂的事实和法律关系进行了梳理,并未直接摆出自己的辩护意见让法官被动接受,而是通过辩护意见的发表潜移默化地影响法官的心证。如此的表达技术是与法官的心理变化过程相吻合的。整个庭审,辩护人发言不过四五十分钟,却获得了很好的辩护效果。

必懂知识点

一、诈骗罪的犯罪构成

1.**客体要件**:本罪侵犯的客体是公私财物所有权,诈骗罪侵犯的对象,仅限于国家、集体或个人的财物,而不是骗取其他非法利益。

2.**客观要件**:本罪在客观上表现为使用欺诈方法骗取数额较大的公私财物。

首先,行为人实施了欺诈行为。欺诈行为从形式上说包括两类,一是虚构事实,二是隐瞒真相,二者从实质上说都是使被害人陷入错误认识的行为。欺诈行为的内容是,在具体状况下,使被害人产生错误认识,并作出行为人所希望的财产处分。因此,不管是虚构、隐瞒过去的事实,还是当下的事实与将来的事实,只要具有上述内容的,就是一种欺诈行为。

其次,欺诈行为使对方产生错误认识。对方产生错误认识是由行为人的欺诈行为所导致的,即使对方在判断上有一定的错误,也不妨碍欺诈行为的成立。在欺诈行为与对方处分

财产之间,必须介入对方的错误认识。如果对方不是因欺诈行为产生错误认识而处分财产,就不成立诈骗罪。

再次,要成立诈骗罪要求被害人陷入错误认识之后作出财产处分。财产处分包括处分行为与处分意思,作出这样的要求是为了区分诈骗罪与盗窃罪。处分财产表现为直接交付财产,或者承诺行为人取得财产,或者承诺转移财产性利益。行为人实施欺诈行为,使被害人放弃财物,行为人拾取该财物的,也应以诈骗罪论处。

最后,欺诈行为使被害人处分财产后,行为人便获得了财产,从而使被害人的财产受到损害。

3.主观要件:本罪在主观方面表现为直接故意,并且具有非法占有公私财物的目的。

4.主体要件:本罪主体是一般主体,凡达到法定刑事责任年龄、具有刑事责任能力的自然人均能构成本罪。

综上,诈骗罪的犯罪构成包括5个要素,(行为人)欺骗、(对方)误解、(对方)因误解而交付财物、(行为人)得到财物、(对方)失去财物,且环环相扣,缺一不可。而且诈骗罪的欺骗必须是针对具有思想活动的自然人,是自然人因受骗误解而交付财物。

二、诈骗罪的量刑标准

根据最高人民法院1996年发布的《关于审理诈骗案件具体应用法律的若干问题的解释》(现已失效)的规定,诈骗罪的量刑标准如下:

(1)个人诈骗公私财物2千元以上的属于"数额较大"。

(2)个人诈骗公私财物3万元以上的属于"数额巨大"。

(3)个人诈骗公私财物20万元以上的属于"数额特别巨大"。

诈骗罪量刑标准就是指以诈骗罪数额大小为主要因素,结合情节因素确定的标准,也是诈骗罪罪刑法定原则的重要标志。对于诈骗罪量刑标准的两个考量因素是:一是诈骗的数额标准;二是诈骗的情节因素。

诈骗罪量刑标准之加重处罚情形如下:

诈骗数额在10万元以上,又具有下列情形之一的,也应认定为"情节特别严重":

(1)诈骗集团的首要分子或者共同诈骗犯罪中情节严重的主犯;

(2)惯犯或者流窜作案危害严重的;

(3)诈骗法人、其他组织或者个人急需的生产资料,严重影响生产或者造成其他严重损失的;

(4)诈骗救灾、抢险、防汛、优抚、救济、医疗款物,造成严重后果的;

(5)挥霍诈骗的财物,致使诈骗的财物无法返还的;

(6)使用诈骗的财物进行违法犯罪活动的;

(7)曾因诈骗受过刑事处罚的;

(8)导致被害人死亡、精神失常或者其他严重后果的;

(9)具有其他严重情节的。

必知法规

◎ **《中华人民共和国刑法》**

第二百六十六条 诈骗公私财物,数额较大的,处三年以下有期徒刑、拘役或者管制,并处或者单处罚金;数额巨大或者有其他严重情节的,处三年以上十年以下有期徒刑,并处罚金;数额特别巨大或者有其他特别严重情节的,处十年以上有期徒刑或者无期徒刑,并处罚金或者没收财产。本法另有规定的,依照规定。

◎ **《最高人民法院、最高人民检察院关于办理诈骗刑事案件具体应用法律若干问题的解释》**

第一条 诈骗公私财物价值三千元至一万元以上、三万元至十万元以上、五十万元以上的,应当分别认定为刑法第二百六十六条规定的"数额较大"、"数额巨大"、"数额特别巨大"。

各省、自治区、直辖市高级人民法院、人民检察院可以结合本地区经济社会发展状况,在前款规定的数额幅度内,共同研究确定本地区执行的具体数额标准,报最高人民法院、最高人民检察院备案。

第二条 诈骗公私财物达到本解释第一条规定的数额标准,具有下列情形之一的,可以依照刑法第二百六十六条的规定酌情从严惩处:

(一)通过发送短信、拨打电话或者利用互联网、广播电视、报刊杂志等发布虚假信息,对不特定多数人实施诈骗的;

(二)诈骗救灾、抢险、防汛、优抚、扶贫、移民、救济、医疗款物的;

(三)以赈灾募捐名义实施诈骗的;

(四)诈骗残疾人、老年人或者丧失劳动能力人的财物的;

(五)造成被害人自杀、精神失常或者其他严重后果的。

诈骗数额接近本解释第一条规定的"数额巨大"、"数额特别巨大"的标准,并具有前款规定的情形之一或者属于诈骗集团首要分子的,应当分别认定为刑法第二百六十六条规定的"其他严重情节"、"其他特别严重情节"。

第三条 诈骗公私财物虽已达到本解释第一条规定的"数额较大"的标准,但具有下列情形之一,且行为人认罪、悔罪的,可以根据刑法第三十七条、刑事诉讼法第一百四十二条的规定不起诉或者免予刑事处罚:

(一)具有法定从宽处罚情节的;

(二)一审宣判前全部退赃、退赔的;

(三)没有参与分赃或者获赃较少且不是主犯的;

(四)被害人谅解的;

(五)其他情节轻微、危害不大的。

第四条　诈骗近亲属的财物,近亲属谅解的,一般可不按犯罪处理。

诈骗近亲属的财物,确有追究刑事责任必要的,具体处理也应酌情从宽。

第五条　诈骗未遂,以数额巨大的财物为诈骗目标的,或者具有其他严重情节的,应当定罪处罚。

利用发送短信、拨打电话、互联网等电信技术手段对不特定多数人实施诈骗,诈骗数额难以查证,但具有下列情形之一的,应当认定为刑法第二百六十六条规定的"其他严重情节",以诈骗罪(未遂)定罪处罚:

(一)发送诈骗信息五千条以上的;

(二)拨打诈骗电话五百人次以上的;

(三)诈骗手段恶劣、危害严重的。

实施前款规定行为,数量达到前款第(一)、(二)项规定标准十倍以上的,或者诈骗手段特别恶劣、危害特别严重的,应当认定为刑法第二百六十六条规定的"其他特别严重情节",以诈骗罪(未遂)定罪处罚。

第六条　诈骗既有既遂,又有未遂,分别达到不同量刑幅度的,依照处罚较重的规定处罚;达到同一量刑幅度的,以诈骗罪既遂处罚。

第七条　明知他人实施诈骗犯罪,为其提供信用卡、手机卡、通讯工具、通讯传输通道、网络技术支持、费用结算等帮助的,以共同犯罪论处。

第八条　冒充国家机关工作人员进行诈骗,同时构成诈骗罪和招摇撞骗罪的,依照处罚较重的规定定罪处罚。

第九条　案发后查封、扣押、冻结在案的诈骗财物及其孳息,权属明确的,应当发还被害人;权属不明确的,可按被骗款物占查封、扣押、冻结在案的财物及其孳息总额的比例发还被害人,但已获退赔的应予扣除。

第十条　行为人已将诈骗财物用于清偿债务或者转让给他人,具有下列情形之一的,应当依法追缴:

(一)对方明知是诈骗财物而收取的;

(二)对方无偿取得诈骗财物的;

(三)对方以明显低于市场的价格取得诈骗财物的;

(四)对方取得诈骗财物系源于非法债务或者违法犯罪活动的。

他人善意取得诈骗财物的,不予追缴。

第十一条　以前发布的司法解释与本解释不一致的,以本解释为准。

◎ 《中华人民共和国土地管理法》

第四十八条　征地补偿安置方案确定后,有关地方人民政府应当公告,并听取被征地的农村集体经济组织和农民的意见。

◎ 《中华人民共和国土地管理法实施条例》(1998年发布,已被修订)

第二十五条第三款　市、县人民政府土地行政主管部门根据经批准的征用土地方案,会同有关部门拟订征地补偿、安置方案,在被征用土地所在地的乡(镇)、村予以公告,听取被征用土地的农村集体经济组织和农民的意见。征地补偿、安置方案报市、县人民政府批准后,由市、县人民政府土地行政主管部门组织实施。对补偿标准有争议的,由县级以上地方人民政府协调;协调不成的,由批准征用土地的人民政府裁决。征地补偿、安置争议不影响征用土地方案的实施。

◎ 《征用土地公告办法》(2001年发布,已被修订)

第四条 被征用土地所在地的市、县人民政府应当在收到征用土地方案批准文件之日起10个工作日内进行征用土地公告,该市、县人民政府土地行政主管部门负责具体实施。

第五条 征用土地公告应当包括下列内容:

(一)征地批准机关、批准文号、批准时间和批准用途;

(二)被征用土地的所有权人、位置、地类和面积;

(三)征地补偿标准和农业人员安置途径;

(四)办理征地补偿登记的期限、地点。

昔日功臣遭诬陷，职务侵占惹非难

公司经营过程中，为保证业务开展，难免有时候需要特事特办。事情顺利办成，公司与员工皆大欢喜，这是最圆满的结局，但是一旦为了某些目的脱离正轨，就会引起诸多麻烦。比如在实践中，有的公司常会以包干费的形式支付给员工一定数额的活动经费，以便于员工自主应对各种突发状况，公司的财务审批及审计对此也已达成默契，为类似情况的处理提供方便。但是，诸如包干制的经费运作模式等特事特办均基于员工与公司之间的信任关系，一旦信任破裂，原本的业务经费就可能被反诬为职务侵占。

案例介绍

功臣垫资反被诬，万千冤屈何处诉

成子胥原本是北方无极燃气公司（以下简称"北方无极"）的副总裁，负责无极燃气 LPG 事业部的运营管理及前期市场开拓，为公司发展壮大立下过汗马功劳。

从 2014 年 10 月份开始，成子胥带队在西南五省做市场调研、收购资产工作，并通过电话向北方无极的总裁费无忌请示汇报。成子胥雷厉风行，独当一面，工作进展得非常顺利。但是成子胥远在西南，每次向公司申请划拨一笔经费都得等很长一段的时间，有时候甚至会耽误业务发展。费无忌知道了成子胥的苦衷后，与公司其他高层商议，决定给成子胥总额 50 万元的活动经费，以便支持成子胥的工作。这笔活动经费以包干的方式运作，由成子胥先行垫付，待公司资金到位后再补偿给他个人，同时电话通知了成子胥。这样一来，成子胥就省去了经常跑银行的那些烦琐手续，工作开展得更为顺利了。

2015 年 2 月，费无忌指示北方无极的分公司——西北无极公司，将批给成子胥的 50 万元活动经费列入公关费用预算，一次性给成子胥 50 万元。之后，西北无极公司以咨询费的名义开具发票，为成子胥领取的 50 万元活动经费冲账报销。成子胥凭借个人出色的工作能力，通过半年的辛劳，为西北无极公司顺利收购津海液化气总公司作出了卓越的贡献，最终收购资产总值超过 5000 万元。

经此一役，成子胥在业内名声大震，同行业的几家公司争先向成子胥抛出了橄榄枝。2015 年 9 月，成子胥考虑到自己今后的职业发展，向北方无极提交了辞职报告，准备开始交接手头的工作。费无忌和其他公司高层管理人员慌了,一来成子胥业务能力突出,在公司几个大的项目上都是主力,一时半会儿根本找不出合适的人选来接手他的工作;二来成子胥准备跳槽的公司和北方无极在几块业务上有竞争关系,要是真把成子胥放走了,公司将来在这几块业务上很有可能要吃亏。

费无忌对此事颇为头疼,多次亲自登门挽留成子胥,无奈对方公司给成子胥开出的条件太高,除非自己把总裁的位置让出来,否则怕是真留不住成子胥。随即,费无忌紧急召集几个高层管理人员开会商议,准备用之前那 50 万元经费做文章。北方无极在接受成子胥辞职申请后,立即向公安机关举报成子胥,说他之前私吞了公司 50 万元,涉嫌职务侵占罪。几天后,忙着交接工作的成子胥在震惊中被楚南市公安局抓捕。

争议与问题

成子胥垫资后一次性收取 50 万元活动经费的行为是否构成职务侵占罪?如何论证成子胥不构成职务侵占罪?

案例分析

职务侵占罪是指公司、企业或者其他单位的人员,利用职务上的便利,将本单位财物非法占为己有,且数额较大的行为。本罪要求行为人具有职务侵占的直接故意,并存在利用职务上的便利,将本单位的财物非法占为己有的客观行为。

一、从职务侵占罪的主观方面分析,成子胥没有侵占的直接故意

职务侵占罪在主观方面要求具有直接故意,具有非法占有公司、企业或者其他单位财物的目的。行为的目的是意图实现对本单位财物的占有、使用、收益或处分的权利。至于是本人占有、促使他人占有或者占有后赠与他人并不影响对该罪名的认定。实践中,非法占有目的一般表现为携款潜逃、赠与他人或大肆挥霍等。

本案中成子胥没有侵占的直接故意。

1.成子胥没有拒不归还的行为

西北无极公司在支付给成子胥 50 万元前后,并未对成子胥开拓市场、调研公关的时间作出一个限定,亦未对成子胥具体工作的开展作出指导,仅约定将 50 万元以包干的形式给成子胥,让其开展工作。"包干"意味着成子胥可能会在 50 万元以内做好工作,也意味着 50 万元不能支撑成子胥完成工作,需要成子胥本人投入资金。并且,如果公司打算停止公关和开发市场,完全可以随时向成子胥要回多余的资金(前提是资金有剩余)。而事实上公司一直未向成子胥主张要回,这就代表了公司对成子胥使用这部分资金的认可。成子胥并不存在所谓的拒不归还、非法占有该笔经费的问题。

2.成子胥没有侵占公司财产的动机

2014年5月,北方无极收购了成子胥原为大股东的怀化能源有限公司。2014年10月,成子胥开始在云南等地进行市场调研、收购资产的工作。此时距离成子胥把自己一半以上的股权卖给北方无极才数月时间,成子胥的手上有大量现金,并不缺钱,因此成子胥没有侵占的动机。另一方面,当初北方无极与怀化能源有限公司合资时,按注册资金,成子胥一方的资产要多出70多万元,这也足见成子胥并不是贪财之人。试想一下,如果成子胥早有职务侵占的故意,在自己当总经理的公司去侵占岂不更加方便?且他自己公司的公司公积金里有70万元的资产,远比本案最后指控的金额更加诱人。成子胥何必要大费周章,从西北无极公司、北方无极处侵占财产。

二、从职务侵占罪的客体分析,成子胥没有侵占本单位财物

职务侵占罪侵犯的客体是公司、企业或其他单位的财产所有权。"公司"即依据公司法成立的有限责任公司、股份有限公司。"企业"是指有限责任公司和股份有限公司以外的其他依法设立的以获取经济利益为目的的具有法人资格的组织,如集体所有制企业、私营企业、中外合资企业等。"其他单位"是指公司、企业以外的群众团体、管理公益事业的单位、群众自治性组织,如学校、医院、社团、居(村)委会等。

职务侵占罪的对象是"本单位财物",不仅包括已经在本单位占有、管理之下并为本单位所有的财物,也包括本单位虽未占有、支配但属于本单位所有的债权,同时还包括本单位依照法律规定和契约约定临时管理、使用或运输的他人财物。不仅包括有形物,还包括电力、煤气、天然气等无形物。但需要注意的是侵占对象不包括单位的知识产权,侵占公司知识产权的行为用刑法中侵犯知识产权罪一章来加以规范。

就本案而言,成子胥并没有侵占本单位财物。

1.从性质上讲,成子胥一案的50万元是包干费

成子胥收取并使用的50万元活动费是北方无极领导允诺的包干费,无论成子胥如何使用这笔费用,其性质都不会转变。成子胥在云南、湖南等地开展市场调研,收购资产的过程中,所有着急办理的事情都是通过电话向北方无极的领导汇报,领导也是在电话中予以答复。给予成子胥50万元包干费是经过公司同意的,是北方无极董事长费无忌在电话中允诺的。即50万元活动费用用于公司收购活动,以包干的方式进行运作,由成子胥全权处理。急需用钱的地方先由成子胥垫上,等公司资金到位后再补给成子胥,这在北方无极是公开的秘密。

2.公司的后续做法证明已对这50万元包干费用的性质作出认定

由于这50万元是包干费,所以没有遵循"事前申请,事后保障"的一般财务规定,而是一次性支付给成子胥个人。2015年2月8日,成子胥同LPG财务总监黄斌、西北无极公司总经理陈彬等人在昆明开完会后返程时,途径楚南。在楚南的宾馆中,西北无极公司总经理陈彬通知他的财务人员送来一张50万元的支票让成子胥签字,将钱款打到成子胥个人账户,并且支票下角注明的是活动经费。而且西北无极公司在成子胥垫付费用之后还积极为其报账,没有履行一般经费的报销程序,甚至不惜造假冲账报销。在申请和报销的整个过程中,

成子胥均未经手,也没有授意,完全是西北无极公司的公司行为。足见这笔款项的性质就是包干费,在市场调研及资产收购工作完成后,此笔经费若有剩余归成子胥个人所有,即使不足,公司也不补充。在包干费中根本不存在职务侵占的问题。

必懂知识点

一、职务侵占罪的客观方面

职务侵占罪的客观方面,要求行为人有利用职务便利将本单位财物非法占为己有的行为。

(一)利用职务之便

利用职务便利是构成职务侵占罪的前提,利用职务上的便利是指行为人利用自己在本单位职务上所具有的主管、管理或者经手本单位财物的便利。如公司中担任高层管理职务的董事长、总经理、厂长等可利用自身职务之便对公司财物的使用享有支配权;而公司中诸如仓库保管员、会计、出纳等人员会利用自身职务权利对公司部分财物享有管理权。因此,行为人构成职务犯罪,并不拘泥于公司高管,对公司性质也没有限定。行为人只需在主管、管理、经手的过程中占有与自己业务相关的财物即构成此罪。当然,此时可能存在一些管理不规范的公司对员工职责划分并不明晰,财务管理、人力资源管理之间工作内容经常混同,造成人力资源管理的员工在处理财务工作的过程中占有公司财物,此时很有可能以盗窃罪定罪,而不是职务侵占罪。

之于本案,西北无极公司和北方无极有严格的财务审批和审计制度,在公司高层不知情的情况下,非法占有公司财产无法实现。其一,公司的财务制度非常严格,大额现金支出5万元以上必须经过北方无极审批方能支出。西北无极公司给成子胥的50万元必然经过了北方无极的同意,足见西北无极公司及北方无极的公司领导对此笔经费知情并同意。2015年2月,北方无极在云南昆明召开LPG工作会议,北方无极的高层领导全部到齐。会议要求各公司把2015年财务预算进行审议表决。当时,贵州分公司在财务预算里就有用于收购天津楚南资产的50万元活动经费的报告及财务预算,而且西北无极公司给到会的每位领导都发了邮件,成子胥的工作邮件用软件全部保存了下来,并且经过公证机关公证,可对上述事实予以证明。其二,经费审批之后,是由西北无极公司总经理陈彬填了一张50万元的资金申请单并签字交给公司财务人员,由财务人员从公司账上支付了50万元到成子胥的个人银行卡上。陈彬对此也知情并亲自经手,对于这一数额西北无极公司是认可的。其三,西北无极公司是上市公司北方无极的下属公司,财务审计制度非常严格。北方无极每年都要对下属公司进行两次以上的财务审议,香港证券公司也要来各公司进行审议审计。若真如西北无极公司所言,此笔活动经费是成子胥非法占有,拒不归还,怎么可能在如此长的时间中都没有发现?事实上,从成子胥拿到这笔钱至公安机关介入,北方无极、西北无极公司没有任何人过问过此款去向和用途。当初西北无极公司也只需成子胥在支票存根上签字,并未要求成子胥保留消费单据以作报销之用,就是向成子胥确认这笔经费的包干制性质。因此,成子胥在此过程中是依照公司的安排行事,并未利用职务便利。

(二)将本单位财物非法占为己有

对实践中职务侵占罪进行总结,可发现将本单位财物非法占为己有的行为有几种类型:

其一,侵吞型非法侵占。这种形式的非法占为己有是指行为人利用职务上的便利,将自己主管、管理、经手的本单位的财物直接据为己有。侵吞型非法侵占以行为人可以合法持有相关财物为前提,而这种形式的侵占行为通常表现在,公司的销售人员将货款扣留、采购人员将购买经费私下扣留等。

其二,窃取型非法侵占。相较于侵吞型非法侵占的行为方式——直接侵占,这种侵占行为是采取秘密窃取的方式非法占本单位财物的行为。但是这种侵占行为与侵吞型侵占行为又有诸多相似之处。该种形式常见于仓库保管员秘密将货物转移为自己所有等。

其三,骗取型非法侵占。骗取,即意味着行为人需要采取虚构事实、隐瞒真相之手法。此种形式的职务侵占即是采虚构事实、隐瞒真相的手法,非法侵占单位财物的行为。常见于购销人员或经常出差人员冒领差旅费或制作假报销单等。

其四,其他类型。除上述三种形式以外的非法侵占行为,因其大部分均可划归到上述三种形式中,实践中其他类型的侵占行为也并不十分常见,此不赘述。

之于本案,因50万元经费属于包干性质,因此成子胥的行为并不符合上述任何形式的非法侵占行为。

二、巧用生活常识,剖析案例事实

本案中成子胥要构成职务侵占罪的前提是50万元活动经费有所剩余,成子胥将剩余的钱款占为己有。然而事实证明,这50万元经费并没有剩余,所有经费全部用于公司收购的各项工作。不仅没有剩余的资金可供成子胥纳入自己的口袋,甚至他还倒贴了一些。成子胥对50万元经费的用途作出了大概的说明:都花在了几个公司的筹建招待费上。在贵州,从2014年10月至2015年2月间,成子胥花费了10万元左右招待相关行业人员,主要用于招待吃饭、娱乐、送东西等。保守估计,每月的花销至少在2万元。但是考虑到这笔经费是包干费性质,公司不需要票据报销,所以成子胥在消费过程中没有保留票据,但是均有相关证人可以作证。根据生活常识,在资金没有剩余的情况下,不可能有非法侵占行为的发生?并且成子胥负责的几个公司收购项目都成功完成了收购,这也间接证明成子胥没有将钱装进自己的口袋,而是把钱花了出去,而且花在了刀刃上。楚南市公安局无视公司收购成功的事实,认定成子胥将50万元剩余的活动经费占为己有,完全是不顾生活的常识。这样的认定不仅与事实违背,而且有违社会一般的经验规则,自然经不起推敲,是对客观事实的错误认定。

律师支招

一、善用沟通技巧,积极与控方协调

被公安机关以涉嫌犯罪抓捕后,行为人在不懂法的情况下,不应只坚持自己无罪的理念而不聘请律师为其辩护。往往社会上有些墨守成规的行为在法律上确属犯罪。因此,一旦有刑事犯罪情形,公司也好,员工也罢,找到律师为其提供法律帮助十分关键。

就成子胥一案,律师在其中充当先锋角色,多次与公检机关沟通。律师将了解的案件事实汇报于公检机关显得十分必要。2015年11月1日,辩护律师向楚南市公安局提交《关于成子胥不构成职务侵占罪的法律意见书》,向侦查机关说明案件事实,希望楚南市公安局尊重真相,认定成子胥的行为不构成职务侵占,而属于合法的民事行为。在楚南市公安局对此未予采纳后。2015年11月20日,辩护律师再次向楚南市公安局提出撤销成子胥涉嫌职务侵占罪一案的意见。希望楚南市公安局以事实为依据,以法律为准绳,坚持客观公正义务,顶住西北无极公司的压力,撤销成子胥涉嫌职务侵占罪一案,避免错案发生。但遗憾的是,仍旧没有得到楚南市公安局的正面回应。2015年12月1日,楚南市公安局将此案审查终结,在错误认定事实的基础上,将此案提交楚南市检察院审查起诉。但是律师坚持成子胥无罪,从犯罪构成层面瓦解对成子胥涉嫌的职务侵占罪的指控。经过多次与检察院的沟通交流,最终检察院以"楚南市公安局认定的犯罪事实不清、证据不足,不符合起诉条件"为由,于2016年4月4日作出不起诉决定书。

虽然不起诉决定书中并没有详细写明不起诉的具体理由,但是事后通过与承办本案的检察官交流,检察院通过调查证据,了解事实后,认可了律师在《关于成子胥不构成职务侵占罪的法律意见书》及《撤销刑事案件申请》中提出的意见。该案在审查起诉过程中,检察院曾两次将其退回楚南市公安局补充侦查,但楚南市公安局补充的证据仍无法证明以下指控:成子胥私自指使公司负责人陈彬和财务人员吴川,以活动经费名义制作"资金使用申请单",从公司财务以活动费的名义领取人民币50万元;指使陈彬绕开公司北京总部,令西北无极公司的出纳吴川私刻贵州工商咨询服务中心公章、伪造假协议、购买假发票;成子胥领取经费后公司曾要求将款项交回,但成子胥拒不归还,非法占有公司财产。因此,指控成子胥职务侵占证据不足,依法应当作出不起诉决定。

在其位,为公司尽心尽力,一朝出走,换得"银铛入狱"。正所谓"飞鸟尽,良弓藏",不禁令人唏嘘感叹。如何避免自己陷身于此类漩涡,值得公司、员工深思。

二、职务侵占罪的常见情形

1.公司董事长、总经理或其他高管人员,未经股东会或董事会决议,用公司账户资金为个人买房、买车,或转入个人账号使用、私自借给他人不能归还的;

2.公司股东巧立名目,私分公司财物,未经过合法程序的;

3.业务人员将销售货款私自归个人支配或占用不还;

4.财务人员、出纳将公司资金私自占用；
5.库房保管员将库房内的产品偷盗外卖；
6.银行运钞车押运员在押运中偷窃押运的人民币。

三、职务侵占罪的刑事责任

根据刑法规定，犯职务侵占罪，数额较大的，处五年以下有期徒刑或者拘役；数额巨大的，处五年以上有期徒刑，可以并处没收财产。

四、职务侵占罪的风险防范

(一)完善公司管理制度，做到公私分明

当前，中国诸多企业或是个体户逐渐发展壮大，但是企业规模的壮大，并不代表企业主管理观念的更新。企业主往往把企业视为自己的一种私产，现实中很大一部分私营企业的管理不是很规范，有严重的公私不分的情况。公司的钱，企业主、实际控制人可以支配使用，但公司对外进行经营需要钱款时，实际控制人也会把自己私人的资金投入，所以公私不分导致职务侵占罪的界限非常模糊。因此，企业需要规范内部管理制度，加强企业的管理水平，建立严格、规范的企业规章制度。

(二)强化企业股东、员工的法律意识

当下，很多民营企业的企业管理人员或企业主本人，普遍对职务侵占犯罪认识不够深刻，认为职务侵占只是企业内部的事情。往往即使发生了职务侵占行为，也倾向于内部私了解决，只要行为人退还了侵占的财物，便不再深究。只有被侵占的财物无法追回时，才会选择向公安机关报案。如此便从主观上包庇、纵容了此类犯罪行为，助长了职务侵占行为的气焰。而企业员工对职务侵占罪的认识更加淡薄。很多员工往往因为法律意识淡薄、法律知识贫乏，无法认识到其行为的严重性，而理直气壮地侵占企业财物，待到东窗事发，只能追悔莫及。因此，企业应该加强法律培训，使员工清楚地认识到犯罪的后果，做到事先防范。

必知法规

◎ 《中华人民共和国刑法》

第二百七十一条 公司、企业或者其他单位的人员，利用职务上的便利，将本单位财物非法占为己有，数额较大的，处五年以下有期徒刑或者拘役；数额巨大的，处五年以上有期徒刑，可以并处没收财产。

国有公司、企业或者其他国有单位中从事公务的人员和国有公司、企业或者其他国有单位委派到非国有公司、企业以及其他单位从事公务的人员有前款行为的，依照本法第三百八十二条、第三百八十三条的规定定罪处罚。

◎ 《最高人民法院关于审理贪污、职务侵占案件如何认定共同犯罪几个问题的解释》

第一条 行为人与国家工作人员勾结,利用国家工作人员的职务便利,共同侵吞、窃取、骗取或者以其他手段非法占有公共财物的,以贪污罪共犯论处。

第二条 行为人与公司、企业或者其他单位的人员勾结,利用公司、企业或者其他单位人员的职务便利,共同将该单位财物非法占为己有,数额较大的,以职务侵占罪共犯论处。

第三条 公司、企业或者其他单位中,不具有国家工作人员身份的人与国家工作人员勾结,分别利用各自的职务便利,共同将本单位财物非法占为己有的,按照主犯的犯罪性质定罪。

◎ 《最高人民检察院、公安部关于公安机关管辖的刑事案件立案追诉标准的规定(二)》

第八十四条 公司、企业或者其他单位的人员,利用职务上的便利,将本单位财物非法占为己有,数额在五千元至一万元以上的,应予立案追诉。

◎ 《公安部经侦局关于对非法占有他人股权是否构成职务侵占罪问题的工作意见》

近年来,许多地方公安机关就公司股东之间或者被委托人采用非法手段侵占股权,是否涉嫌职务侵占罪问题请示我局。对此问题,我局多次召开座谈会并分别征求了高检、高法及人大法工委刑法室等有关部门的意见。近日,最高人民法院刑事审判第二庭书面答复我局:对于公司股东之间或者被委托人利用职务便利,非法占有公司股东股权的行为,如果能够认定行为人主观上具有非法占有他人财物的目的,则可对其利用职务便利,非法占有公司管理中的股东股权的行为以职务侵占罪论处。

◎ 《最高人民法院关于对受委托管理、经营国有财产人员挪用国有资金行为如何定罪问题的批复》

江苏省高级人民法院:

你院苏高法〔1999〕94号《关于受委托管理、经营国有财产的人员能否作为挪用公款罪主体问题的请示》收悉。经研究,答复如下:

对于受国家机关、国有公司、企业、事业单位、人民团体委托,管理、经营国有财产的非国家工作人员,利用职务上的便利,挪用国有资金归个人使用构成犯罪的,应当依照刑法第二百七十二条第一款的规定定罪处罚。

此复

◎ 《中华人民共和国公司法》

第一百四十七条 董事、监事、高级管理人员应当遵守法律、行政法规和公司章程,对公司负有忠实义务和勤勉义务。

董事、监事、高级管理人员不得利用职权收受贿赂或者其他非法收入,不得侵占公司的财产。

第一百八十九条 清算组成员应当忠于职守,依法履行清算义务。

清算组成员不得利用职权收受贿赂或者其他非法收入,不得侵占公司财产。

清算组成员因故意或者重大过失给公司或者债权人造成损失的,应当承担赔偿责任。

刑事手段扰经营，合同诈骗惹上身

合同诈骗行为一般以"合同形式"作为掩护外衣，行为手段隐蔽，情况复杂，容易与民事欺诈、合同纠纷等交织在一起，对现有的市场经济规则形成了巨大的冲击。针对该罪名，在理论界及实务界均存在诸多争议，尚未形成一致观点。合同诈骗罪对企业经营的影响极为深远：如果不幸成为该罪的受害者，动辄会遭受上千万元的损失，动摇企业经营的根基；如果成为该罪的犯罪主体，则会招致牢狱之灾。因此，为了防止成为该罪的受害者，企业可以从内部加以规范。但是，对于成为该罪主体的企业，在公安机关已经介入经济纠纷的情况下，靠"自保"已经难以防范风险。

案例介绍

一、受邀贷款埋祸根，一招不慎罪难逃

陈梁涵担任南丰集团的董事长，旗下有一家子公司——南丰科技。2011年上半年，其所在市的某商业银行（以下简称"某商行"）向南丰科技提出2亿元贷款邀请，条件是需要南丰科技帮助某商行解决400万元的不良资产。

得到贷款邀请的消息后，南丰科技非常感兴趣。这时恰逢公司正在商谈一个云南的项目，但还没有正式签订合作合同。为了得到贷款，南丰科技就按照某商行的要求，向某商行提交了虚假的云南项目合作合同和房产证明。之后，某商行的行长还对云南项目进行了实地审查。2011年7月5日，某商行与南丰科技签下了1亿元的贷款合同，贷款用途为流动资金，陈梁涵和南丰集团还为这笔贷款提供连带保证担保。第二天，7000万元贷款就进入了南丰科技在某商行的账户，用于云南项目的建设，其余的3000万元留在某商行作为存款，用来收存贷款利息差。

2011年11月，南丰集团的股东们一致同意对南丰集团进行同比例增资。作为大股东的陈梁涵为了筹措增资款，想到了南丰科技账上那笔贷款。于是，他安排财务人员从南丰科技划走了5200万元，其中4800万元划到了陈梁涵的个人账户上，400万元划到了另一个股东的账户上。这些钱最终以陈梁涵和另一个股东的名义转移到了南丰集团账户上作为增资的资金，并用于日常经营。

后来，因为集团内部发生了一些经济纠纷，管理严重混乱，再加上研发资金投入巨大，导致南丰集团资金链断裂。万般无奈之下，南丰科技向某商行申请借款展期，但是经过两次展期后，公司财务状况仍没有发生好转，最终中断偿还。

二、争议凸显，何以构罪

2014年9月，陈梁涵因为涉嫌合同诈骗罪被该市公安局拘留，一个月后被逮捕。后来检察院两次将案件退回公安局补充侦查，最终在第二年的9月，该市人民检察院以合同诈骗罪、职务侵占罪向该市中级人民法院提起公诉。该市人民检察院在起诉书中指称：南丰科技公司以非法占有为目的，诈骗某商行的贷款7000万元，数额特别巨大，陈梁涵作为南丰科技的实际控制人、主管人员，其行为构成合同诈骗罪。

争议与问题

以刑事手段来处理经济纠纷，是否属于公权私用？因公司混同经营行为引发的经济纠纷，是否应对陈梁涵定罪处罚？

案例分析

一、经侦手段滥用，"杀鸡焉用牛刀"

实践中，南丰集团与陈梁涵所在公司确实存在混同经营、管理混乱、拖欠银行贷款等不当行为，对此应当予以纠正。但即便如此，也只应当界定为企业内部、企业之间、企业与银行之间的经济纠纷，并没有达到触犯刑法、需要施加刑事处罚的程度。然而因涉及经侦机关等，公安机关便介入处理。

早在2005年7月15日，该市公安局就已接到过有关南丰科技涉嫌违法的举报。南丰科技与某商行在2011年签订贷款合同。可是迟至2014年，在陈梁涵的公司无法偿还某商行的贷款后，该市公安局才开始介入，立案侦查。审查报案长达两年之久，其实质是该市公安局以刑事侦查手段介入企业间的经济纠纷，欠缺合法性、正当性。

即使南丰科技提供了不真实的房产证明和有瑕疵的审计报告，也最多是不具备贷款条件而采取欺骗手段获得贷款，属于经济纠纷，无须动用刑事手段处理此事。根据《全国法院审理金融犯罪案件工作座谈会纪要》关于金融诈骗罪的规定"……因不具备贷款的条件而采取了欺骗手段获得贷款，案发时有能力履行还贷能力，或者案发时不能归还贷款是因为意志以外的原因，如因经营不善、被骗、市场风险等，不应以贷款诈骗罪定罪处罚。"某商行的索贿和违法行为也证明，本案中合同诈骗的真正始作俑者是某商行，南丰科技并无诈骗故意，不构成合同诈骗罪。

该市中级人民法院开庭审理案件后,因为无法认定犯罪,案件迟迟没有宣判。在此过程中,该市人民检察院以"事实、证据有变化"为由向该市中级人民法院申请撤回起诉。2016年3月5日,该市中级人民法院作出准许撤回起诉的裁定。2016年3月10日,该市人民检察院作出不起诉决定。然而在此过程中,陈梁涵一直处于羁押中。根据法院准许检察院撤回起诉的裁定,陈梁涵应当被立即释放。然而事实却是,迟至该市人民检察院依法撤回起诉,并决定不起诉之后,陈梁涵仍然在羁押当中,理由竟然是某商行不同意释放陈梁涵。

二、某商行违法在先,却"贼喊捉贼"先发制人

深究本案案情,可以发现所谓合同诈骗罪的受害人——某商行,存在涉嫌索贿、教唆贷款单位提供虚假材料的行为。理由如下:

第一,某商行涉嫌索贿。事实表明,某商行与南丰科技订立贷款合同的前提条件之一就是,南丰科技购买其价值400万元的不良资产。可南丰科技与某商行签订债权转让协议后,南丰科技积极履行了支付价款的义务,某商行却至今未交付任何不良债权给南丰科技,也没有打算交付。可见购买不良资产是虚,索取400万元资产才是某商行的真正目的。某商行存在借提供贷款的机会,向南丰科技索贿的主观故意和客观行为。

第二,在某商行与南丰科技签订贷款合同时,南丰科技的云南项目尚未谈判成功,不能提供相关证明材料用于贷款。但是,某商行却在明知违法的情况下,主动教唆南丰科技提交不真实的材料。这种教唆贷款单位提供虚假材料的行为也足以体现某商行存在主观上的违法故意。

第三,某商行称自己在贷款过程中被南丰科技欺骗,才签订了贷款合同,其主张与事实不符。在贷款审查过程中,某商行的行长曾经对南丰科技的云南项目进行了实地审查,已经发现该项目是虚假的。某商行作为专业的贷款机构,在贷出高达1亿元的款项时,不可能在审查出云南项目是虚假的之后,仍不去审查其他贷款申请材料的真实性。作为专业机构,某商行更不会在发现问题之后,还坚持以同样的贷款材料与南丰科技订立以"流动资金"为内容的贷款合同。这种违背常理的行为可从侧面印证:某商行为了巨额利益教唆南丰科技按照其要求提交符合上级银行审查的不真实的材料,骗取上级银行的审批同意,以尽早贷出款项。在这个过程中,受到欺骗的根本不是某商行。相反,某商行才是诈骗行为的始作俑者。

第四,某商行与南丰科技订立贷款合同的另一前提条件就是,南丰科技将款项中的3000万元存放在其在某商行的账户。某商行明知南丰科技依法不应开设两个存款账户,却要求其在本银行设立新的账户,目的就在于借此获取巨额存贷利息差。

结合所谓400万元不良资产的转让款,某商行在贷款过程中获取了巨额利益。在这种巨额利益的驱动下,某商行不惜教唆南丰科技提交不真实材料,骗取上级银行的审批同意,并在最终签订贷款时,不以申请项目为依据而将贷款用途擅自变更为"流动资金"。种种事实足以推出某商行的不良动机。某商行给南丰科技下了一个圈套,做了一笔"无本万利"的买卖:一方面,鉴于南丰科技良好的还贷记录及南丰科技当时的还款能力,将款项贷于南丰科技不仅风险较小,还可以获取巨额利益;另一方面,即便有一天南丰科技没有还款能力,由

于某商行贷款时事先设下圈套,某商行就可主张与南丰科技签订的合同有瑕疵,银行领导也就可以推脱责任免受处分。而本案中,南丰科技就不幸落入了某商行的这一圈套当中。因此,在这起由某商行一手炮制的债权转让和贷款交易中,陈梁涵及南丰科技完全处于被动,甚至处于被欺骗的地位。如今陈梁涵却遭到无端的指控,还要被剥夺人身自由,而某商行却俨然成为"受害者",是某商行"先发制人",导演了这一场闹剧。

三、细致分析犯罪构成,区分罪与非罪

本案中陈梁涵受到的指控是合同诈骗罪,必须满足"欺骗"的犯罪构成要件。但是本案的事实情况是陈梁涵有还款意向,只是因为后期资金链断裂无法还款。这属于经济活动中不可避免的风险,但不能据此认为陈梁涵存在欺骗的故意,进而认定其构成合同诈骗罪。

(一)合同诈骗罪指控主体认定不当

检察院指控陈梁涵犯罪,存在主体认定的错误。即便南丰科技构成了合同诈骗,公诉方也应该以南丰科技而不是陈梁涵为被告提起公诉。尽管单位构成犯罪时,单位直接负责的主管人员和其他直接负责人员也要承担相应的刑事责任,但责任主体和诉讼主体是两个不同的概念,一个是实体法上的概念,一个是程序法上的概念,不应该仅仅因为单位直接负责的主管人员和其他直接负责人要承担责任就误把他们当作程序法意义上的被告。

何况陈梁涵并非南丰科技的法定代表人和责任人,即便南丰科技构成犯罪,也不应由陈梁涵承担刑事责任。陈梁涵在南丰科技中并不担任任何职务,也无证据证明陈梁涵直接负责该项合同的签订,故不能仅仅因为陈梁涵是南丰集团的董事长就认定其是南丰科技的"实际控制人"。

(二)南丰科技并未实施合同诈骗行为

南丰科技既无非法占有银行贷款的故意,也未实施刑法规定的欺诈行为。因而合同诈骗罪的法定构成要件并不齐备,南丰科技并未构成合同诈骗罪。

第一,依据《中华人民共和国刑法》第二百二十四条之规定,合同诈骗罪是指以非法占有为目的,在签订、履行合同过程中,使用欺骗手段,骗取对方当事人财物,数额较大的行为。

刑法中所指的欺骗手段包括:

(1)以虚构的单位或者冒用他人名义签订合同;

(2)以伪造、变造、作废的票据或者其他虚假的产权证明作担保;

(3)没有实际履行能力,以先履行小额合同或部分履行合同的方法,诱骗对方当事人继续签订和履行合同;

(4)收受对方当事人给付的货物、贷款、预付款或者担保的财产后逃匿;

(5)以其他方法骗取对方当事人财物。

但是根据本案事实,南丰科技没有实施上述任何一种诈骗手段。在与某商行签订贷款合同时,南丰科技资金充足,具备还贷能力,也从未实施过逃避还贷的行为。从犯罪构成的角度,不应认定南丰科技实施了合同诈骗的行为。

第二,就犯罪目的而言,从贷款合同成立、贷款发放以及贷款后情节看,无论南丰科技,还是南丰集团、陈梁涵,或其他股东均没有非法占有银行贷款的主观故意。客观行为是主观目的的体现。因此,若要判断主观构成要件的符合性,查明行为人真实的心理状态,必须以行为人已经外向化、客观化的行为为基础,必须参考行为的相关因素,从整个事件的发生背景、发展过程着眼,不应该孤立地看待某一行为。而陈梁涵欠缺主观故意。

律师支招

一、合同纠纷与合同诈骗的区别

(一)含义

合同纠纷,是指因合同的生效、解释、履行、变更、终止等行为而引起的争议。

合同诈骗,是指以非法占有为目的,在签订、履行合同过程中,使用欺骗手段,骗取对方当事人数额较大的财物的行为。

(二)区别

1.主观方面

两者的本质区别在于行为人主观上有无非法占有他人财物的目的。

首先要考察行为人是否采取了刑法所规定的欺骗手段。凡是使用了刑法所规定的欺骗手段的,原则上应认定为具有非法占有的目的。

其次要综合考虑其他情节,包括行为前、行为过程中以及行为后的各种情节。

2.客观方面

(1)行为人在签订合同时有无履约能力。行为人有完全履约能力,但行为人自始至终无任何履约行为,而以欺骗手段让对方当事人单方履行合同,占有对方财物的,应认定为合同诈骗;有部分履约能力,但行为人自始至终无任何履约行为,而以欺骗手段让对方当事人单方履行合同,占有对方财物的,应认定为合同诈骗;没有履行能力,但是签订合同后具备履行能力,并按合同实际履行的,则只构成一般合同纠纷。

(2)行为人在签订和履行合同过程中有无诈骗行为。在签订和履行合同过程中,行为人在事实上虚构了某些成分,但是并未影响合同的履行,或者虽然合同未能完全履行,但是本人愿意承担违约责任,足以证明行为人无非法骗取他人财物的目的的,不能以合同诈骗罪论处。

(3)行为人在签订合同后有无履行合同的实际行为。实际存在的履行行为,必须是真实的履行合同义务的行为,而不是虚假的行为。

(4)行为人对取得财物的处置情况。如果行为人将取得的财物全部或大部分用以挥霍,或者从事非法活动、偿还债务、携款逃匿、隐匿财物且拒不返还等,应认定行为人有"非法占有"之故意,行为构成合同诈骗。

(5)行为人未履行合同的原因。影响合同未履行的原因包括主客观两种情况。行为人在履行合同过程中享受了权利,而不愿意承担义务,表明合同未履行是由于行为人主观原因造成的,从而说明行为人具有"非法占有"的目的,应以合同诈骗论处。但是,如果行为人享受了权利,自己尽了最大努力去承担义务,只是由于客观上发生了使行为人无法预料的情况,导致合同无法得到全面履行,这种情况下,行为人不具有"非法占有"的目的,应以合同纠纷处理。

二、合同诈骗罪和诈骗罪的区别

合同诈骗罪是诈骗罪中比较高发的一种犯罪形式,对这两种罪名的区分在实务中十分常见。最高人民法院对合同诈骗罪和诈骗罪二者分别从犯罪主体、犯罪客体、犯罪手段等方面进行了区分,并明确了两者在某些案件中可能同时适用。

1.犯罪主体不同。合同诈骗罪的主体可以是单位,诈骗罪的主体只能是自然人。

2.犯罪客体不同。诈骗罪侵犯的是公私财物所有权,合同诈骗罪侵犯的客体为复杂客体,即公私财物所有权和国家对合同的管理制度。

3.犯罪手段不同。合同诈骗罪只限于利用签订、履行合同的方式和手段进行诈骗,而诈骗罪在手段与方式上则没有限制。当行为人既实施了合同诈骗行为,又实施了普通诈骗行为,而且两种行为都构成犯罪时,就应当适用刑法中数罪并罚的规定,分别定合同诈骗罪和诈骗罪,实行数罪并罚。

合同诈骗罪作为特殊诈骗犯罪在诈骗方法和对象上有其特定性。

首先,合同诈骗罪表现为"利用合同"进行诈骗,也就是说诈骗行为必须是发生在合同的签订、履行过程中,而不能是在这之前或之后。

其次,合同诈骗犯罪的行为人非法占有的财物应当是与合同签订、履行有关的财物,如合同标的物、定金、预付款、担保财产、货款等。如果行为人在与他人签订或履行合同的过程中,以其他与合同无关的事由为借口,骗取他人钱财的,则不是合同诈骗。

必懂知识点

合同诈骗罪的常见犯罪情形

(一)利用合同骗取钱款用于投资期货导致亏损行为的定性

最高人民法院对于利用合同骗取钱款用于投资期货导致亏损的行为,根据被害人的不同,确立了两种截然不同的裁判规则。当被害人为银行等金融机构时,一般以合同诈骗罪定罪处罚;当被害人为金融机构之外的其他单位或者自然人时,则可能不被认定为犯罪。

(二)一房多卖情形的处理

一房二卖、一房多卖的新闻时常见诸报端,其中不少行为被认定为构成合同诈骗罪。对这一情形的界定亦是司法实务中的难点之一。最高人民法院认为:"对一房二卖的行为定性,关键在于行为人主观上是否具有非法占有的目的。而在此类案件中,行为人是否具有非法占有目的,需要综合行为人一房二卖的具体原因、交房的真实意思表示内容、行为人是否具有调剂交房的能力以及清偿相关债务的能力等方面的事实进行认定。特别是在售房款没有被个人挥霍、占有而是用于继续经营的情况下,对一房二卖行为人非法占有目的的认定更要审慎把握。"同时,最高人民法院也强调:"在对一房二卖行为人是否具有非法占有他人财物的目的进行分析、认定时,要重点考察一房二卖的具体情由。"

对于房屋开发商实施的一房多卖的行为,还应注意:房屋开发商的一房多卖行为,如果只是为了在比较中获得更大的经济利益,并无同时占有多笔购房款的意图,虽然有违诚实信用原则,一般不宜认定为犯罪。最高人民法院对此种行为在《关于审理商品房买卖合同纠纷案件适用法律若干问题的解释》第八条中规定了处罚性赔偿制度,即"双倍赔偿"责任。

(三)其他特殊犯罪情形

通过欺骗手段兼并企业后恶意处分企业财产的行为,构成合同诈骗罪。

业务员冒用公司名义,采用欺骗的方式使合同相对方误以为由于合同标的系非法获取而价格较低进而同意签署购销合同,出具盖有失效的公司印章或者盖有未经授权的公司印章的收据,收取货款的行为,不成立表见代理,构成合同诈骗罪。

挂靠轮船公司的个体船主,在履行承运合同过程中采用以次充好的方式欺骗收货方收货并向货主足额支付货款及运费的行为,构成合同诈骗罪。

以被害单位代理人的身份,签订相关经销协议,以骗取方式将收取的货款据为己有的行为,构成合同诈骗罪。

必知法规

◎ 《中华人民共和国刑法》

第二百二十四条 有下列情形之一,以非法占有为目的,在签订、履行合同过程中,骗取对方当事人财物,数额较大的,处三年以下有期徒刑或者拘役,并处或者单处罚金;数额巨大或者有其他严重情节的,处三年以上十年以下有期徒刑,并处罚金;数额特别巨大或者有其他特别严重情节的,处十年以上有期徒刑或者无期徒刑,并处罚金或者没收财产:

(一)以虚构的单位或者冒用他人名义签订合同的;

(二)以伪造、变造、作废的票据或者其他虚假的产权证明作担保的;

(三)没有实际履行能力,以先履行小额合同或者部分履行合同的方法,诱骗对方当事人继续签订和履行合同的;

(四)收受对方当事人给付的货物、货款、预付款或者担保财产后逃匿的;

(五)以其他方法骗取对方当事人财物的。

第二百三十一条 单位犯本节第二百二十一条至第二百三十条规定之罪的,对单位判处罚金,并对其直接负责的主管人员和其他直接责任人员,依照本节各该条的规定处罚。

◎ 《最高人民法院关于审理诈骗案件具体应用法律的若干问题的解释》（1996年发布，现已失效）

根据《刑法》第一百五十一条和第一百五十二条的规定，利用经济合同诈骗他人财物数额较大的，构成诈骗罪。

利用经济合同进行诈骗的，诈骗数额应当以行为人实际骗取的数额认定，合同标的数额可以作为量刑情节予以考虑。

行为人具有下列情形之一的，应认定其行为属于以非法占有为目的，利用经济合同进行诈骗：

（一）明知没有履行合同的能力或者有效的担保，采取下列欺骗手段与他人签订合同，骗取财物数额较大并造成较大损失的：

1.虚构主体；
2.冒用他人名义；
3.使用伪造、变造或者无效的单据、介绍信、印章或者其他证明文件的；
4.隐瞒真相，使用明知不能兑现的票据或者其他结算凭证作为合同履行担保的；
5.隐瞒真相，使用明知不符合担保条件的抵押物、债权文书等作为合同履行担保的；
6.使用其他欺骗手段使对方交付款、物的。

（二）合同签订后携带对方当事人交付的货物、货款、预付款或者定金、保证金等担保合同履行的财产逃跑的；

（三）挥霍对方当事人交付的货物、货款、预付款或者定金、保证金等担保合同履行的财产，致使上述款物无法返还的；

（四）使用对方当事人交付的货物、货款、预付款或者定金、保证金等担保合同履行的财产进行违法犯罪活动，致使上述款物无法返还的；

（五）隐匿合同货物、货款、预付款或者定金、保证金等担保合同履行的财产，拒不返还的；

（六）合同签订后，以支付部分货款，开始履行合同为诱饵，骗取全部货物后，在合同规定的期限内或者双方另行约定的付款期限内，无正当理由拒不支付其余货款的。

◎ 《最高人民法院关于在审理经济纠纷案件中涉及经济犯罪嫌疑若干问题的规定》

根据《中华人民共和国民法通则》、《中华人民共和国刑法》、《中华人民共和国民事诉讼法》、《中华人民共和国刑事诉讼法》等有关规定，对审理经济纠纷案件中涉及经济犯罪嫌疑问题作以下规定：

第一条 同一公民、法人或其他经济组织因不同的法律事实，分别涉及经济纠纷和经济犯罪嫌疑的，经济纠纷案件和经济犯罪嫌疑案件应当分开审理。

第二条 单位直接负责的主管人员和其他直接责任人员，以为单位骗取财物为目的，采取欺骗手段对外签订经济合同，骗取的财物被该单位占有、使用或处分构成犯罪的，除依法追究有关人员的刑事责任,责令该单位返还骗取的财物外,如给被害人造成经济损失的,单位应当承担赔偿责任。

第三条 单位直接负责的主管人员和其他直接责任人员,以该单位的名义对外签订经济合同,将取得的财物部分或全部占为己有构成犯罪的,除依法追究行为人的刑事责任外,该单位对行为人因签订、履行该经济合同造成的后果,依法应当承担民事责任。

第四条 个人借用单位的业务介绍信、合同专用章或者盖有公章的空白合同书,以出借单位名义签订经济合同,骗取财物归个人占有、使用、处分或者进行其他犯罪活动,给对方造成经济损失构成犯罪的,除依法追究借用人的刑事责任外,出借业务介绍信、合同专用章或者盖有公章的空白合同书的单位,依法应当承担赔偿责任。但是,有证据证明被害人明知签订合同对方当事人是借用行为,仍与之签订合同的除外。

第五条 行为人盗窃、盗用单位的公章、业务介绍信、盖有公章的空白合同书,或者私刻单位的公章签订经济合同,骗取财物归个人占有、使用、处分或者进行其他犯罪活动构成犯罪的,单位对行为人该犯罪行为所造成的经济损失不承担民事责任。

行为人私刻单位公章或者擅自使用单位公章、业务介绍信、盖有公章的空白合同书以签订经济合同的方法进行的犯罪行为,单位有明显过错,且该过错行为与被害人的经济损失之间具有因果关系的,单位对该犯罪行为所造成的经济损失,依法应当承担赔偿责任。

第六条 企业承包、租赁经营合同期满后,企业按规定办理了企业法定代表人的变更登记,而企业法人未采取有效措施收回其公章、业务介绍信、盖有公章的空白合同书,或者没有及时采取措施通知相对人,致原企业承包人、租赁人得以用原承包、租赁企业的名义签订经济合同,骗取财物占为己有构成犯罪的,该企业对被害人的经济损失,依法应当承担赔偿责任。但是,原承包人、承租人利用擅自保留的公章、业务介绍信、盖有公章的空白合同书以原承包、租赁企业的名义签订经济合同,骗取财物占为己有构成犯罪的,企业一般不承担民事责任。

单位聘用的人员被解聘后,或者受单位委托保管公章的人员被解除委托后,单位未及时收回其公章,行为人擅自利用保留的原单位公章签订经济合同,骗取财物占为己有构成犯罪,如给被害人造成经济损失的,单位应当承担赔偿责任。

第七条 单位直接负责的主管人员和其他直接责任人员,将单位进行走私或其他犯罪活动所得财物以签订经济合同的方法予以销售,买方明知或者应当知道的,如因此造成经济损失,其损失由买方自负。但是,如果买方不知该经济合同的标的物是犯罪行为所得财物而购买的,卖方对买方所造成的经济损失应当承担民事责任。

第八条 根据《中华人民共和国刑事诉讼法》第七十七条第一款的规定,被害人对本《规定》第二条因单位犯罪行为造成经济损失的,对第四条、第五条第一款、第六条应当承担刑事责任的被告人未能返还财物而遭受经济损失提起附带民事诉讼的,受理刑事案件的人民法院应当依法一并审理。被害人因其遭受经济损失也有权对单位另行提起民事诉讼。若被害人另行提起民事诉讼的,有管辖权的人民法院应当依法受理。

第九条　被害人请求保护其民事权利的诉讼时效在公安机关、检察机关查处经济犯罪嫌疑期间中断。如果公安机关决定撤销涉嫌经济犯罪案件或者检察机关决定不起诉的，诉讼时效从撤销案件或决定不起诉之次日起重新计算。

第十条　人民法院在审理经济纠纷案件中，发现与本案有牵连，但与本案不是同一法律关系的经济犯罪嫌疑线索、材料，应将犯罪嫌疑线索、材料移送有关公安机关或检察机关查处，经济纠纷案件继续审理。

第十一条　人民法院作为经济纠纷受理的案件，经审理认为不属经济纠纷案件而有经济犯罪嫌疑的，应当裁定驳回起诉，将有关材料移送公安机关或检察机关。

第十二条　人民法院已立案审理的经济纠纷案件，公安机关或检察机关认为有经济犯罪嫌疑，并说明理由附有关材料函告受理该案的人民法院的，有关人民法院应当认真审查。经过审查，认为确有经济犯罪嫌疑的，应当将案件移送公安机关或检察机关，并书面通知当事人，退还案件受理费；如认为确属经济纠纷案件的，应当依法继续审理，并将结果函告有关公安机关或检察机关。

◎ 《全国法院审理金融犯罪案件工作座谈会纪要》

二是要严格区分贷款诈骗与贷款纠纷的界限。……对于确有证据证明行为人不具有非法占有的目的，因不具备贷款的条件而采取了欺骗手段获取贷款，案发时有能力履行还贷义务，或者案发时不能归还贷款是因为意志以外的原因，如因经营不善、被骗、市场风险等，不应以贷款诈骗罪定罪处罚。

第二部分
民事案件

企业考核规定制定严格,员工权益保障需重视

末位淘汰制是绩效考评的一种方法,是用人单位根据本企业的战略目标和具体制度,结合各岗位的实际情况,设计考核指标体系,以此绩效考核体系的具体指标定期对员工进行考核,根据考核的结果进行合理排序,并将一定比例的排名靠后的员工进行工作岗位调整或者将不合格员工辞退,而不管这些员工的绩效水平是否高于绩效考核标准线的考核制度。末位淘汰制度作为一项员工激励机制,本身并不存在问题,但是,如果员工没有严重违反用人单位制度或损害单位利益,用人单位以末位淘汰制度为由解除与员工的劳动合同,就很有可能违反了劳动法规,侵害了员工的合法权益。本文以最高人民法院指导案例18号《中兴通讯(杭州)有限责任公司诉王鹏劳动合同纠纷案》进行分析。

案例介绍

末位淘汰制度严,单方解除无依据

2005年7月,被告王鹏进入原告中兴通讯(杭州)有限责任公司(以下简称"中兴通讯")工作,劳动合同约定王鹏从事销售工作,基本工资每月3840元。该公司的《员工绩效管理办法》规定:员工半年、年度绩效考核分别为S、A、C1、C2四个等级,分别代表优秀、良好、价值观不符、业绩待改进;S、A、C(C1、C2)等级的比例分别为20%、70%、10%;不胜任工作的原则上被核定为C2。王鹏原在该公司分销科从事销售工作,2009年1月后因分销科解散等原因,转岗至华东区从事销售工作。2008年下半年、2009年上半年及2010年下半年,王鹏的考核结果均为C2。中兴通讯认为,王鹏不能胜任工作,经转岗后,仍不能胜任工作,故在支付了部分经济补偿金的情况下解除了劳动合同。

2011年7月27日,王鹏提起劳动仲裁。同年10月8日,仲裁委作出裁决:中兴通讯支付王鹏违法解除劳动合同的赔偿金余额36596.28元。中兴通讯认为其不存在违法解除劳动合同的行为,故于同年11月1日诉至法院,请求判令不予支付解除劳动合同赔偿金余额。

浙江省杭州市滨江区人民法院于2011年12月6日作出(2011)杭滨民初字第885号民事判决:原告中兴通讯(杭州)有限责任公司于本判决生效之日起十五日内一次性支付被告王鹏违法解除劳动合同的赔偿金余额36596.28元。宣判后,双方均未上诉,判决已发生法律效力。

法院生效裁判认为：为了保护劳动者的合法权益，构建和发展和谐稳定的劳动关系，《中华人民共和国劳动法》《中华人民共和国劳动合同法》对用人单位单方解除劳动合同的条件进行了明确限定。原告中兴通讯以被告王鹏不胜任工作，经转岗后仍不胜任工作为由，解除劳动合同，对此应负举证责任。

根据中兴通讯《员工绩效管理办法》的规定，"C(C1、C2)考核等级的比例为10%"，虽然王鹏曾经考核结果为C2，但是C2等级并不完全等同于"不能胜任工作"，中兴通讯仅凭该限定考核等级比例的考核结果，不能证明劳动者不能胜任工作，不符合据此单方解除劳动合同的法定条件。虽然2009年1月王鹏从分销科转岗，但是转岗前后均从事销售工作，并存在分销科解散导致王鹏转岗这一根本原因，故不能证明王鹏系因不能胜任工作而转岗。因此，中兴通讯主张王鹏不胜任工作，经转岗后仍然不胜任工作的依据不足，存在违法解除劳动合同的情形，应当依法向王鹏支付经济补偿标准二倍的赔偿金。

争议与问题

"末位淘汰制度"在法律上的性质究竟如何？单位制定的规章能否作为劳动争议案件审理的依据？

案例分析

一、末位淘汰制度是否属于用人单位规章制度

末位淘汰制度作为绩效考核的一种管理制度，是指工作单位根据本单位的工作目标，结合各个岗位的实际情况，制定具体的考核指标体系对员工进行考核，并依据考核结果对得分靠后的员工予以淘汰的管理制度。这一制度源于美国通用电气公司杰克·韦尔奇创建的活力曲线，也叫10%淘汰率法则，每年对员工工作绩效严格评估，有10%的员工被评为C类落后员工，表现最差的员工通常会被淘汰。这是一种强势的管理制度，通过竞争激励机制管理员工，一方面有积极作用，从客观上提高了员工工作积极性，有利于提高企业竞争力；另一方面也有消极作用，如可能存在违法内容、给员工压力过大等。近年，我国一些企业将末位淘汰制度写入企业规章制度或者劳动合同中，作为绩效考核的重要内容，定期对业绩居于末位的劳动者降薪、调岗或解除劳动合同，由此引发的劳动争议纠纷逐渐增多。本案例中，中兴通讯将其员工绩效管理办法在网上予以公示，使其成为一项单位内部规章制度。

《中华人民共和国劳动合同法》第四条对用人单位制定规章制度的总体要求进行了规定，最高人民法院发布的《关于审理劳动争议案件适用法律若干问题的解释》第十九条对此也有涉及。据此，用人单位的规章制度要合法有效，能在劳动争议案件审理中作为依据之一，须同时具备以下条件：(1)规章制度的制定程序合法。用人单位在制定、修改或者决定有关劳动报酬、工作时间、休息休假、劳动安全卫生、保险福利、职工培训、劳动纪律以及劳动定

额管理等直接涉及劳动者切身利益的规章制度或者重大事项时,应当经职工代表大会或者全体职工讨论,提出方案和意见,与工会或者职工代表平等协商后确定。(2)履行告知义务。用人单位应当将直接涉及劳动者切身利益的规章制度和重大事项决定公示,或者告知劳动者。(3)不违反国家法律、行政法规及政策规定。根据《中华人民共和国劳动合同法》第八十条之规定,用人单位直接涉及劳动者切身利益的规章制度违反法律、法规规定的,由劳动行政部门责令改正,给予警告;给劳动者造成损害的,应当承担赔偿责任。

本案例中,中兴通讯的员工绩效管理办法,内容属于涉及劳动者切身利益的重大事项,将其制定为单位的规章制度,要履行前述的协商制定程序和公示义务,制定包括实行末位淘汰的岗位、对象、程序、淘汰形式等内容的书面方案,充分征求员工意见,经过职工代表大会讨论后,向员工公示,并不得违反法律、法规的规定。

二、末位淘汰制度可否作为单方解除劳动合同的条件

末位淘汰制度作为用人单位的规章制度,并不意味着用人单位对业绩居于末位等次的劳动者可以单方解除劳动合同。《中华人民共和国劳动合同法》第三十九条、第四十条和《中华人民共和国劳动合同法实施条例》第十九条规定了用人单位可以单方解除劳动合同的法定情形。实践中劳动者与用人单位因为考核而解除劳动合同容易发生争议的情形主要有两种:一是劳动者严重违反用人单位的规章制度;二是劳动者不能胜任工作,经过培训或者调整工作岗位,仍不能胜任工作。下面对这两种情形逐一分析。

第一,劳动者考核等次居于末位,是否严重违反用人单位的规章制度?严重违反用人单位的规章制度,是指劳动者明知或应知规章制度的要求,却基于故意或重大过失的心态,实施了严重违反规章制度的行为。考核居于末位是一种客观状态,不是员工的主观行为。有考核就有先进与落后之分,从客观上讲,任何规章制度都不可能禁止劳动者的工作业绩在单位考核中居于末位。因此,劳动者在考核中居于末位,并不意味着严重违反用人单位的规章制度,用人单位不能以此为由单方解除劳动合同。

第二,劳动者考核等次居于末位,是否属于劳动者不能胜任工作?劳动者考核居于末位等次,可能是其不能胜任现职工作,也可能是其能够胜任现职工作,但因各种因素在某次考核中居于末位等次。因为末位等次总是客观存在的,每次考核中总会有人居于末位等次,考核的末位等次不直接等同于不能胜任现职工作。以同一标准在相同行业考核,本单位考核的末位可能是其他单位考核的中位甚至首位,即"末位不末"。以此来认定劳动者不能胜任工作并不科学合理。即使考核居于末位等次的劳动者确实不能胜任现职工作,用人单位也不能直接与之解除劳动合同,而应当对劳动者先进行培训或调整工作岗位。只有在劳动者经培训或者调整工作岗位后仍不能胜任工作的情况下,才能提前30日以书面形式通知劳动者本人或者额外支付劳动者一个月工资后解除劳动合同。因此,用人单位不能仅因劳动者考核居于末位等次,就以其不能胜任工作为由而解除劳动合同。

本案例中,中兴通讯的《员工绩效管理办法》规定,员工半年、年度绩效考核分别为S、A、C1、C2四个等级,其中C(C1、C2)等级的比例为10%,不胜任工作的原则上考核为C2。可

以看出,中兴通讯是以单位规章制度的形式规定了末位淘汰制度。因王鹏3次考核为C2,中兴通讯以其"不能胜任工作,经转岗后仍不胜任工作"为由,解除劳动合同。由此有两个问题需要研究:考核为C2是否意味着不能胜任工作?王鹏是否因不能胜任工作而进行转岗?

首先,考核为C2并不意味着不能胜任工作。中兴通讯在单位规章制度中限定了考核为C的比例为10%,即每次考核中,不管员工的业绩如何,总会有人被考核为C。如前所述,考核的末位等次不能直接等同于不胜任现职工作,中兴通讯认为王鹏不胜任工作,应举证证明有合法的考核标准和王鹏不能胜任工作的具体事实,不能仅凭王鹏考核为C2就认定其不胜任工作。

其次,王鹏没有因不能胜任工作而进行转岗。即使王鹏不能胜任工作,中兴通讯也应该对其进行培训或调整工作岗位,只有在经过培训或调整工作岗位后其仍不能胜任工作,才可以提前30日以书面形式通知其本人或者额外支付一个月工资后解除劳动合同。虽然2009年1月,王鹏从该公司分销科转岗至华东区另一岗位工作,存在调整工作岗位的事实,但转岗的根本原因是王鹏原工作岗位部门解散,而且王鹏原工作岗位的其他员工均进行了转岗,由此并不能证明王鹏转岗是因其不能胜任工作。因此,中兴通讯主张王鹏不胜任工作,经转岗后仍然不胜任工作的依据不足,存在违法解除劳动合同的情形。

三、末位淘汰制度可否成为调整岗位或工资待遇的理由

所谓淘汰,本意指去掉不合适的,留下合适的。淘汰制度,并非仅指解除劳动合同,而是可以泛指降级、降职、免职、调整工作岗位、待岗培训、解除劳动合同等多种形式。

劳动者在用人单位的工作岗位、工资待遇等,应由双方协商确定。根据劳动合同法第三十五条之规定,用人单位与劳动者协商一致,采用书面形式,可以变更劳动合同约定的内容。调整工作岗位或者工资待遇等涉及劳动者切身利益,只要符合劳动法、劳动合同法等法律规定,经过了前述的民主协商程序,可以视为双方事前协商约定了单方变更劳动合同的内容,合法有效,对双方具有约束力。因此,如果将淘汰限定为降级、降职、免职、调整工作岗位、待岗培训等形式,用人单位就可以在不解除劳动合同的前提下,对考核居于末位的劳动者作出调整工作岗位等处理。但是,用人单位单方解除劳动合同的条件是法定的,即使用人单位以法定程序制定了以末位淘汰制为内容的规章制度,且经过公示,也不能将其作为单方解除劳动合同的条件。需要注意的是,用人单位将考核与劳动报酬、奖金等工资待遇相挂钩,不得违反法律法规的相关规定。例如,试用期的工资不得低于本单位相同岗位最低档工资或者劳动合同约定工资的80%,并不得低于用人单位所在地的最低工资标准。

律师支招

一、依法制定的"末位淘汰制度"确属用人单位内部规章制度

我国劳动合同法规定,用人单位应当依法建立和完善劳动规章制度,保障劳动者享有劳动权利、履行劳动义务。因此,制定内部的劳动规章制度,既是用人单位的权利,也是用人单位的义务。

根据《中华人民共和国劳动合同法》的相关规定,用人单位内部的规章制度要想得到法律的认可,须具备以下几个条件:

其一,制定程序合法。用人单位在制定、修改或者决定有关劳动报酬、工作时间、休息休假、劳动安全卫生、保险福利、职工培训、劳动纪律以及劳动定额管理等直接涉及劳动者切身利益的规章制度或者重大事项时,应当经职工代表大会或者全体职工讨论,提出方案和意见,与工会或者职工代表平等协商确定。

其二,用人单位应当将直接涉及劳动者切身利益的规章制度和重大事项决定公示,或者告知劳动者。

其三,在规章制度和重大事项决定实施过程中,工会或者职工认为不适当的,有权向用人单位提出,通过协商予以修改完善。

诚如司法实践中用人单位所主张的那样,"末位淘汰制度"作为用人单位内部制定的"直接涉及劳动者切身利益的规章制度",只要在制定过程中"经职工代表大会或者全体职工讨论,提出方案和意见,与工会或者职工代表平等协商确定",并予以"公示"或"告知劳动者",就应该能够得到劳动法的认可。如果在规章制度和重大事项决定实施过程中,工会或者职工并未认为"不适当",也没有"向用人单位提出通过协商予以修改完善",那么,劳动者就无权主张"末位淘汰制度"无效。

二、"末位淘汰制度"确属用人单位内部规章制度,但并不意味着用人单位对业绩居于末位的劳动者解除劳动合同是合法的

我国劳动合同法对用人单位单方解除劳动合同的条件进行了严格限制,有且仅有以下两类情形:

1.用人单位无须提前告知劳动者而直接解除劳动合同的情形:(1)劳动者在试用期间被证明不符合录用条件的;(2)劳动者严重违反用人单位的规章制度的;(3)劳动者严重失职,营私舞弊,给用人单位造成重大损害的;(4)劳动者同时与其他用人单位建立劳动关系,对完成本单位的工作任务造成严重影响,或者经用人单位提出,拒不改正的;(5)劳动者以欺诈、胁迫的手段或者乘人之危,使用人单位在违背真实意思的情况下订立或者变更劳动合同,致使劳动合同无效的;(6)劳动者被依法追究刑事责任的。

2.用人单位提前30日以书面形式通知劳动者本人或者额外支付劳动者一个月工资后,可以解除劳动合同的情形:(1)劳动者患病或者非因工负伤,在规定的医疗期满后不能从事

原工作,也不能从事由用人单位另行安排的工作的;(2)劳动者不能胜任工作,经过培训或者调整工作岗位,仍不能胜任工作的;(3)劳动合同订立时所依据的客观情况发生重大变化,致使劳动合同无法履行,经用人单位与劳动者协商,未能就变更劳动合同内容达成协议的。

那么,我们不妨来分析一下,用人单位根据"末位淘汰制度"对业绩居于末位的劳动者解除劳动合同,是否符合上述两种情形?

其一,劳动者业绩居于末位,是否构成"严重违反用人单位的规章制度"?答案显然是否定的。"末位淘汰制度"并不禁止也不可能禁止劳动者的工作业绩在单位内部居于末位,因为居于"末位"是一种客观存在的状态,而不是一种主观的行为。而所谓"严重违反用人单位的规章制度",是指劳动者明知或应知规章制度的存在,却基于故意或重大过失的心态,实施了严重违反规章制度的行为。因此,即使劳动者业绩居于末位,也并不意味着其严重违反用人单位的规章制度,那么,用人单位就不能以此为由单方解除劳动合同。

其二,劳动者业绩居于末位,是否属于"劳动者不能胜任工作,经过培训或者调整工作岗位,仍不能胜任工作"?答案是不确定的。劳动者业绩居于末位,有可能是其不能胜任工作所致,但即使其完全胜任工作,也并不能避免其居于末位,因为"末位"总是客观存在的。因此,用人单位不能因为劳动者业绩居于末位,就主张其不能胜任工作而要求解除合同。更何况,即使业绩居于末位的劳动者确实不能胜任工作,用人单位也无权直接主张解除合同,而应当对劳动者进行培训或调整工作岗位,只有在劳动者仍不能胜任工作的情况下,才能提前30日以书面形式通知劳动者本人或者额外支付劳动者一个月工资后解除劳动合同。而且,在这种情形下,用人单位解除合同并非基于"末位淘汰制度",而是因为"劳动者不能胜任工作,经过培训或者调整工作岗位,仍不能胜任工作"。

因此,尽管"末位淘汰制度"确属用人单位内部规章制度,但并不意味着用人单位对业绩居于末位的劳动者解除劳动合同是合法的。

三、用人单位根据"末位淘汰制度"对业绩居于末位的劳动者进行岗位调整应属合法的情形

劳动者在用人单位内部究竟在何种岗位上从事劳动,应由双方在签订劳动合同时协商确定,这往往涉及劳动者的工作内容、工作地点、劳动报酬等事项。根据劳动合同法的规定,在劳动合同存续期间,用人单位与劳动者协商一致,可以变更劳动合同约定的内容。诚如上文所言,"末位淘汰制度"作为用人单位内部制定的"直接涉及劳动者切身利益的规章制度",只要在制定过程中"经职工代表大会或者全体职工讨论,提出方案和意见,与工会或者职工代表平等协商确定",并予以"公示"或"告知劳动者",就应该能够得到劳动法的认可,作为劳动合同的附件,对用人单位内部的劳动者具有约束力。那么,如果"末位淘汰制度"规定对业绩居于末位的劳动者进行岗位调整,就意味着劳动者与用人单位在劳动合同中约定用人单位对业绩居于末位的劳动者有权单方变更合同的内容,这在本质上是一种约定的单方变更合同的权利,应当得到法律的认可。

因此，用人单位根据"末位淘汰制度"对业绩居于末位的劳动者进行岗位调整，属于按照约定行使变更合同内容的权利，应属合法。

必懂知识点

劳动合同的单方解除权是指劳动合同当事人依法享有的，无须对方当事人同意而单方决定解除劳动合同的权利。一般情况下，劳动者可以无条件地辞职，只要提前书面通知即可，无须征得用人单位的同意，而用人单位单方解除劳动合同则必须具备法定的解除事由，一旦操作不当，就有可能面临赔偿。

用人单位单方解除劳动合同，根据解除事由不同可以分为以下几类：

1.过失性解除，也就是员工存在《中华人民共和国劳动合同法》第三十九条所规定的情形之一的，用人单位可以单方解除劳动合同，而不需要支付经济补偿金，而且因员工过错给用人单位造成损失的，用人单位有权要求赔偿。

2.非过失性解除，即出现《中华人民共和国劳动合同法》第四十条情形之一的，用人单位提前30日以书面形式通知劳动者本人或者额外支付劳动者一个月工资后，可以解除劳动合同，但是应当向劳动者支付经济补偿金。

3.经济性裁员，即出现《中华人民共和国劳动合同法》第四十一条所规定的四类情形而依法进行的裁员。即：

(1)依照企业破产法规定进行重整的；

(2)生产经营发生严重困难的；

(3)企业转产、重大技术革新或者经营方式调整，经变更劳动合同后，仍需裁减人员的；

(4)其他因劳动合同订立时所依据的客观经济情况发生重大变化，致使劳动合同无法履行的。

一、过失性解除

当适用过失性解除时，用人单位可以即时解除劳动合同，不用提前通知，且无须支付经济补偿金，但法律严格规定了适用的条件。

(一)劳动者在试用期间被证明不符合录用条件的，用人单位可以随时解除劳动合同

要适用此条，用人单位须对劳动者不符合录用条件提供证明。对于什么是录用条件，法律虽然没有明确规定，但一般应包括共性的和个性的两个方面。共性的录用条件是指所有员工都应当具备的基本条件，比如诚实守信、竞业限制义务、团队精神、职业道德等，而个性的录用条件则是针对每个岗位所需要的特殊要求，比如学历要求、资质要求、技能要求等。

共性的录用条件可以在规章制度中予以明确，个性的录用条件可以与劳动者单独约定。无论劳动者不符合哪种录用条件，用人单位都必须对此提出合法有效的证明。

用人单位在试用期问题上，应注意做好以下工作：首先，要根据招聘岗位的要求，制订出完整、具有可操作性的录用条件；其次，要对试用期内的员工按录用条件进行考核，经考核发

现员工不符合录用条件时,应将结果告知员工,并保留好相关证据;最后,在证明员工不符合录用条件后,若想与其解除劳动合同,必须在试用期之内解除,一旦拖过试用期,就无法依据该条款解除。

(二)劳动者因严重违反用人单位的规章制度而被解除

劳动者严重违反用人单位的规章制度的,用人单位可以随时解除劳动合同。

企业内部规章制度可以称为"企业内部法",它是国家劳动法律、法规的延伸和具体化,是企业内部管理的重要依据,是职工行为的准则。企业内部制定的规章制度要具有法律效力,必须完全具备法定的要件。

根据《最高人民法院关于审理劳动争议案件适用法律若干问题的解释》之规定,能作为人民法院审理劳动争议案件依据的规章制度必须符合以下三个要件:第一,企业内部规章制度要符合国家法律、行政法规及政策规定;第二,企业内部规章制度要通过民主程序制定;第三,企业内部规章制度已向劳动者公示。这实际上确定了规章制度有效性的三个标准,即合法性、经过民主程序、公示,三个条件缺一不可。因用人单位作出的开除、除名、辞退、解除劳动合同、减少劳动报酬等决定而发生的劳动争议,用人单位负举证责任。所以,用人单位一定要谨慎,严格遵守相关法律规定,以降低风险,达到管理制度化、规范化的目的。

因此,用人单位务必对劳动规章制度进行合法性审查。《中华人民共和国劳动合同法》第八十条规定,用人单位直接涉及劳动者切身利益的规章制度违反法律、法规规定的,由劳动行政部门责令改正,给予警告;给劳动者造成损害的,应当承担赔偿责任。

(三)劳动者严重失职,营私舞弊,给用人单位造成重大损失的

劳动者在履行劳动合同期间,违反其忠于职守、维护和增进用人单位利益的义务,有未尽职责的严重过失行为或者利用职务之便谋取私利的故意行为,使用人单位的有形财产、无形财产或人员遭受重大损失,但未达到受刑罚处罚的程度。

单位因员工严重违反劳动纪律或规章制度而解除劳动合同关系的,必须要有明确的规章制度作为前提。所谓"明确"的要求是:单位必须能出具符合法律规定形式的规章制度,且明确规定了何为严重失职。单位要能证明员工确实违反了相应制度,员工的行为达到严重的程度,两点缺一不可。

(四)劳动者同时与其他用人单位建立劳动关系,对完成本单位的工作任务造成严重影响,或者经用人单位提出,拒不改正的

一般情况下,劳动者只与一个用人单位签订劳动合同、建立劳动关系,法律虽没有禁止双重劳动关系,但是《中华人民共和国劳动合同法》第九十一条规定,用人单位招用与其他用人单位尚未解除或者终止劳动合同的劳动者,给其他用人单位造成损失的,应当承担连带赔偿责任。

对于存在兼职行为的人员,建议其先告知单位,经单位同意,并在不影响原工作的前提下进行兼职工作。如果员工在外兼职对本职工作产生严重影响,或者没有将兼职事宜告知原单位,单位发现后提出,员工拒不改正的,用人单位可以依据该条规定解除劳动合同。为

了减少风险,建议用人单位招人的时候在录用条件中约定是否同意兼职,或者员工在入职登记表中登记是否有兼职,这样员工既可以履行告知义务,单位也可以对员工的兼职状况有一个大致的了解。用人单位也可以在劳动合同或者规章中规定,员工兼职应当告知单位并征得同意。

(五)因劳动合同法第二十六条第一款第一项规定的情形致使劳动合同无效的

劳动者以欺诈、胁迫的手段或者乘人之危,使用人单位在违背真实意思的情况下订立或者变更劳动合同,致使劳动合同无效的,单位可解除合同。

这种情形在现实生活中虽然很少见,但是一旦发生,用人单位可以单方解除劳动合同。如果劳动者对劳动合同无效有异议的,可以申请劳动仲裁。

(六)劳动者被依法追究刑事责任的

劳动者被依法追究刑事责任的,用人单位可以随时解除劳动合同。

根据相关规定,"被依法追究刑事责任"是指:被人民检察院免予起诉的、被人民法院判处刑罚的、被人民法院依据刑法第三十七条免于刑事处罚的。《中华人民共和国刑法》第三十七条规定:"对于犯罪情节轻微不需要判处刑罚的,可以免予刑事处罚,但是可以根据案件的不同情况,予以训诫或者责令具结悔过、赔礼道歉、赔偿损失,或者由主管部门予以行政处罚或者行政处分。"也就是说,员工出现以上情形时,用人单位可以与其解除劳动关系。用人单位对已经被依法追究刑事责任的劳动者,应尽快作出是否解除其劳动合同的决定。若决定解除劳动合同,应及时将该决定书面通知其本人。

二、非过失性解除

在非过失性解除劳动合同情况下,用人单位需要提前30日通知劳动者本人或额外支付一个月工资,并支付经济补偿金。

(一)劳动者患病或者非因工负伤,在规定的医疗期满后不能从事原工作,也不能从事由用人单位另行安排的工作的

这里的医疗期是指劳动者因患病或非因工负伤,停止工作治病休息,用人单位不得解除劳动合同的时限。

《违反和解除劳动合同的经济补偿办法》(1994年发布,现已失效)第六条规定:劳动者患病或者非因工负伤,经劳动鉴定委员会确认不能从事原工作、也不能从事用人单位另行安排的工作而解除劳动合同的,用人单位应支付经济补偿金和医疗补助费。也就是说,医疗期满后,需要劳动鉴定委员会做一个鉴定来确定劳动者是否能从事工作。但是每个地方的具体操作方式和要求不同,具体问题还得咨询当地的劳动部门。

(二)劳动者不能胜任工作,经过培训或者调整工作岗位,仍不能胜任工作的

这里的"不能胜任工作",是指不能按要求完成劳动合同中约定的任务或者同工种、同岗位人员的工作量。劳动者在试用期满后不能胜任劳动合同所约定的工作,用人单位应对其进行培训或者为其调整工作岗位,如果劳动者经过一定期间的培训仍不能胜任原来的工作,

或者对重新安排的工作也不胜任,就意味着劳动者缺乏履行劳动合同的劳动能力。

用人单位在适用这条时一定要慎重,以下两类情形是不能成立的:第一类是某个领导对下属员工的主观评价;第二类是"末位淘汰制度"。认定员工是否胜任工作一般应采用公开、公平、公正的原则,员工有权要求复核。

(三)劳动合同订立时所依据的客观情况发生重大变化,致使原劳动合同无法履行,经用人单位与劳动者协商不能就变更劳动合同内容达成协议的

这里的"客观情况发生重大变化"一般是指劳动合同在履行过程中,发生了诸如企业被兼并、合并、分立,企业进行转产,企业进行重大技术改造,使员工的原工作岗位不复存在等情况。

当出现"客观情况发生重大变化,致使劳动合同无法履行"的情况后,用人单位要想解除劳动合同还应清楚地知道:

1.必须是与当事人协商后,不能就变更劳动合同内容达成协议。也就是说,如果经与当事人协商能够就变更劳动合同达成协议,用人单位就不能解除劳动合同。

2.必须提前30日以书面形式通知劳动者本人或额外支付一个月工资。

3.必须按规定给予经济补偿金。

三、经济性裁员

经济性裁员,是指用人单位在濒临破产进行法定整顿期间或者用人单位生产经营状况发生严重困难时,为改善生产经营状况而辞退成批人员。

《中华人民共和国劳动合同法》第四十一条对用人单位可以进行经济性裁员的情形进行了明确规定。

《中华人民共和国劳动合同法》第四十二条增加了非过失性解除合同和经济性裁员的限制情形,劳动者有下列情形之一的,用人单位不得依据该法第四十条、第四十一条的规定解除劳动合同:(一)从事接触职业病危害作业的劳动者未进行离岗前职业健康检查,或者疑似职业病病人在诊断或者医学观察期间的;(二)在本单位患职业病或者因工负伤并被确认丧失或者部分丧失劳动能力的;(三)患病或者非因工负伤,在规定的医疗期内的;(四)女职工在孕期、产期、哺乳期的;(五)在本单位连续工作满十五年,且距法定退休年龄不足五年的;(六)法律和行政法规规定的其他情形。

必知法规

◎ 《中华人民共和国劳动合同法》

第三十六条 用人单位与劳动者协商一致,可以解除劳动合同。

第三十七条 劳动者提前三十日以书面形式通知用人单位,可以解除劳动合同。劳动者在试用期内提前三日通知用人单位,可以解除劳动合同。

第三十八条 用人单位有下列情形之一的,劳动者可以解除劳动合同:

(一)未按照劳动合同约定提供劳动保护或者劳动条件的;

(二)未及时足额支付劳动报酬的;

(三)未依法为劳动者缴纳社会保险费的;

(四)用人单位的规章制度违反法律、法规的规定,损害劳动者权益的;

(五)因本法第二十六条第一款规定的情形致使劳动合同无效的;

(六)法律、行政法规规定劳动者可以解除劳动合同的其他情形。

用人单位以暴力、威胁或者非法限制人身自由的手段强迫劳动者劳动的,或者用人单位违章指挥、强令冒险作业危及劳动者人身安全的,劳动者可以立即解除劳动合同,不需事先告知用人单位。

第四十条 有下列情形之一的,用人单位提前三十日以书面形式通知劳动者本人或者额外支付劳动者一个月工资后,可以解除劳动合同:

(一)劳动者患病或者非因工负伤,在规定的医疗期满后不能从事原工作,也不能从事由用人单位另行安排的工作的;

(二)劳动者不能胜任工作,经过培训或者调整工作岗位,仍不能胜任工作的;

(三)劳动合同订立时所依据的客观情况发生重大变化,致使劳动合同无法履行,经用人单位与劳动者协商,未能就变更劳动合同内容达成协议的。

第四十二条 劳动者有下列情形之一的,用人单位不得依照本法第四十条、第四十一条的规定解除劳动合同:

(一)从事接触职业病危害作业的劳动者未进行离岗前职业健康检查,或者疑似职业病病人在诊断或者医学观察期间的;

(二)在本单位患职业病或者因工负伤并被确认丧失或者部分丧失劳动能力的;

(三)患病或者非因工负伤,在规定的医疗期内的;

(四)女职工在孕期、产期、哺乳期的;

(五)在本单位连续工作满十五年,且距法定退休年龄不足五年的;

(六)法律、行政法规规定的其他情形。

第四十六条 有下列情形之一的,用人单位应当向劳动者支付经济补偿:

(一)劳动者依照本法第三十八条规定解除劳动合同的;

(二)用人单位依照本法第三十六条规定向劳动者提出解除劳动合同并与劳动者协商一致解除劳动合同的;

(三)用人单位依照本法第四十条规定解除劳动合同的;

(四)用人单位依照本法第四十一条第一款规定解除劳动合同的;

(五)除用人单位维持或者提高劳动合同约定条件续订劳动合同,劳动者不同意续订的情形外,依照本法第四十四条第一项规定终止固定期限劳动合同的;

(六)依照本法第四十四条第四项、第五项规定终止劳动合同的;

(七)法律、行政法规规定的其他情形。

第四十八条 用人单位违反本法规定解除或者终止劳动合同,劳动者要求继续履行劳动合同的,用人单位应当继续履行;劳动者不要求继续履行劳动合同或者劳动合同已经不能继续履行的,用人单位应当依照本法第八十七条规定支付赔偿金。

第五十条 用人单位应当在解除或者终止劳动合同时出具解除或者终止劳动合同的证明,并在十五日内为劳动者办理档案和社会保险关系转移手续。

劳动者应当按照双方约定,办理工作交接。用人单位依照本法有关规定应当向劳动者支付经济补偿的,在办结工作交接时支付。

用人单位对已经解除或者终止的劳动合同的文本,至少保存二年备查。

◎ 《中华人民共和国劳动合同法实施条例》

第十条 劳动者非因本人原因从原用人单位被安排到新用人单位工作的,劳动者在原用人单位的工作年限合并计算为新用人单位的工作年限。原用人单位已经向劳动者支付经济补偿的,新用人单位在依法解除、终止劳动合同计算支付经济补偿的工作年限时,不再计算劳动者在原用人单位的工作年限。

第十八条 有下列情形之一的,依照劳动合同法规定的条件、程序,劳动者可以与用人单位解除固定期限劳动合同、无固定期限劳动合同或者以完成一定工作任务为期限的劳动合同:

(一)劳动者与用人单位协商一致的;

(二)劳动者提前30日以书面形式通知用人单位的;

(三)劳动者在试用期内提前3日通知用人单位的;

(四)用人单位未按照劳动合同约定提供劳动保护或者劳动条件的;

(五)用人单位未及时足额支付劳动报酬的;

(六)用人单位未依法为劳动者缴纳社会保险费的;

(七)用人单位的规章制度违反法律、法规的规定,损害劳动者权益的;

(八)用人单位以欺诈、胁迫的手段或者乘人之危,使劳动者在违背真实意思的情况下订立或者变更劳动合同的;

(九)用人单位在劳动合同中免除自己的法定责任、排除劳动者权利的;

(十)用人单位违反法律、行政法规强制性规定的;

(十一)用人单位以暴力、威胁或者非法限制人身自由的手段强迫劳动者劳动的;

(十二)用人单位违章指挥、强令冒险作业危及劳动者人身安全的;

(十三)法律、行政法规规定劳动者可以解除劳动合同的其他情形。

第十九条 有下列情形之一的,依照劳动合同法规定的条件、程序,用人单位可以与劳动者解除固定期限劳动合同、无固定期限劳动合同或者以完成一定工作任务为期限的劳动合同:

(一)用人单位与劳动者协商一致的;

(二)劳动者在试用期间被证明不符合录用条件的;

（三）劳动者严重违反用人单位的规章制度的；

（四）劳动者严重失职，营私舞弊，给用人单位造成重大损害的；

（五）劳动者同时与其他用人单位建立劳动关系，对完成本单位的工作任务造成严重影响，或者经用人单位提出，拒不改正的；

（六）劳动者以欺诈、胁迫的手段或者乘人之危，使用人单位在违背真实意思的情况下订立或者变更劳动合同的；

（七）劳动者被依法追究刑事责任的；

（八）劳动者患病或者非因工负伤，在规定的医疗期满后不能从事原工作，也不能从事由用人单位另行安排的工作的；

（九）劳动者不能胜任工作，经过培训或者调整工作岗位，仍不能胜任工作的；

（十）劳动合同订立时所依据的客观情况发生重大变化，致使劳动合同无法履行，经用人单位与劳动者协商，未能就变更劳动合同内容达成协议的；

（十一）用人单位依照企业破产法规定进行重整的；

（十二）用人单位生产经营发生严重困难的；

（十三）企业转产、重大技术革新或者经营方式调整，经变更劳动合同后，仍需裁减人员的；

（十四）其他因劳动合同订立时所依据的客观经济情况发生重大变化，致使劳动合同无法履行的。

第二十四条 用人单位出具的解除、终止劳动合同的证明，应当写明劳动合同期限、解除或者终止劳动合同的日期、工作岗位、在本单位的工作年限。

第二十六条 用人单位与劳动者约定了服务期，劳动者依照劳动合同法第三十八条的规定解除劳动合同的，不属于违反服务期的约定，用人单位不得要求劳动者支付违约金。

有下列情形之一，用人单位与劳动者解除约定服务期的劳动合同的，劳动者应当按照劳动合同的约定向用人单位支付违约金：

（一）劳动者严重违反用人单位的规章制度的；

（二）劳动者严重失职，营私舞弊，给用人单位造成重大损害的；

（三）劳动者同时与其他用人单位建立劳动关系，对完成本单位的工作任务造成严重影响，或者经用人单位提出，拒不改正的；

（四）劳动者以欺诈、胁迫的手段或者乘人之危，使用人单位在违背真实意思的情况下订立或者变更劳动合同的；

（五）劳动者被依法追究刑事责任的。

第二十七条 劳动合同法第四十七条规定的经济补偿的月工资按照劳动者应得工资计算，包括计时工资或者计件工资以及奖金、津贴和补贴等货币性收入。劳动者在劳动合同解除或者终止前12个月的平均工资低于当地最低工资标准的，按照当地最低工资标准计算。劳动者工作不满12个月的，按照实际工作的月数计算平均工资。

◎ 《中华人民共和国劳动法》

第二十六条 有下列情形之一的,用人单位可以解除劳动合同,但是应当提前三十日以书面形式通知劳动者本人:

(一)劳动者患病或者非因工负伤,医疗期满后,不能从事原工作也不能从事由用人单位另行安排的工作的;

(二)劳动者不能胜任工作,经过培训或者调整工作岗位,仍不能胜任工作的;

(三)劳动合同订立时所依据的客观情况发生重大变化,致使原劳动合同无法履行,经当事人协商不能就变更劳动合同达成协议的。

第二十九条 劳动者有下列情形之一的,用人单位不得依据本法第二十六条、第二十七条的规定解除劳动合同:

(一)患职业病或者因工负伤并被确认丧失或者部分丧失劳动能力的;

(二)患病或者负伤,在规定的医疗期内的;

(三)女职工在孕期、产期、哺乳期内的;

(四)法律、行政法规规定的其他情形。

第三十条 用人单位解除劳动合同,工会认为不适当的,有权提出意见。如果用人单位违反法律、法规或者劳动合同,工会有权要求重新处理;劳动者申请仲裁或者提起诉讼的,工会应当依法给予支持和帮助。

第三十二条 有下列情形之一的,劳动者可以随时通知用人单位解除劳动合同:

(一)在试用期内的;

(二)用人单位以暴力、威胁或者非法限制人身自由的手段强迫劳动的;

(三)用人单位未按照劳动合同约定支付劳动报酬或者提供劳动条件的。

第九十九条 用人单位招用尚未解除劳动合同的劳动者,对原用人单位造成经济损失的,该用人单位应当依法承担连带赔偿责任。

第一百零二条 劳动者违反本法规定的条件解除劳动合同或者违反劳动合同中约定的保密事项,对用人单位造成经济损失的,应当依法承担赔偿责任。

最高额担保须谨慎,贷款到期要担责

近年,金融类案件频发,特别是 2015 年《最高人民法院关于审理民间借贷案件适用法律若干问题的规定》的出台,放宽了民间借贷的标准,使得民间金融盛行,相应的问题也越来越多。担保是民间借贷过程中的一个重要环节,担保的形式也多种多样,最高额担保是指保证人和债权人签订一个总的保证合同,为一定期限内连续发生的借款合同和某项商品交易行为提供保证,只要债权人和债务人在保证合同约定的债权额限度内进行交易,保证人则依法承担保证责任。但在实践中,保证人往往有多人,债权人可选择部分保证人承担保证责任。这种情况下,并不意味着债权人放弃了其余的保证债权,未在贷款合同中列明的保证人仍受其签订的最高额担保合同的制约,在最高债权限额内承担责任。本文就最高人民法院 2016 年 5 月 20 日发布的指导案例 57 号《温州银行股份有限公司宁波分行诉浙江创菱电器有限公司等金融借款合同纠纷案》展开分析。

案例介绍

一、担保合同有多份,借贷合同做选择

2010 年 9 月 10 日,浙江省温州银行股份有限公司宁波分行(以下简称"温州银行")与宁波婷微电子科技有限公司(以下简称"婷微电子公司")、岑建锋分别签订了编号为温银 9022010 年高保字 01003 号、01004 号的最高额保证合同,约定婷微电子公司、岑建锋自愿为浙江创菱电器有限公司(以下简称"创菱电器公司")在 2010 年 9 月 10 日至 2011 年 10 月 18 日期间发生的余额不超过 1100 万元的债务本金及利息、罚息等提供连带责任保证担保。

2011 年 10 月 12 日,温州银行与岑建锋、宁波三好塑模制造有限公司(以下简称"三好塑模公司")分别签署了编号为温银 9022011 年高保字 00808 号、00809 号最高额保证合同,约定岑建锋、三好塑模公司自愿为创菱电器公司在 2010 年 9 月 10 日至 2011 年 10 月 18 日期间发生的余额不超过 550 万元的债务本金及利息、罚息等提供连带责任保证担保。

2011 年 10 月 14 日,温州银行与创菱电器公司签署了编号为温银 9022011 企贷字 00542 号借款合同,约定温州银行向创菱电器公司发放贷款 500 万元,到期日为 2012 年 10 月 13 日,并列明担保合同编号分别为温银 9022011 年高保字 00808 号、00809 号。贷款发放后,创菱电器公司于 2012 年 8 月 6 日归还了借款本金 250 万元,婷微电子公司于 2012 年 6

月29日、10月31日、11月30日先后支付了贷款利息31115.3元、53693.71元、21312.59元。截至2013年4月24日,创菱电器公司尚欠借款本金250万元、利息141509.01元。另查明,温州银行为实现本案债权而发生律师费用95200元。

二、诉讼请求及答辩

原告温州银行诉称:其与被告婷微电子公司、岑建锋、三好塑模公司分别签订了"最高额保证合同",约定三被告为创菱电器公司一定时期和最高额度内借款,提供连带责任担保。创菱电器公司从温州银行借款后,不能按期归还部分贷款,故诉请判令被告创菱电器公司归还原告借款本金250万元,支付利息、罚息和律师费用;岑建锋、三好塑模公司、婷微电子公司对上述债务承担连带保证责任。

被告创菱电器公司、岑建锋未作答辩。

被告三好塑模公司辩称:原告诉请的律师费不应支持。

被告婷微电子公司辩称:其与温州银行签订的最高额保证合同,并未被列入借款合同所约定的担保合同范围,故其不应承担保证责任。

三、裁判结果

浙江省宁波市江东区人民法院于2013年12月12日作出(2013)甬东商初字第1261号民事判决:一、创菱电器公司于本判决生效之日起十日内归还温州银行借款本金250万元,支付利息141509.01元,并支付自2013年4月25日起至本判决确定的履行之日止按借款合同约定计算的利息、罚息;二、创菱电器公司于本判决生效之日起十日内赔偿温州银行为实现债权而发生的律师费用95200元;三、岑建锋、三好塑模公司、婷微电子公司对上述第一、二项款项承担连带清偿责任,其承担保证责任后,有权向创菱电器公司追偿。宣判后,婷微电子公司以其未被列入借款合同,不应承担保证责任为由,提起上诉。浙江省宁波市中级人民法院于2014年5月14日作出(2014)浙甬商终字第369号民事判决,驳回上诉,维持原判。

争议与问题

在有数份最高额担保合同情形下,具体贷款合同中选择性列明部分最高额担保合同,如果债务发生在最高额担保合同约定的决算期内,且债权人未明示放弃担保权利,未列明的最高额担保合同的担保人是否应当在最高债权限额内承担担保责任?

案例分析

一、最高额担保具有相对独立性

《中华人民共和国担保法》第十四条规定:"保证人与债权人可以就单个主合同分别订立

保证合同,也可以协议在最高债权额限定内就一定期间连续发生的借款合同或者某项商品交易合同订立一个保证合同。"一项最高额抵押担保如需得到法律的认可,就必须履行以下程序:第一,双方当事人签订规范的最高额抵押合同,且该合同内容填制完整,签章规范,即合同在内容与形式方面不存有任何瑕疵;第二,按相关规定,办理最高额抵押登记手续,取得《他项权利证书》。银行作为债权人,只有完成如上步骤后,其最高额抵押权才得以有效设立,并因此得到法律的认可与保护。

《中华人民共和国担保法》第九十三条规定:"本法所称保证合同、抵押合同、质押合同、定金合同可以是单独订立的书面合同,包括当事人之间的具有担保性质的信函、传真等,也可以是主合同中的担保条款。"

最高额保证是保证人与债权人之间,在最高债权限额内,就债务人在一定期间内连续发生的多笔债务,由保证人向债权人提供保证。最高额保证相比一般保证和连带责任保证具有更强的独立性。

首先,最高额保证不以主合同债务的有效存在为前提,其责任范围也不是以主债务为限,而是主要受保证限额和连续债务发生的期间的影响,因而具有较强的独立性。而普通保证中,不仅保证的设定是以债权的存在为前提,在无特别约定的情况下,保证人还须对主债务自身扩张而增加的债务负担保责任。

其次,最高额保证合同的效力范围在无特别约定的情况下,不随主债务范围的扩张而扩张,保证人仅在保证限额内承担保证责任,且不承担因主债务而产生的延迟利息和损害赔偿金。

再者,在未约定保证期间的最高额保证合同成立后,保证人可以随时书面通知债权人终止保证合同。

所以,在借款合同与最高额保证合同均有效的前提下,债务人未按合同约定履行债务时,保证人应依据最高额保证合同承担保证责任。基于合同的相对性,无论主合同项下的债权是否还有其他担保,债权人均有权依照最高额保证合同要求保证人承担责任。

二、债权人放弃最高额担保权利应当明示

民事法律行为以意思表示为核心要素,所以民事法律行为形式,就是意思表示形式。《中华人民共和国民法通则》第五十六条规定:"民事法律行为可以采用书面形式、口头形式或者其他形式。法律规定用特定形式的,应当依照法律规定。"即民事法律行为以意思表示的载体,可分为明示和默示两种形式。区分明示与默示的法律意义在于若非法律特别规定,以民事法律行为处分权利的,须经当事人明示始得成立。《中华人民共和国民法总则》第一百三十三条规定:"民事法律行为是民事主体通过意思表示设立、变更、终止民事法律关系的行为。"第一百三十五条规定:"民事法律行为可以采用书面形式、口头形式或者其他形式;法律、行政法规规定或者当事人约定采用特定形式的,应当采用特定形式。"第一百四十条规定:"行为人可以明示或者默示作出意思表示。沉默只有在有法律规定、当事人约定或者符合当事人之间的交易习惯时,才可以视为意思表示。"

担保合同中责任的默示免除并非法律的特别规定,除当事人另有约定或有证据证明债权人放弃最高额担保权利外,主债务是否在最高额保证范围内,取决于该债务是否发生在最高额保证合同约定的保证范围内。最高额担保中被担保债权具有不特定性,但这种不特定性要受到当事人之间约定的范围限制,即最高额担保中被担保债权并不是指当事人之间发生的全部债权。最高额担保中,当事人之间对被担保债权范围的约定,可以是对被担保债权发生时间的限制,也可以是对被担保债权发生种类的限制。

本案中,争议的焦点在于被告婷微电子公司是否应对被告创菱电器公司的银行贷款债务承担保证责任。由案件可知,2010年9月10日,温州银行与婷微电子公司、岑建锋分别签订了编号为温银9022010年高保字01003号、01004号的最高额保证合同,约定婷微电子公司、岑建锋自愿为创菱电器公司在2010年9月10日至2011年10月18日期间发生的余额不超过1100万元的债务本金及利息、罚息等提供连带责任保证担保。诉争借款合同签订于2010年10月14日,合同签订时间及贷款发放时间在最高额保证合同范围内,且原告未以明确的方式放弃被告婷微电子公司提供最高额担保的权利。

合同法中有一项重要的原则:公平原则。《中华人民共和国合同法》第五条规定:"当事人应当遵循公平原则确定各方的权利和义务。"公平原则既要强调合同条款本身权利义务的均衡,也要强调合同派生权利义务的均衡。在本案中,主合同下多个最高额担保并存,为保护债权人权益,所有符合条件的最高额保证人均应承担保证责任,此举没有加重各保证人依照各自最高额保证合同中约定的保证责任,但加大了债权人实现债权的可能性。因为根据《中华人民共和国担保法》第十二条规定:"同一债务有两个以上保证人的,保证人应当按照保证合同约定的保证份额,承担保证责任。没有约定保证份额的,保证人承担连带责任,债权人可以要求任何一个保证人承担全部保证责任,保证人都负有担保全部债权实现的义务。已经承担保证责任的保证人,有权向债务人追偿,或者要求承担连带责任的其他保证人清偿其应当承担的份额。"

律师支招

一、最高额抵押担保贷款常见法律风险

最高额抵押担保贷款是一种操作简便、银行与信贷客户互利共赢的合作方式。但是,在具体的实务操作中,由于最高额保证合同的特殊性,最高额抵押担保贷款往往存在风险隐患,银行往往会因操作不当而给后来的债权维护带来隐患。

1.实际发放的贷款额度与"担保的债权最高余额"相一致时面临的法律风险

在最高额抵押制度中,被担保债权不仅要受到一定范围的限制,而且被担保债权还要受最高限额的制约,最高额抵押合同约定的"担保的债权最高余额"除了囊括贷款本金之外,还应当包括利息、罚息、违约金、损害赔偿金和实现抵押权所产生的费用等。但在实际操作中,会出现实际发放的贷款额度与"担保的债权最高余额"相一致的情况,这意味着合同约定的

最高债权额只包含了本金,并未涵盖贷款所产生的利息、罚息、违约金、损害赔偿金和实现债权所产生的费用等。如果确定的债权数额超过最高限额的,超出部分的债权并不是无效,只是不能就抵押财产优先受偿,最高额抵押权人仅以约定的最高限额为优先受偿金额。

银行与借款人或保证人签订多份最高额抵押合同,导致部分债权"悬空"。在最高额抵押担保贷款操作过程中,如果最高额抵押合同中约定的债权确定期间届满,那么就意味着不能在最高额项下继续发放贷款。个别银行部分信贷人员在签订最高额抵押担保合同时,针对同一借款人或同一保证人,根据融资种类分别签订多份最高额抵押合同,或在签订最高额抵押合同之外又针对某笔融资签订他项担保合同,导致在同一时间段内出现数个最高额担保合同的交叉或叠加。也就是说,在最高额抵押合同约定的债权确定期间还没有届满之前,银行再次发放的贷款就处于脱保状态,债权"悬空",权利得不到保障。

2.新旧合同衔接不一致的法律风险

在实际业务操作中,会遇到这样的情形:最高额抵押合同中约定的债权确定期间届满,部分债权尚未清偿,但是客户仍具有融资需求且该最高额抵押合同还有相应的担保空间。为解决这一问题,商业银行采取的策略是:解除现有的最高额抵押合同和登记手续,然后重新签订最高额抵押合同。但是,部分信贷人员在新合同签订过程中,没有将已发放贷款的主合同信息写进新签订的最高额抵押合同中,导致最高额抵押权设立前已经存在的债权没被纳入新的最高额抵押担保范围,致使该债权处于脱保状态。

3.业务种类选择不全导致债权脱保的法律风险

在最高额抵押担保贷款中,存在这样的情形:例如甲公司申请办理差额银行承兑汇票,差额部分由该公司以其名下房地产设置最高额抵押担保,但是在已签订的最高额抵押合同第一条第一款第一项中所选择的业务种类仅为"人民币/外币贷款",也就是说该最高额抵押合同只担保"人民币/外币贷款"所形成的债权,而不包括办理银行承兑汇票所形成的债权。这样将导致银行承兑汇票业务差额部分处于脱保状态。

二、最高额抵押担保常见法律风险的防范

针对最高额抵押担保业务过程中可能出现的上述风险隐患,提出以下几条风险防范措施。

1.规范签订合同

为确保债权的足额受偿,在填写合同最高限额时,应将对债权确定期间内发生的所有债权本金以及相应利息、违约金、赔偿金、实现债权的费用等进行汇总,从而匡算出一个较为合理的数额,而不能简单地将限额等同于本金。

2.规范运用最高额抵押合同

首先,要求信贷经办人员改变过分依赖最高额抵押合同、盲目签订的思想,审慎运用最高额抵押合同。加强对债务人、抵押人及抵押资产状况的监管,一旦发现债务人、抵押人有被宣告破产或被撤销、抵押资产有被有权机关查封或扣押等情形时,就必须采取以下措施:第一,不得再受理债务人的借款申请;第二,按照《中华人民共和国企业破产法》相关规定向

管理人申报债权,或者按照《中华人民共和国民事诉讼法》等有关规定提交银行对抵押资产享有优先受偿权的书面材料;第三,申请最高额抵押权确定登记。其次,在签订最高额抵押合同时,如果是同一保证人的,最高额担保金额应涵盖其为借款人担保的所有融资种类,切忌根据不同的融资种类签订对应的最高额抵押合同,导致担保债权的重叠现象,有效防范担保债权悬空的法律风险。

3.新旧合同衔接一致

针对最高额担保设立前已经存在的债权,或因抵押物置换而需将原有债权纳入新签订的最高额抵押合同,要求规范地将已经存在的债权转入最高额抵押担保范围中的特别约定,并签订好债权纳入协议。对原最高额抵押合同中的"担保的债权最高余额"进行变更,并确保变更后的"担保的债权最高余额"足以覆盖已发放贷款本金及其利息、罚息、违约金、损害赔偿金和实现债权所产生的费用等。

4.明晰贷款用途管理

对于将最高额抵押合同下的贷款运用于政府周转金、民间融资中心等资金周转的情况,要求在新发放贷款前由最高额保证人出示知晓上述情况的说明,有效防范保证人以贷款用途不符合合同约定为由而逃脱担保责任。

三、严防抵押物被查封后的法律风险

为避免抵押物被查封后债权悬空,要求信贷经办人员在发放最高额项下的任何一笔授信业务时,应到现场查看抵押物的状况,明确在抵押物"安全"的状态下发放贷款。但考虑到具体实务操作过程中的可行性,目前要求经办人员务必通过登记部门的房产抵押登记系统查看担保物现状,一旦出现异常情况,严格禁止再发放贷款或提供其他任何授信业务,确保抵押债权的安全。

必懂知识点

最高额抵押,指抵押人与抵押权人协议,在最高债权限额内,以抵押物对一定期间内连续发生的债权作担保。

最高额抵押有别于一般抵押的特点:

1.最高额抵押所担保的债权额是确定的,但实际发生的债权额是不确定的。设定最高额抵押时,债权尚未发生,为保证将来债权的实现,抵押权人与抵押人协议商定担保的最高债权额度,抵押人以其抵押财产在此额度内对债权作担保。

比如,张某以一处房产为抵押物,与债权人李某签订了一份担保将来可能发生的100万元债权的最高额抵押合同。

2.最高额抵押是对一定期间内连续发生的债权作担保。所谓一定期间,是指发生债权的期间,比如,从2001年1月1日至2001年12月31日发生的债权,抵押人对此期间发生的债权作担保。所谓连续发生的债权,是指实际发生的债权次数是不确定的,并且是接连发生

的。比如,张某在 1 月份向李某借款 20 万元,3 月份又借了 30 万元,5 月份又借了 40 万元,6 月份还了 60 万元,8 月份又借了 40 万元,以此类推,张某在这一年之内借了还,还了借,只要借款余额不超过 100 万元,张某抵押的房产对这一年之内发生的不超过 100 万元的借款的偿还都作担保。可见,最高额抵押只需订立一次抵押合同,进行一次抵押物登记就可以对一个时期内多次发生的债权作担保,既省时、省力、省钱,又可以加速资金流通,有利于促进经济发展。

3.最高额抵押只适用于贷款合同以及债权人与债务人就某项商品在一定期间内连续发生交易而签订的合同。规定某项商品在一定期间内连续发生的交易可以适用最高额抵押方式,主要是为了简化手续,方便当事人,有利于生产经营。

4.最高额抵押的主合同债权不得转让。最高额抵押所担保的债权在合同约定的期间内经常发生变更,处于不稳定状态,如果允许主合同债权转让,必然会发生最高额抵押权是否随之转让的问题,以及对以后再发生的债权如何担保等问题。在我国市场机制尚未完善的情况下,为保障信贷和交易安全,法律暂规定最高额抵押的主合同债权不得转让。

必知法规

◎ 《中华人民共和国民法总则》

第一百三十三条 民事法律行为是民事主体通过意思表示设立、变更、终止民事法律关系的行为。

第一百三十四条 民事法律行为可以基于双方或者多方的意思表示一致成立,也可以基于单方的意思表示成立。

法人、非法人组织依照法律或者章程规定的议事方式和表决程序作出决议的,该决议行为成立。

第一百三十五条 民事法律行为可以采用书面形式、口头形式或者其他形式;法律、行政法规规定或者当事人约定采用特定形式的,应当采用特定形式。

第一百三十六条 民事法律行为自成立时生效,但是法律另有规定或者当事人另有约定的除外。

行为人非依法律规定或者未经对方同意,不得擅自变更或者解除民事法律行为。

第一百四十条 行为人可以明示或者默示作出意思表示。

沉默只有在有法律规定、当事人约定或者符合当事人之间的交易习惯时,才可以视为意思表示。

◎ 《中华人民共和国担保法》

第十二条 同一债务有两个以上保证人的,保证人应当按照保证合同约定的保证份额,承担保证责任。没有约定保证份额的,保证人承担连带责任,债权人可以要求任何一个保证人承担全部保证责任,保证人都负有担保全部债权实现的义务。已经承担保证责任的保证人,有权向债务人追偿,或者要求承担连带责任的其他保证人清偿其应当承担的份额。

第十四条 保证人与债权人可以就单个主合同分别订立保证合同,也可以协议在最高债权额限度内就一定期间连续发生的借款合同或者某项商品交易合同订立一个保证合同。

第十八条 当事人在保证合同中约定保证人与债务人对债务承担连带责任的,为连带责任保证。

连带责任保证的债务人在主合同规定的债务履行期届满没有履行债务的,债权人可以要求债务人履行债务,也可以要求保证人在其保证范围内承担保证责任。

第二十一条 保证担保的范围包括主债权及利息、违约金、损害赔偿金和实现债权的费用。保证合同另有约定的,按照约定。

当事人对保证担保的范围没有约定或者约定不明确的,保证人应当对全部债务承担责任。

第三十一条 保证人承担保证责任后,有权向债务人追偿。

◎ 《中华人民共和国合同法》

第五条 当事人应当遵循公平原则确定各方的权利和义务。

拍卖行恶意串通买受人，法院判处拍卖行为无效

恶意串通行为又称作"恶意通谋行为"，是指在买卖活动中，双方以损害他人利益为目的，弄虚作假的违法行为。具体表现为：串通掩盖事实真相，在应价过程中串通一气，有意压价，损害委托人的利益。拍卖实践中，拍卖当事人恶意串通的情况比较复杂，大体上可以分为三种类型：一类是竞买人相互之间的恶意串通；一类是拍卖人与竞买人之间的恶意串通；还有一种类型是委托人、拍卖人和竞买人三方共同串通。

案例介绍

一、无力支付借款，公司房产被拍卖

广东立发公司与广东广立房产有限公司非法借贷纠纷一案，由广东省高级人民法院于1997年作出一审判决，判令广立房产有限公司清偿立发公司借款1.4亿元及利息，广东省高级人民法院在执行前述判决过程中，于1998年2月裁定查封了广立房产有限公司名下的丰立大厦未售出部分。后委托广东立茂拍卖行有限公司（以下简称"立茂拍卖行"）进行拍卖。同年6月，某房地产评估所出具评估报告，结论为：丰立大厦该部分物业的拍卖价格为1亿元。后该案因故暂停处置。

2001年初，广东省高级人民法院重新启动处置程序，于同年4月委托立茂拍卖行对丰立大厦整栋进行拍卖。同年11月初，广东省高级人民法院在报纸上刊登拟拍卖整栋丰立大厦的公告，要求涉及丰立大厦的所有权利人或购房业主，于2001年12月30日前向立茂拍卖行申报权利和登记，待广东省高级人民法院处理。根据公告要求，向立茂拍卖行申报的权利有申请交付丰立大厦预售房屋、回迁房屋和申请返还购房款、工程款、银行借款等，金额高达15亿多元，其中，购房人缴纳的购房款逾2亿元。

二、拍卖行低价拍卖，大厦续建完工

2003年6月，广东省高级人民法院委托相关机构对整栋丰立大厦进行评估。同年10月该机构出具所得结论为：整栋丰立大厦市值为4000万元，建议拍卖保留价为市值的70%即2800万元。同年11月，立茂拍卖行以2800万元将丰立大厦整栋拍卖给广东龙立投资有限

公司(以下简称"龙立公司")。广东省高级人民法院于同年裁定,确认将丰立大厦整栋以2800万元转让给龙立公司所有。2004年5月,该院向广州市国土房管部门发出协助执行通知书,要求将丰立大厦整栋产权过户给买受人龙立公司,并声明原丰立大厦的所有权利人,包括购房人、受让人、抵押权人、被拆迁人或拆迁户等的权益,由该院依法处理。龙立公司取得丰立大厦后,在原主体框架结构基础上继续投入资金进行续建,续建完成后将其更名为"时代大厦"。

三、恶意串通被认定,拍卖无效遭撤销

2011年6月,广东省高级人民法院根据有关部门的意见对该案复查后,作出执行裁定,认定立茂拍卖行和买受人龙立公司的股东系亲属,存在关联关系。丰立大厦两次评估价格差额巨大,第一次评估了丰立大厦约一半面积的房产,第二次评估了该大厦整栋房产,但第二次评估价格仅为第一次评估价格的40%,即使考虑市场变化因素,其价格变化也明显不正常。根据立茂拍卖行报告,拍卖时有三个竞买人参加竞买,另外两个竞买人均未举牌竞价,龙立公司因而一次举牌即以起拍价2800万元竞买成功。但经该院协调,有关司法机关无法找到同时参与竞买的二人,后书面通知立茂拍卖行提供该二人的竞买资料,立茂拍卖行未能按要求提供,立茂拍卖行也未按照《拍卖监督管理暂行办法》(2001年发布,现已失效)第四条"拍卖企业举办拍卖活动,应当于拍卖日前7天内到拍卖活动所在地工商行政管理局备案;拍卖企业应当在拍卖活动结束后7天内,将竞买人名单、身份证明复印件送拍卖活动所在地工商行政管理局备案"的规定,向工商行政管理部门备案。现有证据不能证实另外两个竞买人参加了竞买。综上,可以认定拍卖人立茂拍卖行和竞买人龙立公司在拍卖丰立大厦中存在恶意串通行为,导致丰立大厦拍卖不能公平竞价,损害了购房人和其他债权人的利益,因此裁定该拍卖无效。

争议与问题

如何认定恶意串通行为?

案例分析

一、司法拍卖结束后,人民法院仍有权撤销

受人民法院委托进行的拍卖属于司法强制拍卖,其与公民、法人和其他组织自行委托拍卖机构进行的拍卖不同,人民法院有权对拍卖程序及拍卖结果的合法性进行审查。因此,即使拍卖已经成交,人民法院发现其所委托的拍卖行为违法,仍可以根据《中华人民共和国拍卖法》第六十五条等法律规定,对在拍卖过程中恶意串通、导致拍卖不能公平竞价、损害他人合法权益的,裁定该拍卖无效。

买受人在拍卖过程中与拍卖机构是否存在恶意串通,应从拍卖过程、拍卖结果等方面综合考察。如果买受人与拍卖机构存在关联关系,拍卖过程没有进行充分竞价,而买受人和拍卖机构明知标的物评估价和成交价明显过低,仍以该低价成交,损害标的物相关权利人合法权益的,可以认定双方存在恶意串通。

二、立茂拍卖行与买受人之间存在恶意串通

在立茂拍卖行与买受人之间因股东是亲属而存在关联关系的情况下,除非能够证明拍卖过程中有其他无关联关系的竞买人参与竞买,且进行了充分的竞价,否则可以推定立茂拍卖行与买受人之间存在串通。该竞价充分的举证责任应由立茂拍卖行和与其有关联关系的买受人承担。拍卖结束后,立茂拍卖行给广东省高级人民法院的拍卖报告中指出,还有另外两个自然人参加竞买,现场没有举牌竞价,拍卖中仅一次叫价,即以保留价成交,并无竞价。而买受人龙立公司和立茂拍卖行不能提供其他两个竞买人的情况。经审核,其复议中提供的向工商管理部门备案的材料中,并无另外两个竞买人参加竞买的资料。拍卖资料已过保存期,不能成为其不能提供竞买人情况的理由。据此,不能认定有其他竞买人参加了竞买,可以认定立茂拍卖行与买受人龙立公司之间存在串通行为。

鉴于本案拍卖系直接以评估机构确定的市场价的70%之保留价成交的,故评估价是否合理对拍卖结果是否公正合理有直接影响。之前对部分房产的评估价已达1亿多元,但是本次对全部房产的评估价格却只有原来部分房产评估价格的40%。拍卖行明知价格过低,却通过亲属来购买房产,未经多轮竞价,严重侵犯了他人的利益。拍卖整栋楼的价格与评估部分房产时的价格相差悬殊,拍卖行和买受人的解释不能让人信服,可以认定两者之间存在恶意串通。同时,与丰立大厦相关的权利有申请交付丰立大厦预售房屋、回迁房屋和申请返还购房款、工程款、银行借款等,总额达15亿多元,仅购房人登记的所交购房款即超过2亿元。而本案拍卖价款仅为2800万元,对于没有优先受偿权的本案申请执行人毫无利益可言,明显属于无益拍卖。鉴于立茂拍卖行负责接受与丰立大厦相关的权利的申报工作,且买受人与其存在关联关系,可认定立茂拍卖行与买受人对上述问题也应属明知。因此,对于此案拍卖导致与丰立大厦相关的权利人的权益受侵害,立茂拍卖行与买受人龙立公司之间构成恶意串通,导致丰立大厦拍卖不能公平竞价,损害了购房人和其他债权人的利益。

律师支招

拍卖实践中的恶意串通行为

拍卖实践中,拍卖当事人恶意串通的情况比较复杂,大体上可以分为三种类型:一类是竞买人相互之间的恶意串通。主要表现为拍卖前竞买人结成联盟,一致压低价格,拍卖后共同分得利益。这种恶意串通损害的是委托人和拍卖人的利益。一类是拍卖人与竞买人之间的恶意串通。主要表现为竞买人通过行贿手段在拍卖前从拍卖人处获取竞买条件和标的的

信息,比如透漏保留价等行为。这种恶意串通损害的主要是委托人的利益,同时也侵犯了其他竞买人的公平竞争的权利。还有一种类型是委托人、拍卖人和竞买人三方共同串通,其损害的主要是国家的利益或社会的利益,同时也侵犯了其他未参与恶意串通的竞买人的公平竞买权。《中华人民共和国拍卖法》第三十七条规定:"竞买人之间、竞买人与拍卖人之间不得恶意串通,损害他人利益。"可见,我国拍卖法对前两类恶意串通行为进行了禁止性规定。但是这并不意味着第三种恶意串通行为是合法和不被禁止的,根据民法总则、民法通则和合同法的规定,这种恶意串通而损害国家、集体或者第三人利益的行为是无效的民事行为,拍卖结果当然也是无效的。

必懂知识点

一、如何认定拍卖活动之中的恶意串通行为

恶意串通行为,是指双方以损害他人利益为目的,为谋取不法利益合谋弄虚作假的违法行为。

第一,恶意串通首先需要当事双方有损害第三人利益的恶意,恶意是相对于善意而言的,即明知或应知某种行为会给国家、集体或第三人造成损害,而故意为之。如果双方当事人或一方当事人不知或不应知道其行为的损害后果,不构成恶意。

第二,恶意串通需要恶意串通的双方事先存在通谋。这首先是指当事人具有共同的目的,即串通的双方都希望通过实施某种行为而损害国家、集体或者第三方的利益,共同的目的可以表现为当事人事先达成一致的协议,也可以是一方作出意思表示,而另一方或其他当事人明知实施该行为所达到的是非法目的,而用默示的方式予以接受。其次,当事人互相配合或共同实施该非法行为。

在拍卖活动中,买受人在拍卖过程中与拍卖机构是否存在恶意串通,应从拍卖过程、拍卖结果等方面综合考察。如果买受人与拍卖机构存在关联关系,拍卖过程没有进行充分竞价,而买受人和拍卖机构明知标的物评估价和成交价明显过低,仍以该低价成交,损害标的物相关权利人合法权益的,可以认定双方存在恶意串通。

二、恶意串通行为的特征

恶意串通行为具有以下两个特征:

1.双方当事人存在故意。恶意串通行为的双方当事人都存在故意,这种故意的本质在于通过损害他人的利益来为自己谋取非法利益。当然,因恶意串通而成立的法律关系不以行为人已经或必然获得非法利益为必要条件。这里需要注意的是,因恶意串通成立的法律关系,未必都是当事人的故意,例如,当事人的代理人与对方当事人或对方当事人的代理人串通危害被代理人的利益而订立合同,就不应认为是当事人的故意,代理人的故意足以构成恶意串通。

2.恶意串通的法律关系是为了谋取非法利益。当事人订立恶意串通的法律关系的目的就是为了取得非法利益。这种非法利益可以有不同的表现形式。例如,在招投标过程中,投标人之间串通,压低标价;在买卖中,双方抬高货物的价格以获取贿赂等。恶意串通的法律关系一般都损害了国家、集体或者第三人的利益,是情节恶劣的违法行为。由于这种行为是双方相互勾结在一起,共同损害第三者的利益,因此,这种行为在被确认无效后,在处理上不是一方赔偿另一方的损失或者互相赔偿损失,而是由有关国家机关依法收缴双方所得的财产,收归国家所有或者返还集体、第三人。

必知法规

◎ 《中华人民共和国民法总则》

第一百五十四条 行为人与相对人恶意串通,损害他人合法权益的民事法律行为无效。

第一百五十五条 无效的或者被撤销的民事法律行为自始没有法律约束力。

第一百五十六条 民事法律行为部分无效,不影响其他部分效力的,其他部分仍然有效。

第一百五十七条 民事法律行为无效、被撤销或者确定不发生效力后,行为人因该行为取得的财产,应当予以返还;不能返还或者没有必要返还的,应当折价补偿。有过错的一方应当赔偿对方由此所受到的损失;各方都有过错的,应当各自承担相应的责任。法律另有规定的,依照其规定。

◎ 《中华人民共和国民法通则》

第五十七条 民事法律行为从成立时起具有法律约束力。行为人非依法律规定或者取得对方同意,不得擅自变更或者解除。

第五十八条 下列民事行为无效:

(一)无民事行为能力人实施的;

(二)限制民事行为能力人依法不能独立实施的;

(三)一方以欺诈、胁迫的手段或者乘人之危,使对方在违背真实意思的情况下所为的;

(四)恶意串通,损害国家、集体或者第三人利益的;

(五)违反法律或者社会公共利益的;

(六)以合法形式掩盖非法目的的。

无效的民事行为,从行为开始起就没有法律约束力。

◎ 《中华人民共和国拍卖法》

第三十七条 竞买人之间、竞买人与拍卖人之间不得恶意串通,损害他人利益。

第五十四条 拍卖人应当妥善保管有关业务经营活动的完整账簿、拍卖笔录和其他有关资料。

前款规定的账簿、拍卖笔录和其他有关资料的保管期限,自委托拍卖合同终止之日起计算,不得少于五年。

第六十五条　违反本法第三十七条的规定,竞买人之间、竞买人与拍卖人之间恶意串通,给他人造成损害的,拍卖无效,应当依法承担赔偿责任。由工商行政管理部门对参与恶意串通的竞买人处最高应价百分之十以上百分之三十以下的罚款;对参与恶意串通的拍卖人处最高应价百分之十以上百分之五十以下的罚款。

◎ 《拍卖监督管理办法》

第四条　设立拍卖企业应当依照《中华人民共和国拍卖法》《中华人民共和国公司法》等法律法规的规定,向工商行政管理部门申请登记,领取营业执照,并经所在地的省、自治区、直辖市人民政府负责管理拍卖业的部门审核,取得从事拍卖业务的许可。

第五条　拍卖人不得有下列行为:

(一)采用财物或者其他手段进行贿赂以争揽业务;

(二)利用拍卖公告或者其他方法,对拍卖标的作引人误解的虚假宣传;

(三)捏造、散布虚假事实,损害其他拍卖人的商业信誉;

(四)以不正当手段侵犯他人的商业秘密;

(五)拍卖人及其工作人员以竞买人的身份参与自己组织的拍卖活动,或者委托他人代为竞买;

(六)在自己组织的拍卖活动中拍卖自己的物品或者财产权利;

(七)雇佣非拍卖师主持拍卖活动;

(八)其他违反法律法规及规章的行为。

第六条　委托人在拍卖活动中不得参与竞买或者委托他人代为竞买。

第七条　竞买人之间不得有下列恶意串通行为:

(一)相互约定一致压低拍卖应价;

(二)相互约定拍卖应价;

(三)相互约定买受人或相互约定排挤其他竞买人;

(四)其他恶意串通行为。

第八条　竞买人与拍卖人之间不得有下列恶意串通行为:

(一)私下约定成交价;

(二)拍卖人违背委托人的保密要求向竞买人泄露拍卖标的保留价;

(三)其他恶意串通行为。

第九条　拍卖人、委托人、竞买人不得拍卖或者参与拍卖国家禁止买卖的物品或者财产权利。

第十条　拍卖人不得以委托人、竞买人、买受人要求保密等为由,阻碍监督检查。

工伤认定纠纷多，劳动者权益需维护

2014年12月25日，最高人民法院发布了指导案例40号《孙立兴诉天津新技术产业园区劳动人事局工伤认定案》，该案涉及职工为完成工作任务在转换工作场所的必经区域因过失导致自身伤害是否应该认定为工伤的争议。工伤保险制度始于德国1884年颁布的《工伤保险法》。劳动者对社会的发展和进步有着不可磨灭的贡献，理应受到尊重和保护，工伤保险便是对劳动者生活保障的一种体现。我国为保障劳动者的权益，颁布了《中华人民共和国劳动法》《工伤保险条例》《中华人民共和国社会保险法》等一系列法律法规，在一定程度上满足了劳动者维护权益的需要。但是，近几年来实践中所出现的新型的诸如工伤认定等纠纷，对抽象法律法规条文的解释提出了更为严苛的要求。

案例介绍

一、员工奉命机场接人，下楼途中不慎跌伤

孙立兴系天津市中力防雷技术有限公司（以下简称"中力公司"）员工，2003年6月10日上午受中力公司负责人指派去北京机场接人。其从中力公司所在地天津市南开区华苑产业园区国际商业中心（以下简称"商业中心"）八楼下楼，欲到商业中心院内停放的红旗轿车处去开车，当行至一楼门口台阶处时，孙立兴脚下一滑，从四层台阶处摔倒在地面上，造成四肢不能活动。经医院诊断为颈髓过伸位损伤合并颈部神经根牵拉伤、上唇挫裂伤、左手臂擦伤、左腿皮擦伤。

二、劳动局认定不属工伤，员工不服起诉至法院

摔伤后的孙立兴向天津新技术产业园区劳动人事局（以下简称"园区劳动局"）提出工伤认定申请，园区劳动局于2004年3月5日作出（2004）0001号《工伤认定决定书》，认为根据受伤职工本人的工伤申请和医疗诊断证明书，结合有关调查材料，依据《工伤保险条例》第十四条第五项的工伤认定标准，没有证据表明孙立兴的摔伤事故系由工作原因造成，决定不认定孙立兴摔伤事故为工伤事故。孙立兴不服园区劳动局《工伤认定决定书》，向天津市第一中级人民法院提起行政诉讼。

三、当事人双方各执一词,就是否构成工伤而辩论

原告孙立兴认为其在工作时间、工作地点、因工作原因摔倒致伤,符合《工伤保险条例》规定的情形。园区劳动局不认定其构成工伤的决定,认定事实错误,适用法律不当。孙立兴请求法院撤销园区劳动局所作的《工伤认定决定书》,并判令园区劳动局重新作出工伤认定行为。

被告园区劳动局辩称,中力公司业务员孙立兴因公外出期间受伤,但受伤不是由于工作原因,而是由于本人注意力不集中,脚底踩空,才在下台阶时摔伤。其受伤结果与其所接受的工作任务没有明显的因果关系,故孙立兴不符合《工伤保险条例》规定的应当认定为工伤的情形。园区劳动局作出的不认定工伤的决定,事实清楚,证据充分,程序合法,应予维持。

四、法院整理争议焦点,公正裁判定纷止争

中力公司作为第三人参与诉讼,称因公司实行末位淘汰制度,孙立兴事发前已被淘汰。但因其原从事本公司的销售工作,还有收回剩余货款的义务,所以才偶尔回公司。事发时,孙立兴已不属于本公司职工,也不是在本公司工作场所范围内摔伤,不符合认定工伤的条件。天津市第一中级人民法院根据三方的陈述,将本案争议问题进行归纳总结,于2005年3月23日作出(2005)一中行初字第39号行政判决:一、撤销园区劳动局所作(2004)0001号《工伤认定决定书》;二、限园区劳动局在判决生效后60日内重新作出具体行政行为。园区劳动局提起上诉,天津市高级人民法院于2005年7月11日作出(2005)津高行终字第0034号行政判决:驳回上诉,维持原判。

争议与问题

原告摔伤是否属于"因工作原因"?原告摔伤地点是否属于"工作场所"?原告工作过程中不够谨慎的过失是否影响工伤认定?

案例分析

《工伤保险条例》第十四条第一项规定,在工作时间和工作场所内,因工作原因受到事故伤害的应当认定为工伤。在实践中,工伤认定一般围绕"工作时间""工作场所""工作原因"等关键词进行。但是,由于法律术语的抽象性、社会生活的复杂性,就某一事故是否被认定为工伤这一问题往往存在争议,各地法院对同一类案件会有不同的裁判意见。在上述三个认定工伤的"三工"要素中,工作原因是核心要件,即使职工不在工作时间、工作场所内受到伤害,但只要是因为工作原因,就应当认定为工伤。工作场所和工作时间在工伤认定中的作用主要是补强工作原因的认定,以及在工作原因无法查明时,用以推定是否属于工作原因。基于这样的精神,《最高人民法院关于审理工伤保险行政案件若干问题的规定》第四条第一项明确指出,职工在工作时间和工作场所内受到伤害,用人单位或者社会保险行政部门没有证据证明是非工作原因导致职工伤亡的,亦应认定为工伤。

一、孙立兴摔伤是"因工作原因"

《工伤保险条例》第十四条第一项规定的"因工作原因",指职工受伤与其从事本职工作之间存在关联关系,即职工受伤与其从事本职工作存在一定关联。孙立兴为完成开车接人的工作任务,必须从商业中心八楼的中力公司办公室下到一楼进入汽车驾驶室,该行为与其工作任务密切相关,是孙立兴为完成工作任务客观上必须进行的行为,不属于超出其工作职责范围的其他不相关的个人行为。因此,孙立兴在一楼门口台阶处摔伤,系为完成工作任务所致。虽然孙立兴摔倒并不是由工作原因直接导致,其中还包括了其个人疏忽大意的过失,但是工作原因无疑是导致其在下楼过程中摔倒的必要因素,也就是说,仅有工作原因不必然导致其受到伤害,但是没有工作原因孙立兴则一定不会受到伤害,因此,工作原因与孙立兴摔倒之间存在因果关系。园区劳动局主张,孙立兴在下楼过程中摔伤与其开车任务没有直接的因果关系,不符合"因工作原因"致伤,缺乏事实根据。另外,孙立兴在接受本单位领导指派的开车接人任务后,从中力公司所在商业中心八楼下到一楼,在前往院内汽车停放处的途中摔倒,其当时尚未离开公司所在院内,不属于"因公外出"的情形,而是属于在工作时间和工作场所内。

二、孙立兴摔伤地点属于"工作场所"

《工伤保险条例》第十四条第一项规定的"工作场所",是指职工从事职业活动的实际区域,传统上将其分为固定区域、不固定区域和临时区域。固定区域指职工日常工作的区域,主要包括单位所在地以及除单位以外的日常工作区域,如邮递员、快递员所负责的工作区域;不固定区域是指修理工、新闻工作者等因工作性质特殊所导致的经常变动的不确定的工作场所;临时区域是指单位或领导指派临时前往的工作场所。在实践中,我们发现,对工作场所的界定,应当涵盖与职工工作职责相关的所有区域及其自然延伸的合理区域,因此,在有多个工作场所的情形下,工作区域还应当包括职工来往于多个与其工作职责相关的工作场所之间的合理区域。这里所说的"与其工作职责相关的工作场所之间的合理区域",因其与工作职责有直接关联,是完成工作职责的必经空间,因此是对工作场所的合理延伸,应当认定为工作场所。由此,职工来往于多个与其工作职责相关的工作场所之间的合理区域因工受到伤害的,应当认定为工伤。

本案中,位于商业中心八楼的中力公司办公室,是孙立兴的工作场所,而其完成去机场接人的工作任务需驾驶的汽车停车处,是孙立兴的另一处工作场所。汽车停在商业中心一楼的门外,孙立兴要完成开车任务,必须从商业中心八楼下到一楼,再到院内停车处,故从商业中心八楼到停车处是孙立兴来往于两个工作场所之间的合理区域,也应当认定为孙立兴的工作场所。园区劳动局认为孙立兴摔伤地点不属于其工作场所,系将完成工作任务的合理路线排除在工作场所之外,既不符合立法本意,也有悖于生活常识。因此,"工作场所"应理解为包括工作时间内职工来往于多个工作场所之间的合理区域。

三、孙立兴工作中的过失不影响工伤认定

《工伤保险条例》第十六条规定了排除工伤认定的三种法定情形,即因故意犯罪、醉酒或者吸毒、自残或者自杀的,不得认定为工伤或者视同工伤。职工从事工作中存在过失,不属于上述排除工伤认定的法定情形,不能阻却职工受伤与其从事本职工作之间的关联关系。工伤事故中,受伤职工有时具有疏忽大意、精力不集中等过失行为,工伤保险正是分担事故风险、提供劳动保障的重要制度。如果将职工个人主观上的过失作为认定工伤的排除条件,违反了工伤保险"无过失补偿"的基本原则,也不符合《工伤保险条例》保障劳动者合法权益的立法目的。据此,即使孙立兴工作中在行走时确实有失谨慎,也不影响其摔伤系"因工作原因"的认定结论。园区劳动局以导致孙立兴摔伤的原因不是雨、雪天气使台阶地滑,而是孙立兴自己精力不集中为由,主张孙立兴不属于"因工作原因"摔伤而不予认定工伤,缺乏法律依据。

律师支招

一、单位不得以"末位淘汰制度"为由解除劳动合同

"末位淘汰制度"指的是工作单位根据自身总体目的和具体岗位目标,设定一定的考核指标体系,以此为标准对员工进行考核,根据考核结果以先后次序淘汰位于末端的员工。它有利于增强员工的危机意识和竞争意识,从而为企业创造更多财富,为此曾备受企业追捧。因此,很多单位在签署劳动合同时均擅自增加"根据'末位淘汰制度'决定解雇"条款,从而为其解除与业绩排在末端的员工的劳动合同提供依据。《中华人民共和国劳动法》第二十四条至第二十七条分别规定了用人单位解除劳动合同的几种情形,对用人单位单方解除劳动合同进行限制和规范。除此之外,为了保护弱势一方,《中华人民共和国劳动法》规定除了协商解除和过失性解除劳动合同外,以其他原因解除劳动合同的需要用人单位向劳动者支付一定的补偿金。而"末位淘汰制度"不属于上述解除劳动合同的法定情形。

2016年11月,最高人民法院公布了《第八次全国法院民事商事审判工作会议(民事部分)纪要》,明确用人单位以"末位淘汰"为依据单方解除劳动合同属于违法。该纪要中明确指出用人单位在劳动合同期限内通过"末位淘汰"或"竞争上岗"等形式单方解除劳动合同,劳动者可以用人单位违法解除劳动合同为由,请求用人单位继续履行劳动合同或者支付赔偿金。因此,在本案中,中力公司作为第三人参与诉讼,称因公司实行"末位淘汰制度",孙立兴事发前已被淘汰,主张事发时,劳动关系已经不存在了,孙立兴已不属于本公司职工,这一主张显然违反了劳动法的规定,不产生法律效力。

二、申请工伤认定过程中需要注意的问题

《工伤保险条例》第十七条至第二十条从工伤认定的申请人、申请期限、被申请单位、提

交材料、举证责任等方面形成了一条较为完整的申请工伤认定的链条。其中若干倾向性的条款体现了《工伤保险条例》对劳动者权益的特殊保护和人性化的管理。在这里特别强调以下几个方面的问题：其一，工伤认定的申请人。根据《工伤保险条例》第十七条规定，除用人单位可以提出工伤认定申请以外，工伤职工或者其近亲属、工会组织均可向用人单位所在地统筹地区社会保险行政部门提出工伤认定申请。其二，申请时间的限制。《工伤保险条例》第十七条规定，不同的申请人，其申请工伤认定的时间也不相同。用人单位应当自事故伤害发生之日或者被诊断、鉴定为职业病之日起30日内，向统筹地区社会保险行政部门提出工伤认定申请；用人单位未按前款规定提出工伤认定申请的，工伤职工或者其近亲属、工会组织在事故伤害发生之日或者被诊断、鉴定为职业病之日起1年内，可以直接向用人单位所在地统筹地区社会保险行政部门提出工伤认定申请。可见，对职工及其近亲属提出申请的时间限定要宽松一些。其三，用人单位的举证责任。《工伤保险条例》第十九条第二款规定，职工或者其近亲属认为是工伤，用人单位不认为是工伤的，由用人单位承担举证责任。举证责任是指当事人要对自己提出的请求提供证据加以证明的责任，否则该当事人将承担败诉的后果。举证责任分配就是法律对各种案件中由何方当事人承担举证责任进行的强制性规定。本条款通过举证责任分配的方式，对用人单位施加证明压力，以保障劳动者的权益最大化。

必懂知识点

工伤申报的流程

（一）申报

1.单位申请

职工发生伤亡事故后，用人单位应当立即向当地社会保险行政部门和工伤保险经办机构报告，并填报《事故伤害报告表》。同时，应在伤亡事故发生或职业病确诊之日起30日内填写并提交《工伤认定申请表》和首诊病历本、旁证材料、身份证等有关材料。

未参加工伤保险的用人单位应提交用人单位的营业执照复印件或工商行政管理部门出具的查询证明。

2.职工或其近亲属申请

用人单位未在规定期限申请认定的，职工或其近亲属可在伤亡事故或职业病确诊之日起1年内直接向社会保险行政部门提出工伤认定申请。

（二）受理

如职工或其近亲属提交申请的时间超过1年的期限，或不符合管辖权规定，社会保险行政部门将不予受理，出具《不予受理决定书》。如申请材料不全的，社会保险行政部门当场或在7个工作日内以书面形式一次性告知申请人。

(三)调查

对职工或其近亲属提出工伤认定申请的,社会保险行政部门对用人单位发出《工伤认定协查通知书》,要求单位提供相关材料,单位应在规定期限内如实提供有关证据,在规定的时间内未能提出相反证据的,视为对职工或其近亲属提供的证据材料无异议。

如有需要,社会保险行政部门会对提供的证据进行调查核实。有关单位和个人应据实提供有关证据或证据线索,参保单位有意隐瞒伤亡事故真相,提供虚假证据或数据等材料,以及拒绝配合事故调查的,工伤保险经办机构可以拒绝支付工伤保险待遇的各项费用,转由用人单位负担。

(四)认定

社会保险行政部门应在正式受理之日起60日内作出认定结论,开出《工伤认定结论书》。工伤认定结论作出之日起20个工作日内送达用人单位和职工或其近亲属,并抄送工伤保险经办机构。用人单位或职工(或其近亲属)对工伤认定申请不予受理的决定或工伤认定结论不服的,可以在收到决定之日起60日内依法申请行政复议;对复议决定不服的,可以依法提起行政诉讼。认定为工伤的参保职工,应在医疗期满后,向市级劳动能力鉴定委员会提出劳动力鉴定申请,有关费用由工伤保险经办机构按规定处理。认定为工伤的未参保职工,有关费用由用人单位支付、报销。

必知法规

◎ 《中华人民共和国劳动法》

第十六条 劳动合同是劳动者与用人单位确立劳动关系、明确双方权利和义务的协议。建立劳动关系应当订立劳动合同。

第十七条 订立和变更劳动合同,应当遵循平等自愿、协商一致的原则,不得违反法律、行政法规的规定。

劳动合同依法订立即具有法律约束力,当事人必须履行劳动合同规定的义务。

第十八条 下列劳动合同无效:

(一)违反法律、行政法规的劳动合同;

(二)采取欺诈、威胁等手段订立的劳动合同。

无效的劳动合同,从订立的时候起,就没有法律约束力。确认劳动合同部分无效的,如果不影响其余部分的效力,其余部分仍然有效。

劳动合同的无效,由劳动争议仲裁委员会或者人民法院确认。

第二十五条 劳动者有下列情形之一的,用人单位可以解除劳动合同:

(一)在试用期间被证明不符合录用条件的;

(二)严重违反劳动纪律或者用人单位规章制度的;

(三)严重失职,营私舞弊,对用人单位利益造成重大损害的;

(四)被依法追究刑事责任的。

第二十六条 有下列情形之一的,用人单位可以解除劳动合同,但是应当提前三十日以书面形式通知劳动者本人:

(一)劳动者患病或者非因工负伤,医疗期满后,不能从事原工作也不能从事由用人单位另行安排的工作的;

(二)劳动者不能胜任工作,经过培训或者调整工作岗位,仍不能胜任工作的;

(三)劳动合同订立时所依据的客观情况发生重大变化,致使原劳动合同无法履行,经当事人协商不能就变更劳动合同达成协议的。

◎ 《工伤保险条例》

第二条 中华人民共和国境内的企业、事业单位、社会团体、民办非企业单位、基金会、律师事务所、会计师事务所等组织和有雇工的个体工商户(以下称用人单位)应当依照本条例规定参加工伤保险,为本单位全部职工或者雇工(以下称职工)缴纳工伤保险费。

中华人民共和国境内的企业、事业单位、社会团体、民办非企业单位、基金会、律师事务所、会计师事务所等组织的职工和个体工商户的雇工,均有依照本条例的规定享受工伤保险待遇的权利。

第十四条 职工有下列情形之一的,应当认定为工伤:

(一)在工作时间和工作场所内,因工作原因受到事故伤害的;

(二)工作时间前后在工作场所内,从事与工作有关的预备性或者收尾性工作受到事故伤害的;

(三)在工作时间和工作场所内,因履行工作职责受到暴力等意外伤害的;

(四)患职业病的;

(五)因工外出期间,由于工作原因受到伤害或者发生事故下落不明的;

(六)在上下班途中,受到非本人主要责任的交通事故或者城市轨道交通、客运轮渡、火车事故伤害的;

(七)法律、行政法规规定应当认定为工伤的其他情形。

第十五条 职工有下列情形之一的,视同工伤:

(一)在工作时间和工作岗位,突发疾病死亡或者在48小时之内经抢救无效死亡的;

(二)在抢险救灾等维护国家利益、公共利益活动中受到伤害的;

(三)职工原在军队服役,因战、因公负伤致残,已取得革命伤残军人证,到用人单位后旧伤复发的。

职工有前款第(一)项、第(二)项情形的,按照本条例的有关规定享受工伤保险待遇;职工有前款第(三)项情形的,按照本条例的有关规定享受除一次性伤残补助金以外的工伤保险待遇。

第十六条 职工符合本条例第十四条、第十五条的规定,但是有下列情形之一的,不得认定为工伤或者视同工伤：

(一)故意犯罪的；

(二)醉酒或者吸毒的；

(三)自残或者自杀的。

第十七条 职工发生事故伤害或者按照职业病防治法规定被诊断、鉴定为职业病,所在单位应当自事故伤害发生之日或者被诊断、鉴定为职业病之日起 30 日内,向统筹地区社会保险行政部门提出工伤认定申请。遇有特殊情况,经报社会保险行政部门同意,申请时限可以适当延长。

用人单位未按前款规定提出工伤认定申请的,工伤职工或者其近亲属、工会组织在事故伤害发生之日或者被诊断、鉴定为职业病之日起 1 年内,可以直接向用人单位所在地统筹地区社会保险行政部门提出工伤认定申请。

按照本条第一款规定应当由省级社会保险行政部门进行工伤认定的事项,根据属地原则由用人单位所在地的设区的市级社会保险行政部门办理。

用人单位未在本条第一款规定的时限内提交工伤认定申请,在此期间发生符合本条例规定的工伤待遇等有关费用由该用人单位负担。

◎ 《最高人民法院关于审理工伤保险行政案件若干问题的规定》

第四条 社会保险行政部门认定下列情形为工伤的,人民法院应予支持：

(一)职工在工作时间和工作场所内受到伤害,用人单位或者社会保险行政部门没有证据证明是非工作原因导致的；

(二)职工参加用人单位组织或者受用人单位指派参加其他单位组织的活动受到伤害的；

(三)在工作时间内,职工来往于多个与其工作职责相关的工作场所之间的合理区域因工受到伤害的；

(四)其他与履行工作职责相关,在工作时间及合理区域内受到伤害的。

第五条 社会保险行政部门认定下列情形为"因工外出期间"的,人民法院应予支持：

(一)职工受用人单位指派或者因工作需要在工作场所以外从事与工作职责有关的活动期间；

(二)职工受用人单位指派外出学习或者开会期间；

(三)职工因工作需要的其他外出活动期间。

职工因工外出期间从事与工作或者受用人单位指派外出学习、开会无关的个人活动受到伤害,社会保险行政部门不认定为工伤的,人民法院应予支持。

第六条 对社会保险行政部门认定下列情形为"上下班途中"的,人民法院应予支持：

(一)在合理时间内往返于工作地与住所地、经常居住地、单位宿舍的合理路线的上下班途中；

(二)在合理时间内往返于工作地与配偶、父母、子女居住地的合理路线的上下班途中；

(三)从事属于日常工作生活所需要的活动,且在合理时间和合理路线的上下班途中；

(四)在合理时间内其他合理路线的上下班途中。

居间合同防违约，"跳单"行为要分析

2011年12月20日，最高人民法院发布了指导案例1号《上海中原物业顾问有限公司诉陶德华居间合同纠纷案》，该案涉及二手房买卖居间纠纷中常见的"跳单"问题。民间俗称的"跳单"，是指买方通过中介公司的居间服务选定房源后，故意绕开中介公司直接与房主达成交易或者通过其他中介公司与房主达成交易的行为。房屋买卖居间合同中关于禁止买方利用中介公司提供的房源信息却绕开该中介公司与卖方签订房屋买卖合同的约定合法有效。但是，当卖方将同一房屋通过多个中介公司挂牌出售时，买方通过其他公众可以获知的正当途径获得相同房源信息的，买方有权选择报价低、服务好的中介公司签订房屋买卖合同，其行为并没有利用先前与之签约的中介公司的房源信息，故不构成违约。

案例介绍

一、中原公司诉陶德华，"跳单"行为属违约

原告上海中原物业顾问有限公司（以下简称"中原公司"）诉称：被告陶德华利用中原公司提供的上海市虹口区株洲路某号房屋销售信息，故意跳过中介，私自与卖方直接签订购房合同，违反了《房地产求购确认书》的约定，属于恶意"跳单"行为，请求法院判令陶德华按约支付中原公司违约金1.65万元。被告陶德华辩称：涉案房屋原产权人李某某委托多家中介公司出售房屋，中原公司并非独家掌握该房源信息，也非独家代理销售。陶德华并没有利用中原公司提供的信息，不存在"跳单"违约行为。

二、多家中介提供服务，被告选择最低报价

2008年下半年，原产权人李某某到多家房屋中介公司挂牌销售株洲路某号房屋。2008年10月22日，上海某房地产经纪有限公司带陶德华看了该房屋；11月23日，上海某房地产顾问有限公司（以下简称"某房地产顾问公司"）带陶德华之妻曹某某看了该房屋；11月27日，中原公司带陶德华看了该房屋，并于同日与陶德华签订了《房地产求购确认书》。该《确认书》第2.4条约定，陶德华在验看过该房地产后六个月内，陶德华或其委托人、代理人、代表人、承办人等与陶德华有关联的人，利用中原公司提供的信息、机会等条件但未通过中原

公司而与第三方达成买卖交易的,陶德华应按照与出卖方就该房地产买卖达成的实际成交价的1%,向中原公司支付违约金。当时,中原公司对该房屋报价165万元,而某房地产顾问公司报价145万元,并积极与卖方协商价格。11月30日,在某房地产顾问公司居间下,陶德华与卖方签订了房屋买卖合同,成交价为138万元。后买卖双方办理了过户手续,陶德华向某房地产顾问公司支付佣金1.38万元。

三、"跳单"行为构成与否,法院对此产生争执

一审和二审法院均认为中原公司与陶德华签订的《房地产求购确认书》属于居间合同性质,其中第2.4条的约定,属于房屋买卖居间合同中常有的禁止"跳单"格式条款,其本意是防止买方利用中介公司提供的房源信息却"跳"过中介公司购买房屋,从而使中介公司无法得到应得的佣金,该约定并不存在免除一方责任、加重对方责任、排除对方主要权利的情形,应认定有效。但是对于陶德华避开中原公司,在其他房地产顾问公司的居间下与卖方达成房屋买卖合同的行为是否构成"跳单",即是否违约存在争议。上海市虹口区人民法院于2009年6月23日作出(2009)虹民三(民)初字第912号民事判决:被告陶德华应于判决生效之日起十日内向原告中原公司支付违约金1.38万元。宣判后,陶德华提出上诉。上海市第二中级人民法院于2009年9月4日作出(2009)沪二中民二(民)终字第1508号民事判决:一、撤销上海市虹口区人民法院(2009)虹民三(民)初字第912号民事判决;二、中原公司要求陶德华支付违约金1.65万元的诉讼请求,不予支持。

争议与问题

关于禁止跳单条款是否具有法律效力?陶德华避开中原公司,通过其他中介公司与卖方签订房屋买卖合同的行为是否是"跳单"的违约行为?

案例分析

一、含有"跳单"违约条款的居间合同具有法律效力

《中华人民共和国合同法》第四百二十四条规定,居间合同是指居间人向委托人报告订立合同的机会或者提供订立合同的媒介服务,委托人支付报酬的合同。因此,居间合同,是一种居间人向委托人报告订立合同的机会或者提供订立合同的媒介服务,委托人支付报酬的制度。居间人是为委托人与第三人进行民事法律行为报告信息机会或提供媒介联系的中间人。《中华人民共和国合同法》第四百二十四条至第四百二十七条对居间合同从概念、如实报告义务、报酬支付等方面进行了规定,但未提及"跳单"的问题。虽然合同法并未明文规定"跳单"违约的问题,但是在实践中,中介公司为了保障自己的利益,通常在居间合同中载明禁止委托人"跳单"的条款,约定"跳单"行为是违约行为。对于禁止"跳单"条款的法律效力问题,司法实践中存在不同的认识,有的认为这是中介公司利用自己的优势地位而设立的

霸王条款,限制了买方的选择权,应属无效;有的则认为买方在签订合同时,对该条款的内容和法律后果应当明知,且不违反法律规定,应属有效。

(一)禁止"跳单"条款不属于合同无效的规定

《中华人民共和国合同法》第五十二条规定,有下列情形之一的,合同无效:(一)一方以欺诈、胁迫的手段订立合同,损害国家利益;(二)恶意串通,损害国家、集体或者第三人利益;(三)以合法形式掩盖非法目的;(四)损害社会公共利益;(五)违反法律、行政法规的强制性规定。由于禁止"跳单"的约定通常并不涉及损害国家、集体、第三人利益或者社会公共利益的内容,其主旨在于防止买方的不诚信行为,维护中介方自身合法利益,而不是具有"非法目的",法律、行政法规亦未强行规定当事人不得签订禁止"跳单"的条款,故不属于合同法第五十二条规定的五种合同无效的情形。实际上,居间合同中的禁止"跳单"条款是符合当代契约精神的,利用了中介公司的信息和服务却绕开中介公司的"跳单"行为,违反了诚实信用原则,将该行为约定为违约行为并约定违约金,是对中介公司合法利益的正当保护,有利于促进中介公司的正常经营发展,有利于买方树立诚信意识,鼓励社会诚信交易。

(二)禁止"跳单"条款未违反格式条款的禁止性规定

实践中,禁止"跳单"条款通常都是中介公司事先在合同中拟好,而后在居间活动中直接交给委托人签字确认的,这种为了重复使用而预先拟定且在订立合同时未与对方协商的条款,其性质属于格式条款。《中华人民共和国合同法》第四十条对格式条款的效力作了特别限制,规定"提供格式条款一方免除其责任、加重对方责任、排除对方主要权利的,该条款无效。"根据二手房买卖居间合同的性质,中介公司的主要责任是根据委托人的要求,向委托人如实报告订立合同的机会、提供订立合同的媒介服务,其权利是在促成合同成立后获得报酬;委托人的主要权利是获得信息和服务,其主要义务是在中介公司促成合同成立时支付报酬。从本案例来看,当事人约定在一定期间内委托人利用了中原公司的房源信息、机会等条件却不通过中原公司而达成买卖交易的行为构成违约,该约定的目的在于防止买方一方面利用自己(中介公司)的信息和服务,另一方面又绕开自己,从而使自己得不到应得的报酬,不属于免除其责任、加重对方责任、排除对方主要权利的情形。故案例中关于禁止买方利用中介公司提供的房源信息、机会等条件,却绕开该中介公司与卖方签订房屋买卖合同的构成违约行为的"跳单"条款未违反格式条款的禁止性规定,该《房地产求购确认书》应认定为合法有效。

二、陶德华的行为不是"跳单"的违约行为

在本案中,中原公司和陶德华签订的《房地产求购确认书》约定买方在一定期间内利用中原公司的房源信息、机会等条件却不通过中原公司而达成买卖交易的行为构成违约。因此,若想证明陶德华的行为构成"跳单",必须举证陶德华是利用中原公司提供的信息和服务才最终签订了房屋买卖合同。也就是说,如果陶德华最终签订的房屋买卖合同没有利用中原公司的信息和机会,则不构成违约。从本案例来看,显然不能认定陶德华一定利用了中原公司的信息和机会。

首先,房源信息并非中原公司独家掌握。2008年下半年,原产权人李某某到多家房屋中介公司挂牌销售涉案房屋,也就是李某某的房屋信息被多家中介公司共同拥有,而并非是中原公司的独家信息。其次,中原公司并非第一个提供房源信息的中介公司。根据案情,明确可知2008年10月22日,上海某房地产经纪有限公司就带陶德华看了该房屋;11月23日,上海某房地产顾问有限公司又带陶德华之妻曹某某看了该房屋;直到11月27日,中原公司才带陶德华也看了该房屋,并于同日与陶德华签订了《房地产求购确认书》。可见,在中原公司向陶德华提供居间服务前,已经有其他两家房产中介公司向陶德华提供过同一房源信息和服务了。因此,综合上述两个理由,不能断定陶德华是利用中原公司提供的信息和机会才最终签订房屋买卖合同,即陶德华的行为不构成"跳单"行为。

律师支招

一、禁止"跳单"条款的撤销

本案中,"跳单"条款约定的是陶德华若在一定期间内利用了中原公司的信息、机会等条件却不通过中原公司而达成买卖交易的行为构成违约,这没有违背公平原则,因为构成违约的前提是陶德华利用中介公司提供的信息、机会等条件,但避开中介公司达成了买卖交易。但是在实践中,禁止"跳单"的条款往往涉及显失公平的问题。比如,有的条款约定中介公司带买方看房后,买方不得私下或通过其他中介公司与该房房主交易,否则需要支付相当于居间报酬的违约金,该约定意味着中介公司带领买方看房后就能旱涝保收,不论该中介公司报价是否偏高、服务质量如何,买方如果打算购买该套房屋,只能选择该中介公司进行交易,否则就构成"跳单"违约,要支付相当于居间报酬的违约金,这显然违背了公平原则,侵犯了消费者的自主选择权。现实中,二手房买卖居间合同中存在的显失公平的跳单条款,通常是限制了买方的选择权,中介公司通过不公平的"跳单"条款来制约买方的权利,从而保证稳定的较高的酬金,双方的利益是明显失衡的。

《中华人民共和国合同法》第五十四条规定,下列合同,当事人一方有权请求人民法院或者仲裁机构变更或者撤销:因重大误解订立的;在订立合同时显失公平的;一方以欺诈、胁迫的手段或者乘人之危使对方在违背真实意思的情况下订立合同的。因此,面对中介公司绝对禁止"跳单"的"霸王条款",买方可以请求法院或仲裁机构对该条款予以撤销,撤销后的"跳单"条款自始不发生效力。

二、常见"跳单"违约格式条款的类型

在该1号指导案例出台前,涉及"跳单"违约金的格式条款各种各样,加之无相关法律规范加以规制,因"跳单"产生的违约赔偿纠纷极为普遍。这些格式条款,通常是规定委托人及其关联人员未通过居间人私自与出卖人进行交易或通过其他居间人进行交易时,应该承担支付违约金的责任。常见的"跳单"违约格式条款的类型有:(1)是否利用居间人提供的信

息、机会等条件而跳单；(2)只要未通过居间人成交即构成违约；(3)委托人及其关联人员将居间人提供的信息告知第三人的违约；(4)对"守约"期间的限制，既有三个月、六个月等，还有无期间限制等。在这些格式条款里，既有公平公正合法的跳单违约条款，也有披着跳单违约外衣的剥夺消费者选择权的格式条款，这需要消费者在接受中介公司居间服务的同时擦亮眼睛，尤其注意跳单违约的规定，谨防被中介公司套牢，难以抽身。

三、指导案例1号存在裁判缺憾

正如王泽鉴先生所言："法律上公平之结果，一定要建立在合理的理由构成上，因为唯有如此，才能使法院判决免于恣意之判断，沦为主观之感情法学；唯有如此，始能建立得为复验、具有科学性之判决活动，以保障公平正义的实践。"当事人不仅需要法院的判决结果公平、公正，更需要合理、合法的判决理由。

第一，在判决理由上，既然终审法院认定原、被告之间签订了合法有效的居间合同，本案被告绕开原告而与卖主订立房屋买卖协议的行为，不属于违反居间合同第2.4条"跳单"格式条款的违约行为(原因是被告并未利用原告提供的信息、机会等条件)；本案并不存在居间合同无效、可撤销的法定事由；由于居间合同具有持续之属性，双方当事人均可适用合同法第四百一十条"任意解除权"之规定解除合同，但本案中没有任何一方当事人主张解除居间合同，所以，原、被告之间的居间合同一直合法有效地存在，被告与其他中介公司签订居间合同、接受他人居间服务并与卖主达成房屋买卖协议等后续系列行为，表示其拒绝履行该合同，显属违约行为，应承担违约责任。

第二，在判决结果上，居间合同第2.4条规定的违约金责任形式系针对"跳单"这一典型违约行为而作的约定，"跳单"以外的违约行为需承担的责任在合同中并未约定，因此，原告仅能依合同法第四百二十七条之规定，请求支付"从事居间活动支出的必要费用"，以及依第一百零八条之规定请求被告赔偿因其从事居间活动所遭受的损失。

必懂知识点

可撤销合同的情形

（一）因重大误解而订立的合同

因重大误解而可撤销的合同一般具有以下几个要件：(1)误解一般是因受害方当事人自己的过失产生的。这类合同中的误解多是当事人缺乏必要的知识、技能、信息或者经验造成的。(2)必须是要对合同的内容构成重大的误解。也就是说，对基于一般的误解而订立的合同一般不构成此类因重大误解而可撤销的合同，这种误解必须是重大的。所谓重大的误解，要区分误解者所误解的不同情况，考虑当事人的状况、活动性质、交易习惯等各方面的因素。在我国的司法实践中，对误解是否重大，主要从两个方面来考察：其一，对什么产生误解，如对标的物本质或性质的误解可以构成重大误解，对合同无关紧要的细节就不构成重大误解；

其二,误解是否造成了对当事人的重大不利后果。如果当事人对合同的某种要素产生误解,但并不因此而产生对当事人不利的履行后果,那么这种误解也不构成重大误解。(3)这类合同要能直接影响到当事人所应享有的权利和承担的义务,合同一旦履行就会使误解方的利益受到损害。(4)重大误解与合同的订立或者合同条件存在因果关系。误解导致了合同的订立,没有这种误解,当事人将不订立合同或者虽订立合同但合同条件将发生重大改变。如果是与合同订立和合同条件无因果关系的误解,这种情况订立的合同不属于因重大误解而订立的合同。

(二)在订立合同时显失公平的合同

所谓显失公平的合同,就是一方当事人在紧迫或者缺乏经验的情况下订立的使当事人之间享有的权利和承担的义务严重不对等的合同。标的物的价值和价款过于悬殊、承担责任或风险显然不合理的合同,都可称为"显失公平的合同"。

显失公平的合同往往使当事人双方权利和义务很不对等,经济利益严重失衡,违反了公平合理的原则。法律规定显失公平的合同应予撤销,这不仅是公平原则的体现,而且切实保障了公平原则的实现。另外,从法律上确认显失公平的合同可撤销,这对保证交易的公正性和保护消费者的利益,防止一方当事人利用优势或利用对方没有经验而损害对方的利益都有重要的意义。

(三)一方以欺诈、胁迫的手段或者乘人之危,使对方在违背真实意思的情况下订立的合同

根据《最高人民法院关于贯彻执行〈中华人民共和国民法通则〉若干问题的意见(试行)》第六十八条的规定,欺诈是指一方当事人故意告知对方虚假情况,或者故意隐瞒真实情况,诱使对方当事人作出错误意思表示的行为。根据第六十九条的规定,胁迫是指一方当事人直接以物质性强制或精神性强制迫使对方作出违背真实的意思表示。也就是行为人以给自然人及其亲友的生命健康、荣誉、名誉、财产等造成损害,或者以给法人的荣誉、名誉、财产等造成损害为要挟,迫使对方作出违背真实的意思表示的行为。根据第七十条的规定,乘人之危是指一方当事人乘对方处于危难之机,为牟取不正当利益,迫使对方作出不真实的意思表示,严重损害对方利益的行为。

必知法规

◎ 《中华人民共和国民法总则》

    第六条 民事主体从事民事活动,应当遵循公平原则,合理确定各方的权利和义务。

    第七条 民事主体从事民事活动,应当遵循诚信原则,秉持诚实,恪守承诺。

◎ 《中华人民共和国民法通则》

    第四条 民事活动应当遵循自愿、公平、等价有偿、诚实信用的原则。

◎ 《中华人民共和国合同法》

第四十条 格式条款具有本法第五十二条和第五十三条规定情形的,或者提供格式条款一方免除其责任、加重对方责任、排除对方主要权利的,该条款无效。

第五十二条 有下列情形之一的,合同无效:
(一)一方以欺诈、胁迫的手段订立合同,损害国家利益;
(二)恶意串通,损害国家、集体或者第三人利益;
(三)以合法形式掩盖非法目的;
(四)损害社会公共利益;
(五)违反法律、行政法规的强制性规定。

第五十三条 合同中的下列免责条款无效:
(一)造成对方人身伤害的;
(二)因故意或者重大过失造成对方财产损失的。

第五十四条 下列合同,当事人一方有权请求人民法院或者仲裁机构变更或者撤销:
(一)因重大误解订立的;
(二)在订立合同时显失公平的。

一方以欺诈、胁迫的手段或者乘人之危,使对方在违背真实意思的情况下订立的合同,受损害方有权请求人民法院或者仲裁机构变更或者撤销。

当事人请求变更的,人民法院或者仲裁机构不得撤销。

第五十五条 有下列情形之一的,撤销权消灭:
(一)具有撤销权的当事人自知道或者应当知道撤销事由之日起一年内没有行使撤销权;
(二)具有撤销权的当事人知道撤销事由后明确表示或者以自己的行为放弃撤销权。

第五十六条 无效的合同或者被撤销的合同自始没有法律约束力。合同部分无效,不影响其他部分效力的,其他部分仍然有效。

第五十七条 合同无效、被撤销或者终止的,不影响合同中独立存在的有关解决争议方法的条款的效力。

第五十八条 合同无效或者被撤销后,因该合同取得的财产,应当予以返还;不能返还或者没有必要返还的,应当折价补偿。有过错的一方应当赔偿对方因此所受到的损失,双方都有过错的,应当各自承担相应的责任。

第五十九条 当事人恶意串通,损害国家、集体或者第三人利益的,因此取得的财产收归国家所有或者返还集体、第三人。

第一百零八条 当事人一方明确表示或者以自己的行为表明不履行合同义务的,对方可以在履行期限届满之前要求其承担违约责任。

第四百一十条 委托人或者受托人可以随时解除委托合同。因解除合同给对方造成损失的,除不可归责于该当事人的事由以外,应当赔偿损失。

第四百二十四条 居间合同是居间人向委托人报告订立合同的机会或者提供订立合同的媒介服务,委托人支付报酬的合同。

第四百二十五条 居间人应当就有关订立合同的事项向委托人如实报告。居间人故意隐瞒与订立合同有关的重要事实或者提供虚假情况,损害委托人利益的,不得要求支付报酬并应当承担损害赔偿责任。

第四百二十六条 居间人促成合同成立后,委托人应当按照约定支付报酬。对居间人的报酬没有约定或者约定不明确,依照本法第六十一条的规定仍不能确定的,根据居间人的劳务合理确定。因居间人提供订立合同的媒介服务而促成合同成立的,由该合同的当事人平均负担居间人的报酬。

居间人促成合同成立的,居间活动的费用,由居间人负担。

第四百二十七条 居间人未促成合同成立的,不得要求支付报酬,但可以要求委托人支付从事居间活动支出的必要费用。

违法出借机动车号牌，交通事故责任需连带

机动车牌照是机动车上路时的"身份证"，对于维护交通秩序，保障交通安全具有重要意义。然而，在生活中总有人为谋取不正当利益，规避法律制裁，违反《中华人民共和国道路交通安全法》等有关机动车管理的法律法规，例如出借机动车号牌给他人使用或者使用明知是套牌的车牌号。将机动车号牌出借给他人套牌使用或者明知他人套牌使用其机动车号牌不予制止，将会纵容不符合安全技术标准的机动车通过套牌在道路上行驶，增加道路交通的危险性，危及公共安全。因此，套牌机动车发生交通事故造成损害，号牌出借人同样存在过错，对于肇事的套牌车一方应负的赔偿责任，根据《中华人民共和国侵权责任法》，号牌出借人应当承担连带责任。

案例介绍

一、高速公路出事故，货客追尾后翻滚

2008年11月25日5时30分许，林则东驾驶鲁F4××××货车，沿同三高速公路下行线行驶至127km+700m处，遇周亚平驾驶苏EL××××客车（载受害人冯永菊）在鲁F4××××货车前方慢速车道内同向行驶，鲁F4××××货车前脸与苏EL××××客车左后角接触后，苏EL××××客车发生翻滚，两车一起冲下路基，苏EL××××客车尾部被压在鲁F4××××货车左侧车身中部下面，致冯永菊当场死亡，两车及道路设施损坏。后经青岛市交通警察支队同三高速公路大队认定，货车司机林则东负事故主要责任、客车司机周亚平负事故次要责任，受害人不负事故责任。

二、货车被查套用车牌，登记人与所有人系两方

事发时，林则东驾驶的货车系套用鲁F4××××牌照及相关手续，实际所有人为被告卫广辉，林则东系卫广辉雇佣的司机。该车辆的拓印号与鲁F4××××货车在车辆管理部门预留的原始拓印不相符。鲁F4××××货车车辆登记所有人系烟台市福山区汽车运输公司（以下简称"福山公司"），实际所有人为卫德平。鲁F4××××号牌登记的货车自2004年4月26日起至2008年7月2日止，先后15次被以损坏和灭失为由申请补领号牌和行驶

证。卫德平向一审法院递交的2007年8月23日卫广辉申请补领行驶证的申请表和2007年12月14日案外人赵学坤申请补领行驶证的申请表上均有福山公司的签章。

三、客车几经转手，登记人并非实际所有人

发生事故的客车的登记所有人系朱荣明，但该车辆几经转手，现实际所有人系周亚平，因此朱荣明对该客车既不支配也未从该车运营中获益。周亚平系上海腾飞建设工程有限公司(以下简称"腾飞公司")的雇员，但事发时周亚平并非履行职务。该客车在中国人民财产保险股份有限公司上海市分公司(以下简称"人保上海分公司")投保了机动车第三者责任强制保险。

四、死者家属求赔偿，数被告被判连带责任

原告赵春明、赵某某、冯某某、侯某某分别系死者冯永菊的丈夫、儿子、父亲和母亲。要求被告福山公司、卫德平、腾飞公司、朱荣明、卫广辉、林则东、永安财险烟台支公司、周亚平、人保上海分公司九位被告赔偿丧葬费人民币17353.5元、死亡赔偿金472460元、被扶养人生活费141520元、交通费19393.50元、住宿费6108元、误工费11569元、尸体停放费2810元、精神损害抚慰金50000元、律师代理费6000元。上海市宝山区人民法院于2010年5月18日作出(2009)宝民一(民)初字第1128号民事判决：一、被告卫广辉、林则东赔偿四原告丧葬费、精神损害抚慰金、死亡赔偿金、交通费、误工费、住宿费、被扶养人生活费和律师费共计396863元；二、被告周亚平赔偿四原告丧葬费、精神损害抚慰金、死亡赔偿金、交通费、误工费、住宿费、被扶养人生活费和律师费共计170084元；三、被告福山公司、卫德平对上述判决主文第一项的赔偿义务承担连带责任，被告卫广辉、林则东、周亚平对上述判决主文第一、二项的赔偿义务互负连带责任；四、驳回四原告的其余诉讼请求。

争议与问题

肇事货车责任主体如何确定？违法出借机动车号牌，套牌车发生事故，出借人是否应承担连带责任？

案例分析

一、什么是套牌

套牌，即套用别人的车牌。套牌车是指通过伪造或者非法套取其他车辆号牌及行驶证等手续上路行驶的车辆。我们认为使用伪造、变造的机动车号牌，使用其他车辆的机动车号牌，使用欺骗、贿赂手段取得机动车号牌的机动车均可以称为套牌车。由于机动车号牌管理不规范，套牌行为有愈演愈烈的趋势，从套用普通民用号牌发展到套用专用号牌、甚至是军

用号牌和警用号牌。而且从改装、拼装车套牌发展到报废车、盗抢车套牌,再到用欺骗、贿赂手段重新取得机动车号牌等均有发生。导致套牌现象频发的原因有很多,主要有以下几个方面:个别车主虚荣心强,想"借用"拉风的车牌号给自己的爱车装门面;有些车辆来路不明,没有合法手续,例如非法走私车、盗抢车等,为上路行驶不得不套用号牌;有些车主为行车"方便",不受电子警察的限制,套用别的号牌,随意违法行驶;不少车主受经济利益的驱使,买车后为了不办理注册登记,逃避应该缴纳的税费或者逃避参加车辆年检,从而实施套牌行为;目前相关法律法规对于套牌车辆的处罚力度不够严格,套牌违法成本低,等等。

二、肇事货车责任主体及其责任承担

经交警部门调查,被告林则东驾驶货车的拓印号与被告卫德平实际所有的挂靠在被告福山公司名下的鲁F4××××货车预留在车管所的原始拓印不相符,再结合被告卫德平提交的保险单等证据,能够证明被告卫广辉套用被告卫德平实际所有的鲁F4××××货车号牌的事实,即被告卫广辉系肇事货车的实际所有人。根据事故认定,被告货车司机林则东负事故的主要责任,被告卫广辉作为林则东的雇主和肇事车辆的实际所有人依法应向原告承担赔偿责任,被告林则东作为车辆驾驶人,负有对机动车的安全技术性能进行认真检查和安全驾驶的义务而未依法履行,应认定其具有重大过失,根据《最高人民法院关于审理人身损害赔偿案件适用法律若干问题的解释》第九条的规定,雇员在从事雇佣活动中致人损害的,雇主应当承担赔偿责任;雇员因故意或者重大过失致人损害的,应当与雇主承担连带赔偿责任。因此,货车司机林则东因存在重大过失,依法应与被告卫广辉对原告承担连带赔偿责任。

关于被告福山公司,其称对挂靠事宜不知情,但被告福山公司作为车辆的挂靠单位,依法及依约均应对挂靠车辆本身及车辆驾驶人进行管理,并及时发现存在的管理漏洞以防范风险。本案所涉的鲁F4××××货车,在短短四年多时间内先后15次补领号牌和行驶证,且先后两次在相差几天的时间内分别办理补领号牌和行驶证,其补领行驶证的最短间隔时间只有短短5天,即使如其所称对套牌事宜不知情,上述情况也理应引起其警觉并加强管理以防止其他人谋取非法利益,但被告福山公司并未妥善履行管理义务。在事故发生后,其曾委托单位员工前往交警队处理事故、进行调解,其行为显然表明其并非对挂靠事宜毫不知情。因此,作为车辆的挂靠单位,被告福山公司未尽到妥善管理义务,其应对被告卫广辉和林则东的赔偿义务承担连带责任。

关于被告卫德平,被告卫广辉称系经被告卫德平同意套牌并每月支付了3000元套牌费,且两部车停在同一停车场内,被告卫德平不可能不知道套牌的事实。另外,被告卫德平虽予以否认,但其自认将保险单交给被告卫广辉且该保单仍在被告卫广辉处,因此,法院认为车辆的保险单系本车随车自用,且被告卫德平还称其所有的鲁F4××××货车一直在营运,依常理该保单不应也不可能长期置于被告卫广辉处,被告卫德平所谓卫广辉"借看"的抗辩理由显然与常理不合,故对被告卫德平对套牌事宜不知情的抗辩不予采信。根据《最高人民法院关于审理道路交通事故损害赔偿案件适用法律若干问题的解释》第五条规定,套牌机动车发生交通事故造成损害,属于该机动车一方责任,当事人请求由套牌机动车的所有人或者管理人承担赔偿责任的,人民法院应予支持;被套牌机动车所有人或者管理人同意套牌的,应当与套牌机动车的所有人或者管理人承担连带责任。因此,被告卫德平应对被告林则东、卫广辉的赔偿义务承担连带责任。

关于被告永安财险烟台支公司,因其交强险的承保车辆系鲁F4××××货车而非本案之套牌车,故其不需承担赔偿责任。

律师支招

一、如何防范自己的车牌号被套牌

(一)妥善保管机动车资料,防止泄露

车主在办理机动车登记、处理车险、维修保养爱车时,应该选择正规且安全的维修企业,在此期间要注意保管好车辆所有人信息证件、发票、保险凭证等原件,不能被任何人抄录或者复印,以防机动车资料对外泄露。

(二)经常查阅交通违法记录

实践中,很多车主会发现自己未违法驾驶却有交通违法记录,这很可能存在被套牌的情形。很多套牌车因为挂有虚假的未经登记的牌照,因此肆意妄为,无视道路交通安全法的规定。这种情况下,被套牌车的车主便成了"替罪羊",为套牌车司机的违法行为买单。因此,车主要经常主动查阅自己的交通违法记录,特别是收到交通管理部门邮寄的《车辆违法处理通知书》后更要重视,看看自己是否在该地点、该时间段有该违法行为,若确定没有该违法行为,应该及时到交通管理部门说明情况,调取监控,澄清事实,追究套牌车辆的责任。

(三)平时注意保存车辆使用证据

车主平时要注意收集能证明自己车在哪里的证据,如路桥隧道车辆通行费单据、停车场小票、各类消费单据等,一旦遇到套牌车违章甚至出现交通事故时,为了不被无辜追究责任,可以用这些单据、停车票等证据来证明车辆不在场的事实,以防无辜为套牌车司机的违法肇事行为买单,避免经济损失。

二、交强险的赔偿范围和赔偿限额

交强险即机动车交通事故责任强制保险,我国《机动车交通事故责任强制保险条例》对交强险的赔偿范围进行了明确规定。保险公司对被保险机动车发生道路交通事故造成本车人员、被保险人以外的受害人的人身伤亡、财产损失,在责任限额内予以赔偿。在本案中,肇事客车苏EL××××在人保上海分公司投保了机动车第三者责任强制险,但是保险公司却免于承担对肇事客车的乘客冯永菊的赔偿责任,正是因为交强险的赔偿范围是本车人员、被保险人以外的受害者,而本案死者冯永菊在事故中遇难时系被保险人客车内的乘客,符合本车人员不适用交强险的条件,因此对于受害人冯永菊,人保上海分公司才免于赔偿。

《机动车交通事故责任强制保险条款》第六条规定:"交强险合同中的责任限额是指被保险机动车发生交通事故,保险人对每次保险事故所有受害人的人身伤亡和财产损失所承担的最高赔偿金额。责任限额分为死亡伤残赔偿限额、医疗费用赔偿限额、财产损失赔偿限额以及被保险人在道路交通事故中无责任的赔偿限额。其中无责任的赔偿限额分为无责任死亡伤残赔偿限额、无责任医疗费用赔偿限额以及无责任财产损失赔偿限额。"其中,机动车在道路交通事故中有责任的赔偿限额为:死亡伤残赔偿限额110000元;医疗费用赔偿限额10000元;财产损失赔偿限额2000元。机动车在道路交通事故中无责任的赔偿限额为:死亡伤残赔偿限额11000元;医疗费用赔偿限额1000元;财产损失赔偿限额100元。

三、交强险与商业险的区别

机动车交通事故责任保险分为机动车交通事故责任强制保险(即交强险)和机动车第三者责任险(即商业险)。作为两种不同的险种,两者具有以下区别:

1.具有的强制性不同。根据《机动车交通事故责任强制保险条例》的规定,机动车的所有人或管理人都应当投保交强险。同时,保险公司不能拒绝承保、不得拖延承保和不得随意解除合同。而商业险不具有强制性,投保人与保险公司在自愿、平等的条件下订立保险合同。

2.赔偿的原则不同。根据《中华人民共和国道路交通安全法》的规定,对机动车发生交通事故造成人身伤亡、财产损失的,由保险公司在交强险责任限额范围内予以赔偿。而商业险中,保险公司是根据投保人或者被保险人在交通事故中应负的责任来确定赔偿责任。

3.保险费率的不同。根据《机动车交通事故责任强制保险条例》的规定,交强险实行统一的保险条款和基础保险费率,保监会按照交强险业务总体上"不盈利不亏损"的原则审批保险费率。而商业险以营利为目的,保险费率也比较高。商业险的保费取决于很多因素,如保险金额、车型、车龄等。

必懂知识点

一、交通事故中医疗费的赔偿标准

医疗费是指受害人在遭受人身伤害之后接受医学上的检查、治疗与康复训练所必须支出的费用。《最高人民法院关于审理人身损害赔偿案件适用法律若干问题的解释》第十九条规定:"医疗费根据医疗机构出具的医药费、住院费等收款凭证,结合病历和诊断证明等相关证据确定。赔偿义务人对治疗的必要性和合理性有异议的,应当承担相应的举证责任。医疗费的赔偿数额,按照一审法庭辩论终结前实际发生的数额确定。器官功能恢复训练所必要的康复费、适当的整容费以及其他后续治疗费,赔偿权利人可以待实际发生后另行起诉。但根据医疗证明或者鉴定结论确定必然发生的费用,可以与已经发生的医疗费一并予以赔偿。"该人身损害赔偿解释在医药费等具体损失上采取差额赔偿方式,即实际支出多少赔偿多少的原则。对后续治疗费采取定型化赔偿的标准。后续治疗费是指"对损伤经治疗后体征固定而遗留功能障碍确需再次治疗的或伤情尚未恢复需二次治疗所需要的费用"。定型化赔偿不考虑具体受害人个人财产损失的差额,而是从损害赔偿的社会妥当性和社会公正性出发,为损害确定固定标准的赔偿原则。

二、交通事故中误工费的赔偿标准

误工费是指受害人从遭受伤害到完全治愈这一期间内(即误工时间),因无法从事正常的工作或者劳动而失去或减少的工作、劳动收入的赔偿费用。《最高人民法院关于审理人身损害赔偿案件适用法律若干问题的解释》第二十条规定:"误工费根据受害人的误工时间和收入状况确定。误工时间根据受害人接受治疗的医疗机构出具的证明确定。受害人因伤致残持续误工的,误工时间可以计算至定残日前一天。受害人有固定收入的,误工费按照实际减少的收入计算。受害人无固定收入的,按照其最近三年的平均收入计算;受害人不能举证证明其最近三年的平均收入状况的,可以参照受诉法院所在地相同或者相近行业上一年度职工的平均工资计算。"该人身损害赔偿解释对实际支出的费用和误工损失,按照差额据实赔偿的办法计算。原《道路交通事故处理办法》(1991年发布,现已失效)中规定有固定收入的当事人的误工费最高不能超出交通事故发生地平均生活费三倍,而无固定收入者则按交通事故发生地国营同行业的平均收入计算。《最高人民法院关于审理人身损害赔偿案件适用法律若干问题的解释》对误工费损失不设最高限额。对于"受害人有固定收入的,误工费按照实际减少的收入计算",有两点需要明确:(1)该固定收入须有合法证明;(2)该固定收入必须是受害人实际减少的,如果受害人受到损害后,其供职单位没有扣发或者没有全部扣发其收入,其误工费应不赔或者少赔。

必知法规

◎ **《中华人民共和国侵权责任法》**

第八条　二人以上共同实施侵权行为,造成他人损害的,应当承担连带责任。

第十三条　法律规定承担连带责任的,被侵权人有权请求部分或者全部连带责任人承担责任。

第十四条　连带责任人根据各自责任大小确定相应的赔偿数额;难以确定责任大小的,平均承担赔偿责任。

支付超出自己赔偿数额的连带责任人,有权向其他连带责任人追偿。

◎ **《中华人民共和国道路交通安全法》**

第十六条　任何单位或者个人不得有下列行为:

(一)拼装机动车或者擅自改变机动车已登记的结构、构造或者特征;

(二)改变机动车型号、发动机号、车架号或者车辆识别代号;

(三)伪造、变造或者使用伪造、变造的机动车登记证书、号牌、行驶证、检验合格标志、保险标志;

(四)使用其他机动车的登记证书、号牌、行驶证、检验合格标志、保险标志。

第七十六条　机动车发生交通事故造成人身伤亡、财产损失的,由保险公司在机动车第三者责任强制保险责任限额范围内予以赔偿;不足的部分,按照下列规定承担赔偿责任:

(一)机动车之间发生交通事故的,由有过错的一方承担赔偿责任;双方都有过错的,按照各自过错的比例分担责任。

(二)机动车与非机动车驾驶人、行人之间发生交通事故,非机动车驾驶人、行人没有过错的,由机动车一方承担赔偿责任;有证据证明非机动车驾驶人、行人有过错的,根据过错程度适当减轻机动车一方的赔偿责任;机动车一方没有过错的,承担不超过百分之十的赔偿责任。

交通事故的损失是由非机动车驾驶人、行人故意碰撞机动车造成的,机动车一方不承担赔偿责任。

◎ 《中华人民共和国民法总则》

第一百七十六条　民事主体依照法律规定和当事人约定,履行民事义务,承担民事责任。

◎ 《中华人民共和国民法通则》

第一百零六条　公民、法人违反合同或者不履行其他义务的,应当承担民事责任。

公民、法人由于过错侵害国家的、集体的财产,侵害他人财产、人身的,应当承担民事责任。

没有过错,但法律规定应当承担民事责任的,应当承担民事责任。

第一百一十九条　侵害公民身体造成伤害的,应当赔偿医疗费、因误工减少的收入、残废者生活补助费等费用;造成死亡的,并应当支付丧葬费、死者生前扶养的人必要的生活费等费用。

第一百三十条　二人以上共同侵权造成他人损害的,应当承担连带责任。

◎ 《最高人民法院关于审理人身损害赔偿案件适用法律若干问题的解释》

第三条　二人以上共同故意或者共同过失致人损害,或者虽无共同故意、共同过失,但其侵害行为直接结合发生同一损害后果的,构成共同侵权,应当依照民法通则第一百三十条规定承担连带责任。

二人以上没有共同故意或者共同过失,但其分别实施的数个行为间接结合发生同一损害后果的,应当根据过失大小或者原因力比例各自承担相应的赔偿责任。

第八条　法人或者其他组织的法定代表人、负责人以及工作人员,在执行职务中致人损害的,依照民法通则第一百二十一条的规定,由该法人或者其他组织承担民事责任。上述人员实施与职务无关的行为致人损害的,应当由行为人承担赔偿责任。

属于《国家赔偿法》赔偿事由的,依照《国家赔偿法》的规定处理。

第九条 雇员在从事雇佣活动中致人损害的,雇主应当承担赔偿责任;雇员因故意或者重大过失致人损害的,应当与雇主承担连带赔偿责任。雇主承担连带赔偿责任的,可以向雇员追偿。

前款所称"从事雇佣活动",是指从事雇主授权或者指示范围内的生产经营活动或者其他劳务活动。雇员的行为超出授权范围,但其表现形式是履行职务或者与履行职务有内在联系的,应当认定为"从事雇佣活动"。

◎ 《最高人民法院关于审理道路交通事故损害赔偿案件适用法律若干问题的解释》

第五条 套牌机动车发生交通事故造成损害,属于该机动车一方责任,当事人请求由套牌机动车的所有人或者管理人承担赔偿责任的,人民法院应予支持;被套牌机动车所有人或者管理人同意套牌的,应当与套牌机动车的所有人或者管理人承担连带责任。

第十六条 同时投保机动车第三者责任强制保险(以下简称"交强险")和第三者责任商业保险(以下简称"商业三者险")的机动车发生交通事故造成损害,当事人同时起诉侵权人和保险公司的,人民法院应当按照下列规则确定赔偿责任:

(一)先由承保交强险的保险公司在责任限额范围内予以赔偿;

(二)不足部分,由承保商业三者险的保险公司根据保险合同予以赔偿;

(三)仍有不足的,依照道路交通安全法和侵权责任法的相关规定由侵权人予以赔偿。

被侵权人或者其近亲属请求承保交强险的保险公司优先赔偿精神损害的,人民法院应予支持。

交通事故摊责任，受害人体质原因不摊责

2014年1月26日，最高人民法院发布了指导案例24号《荣宝英诉王阳、永诚财产保险股份有限公司江阴支公司机动车交通事故责任纠纷案》，明确了在交通事故中受害人在没有过错的情况下，因其自身体质对于损害结果产生一定影响的，此种情形不属于侵权人主张减轻责任的理由。在日益频繁的交通事故赔偿纠纷中，侵权人为了减轻自己的责任，尽量少赔钱，就会从被害人自身体质方面找减轻责任的理由，试图将损害结果的一部分原因归咎于受害人本身的特殊体质，强行建立受害人特殊体质和损害结果之间的因果关系。该指导案例的意义在于，及时厘清了交通事故责任纠纷案件处理中存在的模糊认识，即侵权人通过主张受害人的特殊体质来减轻侵权人赔偿责任的理由不成立，以指导此类交通事故责任纠纷案件的审理，依法保护受害人的合法权益。

案例介绍

一、人行道上出事故，机动车违规刮伤行人

2012年2月10日14时45分许，王阳驾驶号牌为苏MT××××的轿车，沿江苏省无锡市滨湖区蠡湖大道由北往南行驶至蠡湖大道大通路口人行横道线时，碰擦行人荣宝英致其受伤。2月11日，滨湖交警大队作出《道路交通事故认定书》，认定王阳负事故的全部责任，荣宝英无责。事故发生当天，荣宝英即被送往医院治疗，发生医疗费用30006元，王阳垫付20000元。号牌苏MT××××轿车在永诚财产保险股份有限公司江阴支公司（以下简称"永诚保险公司"）投保了机动车交通事故责任强制保险，保险期间为2011年8月17日0时起至2012年8月16日24时止。

二、受害人鉴定损伤，依法提起诉讼

荣宝英申请并经无锡市中西医结合医院司法鉴定所鉴定，结论为：1.荣宝英左桡骨远端骨折的伤残等级评定为十级，左下肢损伤的伤残等级评定为九级。损伤参与度评定为75%，其个人体质的因素占25%。2.荣宝英的误工期评定为150日，护理期评定为60日，营养期评定为90日。根据鉴定意见，荣宝英以车主王阳、永诚保险公司为共同被告向江苏省无锡

市滨湖区人民法院提起诉讼,要求二被告赔偿医疗费用 30006 元、住院伙食补助费 414 元、营养费 1620 元、残疾赔偿金 27658.05 元、护理费 6000 元、交通费 800 元、精神损害抚慰金 10500 元,并承担本案诉讼费用及鉴定费用。

三、特殊体质影响受损结果,保险公司以此抗辩

被告永诚保险公司在答辩状中提出:对于事故经过及责任认定没有异议,其愿意在交强险限额范围内予以赔偿;对于医疗费用 30006 元、住院伙食补助费 414 元没有异议;因鉴定意见结论中载明"损伤参与度评定为 75%,其个人体质的因素占 25%",故确定残疾赔偿金应当乘以损伤参与度系数 0.75,认可 20743.54 元;对于营养费认可 1350 元,护理费认可 3300 元,交通费认可 400 元,鉴定费用不予承担。一审法院据此确认残疾赔偿金 27658.05 元扣减 25% 为 20743.54 元。

四、特殊体质不是减责理由,二审法院予以纠正

原告荣宝英不服一审判决,向江苏省无锡市中级人民法院提出上诉。无锡市中级人民法院经审理认为,虽然原告荣宝英的个人体质状况对损害后果的发生具有一定的影响,但这不是侵权责任法等法律规定的过错,荣宝英不应因个人体质状况对交通事故导致的伤残存在一定影响而自负相应责任,原审判决以伤残等级鉴定结论中将荣宝英个人体质状况"损伤参与度评定为 75%"为由,在计算残疾赔偿金时作相应扣减属适用法律错误,应予纠正。无锡市中级人民法院经审理于 2013 年 6 月 21 日以原审适用法律错误为由作出(2013)锡民终字第 497 号民事判决:一、撤销无锡市滨湖区人民法院(2012)锡滨民初字第 1138 号民事判决;二、被告永诚保险公司于本判决生效后十日内赔偿荣宝英 52258.05 元;三、被告王阳于本判决生效后十日内赔偿荣宝英 4040 元;四、驳回原告荣宝英的其他诉讼请求。

争议与问题

原告的特殊体质对损害结果的发生是否具有过错?两者之间是否具有因果关系?是否可以作为被告减轻责任的理由?

案例分析

一、受害人体质特殊不属于侵权责任法中的"过错"

《中华人民共和国侵权责任法》中的"过错"是指行为人的一种主观心理状态,分为故意和过失两种情形。本案中,保险公司以鉴定意见结论中载明的"损伤参与度评定为 75%,其个人体质的因素占 25%"的事实,从而认为受害人荣宝英本身年龄较大以及骨质疏松的个人原因对十级伤残的损害结果"贡献"了 25% 的"力量",因此残疾赔偿金应当乘以损伤参与度

系数 0.75，自己只需要承担 75% 的残疾赔偿金，这一逻辑显然犯了法律认识的错误。受害人的体质特殊是其自身身体的一种客观情况，与其主观心理状态无关，因此不能认定原告荣宝英存在故意或者过失的"过错"。相反，交通事故认定书认定受害人无责，即说明受害人对本案的事故结果没有过错。现实中，如果将受害人的体质特殊性作为侵权人减轻责任的主张，那么会出现加害人的责任根据受害人的年龄、性别及身体健康状况的不同而不同的荒谬情形，同一事故责任下，驾车撞伤虚弱的人比撞伤强壮的人承担的责任要少，也就是说身体虚弱的人要为自己特殊体质承担责任。显然，不管是强壮的还是虚弱的受害人，都不希望交通事故发生在自己身上，如果不幸发生，那么是不是应该得到相同的救助更公平合理呢？

二、受害人体质特殊与损害结果不具有相当因果关系

根据《中华人民共和国侵权责任法》的相关规定，构成一般侵权行为需要满足以下四个方面的条件：(1)具有侵权行为；(2)侵权人主观具有过错；(3)对被侵权人产生损害结果；(4)侵权行为与损害结果之间具有因果关系。其中，无论是在过错责任中，还是在严格责任中，因果关系都是责任认定不可或缺的因素。本案是交通事故责任纠纷，侵权人承担侵权责任需要满足以上四个要件。根据司法鉴定所鉴定：受害人荣宝英左桡骨远端骨折的伤残等级评定为十级，左下肢损伤的伤残等级评定为九级。损伤参与度评定为 75%，其个人体质的因素占 25%。因此，就事实而言，荣宝英自身年龄较大和体质较弱对于伤残的结果具有一定的联系，即在一定程度上加重了侵权的损害结果。但是，原告的个人体质与侵权结果之间并不具有法律上的因果关系。在交通事故中，侵权人的行为与损害结果之间应该符合"无此行为，并不生此损害；有此行为，通常即生此损害"的相当因果关系的判断。根据相当因果关系，加害人的行为是导致损害后果的直接原因，即使受害人自身特殊体质的因素对损害结果的发生具有一定的原因力，只要不会独立引起损害结果的发生，且切断不了侵权人的侵权行为对损害结果的原因力，那么受害人自身特殊体质就不具有相当因果关系。反观本案，原告的身体原因肯定不会独立导致伤残的严重后果，伤残的后果是被告王阳的违规驾驶行为直接导致的，原告的特殊体质和伤残的损害结果之间不具有相当因果关系，并不阻碍被告方的赔偿责任。

三、受害人特殊体质不可以作为扣减残疾赔偿金的依据

根据《中华人民共和国侵权责任法》第二十六条之规定，被侵权人对损害的发生也有过错的，可以减轻侵权人的责任。《中华人民共和国道路交通安全法》第七十六条第一款第二项规定，机动车与非机动车驾驶人、行人之间发生交通事故，非机动车驾驶人、行人没有过错的，由机动车一方承担赔偿责任；有证据证明非机动车驾驶人、行人有过错的，根据过错程度适当减轻机动车一方的赔偿责任。可知，本案交通事故的引发系肇事者王阳驾驶机动车穿越人行横道线时，未尽到安全注意义务碰擦行人荣宝英所致，交通事故造成的损害后果系受害人荣宝英被机动车碰撞、跌倒发生骨折所致，事故责任认定荣宝英对本起事故不负责任，其对事故的发生及损害后果的造成均无过错。受害人没有过错，自然不构成过错相抵消，不

能减轻侵权人的责任。虽然荣宝英年事已高,但其年老骨质疏松仅是事故造成后果的客观因素,但与损害结果并无法律上的因果关系。因此,受害人荣宝英对于损害的发生或者扩大没有过错,不存在减轻或者免除加害人赔偿责任的法定情形。同时,机动车应当遵守文明行车、礼让行人的一般交通规则和社会公德。本案所涉事故发生在人行横道线上,正常行走的荣宝英对将被机动车碰擦这一事件无法预见,而王阳驾驶机动车在路经人行横道线时未依法减速慢行、避让行人,导致事故发生。因此,被告永诚保险公司主张残疾赔偿金应当乘以损伤参与度系数0.75,只需要承担75%的残疾赔偿金的抗辩不应支持。

律师支招

一、法律对行人通行权的倾斜性保护

《中华人民共和国道路交通安全法》中的若干规定,从车辆的登记和安全检查,到机动车司机的资格审查,再到交通事故的较多责任承担等方面,都对机动车提出了严格要求。这是因为机动车相较于行人来说,具有更大的交通危险性,应负有更高的注意义务和受到更严格的法律规制,行人属于弱势的一方,需要倾向性的保护,从而平衡两者之间的权益。《中华人民共和国道路交通安全法》第四十七条规定:"机动车行经人行横道时,应当减速行驶;遇行人正在通过人行横道,应当停车让行。机动车行经没有交通信号的道路时,遇行人横过道路,应当避让。"但是遗憾的是,这种倡议性的条款的效果并不明显,众多交通事故的发生就是因为机动车不礼让行人,违反交通规则,从而撞伤毫无防御能力的行人。因此,一旦出现机动车与行人之间的交通事故,法律规定机动车一方承担更多的责任。第七十六条规定:"机动车发生交通事故造成人身伤亡、财产损失的,由保险公司在机动车第三者责任强制保险责任限额范围内予以赔偿;不足的部分,按照下列规定承担赔偿责任:(一)机动车之间发生交通事故的,由有过错的一方承担赔偿责任;双方都有过错的,按照各自过错的比例分担责任。(二)机动车与非机动车驾驶人、行人之间发生交通事故,非机动车驾驶人、行人没有过错的,由机动车一方承担赔偿责任;有证据证明非机动车驾驶人、行人有过错的,根据过错程度适当减轻机动车一方的赔偿责任;机动车一方没有过错的,承担不超过百分之十的赔偿责任。交通事故的损失是由非机动车驾驶人、行人故意碰撞机动车造成的,机动车一方不承担赔偿责任。"

二、交强险不得依据损伤参与度扣减保险赔偿金

鉴于若干车主出于侥幸心理未主动投保机动车交通事故第三者责任保险,导致肇事后无力赔偿、肇事后逃逸等现象不断发生,特别是一些群死群伤的恶性重大交通事故引发了不少社会矛盾,有的甚至影响到当地的社会稳定,据此《机动车交通事故责任强制保险条例》自2006年7月1日起施行,并已经过3次修订。这是国家第一次以立法的形式强制机动车所有人或者管理人购买机动车交通事故责任强制保险,为机动车道路交通事故的受害人提供

基本保障的重大举措,其根本目的是及时有效地救助交通事故受害人,维护公共利益和社会稳定。《机动车交通事故责任强制保险条例》第二十一条规定:"被保险机动车发生道路交通事故造成本车人员、被保险人以外的受害人人身伤亡、财产损失的,由保险公司依法在机动车交通事故责任强制保险责任限额范围内予以赔偿。道路交通事故的损失是由受害人故意造成的,保险公司不予赔偿。"可见保险公司的免责事由仅限于受害人故意造成交通事故的情形,除此以外的其他任何情况,即便是投保的机动车无责,保险公司也应在交强险无责限额内予以赔偿。该条例中没有关于因受害人体质状况对损伤存在参与度须作相应扣减的规定。在本案中,王阳在永诚保险公司投保了机动车交通事故责任强制保险,且交通事故被认定为王阳负事故的全部责任,因此,根据法律规定,永诚保险公司应该在交通事故责任强制保险责任限额范围内予以赔偿,而不应该主张依据损伤参与度扣减保险赔偿金。

必懂知识点

伤残赔偿金计算方法

目前,我国关于伤残等级的鉴定标准可以说"令出多门",针对不同人员的伤残,不同的主管机关制定了不同的鉴定标准。根据《最高人民法院关于审理人身损害赔偿案件适用法律若干问题的解释》归纳残疾赔偿金的具体计算公式如下:

1.残疾赔偿金(60周岁以下的人)=伤残等级(1级的按100%计算,2级的减少10%,其他依此类推)×受诉法院所在地上一年度城镇居民人均可支配收入或者农村居民人均纯收入×20年。

2.残疾赔偿金(60周岁以上的人)=伤残等级(1级的按100%计算,2级的减少10%,其他依此类推)×受诉法院所在地上一年度城镇居民人均可支配收入或者农村居民人均纯收入×(20年−增加岁数)。

3.残疾赔偿金(75周岁以上的人)=伤残等级(1级的按100%计算,2级的减少10%,其他依此类推)×受诉法院所在地上一年度城镇居民人均可支配收入或者农村居民人均纯收入×5年。

当然,如果出现该人身损害赔偿解释规定的"受害人因伤残但实际收入没有减少,或者伤残等级较轻但造成职业妨害严重影响其劳动就业的"情形,可按规定对残疾赔偿金作相应调整。

必知法规

◎ 《中华人民共和国道路交通安全法》

第四十七条　机动车行经人行横道时，应当减速行驶；遇行人正在通过人行横道，应当停车让行。

机动车行经没有交通信号的道路时，遇行人横过道路，应当避让。

第七十六条　机动车发生交通事故造成人身伤亡、财产损失的，由保险公司在机动车第三者责任强制保险责任限额范围内予以赔偿；不足的部分，按照下列规定承担赔偿责任：

（一）机动车之间发生交通事故的，由有过错的一方承担赔偿责任；双方都有过错的，按照各自过错的比例分担责任。

（二）机动车与非机动车驾驶人、行人之间发生交通事故，非机动车驾驶人、行人没有过错的，由机动车一方承担赔偿责任；有证据证明非机动车驾驶人、行人有过错的，根据过错程度适当减轻机动车一方的赔偿责任；机动车一方没有过错的，承担不超过百分之十的赔偿责任。

交通事故的损失是由非机动车驾驶人、行人故意碰撞机动车造成的，机动车一方不承担赔偿责任。

◎ 《中华人民共和国侵权责任法》

第十六条　侵害他人造成人身损害的，应当赔偿医疗费、护理费、交通费等为治疗和康复支出的合理费用，以及因误工减少的收入。造成残疾的，还应当赔偿残疾生活辅助具费和残疾赔偿金。造成死亡的，还应当赔偿丧葬费和死亡赔偿金。

第二十六条　被侵权人对损害的发生也有过错的，可以减轻侵权人的责任。

第四十八条　机动车发生交通事故造成损害的，依照道路交通安全法的有关规定承担赔偿责任。

第四十九条　因租赁、借用等情形机动车所有人与使用人不是同一人时，发生交通事故后属于该机动车一方责任的，由保险公司在机动车强制保险责任限额范围内予以赔偿。不足部分，由机动车使用人承担赔偿责任；机动车所有人对损害的发生有过错的，承担相应的赔偿责任。

第五十条　当事人之间已经以买卖等方式转让并交付机动车但未办理所有权转移登记，发生交通事故后属于该机动车一方责任的，由保险公司在机动车强制保险责任限额范围内予以赔偿。不足部分，由受让人承担赔偿责任。

第五十一条　以买卖等方式转让拼装或者已达到报废标准的机动车，发生交通事故造成损害的，由转让人和受让人承担连带责任。

第五十二条　盗窃、抢劫或者抢夺的机动车发生交通事故造成损害的，由盗窃人、抢劫人或者抢夺人承担赔偿责任。保险公司在机动车强制保险责任限额范围内垫付抢救费用的，有权向交通事故责任人追偿。

第五十三条　机动车驾驶人发生交通事故后逃逸,该机动车参加强制保险的,由保险公司在机动车强制保险责任限额范围内予以赔偿;机动车不明或者该机动车未参加强制保险,需要支付被侵权人人身伤亡的抢救、丧葬等费用的,由道路交通事故社会救助基金垫付。道路交通事故社会救助基金垫付后,其管理机构有权向交通事故责任人追偿。

◎ 《机动车交通事故责任强制保险条例》

第三条　本条例所称机动车交通事故责任强制保险,是指由保险公司对被保险机动车发生道路交通事故造成本车人员、被保险人以外的受害人的人身伤亡、财产损失,在责任限额内予以赔偿的强制性责任保险。

第二十一条　被保险机动车发生道路交通事故造成本车人员、被保险人以外的受害人人身伤亡、财产损失的,由保险公司依法在机动车交通事故责任强制保险责任限额范围内予以赔偿。

道路交通事故的损失是由受害人故意造成的,保险公司不予赔偿。

第二十二条　有下列情形之一的,保险公司在机动车交通事故责任强制保险责任限额范围内垫付抢救费用,并有权向致害人追偿:

(一)驾驶人未取得驾驶资格或者醉酒的;

(二)被保险机动车被盗抢期间肇事的;

(三)被保险人故意制造道路交通事故的。

有前款所列情形之一,发生道路交通事故的,造成受害人的财产损失,保险公司不承担赔偿责任。

第二十三条　机动车交通事故责任强制保险在全国范围内实行统一的责任限额。责任限额分为死亡伤残赔偿限额、医疗费用赔偿限额、财产损失赔偿限额以及被保险人在道路交通事故中无责任的赔偿限额。

机动车交通事故责任强制保险责任限额由保监会会同国务院公安部门、国务院卫生主管部门、国务院农业主管部门规定。

第二十四条　国家设立道路交通事故社会救助基金(以下简称救助基金)。有下列情形之一时,道路交通事故中受害人人身伤亡的丧葬费用、部分或者全部抢救费用,由救助基金先行垫付,救助基金管理机构有权向道路交通事故责任人追偿:

(一)抢救费用超过机动车交通事故责任强制保险责任限额的;

(二)肇事机动车未参加机动车交通事故责任强制保险的;

(三)机动车肇事后逃逸的。

人工授精受争议，子女均有继承权

随着科学技术的发展，生物医学的不断进步，人工授精解决了许多家庭不孕不育的难题，但同时也引发了很多争议。因为生儿育女是婚姻家庭的核心所在，很多国家已经通过立法来规制人工生殖技术的实施与应用，从而确保运用人工生殖技术所生子女的合法权益。在涉及子女继承权的问题上，由于世界各国文化、宗教、信仰的不同，导致各国关于人工生殖技术的立法主张也各有差异。我国在此方面的研究和立法较为落后，对人工生殖技术下亲子关系认定的立法仍是空白，目前仅有《最高人民法院关于夫妻离婚后人工授精所生子女的法律地位如何确定的复函》："在夫妻关系存续期间，双方一致同意进行人工授精，所生子女应视为夫妻双方的婚生子女，父母子女之间权利义务关系适用《婚姻法》的有关规定。"这是我国首次对人类辅助生殖技术子女的法律地位作出规定。2015年4月15日，最高人民法院发布了指导案例50号《李某、郭某阳诉郭某和、童某某继承纠纷案》。

案例介绍

一、人工授精后反悔，遗嘱未留孩子份额

1998年3月3日，原告李某与郭某顺登记结婚。2002年，郭某顺以自己的名义购买了涉案建筑面积为45.08平方米的306室房屋，并办理了房屋产权登记。2004年1月30日，李某和郭某顺共同与南京军区南京总医院生殖遗传中心签订了人工授精协议书，对李某实施了人工授精，后李某怀孕。2004年4月，郭某顺因病住院，其在得知自己患了癌症后，向李某表示不要这个孩子，但李某不同意人工流产，坚持要生下孩子。5月20日，郭某顺在医院立下自书遗嘱，在遗嘱中声明他不要这个人工授精生下的孩子，并将306室房屋赠与其父母郭某和、童某某。郭某顺于5月23日病故。李某于当年10月22日产下一子，取名郭某阳。原告李某无业，每月领取最低生活保障金，另有不固定的打工收入，并持有夫妻关系存续期间的共同存款18705.4元。被告郭某和、童某某系郭某顺的父母，居住在与涉案房屋同一个住宅小区的305室，均有退休工资。2001年3月，郭某顺为开店，曾向童某某借款8500元。

南京大陆房地产估价师事务所有限责任公司受法院委托，于2006年3月对涉案306室房屋进行了评估，经评估房产价值为19.3万元。

二、原告诉讼请求及被告答辩

原告李某诉称：位于江苏省南京市某住宅小区的306室房屋，是其与被继承人郭某顺的夫妻共同财产。郭某顺因病死亡后，其儿子郭某阳出生。郭某顺的遗产，应当由妻子李某、儿子郭某阳与郭某顺的父母即被告郭某和、童某某等法定继承人共同继承。请求法院在析产继承时，考虑郭某和、童某某有自己的房产和退休工资，而李某无固定收入还要抚养幼子的情况，对李某和郭某阳给予照顾。

被告郭某和、童某某辩称：儿子郭某顺生前留下遗嘱，明确将306室赠予二被告，故对该房产不适用法定继承。李某所生的孩子与郭某顺不存在血缘关系，郭某顺在遗嘱中声明他不要这个人工授精生下的孩子，他在得知自己患癌症后，已向李某表示过不要这个孩子，是李某自己坚持要生下孩子。因此，应该由李某对孩子负责，不能将孩子列为郭某顺的继承人。

三、裁判结果

江苏省南京市秦淮区人民法院于2006年4月20日作出一审判决：涉案的306室房屋归原告李某所有；李某于本判决生效之日起30日内，给付原告郭某阳33442.4元，该款由郭某阳的法定代理人李某保管；李某于本判决生效之日起30日内，给付被告郭某和33442.4元、给付被告童某某41942.4元。一审宣判后，双方当事人均未提出上诉，判决已发生法律效力。

争议与问题

人工授精所生的子女是否为婚生子女？

案例分析

一、人工授精所生子女的法律地位

在本案中，李某和郭某顺在婚姻存续期间共同与南京军区南京总医院生殖遗传中心签订了人工授精协议书，李某接受了人工授精，表明郭某顺具有通过人工授精方式获得与李某共同子女的意思表示。《最高人民法院关于夫妻离婚后人工授精所生子女的法律地位如何确定的复函》中指出："在夫妻关系存续期间，双方一致同意进行人工授精，所生子女应视为夫妻双方的婚生子女，父母子女之间权利义务关系适用《婚姻法》的有关规定。"《中华人民共和国民法通则》第五十七条规定："民事法律行为从成立时起具有法律约束力。行为人非依法律规定或者取得对方同意，不得擅自变更或者解除。"也就是说只要在夫妻关系存续期间，夫妻双方同意通过人工授精生育子女，所生子女无论是与夫妻双方还是其中一方没有血缘关系,均应视为夫妻双方的婚生子女。郭某顺对签字同意实施人工授精手术一事表示反悔,但此时其妻李某已经受孕,郭某顺反悔需征得其妻李某的同意,不得擅自变更或解除。因此,郭某顺在遗嘱中否认其与李某所怀胎儿的亲子关系,不发生法律效力,应当认定郭某阳是郭某顺和李某的婚生子女。

二、该遗嘱无效,子女享有继承权

《中华人民共和国继承法》第五条规定:"继承开始后,按照法定继承办理;有遗嘱的,按照遗嘱继承或者遗赠办理;有遗赠扶养协议的,按照协议办理。"根据"遗嘱在先原则",继承开始后,按照法定继承办理,有遗嘱的,按照遗嘱继承。在本案中,郭某顺留有遗嘱,应当按照遗嘱继承办理,自被继承人郭某顺死亡后,继承开始。依据继承法第二十六条第一款规定:"夫妻在婚姻关系存续期间所得的共同所有的财产,除有约定的以外,如果分割遗产,应当先将共同所有的财产的一半分出为配偶所有,其余的为被继承人的遗产。"《最高人民法院关于贯彻执行〈中华人民共和国继承法〉若干问题的意见》规定:"遗嘱人以遗嘱处分了属于国家、集体或他人所有的财产,遗嘱的这部分,应认定无效。"登记在被继承人郭某顺名下的306室房屋,已查明是郭某顺与原告李某夫妻关系存续期间取得的夫妻共同财产。郭某顺死亡后,该房屋的一半产权应归李某所有,另一半产权才能作为郭某顺的遗产。郭某顺在遗嘱中,将306室全部房产赠与其父母,侵害了李某的房产权,这部分遗嘱无效。

此外,继承法第十九条规定:"遗嘱应当对缺乏劳动能力又没有生活来源的继承人保留必要的遗产份额。"郭某顺在立遗嘱时,明知其妻子腹中胎儿的存在而没有在遗嘱中为胎儿保留必要的遗产份额,该部分遗嘱内容无效。继承法第二十八条中也规定遗产分割时,应当保留胎儿的继承份额。因此,在分割遗产时,应当为该胎儿保留继承份额。综上,在扣除应当归李某所有的财产和应当为胎儿保留的继承份额之后,郭某顺遗产的剩余部分才可以按遗嘱确定的分配原则处理。被继承人死亡时的个人遗产有涉案房产的1/2,其中1/3即全部房产的1/6应归郭某阳继承,余下的2/3即全部房产的1/3,由两被告依遗嘱继承。考虑继承人的实际需要及所占份额,该房应归原告李某所有,李某按该房产评估价值193000元,折价补偿郭某阳32166.7元,补偿被告郭某和32166.7元,补偿被告童某某32166.7元。

三、关于遗嘱未涉及的财产的分配

依据遗嘱继承与法定继承的处理规则,继承开始后,按照法定继承办理;有遗嘱的,按照遗嘱继承或者遗赠办理;有遗赠扶养协议的,按照协议办理。在该起案件中,关于被继承人遗嘱未涉及的遗产部分,应当依照法定继承规则办理。故本案中的夫妻共同存款在分出原告的一半后,另一半由享有继承权的二原告及二被告继承。对被告童某某主张的欠款,认定为夫妻共同债务,应以夫妻共同财产清偿。综上,郭某顺、李某夫妻共同存款为18705.4元,与夫妻共同债务欠被继承人父母的8500元相抵,属于被继承人的遗产存款为5102.7元,由享有继承权的二被告郭某和、童某某(被继承人父、母)及二原告(被继承人妻子、人工授精所生子)按法定继承分配,故每一位继承人各继承1/4,为1275.7元。上述存款因在原告李某处,故由李某给付其他三位继承人应得的继承款,并向被告童某某偿还欠款 8500 元。

综上,郭某顺财产分割后,涉案的 306 室房屋归原告李某所有;李某于判决生效之日起 30 日内,给付原告郭某阳 33442.4 元,该款由郭某阳的法定代理人李某保管;李某于本判决生效之日起 30 日内,给付被告郭某和 33442.4 元、给付被告童某某 41942.4 元。

律师支招

一、人工授精的种类

人类辅助生殖技术又称"人工生殖技术",是指运用医学技术和方法对配子、合子、胚胎进行人工操作,以达到受孕目的的技术。根据我国《人类辅助生殖技术管理办法》的规定,人工生殖技术包括人工授精和体外授精-胚胎移植技术及其各种衍生技术两大类。

人工授精不同于人类传统基于两性性爱的自然生育过程,是根据生物遗传工程理论,用人工方法将精子注入女子生殖道内,让精子与卵子结合达到妊娠目的或将受精卵胚胎注入妇女子宫,使其受孕的一种新生殖技术。20 世纪 60 年代以来,人工授精作为一种治疗男子不育症的技术被广泛应用。这种技术切断了生育与性行为的纽带,打破了传统观念上的生育关系与遗传关系一体的生育规律。于是在现有父母子女关系中,出现了一种"只知其母,不知其父"的现象,这对以传统的血缘关系为基础的亲子观念提出了挑战和冲击。

人工授精大致可分为以下两类:

1.同质人工授精(AIH,Artificial Insemination by Husband),也称为夫精人工授精,是指利用丈夫的精子对妻子进行人工授精的一种方法。一般如下几种情况会运用此方式:(1)夫或妻因为心理或者生理障碍,无法正常进行性交,但双方均未丧失生育能力;(2)夫因为精子的残缺而导致生育能力下降,可以用先进的科技将健康的精子分离出,对其妻进行人工授精,以增大受孕的概率;(3)有些男士基于某种原因需切除输精管,他可先行将精子贮存于精子库,待用时再取出即可。

在同质人工授精的情形下,精子和卵子分别来自于父母双方,与自然繁殖唯一的区别只是授精方式不同,即利用人工技术取代了传统的性行为,在此种条件下出生的子女,完全具备和父母之间的生物学联系,其遗传学父母即为法律父母,因此在现实生活中,同质人工授精技术所引起的法律问题相对简单,受到的抨击也很少,所生子女的法律地位较为明确,可以沿用传统的亲子认定规则,即该情况下出生的子女具备同婚生子女相同的法律地位。当然,随着人工授精技术的不断发展和成熟,精子冷冻技术的出现及发展,应用同质人工授精方式所生子女的身份确定还需要进一步探讨。

2.异质人工授精(AID,Artificial Insemination by Donor),也称为供精人工授精,是指通过人工技术将丈夫以外的第三人提供的精子与妻子的卵子结合形成受精卵并在妻子的子宫内发育的辅助生殖技术。此方式应用于如下情形:(1)夫因精子残缺而导致不育或生育能力不足;(2)夫患有医学遗传性疾病,不能孕育下一代或易致妻流产等情形;(3)满足一些单身女性想要子女的情形。在此种情形下,由于使用的是供体精子,出生的子女有两个父亲存在:一个是遗传学上的父亲即提供精子的一方;一个是其社会学父亲即生母的丈夫。这种生育方式切断了婚姻与生儿育女的纽带,使以血缘为基础和纽带的传统亲子关系受到根本性的冲击,产生的最基本的法律后果就是如何确认异质人工授精所生子女的法律地位。

二、夫妻合意下人工授精所生子女的法律地位

因涉及监护、抚养、赡养、继承等相关法律问题,会对家庭的稳定、和睦造成影响,所以确定人工授精子女的法律地位极其重要,是当前婚姻家庭法上亟待解决的问题。

早在20世纪60年代末,我国人工授精技术就已经相对较为成熟,80年代我国首例试管婴儿成功诞生,并在冷冻技术完备的基础上开始建立人工精子库。尽管各项工作已经纷纷开展,但法律对利用人工生殖技术所生子女的地位一直没有规定,直至1991年在《最高人民法院关于夫妻离婚后人工授精所生子女的法律地位如何确定的复函》中才明确,夫妻双方在婚姻关系存续期间,一致同意接受人工授精手术的,所生子女应视为是夫妻双方的婚生子女,父母子女之间的权利义务关系等适用婚姻法的有关规定。而我国现行的《中华人民共和国民法通则》《中华人民共和国婚姻法》等法律中,均未明确规定人工生殖技术所生子女的法律地位。

根据司法解释《最高人民法院关于夫妻离婚后人工授精所生子女的法律地位如何确定的复函》,人工授精所生子女,视为婚生子女须满足两个条件:

第一,该子女必须是在夫妻关系存续期间进行人工授精所生。但由此也产生了问题,该子女是在夫妻关系存续期间进行人工授精即可,还是指该子女是在夫妻关系存续期间进行人工授精,并且在夫妻关系存续期间出生?理论界对此有着不同的观点,主要有受胎说、出生说和混合说三类。受胎说主张以婚姻关系存续期间母亲怀孕并分娩的事实来认定所生子女为婚生子女。出生说主张在婚姻关系存续期间出生的子女,分娩该子女的母亲的丈夫为其子女的生父。混合说主张在婚姻关系存续期间所受孕和出生的子女推定为婚生子女。我国对此虽在立法上没有进行明确的规定,但从理论研究和司法实践中可推定我国采用的是混合说,即只要是在婚姻关系存续期间受孕,不论受孕后夫妻之间的婚姻状态如何,都视该子女为婚生子女。

第二,必须经过夫妻双方一致同意进行人工授精。即采用人工授精方式生育子女必须是夫妻双方协商一致的行为,如果夫妻一方未经对方同意,擅自进行人工授精而生育子女,则不能直接适用该司法解释的规定,不能将所生子女认定为婚生子女。由此可以推论,妻子如果在未经丈夫同意的情况下实施了人工授精,该子女与生母的丈夫没有任何生物学上的联系,所以丈夫可以在一定期限内提起否认之诉否认其婚生子女的地位。

三、违反丈夫意志人工授精所生子女的法律地位

实践中会出现各种情况,并非所有人工授精行为都是经过夫妻合意而为,如以下几种情况。

(一)妻子未经丈夫同意或欺骗丈夫,进行夫精人工授精所生子女的法律地位

这种情形又可分为两种情况:一种是丈夫自始至终没有作出同意人工授精的意思表示;一种是丈夫原先同意而后来不再同意。这里会产生很多问题,比如丈夫曾作出的同意应通过什么形式撤销方为有效?是书面的还是口头的?如果丈夫撤销同意时妻子已经怀孕,其撤销是否有效?法律对这些问题均未作出具体规定,实践中以及学术界在综合考虑之下,认为法律固然要考虑丈夫、妻子的利益,但最重要的是要考虑子女的利益,法律应力求三者之间进行平衡或者选择最佳方案进行保护。

即使在自然生育方式下,妻子也有可能欺骗丈夫成功怀孕,此时丈夫并不能以不知情为由拒绝承担父亲的责任,同样,在夫精人工授精情形下,丈夫的同意与否也不影响其法定父亲的地位。一方面,其与孩子之间存在血缘关系;另一方面,法律基于子女利益的考虑,不可能将子女陷于无父亲的境地而优先考虑丈夫的知情权或生育自由。

(二)婚姻关系终止后,夫精人工授精所生子女的法律地位

第一,在婚姻关系存续期间夫妻双方协商一致实施了夫精人工授精手术,妻子成功受孕,而在妊娠期间丈夫不幸去世,婚姻关系终止,毫无疑问,出生后的孩子理应认定为合法的婚生子女,因为受孕是在夫妻关系存续间内,而且丈夫知情并且同意。

第二,丈夫生前将精子贮存于精子库,有通过人工授精技术使妻子怀孕的意愿,手术实施前丈夫去世,妻子根据丈夫的遗愿人工授精生下孩子,此情形下基于子女利益最大化,此种情况下孩子可以推定为婚生子女。我国继承法第二十八条对胎儿的继承份额作了相关规定,但此条款适用的前提是丈夫死亡时胎儿已在腹中,而上述情形中受孕怀胎的发生显然在丈夫死后,可见,从我国继承法中无从查找到该种情形下人工生殖技术所生子女拥有法定继承权的依据。理论界认为此情形下出生的子女应视为婚生子女,因为丈夫生前有此意愿,妻子是完成了丈夫的遗愿。

第三,妻子未获得丈夫的同意或许可,在婚姻关系终止后擅自动用前夫或亡夫的冷冻精子人工受孕。因为夫妻关系已经终止,而且没有经过丈夫的同意,该情况下的子女不当然地认定为婚生子女,只能由妻子单独承担孩子的抚育责任。

(三)未经丈夫同意,供精人工授精所生子女的法律地位

在婚姻关系存续期间未经丈夫同意进行异质人工授精,虽然妻子并没有违反婚姻忠实义务,但在丈夫不认可的情况下实施异质人工授精,就是无形中侵犯了丈夫的配偶权和生育权。由于缺乏丈夫的同意,丈夫对异质人工授精所生子女具有婚生否认权。否认权应当在一定的期限内行使。如果在否认期限内,丈夫不提起否认之诉,视为默认与该子女形成父母子女关系。

必懂知识点

人工授精子女的继承权

《中华人民共和国民法总则》第十六条规定:"涉及遗产继承、接受赠与等胎儿利益保护的,胎儿视为具有民事权利能力。但是胎儿娩出时为死体的,其民事权利能力自始不存在。"《中华人民共和国民法通则》第九条规定:"公民从出生时起到死亡时止,具有民事权利能力,依法享有民事权利,承担民事义务。"《中华人民共和国继承法》第二十八条规定:"遗产分割时,应当保留胎儿的继承份额。胎儿出生时是死体的,保留的份额按照法定继承办理。"继承法对胎儿在继承中的利益给予特殊的保护,不仅父母死亡前出生的子女有继承权,在父亲死亡前已经受孕且在父亲死亡后活着出生的子女也有继承权。

《最高人民法院关于贯彻执行〈中华人民共和国继承法〉若干问题的意见》规定:"应当为胎儿保留的遗产份额没有保留的应从继承人所继承的遗产中扣回。为胎儿保留的遗产份额,如胎儿出生后死亡的,由其继承人继承;如胎儿出生时就是死体的,由被继承人的继承人继承。"也就是说,在遗产分割时,无论是在适用法定继承情形下,还是在适用遗嘱继承情形下,继承人均应当为胎儿保留继承份额。且在多胞胎的情形下,如果仅保留了一份继承份额,则应从继承人继承的遗产中扣出其他胎儿的继承份额。值得注意的是,胎儿出生时为活体的,为胎儿保留的继承份额由其法定代理人代为保管;胎儿出生后死亡的,为胎儿保留的继承份额则为胎儿的遗产,由其法定继承人依照法定继承有关法律规定予以继承;胎儿出生时是死体的,为胎儿保留的继承份额仍然属于被继承人的遗产,应当由被继承人的继承人予以分割。

必知法规

◎ 《中华人民共和国民法通则》

第九条 公民从出生时起到死亡时止,具有民事权利能力,依法享有民事权利,承担民事义务。

第五十七条 民事法律行为从成立时起具有法律约束力。行为人非依法律规定或者取得对方同意,不得擅自变更或者解除。

◎ 《中华人民共和国民法总则》

第十三条 自然人从出生时起到死亡时止,具有民事权利能力,依法享有民事权利,承担民事义务。

第十六条 涉及遗产继承、接受赠与等胎儿利益保护的,胎儿视为具有民事权利能力。但是胎儿娩出时为死体的,其民事权利能力自始不存在。

第一百三十六条　民事法律行为自成立时生效,但是法律另有规定或者当事人另有约定的除外。

行为人非依法律规定或者取得对方同意,不得擅自变更或者解除民事法律行为。

◎《中华人民共和国继承法》

第十九条　遗嘱应当对缺乏劳动能力又没有生活来源的继承人保留必要的遗产份额。

第二十八条　遗产分割时,应当保留胎儿的继承份额。胎儿出生时是死体的,保留的份额按照法定继承办理。

◎《最高人民法院关于贯彻执行〈中华人民共和国继承法〉若干问题的意见》

38.遗嘱人以遗嘱处分了属于国家、集体或他人所有的财产,遗嘱的这部分,应认定无效。

45.应当为胎儿保留的遗产份额没有保留的应从继承人所继承的遗产中扣回。

为胎儿保留的遗产份额,如胎儿出生后死亡的,由其继承人继承;如胎儿出生时就是死体的,由被继承人的继承人继承。

◎《最高人民法院关于适用〈中华人民共和国婚姻法〉若干问题的解释(三)》

第二条　夫妻一方向人民法院起诉请求确认亲子关系不存在,并已提供必要证据予以证明,另一方没有相反证据又拒绝做亲子鉴定的,人民法院可以推定请求确认亲子关系不存在一方的主张成立。

当事人一方起诉请求确认亲子关系,并提供必要证据予以证明,另一方没有相反证据又拒绝做亲子鉴定的,人民法院可以推定请求确认亲子关系一方的主张成立。

第三条　婚姻关系存续期间,父母双方或者一方拒不履行抚养子女义务,未成年或者不能独立生活的子女请求支付抚养费的,人民法院应予支持。

◎《最高人民法院关于夫妻离婚后人工授精所生子女的法律地位如何确定的复函》

河北省高级人民法院:

你院冀法(民)(1991)43号《关于夫妻离婚后人工授精所生子女的法律地位如何确定的请示报告》收悉。

经研究,我们认为,在夫妻关系存续期间,双方一致同意进行人工授精,所生子女应视为夫妻双方的婚生子女,父母子女之间权利义务关系适用《婚姻法》的有关规定。

此复

感情破裂诉离婚，共同财产遭转移

《中华人民共和国婚姻法》第四十七条规定，分割夫妻共同财产时，对隐藏、转移、变卖、毁损夫妻共同财产或伪造债务的一方，可以少分或不分。但在司法实践中，夫妻一方隐瞒、转移夫妻共同财产后，再次分割财产时，有隐瞒、转移共同财产行为的一方并没有少分或者不分。这使得夫妻一方实施隐瞒、转移夫妻共同财产行为的风险成本大大减少，失去了这最后的制约，夫妻一方实施隐瞒、转移夫妻共同财产行为的可能性也大大增加，从而使认定夫妻共同财产的准确性降低，另一方的合法权益受到侵害。对此，最高人民法院于 2016 年 9 月 19 日发布了指导案例 66 号《雷某某诉宋某某离婚纠纷案》。

案例介绍

一、为多分财产，转移存款后起诉离婚

原告雷某某（女）和被告宋某某于 2003 年 5 月 19 日登记结婚，双方均系再婚，婚后未生育子女。双方婚后因琐事感情失和，于 2013 年上半年产生矛盾，并于 2014 年 2 月分居。雷某某曾于 2014 年 3 月起诉要求与宋某某离婚，经法院驳回后，双方感情未见好转。2015 年 1 月，雷某某再次诉至法院要求离婚，并依法分割夫妻共同财产。宋某某认为夫妻感情并未破裂、不同意离婚。

雷某某称宋某某名下在中国邮政储蓄银行的账户内有共同存款 37 万元，并提交存取款凭单、转账凭单作为证据。宋某某称该 37 万元，来源于婚前房屋拆迁补偿款及养老金，现尚剩余 20 万元左右（含养老金 14322.48 元），并提交账户记录、判决书、案款收据等证据。

宋某某称雷某某名下有共同存款 25 万元，要求依法分割。雷某某对此不予认可，一审庭审中其提交在中国工商银行尾号为 4179 账户自 2014 年 1 月 26 日起的交易明细，显示至 2014 年 12 月 21 日该账户余额为 262.37 元。二审审理期间，应宋某某的申请，法院调取了雷某某上述中国工商银行账号自 2012 年 11 月 26 日开户后的银行流水明细，显示雷某某于 2013 年 4 月 30 日通过自动取款机转账及卡取的方式将该账户内的 195000 元转至案外人雷某齐名下。宋某某认为该存款是其婚前房屋在婚姻存续期间出租所得，应归双方共同所有，雷某某在离婚之前即将夫妻共同存款转移。雷某某提出该笔存款是其经营饭店所得收益，

开始称该笔款已用于夫妻共同开销,后又称用于偿还其外甥女的借款,但雷某某对其主张均未提供相应证据证明。另,雷某某在庭审中曾同意各自名下存款归各自所有,其另行支付宋某某 10 万元存款,后雷某某反悔,不同意支付。

二、诉讼请求

2015 年 1 月,雷某某起诉至法院称:其与宋某某于 2003 年 5 月 19 日依法登记结婚,由于双方都属于再婚,感情基础一般,婚后双方未生育子女。由于婚后未能及时建立夫妻感情,双方经常因家庭琐事争吵,宋某某为此多次实施家庭暴力,致其多次受伤。如今双方已处于分居状态,夫妻感情破裂,已经到了无法修复的状态。其被逼无奈将宋某某诉至法院,请求法院准予双方离婚,依法分割共同财产。

宋某某辩称,雷某某在起诉书中所述不属实,其没有实施过家庭暴力,事实上,雷某某早就做好了离婚准备,只是找不到离婚理由,雷某某隐匿夫妻共同存款,逃避共同债务,故其不同意离婚。

三、裁判结果

北京市朝阳区人民法院于 2015 年 4 月 16 日作出(2015)朝民初字第 04854 号民事判决:准予雷某某与宋某某离婚;雷某某名下中国工商银行尾号为 4179 账户内的存款归雷某某所有,宋某某名下中国邮政储蓄银行账号尾号为 7101、9389 及 1156 账户内的存款归宋某某所有,并对其他财产和债务问题进行了处理。宣判后,宋某某提出上诉,提出对夫妻共同财产雷某某名下存款分割等请求。北京市第三中级人民法院于 2015 年 10 月 19 日作出(2015)三中民终字第 08205 号民事判决:维持一审判决其他判项,撤销一审判决第三项,改判雷某某名下中国工商银行尾号为 4179 账户内的存款归雷某某所有,宋某某名下中国邮政储蓄银行尾号为 7101 账户、9389 账户及 1156 账户内的存款归宋某某所有,雷某某于本判决生效之日起七日内支付宋某某 12 万元。

争议与问题

夫妻感情破裂如何认定?夫妻共同财产的范围认定及如何分割?

案例分析

一、夫妻感情是婚姻的基础

《中华人民共和国婚姻法》第三十二条中规定,人民法院审理离婚案件,应当进行调解;如感情确已破裂,调解无效,应准予离婚。由此可知,婚姻关系以夫妻感情为基础。宋某某、雷某某共同生活过程中因琐事产生矛盾;且目前已分居,在法院判决不准予离婚后,双方感情仍未好转,经法院调解不能和好,双方夫妻感情确已破裂,应当判决准予双方离婚。

二、转移夫妻共同财产造成侵权,可少分或不分财产

《中华人民共和国婚姻法》第十七条第二款规定:"夫妻对共同所有的财产,有平等的处理权。"第四十七条第一款规定:"离婚时,一方隐藏、转移、变卖、毁损夫妻共同财产,或伪造债务企图侵占另一方财产的,分割夫妻共同财产时,对隐藏、转移、变卖、毁损夫妻共同财产或伪造债务的一方,可以少分或不分。离婚后,另一方发现有上述行为的,可以向人民法院提起诉讼,请求再次分割夫妻共同财产。"这就是说,一方在离婚诉讼期间或离婚诉讼前,隐藏、转移、变卖、毁损夫妻共同财产,或伪造债务企图侵占另一方财产的,侵害了夫妻对共同财产的平等处理权,离婚分割夫妻共同财产时,应当依照《中华人民共和国婚姻法》第四十七条的规定少分或不分财产。

《中华人民共和国婚姻法》第十七条规定,夫妻在婚姻关系存续期间所得的下列财产,归夫妻共同所有:(一)工资、奖金;(二)生产、经营的收益;(三)知识产权的收益;(四)继承或赠与所得的财产,但本法第十八条第三项规定的除外;(五)其他应当归共同所有的财产。第十八条规定,有下列情形之一的,为夫妻一方的财产:(一)一方的婚前财产;(二)一方因身体受到伤害获得的医疗费、残疾人生活补助费等费用;(三)遗嘱或赠与合同中确定只归夫或妻一方的财产;(四)一方专用的生活用品;(五)其他应当归一方的财产。

结合本案,宋某某婚前房屋拆迁款转化的存款,应归宋某某个人所有,宋某某婚后所得养老保险金,应属夫妻共同财产。雷某某名下中国工商银行尾号为 4179 账户内的存款为夫妻关系存续期间的收入,应作为夫妻共同财产予以分割。

根据《中华人民共和国婚姻法》第四十七条的规定:分割夫妻共同财产时,对隐藏、转移、变卖、毁损夫妻共同财产或伪造债务的一方,可以少分或不分。雷某某于 2013 年 4 月 30 日通过自动取款机转账及卡取的方式,将尾号为 4179 账户内的 195000 元转至案外人名下。雷某某始称该款用于家庭开销,后又称用于偿还外债,前后陈述明显矛盾,对其主张亦未提供证据证明,对钱款的去向不能作出合理的解释和说明。结合案件事实及相关证据,认定雷某某存在转移、隐藏夫妻共同财产的情节。根据上述法律规定,对雷某某名下中国工商银行尾号 4179 账户内的存款,雷某某可以少分或不分。宋某某主张对雷某某名下存款进行分割,符合法律规定,予以支持。故判决宋某某婚后养老保险金 14322.48 元归宋某某所有,对于雷某某转移的 19.5 万元存款,由雷某某补偿宋某某 12 万元。

律师支招

一、夫妻感情破裂的认定

感情确已破裂是指夫妻的感情出现了裂痕,达到了真实的、完全的、长久的不能挽回的地步。夫妻感情破裂是法官判定是否准予离婚的一个重要考量。什么是夫妻感情破裂,夫妻感情破裂的证据有哪些,如何认定夫妻感情破裂,如何证明夫妻感情破裂,我国婚姻法及

相关司法解释给出了一定的规定,给法官的自由裁量作了指引。

认定夫妻感情是否破裂,应当从婚姻基础、婚后感情、离婚的原因,以及有无和好的可能,这几个方面做综合的分析。

1.婚姻基础指男女双方建立婚姻关系时的感情状况和相互了解的程度,是婚姻得以缔结的根本和起点,对婚姻关系的维持起着重要的奠基作用。

2.婚后感情指男女双方结婚以后感情的发展变化,不仅包括夫妻双方的感情,也涵盖家庭关系、婆媳关系、经济状况等。

3.离婚原因指引起离婚的最根本的因素,亦即引起夫妻纠纷的主要矛盾或夫妻双方争执的焦点与核心问题。离婚原因大多是多种因素的结合,只有掌握了离婚的真实原因,才能不被虚假现象所迷惑,才能分清是非,明确责任,对症下药,正确判断夫妻感情的真实情况,查清引起离婚的真实原因,使离婚纠纷得到正确解决。

4.有无和好的可能指通过观察夫妻关系现状及把握各种有利于夫妻和好的因素,对今后双方关系的发展前途作出预测。

《中华人民共和国婚姻法》第三十二条规定了五种认定感情破裂的标准:

(1)重婚或有配偶者与他人同居的。所谓"有配偶者与他人同居"是指有配偶者与婚外异性,不以夫妻名义,持续、稳定地共同居住。如果以夫妻名义居住,则构成重婚。

(2)实施家庭暴力或虐待、遗弃家庭成员的。所谓"家庭暴力",是指行为人以殴打、捆绑、残害、强行限制人身自由或者其他手段,给其家庭成员的身体、精神等方面造成一定伤害后果的行为。持续性、经常性的家庭暴力,构成虐待。

(3)有赌博、吸毒等恶习屡教不改的。

(4)因感情不和分居满二年的。

(5)其他导致夫妻感情破裂的情形。

必懂知识点

转移夫妻共同财产的认定

离婚前,夫妻一方转移夫妻共同财产,严重损害另一方的利益,离婚时,分割财产一般会少分或不分。那么,夫妻共同财产如何认定?夫妻一方转移共同财产时另一方如何维权?

(一)转移夫妻共同财产的常见方式

1.故意隐瞒财产,这在夫妻离婚当中比较常见。对于另一方都不知道的房产或者存款、股票等,另一方根本不知道从何查起,更不需要花费成本去转移。

2.偷偷把财产转移到别人名下或低价出售。对于无法隐瞒的财产,夫妻一方可能通过赠与给别人或者低价转让给别人的方式转移。

3.伪造公司债务或者夫妻共同债务。

(二)转移共同财产的补救措施

1.离婚后,一方以尚有夫妻共同财产未处理为由向人民法院起诉请求分割的,经审查该财产确属离婚时未涉及的夫妻共同财产,人民法院应当依法予以分割。应当注意的是,当事人应从发现该情形之次日起两年内向人民法院提起要求再次分割夫妻共同财产的诉讼,超过两年的诉讼时效法律不再保护。

2.对于隐匿、转移、毁损、变卖的财产无法追回的,可根据该财产的评估价值要求对方给予过错赔偿。对财产价值的评估,双方能达成一致意见的,根据双方当事人的合意确定;不能达成一致意见的,则可申请人民法院委托财产评估机构对该财产丧失前的价值进行评估。

(三)转移共同财产的防范措施

1.夫妻双方在缔结婚姻关系时如果各有财产份额并且互相经济独立,建议在不影响夫妻感情的情况下可签订《婚内财产约定》,约定婚姻关系存续期间所得的财产以及婚前财产归各自所有、共同所有或部分各自所有、部分共同所有,该财产约定对双方均具有约束力,也能够避免不必要的苦恼。

2.在特殊情况下,婚内财产分割的主张也能够得到法律的支持。《最高人民法院关于适用〈中华人民共和国婚姻法〉若干问题的解释(三)》第四条规定:婚姻关系存续期间,一方有隐藏、转移、变卖、毁损、挥霍夫妻共同财产或者伪造夫妻共同债务等严重损害夫妻共同财产利益行为的,夫妻一方可以请求分割共同财产,人民法院在不损害债权人利益的情况下予以支持。

3.在离婚诉讼前后,夫妻一方可以申请对配偶的个人财产或者夫妻共同财产采取保全措施,包括诉前财产保全和诉讼中财产保全,但是申请保全一方需根据人民法院采取保全措施的范围提供合理的财产担保。

必知法规

◎ 《最高人民法院关于人民法院审理离婚案件如何认定夫妻感情确已破裂的若干具体意见》

人民法院审理离婚案件,准予或不准离婚应以夫妻感情是否确已破裂作为区分的界限。判断夫妻感情是否确已破裂,应当从婚姻基础、婚后感情、离婚原因、夫妻关系的现状和有无和好的可能等方面综合分析。根据婚姻法的有关规定和审判实践经验,凡属下列情形之一的,视为夫妻感情确已破裂。一方坚决要求离婚,经调解无效,可依法判决准予离婚。

1.一方患有法定禁止结婚的疾病,或一方有生理缺陷及其他原因不能发生性行为,且难以治愈的。

2.婚前缺乏了解,草率结婚,婚后未建立起夫妻感情,难以共同生活的。

3.婚前隐瞒了精神病,婚后经治不愈,或者婚前知道对方患有精神病而与其结婚,或一方在夫妻共同生活期间患精神病,久治不愈的。

4.一方欺骗对方,或者在结婚登记时弄虚作假,骗取《结婚证》的。

5.双方办理结婚登记后,未同居生活,无和好可能的。

6.包办、买卖婚姻,婚后一方随即提出离婚,或者虽共同生活多年,但确未建立起夫妻感情的。

7.因感情不和分居已满三年,确无和好可能的,或者经人民法院判决不准离婚后又分居满一年,互不履行夫妻义务的。

8.一方与他人通奸、非法同居,经教育仍无悔改表现,无过错一方起诉离婚,或者过错方起诉离婚,对方不同意离婚,经批评教育、处分,或在人民法院判决不准离婚后,过错方又起诉离婚,确无和好可能的。

9.一方重婚,对方提出离婚的。

10.一方好逸恶劳、有赌博等恶习,不履行家庭义务,屡教不改,夫妻难以共同生活的。

11.一方被依法判处长期徒刑,或其违法、犯罪行为严重伤害夫妻感情的。

12.一方下落不明满二年,对方起诉离婚,经公告查找确无下落的。

13.受对方的虐待、遗弃,或者受对方亲属虐待,或虐待对方亲属,经教育不改,另一方不谅解的。

14.因其他原因导致夫妻感情确已破裂的。

◎ 《中华人民共和国婚姻法》

第十七条 夫妻在婚姻关系存续期间所得的下列财产,归夫妻共同所有:

(一)工资、奖金;

(二)生产、经营的收益;

(三)知识产权的收益;

(四)继承或赠与所得的财产,但本法第十八条第三项规定的除外;

(五)其他应当归共同所有的财产。

夫妻对共同所有的财产,有平等的处理权。

第十八条 有下列情形之一的,为夫妻一方的财产:

(一)一方的婚前财产;

(二)一方因身体受到伤害获得的医疗费、残疾人生活补助费等费用;

(三)遗嘱或赠与合同中确定只归夫或妻一方的财产;

(四)一方专用的生活用品;

(五)其他应当归一方的财产。

第三十二条 男女一方要求离婚的,可由有关部门进行调解或直接向人民法院提出离婚诉讼。

人民法院审理离婚案件,应当进行调解;如感情确已破裂,调解无效,应准予离婚。

有下列情形之一,调解无效的,应准予离婚:

(一)重婚或有配偶者与他人同居的;

(二)实施家庭暴力或虐待、遗弃家庭成员的;

(三)有赌博、吸毒等恶习屡教不改的;

(四)因感情不和分居满二年的;

(五)其他导致夫妻感情破裂的情形。

一方被宣告失踪,另一方提出离婚诉讼的,应准予离婚。

第四十六条 有下列情形之一,导致离婚的,无过错方有权请求损害赔偿:

(一)重婚的;

(二)有配偶者与他人同居的;

(三)实施家庭暴力的;

(四)虐待、遗弃家庭成员的。

◎ 《最高人民法院关于适用〈中华人民共和国婚姻法〉若干问题的解释(一)》

第二十七条 婚姻法第四十二条所称"一方生活困难",是指依靠个人财产和离婚时分得的财产无法维持当地基本生活水平。

一方离婚后没有住处的,属于生活困难。

离婚时,一方以个人财产中的住房对生活困难者进行帮助的形式,可以是房屋的居住权或者房屋的所有权。

◎ 《最高人民法院关于适用〈中华人民共和国婚姻法〉若干问题的解释(三)》

第四条 婚姻关系存续期间,夫妻一方请求分割共同财产的,人民法院不予支持,但有下列重大理由且不损害债权人利益的除外:

(一)一方有隐藏、转移、变卖、毁损、挥霍夫妻共同财产或者伪造夫妻共同债务等严重损害夫妻共同财产利益行为的;

(二)一方负有法定扶养义务的人患重大疾病需要医治,另一方不同意支付相关医疗费用的。

第五条 夫妻一方个人财产在婚后产生的收益,除孳息和自然增值外,应认定为夫妻共同财产。

第六条 婚前或者婚姻关系存续期间,当事人约定将一方所有的房产赠与另一方,赠与方在赠与房产变更登记之前撤销赠与,另一方请求判令继续履行的,人民法院可以按照合同法第一百八十六条的规定处理。

第七条 婚后由一方父母出资为子女购买的不动产,产权登记在出资人子女名下的,可按照婚姻法第十八条第(三)项的规定,视为只对自己子女一方的赠与,该不动产应认定为夫妻一方的个人财产。

由双方父母出资购买的不动产,产权登记在一方子女名下的,该不动产可认定为双方按照各自父母的出资份额按份共有,但当事人另有约定的除外。

第十条 夫妻一方婚前签订不动产买卖合同，以个人财产支付首付款并在银行贷款，婚后用夫妻共同财产还贷，不动产登记于首付款支付方名下的，离婚时该不动产由双方协议处理。

依前款规定不能达成协议的，人民法院可以判决该不动产归产权登记一方，尚未归还的贷款为产权登记一方的个人债务。双方婚后共同还贷支付的款项及其相对应财产增值部分，离婚时应根据婚姻法第三十九条第一款规定的原则，由产权登记一方对另一方进行补偿。

第十二条 婚姻关系存续期间，双方用夫妻共同财产出资购买以一方父母名义参加房改的房屋，产权登记在一方父母名下，离婚时另一方主张按照夫妻共同财产对该房屋进行分割的，人民法院不予支持。购买该房屋时的出资，可以作为债权处理。

第十四条 当事人达成的以登记离婚或者到人民法院协议离婚为条件的财产分割协议，如果双方协议离婚未成，一方在离婚诉讼中反悔的，人民法院应当认定该财产分割协议没有生效，并根据实际情况依法对夫妻共同财产进行分割。

第十六条 夫妻之间订立借款协议，以夫妻共同财产出借给一方从事个人经营活动或用于其他个人事务的，应视为双方约定处分夫妻共同财产的行为，离婚时可按照借款协议的约定处理。

民以食为天，赔以十为先

近年，我国的食品安全事件频繁发生。涉及食品安全问题的食品种类不断增多，如何解决好食品安全问题已经成为国家密切关注的焦点，每年的"3·15"晚会中对问题食品的曝光都让我们触目惊心，然而食品安全问题却愈演愈烈。由于我国的现行法律中缺少严惩食品经营不法分子的特殊法，同时我们又需要对食品安全领域中的不法行为予以严厉打击，于是在2009年全国人大常委会发布的《中华人民共和国食品安全法》第九十六条第二款规定了"十倍赔偿"制度："生产不符合食品安全标准的食品或者销售明知是不符合食品安全标准的食品，消费者除要求赔偿损失外，还可以向生产者或者销售者要求支付价款十倍的赔偿金。"2014年1月26日，最高人民法院发布了指导案例23号《孙银山诉南京欧尚超市有限公司江宁店买卖合同纠纷案》，作为审判类似案件的参照。

案例介绍

食品安全重中之重，十倍赔偿合情合理

2012年5月1日，原告孙银山在被告南京欧尚超市有限公司江宁店（以下简称"欧尚超市江宁店"）购买了"玉兔牌"香肠15包，其中价值558.6元的14包香肠已过保质期。孙银山到收银台结账后，即径直到服务台索赔，后因协商未果诉至法院，要求欧尚超市江宁店支付14包香肠售价十倍的赔偿金5586元。

江苏省南京市江宁区人民法院于2012年9月10日作出（2012）江宁开民初字第646号民事判决：被告欧尚超市江宁店于判决发生法律效力之日起10日内赔偿原告孙银山5586元。宣判后，双方当事人均未上诉，判决已发生法律效力。

争议与问题

原告孙银山"知假买假"，其能否被认定为消费者？

案例分析

一、原告孙银山是否属于消费者的问题

《中华人民共和国消费者权益保护法》第二条规定:"消费者为生活消费需要购买、使用商品或者接受服务,其权益受本法保护;本法未作规定的,受其他有关法律、法规保护。"消费者是相对于销售者和生产者的概念。只要在市场交易中购买、使用商品或者接受服务是为了个人、家庭生活需要,而不是为了生产经营活动或者职业活动需要的,就应当认定其为"为生活消费需要"的消费者,属于消费者权益保护法调整范围内的保护对象。本案中,原、被告双方对孙银山从欧尚超市江宁店购买香肠这一事实不持异议,据此可以认定孙银山实施了购买商品的行为,且孙银山并未将所购香肠用于再次销售经营,欧尚超市江宁店也未提供证据证明其购买商品是为了生产经营。孙银山因购买到超过保质期的食品而索赔,属于行使法定权利。

二、被告欧尚超市江宁店的行为是否属于销售明知是不符合食品安全标准食品的问题

《中华人民共和国食品安全法》(本案判决时适用的2009年发布的食品安全法)第三条规定:"食品生产经营者应当依照法律、法规和食品安全标准从事生产经营活动,对社会和公众负责,保证食品安全,接受社会监督,承担社会责任。"该法第二十八条第八项规定,超过保质期的食品属于禁止生产经营的食品。食品销售者负有保证食品安全的法定义务,应当对不符合安全标准的食品自行及时清理。欧尚超市江宁店作为食品销售者,应当按照保障食品安全的要求储存食品,及时检查待售食品,清理超过保质期的食品,但欧尚超市江宁店仍然在货架上摆放并销售超过保质期的"玉兔牌"香肠,未履行法定义务,可以认定为销售明知是不符合食品安全标准的食品。

三、被告欧尚超市江宁店的责任承担问题

《中华人民共和国食品安全法》(2009)第九十六条第一款规定:"违反本法规定,造成人身、财产或者其他损害的,依法承担赔偿责任。"第二款规定:"生产不符合食品安全标准的食品或者销售明知是不符合食品安全标准的食品,消费者除要求赔偿损失外,还可以向生产者或者销售者要求支付价款十倍的赔偿金。"当销售者销售明知是不符合安全标准的食品时,消费者可以同时主张赔偿损失和支付价款十倍的赔偿金,也可以只主张支付价款十倍的赔偿金。本案中,原告孙银山仅要求欧尚超市江宁店支付售价十倍的赔偿金,属于当事人自行处分权利的行为,应予支持。被告欧尚超市江宁店提出原告明知食品过期而购买,希望利用其错误谋求利益,不应予以十倍赔偿的主张。因前述法律规定消费者有权获得其所支付价款十倍的赔偿金,加之该赔偿获得的利益属于法律应当保护的利益,且法律并未对消费者的主观购物动机作出限制性规定,因此法院对欧尚超市的抗辩不予支持。

律师支招

一、超过保质期的食品是否符合食品安全标准

根据《中华人民共和国食品安全法》(2009)第九十六条第二款规定，购买的是不符合食品安全标准的食品是取得十倍赔偿的必要条件。那么，原告购买的食品超过了保质期，是否就不符合食品安全标准呢？

食品安全标准是指为了对食品生产、加工、流通和消费(即从农田到餐桌)的食品链全过程中影响食品安全和质量的各种要素以及各关键环节进行控制和管理，经协商一致制定并由公认机构批准共同使用的和重复使用的一种规范性标准。食品安全法第三章专门制定了食品安全标准。

现代社会，分工细化，食品大多是批量生产的，且基本上需经过生产、运输、分销、消费几个过程，其中必然涉及食品保存问题。食品在保存过程中，质量会按照一定的速度发生变化，故需设置保质期。食品的保质期是指预包装食品在标签指明的贮存条件下，保持品质的期限。在此期间，食品完全适于出售，并符合标签上或产品标准中所规定的质量。

过期食品是否就不符合食品安全标准？食品安全法第三章的食品安全标准对此并未作明确规定。本案被告就以此进行抗辩。笔者认为，被告的抗辩不能成立。首先，食品通常只在一定时间内保持相应的营养水平和卫生标准，超过这一期限，就极易发生变质，食用后往往导致不同程度的中毒反应或其他疾病，故超过保质期的食品不宜食用。其次，《中华人民共和国食品安全法》(2009)第二十八条明确规定了禁止生产经营超过保质期的食品。最后，从公共安全的角度来看，目前，我国食品安全的形势相当严峻，为了消费者的利益，把过期食品从严解释为不合格食品，有利于保护消费者的权益。此外，从证明责任的角度来看，超过保质期的食品应当推定为不符合食品安全标准。如果销售者或生产者认为超过保质期的食品不一定不符合食品安全标准，那么销售者或生产者应当承担举证责任，即证明该过期食品仍然符合食品安全标准，各种检测费用由其承担。销售者或生产者如果不愿意检测，就应当视该食品为不合格。

二、对"销售明知是不符合食品安全标准的食品"中"明知"如何理解

(一)"明知"只能作广义解释

根据2009年发布的食品安全法第九十六条第二款之规定，消费者既可以向生产者也可以向销售者主张十倍惩罚性赔偿，如果向销售者主张十倍赔偿，其构成要件之一是确定销售者在销售食品时主观上系明知。如何理解"明知"，这是消费者维权的难点，对此有两种解释：其一，狭义解释，即销售者明确知道；其二，广义解释，销售者知道或者应当知道。由于消费者很难证明销售者明确知道出售的是不符合食品安全标准的食品，因此，狭义解释既对消费者不利，也不利于保障整个社会的食品安全，与食品安全法的立法目的相悖，故不足取。本案一、二审法院均对"明知"采取广义解释，符合法律的意旨。

(二)"明知"的认定应实行举证责任倒置

即使对"明知"作广义解释,如果由消费者去证明销售者知道或者应当知道,其难度依然不小,不利于督促销售者依法经营。因此还需实行举证责任倒置,即只要销售者出售了不符合食品安全标准的食品,就推定销售者明知。如果销售者辩解不明知,应由销售者对此承担举证责任,否则,销售者要承担举证不能的法律后果。举证责任倒置,能增加销售者的举证义务,迫使其更加谨慎地经营,更有利于保护消费者的合法权益,维护良好的市场秩序。

三、消费者如何界定

1993年发布的《中华人民共和国消费者权益保护法》在我国首次确立了惩罚性赔偿,即对欺诈商家实行给付价款的双倍赔偿的惩罚。然而,随着王海等职业打假人士的出现,知假买假现象引发了人们对"消费者"理解上的根本分歧。一种观点认为,消费者是购买商品或者接受服务的自然人,知假买假者也属于消费者;另一种观点则认为,消费者是以个人消费为目的而购买使用商品或接受服务的个体社会成员,知假买假者的行为不包括在内。法院对职业打假者也由支持逐渐转为否定,致使"王海"们偃旗息鼓,渐渐退出江湖,公众对法院的判决也非议颇多。

《中华人民共和国食品安全法》(2009)加大了惩罚性赔偿力度,确定了生产者、销售者十倍赔偿的责任,成为消费者维权的亮点,自然又涉及对消费者的理解。明知是不合格食品而购买的是否属于消费者?能否主张十倍赔偿?有的法官、学者根据消费者权益保护法第二条之规定,认为知假买假者的行为不属于消费行为,对其因购买不符合食品安全标准的食品所造成的购物款损失可以退还,但不能请求价款十倍的赔偿金。

笔者认为,不能以知假买假而否认其消费者身份。

1.消费者是与经营者(包括制造者、批发者和零售者)相对应的概念。美国《布莱克法律辞典》对消费者的定义是:"消费者是与制造者、批发商和零售商相区别的人,他是指购买、使用、保存和处分商品和服务的个人或最终产品的使用者。"消费者与经营者是相对的概念,二者的区别是客观的,没有主观判断因素在内,即一个公民基于什么动机和目的而购买商品或者接受服务在所不问,只要其购买商品不是为了再次投入市场进行销售,他就属于消费者。诚如王利明教授所言:"即使是明知商品有一定的瑕疵而购买的人,只要其购买商品不是为了销售,不是为了再次将其投入市场交易,我们就不应当否认其为消费者。"

2.将消费者限制在为了自己消费而购买的范围过于狭隘,与实际不符。其一,生活中的消费行为多种多样,购买物品并非都是为了满足自己的生活需要,诸如购买物品用以收藏、保存、作为礼物赠予他人、替家人和朋友购买物品、代理他人购买生活用品等。1993年制定的消费者权益保护法较为粗略,对消费者的界定明显过窄,法院在审判中应当依据消费者权益保护法的立法目的,对其予以扩张解释,以适应实践的需要,这也是司法的应有之义。其二,也有法院在裁判时认为,购买者的消费如果不纯粹是生活消费,他就不是消费者权益保护法意义上的消费者。笔者认为,这种观点也过于狭隘。参照1993年的《中华人民共和国消费者权益保护法》第五十四条之规定,农民购买生产资料属于消费行为,那么城市居民购买汽车用于经营,比如从事运输,也应当是消费行为。总之,只要购买者购买商品不是为了再次销售谋利,都应当是消费者,应当受到消费者权益保护法的保护。

3.知假买假的行为有利于公共利益,法律应当给予肯定性评价。毋庸讳言,在我国社会主义市场经济体制的建立和完善过程中,假冒伪劣商品泛滥,消费者苦不堪言,从每年央视举办的"3·15"晚会便可看出问题的严重性。在商品买卖关系中,商家对其出售商品的信息了如指掌,而消费者在购买之前,对所购商品基本上了解甚少。这种信息的不对称使消费者容易上当,而制售假货者可轻易得手。即使消费者买到假货去主张惩罚性赔偿,也需要付出大量的时间、精力、交通费、误工费、律师费等,常常是得不偿失。因此,分散的消费者与经营者相比,处于绝对的劣势。而让每个消费者都成为消费专家,从而在购买时甄别商品的伪劣,也实属天方夜谭。可喜的是,职业打假者给交易天平中处于弱势的消费者一方加上了一个有分量的砝码,他们的存在大大提高了制假售假者被发现的概率,使其违法成本增加,有力地维护了交易市场的发展。职业打假者是消费者中的精英,他们没有消耗纳税人一分钱,没有增加政府的任何负担,却依靠自己的专业知识、执着精神与不法商人做斗争,使之付出惩罚性赔偿的代价。不法商人对之恨之入骨,但他们的行为却有利于减少假冒伪劣商品对消费者的危害,这客观上有利于维护每一个消费者的利益。而不特定消费者就是我们大多数人,也就是广大的人民群众。从这个角度来说,知假买假的行为有利于公共利益,而公共利益是法律应当维护的最高利益;否定知假买假者可作为消费者享有获得惩罚性赔偿的权利,就是对公共利益的侵害。

4.否定知假买假者不属于消费者的判决不具有可接受性。法院判决应当具有可接受性。可接受性是指人民法院除了依法办事以外,其司法行为及判决需尽可能为当事人和公众所接受。把消费者限定在"为生活消费需要"的狭窄范围,排除知假买假者的惩罚性赔偿请求权,致使职业打假者得不到惩罚性赔偿而不得不退出打假,这实质上是对不法商人的纵容,是对消费者的严重伤害,是对公共利益的漠视。这样的判决只能使制假、售假者弹冠相庆,令消费者扼腕叹息,社会难以接受。

就本案而言,被告认为原告以索赔为目的,不属于消费者;而审理法院旗帜鲜明地认为,原告在被告处购买食品,其身份就是消费者,不论原告购买被告的食品是为自己消费还是以索赔为目的。该判决的观点值得称道。在当今社会,诚信缺失,司法的判决尤其应当体现正义性,引导社会诚信的构建。两害相权取其轻,在对消费者的理解发生歧义时,应当以社会正义为标准,作出有利于消费者、不利于制假售假者的解释,这是人民法院义不容辞的选择。

四、主张十倍惩罚性赔偿是否需以损害结果为必要条件

本案被告以原告并未食用购买食品,未受到任何人身、财产的损害为由,抗辩原告无权主张十倍赔偿。那么,主张十倍赔偿是否需以损失为构成要件呢?对此有三种观点:

第一种观点,根据侵权责任法的基本原理,无损害则无赔偿,存在损害后果是承担任何侵权损害赔偿责任的必要条件,因此食品安全法规定的十倍赔偿仍需以损害后果的存在为构成

要件,即消费者向生产者、销售者主张十倍价款赔偿金的前提是受到侵权损害,未受到侵权损害的消费者则不能主张十倍价款的赔偿金,且消费者不能单独提起十倍价款赔偿金的诉讼请求,应当与侵权损害赔偿一并提出。因此,购买食品的价款不属于损失。

第二种观点,需以损失为构成要件,但购买食品的价款也属于损失。

第三种观点,无须损害后果,只要符合生产不符合食品安全标准的食品或者销售明知是不符合食品安全标准的食品的规定,消费者就有权主张十倍赔偿,但消费者支付的价款不属于损失。

比较上述三种观点,第一种、第二种观点的理由相同,差别仅在于购买食品的价款是否属于损失;第二种、第三种观点的理由虽然不同,但在保护消费者十倍赔偿请求权上相差不大。

笔者赞同第三种观点。理由是:

1.惩罚性赔偿的特殊性。惩罚即严厉的处罚。惩罚性法律责任主要体现为刑事责任和行政责任,责任方式主要是人身制裁,也包括财产形式的制裁。作为惩罚性的民事责任,通常是指惩罚性金钱赔偿。设置惩罚性赔偿责任的根本目的主要在于维护社会利益,包括整个社会基本秩序和基本价值观等;其次才是为受害人的无形损失提供救济,但这只是附带的。维护社会利益和国家利益是惩罚性法律责任的共同目的所在。

2.2009年发布的食品安全法第九十六条第一、二款规定分别针对不同的情形,两者不存在递进关系。第一款规定的只是补偿性民事责任,即生产者或销售者违反食品安全法,给消费者造成人身、财产或其他损害的责任;第二款规定既有补偿性民事责任,也有惩罚性民事责任。

3.2009年发布的食品安全法第九十六条第二款规定的并非是一种特殊产品责任。产品责任是指因产品缺陷造成他人的财产或人身损害,产品的生产者和销售者对受害人承担的严格责任。产品责任以损害的发生为前提,即无损害则无产品责任。第九十六条第二款规定的民事赔偿责任,既包括可能给消费者造成人身或财产损失的情形,也包括未造成损失的情形。如果把第九十六条第二款确定为产品责任,将大大限制该条款的适用范围,必然得出惩罚性赔偿金请求权需以损害为构成要件的错误结论。

4.食品安全法相对于侵权责任法是特别法,侵权责任法第四十七条关于惩罚性赔偿的规定不适用于食品安全法。诚然,侵权责任法将侵权领域的惩罚性赔偿仅限定在产品责任,且惩罚性赔偿应以造成损害为要件,但并不能由此得出食品安全法规定的惩罚性赔偿也应以造成损害为要件,因为食品安全法相对于侵权责任法是特别法,根据侵权责任法第五条的规定,消费者购买食品而主张惩罚性赔偿只能依据食品安全法。

5.消费者支付的价款不属于损失。不论是否将消费者支付的价款作为损失,当符合经营者生产不符合食品安全标准的食品或销售者销售明知不符合食品安全标准的食品的规定时,都会产生退货退款的结果,不影响消费者请求十倍赔偿。但是,唯有一种情形,即当消费者向销售者赊购食品时,消费者发现食品不符合食品安全标准而主张十倍赔偿时,此时,是否将消费者需支付的价款作为损失将得出完全相反的结论。但如果仅仅因为赊销,因为消费者尚未支付价款,而否定其十倍赔偿金请求权,显然不符合设立惩罚性赔偿进而维护社会利益的根本目的,因此,第三种观点更符合立法目的。

必懂知识点

十倍赔偿的构成要件

在社会经济生活中,由于资源的稀缺性,人们从事的许多活动都可能影响其他人的利益。为了鼓励大家适当宽容,防止人们动辄得咎,各国侵权法都对侵权责任的成立设定了一定的构成要件,特别是对惩罚性赔偿责任的构成要件规定得相对更为严格。同样,依据食品安全法的规定主张十倍赔偿,须满足一定的构成要件。

(一)加害行为要件

根据食品安全法的规定,要求食品生产者、销售者承担十倍赔偿责任,必须首先证明食品生产者、销售者实施了加害行为,即食品生产者生产了不符合食品安全标准的食品或者食品销售者销售了不符合食品安全标准的食品。例如生产者生产、加工添加了非食品用化学物质的食品,或者经营者从无任何证照的黑加工点采购了劣质食品进行销售。对于加害行为要件,其认定难点在于如何确定食品是否符合食品安全标准。根据2009年食品安全法第二十一条、第二十二条的规定:食品安全国家标准由国务院卫生行政部门负责制定、公布;食品安全国家标准公布前,食品生产经营者应当按照现行食用农产品质量安全标准、食品卫生标准、食品质量标准和有关食品的行业标准生产经营食品。食品安全法在2015年修订时对食品安全国家标准的制定、修订也进行了规定。

由于现行国家、地区、行业的食品安全标准较为混乱,因此,在司法实践中,对是否符合食品安全标准存在较大争议的案件,可以通过司法鉴定予以确认。

(二)主观过错要件

当被告为食品生产者时,被侵权人无须举证证明食品生产者具有主观过错,即生产者只要有生产不符合食品安全标准的食品的行为。

但当被告为食品销售者时,需要满足销售者明知其销售的是不符合食品安全标准的食品。由于"明知"是销售者的一种主观心理状态,在司法实践中对此一般采取客观判断标准,亦即审查判断销售者是否履行了通常销售者的合理注意义务。比如销售者是否存在应当查验相关手续而没有查验的情形、销售者是否对食品进行了必要的保存等。如果销售者没有履行合理注意义务,即可认定其具有主观过错。

(三)损害后果要件

损害后果要件是食品安全法十倍赔偿责任问题中争议较大的一个构成要件。

一种观点认为,食品安全法规定的十倍赔偿责任的构成要件仅为生产不符合食品安全标准的食品或者销售明知是不符合食品安全标准的食品,并未明确要求损害后果要件。因此,依据食品安全法的规定承担十倍赔偿责任,无须满足损害后果要件。

另一种观点则认为,根据侵权责任法的基本原理,损害后果是承担任何侵权损害赔偿责任的必要条件。因此,依据食品安全法的规定承担十倍赔偿责任,必须满足损害后果要件。

(四)因果关系要件

与损害后果要件相似,对于依据食品安全法的规定主张十倍赔偿责任,是否需要存在因果关系要件,同样存在两种观点。

一种观点认为,食品安全法所规定的构成要件仅为生产不符合食品安全标准的食品或者销售明知是不符合食品安全标准的食品,并未明确要求因果关系要件。因此,依据食品安全法的规定承担十倍赔偿责任,无须满足因果关系要件。

另一种观点则认为,根据侵权责任法的基本原理,存在因果关系是承担任何侵权损害赔偿责任的必要条件。因此,依据食品安全法的规定承担十倍赔偿责任,必须满足损害后果要件。

综上,笔者仍赞同无须以损害结果为构成要件的观点。理由正如前文所述。该指导案件发布于2014年,对类似案件具有重要指导意义。《中华人民共和国食品安全法》于2015年修订,于2015年10月1日起实施,在其第一百四十八条中对惩罚性赔偿的规定进行了细化。

必知法规

◎ 《中华人民共和国食品安全法》

第一百零九条 县级以上人民政府食品药品监督管理、质量监督部门根据食品安全风险监测、风险评估结果和食品安全状况等,确定监督管理的重点、方式和频次,实施风险分级管理。

县级以上地方人民政府组织本级食品药品监督管理、质量监督、农业行政等部门制定本行政区域的食品安全年度监督管理计划,向社会公布并组织实施。

食品安全年度监督管理计划应当将下列事项作为监督管理的重点:

(一)专供婴幼儿和其他特定人群的主辅食品;

(二)保健食品生产过程中的添加行为和按照注册或者备案的技术要求组织生产的情况,保健食品标签、说明书以及宣传材料中有关功能宣传的情况;

(三)发生食品安全事故风险较高的食品生产经营者;

(四)食品安全风险监测结果表明可能存在食品安全隐患的事项。

第一百一十三条 县级以上人民政府食品药品监督管理部门应当建立食品生产经营者食品安全信用档案,记录许可颁发、日常监督检查结果、违法行为查处等情况,依法向社会公布并实时更新;对有不良信用记录的食品生产经营者增加监督检查频次,对违法行为情节严重的食品生产经营者,可以通报投资主管部门、证券监督管理机构和有关的金融机构。

第一百一十六条 县级以上人民政府食品药品监督管理、质量监督等部门应当加强对执法人员食品安全法律、法规、标准和专业知识与执法能力等的培训,并组织考核。不具备相应知识和能力的,不得从事食品安全执法工作。

食品生产经营者、食品行业协会、消费者协会等发现食品安全执法人员在执法过程中有违反法律、法规规定的行为以及不规范执法行为的,可以向本级或者上级人民政府食品药品监督管理、质量监督等部门或者监察机关投诉、举报。接到投诉、举报的部门或者机关应当进行核实,并将经核实的情况向食品安全执法人员所在部门通报;涉嫌违法违纪的,按照本法和有关规定处理。

第一百三十一条 违反本法规定,网络食品交易第三方平台提供者未对入网食品经营者进行实名登记、审查许可证,或者未履行报告、停止提供网络交易平台服务等义务的,由县级以上人民政府食品药品监督管理部门责令改正,没收违法所得,并处五万元以上二十万元以下罚款;造成严重后果的,责令停业,直至由原发证部门吊销许可证;使消费者的合法权益受到损害的,应当与食品经营者承担连带责任。

消费者通过网络食品交易第三方平台购买食品,其合法权益受到损害的,可以向入网食品经营者或者食品生产者要求赔偿。网络食品交易第三方平台提供者不能提供入网食品经营者的真实名称、地址和有效联系方式的,由网络食品交易第三方平台提供者赔偿。网络食品交易第三方平台提供者赔偿后,有权向入网食品经营者或者食品生产者追偿。网络食品交易第三方平台提供者作出更有利于消费者承诺的,应当履行其承诺。

第一百四十八条 消费者因不符合食品安全标准的食品受到损害的,可以向经营者要求赔偿损失,也可以向生产者要求赔偿损失。接到消费者赔偿要求的生产经营者,应当实行首负责任制,先行赔付,不得推诿;属于生产者责任的,经营者赔偿后有权向生产者追偿;属于经营者责任的,生产者赔偿后有权向经营者追偿。

生产不符合食品安全标准的食品或者经营明知是不符合食品安全标准的食品,消费者除要求赔偿损失外,还可以向生产者或者经营者要求支付价款十倍或者损失三倍的赔偿金;增加赔偿的金额不足一千元的,为一千元。但是,食品的标签、说明书存在不影响食品安全且不会对消费者造成误导的瑕疵的除外。

◎ 《中华人民共和国食品安全法实施条例》

第二十九条 从事食品批发业务的经营企业销售食品,应当如实记录批发食品的名称、规格、数量、生产批号、保质期、购货者名称及联系方式、销售日期等内容,或者保留载有相关信息的销售票据。记录、票据的保存期限不得少于2年。

涉外仲裁执行难，申请期间惹争议

涉外仲裁，也称"国际仲裁"，主要是指国际经济贸易仲裁，即在国际经济贸易仲裁活动中，当事人根据他们的仲裁协议，自愿将他们之间确定的法律关系上已经发生的争议提交给各方共同同意的仲裁机构进行仲裁的活动。

案例介绍

一、国内仲裁出结果，国外执行遇难题

浙江立纬机械制造有限公司（以下简称"立纬公司"）与法国瑞克公司买卖合同纠纷一案，由中国国际经济贸易仲裁委员会于2008年6月作出仲裁裁决。2009年7月，立纬公司向瑞士联邦兰茨堡法院申请承认和执行该仲裁裁决，并提交了由中国中央翻译社翻译及瑞士驻上海总领事认证的仲裁裁决书翻译件。同年10月，瑞士法院以立纬公司所提交的仲裁裁决书翻译件不能满足《承认及执行外国仲裁裁决公约》（即《纽约公约》）第四条第二点关于"译文由公设或宣誓之翻译员或外交或领事人员认证"的规定为由，驳回立纬公司的申请。此后，立纬公司又先后两次向瑞士法院递交了分别由瑞士当地翻译机构翻译的仲裁裁决书译件和由上海上外翻译总公司翻译、瑞士驻上海总领事认证的仲裁裁决书翻译件以申请执行，但仍被该法院分别以仲裁裁决书翻译文件没有严格意义上符合《纽约公约》第四条第二点的规定为由驳回申请。

二、国内展品被执行，外方反对被驳回

2012年7月，立纬公司发现瑞克公司有一批机器设备正在上海市浦东新区展览，遂于当日向上海市第一中级人民法院申请执行。上海市第一中级人民法院于同日立案执行并查封、扣押了瑞克公司参展机器设备。瑞克公司遂以立纬公司申请执行已超过《中华人民共和国民事诉讼法》规定的期限为由提出异议，要求上海市第一中级人民法院不受理该案，并解除查封，停止执行。上海市第一中级人民法院于2012年12月作出裁定，驳回瑞克公司的异议。

争议与问题

我国人民法院对该案执行是否有管辖权？申请执行仲裁裁决的期间应从何时开始起算？

案例分析

一、我国人民法院对该案执行有管辖权

根据《中华人民共和国民事诉讼法》的规定，我国涉外仲裁机构作出的仲裁裁决，如果被执行人或者其财产不在中华人民共和国领域内的，应当由当事人直接向有管辖权的外国法院申请承认和执行。鉴于本案所涉仲裁裁决生效时，被执行人瑞克公司及其财产均不在我国领域内，因此，人民法院在该仲裁裁决生效当时，对裁决的执行没有管辖权。

2012年7月，立纬公司发现被执行人瑞克公司有一批设备正在上海市参展。此时，被申请执行人瑞克公司有财产在中华人民共和国领域内的事实，使我国法院拥有了对本案的执行管辖权。依据《中华人民共和国民事诉讼法》"一方当事人不履行仲裁裁决的，对方当事人可以向被申请人住所地或者财产所在地的中级人民法院申请执行"的规定，基于被执行人不履行仲裁裁决义务的事实，申请执行人行使民事强制执行请求权，向上海市第一中级人民法院申请执行。这符合我国民事诉讼法有关人民法院管辖涉外仲裁裁决执行案件所应当具备的要求，上海市第一中级人民法院对该执行申请有管辖权。

考虑到《纽约公约》规定的原则，只要仲裁裁决符合公约规定的基本条件，就允许在任何缔约国得到承认和执行。《纽约公约》的目的在于便利仲裁裁决在各缔约国顺利得到执行，因此并不禁止当事人向多个公约成员国申请相关仲裁裁决的承认与执行。被执行人一方可以通过举证已经履行了仲裁裁决义务进行抗辩，向执行地法院提交已经清偿债务的证据，这样即可防止被执行人被强制重复履行或者超标的履行的问题发生。因此，人民法院对该案行使执行管辖权，符合《纽约公约》规定的精神，也不会造成被执行人重复履行生效仲裁裁决义务的问题。

二、本案申请执行期间何时起算

我国法律有关申请执行期间起算，是针对生效法律文书作出时，被执行人或者其财产在我国领域内的一般情况作出的规定。而本案的具体情况是，仲裁裁决生效当时，我国法院对该案并没有执行管辖权，当事人依法向外国法院申请承认和执行该裁决而未能得到执行，不存在怠于行使申请执行权的问题；被执行人一直拒绝履行裁决所确定的法律义务；申请执行人在发现被执行人有财产在我国领域内之后，即向人民法院申请执行。在这种情况下，外国被执行人或者其财产何时会再次进入我国领域内，具有较大的不确定性，因此，只有合理确定申请执行期间起算点，才能公平地保护申请执行人的合法权益。

债权人取得有给付内容的生效法律文书后,如果债务人未履行生效文书所确定的义务,债权人即可申请法院行使强制执行权,实现其实体法上的请求权,此项权利即为民事强制执行请求权。民事强制执行请求权的存在依赖于实体权利,取得依赖于执行根据,行使依赖于执行管辖权。执行管辖权是行使民事强制执行请求权的基础和前提。在司法实践中,人民法院的执行管辖权与当事人的民事强制执行请求权不能是抽象或不确定的,而应是具体且可操作的。在义务人瑞克公司未履行裁决所确定的义务时,权利人立纬公司即拥有了民事强制执行请求权,但是,根据《中华人民共和国民事诉讼法》的规定,对于涉外仲裁机构作出的仲裁申请执行,如果被执行人或者其财产不在中华人民共和国领域内,应当由当事人直接向有管辖权的外国法院申请承认和执行。此时,因被执行人或者其财产不在我国领域内,我国法院对该案没有执行管辖权;申请执行人立纬公司也并非主观上不愿或怠于行使权利,而是由于客观上纠纷本身没有产生人民法院执行管辖连接点,导致其无法向人民法院申请执行。人民法院在受理强制执行申请后,应当审查申请是否是在法律规定的时效期间内提出的。具有执行管辖权是人民法院审查申请执行人相关申请的必要前提,因此应当自执行管辖确定之日,即发现被执行人的可供执行财产之日,开始计算申请执行人的申请执行期限。

律师支招

我国对涉外仲裁的界定

我国对仲裁裁决的司法审查因仲裁裁决是否有涉外因素的不同而采取区别对待的"双轨制",在程序适用和法律适用等方面均有所不同。涉外仲裁裁决的执行与国内仲裁裁决的执行之间的不同点主要表现为:一是级别管辖不同,尽管两者都是由被执行人住所地和财产所在地法院管辖,但有权执行涉外仲裁裁决的必须是中级人民法院;二是审查内容不同,对国内仲裁裁决审查的内容不仅包括仲裁程序是否合法,还包括其认定事实和适用法律是否有错,而对涉外仲裁裁决审查的内容仅仅是仲裁程序是否合法;三是裁定不予执行的程序不同,对国内仲裁裁决裁定不予执行没有内部监控的预先报告制度。因此,判断仲裁裁决是否具有涉外因素,对当事人的权利保护至关重要,其往往决定了该裁决是否会被人民法院裁定为不予执行。

目前,我国受理涉外仲裁案件的机构不再局限于中国国际经济贸易仲裁委员会和中国海事仲裁委员会,国内仲裁机构也可处理涉外仲裁案件,因此,涉外仲裁案件不能再以裁决是否由涉外仲裁机构作出来划分。《中华人民共和国仲裁法》第六十五条规定,"涉外经济贸易、运输和海事中发生的纠纷的仲裁",可以适用仲裁法关于涉外仲裁的特别规定,但对于涉外仲裁的具体含义未作相应规定。传统的国际私法理论认为,只要民商事法律关系的主体、客体、内容三要素中有一个因素同外国有一定联系,该民商事法律关系便具有涉外因素。依此标准,界定涉外因素可从以下方面考虑:涉及争议的性质,如争议涉及国际贸易利益,该仲裁便可视为涉外仲裁;案件当事人的国籍或惯常居所,法人主要的控制或管理机构所在地,如签订合同的主体一方或者双方是外国人、无国籍人、外国法人或其他经济组织;合同的标的物在外国领域内的;产生、变更或者消灭民事权利义务关系的法律事实发生在外国的;等等。这些应认定为具有涉外因素,属于涉外仲裁的范畴。在识别涉外因素的地域上,由于我国的特殊国情,对于涉港、涉澳和涉台的仲裁均认定为与国内仲裁不同而适用涉外仲裁的相关规定。由于对仲裁裁决进行程序性审查已是一种趋势,我国目前对涉外因素的解释是趋于宽泛的。

必懂知识点

什么是涉外仲裁?

涉外仲裁,也称国际仲裁,主要是指国际经济贸易仲裁,即在国际经济贸易仲裁活动中,当事人根据他们的仲裁协议,自愿将他们之间确定的法律关系上已经发生的争议提交给各方都同意的仲裁机构进行仲裁的活动。裁决是终局的,对各方均有约束力。涉外仲裁至少具备下列条件之一:一是争议的当事人具有不同的国籍,其主要营业地或住所地不在同一国家,或是依不同国家的法律组成的法人,也可以是自然人;二是争议的标的具有涉外因素,即争议的标的物所在地、合同的签订地或履行地在当事人一方或各方所在国以外的国家或地区。

必知法规

◎ 《中华人民共和国民事诉讼法》

第二百二十五条 当事人、利害关系人认为执行行为违反法律规定的,可以向负责执行的人民法院提出书面异议。当事人、利害关系人提出书面异议的,人民法院应当自收到书面异议之日起十五日内审查,理由成立的,裁定撤销或者改正;理由不成立的,裁定驳回。当事人、利害关系人对裁定不服的,可以自裁定送达之日起十日内向上一级人民法院申请复议。

第二百三十九条 申请执行的期间为二年。申请执行时效的中止、中断,适用法律有关诉讼时效中止、中断的规定。

前款规定的期间,从法律文书规定履行期间的最后一日起计算;法律文书规定分期履行的,从规定的每次履行期间的最后一日起计算;法律文书未规定履行期间的,从法律文书生效之日起计算。

第二百五十九条 在中华人民共和国领域内进行涉外民事诉讼,适用本编规定。本编没有规定的,适用本法其他有关规定。

第二百六十五条 因合同纠纷或者其他财产权益纠纷,对在中华人民共和国领域内没有住所的被告提起的诉讼,如果合同在中华人民共和国领域内签订或者履行,或者诉讼标的物在中华人民共和国领域内,或者被告在中华人民共和国领域内有可供扣押的财产,或者被告在中华人民共和国领域内设有代表机构,可以由合同签订地、合同履行地、诉讼标的物所在地、可供扣押财产所在地、侵权行为地或者代表机构住所地人民法院管辖。

第二百七十三条 经中华人民共和国涉外仲裁机构裁决的,当事人不得向人民法院起诉。一方当事人不履行仲裁裁决的,对方当事人可以向被申请人住所地或者财产所在地的中级人民法院申请执行。

第二百七十四条 对中华人民共和国涉外仲裁机构作出的裁决,被申请人提出证据证明仲裁裁决有下列情形之一的,经人民法院组成合议庭审查核实,裁定不予执行:

(一)当事人在合同中没有订有仲裁条款或者事后没有达成书面仲裁协议的;

(二)被申请人没有得到指定仲裁员或者进行仲裁程序的通知,或者由于其他不属于被申请人负责的原因未能陈述意见的;

(三)仲裁庭的组成或者仲裁的程序与仲裁规则不符的;

(四)裁决的事项不属于仲裁协议的范围或者仲裁机构无权仲裁的。

人民法院认定执行该裁决违背社会公共利益的,裁定不予执行。

第二百八十条 人民法院作出的发生法律效力的判决、裁定,如果被执行人或者其财产不在中华人民共和国领域内,当事人请求执行的,可以由当事人直接向有管辖权的外国法院申请承认和执行,也可以由人民法院依照中华人民共和国缔结或者参加的国际条约的规定,或者按照互惠原则,请求外国法院承认和执行。

中华人民共和国涉外仲裁机构作出的发生法律效力的仲裁裁决,当事人请求执行的,如果被执行人或者其财产不在中华人民共和国领域内,应当由当事人直接向有管辖权的外国法院申请承认和执行。

◎ 《承认及执行外国仲裁裁决公约》

第一条 一、仲裁裁决,因自然人或法人间之争议而产生且在声请承认及执行地所在国以外之国家领土内作成者,其承认及执行适用本公约。本公约对于仲裁裁决经声请承认及执行地所在国认为非内国裁决者,亦适用之。

二、"仲裁裁决"一词不仅指专案选派之仲裁员所作裁决,亦指当事人提请仲裁之常设仲裁机关所作裁决。

三、任何国家得于签署、批准或加入本公约时,或于本公约第十条通知推广适用时,本交互原则声明该国适用本公约,以承认及执行在另一缔约国领土内作成之裁决为限。任何国家亦得声明,该国唯于争议起于法律关系,不论其为契约性质与否,而依提出声明国家之国内法认为系属商事关系者,始适用本公约。

第三条 各缔约国应承认仲裁裁决具有拘束力,并依援引裁决地之程序规则及下列各条所载条件执行之。承认或执行适用本公约之仲裁裁决时,不得较承认或执行内国仲裁裁决附加过苛之条件或征收过多之费用。

第四条 一、声请承认及执行之一造,为取得前条所称之承认及执行,应于声请时提具:

(甲)原裁决之正本或其正式副本,

(乙)第二条所称协定之原本或其正式副本。

二、倘前述裁决或协定所用文字非为援引裁决地所在国之正式文字,声请承认及执行裁决之一造应备具各该文件之此项文字译本。译本应由公设或宣誓之翻译员或外交或领事人员认证之。

◎ 《中华人民共和国仲裁法》

第六十五条 涉外经济贸易、运输和海事中发生的纠纷的仲裁,适用本章规定。本章没有规定的,适用本法其他有关规定。

第七十四条 法律对仲裁时效有规定的,适用该规定。法律对仲裁时效没有规定的,适用诉讼时效的规定。

联程机票遇延误,下段航程谁负责

根据国际民用航空组织(ICAO)对航班延误作出的定义,我国法学界普遍认为,航空运输中的航班延误是指"承运人花费的运输时间超过了一般情况下完成该项运输所需要的合理时间"。在实际航空运输过程中,一般把航班降落时间比计划降落时间晚 30 分钟以上或航班取消的情况称为延误。

第一个对航班延误问题作出规定的国际公约是 1929 年在第二次航空私法国际大会上通过的《统一国际航空运输某些规则的公约》(简称《华沙公约》),公约第十九条明确指出:对于航空运输中因延误所引起的对旅客、行李或货物的损失,承运人应当承担责任。《华沙公约》是世界上第一个关于国际航空运输的国际公约,它明确了航班延误的责任性质,但是对于归责标准却没有作进一步的解释。

在我国,关于航班延误的法律规定主要体现在《中华人民共和国民用航空法》第一百二十六条:"旅客、行李或者货物在航空运输中因延误造成的损失,承运人应当承担责任;但是,承运人证明本人或者其受雇人、代理人为了避免损失的发生,已经采取一切必要措施或者不可能采取此种措施的,不承担责任。"

案例介绍

一、前段航程被延误,下段行程无人理

2008 年 12 月,美国公民张立购买了由香港 A 航空公司作为出票人的机票。机票列明的航程安排为:2008 年 12 月 11 日上午 10 点,北京起飞至香港,同日 16 点香港起飞至马尔代夫;2008 年 12 月 28 日马尔代夫起飞至香港,同年 12 月 31 日香港起飞至北京。其中,北京与香港间的航程由 B 航空公司实际承运,香港与马尔代夫间的航程由 A 航空公司实际承运。机票背面条款注明,该合同应遵守《华沙公约》所指定的有关责任的规则和限制。该机票为打折票,机票上注明"不得退票、不得转签"。

2008 年 12 月 11 日北京下中雪,导致机场于该日被迫关闭 1 小时,该日 115 个航班延误,飞机出港正常率只有 24%。B 航空公司的航班也因为天气原因延误了 3 小时,导致张立及其家属到达香港机场后未能赶上 A 航空公司飞往马尔代夫的衔接航班。B 航空公司工作

人员告知张立只有两种处理方案：其一是张立等人在机场里等候，然后搭乘A航空公司的下一航班，期间费用自理；其二是张立等人出资，另行购买其他航空公司的机票至马尔代夫，费用为2万港元。张立当即表示无法接受该两种方案，其妻子打电话给B航空公司，但该公司称有关工作人员已下班。张立对B航空公司的处理无法接受，且因携带有婴儿而焦虑、激动。最终由香港机场工作人员出面交涉，张立及家属共支付15000港元，购买了其他航空公司的机票及行李票，搭乘该公司航班绕道迪拜，到达马尔代夫。

二、乘客索赔机票款，法院支持依法判

张立认为，B航空公司的航班延误，又拒绝重新安排航程，给自己造成了经济损失，遂提出诉讼，要求判令B航空公司赔偿机票款和托运行李票款，并定期对外公布航班的正常率、旅客投诉率。

B航空公司辩称，航班延误的原因系天气条件恶劣，属不可抗力；其已将此事通知了张立，张立亦明知将错过香港的衔接航班，其无权要求B航空公司改变航程。张立称，其明知会错过衔接航班仍选择登上飞往香港的航班，系因为B航空公司对其承诺会予以妥善解决。后人民法院依法判决B航空公司赔偿张立损失。

争议与问题

遭遇不可抗力时航空公司是否可以免去全部责任？

案例分析

一、我国法院对该案有管辖权

张立购买的机票，出发地为我国北京，目的地为马尔代夫。我国和美国都是《经1995年海牙议定书修订的1929年华沙统一国际航空运输一些规则的公约》（以下简称《1955年在海牙修改的华沙公约》）和《统一非缔约承运人从事国际航空运输某些规则以补充华沙公约的公约》（以下简称《瓜达拉哈拉公约》）的缔约国，故这两个国际公约适用于本案。《1955年在海牙修改的华沙公约》第二十八条第一款规定："有关赔偿的诉讼，应该按原告的意愿，在一个缔约国的领土内，向承运人住所地或其总管理处所在地或签订契约的机构所在地法院提出，或向目的地法院提出。"第三十二条规定："运输合同的任何条款和在损失发生以前的任何特别协议，如果运输合同各方借以违背本公约的规则，无论是选择所适用的法律或变更管辖权的规定，都不生效力。"据此，在美国公民张立持机票起诉的情形下，中华人民共和国北京市某区人民法院有权对这起国际航空旅客运输合同纠纷进行管辖。

二、航空公司是否可以因不可抗力的原因免去责任

《1955年在海牙修改的华沙公约》第十九条规定："承运人对旅客、行李或货物在航空运

输过程中因延误而造成的损失应负责任。"第二十条第一款规定:"承运人如果证明自己和他的代理人为了避免损失的发生,已经采取一切必要的措施,或不可能采取这种措施时,就不负责任。"该航班由于天气原因发生延误,对这种不可抗力造成的延误,B航空公司不可能采取措施来避免,故其对延误本身无须承担责任。但还需证明其已经采取了一切必要的措施来避免延误给旅客造成的损失,否则即应对旅客因延误而遭受的损失承担责任。张立在北京机场时由于预见到航班的延误会使其错过A航空公司的衔接航班,曾多次向B航空公司工作人员询问怎么办。B航空公司应当知道A航空公司从香港飞往马尔代夫的衔接航班当日已经没有,更明知张立一行携带着婴儿,不便在中转机场长时间等候,有义务向张立一行提醒中转时可能发生的不利情形,劝告张立一行改日乘机。但B航空公司没有这样做,却让张立填写《续航情况登记表》,并告知会帮助解决,使张立对该公司产生合理信赖,从而放心登机飞赴香港。鉴于张立一行是得到B航空公司的会给予帮助的承诺后来到香港,但是B航空公司不考虑张立一行携带婴儿要尽快飞往马尔代夫的合理需要,向张立告知要么等待乘坐下一航班且期间产生的相关费用自理,要么自费购买其他航空公司机票的"帮助解决"方案。根据查明的事实,B航空公司始终未能提供张立的妻子在登机前填写的《续航情况登记表》,无法证明张立系在明知飞往香港后会发生对己不利的情况仍选择登机,故法院认定"B航空公司没有为避免损失采取了必要的措施"是正确的。B航空公司没有采取一切必要的措施来避免因航班延误给旅客造成的损失,不应免责。张立迫于无奈自费购买其他航空公司的机票,对张立购票支出的损失,B航空公司应承担赔偿责任。

在延误的航班到达香港机场后,B航空公司拒绝为张立转签机票,其主张张立的机票系打折票,已经注明了"不得退票,不得转签",其无须另行提醒和告知。法院认为,即使航空公司在打折机票上注明"不得退票,不得转签",只是限制购买打折机票的旅客由于自身原因而不得退票和转签;旅客购买了打折机票,航空公司可以相应地取消一些服务,但是旅客支付了足额票款,航空公司就要为旅客提供完整的运输服务,并不能剥夺旅客在支付了票款后享有的乘坐航班按时抵达目的地的权利。本案中的航班延误并非由张立自身的原因造成。张立乘坐延误的航班到达香港机场后肯定需要重新转签机票,B航空公司既未能在始发机场告知张立在航班延误时机票仍不能转签的理由,且在中转机场拒绝为其办理转签手续。因此,B航空公司未能提供证据证明损失的产生系张立自身原因所致,也未能证明其为了避免损失扩大采取了必要的方式和妥善的补救措施,故法院判令B航空公司承担赔偿责任。

律师支招

为何不追加香港A航空公司为本案当事人

《瓜达拉哈拉公约》第一条第二款规定:"'缔约承运人'指与旅客或托运人,或与旅客或托运人的代理人订立一项适用华沙公约的运输合同的当事人。"第三款规定:"'实际承运人'指缔约承运人以外,根据缔约承运人的授权办理第二款所指的全部或部分运输的人,但对该部分运输此人并非华沙公约所指的连续承运人。在没有相反的证据时,上述授权被推定成立。"第七条规定:"对实际承运人所办运输的责任诉讼,可以由原告选择,对实际承运人或缔约承运人提起,或者同时或分别向他们提起。如果只对其中的一个承运人提起诉讼,则该承运人应有权要求另一承运人参加诉讼。这种参加诉讼的效力以及所适用的程序,根据受理案件的法院的法律决定。"张立所持机票是由香港 A 航空公司出票,故国际航空旅客运输合同关系是在张立与 A 航空公司之间设立,A 航空公司是缔约承运人。B 航空公司与张立之间不存在直接的国际航空旅客运输合同关系,也不是连续承运人,只是推定其根据 A 航空公司的授权,完成该机票确定的北京至香港间运输任务的实际承运人。张立有权选择 A 航空公司或 B 航空公司或两者同时为被告提起诉讼。在张立只选择 B 航空公司为被告提起的诉讼中,B 航空公司虽然有权要求 A 航空公司参加诉讼,但由于张立追究的航班延误责任发生在 B 航空公司承运的北京至香港段航程中,与 A 航空公司无关,根据本案案情,衡量诉讼成本,无须追加 A 航空公司为本案的当事人共同参加诉讼。故 B 航空公司虽然有权申请 A 航空公司参加诉讼,但这种申请能否被允许,应由受理案件的法院决定。一审法院认为 A 航空公司与张立要追究的航班延误责任无关,因此根据本案旅客维权的便捷性、担责可能性、诉讼的成本等情况,决定不追加香港 A 航空公司为本案的当事人,并无不当。

必懂知识点

联程机票的含义

联程机票一般指从甲地飞往乙地间分为几个航段,经另一个或几个机场中转,含有两个(及以上)乘机联、使用两个(及以上)不同航班号的航班抵达目的地的机票。一般来讲,在上一航段结束后,中转是很方便的。联程机票有明确的规定,放弃第一航段的飞行是不能乘坐第二航段的航班的。在办理第二航段航班的登机手续时,需要出示第一航段的登机牌。

必知法规

◎ 《中华人民共和国民法通则》

第一百四十二条 涉外民事关系的法律适用,依照本章的规定确定。
中华人民共和国缔结或者参加的国际条约同中华人民共和国的民事法律有不同规定的,适用国际条约的规定,但中华人民共和国声明保留的条款除外。
中华人民共和国法律和中华人民共和国缔结或者参加的国际条约没有规定的,可以适用国际惯例。

◎ 《中华人民共和国民用航空法》

第一百二十六条 旅客、行李或者货物在航空运输中因延误造成的损失,承运人应当承担责任；但是，承运人证明本人或者其受雇人、代理人为了避免损失的发生，已经采取一切必要措施或者不可能采取此种措施的，不承担责任。

第一百二十七条 在旅客、行李运输中，经承运人证明，损失是由索赔人的过错造成或者促成的，应当根据造成或者促成此种损失的过错的程度，相应免除或者减轻承运人的责任。旅客以外的其他人就旅客死亡或者受伤提出赔偿请求时，经承运人证明，死亡或者受伤是旅客本人的过错造成或者促成的，同样应当根据造成或者促成此种损失的过错的程度，相应免除或者减轻承运人的责任。

在货物运输中，经承运人证明，损失是由索赔人或者代行权利人的过错造成或者促成的，应当根据造成或者促成此种损失的过错的程度，相应免除或者减轻承运人的责任。

◎ 《统一非缔约承运人从事国际航空运输某些规则以补充华沙公约的公约(瓜达拉哈拉公约)》

第一条 本公约中：

(1)"华沙公约"，根据第二款所述合同中的运输受何者约束，分别指1929年10月12日在华沙签订的统一国际航空运输某些规则的公约，或指1955年在海牙修改的华沙公约；

(2)"缔约承运人"指以业主身份与旅客或托运人，或与旅客或托运人的代理人订立一项适用华沙公约的运输合同的人；

(3)"实际承运人"指缔约承运人以外，根据缔约承运人的授权办理第(2)款所指全部或部分运输的人，但对该部分运输此人并非华沙公约所指的连续承运人。在没有相反的证明时，就认为授权是存在的。

第二条 如实际承运人办理第一条第(2)款所指合同规定适用华沙公约的运输的全部或部分，除本公约另有规定外，缔约承运人和实际承运人都应受华沙公约规则的约束，前者适用于合同规定运输的全部，后者只适用于其办理的运输。

第三条 (1)实际承运人及其受雇人和代理人在雇佣代理范围内行事时，对实际承运人所办运输的行为和不行为，应该认为也是缔约承运人的行为和不行为。

(2)缔约承运人及其受雇人和代理人在雇佣代理范围内行事时，对实际承运人所办运输的行为和不行为，应该认为也是实际承运人的行为和不行为。但此种行为或不行为不应该使实际承运人承担超过华沙公约第二十二条规定的责任限额。除非经实际承运人同意，否则规定缔约承运人承担华沙公约未规定的责任或放弃该公约赋予的任何权利的任何特别协议，或根据上述公约第二十二条在目的地交提时任何特别的利益声明，都不应该影响实际承运人。

第四条 根据华沙公约向承运人提出的任何申诉或发出的任何指示，不论是向缔约承运人或向实际承运人提出，应具有同等效力。但华沙公约第十二条所述指示只在向缔约承运人提出时才有效。

第五条 实际承运人或缔约承运人的任何受雇人或代理人，如果能证明是在雇佣代理范围内行事，则对实际承运人办理的运输应有权引用本公约对雇佣他或他所代理的承运人的责任限额，但根据华沙公约证明他的行为不能援引该责任限额时不在此例。

◎ 《统一国际航空运输某些规则的公约(华沙公约)》

第十九条 承运人对旅客、行李或货物在航空运输过程中因延误而造成的损失应负责任。

第二十条 (1)承运人如果证明自己和他的代理人为了避免损失的发生,已经采取一切必要的措施,或不可能采取这种措施时,就不负责任。

(2)在运输货物和行李时,如果承运人证明损失的发生是由于驾驶上、航空器的操作上或领航上的过失,而在其他一切方面承运人和他的代理人已经采取一切必要的措施以避免损失时,就不负责任。

第二十八条 (1)有关赔偿的诉讼,应该按原告的意愿,在一个缔约国的领土内,向承运人住所地或其总管理处所在地或签订契约的机构所在地法院提出,或向目的地法院提出。

(2)诉讼程序应根据受理法院的法律规定办理。

第二十九条 (1)诉讼应该在航空器到达目的地之日起,或应该到达之日起,或从运输停止之日起两年内提出,否则就丧失追诉权。

(2)诉讼期限的计算方法根据受理法院的法律决定。

第三十条 (1)符合第一条第(3)款所规定的由几个连续承运人办理的运输,接受旅客、行李或货物的每一个承运人应该受本公约规定的约束、并在合同中由其办理的一段运输的范围内,作为运输合同的订约一方。

(2)如果是这种性质的运输,旅客或他的代表只能对发生事故或延误的一段运输的承运人提出诉讼,除非有明文约定第一承运人应该负全程的责任。

(3)至于行李或货物,托运人有向第一承运人提出诉讼的权利,有权提取行李或货物的收货人也有向最后承运人提出诉讼的权利。此外,托运人和收货人都可以对发生毁灭、遗失、损坏或延误的一段运输的承运人提出诉讼。这些承运人应该对托运人和收货人负连带责任。

第三十一条 (1)对于一部分用航空运输,一部分用其他运输方式联合办理的运输,本公约的规定只适用于符合第一条条件的航空运输部分。

(2)在联合运输中,在航空运输部分遵守本公约的规定条件下,本公约并不妨碍各方在航空运输凭证上列入有关其他运输方式的条件。

第三十二条 运输合同的任何条款和在损失发生以前的任何特别协议,如果运输合同各方借以违背本公约的规则,无论是选择所适用的法律或变更管辖权的规定,都不发生效力。但在本公约的范围内,货物运输可以有仲裁条款,如果这种仲裁在第二十八条第(1)款所规定的法院管辖地区进行。

执行前达成和解协议,原判决效力如何认定

民事判决执行前和解协议是当事人在生效判决作出后、申请强制执行前达成的合意。在我国极力提倡调解、和解的司法背景下,这类和解协议大量出现并不断增加。我国对这类协议没有明确的立法规定,理论界与实务界对其性质及其与原判决的关系的界定亦尚未统一。现虽有部分零碎的探索,但我国在立法上始终未对和解协议与原判决的关系作出系统回应。因和解协议本质上是不执行契约,故其与原判决的效力是共存的,互不影响。执行判决应当结合和解协议的契约内容,以加强对债务人的必要救济。最高人民法院于2011年12月20日发布指导案例,其中第2号指导案例为关涉民事诉讼程序的"吴梅案",即《吴梅诉四川省眉山西城纸业有限公司买卖合同纠纷案》。

案例介绍

一、基本案情

吴梅系四川省眉山市东坡区吴梅收旧站业主,从事废品收购业务。约自2004年开始,吴梅出售废书给被告四川省眉山西城纸业有限公司(以下简称"西城纸业公司")。2009年4月14日双方经结算,西城纸业公司向吴梅出具欠条载明:今欠到吴梅废书款壹佰玖拾柒万元整(¥1970000.00)。同年6月11日,双方又对后期货款进行了结算,西城纸业公司向吴梅出具欠条载明:今欠到吴梅废书款伍拾肆万捌仟元整(¥548000.00)。因经多次催收上述货款无果,吴梅遂起诉眉山西城纸业有限公司,请求法院判令其支付货款及利息。一审法院判决被告给付吴梅货款251.8万元及违约利息。被告提起上诉。二审审理期间,西城纸业公司与吴梅签订了还款协议,吴梅则放弃了支付利息的请求。西城纸业公司以自愿与对方达成和解协议为由申请撤回上诉,眉山市中级人民法院裁定准予撤诉。后因西城纸业公司未完全履行和解协议,吴梅向一审法院申请执行一审判决。一审法院予以支持。西城纸业公司向眉山市中级人民法院申请执行监督,主张不予执行原一审判决。眉山市中级人民法院作出(2010)眉执督字第4号复函:一审法院受理执行已生效法律文书并无不当,应当继续执行。

二、裁判要点

民事案件二审期间,双方当事人达成和解协议,人民法院准许撤回上诉的,该和解协议未经法院依法确认制作调解书,属于诉讼外达成的协议。一方当事人不履行和解协议,另一方当事人申请执行一审生效判决的,人民法院应予支持。

三、裁判理由

西城纸业公司对于撤诉的法律后果应当明知,即一旦法院裁定准许其撤回上诉,一审判决即为生效判决,具有强制执行的效力。虽然二审期间双方在自愿基础上达成的和解协议对相关权利义务作出约定,西城纸业公司因该协议的签订而放弃行使上诉权,吴梅则放弃了利息,但是该和解协议属于双方当事人诉讼外达成的协议,未经人民法院依法确认制作调解书,不具有强制执行力。西城纸业公司未按和解协议履行还款义务,违背了双方约定和诚实信用原则,故对其以双方达成和解协议为由,主张不予执行原生效判决的请求不予支持。

争议与问题

当事人双方为实现债权债务达成的和解协议属于"诉讼外和解协议",该和解协议具有何种效力?何种情况下能够以此对抗生效判决?

案例分析

一、和解协议与生效判决的关系

和解协议是双方当事人基于自身利益考量达成的诉讼外的协议,法官以及法院对双方和解行为未产生作用力,也未对达成的和解协议依法确认并出具调解书等法律文书。这不同于部分发达国家所确立的和解制度,从英国、美国到德国、日本、法国等,均有比较广泛和有效的诉讼和解制度,合意判决与一般的判决一样产生结束诉讼的效力,并具有既判力和强制执行力。大陆法系中的德国的相关法律规定,若将和解协议在法院案卷上作为合同进行登记,则具有强制执行力;日本规定法院书记官将和解记入笔录就具有强制执行力。民事诉讼是民事实体法与诉讼法共同发挥作用的过程,诉讼和解是双方当事人对发生纠纷的旧合同的变更或是新的权利义务的确认。这种新的合同也是当事人意思自治的结果,只要不违反实体法的强制性规定,就应当具有实体法上的效力。

因而和解协议体现了当事人的意思自治原则,应当承认其效力,但由于它只是民事契约,既不能改变一审判决的既判力,亦不能改变一审判决的执行力。民事契约的成立以及生效在合同法上早已有明确的规定,从未有公法上的效力。即使本案中的债务人依照和解协议完全履行了其义务,也不能直接使原判决的执行力归于无效,当然也不存在由于债务人不履行债务而使得已冻结的执行力自行恢复之说。既判力以及执行力的效力只能由特定法院改变，且需要正当理由以及合法程序，通过裁判加以限制或取消，这有助于维护法院生效裁判的权威性。

根据《中华人民共和国民事诉讼法》第一百六十四条，当事人不服地方人民法院第一审判决的，有权在判决书送达之日起十五日内向上一级人民法院提起上诉。上诉期届满后一审判决即为生效。在本案中，二审程序是因为上诉而引发的，因此，若准许撤回上诉，就意味着当事人未上诉，整个上诉程序都应当被撤回。因此，"因控诉的撤回，导致控诉追及性的消灭，一审判决得以存留，待控诉期间届满，一审判决生效"。

二、和解协议的效力

本案的和解协议是在一审判决之后、二审撤回上诉之前达成的，而其作为一种民事契约无撤销一审判决的效力，因此就产生了一审判决与和解协议并存的情形。尽管判决是公权力行使的结果，而和解协议完全是双方当事人的私法行为，但他们都是基于当事人的买卖合同纠纷而产生的同一法律关系。买卖合同纠纷经过法院依照事实、理由以及正当程序判决后，仍然是民事之债，而非公法之债。而和解协议虽然是在一审判决之后达成的，但只要符合契约的成立要件、生效要件即可生效，其对于债权数额和履行期限的改变也是有效的。一审判决所确定的债权仍然是民事债权，当然可由当事人处分。民事判决是基于原告的诉讼请求作出的，因而对生效的民事判决的确认意味着以公权的形式更为直接的保护私权，而非让私权受到更多的限制和约束。债权人在判决生效后通过对自身利益的衡量，通过和解协议放弃部分债权，同意债务人履行部分债务，都是通过私法行为对判决确定的债权的正当变更。

和解协议发生在一审判决之后，它在既判力的时间范围之外，不受既判力的约束，因而并不能被一审判决阻碍。和解协议对于一审判决的处理原则而言，是一个新的债的安排方案，所以仍然应当认为是改变了一审判决之债的。对于新事实，"当事人得据此项事实另行起诉请求法院另为判决，后诉不受前诉判决既判力拘束之作用"。例如，倘若债务人起诉请求确认利息债权不存在，法院不能以"一事不再理"为由不予受理或驳回起诉。法院就后诉所作的判决是以新事实为基础的，并非是对前判决既判力的否定。它们的既判力各有自己的遮断范围，并不冲突。所以，和解协议虽不能改变一审判决的既判力和执行力，但却能改变其确定的债权债务。

律师支招

一、诚信原则在和解协议中的效力

眉山市中级人民法院在裁判理由中指出："西城纸业公司未按和解协议履行还款义务，违背了双方约定和诚实信用原则，故对其以双方达成和解协议为由，主张不予执行原生效判决的请求不予支持。"这似乎在说，如果当事人不违约，则承认该协议的效力，不再执行原判决;如果违约,则否定协议的效力,继续执行原判决。换一种说法,这一表述似乎在声称合同的生效与否取决于合同是否被有效履行。这显然是违背民法所规定的合同的成立要件以及生效要件的。和解协议的生效是对原判决债权债务关系的变更,法院应当依照和解协议所约定的内容限制原判决的执行力,而不是依照当事人是否违约、是否履行协议而决定是否执行原判决。

当然对诚信原则在和解协议中的效力仍有其他的理解,即认为违约是一种不诚信的行为,应当通过否定和解协议而执行原判决的方式加以惩戒,但这种说法违背常理。在日常生活中,违约的行为时有发生,但是违约并不代表合同无效。至于一方当事人违约导致另一方当事人的缔约目的不能实现,另一方当事人行使合同解除权的,则应另当别论。

如果将该案的裁判理由适用于和解协议对债权人有利的情况,可能会出现讽刺的结果,例如一审判决被告支付货款251.8万元,原告因其请求未得到全部支持而上诉,在二审期间双方和解,被告同意给付260万元货款,但在原告撤回上诉后,被告未履行和解协议。此时,若遵循此裁判理由,法院应否定和解协议,执行原判决。但这样做却是对违约人有利的。因而,利用诚信原则否定和解协议实质上是在滥用原则。违约固然违背诚实信用原则,但是法律已明确规定了违约者的法律责任。

二、债务人违反和解协议,债权人的救济途径

既定判决的执行作为标准的、公法上的权利实现途径,只意味着债权人有权通过这种方式要求债务人履行债务,它仅仅是债权人实现其权利的可能性,并不意味着其行使权利的必然性。如果债权人能够通过和解等其他诉讼外的方式实现债权,则没有必要启动和运用强制执行。当然强制执行的权利在法定期间内并不会消灭,它只是暂时地被"冻结"。若债务人违反不具有强制执行力的和解协议,则债权人在理论上仍然面临两种救济途径的考量:一是就该和解协议另行起诉,二是申请执行原判决。

执行前和解协议虽是原判决产生法律效力后基于新事由形成的契约,不被既判力所遮断,但是当事人不得就此另行起诉。同时,债权人选择另行起诉的可能性不大。通常而言,和解协议是债权人作出让步,故相比于生效判决,它对债权人的利益保障会略微降低。同时,由于双方当事人在达成和解协议时通常抱着认可协议内容的心态,很少在协议中约定违约金、赔偿损失等。因此,选择另行起诉对债权人而言既不经济也不理性。

第二种救济途径则正如"吴梅案"确定的执行方式,虽然能够较大程度地救济债权人的权利,并保障执行制度的高效率运转,但是简单的恢复执行判决会损害当事人的处分权和意思自治,违背其对权利义务的安排,不利于契约精神的培养。

必懂知识点

一、判决执行前和解协议存在的争议

对执行前和解协议尚没有明确的定义,但很多学者在文章中对该类定义有自己的描述。

张永泉教授从执行前和解协议达成阶段这一角度出发,认为执行前和解协议是指案件进入强制执行程序之前,当事人之间达成的和解协议。多数学者对该类和解协议达成的阶段予以认可,并从和解协议对原生效判决作出变更的角度将其细化为:对原生效法律文书中,包括但不限于履行标的物、数额、期限、方式等内容达成变更协议。另有学者将执行前和解协议定义为履行和解,将其详细表述为,当事人没有选择自动履行或者申请强制执行,而是就生效判决所确定的包括但不限于金额、履行期限、方式等重新进行的约定。从履行和解的定义来看,履行和解即本文所说的执行前和解,只是表述不同。

学者们的定义虽表述不同,但基本上反映了执行前和解协议的应有之意。其大致可归纳为如下要点:第一,从协议达成的目的看,当事人是期望不按照判决所确定的权利义务执行,而是通过执行前和解协议实现双方的权利义务;第二,从协议达成阶段上来说,执行前和解协议产生于生效判决作出后,债权人依据该判决申请强制执行之前;第三,从协议达成的基础上来说,执行前和解协议达成的基础是生效判决确定的权利义务关系;第四,从协议达成的内容上讲,该和解协议是对生效判决实现方式的变更;第五,从协议参与主体来看,执行前和解协议是双方当事人自行处分的结果,未经人民法院认可或者确认。

由于目前各界对执行前和解协议的界定并不统一,因此该和解协议产生争议时的处理机制也不尽完善。归结起来,在我国没有统一界定执行前和解协议性质、效力和处理方式的背景下,主要有以下问题值得深入探讨:如何界定执行前和解协议的性质及效力;执行前和解协议与生效判决的关系问题;若一方当事人违反执行前和解协议,另一方当事人应当如何救济,能否以执行前和解协议另行起诉,以及如何完善现有规定等。

二、执行前和解协议对原判决执行力的限制问题

由于原、被告双方在执行前和解协议中达成了新的契约,导致对判决债权产生了变更,双方当事人的契约与民事判决不符。此时,如果继续按照原判决强制执行,会使执行的结果背离双方当事人的意志。所以,此时应当根据权利变动的实际情况,通过裁判对原判决的执行力进行限制或者排除。体现当事人双方意志的民事契约当然不能限制生效的民事判决的执行,但应当由有管辖权的法院,通常情况下由执行法院或者原判决法院,基于原、被告双方在民事判决生效后达成的和解协议,通过判决的形式变动原判的执行力。

就本案而言,双方当事人在一审判决后达成和解协议,并且对一审判决中债权的内容作出了变更,因此应当对一审判决的执行力予以一定程度的限制,而非类似本案二审裁判法院那样,直接驳回被执行人的执行异议。本案中,执行前和解协议约定债权人与债务人达成免除债权利息的契约,债务的履行期限已满,法院应当判决对契约中已经放弃的债权以及已实现的债权不得进行强制执行。

虽然上述执行方式相当于按照当事人双方达成的执行前和解协议执行,但是法院不能作出如"按照和解协议执行"这样的裁判。因为和解协议不是执行的根据,不具有强制执行力,当事人也未请求法院出具调解书作为执行根据。如果判决应当按照执行前和解协议执行,那么应当取消原一审判决的执行效力。法院显然不能一方面决定按照执行前和解协议

执行,而另一方面又置原判决于不顾,只要原判决没有被撤销或者没有被限制其效力,就不能无视其存在。因而作为双方当事人意思自治的执行前和解协议并不具有强制执行力,原判决只是因为和解而被部分放弃,应当在执行中予以体现。

综上所述,我国立法和司法实践实际上对以下规则作出了认可:若债务人履行了执行前和解协议的约定,则基于诚实信用原则,债权人不应再申请强制执行;若债务人违反执行前和解协议的约定,则债权人有权申请强制执行,且债务人基于诚实信用原则不得进行有效反抗。可以看出,我国对债务人的利益缺乏明确和必要的救济途径。因而在处理执行前和解协议发生的争议时,应当着重加强对债务人的保护,并赋予其在强制执行程序中与债权人公平对抗的必要救济途径。如大陆法系各国和地区的债务人异议之诉,为债务人排除判决的执行力提供了必要的救济途径,这在形式上符合平衡地保护债权人、债务人双方利益,以及公平公正的要求。

必知法规

◎ 《中华人民共和国民事诉讼法》

第二百三十条 在执行中,双方当事人自行和解达成协议的,执行员应当将协议内容记入笔录,由双方当事人签名或者盖章。

申请执行人因受欺诈、胁迫与被执行人达成和解协议,或者当事人不履行和解协议的,人民法院可以根据当事人的申请,恢复对原生效法律文书的执行。

◎ 《最高人民法院关于适用〈中华人民共和国民事诉讼法〉的解释》

第四百六十七条 一方当事人不履行或者不完全履行在执行中双方自愿达成的和解协议,对方当事人申请执行原生效法律文书的,人民法院应当恢复执行,但和解协议已履行的部分应当扣除。和解协议已经履行完毕的,人民法院不予恢复执行。

第四百六十八条 申请恢复执行原生效法律文书,适用民事诉讼法第二百三十九条申请执行期间的规定。申请执行期间因达成执行中的和解协议而中断,其期间自和解协议约定履行期限的最后一日起重新计算。

◎ 《最高人民法院关于人民法院执行工作若干问题的规定(试行)》

86.在执行中,双方当事人可以自愿达成和解协议,变更生效法律文书确定的履行义务主体、标的物及其数额、履行期限和履行方式。

和解协议一般应当采取书面形式。执行人员应将和解协议副本附卷。无书面协议的,执行人员应将和解协议的内容记入笔录,并由双方当事人签名或盖章。

87.当事人之间达成的和解协议合法有效并已履行完毕的,人民法院作执行结案处理。

120.对执行担保和执行和解的情况以及案外人对非属法律文书指定交付的执行标的物提出的异议,受托法院可以按照有关法律规定处理,并及时通知委托法院。

保险代位求偿,起诉须注意管辖

保险代位求偿权制度作为保险法中的一项基本制度,自确立以来,对各国的保险业与保险立法都产生了重大的影响。但是,目前我国保险业的实践中仍然存在一些问题,保险公司进行保险代位求偿不仅困难而且代价高,究其原因主要有两个:第一,我国有关保险代位求偿权的立法过于简单,导致保险公司在进行保险代位求偿时对结果的预测不明朗,感觉风险颇大,从而使得保险公司怠于行使保险代位求偿权;第二,保险公司作为经营机构,具有营利性,如果花很多精力和金钱用于进行保险代位求偿,保险公司最终可能得不偿失,违背自己营利性的目的,如此这样,严重抑制了保险公司进行保险代位求偿的积极性。由于上述原因,我国保险业在实践中对保险代位求偿权的重视不够,如果不尽早对保险代位求偿权的相关争议予以明确,从而解决有关保险代位求偿权立法规定与司法实践相脱节的问题,势必严重影响保险业的经营稳定与长远发展。最高人民法院于 2014 年 1 月 26 日发布了指导案例 25 号《华泰财产保险有限公司北京分公司诉李志贵、天安财产保险股份有限公司河北省分公司张家口支公司保险人代位求偿权纠纷案》。

案例介绍

一、保险公司代位求偿,无管辖权不予受理

2011 年 6 月 1 日,华泰财产保险有限公司北京分公司(以下简称"华泰保险公司")与北京亚大锦都餐饮管理有限公司(以下简称"亚大锦都餐饮公司")签订机动车辆保险合同,被保险车辆的车牌号为京 A82368,保险期间自 2011 年 6 月 5 日 0 时起至 2012 年 6 月 4 日 24 时止。2011 年 11 月 18 日,陈某某驾驶被保险车辆行驶至北京市朝阳区机场高速公路上时,与李志贵驾驶的车牌号为冀 GA9120 的车辆发生交通事故,造成被保险车辆受损。经交管部门认定,李志贵负事故全部责任。事故发生后,华泰保险公司依照保险合同的约定,向被保险人亚大锦都餐饮公司赔偿保险金 83878 元,并依法取得代位求偿权。基于肇事车辆系在天安财产保险股份有限公司河北省分公司张家口支公司(以下简称"天安保险公司")投保了机动车交通事故责任强制保险,华泰保险公司于 2012 年 10 月诉至北京市东城区人民法院,请求判令被告肇事司机李志贵和天安保险公司赔偿 83878 元,并承担诉讼费用。

被告李志贵的住所地为河北省张家口市怀来县沙城镇,被告天安保险公司的住所地为张家口市怀来县沙城镇燕京路东108号,保险事故发生地为北京市朝阳区机场高速公路,被保险车辆行驶证记载所有人的住址为北京市东城区工体北路新中西街8号。

北京市东城区人民法院于2012年12月17日作出(2012)东民初字第13663号民事裁定:对华泰保险公司的起诉不予受理。宣判后,当事人未上诉,裁定已发生法律效力。

争议与问题

本案的管辖权如何确定?

案例分析

根据《中华人民共和国保险法》第六十条的规定,保险人的代位求偿权是指保险人依法享有的,代位行使被保险人向造成保险标的损害负有赔偿责任的第三者请求赔偿的权利。保险人代位求偿权源于法律的直接规定,属于保险人的法定权利,并非是基于保险合同而产生的约定权利。因第三者对保险标的的损害造成保险事故,保险人向被保险人赔偿保险金后,代位行使被保险人对第三者请求赔偿的权利而提起诉讼的,应根据保险人所代位的被保险人与第三者之间的法律关系确定管辖法院。第三者侵害被保险人合法权益,因侵权行为提起的诉讼,依据《中华人民共和国民事诉讼法》第二十八条的规定,由侵权行为地或者被告住所地法院管辖,而不适用财产保险合同纠纷管辖的规定,不应以保险标的物所在地作为管辖依据。本案中,第三者实施了道路交通侵权行为,造成保险事故,被保险人对第三者有侵权损害赔偿请求权;保险人行使代位求偿权起诉第三者的,应当由侵权行为地或者被告住所地法院管辖。现二被告的住所地及侵权行为地均不在北京市东城区,故北京市东城区人民法院对该起诉没有管辖权,应裁定不予受理。

律师支招

一、保险人代位求偿权行使的限制

权利的行使并非是随心所欲的,而应遵守一定的规则,受到一定的限制,就保险代位求偿权而言,基于其权利的特殊性质,在额度、行使对象、行使顺位和诉讼时效上都受到不同程度的限制。

(一)保险代位求偿权的额度限制

保险人行使代位求偿权的额度以给付保险金的范围为限是代位求偿权的性质使然,因为保险人的保险代位求偿权取得的法理基础就在于其给付了保险金,这种债权的金额应该以保险金额为限。如果允许保险人超过保险金的范围行使代位求偿权,那么就会减少第三人的财产从而间接损害被保险人的利益,造成保险人的不当得利。但是《中华人民共和国海商法》的规定却引起了争论。《中华人民共和国海商法》第二百五十四条第二款规定:"保险人从第三人取得的赔偿,超过其支付的保险赔偿的,超过部分应当退还给被保险人。"这一规定与《中华人民共和国保险法》的规定产生了冲突,根据新法优于旧法的原则,应不予适用,而且最高人民法院在《关于审理海上保险纠纷案件若干问题的规定》中对此也予以了纠正。

(二)保险代位求偿权的行使对象限制

保险代位求偿权行使对象的限制是指保险人不得向与被保险人存在特殊关系的第三者行使保险代位求偿权。这项制度源于英美法系"一个人不能起诉他自己"的规则,如果保险人在这种情况下行使了保险代位求偿权,则无异于一手将损失赔付给被保险人而另一手又将损失从被保险人那里追回,保险制度就失去了存在的意义,因此各国立法都对保险代位求偿权的限制行使对象进行了列举。例如《中华人民共和国保险法》第六十二条规定:"除被保险人的家庭成员或者其组成人员故意造成本法第六十条第一款规定的保险事故外,保险人不得对被保险人的家庭成员或者其组成人员行使代位请求赔偿的权利。"这里需要注意保险法对以上人员主观方面的要求,对于故意造成保险事故的,保险人仍然可以行使代位求偿权,这样不仅可以防止发生道德风险,而且也可以制裁故意违法行为。关于行使对象的另一个争议问题是国家机关可否作为代位求偿权的行使对象,由于国家机关或其工作人员实施不法侵害或者对公共设施管理疏忽造成被保险人的人身或者财产损失,保险人在给付保险金后可否代位行使被保险人对该国家机关的赔偿请求权?事实上,这个问题在实践中并不会发生,因为,如果国家机关承担的责任属于民事责任的范畴,则虽然在实际行使过程中会面临一定的障碍和压力,但理论上保险人可以一视同仁,向其行使保险代位求偿权。而如果国家机关承担的是行政责任,由于保险公司都将行政司法机关的查封、扣押、罚没、冻结的行为作为除外责任,因此不会发生保险人的赔付,也不存在保险代位求偿权行使的问题。

(三)保险代位求偿权的行使顺位限制

在不足额保险的情形下,保险代位求偿权的行使受到顺位限制,其行使的顺位应该居于被保险人对第三者的赔偿请求权之后。当保险金低于保险价值,就会出现不足额保险的问题。对于不足额保险,我国保险法的规定与大多数大陆法系国家一致,采取由保险人与被保险人按照比例分摊。在保险中如出现不足额保险的情形,保险人的给付金额将不足以完全填补受害人的损失,此时被保险人仍然享有向第三者请求赔偿的权利,而保险人给付保险金后也取得了向第三者代位求偿的权利。这两种权利均属于债权,从债权的平等性角度看,两者无顺位先后之分,但是在第三者的财产不足以同时清偿其对保险人与被保险人负有的债务时就会产生冲突。此时被保险人的赔偿请求权就应该优于保险人的代位求偿权而受偿,因为保险的主要目的在于填补受害人的损失,在被保险人从保险人以及第三者那里获得完全的赔偿之前,保险人不宜行使基于代位而获得的请求权。相较于保险制度的填补损害功能,保险代位求偿权的其他制度功能是次要的,因此在不足额保险的情形下,保险代位求偿权的行使顺位应受被保险人赔偿请求权的限制。《中华人民共和国保险法》规定保险人依照规定行使代位请求赔偿的权利,不影响被保险人就未取得赔偿的部分向第三者请求赔偿的权利,这里的"不影响"可以理解为立法对这种顺位限制的确立。

(四)保险代位求偿权的诉讼时效限制

保险代位求偿权作为一项债权,不仅具有实体上的权能,更具有提起诉讼、作为第三者加入诉讼和享有保全收益的诉讼权能,因此保险人在行使该权利时就会受到诉讼时效的限制。对于保险代位求偿权诉讼时效起算问题,曾有观点认为保险代位求偿权既然作为一项独立的权利,诉讼时效应该从保险人取得代位求偿权时开始起算。这种观点的错误性在于忽视了保险代位求偿权的取得方式和权利性质,因为保险代位求偿权既然继受取得于被保险人,本质上属于债权的法定移转,那么在时效上就应该受到被保险人先前赔偿请求权的时效限制,同时这样的做法也避免保险人变相延长先前债权的诉讼时效,从而维护第三者的时效利益。因此,保险代位求偿权的诉讼时效应该与被保险人赔偿请求权的诉讼时效保持一致,从被保险人知道或者应该知道权利被侵害之日起算,具体的诉讼时效期限根据保险种类的不同而确定。同时为了避免保险人因为时效过短,难以完成理赔追偿工作,维护保险人的合法权益,应该规定被保险人的时效提示义务。

关于保险代位求偿权诉讼时效的另一个争议是保险代位求偿权的诉讼时效中断问题。

保险代位求偿权既然在性质上属于债权转让,那么在保险人支付保险金之前,作为债权人的被保险人对第三者采取的提起诉讼、请求赔偿的行为以及第三者同意履行义务的行为等事由,均会导致该债权请求权诉讼时效的中断,这一中断效力当然及于保险代位求偿权。值得注意的是在海上保险代位求偿权中,保险代位求偿权诉讼时效中断的事由与上述规定不尽相同,《中华人民共和国海商法》第二百六十七条规定了包括提起诉讼、提交仲裁或者被请求人同意履行义务、申请扣船等中断事由。《最高人民法院关于审理海上保险纠纷案件若干问题的规定》第十五条规定:"保险人取得代位请求赔偿权利后,以被保险人向第三人提起诉讼、提交仲裁、申请扣押船舶或者第三人同意履行义务为由主张诉讼时效中断的,人民法院应予支持。"这里与一般民事诉讼不同,债权人的赔偿请求不再成为中断的事由。但是如果被保险人并未对第三者采取以上行为,而仅仅向保险人请求支付保险金,此时能否产生保险代位权诉讼时效的中断效力,学界对此观点不一。在2012年最高人民法院公布的《关于适用〈中华人民共和国保险法〉若干问题的解释(二)》(征求意见稿)中提出了两种意见:第一种意见肯定了被保险人向保险人请求赔偿保险金的时效中断效力;第二种意见则认为保险人取得保险代位求偿权前,被保险人对第三者请求权的诉讼时效中断效力及于保险代位求偿权。被保险人仅向保险人而不向第三者主张权利的,保险人可以代被保险人向第三者主张权利。笔者认为第一种意见较为妥当,肯定被保险人向保险人请求赔偿保险金的时效中断效力不仅可以促使被保险人积极地向保险人索赔,简化纠纷的解决程序,使得社会尽快恢复秩序和稳定,而且也是对保险人诉讼利益最便捷有效的保护。

必懂知识点

保险代位求偿权,是指当保险标的遭受保险事故造成的损失,依法应由第三者承担赔偿责任时,保险公司自支付保险赔偿金之日起,在赔偿金额的限度内,相应地取得向第三者请求赔偿的权利。"保险代位求偿权是各国保险法基于保险利益原则,为防止被保险人获得双重利益而公认的一种债权移转制度",通常认为保险代位求偿权其实质是民法上清偿代位制度在保险法领域的具体运用。

一、发生事由

就代位求偿权的实质来讲,它当属请求权,是一种债。按照传统民法理论,债的发生事由自然应当可以成为代位求偿权的发生原因。因此,我们可以对代位求偿权的发生事由做一个汇总。

(一)侵权行为

保险标的因第三者的故意或过失而遭受财产损失,依照法律规定,该第三者应承担赔偿责任。如因第三者的过失碰撞造成保险人承保汽车的损失而向第三者追偿,即为明显例证。

(二)合同责任

第三者在履行合同中违约造成保险标的损失或根据合同约定第三者应赔偿对方的损失。如停车场收取保管费为车主保管车辆,因管理员疏忽而致车辆丢失,根据保管协议,停车场应承担赔偿责任。

(三)不当得利

指没有合法依据而取得利益使他人遭受损失的事实,如拾得他人走失的动物。

(四)共同海损

保险标的因共同海损造成损失,保险人赔偿被保险人损失后,有权向共同海损受益人代位追偿。

(五)产品责任

当产品发生责任事故,由产品生产者承担责任;在无法查清具体责任人的情况下,则由保险人赔偿损失。保险人在赔付后又查明事故的实际责任人是第三者的,应向第三者求偿。

(六)保证追偿

保证及信用保险是从民法担保制度中的保证发展而来的,它是就被保险人的履约、信用等情况向债权人作出的一种担保,在被保险人不履行债务或发生信用危机时,由保险人以支付保险金的形式履行保险合同项下被保险人的债务,由此,就产生了向被保险人追偿的权利。

二、成立要件

对于代位求偿权的成立,按照法律的规定,一般应具备下述要件:

1.保险人因保险事故对第三者享有损失赔偿请求权。第一,保险事故是由第三者造成的;第二,根据法律或合同规定,第三者对保险标的的损失负有赔偿责任,被保险人对其享有赔偿请求权。

2.保险标的损失原因属于保险责任范围,即保险人负有赔偿义务。如果损失发生原因属于除外责任,那么保险人就没有赔偿义务,也就不会产生代位求偿权。

3.保险人给付保险赔偿金。对第三者的赔偿请求权转移的时间界限是保险人给付保险赔偿金,并且这种转移是基于法律规定,不需要被保险人授权或第三者同意,即只要保险人给付了保险赔偿金,请求权便自动转移给保险人。

三、诉讼时效

代位求偿诉讼时效的起算时间从保险事故发生之日起计算,理赔完成之日与保险事故发生之日必然存在时间差,有可能造成代位求偿诉讼时效的丧失,因此要求被保险人在保险事故发生后履行一定的追偿义务,以保障诉讼时效的延续(国外有红线保险条款,保险人在保险单上加印套红色条款,以提醒被保险人注意保全其对第三者的损害赔偿请求权)。至于保险人在理赔之前与造成保险标的损害的第三者的磋商,并不构成保险人代位求偿诉讼时效的中断,因为此时保险人尚未支付保险金,不享有代位求偿权。保险人理赔之后当然取得代位求偿权,即使被保险人未履行追偿义务,在诉讼时效期间保险人的追偿行为也足以构成诉讼时效的中断,无须被保险人通知第三者权益转让的事实。因而保险人自身及时理赔,尽快向第三者追偿也是保全时效的方法。

保险事故因第三者的侵权行为或者违约行为而发生的,除其他法律对被保险人和对第三者的赔偿请求权时效期间另有规定外,应适用《中华人民共和国民法通则》有关诉讼时效的规定。在案发时,《中华人民共和国民法通则》根据不同的民事法律关系及当事人的认知程度,分别规定了1年、2年、20年三类诉讼时效。(2017年发布的《中华人民共和国民法总则》规定:"向人民法院请求保护民事权利的诉讼时效期间为三年。法律另有规定的,依照其规定。")保险人代位求偿权的诉讼时效,应依照被保险人应当适用的诉讼时效确定其适用的时效。就保险事故因第三者的侵权行为或违约行为发生,被保险人对第三者的索赔时效,在《中华人民共和国民法通则》以外的其他法律有特别规定或者专门规定的,应当适用其他法律的规定。《中华人民共和国民法通则》以外的民商事特别法,依据"特别法优于普通法"的法理原则,应优先适用。在此情形下,保险人代位求偿权的诉讼时效,须依照被保险人对第三者的损害赔偿请求权应当适用的特别法的时效规定予以确定。

四、行使范围

财产保险中,第三者大致因侵权行为和合同违约行为而损害保险标的。在海商法中还有共同海损引起的保险代位求偿问题。

侵权行为的民事责任,根据侵权行为的具体情节,侵害人应当承担返还财产、折价赔偿、恢复原状、赔偿损失等民事责任。侵占财产的,应当返还财产,不能返还财产的,应当折价赔偿。损坏财产的,应当恢复原状或者折价赔偿。受害人因此遭受其他重大损失的,侵害人应当一并赔偿损失。鉴于保险所代位权利的债权性质,保险人因侵权的代位求偿权指的是损害赔偿请求权,不包括返还财产和恢复原状。合同违约行为的民事责任,依《中华人民共和国合同法》第一百零七条有继续履行、采取补救措施或者赔偿损失等形式。但保险人依合同违约的代位求偿权也仅仅是赔偿损失,不包括继续履行和采取补救措施。可见保险人行使保险代位求偿权时不享有被保险人对第三者可行使的所有权利。

　　保险人代位的被保险人对第三者的损害赔偿请求权与被保险人实际享有的对第三者的损害赔偿请求权的金额范围也不完全一致。第一,保险人代位求偿权受到保险赔偿额的限制。第二,与保险责任的范围有关,在保险责任范围内发生的损失额,属于保险人可代位行使的权利范围,原则上因保险责任之外的原因造成保险货物的损失,保险人不负赔偿责任,因此保险人代位的求偿权中也不包括此项损失的赔偿请求权。

　　此外,《中华人民共和国合同法》第一百二十一条规定:"当事人一方因第三方的原因造成违约的,应当向对方承担违约责任。当事人一方和第三方之间的纠纷,依照法律规定或者按照约定解决。"而在过错责任归责原则下,因基础合同(以货运保险合同为例,货运合同为基础合同)当事人之外的第三方原因造成保险标的损害的,保险人行使代位求偿权也受到限制。例如,两车相撞的交通事故造成货物损失,事故责任无外乎承运人自身原因、相对方原因和混合原因。无论何种原因,都造成了承运人对货主(被保险人)的违约,货主对承运人当然有合同权利。然而,因相对方原因造成承运人对货主违约的,依照合同法第一百二十一条,货主不能追究相对方违约责任,但基于相对方的侵权,货主可直接追究相对方的侵权责任。此种情况下,保险人只能选择代位侵权的损害赔偿直接追究相对方责任,而不能选择承运人合同违约的赔偿责任。

五、对象限制

　　任何对保险标的的损害负有赔偿责任的第三者,都可以成为保险人代位求偿的对象。第三者既可以是自然人,也可以是法人。但各国保险法对代位求偿的对象均有所限制。我国保险法对代位求偿对象的限制体现在该法第六十二条,该条规定:除被保险人的家庭成员或者其他组成人员故意造成本法第六十条第一款规定的保险事故以外,保险人不得对被保险人的家庭成员或者其组成人员行使代位请求赔偿的权利。根据保险法第六十条的规定,保险人当然不能向被保险人本人行使代位请求赔偿的权利。其意义在于,如果保险人向被保险人本人追偿,则被保险人所受损失无法得到保险的补偿,保险也就失去了其存在的意义。而被保险人的家庭成员或者其他组成人员的故意行为造成保险标的的损失,保险人仍享有代位求偿权,如果是被保险人本人故意行为所造成的损失,保险人不负赔偿责任。

　　但如何理解被保险人的"家庭成员或者其组成成员"的具体构成?蔡弈在《论保险代位求偿权的限制》中有详细的论述,其中有一种观点将"组成人员"解释为"被保险人的组成人员",而非仅为"被保险人家庭的组成人员","家庭成员"应是指当被保险人是自然人时被保险人的家庭成员。被保险人的家庭成员范围,应指与被保险人共同生活,与被保险人拥有共同财产,在法律上对被保险人没有损害赔偿义务的家庭组成成员。而"被保险人的组成成员"则是另一范畴的概念,系指被保险人为机关、企事业单位等法人及其他非法人组织时,被保险人的员工或雇员。将"被保险人家庭成员"与"被保险人组成成员"有意区分,反映了保险代位求偿权在自然人领域与法人、组织领域的不同限制,较符合保险立法的趋势。这是因为企业、事业等组织与其员工存在着类似于家庭成员间的共同利益。

六、第三者的抗辩

第三者对被保险人的抗辩可以向保险人主张。除此之外,第三者对保险人的保险代位求偿权还有如下抗辩:

1.保险人与被保险人之间保险合同不成立或者无效的抗辩。

2.未取得代位求偿权的抗辩。保险人未就保险标的受损害的部分向被保险人进行赔付,保险人就不能取得保险代位求偿权。

3.保险人代位的权利与其向被保险人承担的保险责任不一致的抗辩。比如,被保险人投保的是短量险,保险公司赔付后,就不能代位向第三者行使货损的求偿权。

4.保险人依据保险合同不应该赔付而予以赔付的抗辩。虽然保险标的的损害是由第三者的行为所致,但不属于保险事故范围,保险人予以赔付的,保险人不享有保险代位求偿权。对此,理论界有争议。有学者认为,如果保险赔款明显属于自愿给付的,第三者可以予以抗辩,因为如果保险人依据合同不承担保险责任而给予赔偿的,应视为保险人对被保险人的赠与,这种情况不赋予保险人法定的代位求偿权。另有观点认为,被保险人向保险人主张保险赔偿时,只需证明承保风险的发生和损失的具体数额,便完成举证责任。如果保险人不主张除外责任等抗辩事由,保险人就有义务予以赔付,因此保险人的抗辩是其所享有的权利,可以主张,可以放弃,并不因为保险人放弃抗辩而导致其赔付无效。保险人依据有效的赔付可以向第三者行使代位求偿权。这与赠与的法律性质完全不同。此外,如果第三者能主张此项抗辩,即由于被保险人所遭受的损害已经获得弥补,自然不能向第三者请求赔偿,保险人也不能向第三者行使代位求偿权,这显然是不公平的。因此,第三者不能主张此项抗辩。

必知法规

◎ 《中华人民共和国保险法》

第二十一条 投保人、被保险人或者受益人知道保险事故发生后,应当及时通知保险人。故意或者因重大过失未及时通知,致使保险事故的性质、原因、损失程度等难以确定的,保险人对无法确定的部分,不承担赔偿或者给付保险金的责任,但保险人通过其他途径已经及时知道或者应当及时知道保险事故发生的除外。

第二十三条 保险人收到被保险人或者受益人的赔偿或者给付保险金的请求后,应当及时作出核定;情形复杂的,应当在三十日内作出核定,但合同另有约定的除外。保险人应当将核定结果通知被保险人或者受益人;对属于保险责任的,在与被保险人或者受益人达成赔偿或者给付保险金的协议后十日内,履行赔偿或者给付保险金义务。保险合同对赔偿或者给付保险金的期限有约定的,保险人应当按照约定履行赔偿或者给付保险金义务。

保险人未及时履行前款规定义务的,除支付保险金外,应当赔偿被保险人或者受益人因此受到的损失。

任何单位和个人不得非法干预保险人履行赔偿或者给付保险金的义务,也不得限制被保险人或者受益人取得保险金的权利。

第四十九条 保险标的转让的,保险标的的受让人承继被保险人的权利和义务。

保险标的转让的,被保险人或者受让人应当及时通知保险人,但货物运输保险合同和另有约定的合同除外。

因保险标的转让导致危险程度显著增加的,保险人自收到前款规定的通知之日起三十日内,可以按照合同约定增加保险费或者解除合同。保险人解除合同的,应当将已收取的保险费,按照合同约定扣除自保险责任开始之日起至合同解除之日止应收的部分后,退还投保人。

被保险人、受让人未履行本条第二款规定的通知义务的,因转让导致保险标的危险程度显著增加而发生的保险事故,保险人不承担赔偿保险金的责任。

第六十五条 保险人对责任保险的被保险人给第三者造成的损害,可以依照法律的规定或者合同的约定,直接向该第三者赔偿保险金。

责任保险的被保险人给第三者造成损害,被保险人对第三者应负的赔偿责任确定的,根据被保险人的请求,保险人应当直接向该第三者赔偿保险金。被保险人怠于请求的,第三者有权就其应获赔偿部分直接向保险人请求赔偿保险金。

责任保险的被保险人给第三者造成损害,被保险人未向该第三者赔偿的,保险人不得向被保险人赔偿保险金。

责任保险是指以被保险人对第三者依法应负的赔偿责任为保险标的的保险。

◎ 《最高人民法院关于适用〈中华人民共和国保险法〉若干问题的解释(二)》

第十六条 保险人应以自己的名义行使保险代位求偿权。

根据保险法第六十条第一款的规定,保险人代位求偿权的诉讼时效期间应自其取得代位求偿权之日起算。

第十九条 保险事故发生后,被保险人或者受益人起诉保险人,保险人以被保险人或者受益人未要求第三者承担责任为由抗辩不承担保险责任的,人民法院不予支持。

财产保险事故发生后,被保险人就其所受损失从第三者取得赔偿后的不足部分提起诉讼,请求保险人赔偿的,人民法院应予依法受理。

以房抵债，是担保还是真实的房屋买卖

现实社会中存在着大量的以房抵债类纠纷，究竟房屋买卖合同是对借款协议的担保还是真实的房屋买卖的意思表示？如何区分真实的房屋买卖合同与以房抵债的担保合同？最高人民法院于2016年12月28日发布了指导案例72号《汤龙、刘新龙、马忠太、王洪刚诉新疆鄂尔多斯彦海房地产开发有限公司商品房买卖合同纠纷案》。从本案可看出，并不是所有的"以房抵债协议"都违反流押禁令，双方经协商同意，可以将借款期限提前到期，并将对账确认的借款本息转为购房款，将双方之间的借款合同关系转变为商品房买卖合同关系。本案中，《商品房买卖合同》并非为双方之间的借款合同的履行提供担保，而是当借款合同到期，新疆鄂尔多斯彦海房地产开发有限公司（以下简称"彦海公司"）难以清偿债务时，双方协商通过将彦海公司所有的商品房出售给汤龙等四位债权人的方式，实现双方权利义务平衡的一种交易安排。而民事交易活动过程中，当事人意思表示发生变化的情况屡见不鲜，这些意思表示的变化，法无禁止即为自由。

案例介绍

原告汤龙、刘新龙、马忠太、王洪刚诉称：根据双方合同约定，彦海公司应于2014年9月30日向四人交付符合合同约定的房屋。但至诉讼时，彦海公司拒不履行房屋交付义务。故四原告请求法院判令：一、彦海公司向汤龙、刘新龙、马忠太、王洪刚支付违约金6000万元；二、彦海公司承担汤龙、刘新龙、马忠太、王洪刚主张权利过程中的损失费用41.63万元；三、彦海公司承担本案的全部诉讼费用。

彦海公司辩称：汤龙、刘新龙、马忠太、王洪刚应分案起诉。四人与彦海公司没有购买和出售房屋的意思表示，双方之间房屋买卖合同名为买卖、实为借贷，该商品房买卖合同系为借贷合同的担保，该约定违反了《中华人民共和国担保法》第四十条、《中华人民共和国物权法》第一百八十六条的规定，是无效的。双方签订的商品房买卖合同存在显失公平、乘人之危的情况。四人要求的违约金及损失费用亦无事实依据。

法院经审理查明：汤龙、刘新龙、马忠太、王洪刚与彦海公司于2013年先后签订多份借款合同，通过实际出借并接受他人债权转让，取得对彦海公司合计2.6亿元借款的债权。为担保该借款合同履行，四人与彦海公司分别签订多份商品房预售合同，并向当地房屋产权交易管理中心办理了备案登记。该债权陆续到期后,因彦海公司未偿还借款本息,双方经对账确认彦海公司尚欠四人借款本息361398017.78元。双方随后重新签订商品房买卖合同,约定彦海公司将其名下房屋出售给四人,上述欠款本息转为已付购房款;剩余购房款38601982.22元,待办理完全部标的物产权转移登记后一次性支付给彦海公司。汤龙等四人提交的与彦海公司的对账表及明细表显示,双方之间的借款利息系分别按照月利率3%、3.5%和4%,逾期利率10%计算,并计算复利。

新疆维吾尔自治区高级人民法院于2015年4月27日作出(2015)新民一初字第2号民事判决,判令:一、彦海公司向汤龙、马忠太、刘新龙、王洪刚支付违约金9275057.23元;二、彦海公司向汤龙、马忠太、刘新龙、王洪刚支付律师费416300元;三、驳回汤龙、马忠太、刘新龙、王洪刚的其他诉讼请求。上述款项,应于判决生效后十日内一次性付清。宣判后,彦海公司以双方之间买卖合同系借款合同的担保,并非双方真实意思表示,且欠款金额包含高利息等为由,提起上诉。最高人民法院于2015年10月8日作出(2015)民一终字第180号民事判决:一、撤销新疆维吾尔自治区高级人民法院(2015)新民一初字第2号民事判决;二、驳回汤龙、刘新龙、马忠太、王洪刚的诉讼请求。

争议与问题

案涉《商品房买卖合同》和《预售商品房补充协议》的法律效力如何?彦海公司是否应当向汤龙、马忠太、刘新龙、王洪刚支付违约金9275057.23元及律师费416300元?

案例分析

一、案涉《商品房买卖合同》和《预售商品房补充协议》的法律效力

(一)《预售商品房补充协议》的真实性

就彦海公司公章、财务章等移交情况,在一审庭审中,双方当事人均未提交证据予以证明。庭审结束后,双方各自向一审法院提交了一份《印章保管使用交接登记表》,一审法院未组织双方予以质证,且两份登记表所载内容相左。根据《中华人民共和国民事诉讼法》第六十八条、《最高人民法院关于适用〈中华人民共和国民事诉讼法〉的解释》第一百零三条第一款之规定,双方提交的上述《印章保管使用交接登记表》,不能作为认定本案事实的根据,一审判决仅根据汤龙等四人提交的上述登记表,认定彦海公司公章、财务章等移交的相关事实,违反了上述法律、司法解释的规定,二审法院对此予以了纠正。

就《预售商品房补充协议》的真实性问题,2014年6月23日彦海公司出具的《承诺书》的内容显示,彦海公司承认其与买受方于2014年6月18日签订了编号为预售房字201506号的《预售商品房补充协议》,彦海公司为认真、严格履行该补充协议,向买受方作出承诺。该《承诺书》落款处有彦海公司法定代表人甘彦海及股东甘彦春的签名及捺印。二审中,甘彦

海认可该《承诺书》的真实性,但主张该《承诺书》系为向银行办理贷款而写给银行的,而不是出具给汤龙等四人的。二审法院认为,彦海公司对其所持《承诺书》并非向汤龙等四人出具,而是向银行出具的办理贷款材料的事实主张,未向二审法院举证证明,且《承诺书》抬头明确载明为"买受人"而非任何银行,故对彦海公司的该项陈述,法院不予采信。现彦海公司对《预售商品房补充协议》的真实性不予认可,但根据上述《承诺书》的内容,彦海公司明确表示同意按照《预售商品房补充协议》的约定履行相应义务,故本案中可以认定《预售商品房补充协议》的真实性。彦海公司申请对《印章保管使用交接登记表》上印章交接人的签字进行笔迹鉴定,但该事项对本案基本事实的认定没有实际意义。根据《最高人民法院关于适用〈中华人民共和国民事诉讼法〉的解释》第一百二十一条第一款之规定,对彦海公司的该项申请,法院不予准许。

(二)《商品房买卖合同》和《预售商品房补充协议》的法律效力

本案中,双方当事人对《商品房买卖合同》的真实性均无异议,《预售商品房补充协议》的真实性亦依法可以确认,根据《中华人民共和国合同法》第三十二条、第四十四条第一款的规定,《商品房买卖合同》和《预售商品房补充协议》均已依法成立。该两份合同签订前,彦海公司与汤龙等四人之间确实存在借款合同关系,且为履行借款合同,双方签订了《补充协议》,并依据该《补充协议》的约定,签订了相应的《商品房预售合同》,办理了预购商品房预告登记。但根据《预售商品房补充协议》的约定内容及双方于2014年6月18日、7月10日的对账情况,双方于2014年6月18日签订的《商品房买卖合同》,系在彦海公司长期拖欠借款利息,已确定无能力偿还借款本金及利息的情况下,双方经协商同意,借款期限提前到期,并将对账确认的借款本息转为购房款,将双方之间的借款合同关系转变为商品房买卖合同关系,对房屋交付、尾款支付、违约责任等权利义务内容亦作出了约定。最高人民法院认为,民事法律关系的产生、变更、消灭,除基于法律特别规定外,需要通过法律关系参与主体的意思表示一致而形成。而民事交易活动过程中,当事人的意思表示发生变化的情况并不少见,该意思表示的变化,除为法律特别规定所禁止外,均应予以准许。由于《商品房买卖合同》和《预售商品房补充协议》签订时,双方之间的部分借款已经到期,其余部分借款也由双方当事人一致同意提前到期,在此情况下,双方经协商一致终止借款合同关系,订立《商品房买卖合同》,建立商品房买卖合同关系,将对账确认的借款本息转变为已付购房款。该《商品房买卖合同》并非为双方之间的借款合同的履行提供担保,而是借款合同到期彦海公司难以清偿债务时,双方协商通过将彦海公司所有的商品房出售给汤龙等四位债权人的方式,实现双方权利义务平衡的一种交易安排。《商品房买卖合同》及与其相关的《预售商品房补充协议》《承诺书》的内容均表明,汤龙等四人具有实际向彦海公司购买案涉房屋的真实意愿,彦海公司亦具有向汤龙等四人出售该房屋的真实意愿。当事人的上述交易安排,并未违反法律、行政法规的强制性规定,亦不属于《中华人民共和国物权法》第一百八十六条规定禁止的情形。尽管案涉购房款的支付源于当事人之间曾经存在的借款合同关系,但尊重当事人嗣后形成的变更法律关系性质的一致意思表示,是贯彻合同自由原则的应有之意。借此,对彦海公司所持的"根据《中华人民共和国合同法》第五十二条第三项之规定,本案《商品房买卖合同》《预售商品房补充协议》应认定为无效"的主张,二审法院依法亦不予采信。彦海公司虽主张双方之间部分借款关系涉嫌犯罪,二审时正在公安机关处理过程中,但就该主张,彦海公司未提供证据证明,对其该项事实主张,二审法院难以采信。彦海公司据此申请本案延期审理,亦不符合《中华人民共和国民事诉讼法》第一百四十六条之规定,对其申请,二审法院依法不予准许。彦海公司主张案涉房产的实际价值为8亿元,远高于《商品房买卖合同》约定的买卖价格,因而显失公平,侵犯了彦海公司其他债权人的权益。就案涉《商品房买卖合同》签订时存在显失公平的事实,彦海公司于二审中提交的16份证据,不足以证明其所持主张,就该事实彦海公司亦未提供其他证据予以证明。且若彦海公司认为该交易价格显失公平,根据《中华人民共和国合同法》第五十四条之规定,应依法行使撤销权,现彦海公司仅以价格显失公平为由主张合同无效,缺乏事实和法律依据,二审法院对此不予采信。

关于彦海公司主张:根据《最高人民法院关于审理民间借贷案件适用法律若干问题的规定》第二十四条的规定,本案属于当事人以签订买卖合同作为民间借贷合同担保的情形,应当按照民间借贷法律关系审理。二审法院认为,本案作为二审案件,原则上不适用上述司法解释的规定。而且依前所述,案涉《商品房买卖合同》是在借款到期后,双方当事人经协商对账后签订的,目的在于将双方之前的借款本金及利息转变为购房款,由原出借人向借款人购买标的房屋,而并非为借款合同提供担保,故本案情形亦不属于上述司法解释第二十四条规定的适用情形。彦海公司所持本案应按照民间借贷法律关系予以审理的上诉理由,缺乏事实和法律依据,二审法院对此不予采信。

二、彦海公司是否应当向汤龙、马忠太、刘新龙、王洪刚支付违约金9275057.23元及律师费416300元

在确认《商品房买卖合同》和《预售商品房补充协议》真实有效的情况下,原则上应当按照合同约定确定双方当事人之间的权利义务关系。但在本案中,双方当事人均认可该《商品房买卖合同》系在双方原借款合同关系基础上达成,且彦海公司提出双方在合同中确认的欠款数额,包含了汤龙等四人计算的高额利息。鉴于双方当事人均认可对账确认的欠款数额,即包含了借款本金及利息,在当事人将该欠款转化为已付购房款,并请求司法确认和保护购房者合同权利时,人民法院对基于借款合同的实际履行而形成的借款本金及利息数额应当予以审查,以避免当事人通过签订《商品房买卖合同》等方式,将违法高息合法化。

二审中,经询问,双方当事人均认可《预售商品房补充协议》中确认的汤龙等四人已付房款361398017.78元,系根据汤龙等四人一审中提交的两份对账单显示的借款本息余额合计351398017.78元,加上王洪刚承担的彦海公司对案外人李静的债务1000万元所得。经查,汤龙等四人于一审提交的2014年6月18日《甘彦海客户对账表》和2014年7月10日《甘彦海利息明细表》载明,双方之间借款利息系分别按照月利率3%、3.5%和4%,逾期利率10%计算,并计算复利。以此计算,上述对账表及明细表所计算的借款利息的利率,已经超出法律规定的民间借贷利率保护上限。对双方当事人通过上述对账确认的欠款数额,二审

法院依法没有予以确认。由于法律保护的借款利率明显低于双方当事人上述对账确认的借款利率,故应当认为汤龙等四人作为《商品房买卖合同》的购房人,尚未足额支付合同约定的 361398017.78 元首期购房款。二审法院认为,虽然《商品房买卖合同》和《预售商品房补充协议》明确约定了彦海公司交付房屋的时间为 2014 年 9 月 30 日,但应当认为,该交房义务系以汤龙等四人支付首期购房款 361398017.78 元为履行前提。在汤龙等四人尚未足额支付首期购房款 361398017.78 元的情况下,彦海公司未按照约定时间交付房屋,不应视为违约。鉴此,汤龙等四人以彦海公司逾期交付房屋构成违约为事实依据,要求彦海公司支付违约金及律师费,缺乏事实和法律依据。一审判决仅依据双方合同约定和对账确定的金额,认定汤龙等四人已经依约履行支付首期购房款义务,彦海公司逾期交付房屋构成违约,并据此判令彦海公司承担支付违约金及律师费的违约责任错误,最高人民法院对此予以了纠正。

律师支招

借款合同双方当事人经协商一致,终止借款合同关系,建立商品房买卖合同关系,将借款本金及利息转化为已付购房款并经对账清算的,不属于《中华人民共和国物权法》第一百八十六条规定禁止的情形,该《商品房买卖合同》的订立目的,亦不属于《最高人民法院关于审理民间借贷案件适用法律若干问题的规定》第二十四条规定的"作为民间借贷合同的担保"。在不存在《中华人民共和国合同法》第五十二条规定情形的情况下,该《商品房买卖合同》具有法律效力。但对转化为已付购房款的借款本金及利息数额,人民法院应当结合借款合同等证据予以审查,以防止当事人将超出法律规定保护限额的高额利息转化为已付购房款。

现实社会中存在着大量的以房抵债类纠纷。究竟房屋买卖合同是对借款协议的担保还是真实的房屋买卖意思表示?应如何区分真实的房屋买卖合同与以房抵债的担保合同?在最高人民法院公报公布的"朱俊芳案"中,最高人民法院认为:1.双方当事人基于同一笔款项先后签订《商品房买卖合同》和《借款协议》,并约定如借款到期偿还借款,《商品房买卖合同》不再履行;若借款到期不能偿还借款,则履行《商品房买卖合同》。在合同、协议均依法成立并已生效的情况下,应当认定当事人之间同时成立了商品房买卖和民间借贷两个民事法律关系。该行为并不违反法律、行政法规的强制性规定。2.借款到期,借款人不能按期偿还借款。对方当事人要求并通过履行《商品房买卖合同》取得房屋所有权,不违反《中华人民共和国担保法》第四十条、《中华人民共和国物权法》第一百八十六条有关"禁止流押"的规定。《商品房买卖合同》和《借款协议》涉及同一笔款项。《商品房买卖合同》实际上是为《借款协议》提供担保,《借款协议》实际上为《商品房买卖合同》的履行附设了解除条件。《借款协议》并未约定如果嘉和泰公司到期不能偿还借款,抵押物所有权便转移为朱俊芳所有,而仅约定债务人到期不能偿还借款的履行买卖合同,不符合流押条款的内容,双方当事人对履行《借款协议》或《商品房买卖合同》具有选择权,且债务人的这种选择权更为主动。如《借款协议》中所附解除条件未成就,应当继续履行《商品房买卖合同》。

综上可知,判断"以房抵债协议"是否违反流押禁令,不能简单地从当事人之间有无设定抵押权来进行判断,而应该考虑流押禁令的法理基础,综合判断当事人的约定是否对合同利益的平衡造成较大破坏,并结合相关交易实践进行判断。

必懂知识点

在民间借贷中,以买卖合同作为借款合同的债权担保,可以说是当事人为了规避《中华人民共和国物权法》关于"禁止流押"条款的规定而采取的变通的做法。即双方当事人通过订立一份买卖合同来担保借款合同的履行,约定如果债务到期后,借款人未能偿还借款的,双方当事人就履行买卖合同,用抵押物来顶替借款。

在学理上,有些学者认为这是一种让与担保关系,杨立新教授更是提出了"后让与担保"的概念。让与担保,是债务人或第三人为担保债务人之债务而将担保标的物的财产权转移给担保权人,于债务清偿后,标的物返还债务人或第三人,债务人不履行时,担保权人就该标的物受偿的非典型担保。后让与担保是指债务人或者第三人为担保债权人的债权,与债权人签订不动产买卖合同,约定将不动产买卖合同的标的物作为担保标的物,但权利转让并不实际履行,于债务人不能清偿债务时,须将担保标的物的所有权转让给债权人,债权人据此享有的以担保标的物优先受偿的非典型担保物权。杨立新教授认为,使用买卖合同对借款进行担保并没有真的将所有权转移给债权人,而是在借款期满、债权人未受偿之后才进行转移,所以使用商品房买卖合同为借款进行担保的方法属于后让与担保。除此之外,还有学者认为此类案件的性质可以从代物清偿的角度来进行分析。代物清偿是通过他种给付的履行替代原债务关系中的履行义务,从而消灭原债之关系的行为。这在我国现有的法律文件中并未明文规定,但在实践中,随着商品经济和市场经济的发展,代物清偿法律关系也是大量存在的。但在审判实践中,这种以房屋买卖为借款进行担保的行为普遍被看作是一种"名为买卖,实为借贷"的行为。这种认定方式在实质上否认了双方当事人签订房屋买卖合同的行为的真实意图,认为商品房买卖合同的签订是双方当事人通谋虚伪表示的结果,以此种解释路径最终得到的结论就是商品房买卖合同不成立。《最高人民法院关于审理民间借贷案件适用法律若干问题的规定》第二十四条规定:"当事人以签订买卖合同作为民间借贷合同的担保,借款到期后借款人不能还款,出借人请求履行买卖合同的,人民法院应当按照民间借贷法律关系审理,并向当事人释明变更诉讼请求。当事人拒绝变更的,人民法院裁定驳回起诉。按照民间借贷法律关系审理作出的判决生效后,借款人不履行生效判决确定的金钱债务,出借人可以申请拍卖买卖合同标的物,以偿还债务。就拍卖所得的价款与应偿还借款本息之间的差额,借款人或者出借人有权主张返还或补偿。"这可谓是最佳体现。

法律规则和各种理论学说之间有共识,也有分歧。现实生活中的合同总是多种多样、千变万化的。改革开放以来,随着经济体制改革的不断深入,中小企业融资难的问题成为当前经济发展的一大门槛。在此背景下,作为正规金融合理补充的民间借贷,因其手续简便、放款迅速而日趋活跃,借贷规模不断扩大,已成为广大市场主体获得生产生活资金来源、投资谋取利益的重要渠道。然而,由于我国金融和法律体系处于发展阶段,有些内容还不健全,民间借贷又以其自发的特点游离于国家金融监管体系的边缘。民间借贷的主体受到利益的驱动,可能会签订与自己意思完全相反的合同,甚至发生虚假诉讼、高利贷、非法集资等现象。但是,民间借贷是当下资本市场的重要组成部分,维护它的健康发展是保障金融安全的重要部分,法治在发展,相信在不久的将来,这一问题会得到更完善的解决。

必知法规

◎ 《中华人民共和国合同法》

第三十二条 当事人采用合同书形式订立合同的,自双方当事人签字或者盖章时合同成立。

第四十四条 依法成立的合同,自成立时生效。

法律、行政法规规定应当办理批准、登记等手续生效的,依照其规定。

第五十二条 有下列情形之一的,合同无效:

(一)一方以欺诈、胁迫的手段订立合同,损害国家利益;

(二)恶意串通,损害国家、集体或者第三人利益;

(三)以合法形式掩盖非法目的;

(四)损害社会公共利益;

(五)违反法律、行政法规的强制性规定。

第五十四条 下列合同,当事人一方有权请求人民法院或者仲裁机构变更或者撤销:

(一)因重大误解订立的;

(二)在订立合同时显失公平的。

一方以欺诈、胁迫的手段或者乘人之危,使对方在违背真实意思的情况下订立的合同,受损害方有权请求人民法院或者仲裁机构变更或者撤销。

当事人请求变更的,人民法院或者仲裁机构不得撤销。

◎ 《中华人民共和国物权法》

第一百八十六条 抵押权人在债务履行期届满前,不得与抵押人约定债务人不履行到期债务时抵押财产归债权人所有。

◎ 《中华人民共和国民事诉讼法》

第六十八条 证据应当在法庭上出示,并由当事人互相质证。对涉及国家秘密、商业秘密和个人隐私的证据应当保密,需要在法庭出示的,不得在公开开庭时出示。

第一百四十六条 有下列情形之一的,可以延期开庭审理:

(一)必须到庭的当事人和其他诉讼参与人有正当理由没有到庭的;

(二)当事人临时提出回避申请的;

(三)需要通知新的证人到庭,调取新的证据,重新鉴定、勘验,或者需要补充调查的;

(四)其他应当延期的情形。

第一百七十条 第二审人民法院对上诉案件,经过审理,按照下列情形,分别处理:

(一)原判决、裁定认定事实清楚,适用法律正确的,以判决、裁定方式驳回上诉,维持原判决、裁定;

(二)原判决、裁定认定事实错误或者适用法律错误的,以判决、裁定方式依法改判、撤销或者变更;

(三)原判决认定基本事实不清的,裁定撤销原判决,发回原审人民法院重审,或者查清事实后改判;

(四)原判决遗漏当事人或者违法缺席判决等严重违反法定程序的,裁定撤销原判决,发回原审人民法院重审。

原审人民法院对发回重审的案件作出判决后,当事人提起上诉的,第二审人民法院不得再次发回重审。

◎ 《最高人民法院关于适用〈中华人民共和国民事诉讼法〉的解释》

第一百零三条 证据应当在法庭上出示,由当事人互相质证。未经当事人质证的证据,不得作为认定案件事实的根据。

当事人在审理前的准备阶段认可的证据,经审判人员在庭审中说明后,视为质证过的证据。

涉及国家秘密、商业秘密、个人隐私或者法律规定应当保密的证据,不得公开质证。

第一百二十一条 当事人申请鉴定,可以在举证期限届满前提出。申请鉴定的事项与待证事实无关联,或者对证明待证事实无意义的,人民法院不予准许。

人民法院准许当事人鉴定申请的,应当组织双方当事人协商确定具备相应资格的鉴定人。当事人协商不成的,由人民法院指定。

符合依职权调查收集证据条件的,人民法院应当依职权委托鉴定,在询问当事人的意见后,指定具备相应资格的鉴定人。

◎ 《最高人民法院关于审理民间借贷案件适用法律若干问题规定》

第二十四条 当事人以签订买卖合同作为民间借贷合同的担保,借款到期后借款人不能还款,出借人请求履行买卖合同的,人民法院应当按照民间借贷法律关系审理,并向当事人释明变更诉讼请求。当事人拒绝变更的,人民法院裁定驳回起诉。

按照民间借贷法律关系审理作出的判决生效后,借款人不履行生效判决确定的金钱债务,出借人可以申请拍卖买卖合同标的物,以偿还债务。就拍卖所得的价款与应偿还借款本息之间的差额,借款人或者出借人有权主张返还或补偿。

关联交易转移资产，债权人须注重保护

恶意串通损害第三人利益合同是我国立法明确规定的无效合同中的一种，其首次明确规定于《中华人民共和国民法通则》中。1999年生效的《中华人民共和国合同法》承袭了《中华人民共和国民法通则》中有关恶意串通合同效力的相关规定。《中华人民共和国民法通则》和《中华人民共和国合同法》是规范民事活动的重要法律文件。并且，这种立法规定被《中华人民共和国票据法》《中华人民共和国拍卖法》《最高人民法院关于审理商品房买卖合同纠纷案件适用法律若干问题的解释》等多种法律、法规、司法解释所体现。在司法实践乃至人们的日常生活中，恶意串通损害第三人利益的情形时有发生，掌握其相关的法律知识能够帮助我们更好地保护自身的合法权益。最高人民法院于2014年12月18日发布了指导案例33号《瑞士嘉吉国际公司诉福建金石制油有限公司等确认合同无效纠纷案》，对法院审理此类案件进行指导。

案例介绍

一、恶意串通，低价转移资产

瑞士嘉吉国际公司（Cargill International SA，以下简称"嘉吉公司"）与福建金石制油有限公司（以下简称"福建金石公司"）以及大连金石制油有限公司、沈阳金石豆业有限公司、四川金石油粕有限公司、北京珂玛美嘉粮油有限公司、宜丰香港有限公司（该六公司以下统称"金石集团"）存在商业合作关系。嘉吉公司因与金石集团买卖大豆发生争议，双方在国际油类、种子和脂类联合会仲裁过程中于2005年6月26日达成《和解协议》，约定金石集团将在五年内分期偿还债务，并将金石集团旗下福建金石公司的全部资产，包括土地使用权、建筑物和固着物、所有的设备及其他财产抵押给嘉吉公司，作为偿还债务的担保。2005年10月10日，国际油类、种子和脂类联合会根据该《和解协议》作出第3929号仲裁裁决，确认金石集团应向嘉吉公司支付1337万美元。2006年5月，因金石集团未履行该仲裁裁决，福建金石公司也未配合进行资产抵押，嘉吉公司向福建省厦门市中级人民法院申请承认和执行第3929号仲裁裁决。2007年6月26日，厦门市中级人民法院经审查后裁定对该仲裁裁决的法律效力予以承认和执行。该裁定生效后，嘉吉公司申请强制执行。

2006年5月8日,福建金石公司与福建田源生物蛋白科技有限公司(以下简称"田源公司")签订了一份《国有土地使用权及资产买卖合同》,约定福建金石公司将其国有土地使用权、厂房、办公楼和油脂生产设备等全部固定资产以2569万元人民币的价格转让给田源公司,其中国有土地使用权作价464万元、房屋及设备作价2105万元,应在合同生效后30日内支付全部价款。王晓琪和柳锋分别作为福建金石公司与田源公司的法定代表人在合同上签名。福建金石公司曾于2001年12月31日以482.1万元取得本案所涉32138平方米国有土地使用权。2006年5月10日,福建金石公司与田源公司对买卖合同项下的标的物进行了交接。同年6月15日,田源公司通过在中国农业银行漳州支行的账户向福建金石公司在同一银行的账户转入2500万元。福建金石公司当日从该账户汇出1300万元、1200万元两笔款项至金石集团旗下大连金石制油有限公司账户,用途为往来款。同年6月19日,田源公司取得上述国有土地使用权证。

2008年2月21日,田源公司与漳州开发区汇丰源贸易有限公司(以下简称"汇丰源公司")签订《买卖合同》,约定汇丰源公司购买上述土地使用权及地上建筑物、设备等,总价款为2669万元,其中土地价款603万元、房屋价款334万元、设备价款1732万元。汇丰源公司于2008年3月取得上述国有土地使用权证。汇丰源公司仅于2008年4月7日向田源公司付款569万元,此后未付其余价款。

田源公司、福建金石公司、大连金石制油有限公司及金石集团旗下其他公司的直接或间接控制人均为王政良、王晓莉、王晓琪、柳锋。王政良与王晓琪、王晓莉是父女关系,柳锋与王晓琪是夫妻关系。2009年10月15日,中纺粮油进出口有限责任公司(以下简称"中纺粮油公司")取得田源公司80%的股权。2010年1月15日,田源公司更名为中纺粮油(福建)有限公司(以下简称"中纺福建公司")。

汇丰源公司成立于2008年2月19日,原股东为宋明权、杨淑莉。2009年9月16日,中纺粮油公司和宋明权、杨淑莉签订《股权转让协议》,约定中纺粮油公司购买汇丰源公司80%的股权。同日,中纺粮油公司(甲方)、汇丰源公司(乙方)、宋明权和杨淑莉(丙方)及沈阳金豆食品有限公司(丁方)签订《股权质押协议》,约定:丙方将所拥有汇丰源公司20%的股权质押给甲方,作为乙方、丙方、丁方履行"合同义务"之担保;"合同义务"系指乙方、丙方在《股权转让协议》及《股权质押协议》项下因"红豆事件"而产生的所有责任和义务;"红豆事件"是指嘉吉公司与金石集团就进口大豆中掺杂红豆原因而引发的金石集团涉及的一系列诉讼及仲裁纠纷以及与此有关的涉及汇丰源公司的一系列诉讼及仲裁纠纷。此外还约定,下述情形同时出现之日,视为乙方和丙方的"合同义务"已完全履行:1.因"红豆事件"而引发的任何诉讼、仲裁案件的全部审理及执行程序均已终结,且乙方未遭受财产损失;2.嘉吉公司针对乙方所涉合同可能存在的撤销权因超过法律规定的最长期间(五年)而消灭。2009年11月18日,中纺粮油公司取得汇丰源公司80%的股权。汇丰源公司成立后并未进行实际经营。

二、法网恢恢,判决买卖合同无效

由于福建金石公司已无可供执行的财产,导致无法执行,嘉吉公司遂向福建省高级人民法院提起诉讼,请求:一是确认福建金石公司与中纺福建公司签订的《国有土地使用权及资产买卖合同》无效;二是确认中纺福建公司与汇丰源公司签订的国有土地使用权及资产《买卖合同》无效;三是判令汇丰源公司、中纺福建公司将其取得的合同项下财产返还给财产所有人。

福建省高级人民法院于2011年10月23日作出(2007)闽民初字第37号民事判决,确认福建金石公司与田源公司(后更名为中纺福建公司)之间的《国有土地使用权及资产买卖合同》、田源公司与汇丰源公司之间的《买卖合同》无效;判令汇丰源公司于判决生效之日起三十日内向福建金石公司返还因上述合同而取得的国有土地使用权,中纺福建公司于判决生效之日起三十日内向福建金石公司返还因上述合同而取得的房屋、设备。宣判后,福建金石公司、中纺福建公司、汇丰源公司提出上诉。最高人民法院于2012年8月22日作出(2012)民四终字第1号民事判决,驳回上诉,维持原判。

争议与问题

福建金石公司、田源公司(后更名为中纺福建公司)、汇丰源公司相互之间订立的合同是否构成恶意串通、损害嘉吉公司利益的合同?本案所涉合同被认定无效后的法律后果如何?

案例分析

最高人民法院认为:因嘉吉公司注册登记地在瑞士,本案系涉外案件,各方当事人对适用中华人民共和国法律审理本案没有异议。本案源于债权人嘉吉公司认为债务人福建金石公司与关联企业田源公司、田源公司与汇丰源公司之间关于土地使用权以及地上建筑物、设备等资产的买卖合同,因属于《中华人民共和国合同法》第五十二条第二项"恶意串通,损害国家、集体或者第三人利益"的情形而应当被认定无效,并要求返还原物。

一、关于福建金石公司、田源公司、汇丰源公司相互之间订立的合同是否构成"恶意串通,损害第三人利益"的合同

首先,福建金石公司、田源公司在签订和履行《国有土地使用权及资产买卖合同》的过程中,其实际控制人之间系亲属关系,且柳锋、王晓琪夫妇分别作为两公司的法定代表人在合同上签署。因此,可以认定在签署以及履行转让福建金石公司国有土地使用权、房屋、设备的合同过程中,田源公司对福建金石公司的状况是非常清楚的,对包括福建金石公司在内的金石集团因"红豆事件"被仲裁裁决确认对嘉吉公司形成1337万美元债务的事实是清楚的。

其次,《国有土地使用权及资产买卖合同》订立于2006年5月8日,其中约定田源公司购买福建金石公司资产的价款为2569万元,国有土地使用权作价464万元、房屋及设备作价2105万元,并未根据相关会计师事务所的评估报告作价。一审法院根据福建金石公司2006年5月31日资产负债表,以其中载明固定资产原价44042705.75元、扣除折旧后固定

资产净值为32354833.70元,而《国有土地使用权及资产买卖合同》中对房屋及设备作价仅2105万元,认定《国有土地使用权及资产买卖合同》中约定的购买福建金石公司资产价格为不合理低价是正确的。在明知债务人福建金石公司欠债权人嘉吉公司巨额债务的情况下,田源公司以明显不合理低价购买福建金石公司的主要资产,足以证明其与福建金石公司在签订《国有土地使用权及资产买卖合同》时具有主观恶意,属恶意串通,且该合同的履行足以损害债权人嘉吉公司的利益。

第三,《国有土地使用权及资产买卖合同》签订后,田源公司虽然向福建金石公司在同一银行的账户转账2500万元,但该转账并未注明款项用途,且福建金石公司于当日将2500万元分两笔汇入其关联企业大连金石制油有限公司账户;又根据福建金石公司和田源公司当年的财务报表,并未体现该笔2500万元的入账或支出,而是体现出田源公司尚欠福建金石公司"其他应付款"121224155.87元。一审法院据此认定田源公司并未根据《国有土地使用权及资产买卖合同》向福建金石公司实际支付价款是合理的。

第四,从公司注册登记资料看,汇丰源公司成立时股东构成似与福建金石公司无关,但在汇丰源公司股权变化的过程中可以看出,汇丰源公司在与田源公司签订《买卖合同》时,对转让的资产来源以及福建金石公司对嘉吉公司的债务是明知的。《买卖合同》约定的价款为2669万元,与田源公司从福建金石公司购入该资产的约定价格相差不大。汇丰源公司除已向田源公司支付569万元外,其余款项未付。一审法院据此认定汇丰源公司与田源公司签订《买卖合同》时恶意串通并足以损害债权人嘉吉公司的利益,并无不当。

综上,福建金石公司与田源公司签订的《国有土地使用权及资产买卖合同》、田源公司与汇丰源公司签订的《买卖合同》,属于恶意串通、损害嘉吉公司利益的合同。根据合同法第五十二条第二项的规定,均应当认定无效。

二、关于本案所涉合同被认定无效后的法律后果

对于无效合同的处理,人民法院一般应当根据合同法第五十八条"合同无效或者被撤销后,因该合同取得的财产,应当予以返还;不能返还或者没有必要返还的,应当折价补偿。有过错的一方应当赔偿对方因此所受到的损失,双方都有过错的,应当各自承担相应的责任"的规定,判令取得财产的一方返还财产。本案涉及的两份合同均被认定无效,两份合同涉及的财产相同,其中国有土地使用权已经从福建金石公司经田源公司变更至汇丰源公司名下,在没有证据证明本案所涉房屋已经由田源公司过户至汇丰源公司名下、所涉设备已经由田源公司交付汇丰源公司的情况下,一审法院直接判令取得国有土地使用权的汇丰源公司、取得房屋和设备的田源公司分别就各自取得的财产返还给福建金石公司并无不妥。

合同法第五十九条规定:"当事人恶意串通,损害国家、集体或者第三人利益的,因此取得的财产收归国家所有或者返还集体、第三人。"该条规定应当适用于能够确定第三人为财产所有权人的情况。本案中,嘉吉公司对福建金石公司享有普通债权,本案所涉财产系福建金石公司的财产,并非嘉吉公司的财产,因此只能判令将系争财产返还给福建金石公司,而不能直接判令返还给嘉吉公司。

律师支招

一、关于债权人保护债权方式的选择权

根据我国合同法的有关规定,在债权人认为债务人的行为危害其债权的情况下,保护债权的方式有两种:一是债权人根据合同法第七十四条第一款的规定,行使债权人的撤销权,请求人民法院撤销债务人订立的相关合同;二是债权人根据合同法第五十二条第二项的规定,请求人民法院确认债务人签订的相关合同无效。虽然两者的法律后果都是达到恢复原状的目的,但是二者在适用范围、期限和证明标准等方面存在区别。一是适用范围不同。根据合同法第七十四条的规定,"债务人放弃其到期债权或者无偿转让财产,对债权人造成损害的",或者"债务人以明显不合理的低价转让财产,对债权人造成损害,并且受让人知道该情形的",债权人可以请求人民法院撤销债务人的行为。《最高人民法院关于适用〈中华人民共和国合同法〉若干问题的解释(二)》第十八条补充了债务人放弃其未到期债权、放弃债权担保和恶意延长到期债权的履行期三种情形。而主张合同无效限于前述合同法第五十二条规定的五种情形之一。二是期限不同。合同法第七十五条规定:"撤销权自债权人知道或者应当知道撤销事由之日起一年内行使。自债务人的行为发生之日起五年内没有行使撤销权的,该撤销权消灭。"可见行使撤销权会有除斥期间的限制,而请求确认合同无效则无此期限限制。三是证明标准不同。从司法实践来看,在行使撤销权的情况下,债权人只需要举证证明"债务人无偿转让财产"或者"债务人以明显不合理的低价转让财产,对债权人造成损害,并且受让人知道该情形",其中只要债权人能够举证证明受让人知道债务人是以明显不合理的低价转让财产,就足以认定受让人知道会因此对债权人造成损害。而债权人选择以债务人与他人恶意串通损害其利益为由主张合同无效,会在举证方面面临更高的要求(具体要求在下面说明)。可见,对债权人而言,两种保护债权实现的方式各有利弊,债权人可以在权衡利弊后进行选择。本案例中,债权人嘉吉公司选择的是请求确认相关转让财产的合同无效。

二、关于恶意串通的证明标准问题

在主张相关合同无效的情况下,债权人不仅要证明债务人有损害其利益的行为,而且要证明债务人与受让人恶意串通。恶意串通,是以损害他人利益为目的而相互通谋、相互勾结作出的意思表示。债权人既要证明债务人与受让人主观上具有恶意,还要证明他们客观上具有串通损害其利益的行为。值得注意的是,自2015年2月4日起施行的《最高人民法院关于适用〈中华人民共和国民事诉讼法〉的解释》第一百零九条规定:"当事人对欺诈、胁迫、恶意串通事实的证明,以及对口头遗嘱或者赠与事实的证明,人民法院确信该待证事实存在的可能性能够排除合理怀疑的,应当认定该事实存在。"该条解释对提高证明标准的特殊情形进行了明确规定,即对欺诈、胁迫和恶意串通等事实的证明,这反映立法者有对此类待证事实提高证明标准的目的,审判实践中对这些事实也应当适用高于高度盖然性的证明标准。

可见,恶意串通等事实的证明标准,需要达到排除合理怀疑的程度,并高于民事诉讼中高度盖然性的一般证明标准。

必懂知识点

债权人撤销权又称"撤销诉权"或"废罢诉权",是指当债务人所为的减少其财产的行为危害债权实现时,债权人为保全债权得以请求法院予以撤销该行为的权利。债权人撤销权是债权的保全方式之一,旨在防止因债务人的责任财产减少而致债权不能实现的现象出现。因债权人撤销权的行使是撤销债务人与第三人间的行为,从而使债务人与第三人间已成立的法律关系被破坏,当然地涉及第三人的利益。因此,债权人的撤销权也是债的关系对第三人效力的表现之一。我国法律制度中有关债权人撤销权的相关内容主要被规定在《中华人民共和国合同法》及最高人民法院关于适用《中华人民共和国合同法》若干问题的解释中。

一、债权人撤销权的相关规定

(一)债权人撤销权行使的情形

《中华人民共和国合同法》第七十四条规定:"因债务人放弃其到期债权或者无偿转让财产,对债权人造成损害的,债权人可以请求人民法院撤销债务人的行为。债务人以明显不合理的低价转让财产,对债权人造成损害,并且受让人知道该情形的,债权人也可以请求人民法院撤销债务人的行为。撤销权的行使范围以债权人的债权为限。债权人行使撤销权的必要费用,由债务人负担。"

通过合同法的规定可以看出,我国对可以适用债权人撤销权的情形作了具体规定,明确只有在法律规定的情形下才可以适用债权人撤销权。在现实的司法案例中,法院也多以法条规定的情形为判断标准,决定是否允许债权人撤销债务人的行为。

合同法的上述规定,在出现以下情形时值得探讨:

1.债务人放弃未到期债权

债权的到期与否,关系到债权人是否可以请求债务人为给付。已到期的债权,债权人可以请求对方为给付;除非债务人放弃履行期限的利益,债权人不得请求债务人为给付。那么债权的到期与否,是否会影响债权人撤销权的适用?

只要债务人的行为是在债权成立后所为,那么这项债权都可以依债权人撤销权予以保护,即便是该行为发生时债权的履行期限还没到,债权人也可以主张债权人撤销权。就债权人而言,到期的债权可以请求履行,在权利转化为最终的利益方面,债权人拥有更高的价值。但这种价值只是一种期待的利益转化为现实权利,并没有因此而获得终局的利益。就债权人撤销权的构成要件方面而言,只需债务人的行为使责任财产减少就可满足要件,而不拘泥于财产的性质为何,更没有要求财产对债务人而言须达到何种标准。因此,债权的到期与否,对债权人撤销权的构成要件不产生影响。

根据2009年发布的《最高人民法院关于适用〈中华人民共和国合同法〉若干问题的解释(二)》第十八条的规定,债务人放弃其未到期的债权,对债权人造成损害,债权人可行使撤销权。

2.债务人以明显不合理的高价买受财产

债务人以100万元买入价值为50万元的财产时,债权人是否可以行使撤销权?如果将合同法条文中的"低价"解释为"货币"、"财产"解释为"除货币以外的财产",就不能当然得出可以撤销债务人以明显不合理的高价买受财产的行为。

但是,如果考量债权人撤销权制度的目的,且将"财产"的范围解释为同时包含货币时,无论是以较少的货币换取较高价值的财物,还是以较多的货币换取较低价值的财物,都可以被"以明显不合理的低价转让财产"所涵盖。

因此,对法条中的"财产"作适当的扩张解释,可以对债务人以明显不合理的高价买受财产的行为予以撤销。

3.债务人以实际价格转让不动产

债务人出卖不动产的行为在原则上不得撤销,除非是确信出卖不动产后将有害于债权。在日本判例上,曾有人认为出卖不动产会使债务人的财产变成更易消费或散佚的金钱,从而削减共同的担保,只有在债务人为了清偿已到期的债务等情形下,才能认定出卖不动产的行为不构成诈害债权。但是,近来的学说也多主张,以相当对价出卖不动产,并不会因此减少共同担保;且如果允许撤销出卖不动产的行为,会严重影响行为人作为民事主体自主行使权利、谋取经济上的利益,因此不宜认可。

因此,就目前的观点而言,以相当对价转让不动产时,并不能仅仅因此而可撤销该行为,除非能通过确切的证据证明债务人会将出卖不动产后的价款用于挥霍或者浪费。

债权人撤销权的客体应当是十分广泛的,即便是相关的类型化也无法穷尽债务人诈害债权的行为。类型化只能在相当有限的范围内对如何界定诈害行为有所帮助,不能以类型化的结果来限定债权人撤销权的客体。就立法而言,不宜对诈害行为作过细的规定,诈害行为的认定,应当在个案中根据具体情况予以把握。《中华人民共和国合同法》只允许债权人撤销三种特定的行为,虽然这是出于谨慎的考虑,避免债权人滥用权利,但是毕竟与传统的债权人撤销权制度有所背离,也不利于防范日后出现的新形态的侵害债权的行为。

(二)债权人撤销权行使的范围

《中华人民共和国合同法》规定,撤销权的行使范围以债权人的债权为限。我国的法律对此没有进一步的规定,根据前文的论述,以债权人的债权为限,是指在有其他债权人共同主张的情形下,行使的范围可以是所有债权的总额,但每一个债权人的行使范围都不得超过自己的债权额。

(三)债权人撤销权之诉的相对人

根据《最高人民法院关于适用〈中华人民共和国合同法〉若干问题的解释(一)》的规定,如果债权人在提起撤销权诉讼时只以债务人为被告而未将受益人或者受让人列为第三人的,人民法院可以追加该受益人或者受让人为第三人。

由于我国法律对债权人撤销权制度所规定的适用情形有限,所以在追加当事人方面也比较简单,具体为:

(1)债务人放弃到期债权的情形,应追加被放弃债权的债务人为被告。

(2)债务人无偿或以明显不合理的低价转让财产的情形,应当追加财产受让者为被告。如果该财产被转让给第三人的,则应同时追加第三人为被告。

(四)费用负担的特别规定

债权人行使撤销权的必要费用,由债务人负担。这里所说的必要费用,根据《最高人民法院关于适用〈中华人民共和国合同法〉若干问题的解释(一)》,是指债权人行使撤销权所支付的律师代理费、差旅费等必要费用。债权人可以主张由债务人负担这些费用,如果遇到第三人有过错的,应当由第三人适当分担。

(五)债权人撤销权的消灭

《中华人民共和国合同法》规定:"撤销权自债权人知道或者应当知道撤销事由之日起一年内行使。自债务人的行为发生之日起五年内没有行使撤销权的,该撤销权消灭。"根据这一规定,我国法律将债权人撤销权的行使期限认定为除斥期间。

二、商事领域中的债权人撤销权

除了《中华人民共和国合同法》和《最高人民法院关于适用〈中华人民共和国合同法〉若干问题的解释(一)》的相关规定外,商事领域中也有关于债权人撤销权的规定。

《中华人民共和国企业破产法》第三十一条规定:"人民法院受理破产申请前一年内,涉及债务人财产的下列行为,管理人有权请求人民法院予以撤销:(一)无偿转让财产的;(二)以明显不合理的价格进行交易的;(三)对没有财产担保的债务提供财产担保的;(四)对未到期的债务提前清偿的;(五)放弃债权的。"该法第三十二条同时规定:"人民法院受理破产申请前六个月内,债务人有本法第二条第一款规定的情形,仍对个别债权人进行清偿的,管理人有权请求人民法院予以撤销。但是,个别清偿使债务人财产受益的除外。"

债务人存在破产情形时,债权人撤销权的构成要件与一般情形有所区别。在正常情况下,债务人的诈害行为必须是发生在债权有效成立之后才能进行撤销。但是在破产法上,因为债务人已经不能完全清偿债务,为了给予债权人充分的保障,体现公平,允许对债务人在破产申请前一段时期内的行为予以撤销。但是,因为构成要件上的差别,在行使撤销权时会与一般情形有所不同。

(一)行使撤销权的主体是破产管理人

普通民事领域的债权人撤销权的行使主体是债权人本身。但是在破产程序中,破产程序开始后的行为全部由破产管理人进行,所以须由破产管理人提出相应的诉求。

(二)被撤销的行为发生在破产申请前一年内

在破产程序中虽然突破了诈害行为必须后于债权发生的要求,但是这种突破并不是没有限制的。破产管理人可以请求撤销的行为只能是在破产申请前一年内发生的,超过一年前所发生的行为不适用破产程序中的债权人撤销权。

(三)可撤销的行为仅限于法律特别规定的情形

在普通民事领域里不宜限定可撤销行为的类型,这在前文中已经进行了论述。但是破产程序不同,因为此时的撤销权规制的是破产程序开始前的行为,而相关当事人对于债务人是否将遭受破产清算无法作出预期,如果不明确限定哪些行为可以撤销的话,对于相对人来说其防范成本太大。因此,宜由法律明确规定哪些行为是可以撤销的。此外,虽然在普通民事领域中清偿行为是不可以撤销的,但是在破产中为了贯彻债权平等原则,即便是在破产程序开始前的六个月内的清偿行为,也是可以撤销的。

三、税法上的债权人撤销权

除了普通的民事领域和商事领域,在公法领域也有债权人撤销权的适用。《中华人民共和国税收征收管理法》第五十条规定:"欠缴税款的纳税人因怠于行使到期债权,或者放弃到期债权,或者无偿转让财产,或者以明显不合理的低价转让财产而受让人知道该情形,对国家税收造成损害的,税务机关可以依照合同法第七十三条、第七十四条的规定行使代位权、撤销权。税务机关依照前款规定行使代位权、撤销权的,不免除欠缴税款的纳税人尚未履行的纳税义务和应承担的法律责任。"

根据这项规定,税务机关对纳税人所为的侵害税收征收权的行为,可以依照债权人撤销权进行撤销。此时的税务机关行使债权人的权利,纳税人负担债务人的义务。相关的规则与普通民事领域相同。

同时,我国债权人撤销权制度的不足也在这里再次显露。税务机关仍然只能在特定的情形下主张撤销债务人的行为,这将无法充分保障国家税收征收的实现。

必知法规

◎ 《中华人民共和国合同法》

第五十二条 有下列情形之一的,合同无效:
(一)一方以欺诈、胁迫的手段订立合同,损害国家利益;
(二)恶意串通,损害国家、集体或者第三人利益;
(三)以合法形式掩盖非法目的;
(四)损害社会公共利益;
(五)违反法律、行政法规的强制性规定。

第五十九条 当事人恶意串通,损害国家、集体或者第三人利益的,因此取得的财产收归国家所有或者返还集体、第三人。

第七十三条 因债务人怠于行使其到期债权,对债权人造成损害的,债权人可以向人民法院请求以自己的名义代位行使债务人的债权,但该债权专属于债务人自身的除外。

代位权的行使范围以债权人的债权为限。债权人行使代位权的必要费用,由债务人负担。

第七十四条 因债务人放弃其到期债权或者无偿转让财产,对债权人造成损害的,债权人可以请求人民法院撤销债务人的行为。债务人以明显不合理的低价转让财产,对债权人造成损害,并且受让人知道该情形的,债权人也可以请求人民法院撤销债务人的行为。

撤销权的行使范围以债权人的债权为限。债权人行使撤销权的必要费用,由债务人负担。

第七十五条　撤销权自债权人知道或者应当知道撤销事由之日起一年内行使。自债务人的行为发生之日起五年内没有行使撤销权的,该撤销权消灭。

◎ 《最高人民法院关于适用〈中华人民共和国合同法〉若干问题的解释(二)》

第十八条　债务人放弃其未到期的债权或者放弃债权担保,或者恶意延长到期债权的履行期,对债权人造成损害,债权人依照合同法第七十四条的规定提起撤销权诉讼的,人民法院应当支持。

◎ 《中华人民共和国民法总则》

第一百四十四条　无民事行为能力人实施的民事法律行为无效。

第一百四十五条　限制民事行为能力人实施的纯获利益的民事法律行为或者与其年龄、智力、精神健康状况相适应的民事法律行为有效;实施的其他民事法律行为经法定代理人同意或者追认后有效。

相对人可以催告法定代理人自收到通知之日起一个月内予以追认。法定代理人未作表示的,视为拒绝追认。民事法律行为被追认前,善意相对人有撤销的权利。撤销应当以通知的方式作出。

第一百四十八条　一方以欺诈手段,使对方在违背真实意思的情况下实施的民事法律行为,受欺诈方有权请求人民法院或者仲裁机构予以撤销。

第一百五十条　一方或者第三人以胁迫手段,使对方在违背真实意思的情况下实施的民事法律行为,受胁迫方有权请求人民法院或者仲裁机构予以撤销。

第一百五十三条　违反法律、行政法规的强制性规定的民事法律行为无效,但是该强制性规定不导致该民事法律行为无效的除外。

违背公序良俗的民事法律行为无效。

第一百五十四条　行为人与相对人恶意串通,损害他人合法权益的民事法律行为无效。

第一百五十五条　无效的或者被撤销的民事法律行为自始没有法律约束力。

第一百五十六条　民事法律行为部分无效,不影响其他部分效力的,其他部分仍然有效。

第一百五十七条　民事法律行为无效、被撤销或者确定不发生效力后,行为人因该行为取得的财产,应当予以返还;不能返还或者没有必要返还的,应当折价补偿。有过错的一方应当赔偿对方由此所受到的损失;各方都有过错的,应当各自承担相应的责任。法律另有规定的,依照其规定。

◎ 《中华人民共和国税收征收管理法》

第五十条　欠缴税款的纳税人因怠于行使到期债权,或者放弃到期债权,或者无偿转让财产,或者以明显不合理的低价转让财产而受让人知道该情形,对国家税收造成损害的,税务机关可以依照合同法第七十三条、第七十四条的规定行使代位权、撤销权。

税务机关依照前款规定行使代位权、撤销权的,不免除欠缴税款的纳税人尚未履行的纳税义务和应承担的法律责任。

人格混同为逃债，连带担责是必然

公司的独立人格和股东的有限责任是现代公司法人制度的两大基石，但是公司法人制度在发挥其推动投资增长和迅速积累资本作用的同时，也可能被股东用作逃避契约或法律义务、谋取非法利益的工具。20世纪初，美国法院首次通过判例否认了公司法人人格，德国和日本也通过判例否认公司的法人人格。我国在2005年修订《中华人民共和国公司法》时引入了公司法人人格否认制度。由于公司法人人格否认制度本身内涵丰富，情形多变，所以成文法难以将适用公司法人人格否认的各种情况——列举。2013年1月31日，最高人民法院发布了指导案例15号《徐工集团工程机械股份有限公司诉成都川交工贸有限责任公司等买卖合同纠纷案》，旨在对人民法院审理此类案件进行指导。

案例介绍

一、被告人格混同，原告诉称应连带责任

徐工集团工程机械股份有限公司（以下简称"徐工机械公司"）诉称：成都川交工贸有限责任公司（以下简称"川交工贸公司"）拖欠其货款未付，而成都川交工程机械有限责任公司（以下简称"川交机械公司"）、四川瑞路建设工程有限公司（以下简称"瑞路公司"）与川交工贸公司人格混同，三个公司实际控制人王永礼以及川交工贸公司股东等人的个人资产与公司资产混同，均应承担连带清偿责任。请求判令：川交工贸公司支付所欠货款10916405.71元及利息；川交机械公司、瑞路公司及王永礼等个人对上述债务承担连带清偿责任。

川交工贸公司、川交机械公司、瑞路公司辩称：三个公司虽有关联，但并不混同，川交机械公司、瑞路公司不应对川交工贸公司的债务承担清偿责任。王永礼等人辩称：王永礼等人的个人财产与川交工贸公司的财产并不混同，不应为川交工贸公司的债务承担清偿责任。

二、债权债务混一起，业务往来说不清

川交机械公司成立于1999年，股东为四川省公路桥梁工程总公司二公司、王永礼、倪刚、杨洪刚等。2001年，股东变更为王永礼、李智、倪刚。2008年，股东再次变更为王永礼、倪刚。瑞路公司成立于2004年，股东为王永礼、李智、倪刚。2007年，股东变更为王永礼、倪

刚。川交工贸公司成立于2005年,股东为吴帆、张家蓉、凌欣、过胜利、汤维明、武竞、郭印,何万庆2007年入股。2008年,股东变更为张家蓉(占90％股份)、吴帆(占10％股份),其中张家蓉系王永礼之妻。在公司人员方面,三个公司经理均为王永礼,财务负责人均为凌欣,出纳会计均为卢鑫,工商手续经办人均为张梦;三个公司的管理人员存在交叉任职的情形,如过胜利兼任川交工贸公司副总经理和川交机械公司销售部经理的职务,且免去过胜利川交工贸公司副总经理职务的决定系由川交机械公司作出;吴帆既是川交工贸公司的法定代表人,又是川交机械公司的综合部行政经理。在公司业务方面,三个公司在工商行政管理部门登记的经营范围均涉及工程机械且部分重合,其中川交工贸公司的经营范围被川交机械公司的经营范围完全覆盖;川交机械公司系徐工机械公司在四川地区(攀枝花除外)的唯一经销商,但三个公司均从事相关业务,且相互之间存在共用统一格式的《销售部业务手册》、《二级经销协议》、结算账户的情形;三个公司在对外宣传中区分不明。2008年12月4日重庆市公证处出具的《公证书》记载:通过因特网查询,川交工贸公司、瑞路公司在相关网站上共同招聘员工,所留电话号码、传真号码等联系方式相同;川交工贸公司、瑞路公司的招聘信息,包括大量关于川交机械公司的发展历程、主营业务、企业精神的宣传内容;部分川交工贸公司的招聘信息中,公司简介全部为对瑞路公司的介绍。在公司财务方面,三个公司共用结算账户,凌欣、卢鑫、汤维明、过胜利的银行卡中曾发生高达亿元的资金往来,资金的来源包括三个公司的款项,对外支付的依据仅为王永礼的签字;在川交工贸公司向其客户开具的收据中,有的加盖其财务专用章,有的则加盖瑞路公司财务专用章;在与徐工机械公司均签订合同、均有业务往来的情况下,三个公司于2005年8月共同向徐工机械公司出具《说明》,称因川交机械公司业务扩张而注册了另两个公司,要求所有债权债务、销售量均计算在川交工贸公司名下,并表示今后尽量以川交工贸公司名义进行业务往来;2006年12月,川交工贸公司、瑞路公司共同向徐工机械公司出具《申请》,以统一核算为由要求将2006年度的业绩、账务均计算至川交工贸公司名下。

2009年5月26日,卢鑫在徐州市公安局经济犯罪侦查支队对其进行询问时陈述:川交工贸公司目前已经垮了,但未注销。又经查明,徐工机械公司未得到清偿的货款实为10511710.71元。

争议与问题

公司人格混同后,公司与股东个人应承担什么责任?

案例分析

一、人格混同无疑问,财产人格难分清

川交工贸公司与川交机械公司、瑞路公司人格混同。有以下三种表现:

一是三个公司人员混同。三个公司的经理、财务负责人、出纳会计、工商手续经办人均相同,其他管理人员亦存在交叉任职的情形,川交工贸公司的人事任免存在由川交机械公司决定的情形。二是三个公司业务混同。三个公司在实际经营中均涉及工程机械相关业务,经销过程中存在共用《销售部业务手册》《二级经销协议》的情形;对外进行宣传时信息混同。三是三个公司财务混同。三个公司使用共同账户,以王永礼的签字作为具体用款依据,对其中的资金及支配无法证明已作区分;三个公司与徐工机械公司之间的债权债务、业绩、账务及返利均计算在川交工贸公司名下。因此,三个公司之间表征人格的因素(人员、业务、财务等)高度混同,导致各自财产无法区分,已丧失独立人格,构成人格混同。

二、法人独立是前提,混同担责应连带

川交机械公司、瑞路公司应当对川交工贸公司的债务承担连带清偿责任。公司人格独立是其作为法人独立承担责任的前提。《中华人民共和国公司法》第三条第一款规定:"公司是企业法人,有独立的法人财产,享有法人财产权。公司以其全部财产对公司的债务承担责任。"公司的独立财产是公司独立承担责任的物质保证,公司的独立人格也突出地表现在财产的独立上。当关联公司的财产无法区分,丧失独立人格时,就丧失了独立承担责任的基础。《中华人民共和国公司法》第二十条第三款规定:"公司股东滥用公司法人独立地位和股东有限责任,逃避债务,严重损害公司债权人利益的,应当对公司债务承担连带责任。"本案中,三个公司虽在工商登记部门登记为彼此独立的企业法人,但实际上相互之间界线模糊、人格混同,其中川交工贸公司承担所有关联公司的债务却无力清偿,又使其他关联公司逃避巨额债务,严重损害了债权人的利益。上述行为违背了法人制度设立的宗旨,违背了诚实信用原则,其行为本质和危害结果与《中华人民共和国公司法》第二十条第三款规定的情形相当,故参照《中华人民共和国公司法》第二十条第三款的规定,川交机械公司、瑞路公司对川交工贸公司的债务应当承担连带清偿责任。

律师支招

一、保护债权方式多,维权意识最重要

(一)建立公司灭失预警机制

在私营经济快速发展时期,处于激烈市场竞争中的任何公司都有可能因受内外因素的影响而遇到经营危机,从而侵害债权人的权益。

根据国外经验,可建立公司灭失预警机制,对公司经营进行监测,及时发现危机信息并发出警情预报,把灭失风险引入公司内部,让公司、管理者、股东共同承担风险责任,使责、权、利三者成为一个有机整体,保障公司正常运转和债权人的权益不受非法侵害。

(二)引入公司法人人格否认制度

在我国的公司法中,缺少在公司休眠时追究股东、董事、经理或其他高级管理人员的民

事责任和刑事责任的相关规定,这也是休眠公司产生的重要原因。

因此,可引入公司法人人格否认制度,以对休眠公司的债权人权益进行保护,也就是把休眠公司与债权人、法院、工商行政管理部门的矛盾,转移到公司内部。

当股东、董事、经理或其他高级管理人员的利益同公司生存与发展绑在一起后,他们就会顾忌公司休眠的经济成本和法律成本,这样就可有效避免公司通过休眠而进行投机的情形发生。

(三)设立公司保证金和承诺还债制度

从直销企业保证金制度、房地产经纪行业保证金制度、民办高校保证金制度的实际效果来看,建立公司保证金制度具有一定的现实意义。

公司保证金制度是指由公司注册时缴纳、工商行政主管部门管理、用于保障公司正常经营和债权人权益的专用款项。保证金属于缴纳的公司所有,当公司发生合并、分立、解散、转产、破产、休眠等情形,保证金作为公司财产的一部分,按有关法律规定处置。

二、人格混同套路多,躲避债务是目的

在实务中,常常遇到债权人向公司索债时,公司资不抵债而公司股东或关联公司却仍然拥有优厚资产的情况,如果这个时候能够有证据证明公司人格混同,便可以更好地实现债权。

公司人格混同主要表现为组织机构的混同、经营业务的混同和公司财务的混同。特别是公司的财务混同,从根本上违反了资本维持原则和资本不变原则,有可能严重影响法人的偿债能力,因而也是认定公司人格混同最重要的依据。

组织机构混同,就是指公司之间在组织架构、管理人员上存在严重的重叠、相同现象。比如公司之间的董事互相兼任、公司的高级管理人员相互任职,典型的"多个抬头,一套人马"。

经营业务混同,就是指公司与其股东从事相同或相近的业务活动,在经营过程中不分彼此,公司业务以股东个人名义进行,使得交易对方分不清是与公司本身交易还是与股东个人交易。

公司财务混同,就是指公司之间的账户混同、公司与股东账簿不分或合一、公司与股东的资本或其他财产混同等。但是公司依法合并财税报表,以及在分开记账、支取自由前提下的集中现金管理,不能称作财务混同。

必懂知识点

一、公司法人人格混同

公司和股东彻底分离是公司取得法人独立资格的前提,也是股东有限责任原则的基础。这种分离不仅表现在公司财产和股东财产的彻底分离,而且表现为股东远离公司的经营管理,股东的财产权和公司经营权彻底分离。但在实践中,公司与股东财产混同、业务混同,从

而造成人格混同的情形比较严重,公司虽在法律上具有独立的人格,但公司的人格只有象征意义,实际已被股东控制。财产混同主要表现为公司的营业场所与股东的住所完全一致、公司账簿与股东账簿不分或合一、公司与股东的资产或其他财产混合等,易使公司财产被股东非法转移、私吞,影响公司对外承担责任的物质基础。业务混同主要表现为公司与股东从事同一业务活动,公司业务以股东名义进行,交易对方分不清究竟是与公司本身还是与股东发生交易。当公司与股东间发生全部的财产或业务连续性混同时,不仅严重地背离了公司与股东分离原则,而且也导致公司与股东人格差别在客观上不明了,财产的独立化程度与权利义务归属点的技术不对称,法人独立存在的根据丧失,故应揭开公司面纱,还其不具备法人独立人格特性的本来面目,视公司与股东为一体。

现实生活中,人格混同现象主要有下面几种:

1.母、子公司间的人格混同。《有限责任公司规范意见》(1992年发布,现已失效)第七十七条规定:"一个公司对另一个公司(企业)的投资额达到控股时,该公司即成为母公司,被控股公司(企业)即成为该公司的子公司(企业)。该子公司(企业)具有独立法人资格。"由于母、子公司间存有控制与被控制的关系,子公司虽系独立的法人实体,但没有自己独立的财产,故很难保证其自身意志的独立性,据此,可从维护公平原则出发,否认子公司的法人人格,把子公司与母公司视为同一人格,由母公司直接对子公司的债务承担责任。

2.企业间相互投资引起的人格混同。《股份有限公司规范意见》(1992年发布,现已失效)第二十四条中规定:"一个公司拥有另一个企业百分之十以上的股份,则后者不能购买前者的股份。"之所以这样规定,主要是为了避免交叉持股引起的控股问题。因为在相互持股的情况下,一方所持有的对方的一部分股份很可能就是对方出资给自己的财产,如该部分股份达到了控股程度,则表面上看似乎是两个相互独立的企业,但实际上已合为一体,从而产生公司与股东人格混同的现象。

3.姐妹公司间的人格混同。一人出资组成数个公司,各个公司表面上是彼此独立的,实际上它们在财产利益、盈余分配等方面形成一体,董事、监事相互兼任,且各个公司的经营决策等权利均由投资者一人掌握。

二、关联企业的认定

关联企业,是指与其他企业之间存在直接或间接控制关系或重大影响关系的企业。相互之间具有联系的各企业互为关联企业。关联企业在法律上可表现为由控制公司和从属公司构成。而控制公司与从属公司的形成主要在于关联公司之间存在的统一管理关系。这种关系往往借助于控制公司对从属公司实质上的控制而形成。

关联企业的出现,给法律带来许多的问题和挑战。

1.从属公司债权人的利益保护问题

在控制公司的指挥控制之下,从属公司虽然在法律上是独立的主体,但在经济上却部分或全部地丧失了其自主性。因此,从属公司的经营往往不是为了其自身的利益,而是为了控制企业或关联企业的整体利益。从属公司的营业计划也常常是整体关联企业营业计划中的一部分或者一个环节而已。从属公司的人力、财力、物力常常被利用来作为追求整体关联企业或控制企业的利益的资源和工具。在某些极端的情形下,从属公司的设立往往只是为了增进另一家"模范公司"的经营或营业利润而已。

然而,从属公司本身又是法律上独立的民事主体,具有权利能力和行为能力,可以与第三人进行交易,从而享受一定的债权和承担一定的债务。因而,从属公司资产的减少势必影响从属公司债权人的利益。如果控制公司或某一关联企业成员公司为了要逃避债务而把资产转移到另外一家成员公司,则从属公司债权人的利益将会受到不利的影响。

2.从属公司及其少数股东的利益保护问题

由于从属公司的经营受到控制企业的支配和控制,它常常是为控制企业的利益而经营和服务的,其利益因此受到损害。由此,从属公司的少数股东的利益亦受到损害。理论上,控股股东是从属公司的大股东,从属公司的利益受到损害,控股股东的利益也必将受到损害。但实际上,控股股东在从属公司中所受到的损害,可以通过其他成员企业所直接获得的利益而得到补偿。因此,从属公司股东中最后受到不利益的必然是少数股东。

三、关联交易如何预防

(一)关联交易的真实性

真实的关联交易有真实交易动机,且符合营业常规。虚假的关联交易不仅背离公司利益,也常常隐藏着违规、违法等因素。比如,有些公司虚构并不存在的交易来转移收入和分摊费用,或者通过互相拆借资金的方式调节利息费用。这种情况一旦被发现,企业就会面临处罚,公司的信用也会受到影响。因而,公司应关注关联交易的真实性。

(二)注重关联交易的披露

关联交易的存在已不是关注的重点,对关联交易及时、深入、完全、准确的披露已成为公众投资者关注的焦点和监管部门的工作重点。公司只有坚持披露重于存在的原则,才能使公司更稳健地运行。

(三)关联交易的必要性与公平性

必要的关联交易往往是公司存在及发展不可或缺的经营手段,比如:综合服务协议、主营业务所赖以依托的购买或租赁协议等。这类关联交易也是公司持续性的关联交易,此时也要兼顾关联交易的公平性。

(四)在关联交易中注重保护中小股东的利益

实践中,关联交易多发生在新、旧控股股东与其关联方之间。虽然控股股东与普通股东在权利质量上并无不同,只是数量上的差别,但其比普通股东的权利更为优越。关联交易往往损害中小股东的利益,如果此问题处理不好,会引起中小股东的不满,从而可能使企业陷入诉讼的泥潭,影响公司的信誉,不利于公司的发展。

必知法规

◎ 《中华人民共和国公司法》

第三条 公司是企业法人,有独立的法人财产,享有法人财产权。公司以其全部财产对公司的债务承担责任。

有限责任公司的股东以其认缴的出资额为限对公司承担责任;股份有限公司的股东以其认购的股份为限对公司承担责任。

第二十条 公司股东应当遵守法律、行政法规和公司章程,依法行使股东权利,不得滥用股东权利损害公司或者其他股东的利益;不得滥用公司法人独立地位和股东有限责任损害公司债权人的利益。

公司股东滥用股东权利给公司或者其他股东造成损失的,应当依法承担赔偿责任。

公司股东滥用公司法人独立地位和股东有限责任,逃避债务,严重损害公司债权人利益的,应当对公司债务承担连带责任。

第三部分
商事案件

公司僵局无法破解,法院裁判解散公司

公司僵局是指公司在存续运行中由于股东、董事之间矛盾激化而处于僵持状况,导致股东会、董事会等公司机关不能按照法定程序作出决策,从而使公司陷入无法正常运转甚至瘫痪的状况。

公司僵局对公司、公司股东、公司职工及债权人都会产生严重的损害。一是公司僵局的出现,会使公司陷于瘫痪和混乱。由于无法作出经营决策,公司不能正常进行经营活动,管理陷于瘫痪和混乱,必然导致公司的无谓损耗和财产的流失。二是股东预期的投资目的也难以实现。由于公司僵局,经营决策无法作出或无法有效执行,公司不能在瞬息万变的市场竞争中获得收益,股东预期的投资目的也难以实现。并且股东之间已丧失信任,合作的基础破裂,控制公司的一方往往会侵害另一方的利益。三是公司僵局会导致公司业务的递减、效益下降,以致公司裁员、降低工资,直接侵害职工利益。四是公司僵局还会损害公司客户、供应商及其他债权人的利益。公司僵局引起的种种不协调所造成的影响逐渐由内波及至外,使公司商誉下降,形象受损,客户流失,公司债务大量堆积,从而影响公司外部供应商及其他诸多债权人债权的实现,并引发连锁反应,进而对市场产生震荡。

2012年4月9日,最高人民法院发布了指导案例8号《林方清诉常熟市凯莱实业有限公司、戴小明公司解散纠纷案》,以对此类案件的审理进行指导。

案例介绍

一、合办企业起分歧,股东会议无法开

常熟市凯莱实业有限公司(以下简称"凯莱公司")成立于2002年1月,林方清与戴小明系该公司股东,各占50%的股份,戴小明任公司法定代表人及执行董事,林方清任公司总经理兼公司监事。凯莱公司章程明确规定:股东会的决议须经代表二分之一以上表决权的股东通过,但对公司增加或减少注册资本、合并、解散、变更公司形式、修改公司章程作出决议时,必须经代表三分之二以上表决权的股东通过。股东会会议由股东按照出资比例行使表决权。公司章程另载明监事行使下列权利:(1)检查公司财务;(2)对执行董事、经理执行公司职务时违反法律、法规或者公司章程的行为进行监督;(3)当董事和经理的行为损害公司

的利益时,要求董事和经理予以纠正;(4)提议召开临时股东会。2006年起,林方清与戴小明两人之间的矛盾逐渐显现。同年5月9日,林方清提议并通知召开股东会,由于戴小明认为林方清没有召集会议的权利,会议未能召开。

二、企业经营陷入僵局,股东要求解散公司

2006年6月至10月,林方清多次委托律师向凯莱公司和戴小明发函称,因股东权益受到严重侵害,林方清作为享有公司股东会二分之一表决权的股东,已按公司章程规定的程序表决并通过了解散凯莱公司的决议,要求戴小明提供凯莱公司的财务账册等资料,并对凯莱公司进行清算。戴小明回函称,林方清作出的股东会决议没有合法依据,戴小明不同意解散公司,并要求林方清交出公司财务资料。同年11月,林方清再次向凯莱公司和戴小明发函,要求凯莱公司和戴小明提供公司财务账册等供其查阅、分配公司收入、解散公司。

三、经营管理发生严重困难,法院判决公司依法解散

后林方清起诉凯莱公司与戴小明,称:凯莱实业有限公司经营管理发生严重困难,陷入公司僵局且无法通过其他方法解决,其权益遭受重大损害,请求解散凯莱公司。

被告凯莱公司及戴小明辩称:凯莱公司及其下属分公司运营状态良好,不符合公司解散的条件,戴小明与林方清的矛盾有其他解决途径,不应通过司法程序强制解散公司。最后,法院经审理查明认定公司经营管理发生严重困难,依法判决凯莱公司解散。

争议与问题

公司经营管理发生严重困难能否作为解散公司的独立理由?

案例分析

一、股东之间关系不和能否证明公司经营管理严重困难

首先,凯莱公司的经营管理已发生严重困难。根据2005年《中华人民共和国公司法》第一百八十三条和2008年《最高人民法院关于适用〈中华人民共和国公司法〉若干问题的规定(二)》(以下简称《公司法司法解释(二)》)第一条的规定,判断公司的经营管理是否出现严重困难,应当从公司的股东会、董事会或执行董事及监事会或监事的运行状况进行综合分析。"公司经营管理发生严重困难"的侧重点在于公司管理方面存有严重内部障碍,如股东会机制失灵、无法就公司的经营管理进行决策等,不应将其片面理解为公司资金缺乏、严重亏损等经营性困难。本案中,凯莱公司仅有戴小明与林方清两名股东,两人各占50%的股份,凯莱公司章程规定"股东会的决议须经代表二分之一以上表决权的股东通过",且各方当事人一致认可该"二分之一以上"不包括本数。因此,只要两名股东的意见存有分歧、互不配合,

就无法形成有效表决,显然影响公司的运营。凯莱公司已持续4年未召开股东会,无法形成有效股东会决议,也就无法通过股东会决议的方式管理公司,股东会机制已经失灵。执行董事戴小明作为互有矛盾的两名股东之一,其管理公司的行为,已无法贯彻股东会的决议。林方清作为公司监事不能正常行使监事职权,无法发挥监督作用。由于凯莱公司的内部机制已无法正常运行,无法对公司的经营作出决策,即使尚未处于亏损状况,也不能改变该公司的经营管理已发生严重困难的事实。

二、如何认定凯莱公司经营管理陷入严重困难

由于凯莱公司的内部运营机制早已失灵,林方清的股东权、监事权长期处于无法行使的状态,其投资凯莱公司的目的无法实现,利益受到重大损失,且凯莱公司的僵局通过其他途径长期无法解决。《公司法司法解释(二)》第五条明确规定了"当事人不能协商一致使公司存续的,人民法院应当及时判决"。本案中,林方清在提起公司解散诉讼之前,已通过其他途径试图化解与戴小明之间的矛盾,常熟服装城管理委员会也曾组织双方当事人调解,但双方仍不能达成一致意见。两审法院也基于慎用司法手段强制解散公司的考虑,积极进行调解,但均未成功。

此外,林方清持有凯莱公司50%的股份,也符合公司法关于提起公司解散诉讼的股东须持有公司10%以上股份的条件。

综上所述,凯莱公司已符合公司法及《公司法司法解释(二)》所规定的股东提起解散公司之诉的条件。二审法院从充分保护股东合法权益、合理规范公司治理结构、促进市场经济健康有序发展的角度出发,依法判决凯莱公司解散。

律师支招

一、何为股东解散公司之诉

解散公司诉讼指符合法定条件的股东因法定事由请求人民法院解散公司的诉讼。

股东以下列事由之一提起解散公司诉讼,并符合现行公司法第一百八十二条规定的,人民法院应予受理:

(1)公司持续两年以上无法召开股东会或者股东大会,公司经营管理发生严重困难的;

(2)股东表决时无法达到法定或者公司章程规定的比例,持续两年以上不能作出有效的股东会或者股东大会决议,公司经营管理发生严重困难的;

(3)公司董事长期冲突,且无法通过股东会或者股东大会解决,公司经营管理发生严重困难的;

(4)经营管理发生其他严重困难,公司继续存续会使股东利益受到重大损失的情形。

股东以知情权、利润分配请求权等权益受到损害,或者公司亏损、财产不足以偿还全部债务,以及公司被吊销企业法人营业执照未进行清算等为由,提起解散公司诉讼的,人民法院不予受理。

公司经营管理发生严重困难,继续存续会使股东利益受到重大损失,通过其他途径不能解决的,持有公司全部股东表决权 10% 以上的股东,可以请求人民法院解散公司。

解散公司之诉的被告是公司。其他股东只能是第三人,否则驳回原告对其他股东的诉讼。

必懂知识点

公司僵局是指公司在存续运行中由于股东、董事之间矛盾激化而处于僵持状况,导致股东会、董事会等公司机关不能按照法定程序作出决策,从而使公司陷入无法正常运转甚至瘫痪的状况。

公司僵局的主体是公司中势力均等且相互对抗的两派股东和董事。在这里必须强调的是,公司的"纠纷"和"僵局"有其特定的内涵。其中"纠纷"是指公司内部的争吵、争斗或分歧。这种分歧可能是关于企业政策的善意的分歧,也可能是不那么善意地对另一股东企图攫取权利或者试图获得比其资产的"公平份额"更多的利益的不满。从罗伯特·W.汉密尔顿对所谓的"纠纷"的描述中可以看出,在纠纷中存在实力不等的两派——多数派和少数派。多数派和少数派是以所持股份的多少或其能够控制的董事的人数来划分的。持有公司多数股份或能够控制多数董事的一方为多数派,与之对立者即为少数派。多数与少数的关系在公司法中具有特别的意义。一般情况下公司均依多数派的控制安排运行,少数派的声音较小且受到忽视,处于弱势的甚至是无助的地位。但势力的不均等并不必然导致多数与少数的矛盾和斗争,但却常常会有这种矛盾和斗争。

因为一般而言,人都会因自私的天性,在掌握比他人较多的权利时滥用权利。因而少数派时刻准备着"为权利而斗争"。一般情况下多数派与少数派的冲突可以得到化解,因为在公司中奉行"多数决"原则,少数派常常会被迫作出让步从而使得冲突得以解决。但有时候会导致激烈的对抗。当两派股东或董事势均力敌时,因意见分歧的双方都无法有效地控制公司,公司就有可能陷入僵局。另外,僵局必须是一种持续的公司停滞和瘫痪状态。这要求双方当事人主观上都知道在对抗,客观上持续一段足以影响公司运作效率的时间,否则对公司的运作不构成影响,或者虽有影响但影响不具有实质性,不构成公司僵局。

公司的正常运行是通过公司管理机构行使职权和股东行使股东权利实现的。如果股东、实际控制人之间或公司的董事之间因其利益冲突而产生矛盾,往往会导致公司出现运行障碍,严重妨碍公司的正常运行甚至使公司的运行机制完全失灵,公司就会陷入僵局。一般认为,公司僵局的类型主要有股东僵局和董事僵局两类。有些学者将其具体化为三类:由于股东之间的严重分歧,连续两次的股东会无法形成有关公司经营的有效决策,并且因此可能对公司造成实质性损害;由于董事之间的严重分歧,连续两次的董事会无法形成有关公司经营的有效决策;董事任期届满时,由于股东之间的严重分歧,连续两次的股东会均无法选出继任董事,并因此导致董事会无法达到形成有效经营决策的人数。

必知法规

◎ 《中华人民共和国公司法》

第二十条 公司股东应当遵守法律、行政法规和公司章程，依法行使股东权利，不得滥用股东权利损害公司或者其他股东的利益；不得滥用公司法人独立地位和股东有限责任损害公司债权人的利益。

公司股东滥用股东权利给公司或者其他股东造成损失的，应当依法承担赔偿责任。

公司股东滥用公司法人独立地位和股东有限责任，逃避债务，严重损害公司债权人利益的，应当对公司债务承担连带责任。

第一百八十条 公司因下列原因解散：

（一）公司章程规定的营业期限届满或者公司章程规定的其他解散事由出现；

（二）股东会或者股东大会决议解散；

（三）因公司合并或者分立需要解散；

（四）依法被吊销营业执照、责令关闭或者被撤销；

（五）人民法院依照本法第一百八十二条的规定予以解散。

第一百八十一条 公司有本法第一百八十条第（一）项情形的，可以通过修改公司章程而存续。

依照前款规定修改公司章程，有限责任公司须经持有三分之二以上表决权的股东通过，股份有限公司须经出席股东大会会议的股东所持表决权的三分之二以上通过。

第一百八十二条 公司经营管理发生严重困难，继续存续会使股东利益受到重大损失，通过其他途径不能解决的，持有公司全部股东表决权百分之十以上的股东，可以请求人民法院解散公司。

第一百八十三条 公司因本法第一百八十条第（一）项、第（二）项、第（四）项、第（五）项规定而解散的，应当在解散事由出现之日起十五日内成立清算组，开始清算。有限责任公司的清算组由股东组成，股份有限公司的清算组由董事或者股东大会确定的人员组成。逾期不成立清算组进行清算的，债权人可以申请人民法院指定有关人员组成清算组进行清算。人民法院应当受理该申请，并及时组织清算组进行清算。

第一百八十四条 清算组在清算期间行使下列职权：

（一）清理公司财产，分别编制资产负债表和财产清单；

（二）通知、公告债权人；

（三）处理与清算有关的公司未了结的业务；

（四）清缴所欠税款以及清算过程中产生的税款；

（五）清理债权、债务；

（六）处理公司清偿债务后的剩余财产；

（七）代表公司参与民事诉讼活动。

◎ 《最高人民法院关于适用〈中华人民共和国公司法〉若干问题的规定(二)》

第一条 单独或者合计持有公司全部股东表决权百分之十以上的股东,以下列事由之一提起解散公司诉讼,并符合公司法第一百八十二条规定的,人民法院应予受理:

(一)公司持续两年以上无法召开股东会或者股东大会,公司经营管理发生严重困难的;

(二)股东表决时无法达到法定或者公司章程规定的比例,持续两年以上不能做出有效的股东会或者股东大会决议,公司经营管理发生严重困难的;

(三)公司董事长期冲突,且无法通过股东会或者股东大会解决,公司经营管理发生严重困难的;

(四)经营管理发生其他严重困难,公司继续存续会使股东利益受到重大损失的情形。

股东以知情权、利润分配请求权等权益受到损害,或者公司亏损、财产不足以偿还全部债务,以及公司被吊销企业法人营业执照未进行清算等为由,提起解散公司诉讼的,人民法院不予受理。

第二条 股东提起解散公司诉讼,同时又申请人民法院对公司进行清算的,人民法院对其提出的清算申请不予受理。人民法院可以告知原告,在人民法院判决解散公司后,依据公司法第一百八十三条和本规定第七条的规定,自行组织清算或者另行申请人民法院对公司进行清算。

第三条 股东提起解散公司诉讼时,向人民法院申请财产保全或者证据保全的,在股东提供担保且不影响公司正常经营的情形下,人民法院可予以保全。

第四条 股东提起解散公司诉讼应当以公司为被告。

原告以其他股东为被告一并提起诉讼的,人民法院应当告知原告将其他股东变更为第三人;原告坚持不予变更的,人民法院应当驳回原告对其他股东的起诉。

原告提起解散公司诉讼应当告知其他股东,或者由人民法院通知其参加诉讼。其他股东或者有关利害关系人申请以共同原告或者第三人身份参加诉讼的,人民法院应予准许。

第五条 人民法院审理解散公司诉讼案件,应当注重调解。当事人协商同意由公司或者股东收购股份,或者以减资等方式使公司存续,且不违反法律、行政法规强制性规定的,人民法院应予支持。当事人不能协商一致使公司存续的,人民法院应当及时判决。

经人民法院调解公司收购原告股份的,公司应当自调解书生效之日起六个月内将股份转让或者注销。股份转让或者注销之前,原告不得以公司收购其股份为由对抗公司债权人。

高管被撤不服，状告公司维权

公司高级管理人员，是指公司管理层中担任重要职务、负责公司经营管理、掌握公司重要信息的人员，主要包括经理、副经理、财务负责人、上市公司董事会秘书和公司章程规定的其他人员。如果说公司是市场经济中的微观主体的话，那么高级管理人员就是填充的"骨骼"，如果高级管理人员能够得到公正的待遇，恪尽职守，那么市场经济才会更有秩序地运行。而这一切都需要法律进行有力地保障和监督。而保障和监督可以简单地分为内部和外部两方面，公司章程为内部监督，法律法规等法律文件的监督为外部监督，内外部相互协调，既能真正做到尊重公司法人的独立人格，又能防止权利滥用，维护公平正义。

2012年9月18日，最高人民法院发布了指导案例10号《李建军诉上海佳动力环保科技有限公司公司决议撤销纠纷案》，旨在指导人民法院审理公司决议撤销纠纷案件。

案例介绍

一、高管职务被撤销，质疑公司决议有问题

原告李建军系上海佳动力环保科技有限公司（以下简称"佳动力公司"）的股东，并担任公司总经理，其诉称：被告佳动力公司免除其总经理职务的决议所依据的事实和理由不成立，且董事会的召集程序、表决方式及决议内容均违反了公司法的规定，请求法院依法撤销该董事会决议。

被告佳动力公司辩称：董事会的召集程序、表决方式及决议内容均符合法律和章程的规定，故董事会决议有效。

二、决议程序现瑕疵，法院裁判还公正

原告李建军系被告佳动力公司的股东，并担任公司总经理。佳动力公司股权结构为：葛永乐持股40%，李建军持股46%，王泰胜持股14%。三位股东共同组成董事会，由葛永乐担任董事长，另两人为董事。公司章程规定：董事会行使包括聘任或者解聘公司经理等职权；董事会须由三分之二以上的董事出席方才有效；董事会对所议事项作出的决定应由占全体股东三分之二以上的董事表决通过方才有效。2009年7月18日，佳动力公司董事长葛永乐

召集并主持董事会,三位董事均出席,会议形成了"鉴于总经理李建军不经董事会同意私自动用公司资金在二级市场炒股,造成巨大损失,现免去其总经理职务,即日生效"等内容的决议。该决议由葛永乐、王泰胜及监事签名,李建军未在该决议上签名。

上海市黄浦区人民法院于2010年2月5日作出判决:撤销被告佳动力公司于2009年7月18日形成的董事会决议。宣判后,佳动力公司提出上诉。上海市第二中级人民法院于2010年6月4日作出判决:撤销上海市黄浦区人民法院(2009)黄民二(商)初字第4569号民事判决并驳回李建军的诉讼请求。

争议与问题

公司章程与《中华人民共和国公司法》的规定冲突如何化解?

案例分析

一、董事会决议合法有效

根据《中华人民共和国公司法》(2005)第二十二条第二款的规定,董事会决议可撤销的事由包括:(1)召集程序违反法律、行政法规或公司章程;(2)表决方式违反法律、行政法规或公司章程;(3)决议内容违反公司章程。从召集程序看,佳动力公司于2009年7月18日召开的董事会由董事长葛永乐召集,三位董事均出席董事会,该次董事会的召集程序未违反法律、行政法规或公司章程的规定。从表决方式看,根据佳动力公司章程规定,对所议事项作出的决定应由占全体股东三分之二以上的董事表决通过方才有效,上述董事会决议由三位股东(兼董事)中的两名表决通过,故在表决方式上未违反法律、行政法规或公司章程的规定。从决议内容看,佳动力公司章程规定董事会有权解聘公司经理,董事会决议内容中"总经理李建军不经董事会同意私自动用公司资金在二级市场炒股,造成巨大损失"的陈述,仅是董事会解聘李建军总经理职务的原因,而解聘李建军总经理职务的决议内容本身并不违反公司章程。

二、公司自治被尊重,董事会决议不被撤销

公司自治是公司通过自己的意思自治机关形成各种决定所实现的,那么根据这些决定形成的时间和内容不同,公司实现自治的方式大致可分为两种:一是公司章程,二是股东会、董事会决议。

如果董事会决议解聘李建军总经理职务的原因不存在,并不会导致董事会决议撤销。首先,公司法尊重公司自治,公司内部法律关系原则上由公司自治机制调整,司法机关原则上不介入公司内部事务;其次,佳动力公司的章程中未对董事会解聘公司经理的职权作出限制,并未规定董事会解聘公司经理必须要有一定原因,该章程内容未违反公司法的强制性规

定,应认定为有效,因此佳动力公司董事会可以行使公司章程赋予的职权作出解聘公司经理的决定。故法院应当尊重公司自治,无须审查佳动力公司董事会解聘公司经理的原因是否存在,即无须审查决议所依据的事实是否属实,理由是否成立。综上,原告李建军请求撤销董事会决议的诉讼请求不成立,依法予以驳回。

律师支招

一、制定公司章程,守好法律底线

章程作为公司设立时必备的法律文件,其制定主体和程序会因公司的种类不同而有所区别,有限责任公司章程的制定与股份公司章程的制定不同,采取发起设立的股份公司章程的制定与采取募集设立的股份公司章程的制定也有所不同。

公司章程作为公司必备的重要文件,法律对其设有严格的要求。章程属于要式文件,必须采用书面形式,并且必须经过登记。根据2005年公司法第三十条、第九十三条的规定,公司章程是申请公司设立登记必须报送的重要文件之一。同时,公司章程修改、变更内容之后,也必须办理相应的变更登记。登记程序的设定是保证章程内容合法和相对稳定的措施之一。

公司法(2005)第二十三条规定,设立有限责任公司,应当具备的条件之一即是股东共同制定公司章程。此处的"股东"实际上应理解为公司发起人,因为只有在公司成立之后,才有股东之称谓,而公司章程制定之时,公司尚未成立,股东之称根本无从谈起。"共同制定"要求章程必须反映全体发起人的意志,经全体发起人一致同意,由全体发起人在公司章程上签名盖章。公司法2013年修订时,对一人有限责任公司进行了明确认可,第六十条也对一人有限责任公司的章程制定予以了明确规定,"一人有限责任公司章程由股东制定"。可见,一人有限责任公司的章程制定与一般有限责任公司的章程制定并没有本质上的区别,即章程都必须反映发起人的意志,并由股东签名盖章。但国有独资公司作为一种特殊类型的有限责任公司,其章程的制定也具有特殊性。我国公司法(2013)第六十五条规定:"国有独资公司章程由国有资产监督管理机构制定,或者由董事会制订报国有资产监督管理机构批准",除此之外的任何机关、团体均无权制定国有独资公司的章程。

采取发起方式设立的股份公司,由于其成立之后并不向社会公众开放,所以其股东仍然只限于发起人,发起人制定的公司章程将会反映公司全体股东的意志。在这点上,发起设立的股份公司章程与有限责任公司章程具有更大的相似性,即章程也必须由发起人签订,必须反映全体发起人的意志,由全体发起人签名、盖章表示接收和认可,才能向公司登记机关提交。

对于募集设立的股份公司而言,由于其具有很强的社会性,公司股东并不限于公司发起人,还包括很多认购人,因此发起人制定的公司章程并不能反映全体股东的意志,因此,法律规定募集设立的股份公司章程经发起人制定后,必须召开创立大会,以讨论审议公司设立的有关事宜,其中之一即是讨论并通过公司章程。只有经过创立大会讨论通过的公司章程才能反映公司设立阶段的全体股东的意志,并且只有经过依照法定期限和程序召开的公司创立大会通过的章程,才能作为向公司登记机关提交的最终文本。根据公司法规定,股份有限公司章程由发起人制定后,必须经出席会议的认股人所持表决权过半数通过。

二、法人人格独立,司法保障监督

公司是一种典型的法人,具有独立法人人格。公司的法人独立人格最主要的内容就是公司享有法人财产权(拥有独立的法人财产)以及公司以其全部资产对公司的债务承担责任这两个方面。当然,从法律规定的抽象角度而言,作为法人的公司,在法律上和自然人一样具有人格。但法人和自然人不同的是,法人是由人组成的组织,并不是像自然人那样能够看得见、摸得着的客观存在。公司的独立法人人格较为直观的体现首先是公司具有自己的名称、住所及财产;其次是公司设置内部的组织机构;除此以外,为保证公司的独立法人人格,公司法及其他法律、法规还规定了很多法律制度,如公司的财务会计制度、公司的治理机制等。所有这些制度,都是为了保证公司能够真正成为一个具有独立人格的主体,体现出其区别于自然人的独立之处。

三、高级管理人员勤勉尽责,忠诚履职

高级管理人员,就是指公司管理层中担任重要职务、负责公司经营管理、掌握公司重要信息的人员,主要包括经理、副经理、财务负责人、上市公司董事会秘书和公司章程规定的其他人员。

经理、副经理是指公司法(2013)第四十九条和第一百一十三条规定的经理、副经理,在实际中,就是公司的总经理、副总经理。经理由董事会决定聘任或者解聘,对董事会负责;副经理由经理提请董事会决定聘任或者解聘。

财务负责人是指由经理提请董事会决定聘任或者解聘的财务负责人员。

上市公司董事会秘书是公司法(2013)第一百二十三条规定的上市公司必设的机构,负责上市公司股东大会和董事会会议的筹备、文件保管以及公司股东资料的管理,办理信息披露等事宜。

至于"公司章程规定的其他人员"则是为了赋予公司自治的权利,允许公司自己选择管理方式,由公司自主决定聘任的高级管理人员,但是,这些人员(职位)必须在公司章程中以明文加以规定。

上述高级管理人员应当符合公司法第六章关于公司高级管理人员任职资格的规定,并履行法律和章程规定的义务。

必懂知识点

一、公司高级管理人员在任职资格方面的要求和限制

公司董事是指有限责任公司、股份有限公司董事会的全体董事。公司监事是指有限责

任公司的监事会的全体监事或者不设监事会的有限责任公司的监事,以及股份有限公司监事会的全体监事。公司的高级管理人员是指公司的经理、副经理、财务负责人、上市公司董事会秘书和公司章程规定的其他人员。

由于董事、监事、高级管理人员对于公司的经营管理和业绩效益负有重要的责任,公司法对他们的任职资格有较为严格的限制性条件。根据公司法的规定,有下列情形之一的,不得担任公司的董事、监事、高级管理人员:

(1)无民事行为能力或者限制民事行为能力;

(2)因贪污、贿赂、侵占财产、挪用财产或者破坏社会经济秩序,被判处刑罚,执行期满未逾5年,或者因犯罪被剥夺政治权利,执行期满未逾5年;

(3)担任破产清算的公司、企业的董事或者厂长、经理,并对该公司、企业的破产负有个人责任的,自该公司、企业破产清算完结之日起未逾3年;

(4)担任因违法被吊销营业执照、责令关闭的公司、企业的法定代表人,并负有个人责任的,自该公司、企业被吊销营业执照之日起未逾3年;

(5)个人所负数额较大的债务到期未清偿。

上述各项规定,适用于有限责任公司和股份有限公司的董事、监事和高级管理人员。

董事、监事、高级管理人员如果在任职期间出现上述情形的,公司应当解除其职务。

股东向公司委派董事,公司股东会或者股东大会选举董事和监事,公司董事会聘任高级管理人员,均应遵守上述规定的条件。如果公司未按上述条件委派、选举董事、监事或者聘任高级管理人员,则该委派行为、选举行为和聘任行为无效。

二、公司章程与公司法的规定冲突如何化解

公司法规范根据不同的标准可以有多种分类标准,目前比较流行的观点是将公司法规范划分为任意性规范和强制性规范。可以说,公司法是强制性规范和任意性规范的结合,但这两种规范的性质如何、如何界定,尚无定论。

有学者提出,可以从内部性规范和外部性规范的角度来判别公司法规范的强制性和任意性。涉及公司内部关系的规则、调整公司内部关系的制度和规范,应当具有更多的任意性;反之,调整公司外部关系的,涉及公司之外的其他当事人和利益主体的制度和规范,应该具有更多的强制性。这种区分方式直接体现了公司法鼓励自治和维护交易安全这两个并行不悖的价值目标,不失为一个相对客观的标准。但尚需注意的是,规范性质的界定在很多情况下并无绝对的标准,不能一概地认为某个规范仅具有强制性或任意性,也不能仅依据公司法条文的表述就判定规范的性质,而应根据具体情况来确定其性质。比如,公司的内部关系有时也会涉及强制性规范的适用,如公司管理层与股东、大股东与小股东的信义关系等。

另外,强制性规范的适用与有关合同的效力认定存在密切相关的联系。在运用强制性规范对合同约定的有效与否进行判断时,不应因合同违反强制性规范而一律判定合同无效,而应当根据违反强制性规范的不同后果作出裁决。依据后果的不同,强制性规范可以分为管理性规范和效力性规范。管理性规范是指法律及行政法规未明确规定违反此类规范将导

致合同无效的规范。此类规范旨在管理和处罚违反规定的行为,但并不否认该行为在民商法上的效力。效力性规范是指法律及行政法规明确规定违反该类规范将导致合同无效的规范,或者虽未明确规定违反之后将导致合同无效,但若使合同继续有效将损害国家利益和社会公共利益的规范。此类规范不仅旨在处罚违反之行为,而且意在否定其在民商法上的效力。因此,只有违反了效力性的强制性规范,才应当认定合同无效。比如:现行公司法第二十八条关于股东违反出资义务的规定;第一百四十八条、第一百四十九条关于董事、监事、高级管理人员违反义务,特别是违反有关对外担保方面的规定。而第二十二条关于股东会、股东大会、董事会决议的内容违法的规定,第四十七条关于董事违反消极资格的规定等,直指行为本身,确认该行为无效,但不能认定与之相关的交易行为本身无效。

司法实践中,《北京市高级人民法院关于审理公司纠纷案件若干问题的指导意见(试行)》(京高法发〔2004〕50号)规定,公司章程是股东之间的协议,是公司的组织准则与行为准则,只要不违反法律、行政法规的强制性规定,公司章程即具有法定约束力。公司章程与公司法条款规定不一致时,应当结合具体案件判定所涉法条的性质是否属于强制性规定,凡所涉法条不属于强制性规定的,即不影响公司章程的效力。

必知法规

◎ 《中华人民共和国公司法》

第二十二条 公司股东会或者股东大会、董事会的决议内容违反法律、行政法规的无效。

股东会或者股东大会、董事会的会议召集程序、表决方式违反法律、行政法规或者公司章程,或者决议内容违反公司章程的,股东可以自决议作出之日起六十日内,请求人民法院撤销。

股东依照前款规定提起诉讼的,人民法院可以应公司的请求,要求股东提供相应担保。

公司根据股东会或者股东大会、董事会决议已办理变更登记的,人民法院宣告该决议无效或者撤销该决议后,公司应当向公司登记机关申请撤销变更登记。

第一百四十六条 有下列情形之一的,不得担任公司的董事、监事、高级管理人员:

(一)无民事行为能力或者限制民事行为能力;

(二)因贪污、贿赂、侵占财产、挪用财产或者破坏社会主义市场经济秩序,被判处刑罚,执行期满未逾五年,或者因犯罪被剥夺政治权利,执行期满未逾五年;

(三)担任破产清算的公司、企业的董事或者厂长、经理,对该公司、企业的破产负有个人责任的,自该公司、企业破产清算完结之日起未逾三年;

(四)担任因违法被吊销营业执照、责令关闭的公司、企业的法定代表人,并负有个人责任的,自该公司、企业被吊销营业执照之日起未逾三年;

(五)个人所负数额较大的债务到期未清偿。

公司违反前款规定选举、委派董事、监事或者聘任高级管理人员的，该选举、委派或者聘任无效。

董事、监事、高级管理人员在任职期间出现本条第一款所列情形的，公司应当解除其职务。

第一百四十七条 董事、监事、高级管理人员应当遵守法律、行政法规和公司章程，对公司负有忠实义务和勤勉义务。

董事、监事、高级管理人员不得利用职权收受贿赂或者其他非法收入，不得侵占公司的财产。

第一百四十八条 董事、高级管理人员不得有下列行为：

（一）挪用公司资金；

（二）将公司资金以其个人名义或者以其他个人名义开立账户存储；

（三）违反公司章程的规定，未经股东会、股东大会或者董事会同意，将公司资金借贷给他人或者以公司财产为他人提供担保；

（四）违反公司章程的规定或者未经股东会、股东大会同意，与本公司订立合同或者进行交易；

（五）未经股东会或者股东大会同意，利用职务便利为自己或者他人谋取属于公司的商业机会，自营或者为他人经营与所任职公司同类的业务；

（六）接受他人与公司交易的佣金归为己有；

（七）擅自披露公司秘密；

（八）违反对公司忠实义务的其他行为。

董事、高级管理人员违反前款规定所得的收入应当归公司所有。

第一百四十九条 董事、监事、高级管理人员执行公司职务时违反法律、行政法规或者公司章程的规定，给公司造成损失的，应当承担赔偿责任。

第一百五十条 股东会或者股东大会要求董事、监事、高级管理人员列席会议的，董事、监事、高级管理人员应当列席并接受股东的质询。

董事、高级管理人员应当如实向监事会或者不设监事会的有限责任公司的监事提供有关情况和资料，不得妨碍监事会或者监事行使职权。

第一百五十一条 董事、高级管理人员有本法第一百四十九条规定的情形的，有限责任公司的股东、股份有限公司连续一百八十日以上单独或者合计持有公司百分之一以上股份的股东，可以书面请求监事会或者不设监事会的有限责任公司的监事向人民法院提起诉讼；监事有本法第一百四十九条规定的情形的，前述股东可以书面请求董事会或者不设董事会的有限责任公司的执行董事向人民法院提起诉讼。

监事会、不设监事会的有限责任公司的监事，或者董事会、执行董事收到前款规定的股东书面请求后拒绝提起诉讼，或者自收到请求之日起三十日内未提起诉讼，或者情况紧急、不立即提起诉讼将会使公司利益受到难以弥补的损害的，前款规定的股东有权为了公司的利益以自己的名义直接向人民法院提起诉讼。

他人侵犯公司合法权益，给公司造成损失的，本条第一款规定的股东可以依照前两款的规定向人民法院提起诉讼。

第一百五十二条 董事、高级管理人员违反法律、行政法规或者公司章程的规定，损害股东利益的，股东可以向人民法院提起诉讼。

公司经营者"跑路"的危机化解

公司股东兼实际经营者利用手上职权转移公司资产,甚至将自己手上公司的股份也都悄悄转移给第三人,随后携款潜逃,待到公司其他股东反应过来,早已是人去楼空,不知所踪。这对于一家公司来讲简直就是灭顶之灾;对内,实际经营者利用职务之便掏空公司,对公司及公司其他股东、债权人的权益造成极大损害;对外,一家公司的股东兼实际经营者都"跑路"了,这家公司在市场中已经完全没有信誉可言,带来的后果也是可想而知的。如何化解因此带来的危机,恢复市场对公司的信心,需要我们积极应对。另外,如何实现对公司高管的有效监管,事前预防此类事件的发生,也值得我们深思。

案例介绍

2016年8月30日,某市宝怡酒店有限公司(化名,以下简称"宝怡公司")、某市宝悦酒店有限公司(化名,以下简称"宝悦公司")、某市宝澜大酒店有限公司(化名,以下简称"宝澜公司")的法定代表人盛某"跑路",同时转移走了酒店账户内90多万元的资金,并将宝度酒店有限公司(化名,以下简称"宝度公司")持有的宝澜、宝悦公司的股权全部转移给了第三人。原宝悦公司和宝澜公司由宝度公司100%控股,宝怡公司70%的股份由宝度公司持有。宝度公司注册地在龙游,在当地经营一个实体酒店,其股东为胡某、邱某、龙游A投资管理合伙企业(有限合伙)(该企业的投资人为胡某、盛某、邱某、吴某)。另外,还有一家关联公司——浙江宝度娱乐有限公司(化名),其股东为盛某、吴某、胡某三人,注册地为龙游,在龙游当地主要经营歌厅。另查胡某和邱某实际不参与酒店管理,这几家酒店的实际经营者都是盛某。而盛某这一走,不仅卷走了公司大量的资金,还给公司留下了一大堆债务包袱。

案发后,公司的债权人和盛某个人的债权人,包括银行、个人以及单位都蜂拥而至,有到酒店搬东西的,有锁酒店大门的,有拉横幅在酒店门口吵闹的,有起诉酒店查封酒店账户的。其中,涉及银行的债务共计人民币1.2亿元,民间借款共计人民币1.4亿元左右,拖欠工程款共计人民币1500万元左右,债权人包括8家银行、30多位民间借贷人、60多位工程款债权人。

在此过程中,胡某、邱某曾向本市人民政府做过汇报,该市市长两次批示要求依法追究犯罪嫌疑人责任,切实做好社会稳定工作。为此,该市开发区管委会专门成立了案件调查组、案件调查组以及社会维稳组,同年9月23日该市江南公安局抓获了盛某夫妇。但是关于这个案子究竟从何下手他们却是茫无头绪。最后公安机关只有以职务侵占罪为切入点进行侦查活动,其他方面的情况也没有任何进展。

争议与问题

股东"跑路"导致公司信誉严重受损,债权人纷纷上门要求实现债权,公司无法正常经营,如何化解此次危机?

案例分析

该案件事发突然,处理该类突发情况,关键是要理清工作思路,找到切实可行的解决措施,并踏踏实实地落实。

(一)要确保多家酒店的正常经营,只有酒店正常经营一切才有可能

1.与酒店管理人员谈话沟通,对相关工作进行衔接,要竭尽全力让酒店的经营步入正轨。

2.由于酒店房屋都是租赁的,房租绝对不能拖欠,要及时缴纳。没有及时缴纳或目前没有能力缴纳的,要和业主积极沟通确保继续租赁房屋。

3.对于一些经营亏损的酒店,应选择放弃。如在龙游当地的一家酒店,如果继续缴纳房租持续经营,实际上会造成更大的损失。经过向律师的咨询以及几位股东沟通协商,最终决定关闭龙游的这家亏损酒店,放弃继续投标租赁。

(二)从公开的问题入手

1.银行的债务都基本到期,先和银行取得联系,书面汇报困难。同时可以向政府维稳办请求帮助,由他们出面协调,说服银行对公司当前的困难多点理解,适当延长还款期限,同时调整贷款利率。

2.关于公司的涉诉案件,对对方已经起诉的案件进行梳理,找出思路积极应诉。如果案件涉及刑事犯罪的,则申请移送公安立案侦查,待刑事案件结束了再处理民事纠纷,减轻诉讼压力。

3.对于一些情况不明的债务,公司要主动和债权人取得联系,了解情况,当面沟通,共同协商还款计划。因为公司很多事务办理的经手人都是在逃股东盛某,对债务的具体情况还有待核实,因此需要向债权人了解具体情况。但是在谈话的过程中,公司发现债权人态度较为强硬,也不愿意透露太多信息,对把握整个债务的真实情况造成了障碍。后通过各种途径了解,律师发现盛某的借贷行为已经构成非法吸收公众存款罪。根据《最高人民法院关于审理民间借贷案件适用法律若干问题的规定》第五条第一款规定:"人民法院立案后,发现民间借贷行为本身涉嫌非法集资犯罪的,应当裁定驳回起诉,并将涉嫌非法集资犯罪的线索、材料移送公安或者检察机关。"因此,公司立即向维稳办和当地公安机关申请要求对盛某构成

非法吸收公众存款罪立案侦查。这样一来,盛某经手的所有借款和酒店担保的借款都进入公安审查程序,大大缓解了酒店的诉讼压力。

4.公司有几笔工程款确实已经到期,要和施工单位及时沟通协商。工程款是必须支付的,但目前酒店经营困难,因此基本上要与对方协商打折处理,很多款项都需要分期进行付清。

5.有关股权转让的案件,公司发现之前的起诉状的诉讼请求有不当之处,便变更了诉讼请求,通过多种途径收集证据,查找类似案例作为参考。同时,向法院协调,希望案件能尽快判决。

经过半年的工作,酒店已经基本稳定,市帮扶办的工作人员也亲自到酒店学习相关的工作方法和经验。目前,酒店租赁的房屋在原合同的基础上正常使用,酒店的员工团队稳定,股权纠纷案件也已胜诉;关于银行的贷款,酒店已通过律师向帮扶办申请帮助,希望能够最大程度上争取减息或免息,进行转贷,帮助企业顺利度过这次危机;另外,90%的工程款已达成还款协议,就还款计划做了安排;所有民间借贷案件均已移送公安机关侦查处理,其他少数案件正处于诉讼程序。一场因股东"跑路"引发的风波逐渐平息。

律师支招

积极应对,化解危机

公司在经营过程中不可避免地会遭遇各种危机,股东"跑路"就是其中一种。一旦有股东"跑路",就相当于给了市场一个危险的信号。在这种情况下,债权人很容易产生恐慌心理,担心自己的权益受损。只要第一位债权人敲开公司大门要求立即清偿债务,就会产生一种"羊群效应"。其他债权人由于对公司具体情况缺乏了解,获得的信息不充分,只能通过观察其他人的行为来了解信息,对公司未来的走向无法作出较为准确的判断。当看到其他债权人纷纷上门索债时,出于对自身利益保护的考虑,每一个债权人都不甘落后,唯恐自己去晚了会造成不可挽回的损失。而这些行为会不断对外输出一种消极信息,这些消极信息在传播中不断被强化,从而吸引更多的债权人上门,使公司陷入危机之中。

这种突发性的危机如果不能得到及时有效处理,会带来严重的后果,对公司未来的经营、成长甚至生存带来威胁,而在现代信息化网络中更是会将这些伤害成倍地对外扩散。因此,在面对这类危机时,一定要采取积极措施。

1.解决问题的关键是要正确地认识问题,找到问题的核心,才能对症下药,药到病除。在这个阶段,要强化管理者的信息收集能力,从不同的渠道获取尽可能多的信息,力求对企业当前情况有全面细致的了解。对已有的信息进行整合分析,抓住核心问题,制订合理的危机应急方案,为开展下一步工作打下坚实的基础。

2.所谓"攘外必先安内",公司内部能够持续稳定地运转下去,才能为化解危机提供有效的保障。人力资本是公司最重要的资源之一,公司面临危机时难免人心不稳,公司员工担心自己在公司破产后不知何去何从,便会开始考虑离职后的去向,有些员工在发现一点儿苗头时就萌生辞职不干的想法甚至将其付诸实践。再加上公司的债权人纷纷上门索债,或大声吵闹,或广拉横幅,严重的甚至动手强拿公司财产,破坏公司正常生产经营活动。在这个时候,管理者一定要做好工作,安抚好员工情绪,以真诚的态度不断向公司内部传达积极信息,让员工充分了解到公司目前真实的情况,与员工达成共识后,才能确保公司的各个工作部门能够正常稳定地运转下去。在公司正常运转的前提下才能够解决一系列问题。

3.及时公开信息,恢复市场信心。在危机发生后会出现各种有损公司形象的信息,在信息化时代,信息传播方式多样化,手机视频可以实时播报,其传播速度令人咋舌,对于在公众视线下的公司而言根本没有秘密。有些管理者妄图阻止信息传播,希望以此挽回公司的声誉,但结果往往适得其反。管理者越想掩饰问题,问题反而会越发持续恶化。在这种情况下,管理者宜"导"不宜"堵",在这一点上可以借鉴古人的智慧。4000多年前,尧命鲧负责治理黄河水患。鲧采取"水来土挡"的策略治水,治理多年却不见成效。其独子禹担任治水大任后改变策略,采取了与他父亲的"堵"相反的方针,治水须顺水性,水性就下,导之入海,最终解决了黄河水患。古为今用,公司处理危机也是如此。将公司信息公开,并且不断往积极方面引导,不让不良信息影响市场的判断,从而取得大众对公司的信任。

4.与公司客户、债权人等人员及时沟通,维护与他们之间的关系,争取谅解,妥善处理纠纷,对于涉嫌违法犯罪的,符合立案条件的则依法移送公安机关立案侦查。公司作为社会个体必然与其他个体发生利益关系,包括公司的债权人、债务人、承租人、客户以及其他各类合同的相对方。这些个体与公司建立合同关系,从某种程度上来讲与公司是一个利益共同体,都希望公司能够稳步经营下去,让彼此都能够获益,实现双赢。在这个基础上,公司管理人要主动与公司的客户、债权人以及其他相对方取得联系,说明情况,争取得到对方的信任和谅解,继续将合同履行下去。如果给对方造成了损失,要注意协调和弥补,照顾对方的心理需求。对于到期的债务,要和债权人平等协商,制订合理的还款计划,暂时缓解公司当前的资金压力。

必懂知识点

如本案而言,公司股东兼实际经营者携款潜逃是造成这次危机的导火索。但造成这种状况的主要原因在于对实际经营公司的股东监管不力,给了这类股东以可乘之机,使他们可以私自挪用公司资产,给公司带来巨大损失,甚至打着公司的名义从事违法犯罪活动,对公司的形象、声誉造成了负面影响,严重威胁公司的生存发展。尤其是在信息网络时代,信息传播范围广、传播速度快,对于暴露在公众视野中的公司来说,一旦发生此类危机,留给公司管理者作出反应并采取措施的时间更加少。

公司管理层应当树立危机意识,及时反思,追本溯源,绝不可重蹈覆辙。同时,从长远考虑,举一反三,对公司各个方面查漏补缺,防微杜渐,未雨绸缪,加强对公司这类股东的监督,也要防止股东之间相互勾结,损害公司利益,以构建相应的长效管理机制。

企业的管理者要学会主动承担责任,不能妄图将所有问题都抛给政府去解决。企业家在经营过程中要合法合规,因为稍有不慎就有锒铛入狱的可能,如在企业成立过程中虚报注册资本,在公司持续经营过程中行贿受贿、抽逃出资、挪用公司资金、侵占公司财物、偷税漏税、非法吸收公众存款、集资诈骗等行为,都会引发相应的刑事风险。所谓法网恢恢疏而不漏,如果一意孤行触碰法律底线,一定会受到法律的制裁。

必知法规

◎ 《中华人民共和国公司法》

第二十条 公司股东应当遵守法律、行政法规和公司章程,依法行使股东权利,不得滥用股东权利损害公司或者其他股东的利益;不得滥用公司法人独立地位和股东有限责任损害公司债权人的利益。

公司股东滥用股东权利给公司或者其他股东造成损失的,应当依法承担赔偿责任。

公司股东滥用公司法人独立地位和股东有限责任,逃避债务,严重损害公司债权人利益的,应当对公司债务承担连带责任。

第二十一条 公司的控股股东、实际控制人、董事、监事、高级管理人员不得利用其关联关系损害公司利益。

违反前款规定,给公司造成损失的,应当承担赔偿责任。

第三十五条 公司成立后,股东不得抽逃出资。

第一百四十七条 董事、监事、高级管理人员应当遵守法律、行政法规和公司章程,对公司负有忠实义务和勤勉义务。

董事、监事、高级管理人员不得利用职权收受贿赂或者其他非法收入,不得侵占公司的财产。

第一百四十八条 董事、高级管理人员不得有下列行为:

(一)挪用公司资金;

(二)将公司资金以其个人名义或者以其他个人名义开立账户存储;

(三)违反公司章程的规定,未经股东会、股东大会或者董事会同意,将公司资金借贷给他人或者以公司财产为他人提供担保;

(四)违反公司章程的规定或者未经股东会、股东大会同意,与本公司订立合同或者进行交易;

(五)未经股东会或者股东大会同意,利用职务便利为自己或者他人谋取属于公司的商业机会,自营或者为他人经营与所任职公司同类的业务;

(六)接受他人与公司交易的佣金归为己有;

(七)擅自披露公司秘密;

(八)违反对公司忠实义务的其他行为。

董事、高级管理人员违反前款规定所得的收入应当归公司所有。

第一百四十九条　董事、监事、高级管理人员执行公司职务时违反法律、行政法规或者公司章程的规定，给公司造成损失的，应当承担赔偿责任。

第一百五十一条　董事、高级管理人员有本法第一百四十九条规定的情形的，有限责任公司的股东、股份有限公司连续一百八十日以上单独或者合计持有公司百分之一以上股份的股东，可以书面请求监事会或者不设监事会的有限责任公司的监事向人民法院提起诉讼；监事有本法第一百四十九条规定的情形的，前述股东可以书面请求董事会或者不设董事会的有限责任公司的执行董事向人民法院提起诉讼。

监事会、不设监事会的有限责任公司的监事，或者董事会、执行董事收到前款规定的股东书面请求后拒绝提起诉讼，或者自收到请求之日起三十日内未提起诉讼，或者情况紧急、不立即提起诉讼将会使公司利益受到难以弥补的损害的，前款规定的股东有权为了公司的利益以自己的名义直接向人民法院提起诉讼。

他人侵犯公司合法权益，给公司造成损失的，本条第一款规定的股东可以依照前两款的规定向人民法院提起诉讼。

第一百五十二条　董事、高级管理人员违反法律、行政法规或者公司章程的规定，损害股东利益的，股东可以向人民法院提起诉讼。

◎ 《最高人民法院关于审理民间借贷案件适用法律若干问题的规定》

第五条　人民法院立案后，发现民间借贷行为本身涉嫌非法集资犯罪的，应当裁定驳回起诉，并将涉嫌非法集资犯罪的线索、材料移送公安或者检察机关。

公安或者检察机关不予立案，或者立案侦查后撤销案件，或者检察机关作出不起诉决定，或者经人民法院生效判决认定不构成非法集资犯罪，当事人又以同一事实向人民法院提起诉讼的，人民法院应予受理。

第六条　人民法院立案后，发现与民间借贷纠纷案件虽有关联但不是同一事实的涉嫌非法集资等犯罪的线索、材料的，人民法院应当继续审理民间借贷纠纷案件，并将涉嫌非法集资等犯罪的线索、材料移送公安或者检察机关。

第七条　民间借贷的基本案件事实必须以刑事案件审理结果为依据，而该刑事案件尚未审结的，人民法院应当裁定中止诉讼。

◎ 《最高人民法院关于适用〈中华人民共和国公司法〉若干问题的规定(三)》

第十二条　公司成立后，公司、股东或者公司债权人以相关股东的行为符合下列情形之一且损害公司权益为由，请求认定该股东抽逃出资的，人民法院应予支持：

（一）制作虚假财务会计报表虚增利润进行分配；

（二）通过虚构债权债务关系将其出资转出；

（三）利用关联交易将出资转出；

（四）其他未经法定程序将出资抽回的行为。

第十四条　股东抽逃出资，公司或者其他股东请求其向公司返还出资本息、协助抽逃出资的其他股东、董事、高级管理人员或者实际控制人对此承担连带责任的,人民法院应予支持。

公司债权人请求抽逃出资的股东在抽逃出资本息范围内对公司债务不能清偿的部分承担补充赔偿责任、协助抽逃出资的其他股东、董事、高级管理人员或者实际控制人对此承担连带责任的,人民法院应予支持;抽逃出资的股东已经承担上述责任,其他债权人提出相同请求的,人民法院不予支持。

第十六条 股东未履行或者未全面履行出资义务或者抽逃出资,公司根据公司章程或者股东会决议对其利润分配请求权、新股优先认购权、剩余财产分配请求权等股东权利作出相应的合理限制,该股东请求认定该限制无效的,人民法院不予支持。

第十七条 有限责任公司的股东未履行出资义务或者抽逃全部出资,经公司催告缴纳或者返还,其在合理期间内仍未缴纳或者返还出资,公司以股东会决议解除该股东的股东资格,该股东请求确认该解除行为无效的,人民法院不予支持。

在前款规定的情形下,人民法院在判决时应当释明,公司应当及时办理法定减资程序或者由其他股东或者第三人缴纳相应的出资。在办理法定减资程序或者其他股东或者第三人缴纳相应的出资之前,公司债权人依照本规定第十三条或者第十四条请求相关当事人承担相应责任的,人民法院应予支持。

第十九条 公司股东未履行或者未全面履行出资义务或者抽逃出资,公司或者其他股东请求其向公司全面履行出资义务或者返还出资,被告股东以诉讼时效为由进行抗辩的,人民法院不予支持。

公司债权人的债权未过诉讼时效期间,其依照本规定第十三条第二款、第十四条第二款的规定请求未履行或者未全面履行出资义务或者抽逃出资的股东承担赔偿责任,被告股东以出资义务或者返还出资义务超过诉讼时效期间为由进行抗辩的,人民法院不予支持。

破产成为债务人保护伞,债权人何去何从

在日常生活中,买卖合同无疑与我们生活最为密切,是一种为我们生活提供很多便利的法律形式。买卖合同因其范围较广,覆盖面较大,较易引发纠纷,从而给我们的正常生活生产造成不必要的麻烦和困扰。首先,买卖合同指的是一方转移标的物的所有权于另一方,另一方支付价款的合同。转移所有权的一方为出卖人或卖方,支付价款而取得所有权的一方为买受人或者买方。根据《中华人民共和国合同法》第一百七十四条、第一百七十五条的规定,法律对其他有偿合同的事项未作规定时,参照买卖合同的规定;互易等移转标的物所有权的合同,也参照买卖合同的规定。其次,广义的买卖合同其内涵早已扩大到了各个部门法中,例如本文中所讨论的买卖合同纠纷下的破产清算问题,即最高人民法院指导案例9号《上海存亮贸易有限公司诉蒋志东、王卫明等买卖合同纠纷案》,其核心是非企业法人是否享有清算义务。因此,买卖合同纠纷往往伴随着其他的法律问题,应当引起我们的重视。最后,民法倡导的是诚实信用原则下的意思自治,因此无论是买卖合同关系也好,还是其他法律关系,都要遵循一定的原则和规律,不能损害国家利益、社会公共利益和他人合法权益。

案例介绍

一、拓恒公司破产,债权人血本无归

原告上海存亮贸易有限公司(以下简称"存亮公司")诉称:其向被告常州拓恒机械设备有限公司(以下简称"拓恒公司")供应钢材,拓恒公司尚欠货款1395228.6元。被告房恒福、蒋志东和王卫明为拓恒公司的股东,拓恒公司未进行年检,被工商部门吊销营业执照,至今未组织清算。因其怠于履行清算义务,导致公司财产流失、灭失,存亮公司的债权得不到清偿。根据公司法及相关司法解释规定,房恒福、蒋志东和王卫明应对拓恒公司的债务承担连带责任。故请求判令拓恒公司偿还存亮公司货款1395228.6元及违约金,房恒福、蒋志东和王卫明对拓恒公司的债务承担连带清偿责任。

二、连带责任躲不过,股东耍赖要担责

被告蒋志东、王卫明系拓恒公司股东,其辩称:1.两人从未参与过拓恒公司的经营管理;

2.拓恒公司实际由大股东房恒福控制,两人无法对其进行清算;3.拓恒公司由于经营不善,在被吊销营业执照前已背负了大量债务,资不抵债,并非由于蒋志东、王卫明怠于履行清算义务而导致拓恒公司财产灭失;4.蒋志东、王卫明也曾委托律师对拓恒公司进行清算,但由于拓恒公司财物多次被债权人哄抢,导致无法清算,因此蒋志东、王卫明不存在怠于履行清算义务的情况。故请求驳回存亮公司对蒋志东、王卫明的诉讼请求。

三、法院判决还真相,破产公司被执行

法院经审理查明:2007年6月28日,存亮公司与拓恒公司建立钢材买卖合同关系。存亮公司履行了7095006.6元的供货义务,拓恒公司已付货款5699778元,尚欠货款1395228.6元。另,房恒福、蒋志东和王卫明为拓恒公司的股东,所占股份分别为40%、30%、30%。拓恒公司因未进行年检,于2008年12月25日被工商部门吊销营业执照,至今股东未组织清算。现拓恒公司无办公经营地,账册及财产均下落不明。拓恒公司在其他案件中因无财产可供执行被中止执行。

上海市松江区人民法院于2009年12月8日作出判决:一、拓恒公司偿付存亮公司货款1395228.6元及相应的违约金;二、房恒福、蒋志东和王卫明对拓恒公司的上述债务承担连带清偿责任。宣判后,蒋志东、王卫明提出上诉。上海市第一中级人民法院判决驳回上诉,维持原判。

争议与问题

本案中,股东在拓恒公司被吊销营业执照后,应对公司的债务承担什么责任?企业破产的,债权人的债权应当如何主张?

案例分析

一、公司破产,股东清算的连带责任

针对实践中大量存在的股东不履行清算义务、损害债权人利益的情况,《最高人民法院关于适用〈中华人民共和国公司法〉若干问题的规定(二)》(以下简称《公司法司法解释二》),第十八条第二款规定了公司股东的连带清偿责任,"有限责任公司的股东、股份有限公司的董事和控股股东因怠于履行义务,导致公司主要财产、账册、重要文件等灭失,无法进行清算,债权人主张其对公司债务承担连带清偿责任的,人民法院应依法予以支持"。

存亮公司按约供货后,拓恒公司未能按约付清货款,应当承担相应的付款责任及违约责任。房恒福、蒋志东和王卫明作为拓恒公司的股东,应在拓恒公司被吊销营业执照后及时组织清算。因房恒福、蒋志东和王卫明怠于履行清算义务,导致拓恒公司的主要财产、账册等均已灭失,无法进行清算,他们怠于履行清算义务的行为,违反了公司法及其司法解释的相关规定,应当对拓恒公司的债务承担连带清偿责任。拓恒公司作为有限责任公司,其全体股

东在法律上应一起成为公司的清算义务人。公司法及其相关司法解释并未规定蒋志东、王卫明所辩称的例外条款,因此无论蒋志东、王卫明在拓恒公司中所占的股份为多少,是否实际参与了公司的经营管理,两人在拓恒公司被吊销营业执照后,都有义务在法定期限内依法对拓恒公司进行清算。

二、破产公司怠于履行债务的责任

关于蒋志东、王卫明辩称拓恒公司在被吊销营业执照前已背负大量债务,即使其怠于履行清算义务,也与拓恒公司财产灭失之间没有关联性。根据查明的事实,拓恒公司在其他案件中因无财产可供执行被中止执行的情况,只能证明人民法院在执行中未查找到拓恒公司的财产,不能证明拓恒公司的财产在被吊销营业执照前已全部灭失。拓恒公司的三名股东怠于履行清算义务与拓恒公司的财产、账册灭失之间具有因果联系,蒋志东、王卫明的该项抗辩理由不成立。蒋志东、王卫明委托律师进行清算的委托代理合同及律师的证明,仅能证明蒋志东、王卫明欲对拓恒公司进行清算,但事实上对拓恒公司的清算并未进行。据此,不能认定蒋志东、王卫明依法履行了清算义务,故对蒋志东、王卫明的该项抗辩理由不予采纳。

律师支招

法律赋予公司在经济活动中的独立人格,股东仅在其出资范围内对公司的对外债务承担责任。这种有限责任制度降低了股东的投资风险,对公司的债权人则明显不利。因为股东对内部的管理,债权人无从得知,如果公司解散后股东"金蝉脱壳",债权人囿于股东的有限责任,就只能向徒具空壳的公司主张权利。为防止这种情形发生,法律规定公司终结时必须严格按照法定程序进行清算,以保障债权人的合法权益。

一、股东怠于清算,债权人应当如何识破

1. 不成立清算组构成"怠于清算"

《公司法司法解释二》第十八条将股东行为区分为"未成立清算组,完全不清算"以及"形式上虽成立清算组,但没有开始清算义务项下任何具体工作"两种情形。第十八条第二款中的"怠于清算"是指第二种情形。

实践中,股东欲逃避债务往往不成立清算组,没有任何清算相关行为。法院大都举轻以明重,认为此时股东同样构成"怠于清算"。换言之,法院通常将前述两种情形均归为"怠于清算"。

2. 长时间未清算完毕,构成怠于清算

如何认定"长时间",司法实践的判断标准并未统一。《公司法司法解释二》第十六条规定人民法院组织清算的期限为清算组成立之日起 6 个月,特殊情况下可申请延长。2005 年公司法修订颁布前,《外商投资企业清算办法》及长春、上海、青岛等地颁布的外资、合资企业清算相关条例(现均已失效)对清算期限作出 180 日到 360 日的规定。上述时限要求,可作

为企业自行清算期限的参考标准,即在外商投资、合资等较为复杂的经营模式下,企业的合理清算期限在申请延长后亦不超过1年时间。因此,自行清算超过1年,甚至长达数年未清算完毕的,如果股东不能证明有合理原因,应视为怠于清算。

二、企业破产中的若干法律适用问题

1.法院强制清算并非股东承担连带责任的前置程序

最高人民法院第9号指导案例《上海存亮贸易有限公司诉蒋志东、王卫明等买卖合同纠纷案》(即本案)判决明确,如经审查可确定公司已无法清算,从节约司法成本、提高诉讼效率方面考虑,不要求债权人在追责股东前必须先申请强制清算。

2.名义股东是否需承担清算赔偿或清偿责任

有观点认为,名义股东根本不参加公司的经营管理,不参与公司红利分配,其难以履行清算义务,不应对"隐名股东"的过错承担责任。

笔者对此持相反意见,一方面,债权人追责时通常仅能获得名义股东信息;另一方面,清算是法定义务,名义股东签订代持股协议应视为接受承担清算义务的风险。

3.有限责任公司股东能否依据司法解释相互追责

针对股份公司,《最高人民法院关于公司法司法解释(一)、(二)理解与适用》一书认为,清算义务人以外的其他股东可以依据《公司法司法解释二》第十八条要求清算义务人承担相应责任。

但鉴于有限责任公司全体股东均为清算义务人,因此并不存在"清算义务人以外的其他股东"情况。有限责任公司的清算义务人之间能否依据《公司法司法解释二》第十八条相互追责则需要讨论。

必懂知识点

一、破产债权的概念

破产债权是针对破产人,并原则上基于破产宣告而发生的一种财产上的请求权。所谓可以通过破产程序得到满足,就是经过债权人申报债权并得到查实后,从破产财产中得到清偿。破产债权既区别于可以从破产财产中优先拨付受偿的破产费用请求权,也区别于将不属于破产人的财产从破产中取回的取回权,以及有担保的债权人行使的别除权。

二、破产债权的种类

破产债权按债务产生和债权人对债务人的不同关系,可具体分为不同种类。

1.无担保债权,是指企业在破产宣告前成立的、无担保物担保从而不具有优先受偿权利的债权。这种无担保债权属于普通债权,它在债权总额中比重大,债权人人数多,是债权确认的重点。

2.放弃优先债权,是指那些原本具有财产担保,但因自愿原因或者不得已原因而放弃的由担保形成的优先受偿权利的债权。这样一来,这种优先债权就演变成无担保的债权。

3.担保差额债权,是指虽有财产担保,但是担保物的价款不足清偿财产担保的债权数额。对于担保差额债权的不足清偿部分,为保障债权人合法权益,一般应将差额部分作为破产债权处理。

4.代保债权。在市场经济运作过程中,一个企业的债务由保证人"作保"可提供偿债保障。企业到期不能清偿债务,保证人则承担连带责任。当保证人履行连带责任为企业偿还债务后,保证人有权向债务人追偿。这样保证人与被担保企业就构成债权人与债务人的关系。当保证人为破产企业偿还有关债务后,其代为清偿的债务对破产企业来说便是代保债权,这种债权是破产债权的一部分。

5.索赔债权,是指企业被宣告破产后,清算组为维护债权人和债务人的合法权益,决定不再履行破产企业的未了合同,由此使合同另一方当事人因解除合同而受到损害,另一方当事人提出的损害赔偿即为索赔债权,它是破产企业破产债权的一部分。

三、破产债权的确认

破产债权的确认包括认定债权是否成立,债权数额以及债权有无财产担保,是否具有别除权。破产程序的目的就在于将破产财产按比例分配给所有的破产债权人,为了便于计算,破产企业的财产一般要变价为金钱。与此相适应,各类破产债权也应该统一换算成金钱债权。同时,由于破产程序终结后,破产企业的财产将用于清偿破产债权,所以法律规定对于未到期的债权视为已到期债权参加破产债权的受偿。这其中包括破产宣告前成立的无担保的债权、有担保而未能受优先清偿的债权、附条件的债权等。

对破产宣告前成立的无担保的债权,不论该债权是否已到期,是否附条件,是否表现为确定价值的债权,是否由第三人为保证,也不论该债权发生的原因,均应列为破产债权。

对于有担保而未能受优先受偿的债权可以不通过破产程序受优先清偿。但是如果该债权因种种原因未能优先受偿,那么对待该债权无异于无担保的债权,应视为破产债权。

附条件的债权,是指债权的生效或消灭依赖于将来客观上不确定的事实的成就或不成就,从而确定其效力的债权。附条件的债权分为附停止条件的债权和附解除条件的债权。附停止条件的债权,在所附条件成就时,发生法律效力;附解除条件的债权,在所附条件成就时,失去法律效力。不论债权附何种条件,在破产宣告时,除非解除条件成就,债权都是已经成立的债权,应视为破产债权。

四、破产债权的清偿

公司破产时用破产财产清偿债务。破产财产是指破产宣告时及破产程序终结前,破产人所有的供破产清偿的全部财产。破产财产清偿的先后顺序是:

1.破产费用

破产费用包括:破产案件的诉讼费用;管理、变价和分配债务人财产的费用;管理人执行职务的费用、报酬和聘用工作人员的费用。

2.共益债务

共益债务是指人民法院受理破产申请后,为了全体债权人的共同利益以及破产程序顺利进行而发生的债务。

共益债务包括:

(1)因管理人或者债务人请求对方当事人履行双方均未履行完毕的合同所产生的债务。

(2)债务人财产受无因管理所产生的债务。无因管理,是指行为人没有法定或者约定义务,为避免造成损失(损失既包括自己的损失,也包括他人的损失,或者仅为他人损失),主动管理他人事务或为他人提供服务的行为。

(3)因债务人不当得利所产生的债务。不当得利指没有合法根据,或事后丧失了合法根据而被确认为是因致他人遭受损失而获得的利益。如售货时多收货款、拾得遗失物据为己有等。

(4)为债务人继续营业而应支付的劳动报酬和社会保险费用以及由此产生的其他债务。

(5)管理人或者相关人员执行职务致人损害所产生的债务。

(6)债务人财产致人损害所产生的债务。

3.破产财产在优先清偿破产费用和共益债务后的清偿顺序

(1)破产人所欠职工的工资和医疗、伤残补助、抚恤费用,所欠的费用应当划入职工个人账户的基本养老保险、基本医疗保险费用,以及法律、行政法规规定应当支付给职工的补偿金。

(2)破产人欠缴的除前项规定以外的社会保险费用和破产人所欠税款。

(3)其他普通破产债权。

破产财产不足以清偿同一顺序额清偿要求的,按比例分配。

必知法规

◎ 《中华人民共和国民法总则》

第六十八条 有下列原因之一并依法完成清算、注销登记的,法人终止:

(一)法人解散;

(二)法人被宣告破产;

(三)法律规定的其他原因。

法人终止,法律、行政法规规定须经有关机关批准的,依照其规定。

第六十九条 有下列情形之一的,法人解散:

(一)法人章程规定的存续期间届满或者法人章程规定的其他解散事由出现;

(二)法人的权力机构决议解散;

(三)因法人合并或者分立需要解散;

(四)法人依法被吊销营业执照、登记证书,被责令关闭或者被撤销;

(五)法律规定的其他情形。

第七十条　法人解散的,除合并或者分立的情形外,清算义务人应当及时组成清算组进行清算。

法人的董事、理事等执行机构或者决策机构的成员为清算义务人。法律、行政法规另有规定的,依照其规定。

清算义务人未及时履行清算义务,造成损害的,应当承担民事责任;主管机关或者利害关系人可以申请人民法院指定有关人员组成清算组进行清算。

第七十一条　法人的清算程序和清算组职权,依照有关法律的规定;没有规定的,参照适用公司法的有关规定。

第七十二条　清算期间法人存续,但是不得从事与清算无关的活动。

法人清算后的剩余财产,根据法人章程的规定或者法人权力机构的决议处理。法律另有规定的,依照其规定。

清算结束并完成法人注销登记时,法人终止;依法不需要办理法人登记的,清算结束时,法人终止。

第七十三条　法人被宣告破产的,依法进行破产清算并完成法人注销登记时,法人终止。

◎ 《中华人民共和国破产法》

第十八条　人民法院受理破产申请后,管理人对破产申请受理前成立而债务人和对方当事人均未履行完毕的合同有权决定解除或者继续履行,并通知对方当事人。管理人自破产申请受理之日起二个月内未通知对方当事人,或者自收到对方当事人催告之日起三十日内未答复的,视为解除合同。

管理人决定继续履行合同的,对方当事人应当履行;但是,对方当事人有权要求管理人提供担保。管理人不提供担保的,视为解除合同。

第十九条　人民法院受理破产申请后,有关债务人财产的保全措施应当解除,执行程序应当中止。

第二十条　人民法院受理破产申请后,已经开始而尚未终结的有关债务人的民事诉讼或者仲裁应当中止;在管理人接管债务人的财产后,该诉讼或者仲裁继续进行。

第二十一条　人民法院受理破产申请后,有关债务人的民事诉讼,只能向受理破产申请的人民法院提起。

◎ 《最高人民法院关于适用〈中华人民共和国公司法〉若干问题的规定(二)》

第十六条　人民法院组织清算的,清算组应当自成立之日起六个月内清算完毕。

因特殊情况无法在六个月内完成清算的,清算组应当向人民法院申请延长。

第十八条　有限责任公司的股东、股份有限公司的董事和控股股东未在法定期限内成立清算组开始清算,导致公司财产贬值、流失、毁损或者灭失,债权人主张其在造成损失范围内对公司债务承担赔偿责任的,人民法院应依法予以支持。

　　有限责任公司的股东、股份有限公司的董事和控股股东因怠于履行义务,导致公司主要财产、账册、重要文件等灭失,无法进行清算,债权人主张其对公司债务承担连带清偿责任的,人民法院应依法予以支持。

　　上述情形系实际控制人原因造成,债权人主张实际控制人对公司债务承担相应民事责任的,人民法院应依法予以支持。

赔偿限额通知晓,责任减轻心不慌

海商法是一个古老的法律部门,它起源于古代欧洲,并随着海上贸易的发生和发展逐步演变成近现代的体系。作为调整海商关系的法律,海商法是随着航海贸易的兴起而产生和发展起来的,从其诞生之初就决定了其与国际经济贸易尤其是海上贸易有着密不可分的联系。纵观海商法的历史发展轨迹和各个时期航海贸易实践,海商法无不表现出与时俱进的特点,它总是在不断吸纳新法规,淘汰落后的法规,从早期的海事惯例到随后的各国海事立法,再到现代丰富多样的法律表现形式,都证明了这一点。海商法是一种极具开放品格的法律,它总是在不断地自我否定中发展着。现代新技术的发展和运用,给海商法带来了一系列新的课题,也为海商法提供了制度创新的动力和契机。

案例介绍

一、"宁安11"轮遇事故,赔偿责任归哪家

中海发展股份有限公司货轮公司(以下简称"货轮公司")所属的"宁安11"轮,于2008年5月23日从秦皇岛运载电煤前往上海外高桥码头,5月26日在靠泊码头过程中触碰码头的2号卸船机,造成码头和机器受损。货轮公司于2009年3月9日向上海海事法院申请设立海事赔偿责任限制基金。货轮公司申请设立非人身伤亡海事赔偿责任限制基金,数额为2242643计算单位(折合人民币25442784.84元)和自事故发生之日起至基金设立之日止的利息。

二、异议人各执一词,法院定义货轮性质

上海外高桥发电有限责任公司、上海外高桥第二发电有限责任公司作为第一异议人,中国人民财产保险股份有限公司上海市分公司、中国大地财产保险股份有限公司上海分公司、中国平安财产保险股份有限公司上海分公司、安诚财产保险股份有限公司上海分公司、中国太平洋财产保险股份有限公司上海分公司、中国大地财产保险股份有限公司营业部、永诚财产保险股份有限公司上海分公司等7位异议人作为第二异议人,分别针对货轮公司的上述申请向上海海事法院提出了书面异议。上海海事法院于2009年5月27日就此项申请和异议召开了听证会。

第一异议人称:"宁安11"轮事故系因船长的错误操作行为所导致,该船长应对本次事故负全部责任,故申请人无权享受海事赔偿责任限制。"宁安11"轮是一艘可以从事国际远洋运输的船舶,不属于从事中国港口之间货物运输的船舶,不适用交通部《关于不满300总吨船舶及沿海运输、沿海作业船舶海事赔偿限额的规定》第四条规定的限额,而应适用《中华人民共和国海商法》第二百一十条第一款第二项规定的限额。

第二异议人称:事故所涉及的债权性质虽然大部分属于限制性债权,但其中清理残骸费用应当属于非限制性债权,申请人无权就此项费用申请限制赔偿责任。其他异议意见和理由同第一异议人。

上海海事法院经审理查明:申请人系"宁安11"轮登记的船舶所有人。涉案船舶触碰事故所造成的码头和机器损坏,属于与船舶营运直接相关的财产损失。另外,"宁安11"轮总吨位为26358吨,营业运输证载明的核定经营范围为"国内沿海及长江中下游各港间普通货物运输"。上海海事法院于2009年6月10日作出民事裁定,驳回异议人的异议,准许申请人设立海事赔偿责任限制基金,基金数额为人民币25442784.84元和该款自2008年5月26日起至基金设立之日止的银行利息。宣判后,异议人中国人民财产保险股份有限公司上海市分公司提出上诉。上海市高级人民法院驳回上诉,维持原裁定。

争议与问题

海事赔偿责任应当如何认定?海商法是如何对船舶定性的?

案例分析

本案为最高人民法院2013年1月31日发布的指导案例16号《中海发展股份有限公司货轮公司申请设立海事赔偿责任限制基金案》。

一、"宁安11"轮的定性问题

货轮公司是"宁安11"轮的船舶登记所有人,属于《中华人民共和国海商法》第二百零四条和《中华人民共和国海事诉讼特别程序法》第一百零一条第一款规定的可以申请设立海事赔偿责任限制基金的主体。异议人提出的申请人所属船舶应当对事故负全责,其无权享受责任限制的意见,因涉及对申请人是否享有赔偿责任限制实体权利的判定,该问题应在案件的实体审理中解决。

鉴于涉案船舶触碰事故所造成的码头和机器损坏,属于与船舶营运直接相关的财产损失,依据《中华人民共和国海商法》第二百零七条的规定,责任人可以限制赔偿责任。因此,第二异议人提出的清理残骸费用属于非限制性债权,申请人无权享有该项赔偿责任限制的意见,不影响法院准予申请人就所涉限制性债权事项提出设立海事赔偿责任限制基金的申请。

二、设立海事赔偿责任限制基金申请的主体资格问题

关于"宁安 11"轮是否属于《中华人民共和国海商法》第二百一十条第二款规定的"从事中华人民共和国港口之间的运输的船舶",进而应按照何种标准计算赔偿限额的问题,鉴于"宁安 11"轮营业运输证载明的核定经营范围为"国内沿海及长江中下游各港间普通货物运输",涉案事故发生时其所从事的也正是从秦皇岛港至上海港航次的运营,因此,该船舶应被认定为"从事中华人民共和国港口之间的运输的船舶",而不宜以船舶适航证书上记载的船舶可航区域或者船舶有能力航行的区域来确定赔偿责任限制。异议人提出的"宁安 11"轮所准予航行的区域为近海,是一艘可以从事国际远洋运输的船舶的意见法院并未采纳。申请人据此申请适用《中华人民共和国海商法》第二百一十条第二款和《船舶赔偿限额规定》第四条规定的标准计算涉案限制基金的数额并无不当。

律师支招

一、限制赔偿巧运用,事故发生责任轻

赋予船舶所有人、经营人、承租人和他们的责任保险人以限制海事赔偿责任权利是当前国际社会的通行做法。其意义在于,海运业是资金密集型行业,需要巨额的资金投入,同时海上运输风险历来比陆上运输要高很多,而且随着航运业分工的日益细化,船舶运营并不由船舶所有人控制,而是由其雇用的船长和船员掌控。一旦发生船舶碰撞、油污损害等重大海事事故,船舶所有人不仅要承担自身的船舶价值损失,还要承担对船员、货方和相关第三方损失的赔偿责任。如果要求责任人全额承担事故所造成的损失,将导致船舶所有人因一次偶然的海事事故而濒临破产。因此,面对如此巨大的海上风险,投资人不敢轻易对海运业投入资金,从而阻碍海运业的发展,进而影响到全球贸易的正常运行。为鼓励和保护海运业的发展,各国立法以及国际公约纷纷将船舶责任方在海事事故中的赔偿责任总额给予限制。

二、国际规则通知晓,再遇事故心不慌

首先,从《统一提单的若干法律规则的国际公约》(即《海牙规则》)到《1978 年联合国海上货物运输公约》(即《汉堡规则》)依次提高了对每单位货物的最高赔偿金额。《海牙规则》规定船东或承运人对货物或与货物有关的灭失或损害的赔偿金额不超过每件或每计费单位 100 英镑或相当于 100 英镑的等值货币。《1968 年布鲁塞尔有关修改 1924 年 8 月 25 日在布鲁塞尔签订的统一提单的若干法律规则的国际公约的议定书》(即《维斯比规则》)将最高赔偿金额提高为每件或每单位 10000 法郎,或按灭失或损害货物毛重计算,每千克 30 法郎,两者以较高的金额为准。同时明确一个法郎是一个含有 65.5 毫克的黄金,纯度为千分之九百的单位。《汉堡规则》再次将承运人的最高赔偿责任增加至每件或每货运单位 835 特别提款权(Special Drawing Rights,SDR 或称记账单位),或每千克 2.5 特别提款权,两者以金额高的为准。

其次,对灭失或损害货物的计量方法越来越合理。《海牙规则》是以每件或每计费单位来计量货物。随着托盘、集装箱等成组化运输方式的发展,这种计量方式的弊端逐渐显现。因而,《维斯比规则》和《汉堡规则》都规定如果以集装箱、托盘或类似集装运输工具运送货物,当提单内载明运输工具内货物的包数或件数时,以集装箱或托盘所载货物的每一小件为单位,逐件赔偿;当提单内未载明货物具体件数时,则以一个集装箱或一个托盘作为一件货物进行赔偿。

必懂知识点

一、海商法限制赔偿制度

《海牙规则》《维斯比规则》和《汉堡规则》均规定了承运人对货物灭失或者损坏的赔偿责任限额。《海牙规则》规定的承运人的赔偿责任限额为 100 英镑每件或每计费单位。当时,许多国家在制定国内法时都按当时的汇率将 100 英镑折算成本国货币,我国海商法颁布前实行的"700 元人民币每件或每计费单位"就是在 20 世纪 50 年代将 100 英镑折成人民币确定的。到了 20 世纪 50 年代,许多代表货方利益的国家提出,由于通货膨胀的影响,《海牙规则》规定的承运人的责任限额太低,承运人的免责范围过大。经过各方的努力,1968 年的《维斯比规则》将赔偿限额提高到 10000 法郎每件或每单位,并采用双轨制,或按灭失或损害的货物毛重计算,30 法郎每千克,二者以高者为准;后来又通过 1979 年议定书改变折算为 666.67 特别提款权每件或每单位,或者 2 特别提款权每千克。1978 年通过的《汉堡规则》将承运人的赔偿限额提高到 835 特别提款权(或 12500 法郎,适用于国内法律不允许适用特别提款权的国家)每件或每单位,或者 2.5 特别提款权(或 37.5 法郎,适用于国内法律不允许适用特别提款权的国家)每毛重千克,以高者为准。

我国海商法的规定与《维斯比规则》的规定相同,对于货物灭失或者损坏的赔偿限额采取了双重计算标准,或者按照货物件数或者其他货运单位数计算,每件或者每个其他货运单位为 666.67 特别提款权;或者按照货物毛重计算,每千克为 2 特别提款权,以赔偿限额高的为准。也就是说,当单件货物毛重超过 333.3 千克时就应采取重量计算标准。

对货物件数或者其他货运单位数的确定,海商法规定:

(1)货物用集装箱、货盘或者类似装运器具集装的,以提单中载明的在此类装运器具中的货物件数或者其他货运单位数作为计算赔偿限额的货物件数或者其他货运单位数;如果提单中未载明,则每一装运器具视为一件或者一个单位。

(2)如果装运器具不属于承运人。也就是说,如果装运器具是货方所有或者由货方提供的,如装运器具本身受损,应把其视为一件或一个货运单位计算赔偿限额。

在适用承运人对货物灭失或者损坏的赔偿限额时,必须注意以下两点:

(1)如果托运人在货物装运前已经申报其性质和价值,并在提单中载明的,或者托运人与承运人已经另行约定高于海商法规定的赔偿限额的,就不再适用海商法规定的赔偿限额。

(2)托运人或收货人就货物灭失和损坏分别向承运人、实际承运人以及他们的受雇人、代理人提出赔偿请求的,赔偿总额不得超过海商法规定的限额。

二、海事赔偿责任限制基金

海事赔偿责任限制基金是海事赔偿责任限制制度的一种保证制度。所谓海事赔偿责任限制基金是指在海事责任限制诉讼中,依法享有赔偿责任限制的责任人向有管辖权的法院申请设立用以担保其承担有限赔偿责任的、不可撤销的专项储款或信誉。

海事赔偿责任限制基金程序,是指责任人向法院申请提交一笔与海事赔偿责任限额等值的款项作为分配给所有限制性债权的基金的法定过程。海事赔偿责任限制基金作为责任人在援用责任限制时承担责任的一种保证,在基金设立以后,经法院判明责任人的相应责任,认定其符合享受责任限制条件的,方可按照法律的有关规定,对基金进行分配。

海事赔偿责任限制基金程序与海事赔偿责任限制程序既相互独立,又具有一定的联系。

首先,责任限制程序是责任限制基金程序的前提,但责任限制基金程序并不是责任限制程序的后果。《中华人民共和国海事诉讼特别程序法》第一百零一条规定:"船舶所有人、承租人、经营人、救助人、保险人在发生海事事故后,依法申请责任限制的,可以向海事法院申请设立海事赔偿责任限制基金。"责任限制基金的设立必须是在责任主体按照相关法律规定向法院申请限制海事赔偿责任(即海事赔偿责任限制程序)之后,由责任人选择是否向海事法院申请设立基金。责任人可以选择申请设立海事赔偿责任限制基金,也可以选择不申请设立责任限制基金,对此,责任人享有充分的自主权。

其次,两者在立法目的及作用上不同。责任限制程序是为了保障责任人享有责任限制的权利而进行的诉讼过程,其作用在于减轻责任人承担的实体法律义务,在责任限制程序中,当事人的责任划分、责任限制权利以及责任限额都将得到最终的确认。而责任限制基金程序的建立是为了防止责任人的财产被重复扣押,并对可能承担的责任提供担保,对具体的责任划分、责任承担方面没有任何影响。

最后,两者的审查对象不同。依照《最高人民法院关于适用〈中华人民共和国海事诉讼特别程序法〉若干问题的解释》第八十三条的规定,在基金设立程序中,既要审查申请人的主体资格、设立基金的数额等程序性问题,还要审查债权性质这一实体性问题,但应当注意,此种审查仅仅是初步的审查,不属于是否享受责任限制的实体性审查。而在海事赔偿责任限制程序中,应当全面审查主体资格、相关债权性质以及是否存在丧失责任限制的情况,并最终确定责任人是否享受责任限制以及限额,这种审查应属于实体性审查。

必知法规

◎ 《中华人民共和国海商法》

第六十四条 就货物的灭失或者损坏分别向承运人、实际承运人以及他们的受雇人、代理人提出赔偿请求的,赔偿总额不超过本法第五十六条规定的限额。

第二百一十条 除本法第二百一十一条另有规定外,海事赔偿责任限制,依照下列规定计算赔偿限额：

(一)关于人身伤亡的赔偿请求

1.总吨位300吨至500吨的船舶,赔偿限额为333000计算单位；

2.总吨位超过500吨的船舶,500吨以下部分适用本项第1目的规定,500吨以上的部分,应当增加下列数额：

501吨至3000吨的部分,每吨增加500计算单位；

3001吨至30000吨的部分,每吨增加333计算单位；

30001吨至70000吨的部分,每吨增加250计算单位；

超过70000吨的部分,每吨增加167计算单位。

(二)关于非人身伤亡的赔偿请求

1.总吨位300吨至500吨的船舶,赔偿限额为167000计算单位；

2.总吨位超过500吨的船舶,500吨以下部分适用本项第1目的规定,500吨以上的部分,应当增加下列数额：

501吨至30000吨的部分,每吨增加167计算单位；

30001吨至70000吨的部分,每吨增加125计算单位；

超过70000吨的部分,每吨增加83计算单位。

(三)依照第(一)项规定的限额,不足以支付全部人身伤亡的赔偿请求的,其差额应当与非人身伤亡的赔偿请求并列,从第(二)项数额中按照比例受偿。

(四)在不影响第(三)项关于人身伤亡赔偿请求的情况下,就港口工程、港池、航道和助航设施的损害提出的赔偿请求,应当较第(二)项中的其他赔偿请求优先受偿。

(五)不以船舶进行救助作业或者在被救船舶上进行救助作业的救助人,其责任限额按照总吨位为1500吨的船舶计算。

总吨位不满300吨的船舶,从事中华人民共和国港口之间的运输的船舶,以及从事沿海作业的船舶,其赔偿限额由国务院交通主管部门制定,报国务院批准后施行。

◎ 《中华人民共和国海事诉讼特别程序法》

第一百零一条 船舶所有人、承租人、经营人、救助人、保险人在发生海事事故后,依法申请责任限制的,可以向海事法院申请设立海事赔偿责任限制基金。

船舶造成油污损害的,船舶所有人及其责任保险人或者提供财务保证的其他人为取得法律规定的责任限制的权利,应当向海事法院设立油污损害的海事赔偿责任限制基金。

设立责任限制基金的申请可以在起诉前或者诉讼中提出,但最迟应当在一审判决作出前提出。

◎ 《最高人民法院关于适用〈中华人民共和国海事诉讼特别程序法〉若干问题的解释》

第八十三条 利害关系人依据海事诉讼特别程序法第一百零六条的规定对申请人设立海事赔偿责任限制基金提出异议的,海事法院应当对设立基金申请人的主体资格、事故所涉及的债权性质和申请设立基金的数额进行审查。

汽车厂商欲盖弥彰，双倍赔偿自食其果

在市场经济条件下，通过保护消费者权利，让消费者能够购买到称心如意的商品和享受好的服务，是人民生活水平提高的表现。试想，一个消费者在购买商品和接受服务时如果不能自由选择，如果他因不能自由选择而买到了假冒伪劣产品，如果他买到不合格产品而商店又拒绝退换，甚至受到商店的欺骗，他会是一种什么感觉？在现代经济条件下，消费者在强大的经营资本面前，明显处于弱势状态，少数生产经营者为了追求利润而不择手段，使消费者置身于丧失财产乃至生命的危险之中。因此，要对处于弱势的消费者进行保护。2013年11月8日，最高人民法院发布了指导案例17号《张莉诉北京合力华通汽车服务有限公司买卖合同纠纷案》，对销售欺诈类案件的审理进行明确。

案例介绍

一、新车变旧车，违心又违约

2007年2月28日，原告张莉从被告北京合力华通汽车服务有限公司（以下简称"合力华通公司"）购买了上海通用雪佛兰景程轿车一辆，价格138000元，双方签有《汽车销售合同》。该合同第七条约定："……卖方保证买方所购车辆为新车，在交付之前已作了必要的检验和清洁，车辆路程表的千米数为18千米且符合卖方提供给买方的随车交付文件中所列的各项规格和指标……"合同签订当日，张莉向合力华通公司交付了购车款138000元，同时支付了车辆购置税12400元、一条龙服务费500元、保险费6060元。同日，合力华通公司将一辆雪佛兰景程轿车交付张莉，张莉为该车办理了机动车登记手续。2007年5月13日，张莉在将车辆送合力华通公司保养时，发现该车曾于2007年1月17日进行过维修。

二、合同不明确，卖家担风险

审理中，合力华通公司表示张莉所购车辆确实曾在运输途中有过划伤，于2007年1月17日进行过维修，维修项目包括右前叶子板喷漆、右前门喷漆、右后叶子板喷漆、右前门钣金、右后叶子板钣金、右前叶子板钣金，在维修中更换了底大边卡扣、油箱门及前叶子板灯总成。送修人系该公司业务员。合力华通公司称，对于车辆曾进行维修之事已在销售时明确告知张莉,并据此予以较大幅度优惠,该车销售定价应为151900元,经协商后该车实际销售价格为138000元,还赠送了部分装饰。为证明上述事实,合力华通公司提供了车辆维修记录及有张莉签字的日期为2007年2月28日的车辆交接验收单一份,在车辆交接验收单备注一栏中注有"加1/4油,此车右侧有钣喷修复,按约定价格销售"。合力华通公司表示该验收单系该公司保存,张莉手中并无此单。对于合力华通公司提供的上述两份证据,张莉表示对于车辆维修记录没有异议,车辆交接验收单中的签字确系其所签,但合力华通公司在销售时并未告知车辆曾有维修,其在签字时备注一栏中没有"此车右侧有钣喷修复,按约定价格销售"字样。

三、法院经审理,卖家双倍赔损失

北京市朝阳区人民法院于2007年10月作出(2007)朝民初字第18230号民事判决:一、撤销张莉与合力华通公司于2007年2月28日签订的《汽车销售合同》;二、张莉于判决生效后七日内将其所购的雪佛兰景程轿车退还合力华通公司;三、合力华通公司于判决生效后七日内退还张莉购车款十二万四千二百元;四、合力华通公司于判决生效后七日内赔偿张莉购置税一万二千四百元、服务费五百元、保险费六千零六十元;五、合力华通公司于判决生效后七日内加倍赔偿张莉购车款十三万八千元;六、驳回张莉其他诉讼请求。宣判后,合力华通公司提出上诉。北京市第二中级人民法院判决驳回上诉,维持原判。

争议与问题

由于卖方责任,导致消费者权益受损时,责任应当如何分配?消费者维权应采取什么方法?

案例分析

一、卖方未尽告知义务,意图蒙混过关未果

原告张莉购买汽车系因生活需要自用,被告合力华通公司没有证据证明张莉购买该车用于经营或其他非生活消费,故张莉购买汽车的行为属于生活消费需要,应当适用《中华人民共和国消费者权益保护法》。

根据双方签订的《汽车销售合同》约定,合力华通公司交付张莉的车辆应为无维修记录的新车,现所售车辆在交付前实际上经过维修,这是双方共同认可的事实,合力华通公司是否事先履行了告知义务是本案争议的焦点。大多数消费者侵权关系都是以合同侵权为基础的,大多体现为合同违约,但往往合同的违约成本较小,而侵权成本较高。

二、低价销售暗藏玄机,消费者买到瑕疵车辆

车辆销售价格的降低或优惠以及赠送车饰是销售商常用的销售策略,也是双方当事人

协商的结果,不能由此推断出合力华通公司是在告知张莉汽车存在瑕疵的基础上对其进行了降价和优惠。合力华通公司提交的有张莉签名的车辆交接验收单,因系合力华通公司单方保存,且备注一栏内容由该公司不同人员书写,加之张莉对此不予认可,该验收单不足以证明张莉对车辆以前维修过有所了解。故对合力华通公司抗辩称其向张莉履行了瑕疵告知义务不予采信,应认定合力华通公司在售车时隐瞒了车辆存在的瑕疵,有欺诈行为,应退还车款并增加赔偿张莉的损失。

律师支招

在市场经济日渐发达的今天,我们每个人都必然要充当消费者的角色。从理论上看,消费者与经营者就产品购销或服务提供平等协商,达成协议,双方的权利都应得到平等的、充分的尊重和保障。但现实中消费者的权利却屡屡遭到侵犯,其根本原因是消费者是一个个分散的个体,与经营者相比,无论从获得的信息量还是自身实力等各方面分析,皆处于劣势。我们消费时随时可能遇到假冒伪劣、无耻欺诈、强买强卖等侵权现象,此时,作为消费者,我们应该利用合法途径和正当程序,理直气壮地切实维护我们的合法权益。

一、协商和解,保障自身利益

消费者与经营者在发生争议后,就与争议有关的问题进行协商,在自愿、互谅的基础上,通过直接对话摆事实、讲道理,分清责任,达成和解协议,使纠纷得以解决。消费者权益争议的协商和解是一种快速、简便的争议解决方式,无论是对消费者还是对经营者,它都不失为一种理想的途径。事实上,日常生活中大量的消费者权益争议都是通过这种方式解决的。

在协商和解时,消费者应注意以下问题:

针对经营者故意拖延或无理拒绝消费者协商和解建议的行为,消费者应立即采取措施,用其他途径解决争议问题,即可用投诉、申诉、仲裁或诉讼途径解决纠纷。如果经营者的故意拖延和无理拒绝,致使消费者财产损失扩大的,经营者除了应当满足消费者正常要求外,还应当就扩大的损失承担赔偿责任。

针对经营者故意推卸责任,认为产品出现质量问题是生产厂家的事,要求消费者直接找厂家交涉的行为,按《中华人民共和国消费者权益保护法》第四十条规定:"消费者在购买、使用商品时,其合法权益受到损害的,可以向销售者要求赔偿。销售者赔偿后,属于生产者的责任或者属于向销售者提供商品的其他销售者的责任的,销售者有权向生产者或者其他销售者追偿。消费者或者其他受害人因商品缺陷造成人身、财产损害的,可以向销售者要求赔偿,也可以向生产者要求赔偿。属于生产者责任的,销售者赔偿后,有权向生产者追偿。属于销售者责任的,生产者赔偿后,有权向销售者追偿。消费者在接受服务时,其合法权益受到损害的,可以向服务者要求赔偿。"因此,当消费者遇到商品质量问题时,如果经营者推卸责任,认为是生产厂家的问题,要求消费者直接找厂家交涉时,消费者应当有自我保护意识,不能夹在中间让厂家和经营者当"皮球"踢,要以法律规定为依据,切实维护自己的合法权益。

针对经营者以店堂通知、声明、告示为由，拒不承担责任的行为，按《中华人民共和国消费者权益保护法》第二十六条第二款和第三款的规定："经营者不得以格式条款、通知、声明、店堂告示等方式，作出排除或者限制消费者权利、减轻或者免除经营者责任、加重消费者责任等对消费者不公平、不合理的规定，不得利用格式条款并借助技术手段强制交易。格式条款、通知、声明、店堂告示等含有前款所列内容的，其内容无效。"因此，当消费者因商品质量和服务问题与商家交涉、协商时，千万不能为其店堂内此类服务规则或商品销售告示所约束，这些服务规则于法无据，没有法律效力，应视为无效规则。

二、选择投诉调解，消协为你伸张正义

消费者投诉，是指消费者为生活消费需要购买、使用商品或者接受服务，与经营者之间发生消费者权益争议后，请求消费者权益保护组织调解，要求保护其合法权益的行为。《中华人民共和国消费者权益保护法》规定，消费者权益争议可以通过消费者协会调解解决。

消费者可以采取打电话、写信函、面谈、网络留言等形式进行投诉。但无论采取哪种形式，都要讲清楚以下内容：一是投诉人的基本情况，即投诉人的姓名、性别、联系地址、联系电话、邮政编码等；二是被投诉方的基本情况，即被投诉方名称、地址、电话等；三是购买商品的时间、品牌、产地、规格、数量、价格等；四是受损害的具体情况、发现问题的时间及与经营者交涉的经过等；五是购物凭证、保修卡、约定书等。

三、行政机关可投诉，人民法院可诉讼

消费者和经营者发生权益争议后，可以请求政府有关行政部门依行政程序解决争议，与其他争议解决途径相比，投诉具有高效、快捷、力度强等特点。《中华人民共和国消费者权益保护法》第三十九条规定，消费者和经营者发生消费者权益争议的，可以向有关行政部门投诉。

消费者在其合法权益受到侵害后，可以向人民法院提起诉讼，请求人民法院依照法定程序进行审判。在我国，诉讼大致分为三种形式：刑事诉讼、民事诉讼和行政诉讼。消费者因其合法权益受到侵害而提起的诉讼属于民事诉讼范畴。

必懂知识点

一、买卖心不慌，产品均"三包"

《中华人民共和国消费者权益保护法》在2013年修订时强化了有关商品和服务退货、更换、修理的规定，其第二十四条规定："经营者提供的商品或者服务不符合质量要求的，消费者可以依照国家规定、当事人约定退货，或者要求经营者履行更换、修理等义务。……依照前款规定进行退货、更换、修理的，经营者应当承担运输等必要费用。"

一是明确了消费者的优先退货权。规定在商品或者服务不符合质量要求的情况下，消

费者可以依照国家规定和当事人约定退货、更换、修理。

二是扩大了"三包"规定的适用范围。原"三包"规定涉及的商品仅有23种。消费者权益保护法在2013年修订时规定,在没有国家规定和当事人约定的情况下,消费者可以自收到商品之日起7日内退货,并明确了7日之后经营者需承担退货、修理、更换义务的情形,把覆盖面扩大到所有的商品。

三是规定了进行退货、更换、修理的,经营者应当承担运输等必要的费用。

四是明确了三包期限的起始时间从交付之日起开始计算。

这里的"当事人约定"不能低于国家规定中有关经营者应当履行退货、更换、修理的义务,只能高于国家规定。也就是说国家规定是底线,不能突破;在底线之上,鼓励经营者作出有利于消费者的约定或者承诺。

二、缺陷产品要召回,卖方及时明确责任

《中华人民共和国消费者权益保护法》第十九条规定:"经营者发现其提供的商品或者服务存在缺陷,有危及人身、财产安全危险的,应当立即向有关行政部门报告和告知消费者,并采取停止销售、警示、召回、无害化处理、销毁、停止生产或者服务等措施。采取召回措施的经营者应当承担消费者因商品被召回支出的必要费用。"

原2009年修订的《中华人民共和国消费者权益保护法》第十八条规定,经营者发现其提供的商品或者服务存在严重缺陷,即使正确使用商品或者接受服务仍然可能对人身、财产安全造成危害的,应当立即向有关行政部门报告和告知消费者,并采取防止危害发生的措施。2013年修订时删除了"严重"这一限制词,明确只要经营者发现其提供的商品或者服务存在缺陷,有危及人身、财产安全危险的,一要立即报告有关行政部门和告知消费者,二是采取停止销售、警示、召回、无害化处理、销毁、停止生产或者服务等措施,三是承担因商品被召回支出的必要费用。

三、广告不能随便发,连带责任要知道

《中华人民共和国消费者权益保护法》第四十五条第二款规定:"广告经营者、发布者设计、制作、发布关系消费者生命健康商品或者服务的虚假广告,造成消费者损害的,应当与提供该商品或者服务的经营者承担连带责任。"

针对虚假广告充斥电视节目、明星代言产品质量参差不齐等损害消费者权益的情况,《中华人民共和国消费者权益保护法》作出了相应规定。一是强化虚假广告发布者的责任。该法从三个方面作出具体规定,包括:消费者请求行政机关查处的权利;不能提供经营者真实名称、地址、有效联系方式的,广告经营者、发布者要承担赔偿责任;设计、制作、发布关系消费者生命健康商品或服务的虚假广告,造成消费者损害的,广告经营者、发布者与提供商品或服务的经营者承担连带责任。二是规定虚假荐言者的责任。社会团体或者其他组织、个人在关系消费者生命健康商品或者服务的虚假广告或者其他虚假宣传中向消费者推荐商品或者服务,造成消费者损害的,与经营者承担连带责任。

必知法规

◎ 《中华人民共和国消费者权益保护法》

第十八条　经营者应当保证其提供的商品或者服务符合保障人身、财产安全的要求。对可能危及人身、财产安全的商品和服务，应当向消费者作出真实的说明和明确的警示，并说明和标明正确使用商品或者接受服务的方法以及防止危害发生的方法。

宾馆、商场、餐馆、银行、机场、车站、港口、影剧院等经营场所的经营者，应当对消费者尽到安全保障义务。

第十九条　经营者发现其提供的商品或者服务存在缺陷，有危及人身、财产安全危险的，应当立即向有关行政部门报告和告知消费者，并采取停止销售、警示、召回、无害化处理、销毁、停止生产或者服务等措施。采取召回措施的，经营者应当承担消费者因商品被召回支出的必要费用。

第二十四条　经营者提供的商品或者服务不符合质量要求的，消费者可以依照国家规定、当事人约定退货，或者要求经营者履行更换、修理等义务。没有国家规定和当事人约定的，消费者可以自收到商品之日起七日内退货；七日后符合法定解除合同条件的，消费者可以及时退货，不符合法定解除合同条件的，可以要求经营者履行更换、修理等义务。

依照前款规定进行退货、更换、修理的，经营者应当承担运输等必要费用。

第三十四条　有关国家机关应当依照法律、法规的规定，惩处经营者在提供商品和服务中侵害消费者合法权益的违法犯罪行为。

第三十五条　人民法院应当采取措施，方便消费者提起诉讼。对符合《中华人民共和国民事诉讼法》起诉条件的消费者权益争议，必须受理，及时审理。

第四十五条　消费者因经营者利用虚假广告或者其他虚假宣传方式提供商品或者服务，其合法权益受到损害的，可以向经营者要求赔偿。广告经营者、发布者发布虚假广告的，消费者可以请求行政主管部门予以惩处。广告经营者、发布者不能提供经营者的真实名称、地址和有效联系方式的，应当承担赔偿责任。

广告经营者、发布者设计、制作、发布关系消费者生命健康商品或者服务的虚假广告，造成消费者损害的，应当与提供该商品或者服务的经营者承担连带责任。

社会团体或者其他组织、个人在关系消费者生命健康商品或者服务的虚假广告或者其他虚假宣传中向消费者推荐商品或者服务，造成消费者损害的，应当与提供该商品或者服务的经营者承担连带责任。

◎ 《中华人民共和国合同法》

第一百零七条　当事人一方不履行合同义务或者履行合同义务不符合约定的，应当承担继续履行、采取补救措施或者赔偿损失等违约责任。

第一百零八条 当事人一方明确表示或者以自己的行为表明不履行合同义务的,对方可以在履行期限届满之前要求其承担违约责任。

第一百零九条 当事人一方未支付价款或者报酬的,对方可以要求其支付价款或者报酬。

第一百一十一条 质量不符合约定的,应当按照当事人的约定承担违约责任。对违约责任没有约定或者约定不明确,依照本法第六十一条的规定仍不能确定的,受损害方根据标的的性质以及损失的大小,可以合理选择要求对方承担修理、更换、重作、退货、减少价款或者报酬等违约责任。

第一百一十三条 当事人一方不履行合同义务或者履行合同义务不符合约定,给对方造成损失的,损失赔偿额应当相当于因违约所造成的损失,包括合同履行后可以获得的利益,但不得超过违反合同一方订立合同时预见到或者应当预见到的因违反合同可能造成的损失。

经营者对消费者提供商品或者服务有欺诈行为的,依照《中华人民共和国消费者权益保护法》的规定承担损害赔偿责任。

民间借贷成本高,调控资金渡难关

众所周知,一个企业的生产经营以及其后续的发展壮大都需要庞大的资金支持。一些资金并不十分雄厚的中小企业往往青睐民间融资。这种融资方式虽然能快速地获得资金,解决企业当前的燃眉之急,但是资金成本高,手续不规范,很容易产生纠纷甚至涉及刑事风险,使得这些企业的处境更加艰难。这些企业要同时兼顾"开源"和"节流"两大难题:一方面,企业要积极寻找融资渠道,保证资金流顺畅;另一方面,企业要面对市场竞争压力,应对企业自身资金周转问题,以及资金使用成本的问题。此外,企业如果无法按期还本付息,还会面临诉讼风险,其发展可谓举步维艰。

案例介绍

因国家对房地产行业的调控,A 公司多次向银行申请贷款都被拒之门外。无奈之下,A 公司只好将目光转向民间融资。民间融资虽然借贷门槛低,资金到位时间快,但是其贷款利息要远远高于同期银行贷款利息。民间融资虽然解了 A 公司的燃眉之急,但也给该公司带来了沉重的利息负担。A 公司因资金流不足,多笔民间借贷没有办法按照合同约定及时支付利息,牵涉了很多民间借贷的诉讼,给公司当时的运营造成很大压力。

A 公司在处理这些民间借贷纠纷时曾向几位律师咨询,多数律师的意见是公司当前是有困难的,但是欠债还钱天经地义,没有任何转圜办法。笔者在了解公司的困难和当时的处境后,综合考量公司各方面情况,提出了自己的观点:欠钱当然要还,这是毋庸置疑的。但是我们也要具体情况具体分析,讲究技巧,在法律允许的范围内合理规划还款计划,用时间换空间。既要尽快履行公司的还款义务,降低公司的资金使用成本,同时也要保证公司能有足够的资金流使之正常运行。否则,一旦公司经营瘫痪,将会面临破产风险,对债权人的权益也会有所损害。

争议与问题

A 公司当前可使用的资金有限,资金使用成本过高,无力偿还所有民间借款本息,如何在保持公司持续经营的情况下妥善解决诉讼纠纷?

案例分析

本案涉及多起债权债务纠纷,律师经过对A公司当时签订的借款合同的仔细审查,并通过与公司高管谈话,了解到公司对外有5个多亿的债务。而公司在短时间内根本无法筹集到如此大额的资金以清偿债务。即便法院审理并作出判决,生效判决也无法得到执行。

为此,律师制定了一系列方案。在诉讼阶段积极应诉,但最关键的是在执行阶段上下功夫。律师在执行过程中做了很多工作,多次与贷款人沟通,组织谈判,动之以情,晓之以理,就判决执行方案多次协商,提出或还一部分债务,或用房地抵偿,不断地谈判、和解、再谈判、再和解,争取贷款人的理解与信任,将公司的还款期限尽量拉长,给公司争取时间,以时间换空间。

在这段时间内,公司一直在循环运作,正常经营,稳步发展。一来,债权人看到公司发展势头良好,恢复了对公司的信任,更加容易沟通。再者,经过一段时间的缓冲,债权人也不像刚开始起诉时那样急迫,能够平复心情,冷静下来好好与公司沟通。

律师支招

所谓民间借贷,是指自然人、法人、其他组织之间及其相互之间进行资金融通的行为。经金融监管部门批准设立的从事贷款业务的金融机构及其分支机构,其发放贷款等相关金融业务则不属于民间借贷的范畴。由于民间借贷本身的特点,使得其在社会上的需求量极大。但是由于借贷双方法律意识不强,或者监管不严等原因,造成了非常多的纠纷,以下内容是对民间借贷中常见纠纷的简单梳理。

一、借贷合同的效力问题

从合同法角度讲,在认定合同效力的问题上,可以从正反两面进行论述。从积极的角度看,一份有效的合同需要符合以下构成要件:(1)当事人缔约时有缔约能力;(2)合同双方意思表示真实;(3)合同内容不违反公序良俗或法律强制性规定。从消极的角度看,合同无效主要有以下几种情形:(1)一方以欺诈、胁迫的手段订立合同,损害国家利益;(2)恶意串通,损害国家、集体或者第三人利益;(3)以合法形式掩盖非法目的;(4)损害社会公共利益;(5)违反法律、行政法规的强制性规定。

实践中,非法吸收公众存款罪中民间借贷合同效力的认定这个问题一直存在争议,众说纷纭,主要包括以下几种观点:

观点一:民间借贷合同在债权人善意的前提下应当被认定为有效。行为人非法吸收公众存款的行为会受到刑法的否定性评价。签订民间借贷合同的行为虽然是非法吸收公众存款罪的一部分,但刑法并没有直接针对这个合同行为作出规定,签订借贷合同属于民事法律的评价范畴。因此,只要双方意思表示一致,合同本身没有无效情形,就应该按照有效合同来处理。从社会效果的角度出发,刑法如果丧失了封闭性而肆意延伸,反而会给社会带来更多不安定因素。因此,对合同有效的认定更加有利于保障交易安全,保护受害人的合法权益,维护民法诚实信用原则。

观点二:民间借贷合同应被认定为无效。这种观点认为应当将刑法的制裁范围外延到民间借贷的行为上,从而达到严厉打击犯罪行为的目的。在司法实践中,2013年浙江省高级人民法院、浙江省人民检察院、浙江省公安厅下发的《关于当前办理集资类刑事案件适用法律若干问题的会议纪要(三)》就作了这样的规定:"审理民间借贷纠纷案件时,如果相关刑事判决已经生效,且讼争借款已被刑事裁判认定为非法集资犯罪事实的,为避免刑事、民事判决矛盾冲突,原则上应认定借贷合同无效。根据担保法的精神,涉及非法集资类犯罪的借贷合同无效的,担保合同一般应认定为无效,担保人承担的责任应根据案件实际情况按以下原则区别对待:(一)刑事被告人以其实际控制的财产为非法集资提供担保的,一般不认定出借人对担保财产享有优先受偿权。(二)第三人提供担保的,可依照担保法司法解释第八条的规定,在主合同无效导致担保合同无效的情形下,根据担保人的过错使其在债务人不能清偿债务的三分之一限额内承担责任。(三)第三人提供担保,担保人属于明知借款人从事非法集资,或存在其他严重过错导致担保合同无效的,担保人的连带赔偿责任可不受前述三分之一限额责任的限制,构成共犯的,还应依法承担刑事责任。"这就相当于对行为人的刑事评价,也直接否定了其与债权人之间的借贷合同效力,同时如果中间涉及抵押担保,那么由于借贷合同这份主合同无效,抵押担保合同也随之无效。这就对债权人的保护造成了极大的影响。

观点三:借贷合同是否有效要根据具体案情具体判断。有学者提出,针对这类案件,必须综合强制性规定的规范意旨,衡量包括立法目的、交易安全、交易成本、交易效率等在内的诸项法益,根据不同的案情来决定。但是如此一来,就等于增加了法律的不确定性,扩大了法官的自由裁量权,很容易导致法律适用不统一,造成同案异判的不良后果。

根据《最高人民法院关于审理民间借贷案件适用法律若干问题的规定》第十四条的规定,具有下列情形之一,人民法院应当认定民间借贷合同无效:

(一)套取金融机构信贷资金又高利转贷给借款人,且借款人事先知道或者应当知道的;

(二)以向其他企业借贷或者向本单位职工集资取得的资金又转贷给借款人牟利,且借款人事先知道或者应当知道的;

(三)出借人事先知道或者应当知道借款人借款用于违法犯罪活动仍然提供借款的;

(四)违背社会公序良俗的;

(五)其他违反法律、行政法规效力性强制性规定的。

针对《最高人民法院关于审理民间借贷案件适用法律若干问题的规定》第十四条第三项的规定,最高人民法院在2015年发布了一个典型案例:"2008年5月至2009年4月,李某陆续出借700万元给陈某某用于发放高利贷,每月从陈某某处获取4%或5%的利息。自借款时起,陈某某先后向李某、王某支付了利息共计233万元。2009年6月后,陈某某未再支付利息,亦未归还700万元借款本金。2014年7月25日,李某与其妻王某起诉至法院,请求判决陈某某归还借款700万元并按中国人民银行同期同类贷款基准利率支付利息。重庆市第五中级人民法院经审理认为,李某、王某明知陈某某借款系用于对外发放高利贷,但仍然向其提供借款资金,该行为损害了社会公共利益,根据合同法的相关规定,该借款行为应认定为无效。借款被认定无效后,陈某某虽应返还借款本金及按中国人民银行同期同类贷款基准利率计算的利息,但对于陈某某已支付的233万利息中超过中国人民银行同期同类贷款基准利率计算的部分,应冲抵借款本金。对于冲抵后尚欠本息,陈某某应予返还。"

最高人民法院选取该案作为典型的意义在于出借人明知或应当知道借款人借款用于违法犯罪活动,但为了谋取高息仍然提供借款。此现象在社会上时有发生,但在证据上能够认定出借人明知借款用于违法犯罪活动的案件并不多见,法院在该类案件中认定民间借贷合同无效,对当事人之间约定的高额利息、违约金等不予保护,在维护正常民间融资秩序方面起到了积极作用。

在民间借贷过程中,无论是作为借方还是贷方,企业或个人都应该对对方借贷意图进行审查,不要被高利所诱惑,随意轻信他人,更不能知法犯法,明知对方的非法意图仍然提供资金,或者为了实施违法犯罪行为而借贷资金。

二、以买卖合同担保借贷合同问题

在民间借贷过程中,债权人为了保证自己的债权能够实现,通过签订一份买卖合同来担保债权的实现,如果借款人到期不能还本付息,则按照买卖合同履行相应的权利义务。在这种交易模式下,债权人通过买卖合同在债务到期前就固定了担保物的价值,买卖合同事实上达到了流押的效果,违反了"禁止流押"的强制性规定。从意思表示瑕疵的角度理解,买卖合同双方的合意其实是一个虚假的意思表示,而借贷的合意才是双方的真实意思表示。这应当按照双方真实合意对合同性质进行认定,双方应当按照民间借贷合同行使权利履行义务。

《最高人民法院关于审理民间借贷案件适用法律若干问题的规定》第二十四条对此也作出了相应的规定:"当事人以签订买卖合同作为民间借贷合同的担保,借款到期后借款人不能还款,出借人请求履行买卖合同的,人民法院应当按照民间借贷法律关系审理,并向当事人释明变更诉讼请求。当事人拒绝变更的,人民法院裁定驳回起诉。按照民间借贷法律关系审理作出的判决生效后,借款人不履行生效判决确定的金钱债务,出借人可以申请拍卖买卖合同标的物,以偿还债务。就拍卖所得的价款与应偿还借款本息之间的差额,借款人或者出借人有权主张返还或补偿。"

最高人民法院在2015年发布了一起该类型的典型案例:"2015年2月5日,被告向原告借款,原告为保证其到期能实现债权,与被告签订了《房屋买卖合同》一份。合同约定,原告以100万元的价格向被告购买位于曲靖市的别墅,被告于2015年5月6日前到房屋产权登记机关配合原告办理产权过户登记手续。同日,原告向被告汇款94.5万元,被告向原告出具收条一份。收条载明,被告已收到原告支付的别墅转让款100万元,其中转账支付94.5万元,现金支付5.5万元。另查明,原、被告双方未出具书面借条,未约定利息及还款时间,被告为购买本案诉争房屋交纳房款183万余元。原告的原诉请为由被告于判决生效后立即为原告办理房屋过户手续,经法庭释明后,原告诉请变更为由被告偿还原告借款本金100万元。法院最后判决由被告于判决生效后三十日内偿还原告借款本金 100 万元。"

这个规定使得双方当事人能够按照自己的真实意思表示履行权利义务,同时也对债权人的合法权益进行保护,保证其债权得以实现。在现实生活中,合同双方当事人要遵守诚实信用原则,不实施欺诈和规避法律的行为。

必懂知识点

一、借贷合同中的利息、利率

利率是在一定时期内资本使用权的市场价格。由于中国的借贷需求活跃,正规借贷融资渠道不畅,一些急需资金的企业或个人将眼光放到民间融资上。众所周知,民间融资门槛低,手续简便,资金到账快,但是利息却远远高于银行等金融机构。即便如此,还是有很多人为了解决眼前的燃眉之急而趋之若鹜。

《最高人民法院关于审理民间借贷案件适用法律若干问题的规定》对此作出了相关规定:"借贷双方约定的利率未超过年利率 24%,出借人请求借款人按照约定的利率支付利息的,人民法院应予支持。借贷双方约定的利率超过年利率 36%,超过部分的利息约定无效。借款人请求出借人返还已支付的超过年利率 36% 部分的利息的,人民法院应予支持。""没有约定利息但借款人自愿支付,或者超过约定的利率自愿支付利息或违约金,且没有损害国家、集体和第三人利益,借款人又以不当得利为由要求出借人返还的,人民法院不予支持,但借款人要求返还超过年利率 36% 部分的利息除外。"

从规定中可以看出,国家对年利率 24% 以下的利率绝对保护;对 24%～36% 之间的年利率相对不保护,即没有支付的不再强制执行,已支付的也不强制返还;对高于 36% 的绝对不保护,已经支付的利息也要返还。这样的规定既否定了对高利贷的保护,规范了民间融资行为,同时也给了借贷双方很大的意思自治空间,维护了民法意思自治原则。因此,在民间借贷活动中,借贷双方应当注意,要在法律规定范围内对利率作出约定。

二、借款证据

在民间借贷活动中,借贷双方有很大的自治空间,在订立借款合同以及相应的担保合同过程中也常常是按照双方意思组织合同的文字语言,设定相应的条款。更有甚者因双方关系十分要好,过于信任对方,没有任何书面凭证,直接通过口头形式订立合同,导致发生纠纷时百口莫辩,对纠纷的处理也极为不利。

《最高人民法院关于审理民间借贷案件适用法律若干问题的规定》第二条规定:"出借人向人民法院起诉时,应当提供借据、收据、欠条等债权凭证以及其他能够证明借贷法律关系存在的证据。当事人持有的借据、收据、欠条等债权凭证没有载明债权人,持有债权凭证的当事人提起民间借贷诉讼的,人民法院应予受理。被告对原告的债权人资格提出有事实依据的抗辩,人民法院经审理认为原告不具有债权人资格的,裁定驳回起诉。"

2015年12月,最高人民法院发布的19起合同纠纷典型案例中有一起类似案例:"被告冉某以急需资金为其堂哥买房,而自己存款未到期无法取出为由,于2011年12月31日晚,在参加原告郑某父亲的丧礼时,找到原告郑某借款人民币2万元。原告因与被告夫妻相熟,了解被告的家庭情况,便从当时在场之案外人杨某江处借取1200元后,凑齐2万元交付被告本人。并且,原告出于借款金额不大,丧礼上宾客众多,当众拟写借据会有伤双方颜面的考虑,未要求被告出具书面的借条,亦未约定具体的还款时间及利息的计算标准,仅是由被告口头承诺短时期内便能偿还。时隔半年,原告见被告仍无还款意向,便多次向其催收,被告却均是以各种理由搪塞。近期,被告又以避而不见的方式躲避债务,因此原告于2014年8月6日向重庆市酉阳土家族苗族自治县人民法院提起诉讼,要求被告归还借款及利息,并承担本案诉讼费用。庭审中,原告方明确资金利息从借款之日起一个月后开始计算至实际清偿之日止,并自愿选择该利息以当地农村商业银行贷款利率作为参考。因被告没有出庭,未能调解。法院审理后认为,虽然双方都无直接证据,但原告提交的间接证据来源合法,内容符合客观事实,证据真实有效,且各证据之间能形成证据锁链,能相互印证,足以认定原、被告之间的债权债务关系。故判决由被告归还原告借款本金2万元,并按照重庆农村商业银行同期同类贷款利率支付原告从法院受理之日起至实际清偿之日止的利息。目前,该判决已生效。"

该案中,原告虽然没有提供借条、收据等直接证据证明借款事实,但是各方提供的间接证据能够相互印证形成有效的证据锁链。因此,法官在作出判决时对借款事实予以认定。但是,这也给了我们一定的警示。在现实中,即便是熟人之间,当事人也一定要严谨地设定相关合同条款,尤其是合同主体、借款金额、利率、还款期限、违约责任、担保条款等合同款项,谨慎签订合同,最好有专业的人员对合同条款进行逐项审查。不能碍于面子、人情等因素而含糊地签订合同。合同签订后要妥善保管,不要随意遗失或损毁,以免在发生纠纷时无力举证,导致败诉。款项的交付则尽量用银行转账的形式进行,保留好必要的凭证。如果是面对面现金交付,则要求借款人写好欠条,且借款人要和借贷合同上的主体一致。一旦对方违约,出借人就能拿出有效的直接证据来认定借款行为成立的事实,维护自身合法权益。

必知法规

◎ 《中华人民共和国合同法》

第一百九十六条 借款合同是借款人向贷款人借款,到期返还借款并支付利息的合同。

第一百九十七条 借款合同采用书面形式,但自然人之间借款另有约定的除外。

借款合同的内容包括借款种类、币种、用途、数额、利率、期限和还款方式等条款。

第一百九十八条 订立借款合同,贷款人可以要求借款人提供担保。担保依照《中华人民共和国担保法》的规定。

第一百九十九条 订立借款合同,借款人应当按照贷款人的要求提供与借款有关的业务活动和财务状况的真实情况。

第二百条 借款的利息不得预先在本金中扣除。利息预先在本金中扣除的,应当按照实际借款数额返还借款并计算利息。

第二百零一条 贷款人未按照约定的日期、数额提供借款,造成借款人损失的,应当赔偿损失。

借款人未按照约定的日期、数额收取借款的,应当按照约定的日期、数额支付利息。

第二百零二条 贷款人按照约定可以检查、监督借款的使用情况。借款人应当按照约定向贷款人定期提供有关财务会计报表等资料。

第二百零三条 借款人未按照约定的借款用途使用借款的,贷款人可以停止发放借款、提前收回借款或者解除合同。

第二百零四条 办理贷款业务的金融机构贷款的利率,应当按照中国人民银行规定的贷款利率的上下限确定。

第二百零五条 借款人应当按照约定的期限支付利息。对支付利息的期限没有约定或者约定不明确,依照本法第六十一条的规定仍不能确定,借款期间不满一年的,应当在返还借款时一并支付;借款期间一年以上的,应当在每届满一年时支付,剩余期间不满一年的,应当在返还借款时一并支付。

第二百零六条 借款人应当按照约定的期限返还借款。对借款期限没有约定或者约定不明确,依照本法第六十一条的规定仍不能确定的,借款人可以随时返还;贷款人可以催告借款人在合理期限内返还。

第二百零七条 借款人未按照约定的期限返还借款的,应当按照约定或者国家有关规定支付逾期利息。

第二百零八条 借款人提前偿还借款的,除当事人另有约定的以外,应当按照实际借款的期间计算利息。

第二百零九条 借款人可以在还款期限届满之前向贷款人申请展期。贷款人同意的,可以展期。

第二百一十条 自然人之间的借款合同,自贷款人提供借款时生效。

第二百一十一条 自然人之间的借款合同对支付利息没有约定或者约定不明确的,视为不支付利息。自然人之间的借款合同约定支付利息的,借款的利率不得违反国家有关限制借款利率的规定。

◎ 《最高人民法院关于审理民间借贷案件适用法律若干问题的规定》

第一条 本规定所称的民间借贷,是指自然人、法人、其他组织之间及其相互之间进行资金融通的行为。

经金融监管部门批准设立的从事贷款业务的金融机构及其分支机构,因发放贷款等相关金融业务引发的纠纷,不适用本规定。

第二条 出借人向人民法院起诉时,应当提供借据、收据、欠条等债权凭证以及其他能够证明借贷法律关系存在的证据。

当事人持有的借据、收据、欠条等债权凭证没有载明债权人,持有债权凭证的当事人提起民间借贷诉讼的,人民法院应予受理。被告对原告的债权人资格提出有事实依据的抗辩,人民法院经审理认为原告不具有债权人资格的,裁定驳回起诉。

第三条 借贷双方就合同履行地未约定或者约定不明确,事后未达成补充协议,按照合同有关条款或者交易习惯仍不能确定的,以接受货币一方所在地为合同履行地。

第四条 保证人为借款人提供连带责任保证,出借人仅起诉借款人的,人民法院可以不追加保证人为共同被告;出借人仅起诉保证人的,人民法院可以追加借款人为共同被告。

保证人为借款人提供一般保证,出借人仅起诉保证人的,人民法院应当追加借款人为共同被告;出借人仅起诉借款人的,人民法院可以不追加保证人为共同被告。

第五条 人民法院立案后,发现民间借贷行为本身涉嫌非法集资犯罪的,应当裁定驳回起诉,并将涉嫌非法集资犯罪的线索、材料移送公安或者检察机关。

公安或者检察机关不予立案,或者立案侦查后撤销案件,或者检察机关作出不起诉决定,或者经人民法院生效判决认定不构成非法集资犯罪,当事人又以同一事实向人民法院提起诉讼的,人民法院应予受理。

第六条 人民法院立案后,发现与民间借贷纠纷案件虽有关联但不是同一事实的涉嫌非法集资等犯罪的线索、材料的,人民法院应当继续审理民间借贷纠纷案件,并将涉嫌非法集资等犯罪的线索、材料移送公安或者检察机关。

第七条 民间借贷的基本案件事实必须以刑事案件审理结果为依据,而该刑事案件尚未审结的,人民法院应当裁定中止诉讼。

第八条 借款人涉嫌犯罪或者生效判决认定其有罪,出借人起诉请求担保人承担民事责任的,人民法院应予受理。

第九条 具有下列情形之一,可以视为具备合同法第二百一十条关于自然人之间借款合同的生效要件:

(一)以现金支付的,自借款人收到借款时;

(二)以银行转账、网上电子汇款或者通过网络贷款平台等形式支付的,自资金到达借款人账户时;

(三)以票据交付的,自借款人依法取得票据权利时;

(四)出借人将特定资金账户支配权授权给借款人的,自借款人取得对该账户实际支配权时;

(五)出借人以与借款人约定的其他方式提供借款并实际履行完成时。

第十条 除自然人之间的借款合同外,当事人主张民间借贷合同自合同成立时生效的,人民法院应予支持,但当事人另有约定或者法律、行政法规另有规定的除外。

第十一条 法人之间、其他组织之间以及它们相互之间为生产、经营需要订立的民间借贷合同,除存在合同法第五十二条、本规定第十四条规定的情形外,当事人主张民间借贷合同有效的,人民法院应予支持。

第十二条　法人或者其他组织在本单位内部通过借款形式向职工筹集资金,用于本单位生产、经营,且不存在合同法第五十二条、本规定第十四条规定的情形,当事人主张民间借贷合同有效的,人民法院应予支持。

第十三条　借款人或者出借人的借贷行为涉嫌犯罪,或者已经生效的判决认定构成犯罪,当事人提起民事诉讼的,民间借贷合同并不当然无效。人民法院应当根据合同法第五十二条、本规定第十四条之规定,认定民间借贷合同的效力。

担保人以借款人或者出借人的借贷行为涉嫌犯罪或者已经生效的判决认定构成犯罪为由,主张不承担民事责任的,人民法院应当依据民间借贷合同与担保合同的效力、当事人的过错程度,依法确定担保人的民事责任。

第十四条　具有下列情形之一,人民法院应当认定民间借贷合同无效:

(一)套取金融机构信贷资金又高利转贷给借款人,且借款人事先知道或者应当知道的;

(二)以向其他企业借贷或者向本单位职工集资取得的资金又转贷给借款人牟利,且借款人事先知道或者应当知道的;

(三)出借人事先知道或者应当知道借款人借款用于违法犯罪活动仍然提供借款的;

(四)违背社会公序良俗的;

(五)其他违反法律、行政法规效力性强制性规定的。

第十五条　原告以借据、收据、欠条等债权凭证为依据提起民间借贷诉讼,被告依据基础法律关系提出抗辩或者反诉,并提供证据证明债权纠纷非民间借贷行为引起的,人民法院应当依据查明的案件事实,按照基础法律关系审理。

当事人通过调解、和解或者清算达成的债权债务协议,不适用前款规定。

第十六条　原告仅依据借据、收据、欠条等债权凭证提起民间借贷诉讼,被告抗辩已经偿还借款,被告应当对其主张提供证据证明。被告提供相应证据证明其主张后,原告仍应就借贷关系的成立承担举证证明责任。

被告抗辩借贷行为尚未实际发生并能作出合理说明,人民法院应当结合借贷金额、款项交付、当事人的经济能力、当地或者当事人之间的交易方式、交易习惯、当事人财产变动情况以及证人证言等事实和因素,综合判断查证借贷事实是否发生。

第十七条　原告仅依据金融机构的转账凭证提起民间借贷诉讼,被告抗辩转账系偿还双方之前借款或其他债务,被告应当对其主张提供证据证明。被告提供相应证据证明其主张后,原告仍应就借贷关系的成立承担举证证明责任。

第十八条　根据《关于适用〈中华人民共和国民事诉讼法〉的解释》第一百七十四条第二款之规定,负有举证证明责任的原告无正当理由拒不到庭,经审查现有证据无法确认借贷行为、借贷金额、支付方式等案件主要事实,人民法院对其主张的事实不予认定。

第十九条　人民法院审理民间借贷纠纷案件时发现有下列情形,应当严格审查借贷发生的原因、时间、地点、款项来源、交付方式、款项流向以及借贷双方的关系、经济状况等事实,综合判断是否属于虚假民事诉讼:

(一)出借人明显不具备出借能力;

（二）出借人起诉所依据的事实和理由明显不符合常理；

（三）出借人不能提交债权凭证或者提交的债权凭证存在伪造的可能；

（四）当事人双方在一定期间内多次参加民间借贷诉讼；

（五）当事人一方或者双方无正当理由拒不到庭参加诉讼，委托代理人对借贷事实陈述不清或者陈述前后矛盾；

（六）当事人双方对借贷事实的发生没有任何争议或者诉辩明显不符合常理；

（七）借款人的配偶或合伙人、案外人的其他债权人提出有事实依据的异议；

（八）当事人在其他纠纷中存在低价转让财产的情形；

（九）当事人不正当放弃权利；

（十）其他可能存在虚假民间借贷诉讼的情形。

第二十条 经查明属于虚假民间借贷诉讼，原告申请撤诉的，人民法院不予准许，并应当根据民事诉讼法第一百一十二条之规定，判决驳回其请求。

诉讼参与人或者其他人恶意制造、参与虚假诉讼，人民法院应当依照民事诉讼法第一百一十一条、第一百一十二条和第一百一十三条之规定，依法予以罚款、拘留；构成犯罪的，应当移送有管辖权的司法机关追究刑事责任。

单位恶意制造、参与虚假诉讼的，人民法院应当对该单位进行罚款，并可以对其主要负责人或者直接责任人员予以罚款、拘留；构成犯罪的，应当移送有管辖权的司法机关追究刑事责任。

第二十一条 他人在借据、收据、欠条等债权凭证或者借款合同上签字或者盖章，但未表明其保证人身份或者承担保证责任，或者通过其他事实不能推定其为保证人，出借人请求其承担保证责任的，人民法院不予支持。

第二十二条 借贷双方通过网络贷款平台形成借贷关系，网络贷款平台的提供者仅提供媒介服务，当事人请求其承担担保责任的，人民法院不予支持。

网络贷款平台的提供者通过网页、广告或者其他媒介明示或者有其他证据证明其为借贷提供担保，出借人请求网络贷款平台的提供者承担担保责任的，人民法院应予支持。

第二十三条 企业法定代表人或负责人以企业名义与出借人签订民间借贷合同，出借人、企业或者其股东能够证明所借款项用于企业法定代表人或负责人个人使用，出借人请求将企业法定代表人或负责人列为共同被告或者第三人的，人民法院应予准许。

企业法定代表人或负责人以个人名义与出借人签订民间借贷合同，所借款项用于企业生产经营，出借人请求企业与个人共同承担责任的，人民法院应予支持。

第二十四条 当事人以签订买卖合同作为民间借贷合同的担保，借款到期后借款人不能还款，出借人请求履行买卖合同的，人民法院应当按照民间借贷法律关系审理，并向当事人释明变更诉讼请求。当事人拒绝变更的，人民法院裁定驳回起诉。

按照民间借贷法律关系审理作出的判决生效后，借款人不履行生效判决确定的金钱债务，出借人可以申请拍卖买卖合同标的物，以偿还债务。就拍卖所得的价款与应偿还借款本息之间的差额，借款人或者出借人有权主张返还或补偿。

第二十五条 借贷双方没有约定利息,出借人主张支付借期内利息的,人民法院不予支持。

自然人之间借贷对利息约定不明,出借人主张支付利息的,人民法院不予支持。除自然人之间借贷的外,借贷双方对借贷利息约定不明,出借人主张利息的,人民法院应当结合民间借贷合同的内容,并根据当地或者当事人的交易方式、交易习惯、市场利率等因素确定利息。

第二十六条 借贷双方约定的利率未超过年利率24%,出借人请求借款人按照约定的利率支付利息的,人民法院应予支持。

借贷双方约定的利率超过年利率36%,超过部分的利息约定无效。借款人请求出借人返还已支付的超过年利率36%部分的利息的,人民法院应予支持。

第二十七条 借据、收据、欠条等债权凭证载明的借款金额,一般认定为本金。预先在本金中扣除利息的,人民法院应当将实际出借的金额认定为本金。

第二十八条 借贷双方对前期借款本息结算后将利息计入后期借款本金并重新出具债权凭证,如果前期利率没有超过年利率24%,重新出具的债权凭证载明的金额可认定为后期借款本金;超过部分的利息不能计入后期借款本金。约定的利率超过年利率24%,当事人主张超过部分的利息不能计入后期借款本金的,人民法院应予支持。

按前款计算,借款人在借款期间届满后应当支付的本息之和,不能超过最初借款本金与以最初借款本金为基数,以年利率24%计算的整个借款期间的利息之和。出借人请求借款人支付超过部分的,人民法院不予支持。

第二十九条 借贷双方对逾期利率有约定的,从其约定,但以不超过年利率24%为限。

未约定逾期利率或者约定不明的,人民法院可以区分不同情况处理:

(一)既未约定借期内的利率,也未约定逾期利率,出借人主张借款人自逾期还款之日起按照年利率6%支付资金占用期间利息的,人民法院应予支持;

(二)约定了借期内的利率但未约定逾期利率,出借人主张借款人自逾期还款之日起按照借期内的利率支付资金占用期间利息的,人民法院应予支持。

第三十条 出借人与借款人既约定了逾期利率,又约定了违约金或者其他费用,出借人可以选择主张逾期利息、违约金或者其他费用,也可以一并主张,但总计超过年利率24%的部分,人民法院不予支持。

第三十一条 没有约定利息但借款人自愿支付,或者超过约定的利率自愿支付利息或违约金,且没有损害国家、集体和第三人利益,借款人又以不当得利为由要求出借人返还的,人民法院不予支持,但借款人要求返还超过年利率36%部分的利息除外。

第三十二条 借款人可以提前偿还借款,但当事人另有约定的除外。

借款人提前偿还借款并主张按照实际借款期间计算利息的,人民法院应予支持。

第三十三条 本规定公布施行后,最高人民法院于1991年8月13日发布的《关于人民法院审理借贷案件的若干意见》同时废止;最高人民法院以前发布的司法解释与本规定不一致的,不再适用。

◎ 《浙江省高级人民法院、浙江省人民检察院、浙江省公安厅关于当前办理集资类刑事案件适用法律若干问题的会议纪要(三)》

一、依靠当地党委领导和政府支持,形成合力共同化解矛盾纠纷。各级公安机关、人民检察院和人民法院在查办集资类案件过程中,应认真贯彻国家有关文件精神,积极依靠当地党委领导和政府支持,协调和推动有关部门,综合应用经济、行政、法律手段,合力化解集资行为引发的各类社会矛盾纠纷。要根据政府负责统一处置、行业主(监)管部门一线把关、联席会议负责组织协调等精神,推动建立健全协同处置工作机制,积极推广全省各地在非法集资案件的预防和性质认定、案件的查办、资产的追缴、清退和被害人及涉案企业员工的安抚等工作方面积累的丰富经验。

二、坚持宽严相济刑事政策,正确处理打击和保护的关系。各级公安机关、人民检察院和人民法院在查办非法集资类案件过程中,既要坚持打击严重的非法集资犯罪活动,又要坚持依法惩处,严格入罪标准,防止把经济、金融纠纷当作犯罪处理,扩大刑事犯罪打击面,影响正常的生产经营活动。

对于涉嫌非法集资类犯罪案件,如涉及企业在正常生产经营中,要在保护债权人合法权益的前提下,从有利于企业生产发展、促进社会和谐稳定出发,依法慎重适用查封、冻结、扣押措施。对于该企业主涉嫌非法集资犯罪的,要在采取刑事强制措施的同时,协同相关部门做好员工及其他债权人的工作,避免因刑事强制措施引发恐慌性诉讼或职工情绪不稳,导致企业倒闭,从而损害被害人及相关债权人的利益。

重视和加强公安机关、检察机关对企业、企业主及相关人员涉嫌非法集资类犯罪的查处和法院依法审理企业破产案件工作的沟通、协调工作,妥善解决已进入破产程序的企业财产的查封、扣押和冻结问题。

三、根据集资犯罪的本质特征,准确把握具体案件定性。非法集资的核心内涵和本质特征在于未经依法批准,以高息为诱饵,向社会公众即社会不特定对象募集资金。

实践中,对于行为人按生产经营规模所需吸收资金,并用于生产经营活动的,可不以非法吸收公众存款罪处理。

对行为人前期吸取资金用于生产经营活动,因生产经营不善导致亏损或者生产经营活动停止后,演变为向社会不特定对象吸收资金的,对后期行为可以认定为非法吸收公众存款罪。

行为人在严重负债的情况下,明知自己无法偿还,仍以生产经营为幌子,以高息为诱饵,大肆非法集资,造成巨额集资款无法归还的,应当认定其主观上具有非法占有目的,以集资诈骗罪定罪处罚。

四、围绕集资犯罪构成要件,严格区分刑、民界限。刑法对非法吸收公众存款罪、集资诈骗罪等所作的法律规定是对相关集资类犯罪构成要件的高度概括。《最高人民法院关于审理非法集资刑事案件具体应用法律若干问题的解释》(下称《司法解释》)第一条所规定的"非法性、公开性、利诱性、社会性"四大特征,是判定非法集资犯罪的具体标准。《司法解释》第三条所规定的定罪数额和人数要求,是在集资行为人同时符合第一条规定的"四大特征"前提下,所必须具备的定罪标准,在实践中不应脱离刑法规定的犯罪构成要件,将《司法解释》第一条和第三条割裂开来,仅以具体集资的人数或数额作为区分民间借贷与非法集资犯罪的界限,机械地理解和执行刑事立案标准。

五、坚持主客观相统一原则,准确界定"不特定对象"、"亲友"。对不特定对象的认定,要严格贯彻《纪要(二)》的有关精神,根据主客观相统一的原则整体加以把握。对涉及"亲友"的案件,应当针对案件具体情况具体对待,如果行为人先期仅向亲友"借款",没有扩大,后来再转为向不特定对象集资,该亲友的"借款"可不认定为犯罪数额。如系通过亲友向社会集资,或者被告人主观上产生了非法集资的目的后,在向社会不特定对象集资的同时,亦向亲友集资,则亲友的集资数额不应从犯罪数额中删除。

六、注重查实资金的来源及去向,合理界定"资金用于生产经营活动"。资金的来源、用途和去向,是判定行为人是否向社会不特定对象吸收资金、主观上有无非法占有目的的主要依据之一。办案机关应当特别注重对行为人所吸收资金来源、用途和去向的调查取证。

"资金用于生产经营活动"是指将募集的资金用于企业因生产经营活动所需的正常合理支出。对于将募集资金用于购车、购房等情形,是否属于"资金用于生产经营"不宜一概而论。在实践中,应结合其主观动机、实际用途等因素综合分析后加以判定。如行为人将资金用于购买运输等正常的生产经营所需的工作用车或者购买生产经营所需的房产等,可认定其将资金用于生产经营活动。如明显不属于生产经营所需,不能认定其将资金用于生产经营活动。

行为人为弥补亏损,无视自身实力和抗风险能力,滥用他人资金盲目博弈,将集资款用于高风险投资(如期货、股票)的,一般不能认定为用于生产经营活动。

七、建立立案相互通报制度,确保信息畅通。公安机关对非法集资类犯罪案件立案后,一般情况下应在七日内将相关情况函告同级人民法院、人民检察院。

人民法院在受理、审理和执行民间借贷案件过程中,如发现同一被告人及众多原告,可能涉嫌非法集资犯罪,应函告有管辖权的公安机关及同级人民检察院,建议有关部门查处。接到函告的公安机关应当及时核查,并将核查结果,及时函告人民法院和人民检察院。

八、做好刑民交叉案件的立案审查、移送等程序衔接与处置工作。在处置集资类案件过程中,对于涉及的相关刑、民交叉问题,应当按以下几个原则区别对待:

(一)对于公安机关已立案侦查的涉嫌非法集资类犯罪事实,债权人以相同的事实向人民法院提起民事诉讼的,法院原则上不予受理。

(二)对于人民法院已经作为民事案件受理、尚在审理之中的借款纠纷事实,如公安机关认为该事实已涉嫌非法集资,有必要作为犯罪事实予以追究的,公安机关应及时函告相关法院。法院经审查认为该民事诉讼事实涉嫌非法集资犯罪的,可裁定驳回起诉,并将相关资料移送公安机关。

(三)对于民事裁判已生效、尚在执行中的涉案事实,公安机关审查认为该民事裁判确认的事实涉嫌非法集资犯罪、须纳入刑事追究范围的,应当及时函告相关法院。相关法院核查后,应对民事裁判中止执行,与刑事案件一并执行。

(四)对于民事裁判已经生效并已执行到位的涉案事实,除涉及虚假诉讼、非法转移赃款等严重侵害其他债权人利益依法应当撤销生效裁判文书的情形外,可视为当事人在案发前已经归还的借款,可不再将相关事实纳入刑事追究的范围,公安机关不再立案侦查,检察机关不再立案监督。

上述涉及刑民交叉问题的生效民事法律文书,除涉及虚假诉讼、非法转移赃款等严重侵害其他债权人利益情形,依法应当撤销外,一般不宜再提起审批监督程序予以撤销。

九、加强协调配合,妥善处理遗漏罪行。针对集资类犯罪容易不断出现"漏罪漏诉"情况等特殊性,为实现刑事司法公正与效率的统筹兼顾,公、检、法三机关应当加强沟通协调,妥善处置集资类犯罪中的"漏罪"现象。一般情况下,公安机关立案侦查后,可在行为人非法集资区域发出公告,通知相关被害人及时报案。对于被害人不愿报案或不配合侦查,不提供相关借条等书面凭证,应当向其说明不报案不配合的法律后果。有犯罪嫌疑人如实供述并有其他证据予以印证的,即使被害人不配合,应当计入犯罪数额,移送审查起诉。

十、审慎认定刑民交叉情形下民间借贷合同和担保合同的效力。审理民间借贷纠纷案件时,如果相关刑事判决已经生效,且讼争借款已被刑事裁判认定为非法集资犯罪事实的,为避免刑事、民事判决矛盾冲突,原则上应认定借贷合同无效。

根据担保法的精神,涉及非法集资类犯罪的借贷合同无效的,担保合同一般应认定为无效。担保人承担的责任应根据案件实际情况按以下原则区别对待:

(一)刑事被告人以其实际控制的财产为非法集资提供担保的,一般不认定出借人对担保财产享有优先受偿权。

(二)第三人提供担保的,可依照担保法司法解释第八条的规定,在主合同无效导致担保合同无效的情形下,根据担保人的过错使其在债务人不能清除债务的三分之一限额内承担责任。

(三)第三人提供担保,担保人属于明知借款人从事非法集资,或存在其他严重过错导致担保合同无效的,担保人的连带赔偿责任可不受前述三分之一限额责任的限制。构成共犯的,还应依法承担刑事责任。

十一、加大追赃力度,最大限度挽回被害人的损失。对涉及众多被害人的集资类犯罪案件,司法机关应积极配合地方党委和政府做好善后工作,尽量将犯罪造成的不良后果降到最低限度,确保社会稳定。在处置集资类刑民交叉案件的财产过程中,应当遵循以下几个原则:

(一)刑事立案后,公安机关应及时查实集资款的去向,对涉案财物依法查封和冻结,并予以证据固定。

(二)人民法院已经启动民事程序并采取保全措施的相关涉案财产,因当事人行为涉嫌犯罪而将案件移送公安机关侦查的,或公安机关立案并采用查封、扣押、冻结措施后,经审查不构成犯罪,当事人再提起民事诉讼的,人民法院和公安机关应做好民事财产保全与扣押、冻结和查封转换的沟通、衔接工作,以避免行为人利用刑事和民事程序交接失控而转移财产。

（三）对于已经扣押和冻结的涉案财产、办案机关应当随案及时移送。如冻结、扣押的财产系易腐败、变质、贬值财物，可以根据具体情况，经履行批准手续，由扣押和冻结单位通过拍卖等方式予以处理。处理后的价款暂予保存，待诉讼终结后一并处理。

（四）对于案件既涉及非法集资犯罪、又涉及行为人以自有财产提供担保向他人合法融资的，在有确凿证据证明担保财产不属于非法集资犯罪所得，如担保财产系在非法集资犯罪行为发生前购置等情况下，应当允许合法融资行为的债权人依法实现担保物权。

（五）人民法院对移送的所有涉案财产应明确判决处理。避免因法院判决书不明确，导致相关涉案财产得不到及时合法处理。

十二、本纪要下发后，各级人民法院、检察院、公安机关要认真贯彻执行，如上级有新的规定，按照新的规定执行。

民间借贷需谨慎，资金断链有风险

资金对企业来说就像身体里流动的血液，是维持一个企业正常运转的关键要素，对于房地产公司来说更是如此。房地产公司属于资金密集型企业，其项目标的额一般都比较大，因此资金回笼的周期较长，安全性也难以保证。而一旦资金断链，企业就会陷入僵局，如果不能及时有效解决，甚至会给企业带来破产倒闭的风险。同时，在当前房地产企业市场竞争愈演愈烈，资金紧张日益加深的大环境下，如何通过合法正规的渠道进行融资，确保资金的良性运转，从而保证企业的正常运营成了一大难题。

案例介绍

2011年浙江A房地产有限公司（以下简称"A公司"）以受让的方式取得了坐落于浙江省某县的国有土地，受让土地面积56833.4平方米，土地的出让价共计人民币4.17亿多元，项目总开发建筑面积191488.26平方米，其中：商业建筑面积共计48107.71平方米（含地下层），住宅建筑面积共计96132.90平方米。整个项目已投入资金共计人民币7.50亿元，施工进度已经达到总工程量的82%。商业建筑面积已完工48107.71平方米，住宅建筑面积已完工70124.37平方米。A公司已取得预售许可证的可销售商业建筑面积为28777.12平方米，住宅建筑面积67872.39平方米。该项目下的商品房市场价值可达人民币17.80亿元。

为保证项目前期的正常运行，A公司向基金公司融资人民币2.3亿元，A公司的法定代表人陈某向社会融资人民币1亿多元。截至2014年年底，A公司已经销售房屋137余套，部分资金已经回笼。但是，由于该项目下商品房的销售量不断下滑，资金链开始紧张，而该项目后期施工仍需要投入大量的资金，公司开始陷入僵局。

争议与问题

A公司法定代表人1亿多元人民币的民间借贷是否存在非法吸收公众存款的刑事风险？企业后期资金来源匮乏，经营发生困难，如何克服？

案例分析

一、审阅信息与资料,理清头绪是关键

律师查询了A公司成立至今的所有档案资料,仔细审阅所有的工商登记资料、现任股东信息以及股权演变的相关资料、法定代表人个人借款相关资料、财务资料、公司重大债权债务合同等,重点审阅了问题项目涉及的有关文件,如购置土地的相关文件、商品房销售相关文件、建设施工相关文件等。将问题层层梳理,深入分析,分类整理,建立相应档案。以A公司法定代表人陈某的意见作为问题导向,着力解决A公司所面临的风险。

二、层层梳理作分析,对症下药解难题

(一)A公司法定代表人1亿多元人民币的民间借贷是否存在非法吸收公众存款的刑事风险

A公司法定代表人陈某为保证项目前期有足够资金投入施工,曾经以个人名义以民间借贷的方式向社会融资1亿多元人民币。而当时,公司项目运行困难,商品房销售情况不容乐观,没有多余的资金来偿还这1亿多元人民币的到期债务。这批通过民间借贷的资金是否存在非法吸收公众存款的刑事风险?

单纯从陈某借款数额和借款的对象分析,其民间借贷行为已构成非法吸收公众存款。在实践中,非法吸收公众存款罪事实上是"不告不理"的,即没人报案、不出现社会问题、没人信访不给政府造成压力一般不会被追究。并且陈某的资金用于企业正常生产经营,依据《最高人民法院关于审理非法集资刑事案件具体应用法律若干问题的解释》中"非法吸收或者变相吸收公众存款,主要用于正常的生产经营活动,能够及时清退所吸收资金,可以免予刑事处罚;情节显著轻微的,不作为犯罪处理"的规定,这1亿多元人民币的民间借贷如何才能变成情节显著轻微,律师必须提供相应的解决方案。

(二)企业后期资金来源匮乏,经营发生困难,如何克服

在本案例中,企业后期经营的风险,主要是后期施工没有资金来源。主要可以通过以下方式解决:

1.A公司拥有价值人民币18亿元左右的商品房可以预售,可以用其中的部分商品房抵偿债务,使债权人的债权得到保障。这一方面提高了商品房的销售量,而且其销售价格都是高于市场销售价的;另一方面债务得到清偿,减少了利息损失,节约了资金成本,一举两得。而且在当时的客观条件下,这个方案对债权债务人双方都非常有利,债权人也比较容易接受。

2.能使项目正常施工,给债权人信心,同时保证项目继续运行才能解决所有的问题。项目为什么不能继续下去,其原因表面是资金短缺问题,其实不然。国家对房地产市场的调控是A公司发生困难的导火线。但是,我们也看到这种调控并不是导致房地产企业困难的必

然原因,有很多房地产公司紧跟政策积极调整经营方案顺利走过了困难期。而A公司对国家政策调控把握不准才是导致其发生困难的根本原因。在具体操作上,A公司项目前期投入太大,第一期建造的可预售房屋价值人民币18亿元,因此前期向基金公司融资人民币2.3亿元,由该基金公司对A公司的财务进行监管。但是,由于双方对市场未来走向的把握不准,预售房屋资金回笼达不到预期的目标,进而引起双方发生矛盾。

更为严重的是,公司发生困难的信息对外扩散,最终导致施工队伍和市场对整个项目失去了信心和信任,施工队伍担心自己拿不到工程款而不敢继续施工,想买房屋的人担心公司不能按期交房不敢买房,项目没有流动资金,施工队伍马上要停工,施工一旦停止更加没有人敢买房,这就形成了一个恶性循环,最终使这个项目彻底瘫痪。实际上,A公司拥有价值18亿元人民币的房屋可以预售,下一阶段公司的建设资金不需要对外融资,而是通过房屋销售达到回笼资金支持施工队继续施工。而且项目当时的现状以及国家对房地产政策的调控使项目再融资几乎是不可能的。

因此,怎样将房屋卖出去是解决所有问题的关键。项目不施工,A公司和基金公司之间的矛盾不解决,是不可能得到市场的信任的。这里有三个问题亟待解决:(1)A公司和基金公司之间的矛盾怎么解决?(2)怎么才能让市场恢复对A公司项目的信心?(3)有没有人愿意垫资继续施工?

律师为此提供了一些解决方案。房地产公司获得土地向国家缴付了巨额的土地出让金,项目又要向国家缴纳大量的税收,如果房产项目成为"烂尾楼",A公司将不能向100多位购房者按约交房,这将会影响社会的稳定,政府一般会出面协调、妥善解决这个问题。因此,A公司可以主动向政府汇报情况,详细阐述公司当前面临的困境,请求政府出面对公司项目进行监管。

为此,A公司曾多次向政府汇报项目的进展,也将其中的重点、难点进行了深入探讨和分析,项目也因此取得了重大突破。特别是在2015年5月,A公司的高管向该县县长提交了一份报告,之后政府委托审计机构对项目进行了审计。在审计报告的基础上,当地政府于2015年10月26日成立了帮扶工作小组。

为解决项目开工问题,A公司多次和原施工企业谈判,最终与原施工单位达成协议。2016年3月原施工企业退场,新的施工企业垫资进场,项目开始正常施工。与此同时,该项目的房屋开始销售。目前项目已经正常并良性运作,A公司也安然度过了这次危机。A公司的项目是当地房地产最大项目之一,这次危机的化解让当事人避免了刑事风险,解决了企业经营过程中的困境,消除了社会不稳定的因素。

律师支招

正确认识非法吸收公众存款罪的概念特征

在一些民营经济发达的地区,活跃的民间融资活动对我国经济社会的发展起到了很大的促进作用。但同时,我们也看到,由于非法吸收公众存款罪的边界不清,罪与非罪模糊化,很多民营企业因资金链断裂导致民间借贷无法归还,从而被认定为非法吸收公众存款罪的情况持续多发,影响着社会主义市场经济的健康发展。为了避免此类风险的发生,需要我们对非法吸收公众存款罪有一个客观正确的认识。

根据《中华人民共和国刑法》第一百七十六条之规定:"非法吸收公众存款或者变相吸收公众存款,扰乱金融秩序的,处三年以下有期徒刑或者拘役,并处或者单处二万元以上二十万元以下罚金;数额巨大或者有其他严重情节的,处三年以上十年以下有期徒刑,并处五万元以上五十万元以下罚金。单位犯前款罪的,对单位判处罚金,并对其直接负责的主管人员和其他直接责任人员,依照前款的规定处罚。"

为了依法惩治非法吸收公众存款、集资诈骗等非法集资犯罪活动,最高人民法院于2010年12月发布了《关于审理非法集资刑事案件具体应用法律若干问题的解释》。该司法解释对非法吸收公众存款或者变相吸收公众存款的行为方式作出了具体规定,即违反国家金融管理法律规定,向社会公众(包括单位和个人)吸收资金的行为,同时具备下列四个条件的,除刑法另有规定的以外,应当认定为刑法第一百七十六条规定的"非法吸收公众存款或者变相吸收公众存款":

(一)未经有关部门依法批准或者借用合法经营的形式吸收资金;

(二)通过媒体、推介会、传单、手机短信等途径向社会公开宣传;

(三)承诺在一定期限内以货币、实物、股权等方式还本付息或者给付回报;

(四)向社会公众即社会不特定对象吸收资金。

未向社会公开宣传,在亲友或者单位内部针对特定对象吸收资金的,不属于非法吸收或者变相吸收公众存款。

实施下列行为之一,符合该司法解释第一条第一款规定的条件的,应当以非法吸收公众存款罪定罪处罚:

(一)不具有房产销售的真实内容或者不以房产销售为主要目的,以返本销售、售后包租、约定回购、销售房产份额等方式非法吸收资金的;

(二)以转让林权并代为管护等方式非法吸收资金的;

(三)以代种植(养殖)、租种植(养殖)、联合种植(养殖)等方式非法吸收资金的;

(四)不具有销售商品、提供服务的真实内容或者不以销售商品、提供服务为主要目的,以商品回购、寄存代售等方式非法吸收资金的;

(五)不具有发行股票、债券的真实内容,以虚假转让股权、发售虚构债券等方式非法吸收资金的;

（六）不具有募集基金的真实内容，以假借境外基金、发售虚构基金等方式非法吸收资金的；

（七）不具有销售保险的真实内容，以假冒保险公司、伪造保险单据等方式非法吸收资金的；

（八）以投资入股的方式非法吸收资金的；

（九）以委托理财的方式非法吸收资金的；

（十）利用民间"会"、"社"等组织非法吸收资金的；

（十一）其他非法吸收资金的行为。

该司法解释对正确认识非法吸收公众存款罪起到了重要的指导作用。从司法解释中我们可以看到，非法吸收公众存款或者变相非法吸收公众存款主要具备以下几个要件：

第一，非法性。犯罪主体在没有经过有关部门依法审查并批准的前提下，擅自吸收公众存款或者借用其他合法形式非法吸收资金。

第二，公开性。为了能达到大量吸收社会资金的目的，行为人往往会借助各种工具向社会公开宣传。

第三，有偿性。行为人为了吸引社会不特定对象的资金，往往会许诺一定期限内给付一定的回报，而且回报率往往会高于社会正常水平。

第四，公众性。非法吸收公众存款的对象是社会不特定对象，社会危害性较大，需要纳入刑法制裁的范畴。

由于非法吸收公众存款罪的以上特点，因此这类案件大多涉案金额巨大、受害人人数多、范围广。很多受害人在案发后为了拿回自己的本金，往往会通过聚众闹事、群体性上访等方式解决问题，扰乱了国家机关的正常办公秩序，影响当前的社会稳定，给社会带来了极大的不安定因素。

在实践中，这类案件也往往处于一种"不告不理"的状态，不出事就是民间借贷，出了事就是非法吸收公众存款。行为人如果能够在约定时间内将所借的本金以及预期回报及时返还给出借人，则行为人往往不会被追究刑事责任。如果行为人经营失败或者由于其他原因不能按期返还本金及利息，为了维持资金周转又不得不向更多人借贷资金，雪球越滚越大，最终导致本利都无力支付，而出借人在多次催讨无果或者认为行为人已经没有能力归还借款本息的情况下，往往会选择报案或者上访等方式，政府出面调解，组织双方谈判。在谈判破裂的情况下就由公安机关立案侦查。但当公安机关介入调查时损失已经造成，款项也难以追回，行为人也可能会被追究刑事责任。

必懂知识点

民间借贷和非法吸收公众存款罪

民间借贷，是指自然人、法人、其他组织之间及其相互之间进行资金融通的行为。经金融监管部门批准设立的从事贷款业务的金融机构及其分支机构,因发放贷款等相关金融业务引发的纠纷,不属于民间借贷的范畴。

在客观表现形式上,民间借贷与非法吸收公众存款罪有相似之处,二者都"未经有关部门批准擅自向社会公众吸收资金,出具凭证并承诺到期还本付息";这就导致了两者在一定程度上容易被混淆。

司法实践中,在严厉打击非法集资活动时有的甚至将一些民间借贷的活动也归入非法吸收公众存款的犯罪范畴,给一些正常经营的企业带来了毁灭性的打击,同时也不利于对债权人的保护。明确民间借贷的安全界限,使公众能够作出正确的判断,这样才能从根本上减少非法吸收公众存款的现象发生,保障民间金融有序发展。因此,正确界定两者之间的区别,意义重大。

第一,两者借款用途不同。民间借贷多是在生活、生产经营等特定情况下急需资金而向他人借贷资金用于暂时周转,有明确的实体经济做支撑,因此借款的数额会与资金缺口相匹配。而非法吸收公众存款多是为了通过充当银行或其他金融机构的角色吸收公众存款,将其吸收的款项用于货币、资本经营谋利活动。地下钱庄就是非常典型的非法吸收公众存款的组织。

第二,两者持续时间不同。民间借贷多是在生活、生产中没有周转资金时对外进行借贷,在筹集到需要数额的资金后便停止借贷活动,一般是一种偶发性的一次性活动。而非法吸收公众存款则将借款行为作为一种经常性的经营行为,持续时间较长,且对筹集资金的数额不设上限。

第三,两者行为对象不同。民间借贷是针对特定对象吸收资金的行为,其对象一般是与行为人有一定特殊关系的人,如行为人的亲戚、朋友、同学、同事、职工或者其他熟人。但是如果行为人在向亲友或者单位内部人员吸收资金的过程中,明知自己的亲友或者单位内部人员向不特定对象吸收资金而予以放任的,或者为了吸收资金而将社会人员吸收为单位内部人员,并向其吸收资金的则应当认定为向社会公众吸收资金。非法吸收公众存款的行为对象则比较广泛,行为人将提供款项的人当作一个抽象的交易客户。行为人会通过媒体、传单、手机短信等途径向社会公开宣传并许以高息进行利诱。因此借款人大多是和行为人没有基础关系的不特定人群。

第四,两者侵害的客体不同。民间借贷行为人无力还款或逃避还款属于合同违约,其所侵害的客体是一种债权。而非法吸收公众存款侵害的客体是国家正常金融管理制度,有严重的社会危害性。行为人不论能否还款,其行为从一开始就侵害了国家的金融管理制度。

律师支招

如何预防非法吸收公众存款的刑事风险

企业在生产经营过程中不可避免地会遇到资金短缺的问题。向银行等金融机构贷款难度较大,程序烦琐,从申请到审查再到放贷要经历漫长的等待,尤其是对一些资本实力不强的中小企业,审查尤为严格。有些企业还没等到贷款就已经濒临破产了。在这种情况下,更多的企业愿意通过民间融资的途径来解决困难。不可否认,民间融资放贷快、门槛低,确实对中小企业发展有很大贡献,但是在融资过程中也存在着很多刑事风险,稍有不慎,就可能会踩到非法吸收公众存款的红线。为预防此类风险,笔者在此提出以下意见:

第一,企业在融资过程中要慎重选择融资对象。企业在有能力、有条件的情况下应尽量选择银行等正规金融机构融资贷款。找自然人借贷尽量找自己的亲友、同事等有一定基础关系的人,将融资对象锁定在一个相对封闭的范围,严格把控资金来源。不要为了融资而随意通过短信、微信等平台公开宣传并许以高利吸收资金。

第二,准确把握融资数额,在一定程度内确保融资规模与资金缺口相匹配。企业在经营过程中需要资金周转而对外借贷是在所难免的,但是具体需要向外借贷多少资金是能够估算出来的,应确定科学的融资结构和适当的负债比例。企业融资的金额不能过于高于实际需要的资金,否则一方面会给融资增加困难,另一方面也会让出借人怀疑企业融资的真正意图,究竟是用于正常的生产经营活动需要还是打着生产经营的旗号吸收资金从事非法活动。

第三,在融资过程中按照正规程序办理相关手续,签订借款合同,在法律允许的范围内明确双方权利义务。一方面,企业需要对外融资时要严格走完内部程序,如召开股东(大)会、董事会、监事会等,签订同意对外借贷以及授权委托书等相关的文件。另一方面,企业对外融资,与出借方沟通、协商、谈判、签订借款合同等过程中,最好要有律师等专业人员提供指导协助,避免中间的法律风险。

第四,严格按照借款用途使用资金。企业在融资后要合理安排资金用途,用于企业正常的生产经营活动,能够对每一笔资金的去向进行合理说明。对企业而言,条理清晰、真实合法的账目是保护企业的一道护身符,因为它既可以在必要时随时查阅,又可以在涉及刑事风险时作为有利的证据进行举证。

第五,企业应当本着诚实信用原则,严格按照合同约定行使权利、履行义务,按期还本付息,提高自身的信用度。在经营过程中也可以及时发布相关经营情况,或者和当地政府部门沟通,汇报情况,赢取市场的信任。

必知法规

◎ 《中华人民共和国刑法》

第一百七十六条 非法吸收公众存款或者变相吸收公众存款,扰乱金融秩序的,处三年以下有期徒刑或者拘役,并处或者单处二万元以上二十万元以下罚金;数额巨大或者有其他严重情节的,处三年以上十年以下有期徒刑,并处五万元以上五十万元以下罚金。

单位犯前款罪的,对单位判处罚金,并对其直接负责的主管人员和其他直接责任人员,依照前款的规定处罚。

◎《最高人民法院关于审理非法集资刑事案件具体应用法律若干问题的解释》

为依法惩治非法吸收公众存款、集资诈骗等非法集资犯罪活动,根据刑法有关规定,现就审理此类刑事案件具体应用法律的若干问题解释如下:

第一条 违反国家金融管理法律规定,向社会公众(包括单位和个人)吸收资金的行为,同时具备下列四个条件的,除刑法另有规定的以外,应当认定为刑法第一百七十六条规定的"非法吸收公众存款或者变相吸收公众存款":

(一)未经有关部门依法批准或者借用合法经营的形式吸收资金;

(二)通过媒体、推介会、传单、手机短信等途径向社会公开宣传;

(三)承诺在一定期限内以货币、实物、股权等方式还本付息或者给付回报;

(四)向社会公众即社会不特定对象吸收资金。

未向社会公开宣传,在亲友或者单位内部针对特定对象吸收资金的,不属于非法吸收或者变相吸收公众存款。

第二条 实施下列行为之一,符合本解释第一条第一款规定的条件的,应当依照刑法第一百七十六条的规定,以非法吸收公众存款罪定罪处罚:

(一)不具有房产销售的真实内容或者不以房产销售为主要目的,以返本销售、售后包租、约定回购、销售房产份额等方式非法吸收资金的;

(二)以转让林权并代为管护等方式非法吸收资金的;

(三)以代种植(养殖)、租种植(养殖)、联合种植(养殖)等方式非法吸收资金的;

(四)不具有销售商品、提供服务的真实内容或者不以销售商品、提供服务为主要目的,以商品回购、寄存代售等方式非法吸收资金的;

(五)不具有发行股票、债券的真实内容,以虚假转让股权、发售虚构债券等方式非法吸收资金的;

(六)不具有募集基金的真实内容,以假借境外基金、发售虚构基金等方式非法吸收资金的;

(七)不具有销售保险的真实内容,以假冒保险公司、伪造保险单据等方式非法吸收资金的;

(八)以投资入股的方式非法吸收资金的;

(九)以委托理财的方式非法吸收资金的;

(十)利用民间"会"、"社"等组织非法吸收资金的;

(十一)其他非法吸收资金的行为。

第三条 非法吸收或者变相吸收公众存款,具有下列情形之一的,应当依法追究刑事责任:

(一)个人非法吸收或者变相吸收公众存款,数额在20万元以上的,单位非法吸收或者变相吸收公众存款,数额在100万元以上的;

(二)个人非法吸收或者变相吸收公众存款对象30人以上的,单位非法吸收或者变相吸收公众存款对象 150 人以上的；

（三）个人非法吸收或者变相吸收公众存款，给存款人造成直接经济损失数额在 10 万元以上的，单位非法吸收或者变相吸收公众存款，给存款人造成直接经济损失数额在 50 万元以上的；

（四）造成恶劣社会影响或者其他严重后果的。

具有下列情形之一的，属于刑法第一百七十六条规定的"数额巨大或者有其他严重情节"：

（一）个人非法吸收或者变相吸收公众存款，数额在 100 万元以上的，单位非法吸收或者变相吸收公众存款，数额在 500 万元以上的；

（二）个人非法吸收或者变相吸收公众存款对象 100 人以上的，单位非法吸收或者变相吸收公众存款对象 500 人以上的；

（三）个人非法吸收或者变相吸收公众存款，给存款人造成直接经济损失数额在 50 万元以上的，单位非法吸收或者变相吸收公众存款，给存款人造成直接经济损失数额在 250 万元以上的；

（四）造成特别恶劣社会影响或者其他特别严重后果的。

非法吸收或者变相吸收公众存款的数额，以行为人所吸收的资金全额计算。案发前后已归还的数额，可以作为量刑情节酌情考虑。

非法吸收或者变相吸收公众存款，主要用于正常的生产经营活动，能够及时清退所吸收资金，可以免予刑事处罚；情节显著轻微的，不作为犯罪处理。

第四条 以非法占有为目的，使用诈骗方法实施本解释第二条规定所列行为的，应当依照刑法第一百九十二条的规定，以集资诈骗罪定罪处罚。

使用诈骗方法非法集资，具有下列情形之一的，可以认定为"以非法占有为目的"：

（一）集资后不用于生产经营活动或者用于生产经营活动与筹集资金规模明显不成比例，致使集资款不能返还的；

（二）肆意挥霍集资款，致使集资款不能返还的；

（三）携带集资款逃匿的；

（四）将集资款用于违法犯罪活动的；

（五）抽逃、转移资金、隐匿财产，逃避返还资金的；

（六）隐匿、销毁账目，或者搞假破产、假倒闭，逃避返还资金的；

（七）拒不交代资金去向，逃避返还资金的；

（八）其他可以认定非法占有目的的情形。

集资诈骗罪中的非法占有目的，应当区分情形进行具体认定。行为人部分非法集资行为具有非法占有目的的，对该部分非法集资行为所涉集资款以集资诈骗罪定罪处罚；非法集资共同犯罪中部分行为人具有非法占有目的，其他行为人没有非法占有集资款的共同故意和行为的，对具有非法占有目的的行为人以集资诈骗罪定罪处罚。

第五条 个人进行集资诈骗，数额在 10 万元以上的，应当认定为"数额较大"；数额在 30

万元以上的,应当认定为"数额巨大";数额在 100 万元以上的,应当认定为"数额特别巨大"。

单位进行集资诈骗,数额在 50 万元以上的,应当认定为"数额较大";数额在 150 万元以上的,应当认定为"数额巨大";数额在 500 万元以上的,应当认定为"数额特别巨大"。

集资诈骗的数额以行为人实际骗取的数额计算,案发前已归还的数额应予扣除。行为人为实施集资诈骗活动而支付的广告费、中介费、手续费、回扣,或者用于行贿、赠与等费用,不予扣除。行为人为实施集资诈骗活动而支付的利息,除本金未归还可予折抵本金以外,应当计入诈骗数额。

第六条 未经国家有关主管部门批准,向社会不特定对象发行、以转让股权等方式变相发行股票或者公司、企业债券,或者向特定对象发行、变相发行股票或者公司、企业债券累计超过 200 人的,应当认定为刑法第一百七十九条规定的"擅自发行股票、公司、企业债券"。构成犯罪的,以擅自发行股票、公司、企业债券罪定罪处罚。

第七条 违反国家规定,未经依法核准擅自发行基金份额募集基金,情节严重的,依照刑法第二百二十五条的规定,以非法经营罪定罪处罚。

第八条 广告经营者、广告发布者违反国家规定,利用广告为非法集资活动相关的商品或者服务作虚假宣传,具有下列情形之一的,依照刑法第二百二十二条的规定,以虚假广告罪定罪处罚:

(一)违法所得数额在 10 万元以上的;

(二)造成严重危害后果或者恶劣社会影响的;

(三)二年内利用广告作虚假宣传,受过行政处罚二次以上的;

(四)其他情节严重的情形。

明知他人从事欺诈发行股票、债券,非法吸收公众存款,擅自发行股票、债券,集资诈骗或者组织、领导传销活动等集资犯罪活动,为其提供广告等宣传的,以相关犯罪的共犯论处。

第九条 此前发布的司法解释与本解释不一致的,以本解释为准。

◎《最高人民法院、最高人民检察院、公安部关于办理非法集资刑事案件适用法律若干问题的意见》

为解决近年来公安机关、人民检察院、人民法院在办理非法集资刑事案件中遇到的问题,依法惩治非法吸收公众存款、集资诈骗等犯罪,根据刑法、刑事诉讼法的规定,结合司法实践,现就办理非法集资刑事案件适用法律问题提出以下意见:

一、关于行政认定的问题

行政部门对于非法集资的性质认定,不是非法集资刑事案件进入刑事诉讼程序的必经程序。行政部门未对非法集资作出性质认定的,不影响非法集资刑事案件的侦查、起诉和审判。

公安机关、人民检察院、人民法院应当依法认定案件事实的性质,对于案情复杂、性质认定疑难的案件,可参考有关部门的认定意见,根据案件事实和法律规定作出性质认定。

二、关于"向社会公开宣传"的认定问题

《最高人民法院关于审理非法集资刑事案件具体应用法律若干问题的解释》第一条第一

款第二项中的"向社会公开宣传",包括以各种途径向社会公众传播吸收资金的信息,以及明知吸收资金的信息向社会公众扩散而予以放任等情形。

三、关于"社会公众"的认定问题

下列情形不属于《最高人民法院关于审理非法集资刑事案件具体应用法律若干问题的解释》第一条第二款规定的"针对特定对象吸收资金"的行为,应当认定为向社会公众吸收资金:

(一)在向亲友或者单位内部人员吸收资金的过程中,明知亲友或者单位内部人员向不特定对象吸收资金而予以放任的;

(二)以吸收资金为目的,将社会人员吸收为单位内部人员,并向其吸收资金的。

四、关于共同犯罪的处理问题

为他人向社会公众非法吸收资金提供帮助,从中收取代理费、好处费、返点费、佣金、提成等费用,构成非法集资共同犯罪的,应当依法追究刑事责任。能够及时退缴上述费用的,可依法从轻处罚;其中情节轻微的,可以免除处罚;情节显著轻微、危害不大的,不作为犯罪处理。

五、关于涉案财物的追缴和处置问题

向社会公众非法吸收的资金属于违法所得。以吸收的资金向集资参与人支付的利息、分红等回报,以及向帮助吸收资金人员支付的代理费、好处费、返点费、佣金、提成等费用,应当依法追缴。集资参与人本金尚未归还的,所支付的回报可予折抵本金。

将非法吸收的资金及其转换财物用于清偿债务或者转让给他人,有下列情形之一的,应当依法追缴:

(一)他人明知是上述资金及财物而收取的;

(二)他人无偿取得上述资金及财物的;

(三)他人以明显低于市场的价格取得上述资金及财物的;

(四)他人取得上述资金及财物系源于非法债务或者违法犯罪活动的;

(五)其他依法应当追缴的情形。

查封、扣押、冻结的易贬值及保管、养护成本较高的涉案财物,可以在诉讼终结前依照有关规定变卖、拍卖。所得价款由查封、扣押、冻结机关予以保管,待诉讼终结后一并处置。

查封、扣押、冻结的涉案财物,一般应在诉讼终结后,返还集资参与人。涉案财物不足全部返还的,按照集资参与人的集资额比例返还。

六、关于证据的收集问题

办理非法集资刑事案件中,确因客观条件的限制无法逐一收集集资参与人的言词证据的,可结合已收集的集资参与人的言词证据和依法收集并查证属实的书面合同、银行账户交易记录、会计凭证及会计账簿、资金收付凭证、审计报告、互联网电子数据等证据,综合认定非法集资对象人数和吸收资金数额等犯罪事实。

七、关于涉及民事案件的处理问题

对于公安机关、人民检察院、人民法院正在侦查、起诉、审理的非法集资刑事案件,有关单位或者个人就同一事实向人民法院提起民事诉讼或者申请执行涉案财物的,人民法院应当不予受理,并将有关材料移送公安机关或者检察机关。

人民法院在审理民事案件或者执行过程中,发现有非法集资犯罪嫌疑的,应当裁定驳回起诉或者中止执行,并及时将有关材料移送公安机关或者检察机关。

公安机关、人民检察院、人民法院在侦查、起诉、审理非法集资刑事案件中,发现与人民法院正在审理的民事案件属同一事实,或者被申请执行的财物属于涉案财物的,应当及时通报相关人民法院。人民法院经审查认为确属涉嫌犯罪的,依照前款规定处理。

八、关于跨区域案件的处理问题

跨区域非法集资刑事案件,在查清犯罪事实的基础上,可以由不同地区的公安机关、人民检察院、人民法院分别处理。

对于分别处理的跨区域非法集资刑事案件,应当按照统一制定的方案处置涉案财物。

国家机关工作人员违反规定处置涉案财物,构成渎职等犯罪的,应当依法追究刑事责任。

网络服务提供须诚信，同行竞争方式要正当

互联网商务与传统的商业模式有着很大的区别，通过互联网技术手段，可以达到传统的商业模式下无法达到的影响力和推广力。同时，基于互联网的虚拟性，网络经营者以及消费者也面临着较大的风险，侵权行为、不正当竞争行为频发。《中华人民共和国反不正当竞争法》对不正当竞争行为进行了列举式的规定，但随着经济的发展，各种新的社会现象和新技术层出不穷，立法者无法完全预见未来会出现的各类不正当竞争行为。所以，《中华人民共和国反不正当竞争法》的第二条进行了原则性的规定，在市场竞争中存在商业联系的经营者，不得违反诚信原则和公认商业道德，不得妨碍其他经营者的正当经营，损害其他经营者的合法权益。2015年4月15日，最高人民法院公布指导案例45号《北京百度网讯科技有限公司诉青岛奥商网络技术有限公司等不正当竞争纠纷案》明确了反不正当竞争法第二条的适用。

案例介绍

一、广告公司业务违法，广告网页强制出现

北京百度网讯科技有限公司（以下简称"百度公司"）经营范围为互联网信息服务业务，核准经营网址为www.baidu.com的百度网站，主要向网络用户提供互联网信息搜索服务。青岛奥商网络技术有限公司（以下简称"奥商网络公司"）经营范围包括网络工程建设、网络技术应用服务、计算机软件设计开发等，其网站为www.og.com.cn。该公司在上述网站"企业概况"中称其拥有4个网站：中国奥商网（www.og.com.cn）、讴歌网络营销伴侣（www.og.net.cn）、青岛电话实名网（www.0532114.org）、半岛人才网（www.job17.com）。该公司在其网站介绍其"网络直通车"业务时称：无须安装任何插件，广告网页强制出现。在介绍"搜索通"产品表现形式时，以图文方式列举了下列步骤：第一步在搜索引擎对话框中输入关键词；第二步优先出现网络直通车广告位（5秒钟展现）；第三步同时点击上面广告位直接进入宣传网站新窗口；第四步5秒后原窗口自动展示第一步请求的搜索结果。该网站还以其他形式介绍了上述服务。中国联合网络通信有限公司青岛市分公司（以下简称"联通青岛公司"）的经营范围包括因特网接入服务和信息服务等，青岛信息港（域名为qd.sd.cn）为其所有的

网站。"电话实名"系联通青岛公司与奥商网络公司共同合作的一项语音搜索业务,网址为www.0532114.org 的"114 电话实名语音搜索"网站表明该网站版权所有人为联通青岛公司,独家注册中心为奥商网络公司。中国联合网络通信有限公司山东省分公司(以下简称"联通山东公司")经营范围包括因特网接入服务和信息服务业务,其网站(www.sdcnc.cn)显示,联通青岛公司是其下属分公司。青岛鹏飞国际航空旅游服务有限公司(以下简称"鹏飞航空公司")经营范围包括航空机票销售代理等。

二、网络页面硬插广告,操作过程被公证

2009 年 4 月 14 日,百度公司发现通过山东省青岛市网通接入互联网,登录百度网站(www.baidu.com),在该网站显示对话框中输入"鹏飞航空",点击"百度一下",弹出显示有"打折机票抢先拿就打 114"的页面,迅速点击该页面,打开了显示地址为"http://air.qd.sd.cn/"的页面;输入"青岛人才网",点击"百度一下",弹出显示有"找好工作到半岛人才网www.job17.com"的页面,迅速点击该页面中显示的"马上点击",打开了显示地址为"http://www.job17.com/"的页面;输入"电话实名",点击"百度一下",弹出显示有"查信息打 114,语音搜索更好用"的页面,随后该页面转至相应的"电话实名"搜索结果页面。百度公司委托代理人利用公证处的计算机对登录百度搜索等网站操作过程予以公证,公证书记载了前述内容。经专家论证,所链接的网站(http://air.qd.sd.cn/)与联通山东公司的下属网站青岛信息港(www.qd.sd.cn)具有相同域(qd.sd.cn),网站 air.qd.sd.cn 是联通山东公司下属网站青岛站点所属。

三、诉讼请求

原告百度公司诉称:其拥有的 www.baidu.com 网站是中文搜索引擎网站。三被告青岛奥商网络技术有限公司、中国联合网络通信有限公司青岛市分公司、中国联合网络通信有限公司山东省分公司在山东省青岛地区利用网通的互联网接入网络服务,在百度公司网站的搜索结果页面强行增加广告的行为,损害了百度公司的商誉和经济效益,违背了诚实信用原则,构成不正当竞争。请求判令:1.奥商网络公司、联通青岛公司的行为构成对原告的不正当竞争行为,并停止该不正当竞争行为;第三人承担连带责任;2.三被告在报上刊登声明以消除影响;3.三被告共同赔偿原告经济损失 480 万元和因本案的合理支出 10 万元。

被告奥商网络公司辩称:其不存在不正当竞争行为,不应赔礼道歉和赔偿 480 万元。

被告联通青岛公司辩称:原告没有证据证明其实施了被指控行为,没有提交证据证明遭受的实际损失,原告与其不存在竞争关系,应当驳回原告全部诉讼请求。

被告联通山东公司辩称:原告没有证据证明其实施了被指控的不正当竞争或侵权行为,承担连带责任没有法律依据。

第三人鹏飞航空公司述称:本案与第三人无关。

四、裁判结果

山东省青岛市中级人民法院于 2009 年 9 月 2 日作出(2009)青民三初字第 110 号民事

判决：一、奥商网络公司、联通青岛公司于本判决生效之日起立即停止针对百度公司的不正当竞争行为，即不得利用技术手段，使通过联通青岛公司提供互联网接入服务的网络用户，在登录百度网站进行关键词搜索时，弹出奥商网络公司、联通青岛公司的广告页面；二、奥商网络公司、联通青岛公司于本判决生效之日起十日内赔偿百度公司经济损失二十万元；三、奥商网络公司、联通青岛公司于本判决生效之日起十日内在各自网站首页位置上刊登声明以消除影响，声明刊登时间应为连续的十五天；四、驳回百度公司的其他诉讼请求。宣判后，联通青岛公司、奥商网络公司提起上诉。山东省高级人民法院于2010年3月20日作出(2010)鲁民三终字第5-2号民事判决，驳回上诉，维持原判。

争议与问题

奥商网络公司与联通青岛公司的行为是否构成不正当竞争？本案与联通山东公司是否存在关联？如果构成不正当竞争，如何承担民事责任？

案例分析

一、奥商网络公司与联通青岛公司的行为已构成不正当竞争

本案中，奥商网络公司经营范围包括网络工程建设、网络技术应用服务、计算机软件设计开发等，其网站为www.og.com.cn。该公司在上述网站"企业概况"中称其拥有4个网站：中国奥商网（www.og.com.cn）、讴歌网络营销伴侣（www.og.net.cn）、青岛电话实名网（www.0532114.org）、半岛人才网（www.job17.com）。奥商网络公司在其网站介绍其"网络直通车"业务时称：无须安装任何插件，广告网页强制出现。在介绍"搜索通"产品表现形式时，以图文方式列举了下列步骤：第一步在搜索引擎对话框中输入关键词；第二步优先出现网络直通车广告位（5秒钟展现）；第三步同时点击上面广告位直接进入宣传网站新窗口；第四步5秒后原窗口自动展示第一步请求的搜索结果。该网站还以其他形式介绍了上述服务。

联通青岛公司的经营范围包括因特网接入服务和信息服务等业务，青岛信息港（域名为qd.sd.cn）为联通青岛公司所有的网站。"电话实名"系联通青岛公司与奥商网络公司共同合作的一项语音搜索业务，"114电话实名语音搜索"（网址为www.0532114.org）为联通青岛公司所有，独家注册中心为奥商网络公司。百度公司的经营范围为互联网信息服务，经北京市通信管理局核准经营网址为www.baidu.com的网站，该网站主要向网络用户提供互联网信息搜索服务，现为知名的搜索引擎网站。

域名是互联网络上识别和定位计算机的层次结构式的字符标识，具有专用性。在互联网上登录搜索引擎网站进行关键词搜索时，正常出现的应该是搜索引擎网站搜索结果页面，不应弹出与搜索引擎网站无关的其他页面，而在联通青岛公司所提供的网络接入服务区域

内,却出现了与搜索结果无关的广告页面强行弹出的现象。联通青岛公司既没有证据证明在其他网络接入服务商网络区域内会出现同样情况,又没有对在其网络接入服务区域内出现的上述情况给予合理解释,可以认定其在联通青岛公司提供互联网接入服务的区域内,对网络服务对象针对百度网站所发出的搜索请求进行了人为干预,使干预者想要发布的广告页面在正常搜索结果页面出现前强行弹出。

经山东省青岛市市中公证处对百度公司委托代理人利用该公证处计算机进行登录百度搜索等网站操作过程予以公证,证实:在联通青岛公司网络信号内,登录百度网站输入相应关键词会弹出有关广告页面,奥商网络公司在其主页中对其"网络直通车"业务的介绍表明,其关于广告强行弹出的介绍与公证保全的形式完全一致,且公证保全中所出现的弹出广告页面"半岛人才网""114电话语音搜索"均是其正在经营的网站或业务。因此,奥商网络公司是该干预行为的受益者,在其没有提供证据证明存在其他主体为其实施上述广告行为的情况下,可以认定奥商网络公司是上述干预行为的实施主体。

关于联通青岛公司是否是被控侵权行为的实施主体问题,奥商网络公司这种干预行为不是通过在客户端计算机安装插件、程序等方式实现,而是在特定网络接入服务区域内均可实现,因此这种行为如果没有网络接入服务商的配合无法实现。联通青岛公司没有证据证明奥商网络公司是通过非法手段干预其互联网接入服务而实施上述行为。同时,联通青岛公司是域名 air.qd.sd.cn 的所有人,因持有或使用域名而侵害他人合法权益的责任,由域名持有者承担。联通青岛公司与奥商网络公司合作经营电话实名业务,即联通青岛公司也是上述行为的受益人。因此,可以认定联通青岛公司也是上述干预行为的实施主体。

联通青岛公司与奥商网络公司实施的行为,是利用了百度网站搜索引擎在我国互联网用户中被广泛使用的优势,利用技术手段,使用户在登录百度网站进行关键词搜索时,在正常搜索结果显示前强行弹出奥商网络公司发布的与搜索的关键词及内容有紧密关系的广告页面。这种行为诱使本可能通过百度公司搜索结果检索相应信息的网络用户点击该广告页面,影响了百度公司向网络用户提供付费搜索服务与推广服务,属于利用百度公司提供的搜索服务来为自己牟利。该行为既没有征得百度公司同意,又违背了使用其互联网接入服务用户的意志,容易导致上网用户误以为弹出的广告页面系百度公司所为,会使上网用户对百度公司提供服务的评价降低,对百度公司的商业信誉产生不利影响,损害了百度公司的合法权益,同时也违背了诚实信用和公认的商业道德,已构成不正当竞争。

二、联通山东公司和鹏飞航空公司不应承担责任

联通山东公司是由相关公司合并成立,联通青岛公司属于其下属分公司。因联通山东公司、联通青岛公司同属于中国联合网络通信有限公司分支机构,无证据证明两公司具有开办和被开办的关系,也无证据证明联通山东公司参与实施了干预行为,联通青岛公司作为民事主体有承担民事责任的资格,所以联通山东公司不承担责任。百度公司将鹏飞航空公司作为本案第三人,但是在诉状及庭审过程中并未指出第三人有不正当竞争行为,也未要求第三人承担民事责任,故将鹏飞航空公司作为第三人属于列举当事人不当,其不承担责任。

三、联通青岛公司和奥商网络公司民事责任承担的具体方式

由于联通青岛公司与奥商网络公司共同实施了不正当竞争行为，依照《中华人民共和国民法通则》第一百三十条的规定应当承担连带责任。依照《中华人民共和国民法通则》第一百三十四条、《中华人民共和国反不正当竞争法》(1993)第二十条的规定，应当承担停止侵权、赔偿损失、消除影响的民事责任。首先，奥商网络公司、联通青岛公司应当立即停止不正当竞争行为，即不得利用技术手段使通过联通青岛公司提供互联网接入服务的网络用户，在登录百度网站进行关键词搜索时，弹出两被告的广告页面。其次，根据原告为本案支出的合理费用、被告不正当竞争行为的情节、持续时间等，酌定两被告共同赔偿经济损失20万元。最后，两被告的行为给百度公司造成了一定的负面影响，应当承担消除影响的民事责任。由于该行为发生在互联网上，且发生在联通青岛公司提供互联网接入服务的区域内，故确定两被告应在其各自网站的首页位置上刊登消除影响的声明。

律师支招

一、不正当竞争行为的认定

不正当竞争行为，通常发生在同行业经营者之间，主要是不法行为人对其同行业其他经营者权益的侵害。按照《中华人民共和国反不正当竞争法》的规定，只有市场经营者实施法律规定的不正当竞争行为的，才构成不正当竞争。所谓经营者，是指一切从事商品市场经营或者服务活动的公民、法人和其他组织，包括众多的企业法人，从事营利活动的事业单位法人，参与商业、服务业竞争活动的其他经济组织以及公民个人和合伙组织等。根据《中华人民共和国反不正当竞争法》有关经营者的规定，经营者的确定并不要求原、被告属同一行业或服务类别，只要是从事商品经营或者营利性服务的市场主体，就可成为经营者。在市场中处于消费者地位的民事主体不属于经营者。

经营者实施不正当竞争行为有时对消费者的权益也构成损害，但消费者权益应当按照消费者权益保护法的规定进行保护，该种行为不属反不正当竞争法调整、规范的范围。由于竞争发生在同行业企业的生产经营活动中，因此不正当竞争行为侵害的对象也同样是生产或经营同类商品或提供同类服务的企业等。

二、《中华人民共和国反不正当竞争法》原则性条款的适用

1993年发布的《中华人民共和国反不正当竞争法》第二章第五条至第十五条（该法2017年修订后为第二章第六条至第十二条），对不正当竞争行为进行了列举式规定，对于没有在具体条文中列举的行为，只有按照公认的商业道德和普遍认识能够认定违反该法第二条原则性规定时，才可以认定其为不正当竞争行为。判断经营者的行为是否构成不正当竞争，应当考虑以下方面：一是行为实施者是反不正当竞争法意义上的经营者；二是经营者从事商业

活动时,没有遵循自愿、平等、公平、诚实信用原则,违反了反不正当竞争法的规定和公认的商业道德;三是经营者的不正当竞争行为损害了正当经营者的合法权益。

最高人民法院在"山东省食品进出口公司、山东山孚集团有限公司、山东山孚日水有限公司与马达庆、青岛圣克达诚贸易有限公司不正当竞争纠纷案"(以下简称"海带配额"案)中对我国反不正当竞争法一般条款的适用作出了解释,认为适用反不正当竞争法第二条应具备以下条件:(1)法律对该种竞争行为未作出特别规定;(2)使其他经营者的合法权益确因该竞争行为而受到了实际损害;(3)该种竞争行为因违反诚实信用原则和公认的商业道德而具有不正当性或者说可责性。

成文法具有滞后性,社会是不断发展变化的,立法者无法预见未来社会中可能出现的问题,即使法律对现有的不正当竞争行为进行了详细的规定,也不能保证其能够适用于将来新出现的不正当竞争行为。原则性条款是基于法律的立法目的、价值取向作出的灵活性规定。它的存在可以很好地解决这个问题。原则性条款的规定一般比较抽象,司法机关可以对抽象的概念进行解释,将反不正当竞争法适用于将来出现的新的不正当竞争行为。

必懂知识点

1993年发布的《中华人民共和国反不正当竞争法》对不正当竞争行为的规定

(一)采用假冒或仿冒等混淆手段从事市场交易,损害竞争对手的行为

属于这类不正当竞争行为的有:

(1)假冒他人的注册商标;

(2)擅自使用知名商品特有的名称、包装、装潢,或者使用与知名商品近似的名称、包装、装潢,造成和他人的知名商品相混淆,使购买者误认为是该知名商品;

(3)擅自使用他人的企业名称或者姓名,引人误认为是他人的商品;

(4)在商品上伪造或者冒用认证标志、名优标志等质量标志,伪造产地,对商品质量作引人误解的虚假表示。

(二)商业贿赂行为

商业贿赂行为是指经营者在市场交易活动中,为争取交易机会,特别是为获得相对于竞争对手的市场竞争优势,通过秘密给付财物或者其他报酬等不正当手段收买交易相对方的工作人员、受交易相对方委托办理相关事务的单位或者个人利用职权或者影响力影响交易的单位或者个人的行为。

(三)引人误解的虚假宣传

引人误解的虚假宣传是指经营者利用广告或者其他方法,对商品的质量、制作成分、性能、用途、生产者、有效期限、产地等作引人误解的虚假宣传的行为。引人误解的虚假宣传,既包括虚假宣传,也包括引人误解的宣传两种类型。

(四)侵犯商业秘密的行为

经营者侵犯商业秘密的不正当竞争行为有以下几种表现形式：

(1)经营者以盗窃、利诱、胁迫或者其他不正当手段获取权利人的商业秘密；

(2)经营者披露、使用或允许他人使用以盗窃、利诱、胁迫或其他不正当手段获取的权利人的商业秘密；

(3)经营者违反约定或者违反权利人有关保守商业秘密的要求，披露、使用或者允许他人使用其所掌握的商业秘密；

(4)第三人在明知或应知商业秘密是经营者通过不正当手段获得并加以不法披露、使用或允许他人使用的情况下，仍然去获取、使用或者披露权利人的商业秘密。

(五)经营者以排挤竞争对手为目的，以低于成本价格销售商品

反不正当竞争法禁止经营者以排挤竞争对手为目的，以低于成本的价格销售商品，但规定了一些例外情形：

(1)销售鲜活商品；

(2)处理有效期限即将到期的商品或者其他积压的商品；

(3)季节性降价；

(4)因清偿债务、转产、歇业降价销售商品。

(六)附条件交易行为

附条件交易行为是指经营者利用自己的经济优势或经营上的优势，在销售商品或提供服务时，违背购买者的意愿，搭售其他商品或者附加其他不合理的交易条件的行为。

(七)违反规定的有奖销售行为

有奖销售是指经营者以提供奖品或奖金的手段进行推销的行为。

反不正当竞争法禁止以下三种形式的有奖销售：

(1)采用谎称有奖或者故意让内定人员中奖的欺骗方式进行有奖销售；

(2)利用有奖销售的手段推销质次价高的商品；

(3)抽奖式的有奖销售，最高奖的金额超过5000元。

(八)损害竞争对手信誉的行为

损害竞争对手信誉的行为，是指经营者为了竞争的目的，故意捏造、散布虚伪的事实，损害竞争对手的商业信誉和商品声誉。

(九)投标招标中的不正当竞争行为

反不正当竞争法规定了投标、招标中常见的两种不正当竞争行为：

(1)投标者串通投标，抬高标价或压低标价的行为；

(2)投标者和招标者之间相互勾结，以排挤竞争对手的行为。

(十)公用企业或其他依法具有独占地位的经营者强制交易的行为

反不正当竞争法规定，公用企业或者其他依法具有独占地位的经营者，不得限定他人购

买其指定的经营者的商品,以排挤其他经营者的公平竞争。

(十一)政府及其所属部门滥用行政权力限制竞争的行为

从反不正当竞争法的规定可以看出,政府及其所属部门滥用行政权力限制竞争的行为有:

(1)限定他人购买其指定的经营者的商品;

(2)限制其他经营者正当的经营活动;

(3)限制外地商品进入本地市场,或者本地商品流向外地市场。

必知法规

◎ 《中华人民共和国反不正当竞争法》

第一条 为了促进社会主义市场经济健康发展,鼓励和保护公平竞争,制止不正当竞争行为,保护经营者和消费者的合法权益,制定本法。

第二条 经营者在生产经营活动中,应当遵循自愿、平等、公平、诚信的原则,遵守法律和商业道德。

本法所称的不正当竞争行为,是指经营者在生产经营活动中,违反本法规定,扰乱市场竞争秩序,损害其他经营者或者消费者的合法权益的行为。

本法所称的经营者,是指从事商品生产、经营或者提供服务(以下所称商品包括服务)的自然人、法人和非法人组织。

第六条 经营者不得实施下列混淆行为,引人误认为是他人商品或者与他人存在特定联系:

(一)擅自使用与他人有一定影响的商品名称、包装、装潢等相同或者近似的标识;

(二)擅自使用他人有一定影响的企业名称(包括简称、字号等)、社会组织名称(包括简称等)、姓名(包括笔名、艺名、译名等);

(三)擅自使用他人有一定影响的域名主体部分、网站名称、网页等;

(四)其他足以引人误认为是他人商品或者与他人存在特定联系的混淆行为。

第十七条 经营者违反本法规定,给他人造成损害的,应当依法承担民事责任。

经营者的合法权益受到不正当竞争行为损害的,可以向人民法院提起诉讼。

因不正当竞争行为受到损害的经营者的赔偿数额,按照其因被侵权所受到的实际损失确定;实际损失难以计算的,按照侵权人因侵权所获得的利益确定。赔偿数额还应当包括经营者为制止侵权行为所支付的合理开支。

经营者违反本法第六条、第九条规定,权利人因被侵权所受到的实际损失、侵权人因侵权所获得的利益难以确定的,由人民法院根据侵权行为的情节判决给予权利人三百万元以下的赔偿。

◎ 《中华人民共和国民法总则》

第一百七十六条 民事主体依照法律规定和当事人约定，履行民事义务，承担民事责任。

第一百七十七条 二人以上依法承担按份责任，能够确定责任大小的，各自承担相应的责任；难以确定责任大小的，平均承担责任。

第一百七十八条 二人以上依法承担连带责任的，权利人有权请求部分或者全部连带责任人承担责任。

连带责任人的责任份额根据各自责任大小确定；难以确定责任大小的，平均承担责任。实际承担责任超过自己责任份额的连带责任人，有权向其他连带责任人追偿。

连带责任，由法律规定或者当事人约定。

第一百七十九条 承担民事责任的方式主要有：

（一）停止侵害；

（二）排除妨碍；

（三）消除危险；

（四）返还财产；

（五）恢复原状；

（六）修理、重作、更换；

（七）继续履行；

（八）赔偿损失；

（九）支付违约金；

（十）消除影响、恢复名誉；

（十一）赔礼道歉。

法律规定惩罚性赔偿的，依照其规定。

本条规定的承担民事责任的方式，可以单独适用，也可以合并适用。

◎ 《中华人民共和国民法通则》

第一百三十条 二人以上共同侵权造成他人损害的，应当承担连带责任。

第一百三十四条 承担民事责任的方式主要有：

（一）停止侵害；

（二）排除妨碍；

（三）消除危险；

（四）返还财产；

（五）恢复原状；

（六）修理、重作、更换；

（七）赔偿损失；

(八)支付违约金；

(九)消除影响、恢复名誉；

(十)赔礼道歉。

以上承担民事责任的方式，可以单独适用，也可以合并适用。

人民法院审理民事案件，除适用上述规定外，还可以予以训诫、责令具结悔过、收缴进行非法活动的财物和非法所得，并可以依照法律规定处以罚款、拘留。

第四部分
知识产权案件

专利开发成本高昂,临时保护保驾护航

无形财产区别于有体物的一个最大特点,就是权利人无法从技术上完全控制对该财产的利用。在发明专利的申请过程中,申请人的发明创造一经公开就处于一种存在风险的状态:任何人都可以通过获得相关信息而具备实施其技术方案的能力。基于此,如何有效地保护申请人的合法权益就成为《中华人民共和国专利法》不得不认真面对的问题。本文正是以最高人民法院指导案例 20 号《深圳市斯瑞曼精细化工有限公司诉深圳市坑梓自来水有限公司、深圳市康泰蓝水处理设备有限公司侵害发明专利权纠纷案》为基础,针对发明专利临时保护制度展开探讨,通过厘清临时保护的本旨,希望能为以后的司法实践带来一些帮助。

案例介绍

专利侵权认定难,临时保护界定严

深圳市斯瑞曼精细化工有限公司(以下简称"斯瑞曼公司")于 2006 年 1 月 19 日向国家知识产权局申请发明专利,该专利于 2006 年 7 月 19 日公开,2009 年 1 月 21 日授权公告,授权的发明名称为"制备高纯度二氧化氯的设备",专利权人为斯瑞曼公司。该专利最近一次年费缴纳时间为 2008 年 11 月 28 日。2008 年 10 月 20 日,深圳市坑梓自来水有限公司(以下简称"坑梓自来水公司")与深圳市康泰蓝水处理设备有限公司(以下简称"康泰蓝公司")签订《购销合同》一份,坑梓自来水公司向康泰蓝公司购买康泰蓝二氧化氯发生器一套,价款 26 万元。康泰蓝公司已于 2008 年 12 月 30 日就上述产品销售款要求税务机关代开统一发票。在上述《购销合同》中,约定坑梓自来水公司分期向康泰蓝公司支付设备款项,康泰蓝公司为坑梓自来水公司提供安装、调试、维修、保养等技术支持及售后服务。

2009 年 3 月 16 日,斯瑞曼公司向广东省深圳市中级人民法院诉称:其拥有名称为"制备高纯度二氧化氯的设备"的发明专利(以下简称"涉案发明专利"),康泰蓝公司生产、销售和坑梓自来水公司使用的二氧化氯生产设备落入涉案发明专利保护范围。请求判令二被告停止侵权并赔偿经济损失 30 万元、承担诉讼费等费用。在本案中,斯瑞曼公司没有提出支付发明专利临时保护期使用费的诉讼请求,在一审法院已作释明的情况下,斯瑞曼公司仍坚持原诉讼请求。

广东省深圳市中级人民法院于 2010 年 1 月 6 日作出 (2009) 深中法民三初字第 94 号民事判决：康泰蓝公司停止侵权，康泰蓝公司和坑梓自来水公司连带赔偿斯瑞曼公司经济损失 8 万元。康泰蓝公司、坑梓自来水公司均提起上诉，广东省高级人民法院于 2010 年 11 月 15 日作出 (2010) 粤高法民三终字第 444 号民事判决：驳回上诉，维持原判。坑梓自来水公司不服二审判决，向最高人民法院申请再审。最高人民法院于 2011 年 12 月 20 日作出 (2011) 民提字第 259 号民事判决：撤销原一、二审判决，驳回斯瑞曼公司的诉讼请求。

争议与问题

坑梓自来水公司在涉案发明专利授权后，使用其在涉案发明专利临时保护期内向康泰蓝公司购买的被诉专利侵权产品，是否侵犯涉案发明专利权？康泰蓝公司在涉案发明专利授权后为坑梓自来水公司使用被诉专利侵权产品提供售后服务是否侵犯涉案发明专利权？

案例分析

对于侵犯专利权行为的认定，应当全面综合考虑专利法的相关规定。根据本案被诉侵权行为时间，本案应当适用 2000 年修改的《中华人民共和国专利法》。专利法第十一条第一款规定："发明和实用新型专利权被授予后，除本法另有规定的以外，任何单位或者个人未经专利权人许可，都不得实施其专利，即不得为生产经营目的制造、使用、许诺销售、销售、进口其专利产品，或者使用其专利方法以及使用、许诺销售、销售、进口依照该专利方法直接获得的产品。"第十三条规定："发明专利申请公布后，申请人可以要求实施其发明的单位或者个人支付适当的费用。"第六十二条规定："侵犯专利权的诉讼时效为二年，自专利权人或者利害关系人得知或者应当得知侵权行为之日起计算。发明专利申请公布后至专利权授予前使用该发明未支付适当使用费的，专利权人要求支付使用费的诉讼时效为二年，自专利权人得知或者应当得知他人使用其发明之日起计算，但是，专利权人于专利权授予之日前即已得知或者应当得知的，自专利权授予之日起计算。"综合考虑上述规定，专利法虽然规定了申请人可以要求在发明专利申请公布后至专利权授予之前（即专利临时保护期内）实施其发明的单位或者个人支付适当的费用，即享有请求给付发明专利临时保护期使用费的权利，但对于专利临时保护期内实施其发明的行为并不享有请求停止实施的权利。因此，在发明专利临时保护期内实施相关发明的，不属于专利法禁止的行为。在专利临时保护期内制造、销售、进口被诉专利侵权产品不为专利法禁止的情况下，其后续的使用、许诺销售、销售该产品的行为，即使未经专利权人许可，也应当得到允许。也就是说，专利权人无权禁止他人对专利临时保护期内制造、销售、进口的被诉专利侵权产品的后续使用、许诺销售、销售。当然，这并不否定专利权人根据专利法第十三条规定行使要求实施其发明者支付适当费用的权利。对于在专利临时保护期内制造、销售、进口的被诉专利侵权产品，在销售者、使用者提供了合法来源的情况下，销售者、使用者不应承担支付适当费用的责任。

认定在发明专利授权后针对发明专利临时保护期内实施发明得到的产品的后续使用、许诺销售、销售等实施行为不构成侵权,符合专利法的立法宗旨。一方面,专利制度的设计初衷是"以公开换保护",且是在授权之后才能请求予以保护。对于发明专利申请来说,在公开日之前实施相关发明,不构成侵权,在公开日后也应当允许此前实施发明得到的产品的后续实施行为;在公开日到授权日之间,为发明专利申请提供的是临时保护,在此期间实施相关发明,不为专利法所禁止,同样也应当允许实施发明得到的产品在此期间之后的后续实施行为,但申请人在获得专利权后有权要求在临时保护期内实施其发明者支付适当费用。由于专利法没有禁止发明专利授权前的实施行为,则专利授权前制造出来的产品的后续实施也不构成侵权,否则就违背了专利法的立法初衷,为尚未公开或者授权的技术方案提供了保护。另一方面,专利法规定了先用权,虽然仅规定了先用权人在原有范围内继续制造相同产品、使用相同方法不视为侵权,没有规定制造的相同产品或者使用相同方法制造的产品的后续实施行为是否构成侵权,但是不能因为专利法没有明确规定就认定上述后续实施行为构成侵权,否则,专利法规定的先用权没有任何意义。

本案中,康泰蓝公司销售被诉专利侵权产品是在涉案发明专利临时保护期内,该行为不为专利法所禁止。在此情况下,后续的坑梓自来水公司使用所购买的被诉专利侵权产品的行为也应当得到允许。因此,坑梓自来水公司后续的使用行为不侵犯涉案发明专利权。同理,康泰蓝公司在涉案发明专利授权后为坑梓自来水公司使用被诉专利侵权产品提供售后服务也不侵犯涉案发明专利权。

律师支招

"临时保护"和"专利侵权"是专利法分别对发明专利申请人和专利权人的权利进行保护的两种不同制度,分别体现在《中华人民共和国专利法》(2000)第十一条、第十三条和第六十条。然而,在具体诉讼实务中,如何正确认识和把握这两者的关系以便在恰当的时候提出自己的主张和相应证据并非是一件易事。

一、当前认识误区

在目前司法实践中,不少人对这两种制度认识不清,甚至认为这两者是同一概念。他们经常援引专利法第四十二条"发明专利权的期限为二十年,……均自申请日起计算"的规定,认为发明专利申请人一旦向知识产权局申请了专利,他人未经其许可实施该项技术即构成侵权,不存在"临时保护"的问题。事实上,专利权的期限和专利权的保护期限是两个不同的概念,前者是国家为了鼓励技术更新而对专利权人权利的一种约束,后者是国家为了制裁"侵权人"而对专利权人权利的一种保护。"临时保护"和"专利侵权"实际上是包含在专利权的期限之中,且属于两个不同阶段上的不同性质的保护制度。

二、"临时保护"与"专利侵权"的主要区别

1.时间起算点及性质不同。由于我国发明专利申请实行早期公开延迟审查制度,即知

识产权局收到发明专利申请后,经初步审查认为符合专利法要求的,即于公布,自申请日起3年内,申请人可以请求实质审查,经实质审查符合专利性条件的,才能获得专利权。因此,发明人提出发明专利申请到获得专利权,就时间上来说要经历三个不同阶段,分别以申请公布日和授权公告日为分界点。在申请公布日以前,该发明技术(信息)处于不为公众所知晓的状态,在此期间他人若实施该技术,权利人不能依专利法来寻求救济;在专利授权公告日以后,专利法规定了"专利保护",即"发明专利……被授予后,除法律另有规定的以外,任何单位或者个人未经专利权人许可,不得为生产经营目的制造、使用、销售其专利产品,或者使用其专利方法以及使用、销售依照该专利方法直接获得的产品",否则即构成侵权。而在此之间,专利法为弥补权利保护上的空白,特规定了"临时保护",即"申请人可以要求实施其发明的单位或个人支付适当的费用",它在性质上不属于"专利保护"。

2.保护的对象不同。根据上面所述,"临时保护"是为了克服发明专利申请公布后至授权公告日之间法律保护上的空白而制定的特殊制度,其实,这时发明专利申请人还没有获得专利权,根据专利法(2000)第十三条"发明专利申请公布后,申请人可以要求实施其发明专利的单位或者个人支付适当的费用"的规定,该制度保护的对象不是专利权人的权利,而是非专利权人即发明专利申请人的权利。与此相反,专利侵权属于"专利保护",其是在专利授权公告之后,针对他人或单位实施该项技术法律所给予的救济措施。此时,发明专利申请人因获得专利权变为专利权人,根据专利法(2000)第十一条关于专利侵权的规定,可以看出该制度保护的对象是发明专利权人独占的排他权利。

3.在诉讼中的诉因不同。在具体诉讼中,有些律师由于没有彻底弄清"临时保护"和"专利侵权"的属性,往往在发明专利申请人的专利权刚刚被授予专利时就提起侵权诉讼,并将侵权日期追溯到该专利的申请日期。结果却发现争议纠纷主要涉及"临时保护"期间的费用问题,于是不得已增加或改变诉讼请求,浪费了大量的时间和精力不说,还给被告增添便利(如赢得时间准备证据或应付对其不利的证据材料等)而导致不利后果。根据专利法(2000)第十三条、第六十条以及《最高人民法院关于开展专利审判工作的几个问题的通知》(1985年发布,现已失效)可知,因临时保护期间由发明专利申请人和非法实施该技术的单位或个人之间而产生的纠纷属于费用纠纷,这与专利权被授予后专利权人和非法实施专利权的人之间产生的侵权纠纷是不同性质的。由于诉因不同,故因"临时保护"而引起的费用纠纷和专利侵权纠纷不能作为一案提出,而宜分案提出。在实践中,法院根据当事人的要求和专利诉讼的特点常常将这两案合并审理,但这并不意味着"临时保护"和"专利侵权"是同一个案由。

4.时效规制不同。在专利法2008年修改以前,专利法对"临时保护"的时效没有明确规定,以致在诉讼实践中引起很大争议。有人认为,因"临时保护"而引起的费用纠纷在专利权被授予公告之前不存在时效问题,其原因是:"临时保护"的最终实现是以专利权被授予为基础的,既然此时专利申请是否能够获得专利权尚处于不确定状态,申请人也就无权对使用人拒付使用费而提起诉讼,从而不存在诉讼时效问题。笔者认为此种观点欠妥。诉讼时效基于请求权而产生,权利的保护与诉讼时效对其的限制在法学理论与实践中从来就是一对"孪生兄弟",专利法(2000)第十三条既然赋予发明专利申请人以"临时保护"的权利,就必然对这种权利予以时效上的限制。《中华人民共和国专利法实施细则》(2002)第七十九条规定专利权人在专利权被授予后才能就"临时保护"期间的费用问题请求专利管理机关或人民法院处理,然而此时有可能超过了两年的诉讼时效。为了加强对发明专利申请人权利的保护,专利法对"临时保护"的诉讼时效作了特别规定,即"临时保护"的诉讼时效最早从专利授权公告之日起计算。与此相比,"专利侵权"适用的是一般诉讼时效。从这个意义上说,"临时保护"的诉讼时效较"专利侵权"的诉讼时效复杂,这也就是笔者指其时效规制不同的含义所在。

5.相关费用和侵权损害赔偿的计算依据和方法不同。在诉讼中,一旦专利权人胜诉,法院根据当事人的诉讼请求,有可能判令被告同时承担专利侵权损害赔偿及费用补偿(基于"临时保护")的双重责任。然而,这两者的计算依据和方法却迥然不同。由于专利法(2000)第十三条及其细则对使用费用的计算方法没有明确规定,所以实践中也引起了一些争议。笔者认为,因"临时保护"而引起的费用纠纷,其费用额可参照专利许可使用费的数额或提成费的一定比例计算。如果专利权人已经许可他人实施的,可直接参照;尚未许可他人实施的,可参照当地专利实施许可合同的一般比例计算。根据《最高人民法院关于审理专利纠纷案件若干问题的解答》(1992年发布,现已失效),专利侵权的损害赔偿有三种计算方法,分别为:(1)以专利权人因侵权行为受到的实际损失作为损失赔偿额;(2)以侵权人因侵权行为获得的全部利润作为损失赔偿额;(3)以不低于专利许可费的合理数额作为损失赔偿额。实践中,法院可以根据案件的不同情况选择适用。专利法在2008年修改时在第六十五条对此作了专门规定。

三、"临时保护"和"专利侵权"的联系

通过上面对"临时保护"和"专利侵权"的区别分析,我们也不难看出他们之间有诸多联系。其一,从时间上来说,这两者相互衔接,对发明专利申请人的权利给予了完整的保护。在我国,发明专利权利人权利的真正落实必然要依靠这两种不同的保护制度,缺一不可。其二,它们赖以存在的基础均在于一个合法有效的专利权。"临时保护"得以最终实现,取决于该发明申请被授予专利权并合法存在,反之,专利权被撤销或被宣告无效,即便使用人已支付专利申请人使用费,使用人也可以"不当得利"规则要求申请人返还。同样,专利权未被授予,也就谈不上专利侵权问题。

综上所述,"临时保护"和"专利侵权"是专利法对发明专利申请人和发明专利权人分别给予的两种不同保护制度。在实践中,作为律师,我们应当严格厘清两者之间的区别和联系,这样才能在诉讼中掌握主动权,更好地维护当事人的合法权益。

必懂知识点

发明专利申请临时保护的适用条件

满足什么样的条件才能使申请人得到应有的保护,这是发明专利申请人能够获得保护的前提和基础,也是整个专利临时保护制度的基石。

(一)须第三人的利用行为发生在临时保护期间

临时保护的期间,是从发明专利申请依法公布之日起,至授予发明专利权生效前一日为止。所谓依法公布,是指专利行政部门根据《中华人民共和国专利法》第三十四条所作的公布,包括发明专利申请自申请日起满18个月时的公布,以及根据申请人的请求所作的提前公布。如果在依法公布以前,申请人自行披露其发明专利申请,不产生临时保护的效力。

《中华人民共和国专利法》第十三条规定了发明专利申请自公布之日起,申请人就能够获得临时保护。本条明确了发明专利申请临时保护的时间起点。既然有时间上的起点,那么相应地就也有时间上的终点。虽然专利法本身并没有明确规定临时保护的时间终点,但是,临时保护终止的一种方式是授予发明专利权。自公告授予发明专利权之日起,原来的申请人亦即随后的专利权人所能获得的保护就不再是"临时保护",而是转为"正式保护"。因而,临时保护的终点是授权公告之日(不包括该日)。第三人只有在这段时间内使用申请人的发明,申请人才有被给予临时保护的可能。

(二)第三人实施的发明落入发明专利申请的保护范围

申请人要想获得临时保护除了符合时间上的要求,还要满足第三人所使用的技术方案落入发明专利申请的范围。在发明专利申请临时保护期,由于申请人技术方案已经被公开,因而,判断第三人是否利用了发明人申请的专利对保护发明人来说至关重要。在实践中,判断某个技术方案是否落入申请人的保护范围一直是令法院头疼的问题,因为其涉及法律与技术两个层面的内容。因此,判断第三人使用的技术有没有落入保护范围,我们首先得明确申请人的发明专利所要求保护的范围。

1.确定发明专利申请人权利要求的保护范围

我国专利法明确规定了申请人权利保护的范围以权利要求的内容为准。权利要求是专利的核心,其基本含义是专利权人自己主张的其发明所应当包括的范围。具体来说,就是专利权人划定了一个圈,宣称这个圈是他的权利范围,他人不得随意进入。划定这个圈所使用的语言就是专利权利要求。

在专利申请过程中,专利申请人将其发明的具体技术方案转化为文字,并使用权利要求对其要求保护的技术进行界定。

在专利纠纷中,准确地揭示权利要求以明确其范围就显得至关重要。所以,确定专利权的保护范围是专利侵权诉讼中最重要的问题之一,也是诉讼中经常遇到的争议焦点。

如何确定专利申请的保护范围是一个复杂的问题,各国在专利保护实践中所采取的理论和做法也不相同。概言之,主要有以下三种:

(1) 中心限定原则

中心限定原则,是指在理解和解释权利要求的范围时,以权利要求所陈述的基本内容为中心,可以向外作适当的扩大解释。其理论依据是专利权人很难写出恰到好处的权利要求书,有时难免把个别不应当写入独立权利要求的非必要技术特征写入独立权利要求中,从而导致专利保护范围过窄。采用中心限定原则的结果使得专利权的范围不局限于权利要求的字面含义,对专利权人可以提供较多的保护,实质上是对专利权人的宽恕政策。根据这种原则,确定专利保护的范围以权利要求为主要依据,但是,解释权利要求时并不必拘泥于权利要求书的文字记载。即权利要求只确定一个总的发明核心,仅具有指导作用,而保护范围的确定还必须扩展到本专业普通技术人员看过说明书和附图后,在综合分析发明的目的、性质基础上界定的属于专利权人要求保护的范围。

这种过于宽泛的解释,使专利保护的边界变得模糊不清,即使社会公众在阅读了该专利申请的权利要求书之后,仍然不能清晰地得知该专利的保护范围,因而,对社会公众来说是极为不公平的。

(2) 周边限定原则

所谓周边限定原则,是指专利权的保护范围完全由权利要求书的文字内容确定,不能作扩大解释,被控侵权行为必须重复再现权利要求书中记载的全部技术特征,才被认为落入该权利要求的保护范围。如被控侵权物的技术特征与权利要求的记载或措辞有任何不同,都会导致侵权指控不成立。

周边限定原则的理论基础是:专利权是国家用以换取技术公开的对价,作为对价的权利范围应当是确定的和清晰的,社会公众可以通过权利要求清楚地了解专利权的保护范围,不必作随意性的推测。在社会实践中,采用完全照搬照抄他人的技术方案的方式来侵权的是极其少见的,一般是或多或少将某个或某些技术特征加以简单的变换。如果专利保护的范围完全由权利要求书的文字内容来确定,那么对于权利人而言是非常不利的。

(3) 折衷原则

中心限定原则和周边限定原则是两种极端的观点,都有着各自的缺陷与不足。前者体现了对专利权较高的保护水平,可以灵活解释专利权保护范围,但缺陷是专利权保护范围不清晰、不确定,对社会公众利益形成了较大威胁。后者虽然使专利权的保护范围清晰明确,在侵权认定中不容易产生分歧,但不足之处是对专利权人的保护不充分,如果专利权人的权利要求书上有一些记载或措辞上的失误,那么将会对其产生非常不利的后果。为了克服上述两种原则的不足,世界上很多国家,包括曾经采用中心限定原则的德国和曾采用周边限定原则的美国,都已转向折衷原则。所谓折衷原则,实际就是"中心限定原则"和"周边限定原则"的折衷。具体来说,在判断专利权的保护范围时,既不能完全按照权利要求书的字面含义来理解,也不能由专利权人完全按照自己主观意愿作随意的扩大解释,而是依据权利要求所表示的实质内容来确定。在对权利要求书的表达存有疑义时,可以参照说明书和附图进行解释。概言之,就是在一般情况下以权利要求书的内容为准,只有在权利要求书表述不明确或者有疑义时,才可以应用说明书及附图对权利要求进行解释。从而能够从整体上、实质上,而不是仅仅凭借权利要求书的字面表达来确定其保护范围。

这一原则很好地平衡了社会公众和专利权人之间的利益。1973年10月,西欧14个国家在德国慕尼黑外交会议上签署了《欧洲专利公约》,该公约第六十九条就作了类似的规定。

我国专利法所采用的就是折衷原则,即确定发明或实用新型专利的保护范围时应以权利要求的内容为准,只有当权利要求书的表达不清楚或存有疑义时,才允许利用说明书和附图对其内容进行解释。折衷原则排除了以权利要求为中心作随意的解释和完全按照权利要求书的字面进行解释这两种情况。

2.全面覆盖原则和等同原则在发明专利申请的临时保护中的运用

全面覆盖原则与等同原则一般都是用来判断被控产品是否构成专利侵权的重要方式。虽然在临时保护期内,发明专利申请并没有被授予专利权,但这并不代表在发明专利临时保护期内不能应用这两种原则来判断第三人的产品是否利用了申请人的技术方案。这两个原则的作用只是对一种事实进行判断,即被控产品的技术方案是否与申请人的技术方案相同或等同。而对于一个产品来说,无论其是否是侵权产品,只要运用全面覆盖原则或者等同原则,我们都可以得出两者是相同或者等同,或是不相同或者不等同的结论。因而,这两种判断原则不仅仅在判断专利侵权中可以适用,而且只要存在判断一个产品是否利用了另一产品的技术方案的问题,都可以运用这两个原则。同样,在发明专利临时保护问题上也可以适用这两个原则。

(1)全面覆盖原则与等同原则的含义

专利权的保护范围以权利要求书记载的内容为准,通常就是以独立权利要求的内容为准(有时,专利权人也许仅起诉被告侵犯了某一从属权利要求所界定的专利技术方案。这是被允许的。此时,即是以该"从属权利要求"的内容为准)。而独立权利要求所表达的专利权保护范围由记载在该权利要求中的所有技术特征予以界定。如果所实施的技术包含了专利技术的所有技术特征,就意味着它再现了专利技术,从而落入了专利权的保护范围之内,构成了侵权。反之,如果所实施的技术并没有囊括专利技术的全部技术特征,就不会认定为侵权。理论上将这种原理归纳为"全面覆盖原则"。

在实践中,完全仿制他人产品的情形几乎没有,行为人为了避免支付费用,总是对发明人的专利作一些非必要的修改,但同样能实现发明的目的,这样就需要我们用另外一种原则——等同原则来判定。美国联邦巡回上诉法院也认为,当侵权人通过非实质性更改避开权利要求文字含义的方式"盗取发明的利益"时,等同原则用以阻止其发生。

等同原则是指被控侵权物的技术特征同专利的必要技术特征相比,从表面上看好像有一个或多个不相同的技术特征,但实质上这些不同的技术特征在被控侵权物中所起的作用是相同的,换言之,就是使侵权物产生了同专利技术一样的技术效果。对于此种情况,我们应当认为被控侵权物落入了专利技术的保护范围,仍然将其认定为专利侵权。

(2)全面覆盖原则在发明专利申请的临时保护中的运用

判断技术使用人的产品是否落入了发明专利申请的保护范围的具体步骤:首先,法官应当将发明申请人的技术方案的必要技术特征拆解为各个组成部分;然后,将技术使用人的产品的技术方案的全部技术特征找出来,列出数量及其名称,并排列顺序;最后,将技术使用人产品的技术特征与申请人发明的必要技术特征逐一进行比较。对于比较复杂的技术方案,法官可以邀请本领域的技术专家帮助其分析。如果技术使用人的产品的技术特征完全覆盖了申请人发明的必要技术特征,那么我们就可以认为技术使用人的产品落入了发明专利申请保护的范围。反之,则没有落入发明申请的保护范围。其中,必要技术特征是指发明或者实用新型为解决其技术问题所不可缺少的技术特征,其总和足以构成发明或实用新型的技术方案,使之区别于背景技术中所述的其他技术方案。全部必要技术特征组合在一起就构成了发明专利申请的独立权利要求,其保护范围最大,因此,法官在判断技术使用人的产品是否落入申请人的保护范围时一般以独立权利为准。

(3) 等同原则在发明专利申请临时保护中的运用

众所周知,新颖性和创造性的判断之间存在一种层次上的逻辑关系:仅仅具备新颖性还不足以表明应当授予其专利权,必须进一步判断其是否具备创造性;反之,如果不具备新颖性,则无须再判断创造性,当审查员评论创造性时,就表明他已经承认该权利要求具备了新颖性。全面覆盖原则与等同原则之间具有类似的逻辑关系:全面覆盖原则不成立并不意味着其产品没有落入保护范围,还必须进一步判断其是否能够运用等同原则;反之,当全面覆盖原则成立时,就无须运用等同原则进行判断了。换句话说,也就是只有在全面覆盖原则不成立时才能运用等同原则进行判断。多年来,我国专利法对等同原则一直没有一个明确的规定。2001年6月,最高人民法院通过了《关于审理专利纠纷案件适用法律问题的若干规定》,第一次对等同原则作出了明确的规定,从而才有了等同原则的适用依据及适用条件。从专利法(2008)第五十九条我们知道,申请人权利要求记载的范围是判断第三人的产品是否落入申请人要求保护的范围的法律依据。使用权利要求来界定专利发明已经成为现代专利法的一个特点,也是现在各国专利法通行的做法。但是,最初的专利制度并没有专利权利要求,使用专利权利要求界定专利的范围是经过不断的探索后而采用的。在欧洲,对专利进行保护的过程中,曾经采用了多种不同的方法来界定发明和确定专利权人排他权的范围。例如,通过禁止模仿发明人的装置对发明提供保护,或者用功能性用语描述发明,禁止他人从事具有相同功能或后果的行为等。

然而,如何撰写权利要求书不是一件容易的事。一方面,权利要求书具有很强的技术性和法律性,它涉及撰写人是否已经清楚了解其应受保护的范围,并能确切地表述受保护的范围。受现有技术水平所限,要写出一份完美的权利要求书很困难,专利权人有时会将一些非必要技术特征写入独立权利要求,因此增加了非必要的限定,缩小了保护范围。另一方面,随着专利制度的不断完善和科学技术的发展,技术使用人为了避免支付合理使用费,他们往往借用专利发明的核心内容,却故意对其中一部分作出一些"无关痛痒"的变动,使其技术方案看上去与发明人的权利要求的内容有所不同。在这种情况下,如果仅仅因为存在一些细小的改动,就认定技术使用人没有利用专利申请人的发明,那么就会给申请人的权益造成损害。世界各国对这一点早有共识,为此提出了许多理论,例如英国的"发明精髓"原则、德国的"总的发明构思"原则等,它们都是实现灵活解释的范例,其中,最为有名、影响最为广泛的是等同原则。

等同原则中的"等同",是指专利权利要求中记载的每一个技术特征与被控侵权行为客体中对应的技术特征之间的等同,而不是指权利人保护的技术方案与侵权人采用的技术方案之间的等同。因此,在发明专利申请临时保护期间,法官判断技术使用人的产品是否落入发明申请人要求的保护范围的步骤,应当同上述判定适用全面覆盖原则的步骤大致相同。不同的是,将申请人的权利要求中的技术特征与使用人的产品的技术特征进行一一对比,即使没有"全面覆盖",我们也应该作进一步判断,看看二者的区别技术特征是否满足《最高人民法院关于审理专利纠纷案件适用法律问题的若干规定》第十七条第二款的规定。

(三)发明申请人应给予技术使用人通知或警告

由于申请人并不能保证其被公布发明申请会让所有的人都知晓,也就是说,一定会有人不知道他被公布的专利申请。

因此,根据第三人在临时保护期间使用申请人的技术成果的主观态度可以分为善意使用和恶意使用。善意使用,是指第三人在申请人申请发明专利以前或者在申请人申请专利以后一直持续到专利授权以前,不知道其所使用的技术已经被申请人申请专利;反之,就是恶意使用。

当申请人的发明专利经过初步审查合格被公布后,如果这时第三人并不知道他正在使用的技术是申请人已经向国务院专利行政部门申请发明专利并已被公布的,他会一直持续使用这个技术,除非该技术已经不能为其营利。当申请人的专利技术被授予专利权利时,就会要求第三人承担专利侵权责任,并且支付临时保护期间的适当的费用。这种情况,对于善意的第三人来说是极不公平的。

因此,在临时保护期间,如果申请人发现有第三人正在使用其技术,应当向第三人发出通知或警告,告知他这个技术正在申请专利,并已经被公开。

(四)临时保护在专利申请授权后才能给予救济

根据 2010 年修订的《中华人民共和国专利法实施细则》第八十五条的规定,在临时保护期间发生纠纷的,当事人请求管理专利工作的部门调解的,应当在专利权被授予之后提出。

我们知道,发明专利申请要经过实质性审查,经过实质审查后可能不会全部被授予专利权,有的发明专利申请由于种种原因,最终将会被驳回申请或被视为撤回申请,总而言之,其专利此时未被授予权利。如果在临时保护期内就对上述纠纷予以处理的话,如果发明申请人的专利最终没有得到授权,那么管理专利工作的部门的调解或法院的裁判就会失去法律依据,也就会造成行政或司法资源的浪费。因而,这种在临时保护期内的费用纠纷应当在专利权获得后才能向法院及专利管理机关提出,而不能在临时保护期内提出。

必知法规

◎ 《中华人民共和国专利法》

第十一条 发明和实用新型专利权被授予后,除本法另有规定的以外,任何单位或者个人未经专利权人许可,都不得实施其专利,即不得为生产经营目的制造、使用、许诺销售、销售、进口其专利产品,或者使用其专利方法以及使用、许诺销售、销售、进口依照该专利方法直接获得的产品。

外观设计专利权被授予后,任何单位或者个人未经专利权人许可,都不得实施其专利,即不得为生产经营目的制造、许诺销售、销售、进口其外观设计专利产品。

第十二条　任何单位或者个人实施他人专利的,应当与专利权人订立实施许可合同,向专利权人支付专利使用费。被许可人无权允许合同规定以外的任何单位或者个人实施该专利。

第十三条　发明专利申请公布后,申请人可以要求实施其发明的单位或者个人支付适当的费用。

第二十四条　申请专利的发明创造在申请日以前六个月内,有下列情形之一的,不丧失新颖性:

(一)在中国政府主办或者承认的国际展览会上首次展出的;

(二)在规定的学术会议或者技术会议上首次发表的;

(三)他人未经申请人同意而泄露其内容的。

第二十九条　申请人自发明或者实用新型在外国第一次提出专利申请之日起十二个月内,或者自外观设计在外国第一次提出专利申请之日起六个月内,又在中国就相同主题提出专利申请的,依照该外国同中国签订的协议或者共同参加的国际条约,或者依照相互承认优先权的原则,可以享有优先权。

申请人自发明或者实用新型在中国第一次提出专利申请之日起十二个月内,又向国务院专利行政部门就相同主题提出专利申请的,可以享有优先权。

◎ 《中华人民共和国专利法实施细则》

第三十一条　申请人依照专利法第三十条的规定要求外国优先权的,申请人提交的在先申请文件副本应当经原受理机构证明。依照国务院专利行政部门与该受理机构签订的协议,国务院专利行政部门通过电子交换等途径获得在先申请文件副本的,视为申请人提交了经该受理机构证明的在先申请文件副本。要求本国优先权,申请人在请求书中写明在先申请的申请日和申请号的,视为提交了在先申请文件副本。

要求优先权,但请求书中漏写或者错写在先申请的申请日、申请号和原受理机构名称中的一项或者两项内容的,国务院专利行政部门应当通知申请人在指定期限内补正;期满未补正的,视为未要求优先权。

要求优先权的申请人的姓名或者名称与在先申请文件副本中记载的申请人姓名或者名称不一致的,应当提交优先权转让证明材料,未提交该证明材料的,视为未要求优先权。

外观设计专利申请的申请人要求外国优先权,其在先申请未包括对外观设计的简要说明,申请人按照本细则第二十八条规定提交的简要说明未超出在先申请文件的图片或者照片表示的范围的,不影响其享有优先权。

◎ 《最高人民法院关于审理专利纠纷案件适用法律问题的若干规定》

第十三条 人民法院对专利权进行财产保全,应当向国务院专利行政部门发出协助执行通知书,载明要求协助执行的事项,以及对专利权保全的期限,并附人民法院作出的裁定书。

对专利权保全的期限一次不得超过六个月,自国务院专利行政部门收到协助执行通知书之日起计算。如果仍然需要对该专利权继续采取保全措施的,人民法院应当在保全期限届满前向国务院专利行政部门另行送达继续保全的协助执行通知书。保全期限届满前未送达的,视为自动解除对该专利权的财产保全。

人民法院对出质的专利权可以采取财产保全措施,质权人的优先受偿权不受保全措施的影响;专利权人与被许可人已经签订的独占实施许可合同,不影响人民法院对该专利权进行财产保全。

人民法院对已经进行保全的专利权,不得重复进行保全。

第十七条 专利法第五十九条第一款所称的"发明或者实用新型专利权的保护范围以其权利要求的内容为准,说明书及附图可以用于解释权利要求的内容",是指专利权的保护范围应当以权利要求记载的全部技术特征所确定的范围为准,也包括与该技术特征相等同的特征所确定的范围。

等同特征,是指与所记载的技术特征以基本相同的手段,实现基本相同的功能,达到基本相同的效果,并且本领域普通技术人员在被诉侵权行为发生时无需经过创造性劳动就能够联想到的特征。

第二十三条 侵犯专利权的诉讼时效为二年,自专利权人或者利害关系人知道或者应当知道侵权行为之日起计算。权利人超过二年起诉的,如果侵权行为在起诉时仍在继续,在该项专利权有效期内,人民法院应当判决被告停止侵权行为,侵权损害赔偿数额应当自权利人向人民法院起诉之日起向前推算二年计算。

盗用知名企业简称，混淆视听属侵权

2014年6月26日，最高人民法院发布了指导案例29号《天津中国青年旅行社诉天津国青国际旅行社擅自使用他人企业名称纠纷案》，该案涉及经营者擅自将他人的企业名称的简称作为互联网竞价排名关键词，使公众产生混淆误认的不正当竞争行为。与一般不正当竞争纠纷相比，其新颖之处在于被告擅自使用他人企业名称的行为与互联网搜索引擎服务的结合，是利用互联网进行不正当竞争行为的典型代表。另外，该案对于那些被企业长期、广泛对外使用，具有一定市场知名度、为相关公众所知悉，已实际具有商号作用的企业名称简称，是否应该视同企业名称予以保护做了明确的回应。此指导案例对日益猖獗的网络不正当竞争行为的不法行为人具有警示作用，从而有利于维护市场竞争的公平有序。

案例介绍

一、"天津青旅"系简称，树大招风遭盗用

天津中国青年旅行社，简称"天津青旅"，于1986年11月1日成立，是从事国内及出入境旅游业务的国有企业，直属于共青团天津市委员会。经过长达20多年的苦心经营，天津青旅赢得了消费者青睐，获得了较好的社会声誉。正所谓"树大招风"，2010年底，天津青旅发现通过Google搜索引擎分别搜索"天津中国青年旅行社"或"天津青旅"，在搜索结果的第一名并标注赞助商链接的位置，分别显示"天津中国青年旅行社网上营业厅 www.lechuyou.com 天津国青网上在线营业厅，是您理想选择，出行提供优质、贴心、舒心的服务"或"天津青旅网上营业厅 www.lechuyou.com 天津国青网上在线营业厅，是您理想选择，出行提供优质、贴心、舒心的服务"的内容，点击链接后进入网页是标称天津国青国际旅行社乐出游网的网站，网页顶端出现"天津国青国际旅行社-青年旅行社青旅/天津国旅"等字样，网页内容为天津国青旅游业务信息及报价，标称网站版权所有：乐出游网-天津国青，并标明了天津国青的联系电话和经营地址。同时，天津青旅通过百度搜索引擎搜索"天津青旅"，在搜索结果的第一名并标注推广链接的位置，显示"欢迎光临天津青旅重合同守信誉单位，汇集国内出境经典旅游线路，100%出团，天津青旅 400-611-5253 022.ctsgz.cn"，点击链接后进入网页仍然是上述标称天津国青乐出游网的网站。

二、"张冠李戴"太猖狂,故意混淆谋私利

天津国青国际旅行社有限公司(以下简称"天津国青旅")于 2010 年 7 月 6 日成立,是从事国内旅游及入境旅游接待等业务的有限责任公司。作为从事旅游服务的经营者,未经天津青旅许可,通过在相关搜索引擎中设置与天津青旅企业名称有关的关键词并在网站源代码中使用等手段,使相关公众在搜索"天津中国青年旅行社"和"天津青旅"关键词时,直接显示天津国青旅的网站链接,从而进入天津国青旅的网站联系旅游业务,达到利用网络用户的初始混淆争夺潜在客户的效果。

三、"天津青旅"起诉维权,"天津国青旅"极力抗辩

天津青旅,针对天津国青旅的侵权行为向天津市第二中级人民法院起诉,称被告天津国青国际旅行社有限公司在其版权所有的网站页面、网站源代码以及搜索引擎中,非法使用原告企业名称全称及简称"天津青旅",违反了反不正当竞争法的规定,请求判令被告立即停止不正当竞争行为、公开赔礼道歉、赔偿经济损失 10 万元,并承担诉讼费用。被告天津国青国际旅行社有限公司辩称:"天津青旅"没有登记注册,并不由原告享有,原告主张的损失没有事实和法律依据,请求驳回原告诉讼请求。

四、企业简称是否需要保护,法院裁判定纷止争

共青团天津市委员会向天津市第二中级人民法院出具证明称,"天津青旅"是天津中国青年旅行社的企业简称。2007 年,《今晚报》等媒体在报道天津中国青年旅行社承办的活动中已开始以"天津青旅"的简称指代天津中国青年旅行社。天津青旅在报价单、旅游合同、与同行业经营者合作文件、发票等资料以及经营场所各门店招牌上等日常经营活动中,使用"天津青旅"作为企业的简称。天津市第二中级人民法院于 2011 年 10 月 24 日作出(2011)二中民三知初字第 135 号民事判决:一、被告天津国青国际旅行社有限公司立即停止侵害行为;二、被告于本判决生效之日起三十日内,在其公司网站上发布致歉声明持续 15 天;三、被告赔偿原告天津中国青年旅行社经济损失 30000 元;四、驳回原告其他诉讼请求。

争议与问题

擅自使用知名企业名称简称是否构成不正当竞争行为?被告使用"天津青旅"进行宣传的行为是否产生混淆?

案例分析

一、企业名称的简称

企业名称又叫厂商名称,是指企业在营业活动中使用的特有标志,是企业人格权、企业

商誉和企业正当竞争权的载体。它一般由企业的注册地或营业地、字号(或者商号)、行业或经营特征、组织形式等组成,其中字号是区别同类行业不同企业的关键要素。依照我国民法通则的规定,个体工商户、个人合伙企业和企业法人,都可以起字号,获得企业名称。我国《企业名称登记管理规定》第六条规定,企业只准使用一个名称,在登记主管机关辖区内不得与已登记注册的同行业企业名称相同或者近似;第二十七条规定,擅自使用他人已经登记注册的企业名称或者有其他侵犯他人企业名称专用权行为的,登记主管机关有权责令侵权人停止侵权行为,赔偿被侵权人因该侵权行为所遭受的损失,没收非法所得并处以5000元以上、5万元以下罚款。可见,我国法律明确规定了企业名称权,但对于企业名称的简称如何进行保护,没有作出明确规定。

二、擅自使用知名企业名称简称构成不正当竞争

《最高人民法院关于审理不正当竞争民事案件应用法律若干问题的解释》第六条规定:企业登记主管机关依法登记注册的企业名称,以及在中国境内进行商业使用的外国(地区)企业名称,应当认定为反不正当竞争法第五条第三项规定的"企业名称";具有一定的市场知名度、为相关公众所知悉的企业名称中的字号,可以认定为反不正当竞争法第五条第三项规定的"企业名称"。由此可见,该司法解释将企业名称扩展到公众知悉的字号。在本案中,"天津青旅"作为天津中国青年旅行社的简称,虽不是字号,但是经过20多年的使用和宣传,已与天津中国青年旅行社之间建立起稳定的关联关系,具有可以识别经营主体的商业标识作用,被消费者所熟知和认同,实质上等同于字号。因此,天津市第二中级人民法院对于企业长期、广泛对外使用,具有一定市场知名度、为相关公众所知悉,已实际具有商号作用的企业名称简称,认为应当视为企业名称予以保护。这不仅符合防止混淆,制止不正当竞争的现实需要,而且符合保护企业名称权的立法精神,也与有关司法解释保护公众知悉字号的规定协调一致。

三、被告使用"天津青旅"宣传的行为产生混淆

原告和被告均为提供旅游服务的企业,原告天津青旅成立于1986年,在其经营地域范围内享有较高的知名度和较好的商誉;被告天津国青旅成立于2010年,与原告无特定联系。被告作为从事旅游服务的经营者,未经原告许可,通过在相关搜索引擎中设置与天津青旅企业名称有关的关键词并在网站源代码中使用等手段,使相关公众在搜索"天津中国青年旅行社"或"天津青旅"关键词时,直接显示天津国青旅的网站链接,从而进入天津国青旅的网站联系旅游业务。虽然在被告推广链接指向的网站页面上,并未使用原告的企业名称或简称,但是搜索链接作为进入网站的重要指示标志及入口,对网站的产品、服务等内容起到重要的广告宣传、提示和推介作用。被告在网上擅自使用"天津中国青年旅行社网上营业厅"及"天津青旅网上营业厅",足以使相关公众产生混淆误认。

即使网络用户进入被告网站后发现并非是想要检索的原告网站,但被告也是旅游企业,会使网络用户产生既然进入就不妨浏览的想法,从而可能最终选择被告网站中介绍的旅游

服务，客观上达到利用网络用户的初始混淆争夺潜在客户的效果。因此，被告在网络上擅自使用他人的"天津中国青年旅行社"及"天津青旅"，引人误认为与知名旅游服务的经营者具有许可使用、关联企业关系等特定联系，损害了天津青旅的合法权益，其行为属于不正当竞争行为。天津国青旅作为与天津青旅同业的竞争者，在明知天津青旅企业名称及简称享有较高知名度的情况下仍擅自使用，有借他人之名谋取商业利益的意图，主观上明显具有恶意。

律师支招

一、竞价排名是搜索引擎的营利方式

搜索引擎是一种互联网检索定位服务，当网络用户在搜索框中输入关键词后，搜索引擎将包含该关键词的网页，按预设规则排列出来，得到搜索结果。网络用户检索关键词，会出现两类搜索结果。一类是普通搜索结果，其排列方式是按照相关性规则，根据搜索结果页面包含的关键词数量、相关性、页面点击量等因素排列，排名越靠前的网页，其与关键词的相关性越高。另一类是竞价排名的搜索结果，其排列方式与推广用户对关键词的出价高低直接相关。

所谓竞价排名，是搜索引擎服务商提供的一种按效果付费的网络推广方式。推广用户选择一定的关键词，为每个关键词设定单价。对于同一关键词，设定单价越高的推广用户，其搜索结果的排名越靠前。搜索引擎服务商根据因特网用户点击投放的推广链接次数进行计费。根据竞价排名的规则，推广用户的网站内容与关键词是否有关、关联性大小、页面点击量高低等因素，不影响竞价排名的搜索结果。搜索引擎服务商为达到商业推广的目的，往往将竞价排名搜索结果置于普通搜索结果之前或其他较明显的页面位置。这实际上是利用了网络用户对搜索结果自然排名的使用习惯——网络用户倾向于首先点击排名靠前的网页链接。因此，竞价排名是一种人工干预的商业推广模式，具有一定的广告推介性质。

二、不正当竞争中的混淆行为

混淆行为是指经营者在市场经营活动中，以种种不实手段对自己的商品或服务作虚假表示、说明或承诺，或不当利用他人的智力劳动成果推销自己的商品或服务，使用户或者消费者产生误解，扰乱市场秩序、损害同业竞争者的利益或者消费者利益的行为。根据本案案发时间，应当适用1993年发布的《中华人民共和国反不正当竞争法》，该法第五条规定了市场经营中常见的四种混淆行为：（一）假冒他人的注册商标；（二）擅自使用知名商品特有的名称、包装、装潢，或者使用与知名商品近似的名称、包装、装潢，造成和他人的知名商品相混淆，使购买者误认为是该知名商品；（三）擅自使用他人的企业名称或者姓名，引人误认为是他人的商品；（四）在商品上伪造或者冒用认证标志、名优标志等质量标志，伪造产地，对商品质量作引人误解的虚假表示。经营者实施混淆行为，应当停止侵害，给被侵害的经营者造成

损害的,应当承担损害赔偿责任,被侵害的经营者的损失难以计算的,赔偿额为侵害人在侵权期间因侵权行为所获得的利润;侵权所得利益,或者被侵权人因被侵权所受损失难以确定的,由人民法院根据侵权情节判决给予 50 万以下的赔偿;并应当承担被侵害的经营者因调查该经营者侵害其合法权益的不正当竞争行为所支付的合理费用。

三、网络服务提供者的民事责任

本案中,被告擅自使用他人的企业名称或者简称争夺潜在客户的不正当行为,是通过向搜索引擎网络服务提供者缴纳一定的费用实施的。网络服务提供者,要依法提供网络服务,认真履行事前提示和事后监督义务,在推广链接业务中认真审查网络用户的企业营业执照等相关文件材料,不能放任网络用户随意设置关键词,更不能把与网络用户无关的其他企业的名称、字号、商标等作为关键词,从而避免侵害他人的民事权益。因此,本案中网络服务提供者百度公司与谷歌公司在被告实施不正当竞争行为过程中,即百度公司与谷歌公司在推广链接中的行为可能构成帮助侵权。根据《中华人民共和国侵权责任法》第三十六条规定:"网络用户、网络服务提供者利用网络侵害他人民事权益的,应当承担侵权责任。网络用户利用网络服务实施侵权行为的,被侵权人有权通知网络服务提供者采取删除、屏蔽、断开链接等必要措施。网络服务提供者接到通知后未及时采取必要措施的,对损害的扩大部分与该网络用户承担连带责任。网络服务提供者知道网络用户利用其网络服务侵害他人民事权益,未采取必要措施的,与该网络用户承担连带责任。"因此,天津青旅除了依法追究天津国青国际旅行社的责任外,可以将未尽到审查义务的谷歌和百度等搜索引擎经营者作为共同被告,要求其共同承担天津青旅因此遭受的损失。

必懂知识点

1993 年发布的《中华人民共和国反不正当竞争法》对混淆行为的规定

(一)假冒他人的注册商标

注册商标权是知识产权的重要权利之一。《中华人民共和国商标法》对注册商标权的内容、行使方式、保护范围作了专门规定。《中华人民共和国反不正当竞争法》将假冒他人的注册商标作为不正当竞争行为予以禁止,其立法意图是编织更严密的法网,使这种行为受到来自商标法和反不正当竞争法两方面的规制和制裁。因此,在法律责任上,反不正当竞争法规定对此种行为依据商标法加以处罚。若不能适用商标法制裁,而行为人确实对他人注册商标造成损害的,可依据反不正当竞争法追究其法律责任。

(二)与知名商品相混淆

根据《中华人民共和国反不正当竞争法》第五条规定,擅自使用知名商品特有的名称、包装、装潢,或者使用与知名商品近似的名称、包装、装潢,造成和他人的知名商品相混淆,使购买者误认为是该知名商品的,构成不正当竞争行为。国家工商行政管理局于 1995 年 7 月 6 日发布的《关于禁止仿冒知名商品特有的名称、包装、装潢的不正当竞争行为的若干规定》,对保护知名商品作出了全面细致的规定。所谓"知名商品",是指在市场上具有一定知名度,为相关公众所知悉的商品。所谓"知名商品特有的名称",是指知名商品独有的与通用名称有显著区别的商品名称。

(三)擅自使用他人的企业名称或姓名,引人误认为是他人的商品

企业名称及自然人个人的姓名,是其拥有者最具特色的、最基本的识别性符号。企业名称权是受法律保护的人格权中重要的组成部分。在市场经营活动中,企业名称和生产经营者的姓名是区分商品生产者、经营者或服务提供者来源的重要标志,它能反映出该企业或该生产经营者的商品声誉及商业信誉。他人若要使用(无论出于什么目的)必须取得合法所有人的书面同意。擅自使用他人的企业名称或姓名不仅侵犯他人的合法在先权利,也是对消费者的欺骗,对市场竞争规则的破坏。因此,反不正当竞争法对此予以明文禁止。

(四)伪造、冒用各种质量标志和伪造产地的行为

根据有关法律和行政规章的规定,中国质量标志主要包括产品质量认证标志及名优标志。

产品质量认证标志,是指企业通过申请,经国际国内权威认证机构认可,颁发给企业的表示产品质量已达认证标准的一种标志。使用认证标志,可提高商品的竞争力,增强用户的信任度。未经认证而伪造、冒用认证标志不仅践踏国家商品质量认证制度、使其形同虚设,而且还可能使含有事故隐患的商品流入市场,危及用户和消费者的生命或财产安全。反不正当竞争法将此种行为作为严重违法行为予以禁止。

名优标志是一种荣誉性质量标志。国家给予产品的名优标志有金质奖章荣誉标志、银质奖章荣誉标志、"优"字标志三种。只有按照法定程序,经专门机构认定,方可获得并使用。伪造、冒用名优标志,有悖于诚实信用的商业道德,是十足的欺骗行为,因而为反不正当竞争法所禁止。

《中华人民共和国反不正当竞争法》在 2017 年修订时,在第六条中对混淆行为的情形进行了调整。

必知法规

◎ 《企业名称登记管理规定》

第六条 企业只准使用一个名称,在登记主管机关辖区内不得与已登记注册的同行业企业名称相同或者近似。

确有特殊需要的,经省级以上登记主管机关核准,企业可以在规定的范围内使用一个从属名称。

第二十七条 擅自使用他人已经登记注册的企业名称或者有其他侵犯他人企业名称专用权行为的,被侵权人可以向侵权人所在地登记主管机关要求处理。登记主管机关有权责令侵权人停止侵权行为,赔偿被侵权人因该侵权行为所遭受的损失,没收非法所得并处以五千元以上、五万元以下罚款。

对侵犯他人企业名称专用权的,被侵权人也可以直接向人民法院起诉。

◎ 《中华人民共和国反不正当竞争法》

第二条 经营者在生产经营活动中,应当遵循自愿、平等、公平、诚信的原则,遵守法律和商业道德。

本法所称的不正当竞争行为,是指经营者在生产经营活动中,违反本法规定,扰乱市场竞争秩序,损害其他经营者或者消费者的合法权益的行为。

本法所称的经营者,是指从事商品生产、经营或者提供服务(以下所称商品包括服务)的自然人、法人和非法人组织。

第六条 经营者不得实施下列混淆行为,引人误认为是他人商品或者与他人存在特定联系:

(一)擅自使用与他人有一定影响的商品名称、包装、装潢等相同或者近似的标识;

(二)擅自使用他人有一定影响的企业名称(包括简称、字号等)、社会组织名称(包括简称等)、姓名(包括笔名、艺名、译名等);

(三)擅自使用他人有一定影响的域名主体部分、网站名称、网页等;

(四)其他足以引人误认为是他人商品或者与他人存在特定联系的混淆行为。

第十八条 经营者违反本法第六条规定实施混淆行为的,由监督检查部门责令停止违法行为,没收违法商品。违法经营额五万元以上的,可以并处违法经营额五倍以下的罚款;没有违法经营额或者违法经营额不足五万元的,可以并处二十五万元以下的罚款。情节严重的,吊销营业执照。

经营者登记的企业名称违反本法第六条规定的,应当及时办理名称变更登记;名称变更前,由原企业登记机关以统一社会信用代码代替其名称。

◎ 《中华人民共和国侵权责任法》

第三十六条 网络用户、网络服务提供者利用网络侵害他人民事权益的,应当承担侵权责任。

网络用户利用网络服务实施侵权行为的,被侵权人有权通知网络服务提供者采取删除、屏蔽、断开链接等必要措施。网络服务提供者接到通知后未及时采取必要措施的,对损害的扩大部分与该网络用户承担连带责任。

网络服务提供者知道网络用户利用其网络服务侵害他人民事权益,未采取必要措施的,与该网络用户承担连带责任。

◎ 《最高人民法院关于审理不正当竞争民事案件应用法律若干问题的解释》

第四条 足以使相关公众对商品的来源产生误认,包括误认为与知名商品的经营者具有许可使用、关联企业关系等特定联系的,应当认定为反不正当竞争法第五条第(二)项规定的"造成和他人的知名商品相混淆,使购买者误认为是该知名商品"。

在相同商品上使用相同或者视觉上基本无差别的商品名称、包装、装潢,应当视为足以造成和他人知名商品相混淆。

认定与知名商品特有名称、包装、装潢相同或者近似,可以参照商标相同或者近似的判断原则和方法。

第六条 企业登记主管机关依法登记注册的企业名称,以及在中国境内进行商业使用的外国(地区)企业名称,应当认定为反不正当竞争法第五条第(三)项规定的"企业名称"。具有一定的市场知名度、为相关公众所知悉的企业名称中的字号,可以认定为反不正当竞争法第五条第(三)项规定的"企业名称"。

在商品经营中使用的自然人的姓名,应当认定为反不正当竞争法第五条第(三)项规定的"姓名"。具有一定的市场知名度、为相关公众所知悉的自然人的笔名、艺名等,可以认定为反不正当竞争法第五条第(三)项规定的"姓名"。

第七条 在中国境内进行商业使用,包括将知名商品特有的名称、包装、装潢或者企业名称、姓名用于商品、商品包装以及商品交易文书上,或者用于广告宣传、展览以及其他商业活动中,应当认定为反不正当竞争法第五条第(二)项、第(三)项规定的"使用"。

◎ 《最高人民法院关于审理利用信息网络侵害人身权益民事纠纷案件适用法律若干问题的规定》

第四条 原告起诉网络服务提供者,网络服务提供者以涉嫌侵权的信息系网络用户发布为由抗辩的,人民法院可以根据原告的请求及案件的具体情况,责令网络服务提供者向人民法院提供能够确定涉嫌侵权的网络用户的姓名(名称)、联系方式、网络地址等信息。

网络服务提供者无正当理由拒不提供的,人民法院可以依据民事诉讼法第一百一十四条的规定对网络服务提供者采取处罚等措施。

原告根据网络服务提供者提供的信息请求追加网络用户为被告的,人民法院应予准许。

第五条 依据侵权责任法第三十六条第二款的规定,被侵权人以书面形式或者网络服务提供者公示的方式向网络服务提供者发出的通知,包含下列内容的,人民法院应当认定有效:

(一)通知人的姓名(名称)和联系方式;

(二)要求采取必要措施的网络地址或者足以准确定位侵权内容的相关信息;

(三)通知人要求删除相关信息的理由。

被侵权人发送的通知未满足上述条件,网络服务提供者主张免除责任的,人民法院应予支持。

第六条 人民法院适用侵权责任法第三十六条第二款的规定,认定网络服务提供者采取的删除、屏蔽、断开链接等必要措施是否及时,应当根据网络服务的性质、有效通知的形式和准确程度,网络信息侵害权益的类型和程度等因素综合判断。

通用名称不侵权,公众知悉均可用

商品的通用名称是指在一定范围内约定俗成,被普遍使用的某一类商品的名称。商品或服务的通用名称可以是行业规范规定的称谓,也可以是社会公众约定俗成的简称。具有地域性特点的商品通用名称,在该领域内被普遍使用,可指代某一具体对象且为相关公众认同,可认定其具有了广泛性,商品的通用名称应与商标进行区分,根据《中华人民共和国商标法》第十一条第一款的规定"仅有本商品的通用名称"不得作为商标注册。《中华人民共和国商标法实施条例》(2002年发布,现已被修订)第四十九条规定:"注册商标中含有的本商品的通用名称、图形、型号,或者直接表示商品的质量、主要原料、功能、用途、重量、数量及其他特点,或者含有地名,注册商标专用权人无权禁止他人正当使用。"

案例介绍

2015年4月15日,最高人民法院发布了指导案例46号《山东鲁锦实业有限公司诉鄄城县鲁锦工艺品有限责任公司、济宁礼之邦家纺有限公司侵害商标权及不正当竞争纠纷案》。

一、"鲁锦"商标已注册,长期推广已知名

山东鲁锦实业有限公司(以下简称"鲁锦公司")的前身嘉祥县瑞锦民间工艺品厂于1999年12月21日取得注册号为第1345914号的"鲁锦"文字商标,有效期为1999年12月21日至2009年12月20日,核定使用商品为第25类服装、鞋、帽类。鲁锦公司又于2001年11月14日取得注册号为第1665032号的"Lj+LUJIN"的组合商标,有效期为2001年11月14日至2011年11月13日,核定使用商品为第24类的"纺织物、棉织品、内衣用织物、纱布、纺织品、毛巾布、无纺布、浴巾、床单、纺织品家具罩等"。嘉祥县瑞锦民间工艺品厂于2001年2月9日更名为嘉祥县鲁锦实业有限公司,后于2007年6月11日更名为山东鲁锦实业有限公司。

鲁锦公司在获得"鲁锦"注册商标专用权后,在多家媒体多次宣传其产品及注册商标,并于2006年3月被"中华老字号"工作委员会接纳为会员单位。鲁锦公司经过多年努力及长期大量的广告宣传和市场推广,其"鲁锦"牌系列产品,特别是"鲁锦"牌服装在国内享有一定的知名度。2006年11月16日,"鲁锦"注册商标被审定为山东省著名商标。

二、同名产品市场现,注册商标被冒用

2007年3月,鲁锦公司从礼之邦鲁锦专卖店购买到由鄄城县鲁锦工艺品有限责任公司(以下简称"鄄城鲁锦公司")生产的同鲁锦公司注册商标所核定使用的商品相同或类似的商品,该商品上的标签(吊牌)、包装盒、包装袋及店堂门面上均带有"鲁锦"字样。在该店门面上"鲁锦"已被突出放大使用,其出具的发票上加盖的印章为济宁礼之邦家纺有限公司(以下简称"礼之邦公司")公章。

鄄城鲁锦公司于2003年3月3日成立,在产品上使用的商标是"精一坊文字+图形"组合商标,该商标已申请注册,但尚未核准。2007年9月,鄄城鲁锦公司申请撤销鲁锦公司已注册的第1345914号"鲁锦"商标,国家工商总局商标评审委员会已受理但未作出裁定。

一审法院根据鲁锦公司的申请,依法对鄄城鲁锦公司、礼之邦公司进行了证据保全,发现二被告处存有大量同"鲁锦"注册商标核准使用的商品同类或者类似的商品,该商品上的标签(吊牌)、包装盒、包装袋、商品标价签以及被告店堂门面上均带有原告注册商标"鲁锦"字样。被控侵权商品的标签(吊牌)、包装盒、包装袋上已将"鲁锦"文字放大,作为商品的名称或者商品装潢醒目突出使用,且包装袋上未标识生产商及其地址。

三、诉讼请求

鲁锦公司诉称:鄄城鲁锦公司、礼之邦公司大量生产、销售标有"鲁锦"字样的鲁锦产品,侵犯其"鲁锦"注册商标专用权。鄄城鲁锦公司企业名称中含有原告的"鲁锦"注册商标字样,误导消费者,构成不正当竞争。"鲁锦"不是通用名称。请求判令二被告承担侵犯商标专用权和不正当竞争的法律责任。

鄄城鲁锦公司辩称:原告鲁锦公司注册成立前及鲁锦商标注册完成前,"鲁锦"已成为通用名称。按照有关规定,其属于"正当使用",不构成商标侵权,也不构成不正当竞争。

礼之邦公司一审未作答辩,二审上诉称:"鲁锦"是鲁西南一带民间纯棉手工纺织品的通用名称,不知道"鲁锦"是鲁锦公司的注册商标,接到诉状后已停止相关使用行为,故不应承担赔偿责任。

四、裁判结果

山东省济宁市中级人民法院于2008年8月25日作出(2007)济民五初字第6号民事判决:一、鄄城鲁锦公司于判决生效之日立即停止在其生产、销售的第25类服装类系列商品上使用"鲁锦"作为其商品名称或者商品装潢,并于判决生效之日起30日内,消除其现存被控侵权产品上标明的"鲁锦"字样;礼之邦公司立即停止销售鄄城鲁锦公司生产的被控侵权商品。二、鄄城鲁锦公司于判决生效之日起15日内赔偿鲁锦公司经济损失25万元;礼之邦公司赔偿鲁锦公司经济损失1万元。三、鄄城鲁锦公司于判决生效之日起30日内变更企业名称,变更后的企业名称中不得包含"鲁锦"文字;礼之邦公司于判决生效之日立即消除店堂门面上的"鲁锦"字样。宣判后,鄄城鲁锦公司与礼之邦公司提出上诉。山东省高级人民法院

于 2009 年 8 月 5 日作出(2009)鲁民三终字第 34 号民事判决:撤销山东省济宁市中级人民法院(2007)济民五初字第 6 号民事判决;驳回鲁锦公司的诉讼请求。

五、案件文化背景

鲁西南民间织锦是一种山东民间纯棉手工纺织品,因其纹彩绚丽、灿烂似锦而得名,在鲁西南地区已有上千年的历史,是历史悠久的齐鲁文化的一部分。从 20 世纪 80 年代中期开始,鲁西南织锦开始被开发利用。1986 年 1 月 8 日,在济南举行了"鲁西南织锦与现代生活展览汇报会"。1986 年 8 月 20 日,在北京民族文化宫举办了"鲁锦与现代生活展"。1986 年前后,《人民日报》《经济参考》《农民日报》等报刊发表了"鲁锦"的专题报道,中央电视台、山东电视台也拍摄了多部"鲁锦"的专题片。自此,"鲁锦"作为山东民间手工棉纺织品的通称被广泛使用。此后,有关鲁锦的研究、开发和生产逐渐普及并不断发展。1987 年 11 月 15 日,为促进鲁锦文化与现代生活的进一步结合,加拿大国际发展署(CIDA)与中华全国妇女联合会共同在鄄城县杨屯村举办了双边合作项目——鄄城杨屯妇女鲁锦纺织联社培训班。

山东省济宁、菏泽等地的地方史志资料在谈及历史、地方特产或传统工艺时,对"鲁锦"也多有记载,均认为"鲁锦"是流行在鲁西南地区广大农村的一种以棉纱为主要原料的传统纺织产品,是山东的主要民间美术品种之一。相关工具书及出版物也对"鲁锦"多有介绍,均认为"鲁锦"是山东民间手工织花棉布,以棉花为主要原料,手工织线、染色、织造,俗称"土布"或"手织布",因此布色彩斑斓,似锦似绣,故称为"鲁锦"。

1995 年 12 月 25 日,山东省文物局作出《关于建设"中国鲁锦博物馆"的批复》,同意菏泽地区文化局在鄄城县成立"中国鲁锦博物馆"。2006 年 12 月 23 日,山东省人民政府公布第一批省级非物质文化遗产,其中山东省文化厅、鄄城县、嘉祥县申报的"鲁锦民间手工技艺"被评定为非物质文化遗产。2008 年 6 月 7 日,国务院国发〔2008〕19 号文件确定由山东省鄄城县、嘉祥县申报的"鲁锦织造技艺"被列入第二批国家级非物质文化遗产名录。

争议与问题

"鲁锦"是否属于商品通用名称?被告的行为是否侵犯原告的商标专用权?

案例分析

一、"鲁锦"是具有地域性特点的商品通用名称

在 1999 年鲁锦公司将"鲁锦"注册为商标之前,"鲁锦"已是山东民间手工棉纺织品的通用名称,"鲁锦织造技艺"为非物质文化遗产,所以,"鲁锦"是具有地域性特点的棉纺织品的通用名称。商品通用名称是指行业规范或社会公众约定俗成的对某一商品的通常称谓。该通用名称可以是行业规范规定的称谓,也可以是公众约定俗成的简称。"鲁锦"指鲁西南民

间纯棉手工织锦,其纹彩绚丽灿烂似锦,在鲁西南地区已有上千年的历史。"鲁锦"作为具有山东地方特色的手工纺织品的通用名称,为国家主流媒体、各类专业报纸以及山东省新闻媒体所公认,山东省、济宁市、菏泽市、嘉祥县、鄄城县的省市县三级史志资料均将"鲁锦"记载为传统鲁西南民间织锦的"新名",有关工艺美术和艺术的工具书中也确认"鲁锦"就是产自山东的一种民间纯棉手工纺织品。"鲁锦"织造工艺历史悠久,在提到"鲁锦"时,人们想到的就是传统悠久的山东民间手工棉纺织品及其织造工艺。"鲁锦织造技艺"已被确定为国家级非物质文化遗产。"鲁锦"代表的纯棉手工纺织生产工艺并非由某一自然人或企业法人发明而成,而是由山东地区,特别是鲁西南地区人民群众长期劳动实践而形成。"鲁锦"代表的纯棉手工纺织品的生产原料亦非某一自然人或企业法人特定种植,而是山东不特定地区广泛种植的棉花。自20世纪80年代中期后,经过媒体的大量宣传,"鲁锦"已成为以棉花为主要原料、手工织线、染色、织造的山东地区民间手工纺织品的通称,且已在山东地区纺织行业领域内通用,并被相关社会公众所接受。对于具有地域性特点的商品,其广泛性的判断应以其特定产区及相关公众为标准,而不应以全国为标准。综上,可以认定"鲁锦"是山东地区,特别是鲁西南地区民间纯棉手工纺织品的通用名称。

二、商标中含有通用名称,他人仍可正当使用

注册商标中含有的本商品的通用名称,注册商标专用权人无权禁止他人正当使用。《中华人民共和国商标法实施条例》(2002)第四十九条规定:"注册商标中含有的本商品的通用名称、图形、型号,或者直接表示商品的质量、主要原料、功能、用途、重量、数量及其他特点,或者含有地名,注册商标专用权人无权禁止他人正当使用。"商标的作用主要为识别性,即消费者能够依不同的商标而区别相应的商品及服务的提供者。保护商标权的目的,就是防止对商品及服务的来源产生混淆。由于鲁锦公司"鲁锦"文字商标和"Lj+LUJIN"组合商标,与作为山东民间手工棉纺织品通用名称的"鲁锦"一致,其应具备的显著性区别特征因此趋于弱化。"鲁锦"虽不是鲁锦服装的通用名称,但却是山东民间手工棉纺织品的通用名称,"鲁锦"商标使用在鲁锦面料制成的服装上,其商标具有的显著性区别特征降低。

商标注册人对商标中通用名称部分不享有专用权,不影响他人将"鲁锦"作为通用名称正当使用。鲁西南地区有不少以鲁锦为面料生产床上用品、工艺品、服饰的厂家,这些厂家均可以正当使用"鲁锦"名称,在其产品上叙述性标明其面料采用鲁锦。

本案中,鄄城鲁锦公司在其生产的涉案产品的包装盒、包装袋上使用"鲁锦"两字,虽然在商品上使用了鲁锦公司商标中含有的商品通用名称,但仅是为了表明其产品采用鲁锦面料,其生产技艺具备鲁锦特点,并不具有侵犯鲁锦公司"鲁锦"注册商标专用权的主观恶意,也并非作为商业标识使用,属于正当使用,故不应认定为侵犯"鲁锦"注册商标专用权的行为。基于同样的理由,鄄城鲁锦公司在其企业名称中使用"鲁锦"字样,也系正当使用,不构成不正当竞争。礼之邦公司作为鲁锦制品的专卖店,同样有权使用"鲁锦"字样,亦不构成对"鲁锦"注册商标专用权的侵犯。

律师支招

一、通用名称的认定

商品的通用名称是指在一定范围内被普遍使用的某一商品种类的名称,可以是行业规范的规定或社会公众约定俗成的简称。由于通用名称缺乏先天显著性,其本身不具有识别特定商品来源和商品提供者的功能。

最高人民法院 2010 年发布的《关于审理商标授权确权行政案件若干问题的意见》(以下简称《意见》)第七条规定,人民法院在判断诉争商标是否为通用名称时,应当审查其是否属于法定的或者约定俗成的商品名称。按照该条规定,通用名称包括法定的或者约定俗成的两种情况。法定的通用名称是指法律规定或者国家标准、行业标准等规范性文件确定的通用名称。约定俗成的通用名称是指相关公众普遍认可和使用的通用名称。最高人民法院 2017 年发布的《关于审理商标授权确权行政案件若干问题的规定》第十条也对此进行了规定。

《意见》还规定,约定俗成的通用名称一般以全国范围内相关公众的通常认识为判断标准。对于由于历史传统、风土人情、地理环境等原因形成的相关市场较为固定的商品,在该相关市场内通用的称谓,可以认定为通用名称。对于该条款的理解为通用名称的知晓度以大多数公众所熟知。但由于我国幅员辽阔,各地风土人情等存在许多差异,相同物品在不同的地区往往有不同的名称或叫法。因此,对于具有地域性特点的商品通用名称,判断其广泛性应以特定产区及相关人群为标准,而不应以全国为标准。

因此,地域性的大小不应作为认定通用名称的绝对标准,将那些由于特定地域、传统工艺、历史传承等自然、人文因素形成的,只在一定地域范围内为相关公众所认可的商品的名称认定为通用名称,是合法的,也是合理并符合市场竞争规律的。

二、商品通用名称的正当使用

商标具有识别作用,使消费者能够依不同的商标而对应到相应的商品及服务的提供者,商标法赋予权利人商标使用的权利,且赋予排除他人妨害其商标权使用的权利。如果允许将含有通用名称的标识注册为商标,或者在取得商标注册后禁止他人的正当性使用,显然是将一种公共资源演变为一种垄断性资源,这对于其他经营者是不公平的,对于正常的市场竞争也是有害的。因此,商标法明确规定,标志中仅有本商品的通用名称,不得作为商标注册。已经注册的,其他单位或者个人可以向商标局申请撤销该注册商标。

《中华人民共和国商标法》第五十九条规定,注册商标中含有的本商品的通用名称、图形、型号,或者直接表示商品的质量、主要原料、功能、用途、重量、数量及其他特点,或者含有的地名,注册商标专用权人无权禁止他人正当使用。

必懂知识点

注册商标成为其核定使用商品/服务的通用名称的,任何人可以向商标局申请撤销该注册商标。

一、步骤

1.委托商标代理机构办理的,申请人可以自愿选择任何一家在商标局备案的商标代理机构办理。所有在商标局备案的商标代理机构都公布在"代理机构"一栏中。

2.申请人直接到商标注册大厅办理的,申请人可以按照以下步骤办理:

准备申请书件→在商标注册大厅受理窗口提交申请书件→在打码窗口打码→在交费窗口缴纳申请费→查收商标局寄发的书件。

二、申请书件的准备

(一)应提交的书件

申请人办理撤销成为商品/服务通用名称的注册商标申请,应提交以下书件:

1.撤销成为商品/服务通用名称注册商标申请书(应注明撤销理由)。

2.直接到商标注册大厅办理的,提交申请人经盖章或者签字确认的身份证明文件(营业执照副本、身份证等)复印件。委托商标代理机构办理的,提交申请人的主体资格证明文件(营业执照副本、身份证等)的复印件。

3.直接到商标注册大厅办理的,提交经办人的身份证原件和复印件(原件经比对后退还);委托商标代理机构办理的,提交商标代理委托书。

(二)具体要求

1.申请人应当按照要求如实填写申请书件,不得擅自修改格式。申请书应当打字或印刷。

2.申请人名称、"申请人章戳(签字)"处加盖的章戳(签字)应当与其身份证明文件中的名称一致。申请人为自然人的,应当在姓名后面填写身份证明文件号码。

3.申请人地址应冠以省、市、县等行政区划名称。申请人应当按照身份证明文件中的地址填写,身份证明文件中的地址未冠有省、市、县等行政区划的,申请人应当增加相应行政区划名称。申请人为自然人的,可以填写通信地址。

4.委托商标代理机构申请的,应当填写代理机构名称并在"代理机构章戳/代理人签字"处由代理人签字并加盖代理机构章戳。

5.申请撤销共有商标的,"商标注册人"处应当填写该共有商标的代表人名称。

6.申请撤销部分商品/服务项目,应在"撤销商品/服务项目"处填写申请撤销的部分商品/服务项目,且应与核定使用的同一种商品/服务项目名称相同(可再加附页);申请撤销全部商品/服务项目,此处应填写"全部"字样。

7.撤销申请应当有明确的事实依据(可再加附页),并同时附送证据材料。撤销申请书和证据材料应提交一式两份,编排目录及页码并装订成正副本。

8.申请人为法人或其他组织的,应当在"申请人章戳(签字)"处盖章。申请人为自然人的,应当在此处签字。所盖章戳或签字应当完整清晰。

必知法规

◎ 《中华人民共和国商标法》

第十一条 下列标志不得作为商标注册:
(一)仅有本商品的通用名称、图形、型号的;
(二)仅直接表示商品的质量、主要原料、功能、用途、重量、数量及其他特点的;
(三)其他缺乏显著特征的。
前款所列标志经过使用取得显著特征,并便于识别的,可以作为商标注册。

第四十九条 商标注册人在使用注册商标的过程中,自行改变注册商标、注册人名义、地址或者其他注册事项的,由地方工商行政管理部门责令限期改正;期满不改正的,由商标局撤销其注册商标。

注册商标成为其核定使用的商品的通用名称或者没有正当理由连续三年不使用的,任何单位或者个人可以向商标局申请撤销该注册商标。商标局应当自收到申请之日起九个月内做出决定。有特殊情况需要延长的,经国务院工商行政管理部门批准,可以延长三个月。

第五十七条 有下列行为之一的,均属侵犯注册商标专用权:
(一)未经商标注册人的许可,在同一种商品上使用与其注册商标相同的商标的;
(二)未经商标注册人的许可,在同一种商品上使用与其注册商标近似的商标,或者在类似商品上使用与其注册商标相同或者近似的商标,容易导致混淆的;
(三)销售侵犯注册商标专用权的商品的;
(四)伪造、擅自制造他人注册商标标识或者销售伪造、擅自制造的注册商标标识的;
(五)未经商标注册人同意,更换其注册商标并将该更换商标的商品又投入市场的;
(六)故意为侵犯他人商标专用权行为提供便利条件,帮助他人实施侵犯商标专用权行为的;
(七)给他人的注册商标专用权造成其他损害的。

第五十八条 将他人注册商标、未注册的驰名商标作为企业名称中的字号使用,误导公众,构成不正当竞争行为的,依照《中华人民共和国反不正当竞争法》处理。

第五十九条 注册商标中含有的本商品的通用名称、图形、型号,或者直接表示商品的质量、主要原料、功能、用途、重量、数量及其他特点,或者含有的地名,注册商标专用权人无权禁止他人正当使用。

三维标志注册商标中含有的商品自身的性质产生的形状、为获得技术效果而需有的商品形状或者使商品具有实质性价值的形状,注册商标专用权人无权禁止他人正当使用。

商标注册人申请商标注册前,他人已经在同一种商品或者类似商品上先于商标注册人使用与注册商标相同或者近似并有一定影响的商标的,注册商标专用权人无权禁止该使用人在原使用范围内继续使用该商标,但可以要求其附加适当区别标识。

◎ 《中华人民共和国商标法实施条例》

第六十五条 有商标法第四十九条规定的注册商标成为其核定使用的商品通用名称情形的,任何单位或者个人可以向商标局申请撤销该注册商标,提交申请时应当附送证据材料。商标局受理后应当通知商标注册人,限其自收到通知之日起2个月内答辩;期满未答辩的,不影响商标局作出决定。

第七十六条 在同一种商品或者类似商品上将与他人注册商标相同或者近似的标志作为商品名称或者商品装潢使用,误导公众的,属于商标法第五十七条第二项规定的侵犯注册商标专用权的行为。

民间艺术绚丽多彩，权利维护不差分毫

随着经济发展，民间艺术作为一种艺术和文化的传承显得越发重要，它亦是东方大国的显著标志。因此，维护民间艺术的健康持续繁荣发展至关重要。因为民间艺术创作者大多受知识水平和社会阅历的限制而维权意识差、民间艺术创作者维权限制多等问题严重阻碍了民间艺术的发展。2017年3月6日，最高人民法院发布了指导案例80号《洪福远、邓春香诉贵州五福坊食品有限公司、贵州今彩民族文化研发有限公司著作权侵权纠纷案》。目前，我国已加强知识产权等方面的政策完善，但法治道路仍然任重道远。

案例介绍

一、民间艺术再创作，著作权属须明确

洪福远从事蜡染艺术设计、创作多年，先后被文化部授予"中国十大民间艺术家""非物质文化遗产保护工作先进个人"等荣誉称号。2009年8月其创作完成的《和谐共生十二》作品发表在贵州人民出版社出版的《福远蜡染艺术》一书中，该作品借鉴了传统蜡染艺术的自然纹样和几何纹样的特征，色彩以靛蓝为主，描绘了一幅花、鸟共生的和谐图景。但该作品对鸟的外形进行了补充，对鸟的眼睛、嘴巴的线条进行了丰富，使得鸟图形更加传神，对鸟的脖子、羽毛融入了作者个人的独创，使得鸟图形更为生动，对中间的铜鼓纹花也融合了作者自己的构思而有别于传统的蜡染艺术图案。根据著作权法的相关规定，洪福远对作品享有著作权。2010年8月1日，原告洪福远与原告邓春香签订《作品使用权转让合同》，合同约定洪福远将涉案作品的使用权（蜡染上使用除外）转让给邓春香，由邓春香维护受让权利范围内的著作财产权。

二、民间艺术莫轻视，随意引用后果重

贵州五福坊食品有限公司（以下简称"五福坊公司"）委托第三人贵州今彩民族文化研发有限公司（以下简称"今彩公司"）进行产品的品牌市场形象策划设计服务，包括进行产品包装及配套设计、产品手册以及促销宣传品的设计等。今彩公司为五福坊公司进行广告设计、策划，2006年12月创作完成了"四季如意"的手绘原稿，直到2011年10月五福坊公司开发

针对旅游市场的礼品,才重新截取该图案的一部分使用,图中的鸟纹、如意纹、铜鼓纹均源于贵州黄平革家蜡染的"原形"。五福公司认为原告作品中的鸟纹图案也源于贵州传统蜡染,原告方主张的作品不具有独创性,本案不存在侵权的事实基础。根据第三人今彩公司的设计服务,五福坊公司在其生产销售的产品贵州辣子鸡、贵州小米渣、贵州猪肉干的外包装礼盒的左上角、右下角使用了蜡染花鸟图案和如意图案边框。洪福远认为五福坊公司使用了其创作的《和谐共生十二》作品,一方面侵犯了洪福远的署名权,割裂了作者与作品的联系,另一方面侵犯了邓春香的著作财产权。于是,洪福远和邓春香请求法院判令:被告就侵犯著作财产权赔偿邓春香经济损失20万元;被告停止使用涉案图案,销毁涉案包装盒及产品册页;被告就侵犯洪福远著作人身权刊登声明赔礼道歉。

三、法院最终来查明,侵权最终食恶果

五福坊公司辩称:第一,原告起诉其拥有著作权的作品与今彩公司为五福坊公司设计的产品外包装上的部分图案,均借鉴了贵州黄平革家传统蜡染图案,被告使用今彩公司设计的产品外包装不构成侵权;第二,五福坊公司的产品外包装是委托本案第三人今彩公司设计的,五福坊公司在使用产品外包装时已尽到合理注意义务;第三,本案所涉作品在产品包装中位于右下角,整个作品面积只占产品外包装面积的二十分之一左右,对于产品销售的促进作用影响较小,原告起诉的赔偿数额20万元显然过高。原告的诉求没有事实和法律依据,故请求驳回原告的诉讼请求。

法院经比对查明,五福坊公司生产销售的三种产品外包装礼盒和产品手册上使用的蜡染花鸟图案与洪福远创作的《和谐共生十二》作品,在鸟与花图形的结构造型、线条的取舍与排列上一致,只是图案的底色和线条的颜色存在差别。

贵州省贵阳市中级人民法院于2015年9月18日作出(2015)筑知民初字第17号民事判决:一、被告贵州五福坊食品有限公司于本判决生效之日起10日内赔偿原告邓春香经济损失10万元;二、被告贵州五福坊食品有限公司在本判决生效后,立即停止使用涉案《和谐共生十二》作品;三、被告贵州五福坊食品有限公司于本判决生效之日起5日内销毁涉案产品贵州辣子鸡、贵州小米渣、贵州猪肉干的包装盒及产品宣传册页;四、驳回原告洪福远和邓春香的其余诉讼请求。一审宣判后,各方当事人均未上诉,判决已发生法律效力。

争议与问题

本案所涉《和谐共生十二》作品是否受著作权法保护?案涉产品的包装图案是否侵犯原告的著作权?如何确定本案的责任主体?本案的侵权责任方式如何判定?本案的赔偿数额如何确定?

案例分析

一、本案所涉的《和谐共生十二》作品是否受著作权法保护

本案所涉的原告洪福远的《和谐共生十二》画作中两只鸟尾部重合,中间采用铜鼓纹花连接而展示对称的美感,而这些正是传统蜡染艺术的自然纹样和几何纹样的主题特征,根据本案现有证据,可以认定涉案作品显然借鉴了传统蜡染艺术的表达方式,创作灵感直接来源于黄平革家蜡染背扇图案。但《和谐共生十二》对鸟的外形进行了补充,丰富了鸟的眼睛、嘴巴线条,对鸟的脖子、羽毛融入了作者个人的独创,使得鸟图形更为传神生动,对中间的铜鼓纹花也融合了作者的构思而有别于传统的蜡染艺术图案。根据著作权法实施条例第二条"著作权法所称作品,是指文学、艺术和科学领域内具有独创性并能以某种有形形式复制的智力成果"的规定,本案所涉原告洪福远创作的《和谐共生十二》画作属于传统蜡染艺术作品的衍生作品,是对传统蜡染艺术作品的传承与创新,符合著作权法保护的作品特征,在洪福远具有独创性的范围内受著作权法的保护。

二、案涉产品的包装图案是否侵犯原告的著作权

根据著作权法实施条例第四条"美术作品,是指绘画、书法、雕塑等以线条、色彩或者其他方式构成的有审美意义的平面或者立体的造型艺术作品"的规定,绘画作品主要是以线条、色彩等方式构成的有审美意义的平面造型艺术作品。经过庭审比对,本案所涉产品贵州辣子鸡等包装礼盒和产品手册中使用的花鸟图案与涉案的《和谐共生十二》画作,在鸟与花图形的结构造型、线条的取舍与排列上一致,只是图案的底色和线条的颜色存在差别,就比对的效果来看图案的底色和线条的颜色差别已然成为侵权的掩饰手段而已,并非独创性的智力劳动;第三人今彩公司主张其设计、使用在五福坊公司产品包装礼盒和产品手册中的作品创作于2006年,但其没有提交任何证据加以佐证,而洪福远的涉案作品于2009年发表在《福远蜡染艺术》一书中,且书中画作直接注明了作品创作日期为2003年,由此可以认定洪福远的涉案作品创作并发表在先。在五福坊公司生产、销售涉案产品之前,洪福远即发表了涉案《和谐共生十二》作品,五福坊公司是有机会接触到原告作品的。据此,可以认定第三人今彩公司有抄袭洪福远涉案作品的故意,五福坊公司在生产、销售涉案产品包装礼盒和产品手册中部分使用原告的作品,侵犯了原告对涉案绘画美术作品的复制权。

三、如何确定本案的责任主体

庭前准备过程中,法院向洪福远释明是否追加今彩公司为被告参加诉讼,是否需要变更诉讼请求,原告以书面形式表示不同意追加今彩公司为被告,并认为五福坊公司与今彩公司属于另一法律关系,不宜与本案合并审理。事实上,五福坊公司与今彩公司签订了合同书,合同约定被告生产的所有产品的外包装、广告文案、宣传品等皆由今彩公司设计,合同也约定如今彩公司提交的设计内容有侵权行为,造成的后果由今彩公司全部承担。但五福坊公

司作为产品包装的委托方,并未举证证明其已尽到了合理的注意义务,且也是侵权作品的最终使用者和实际受益者,根据著作权法第四十八条"有下列侵权行为的,应当根据情况,承担停止侵害、消除影响、赔礼道歉、赔偿损失等民事责任……(一)未经著作权人许可,复制、发行、表演、放映、广播、汇编、通过信息网络向公众传播其作品的,本法另有规定的除外"、《最高人民法院关于审理著作权民事纠纷案件适用法律若干问题的解释》(以下简称《著作权纠纷案件解释》)第十九条和第二十条第二款的规定,五福坊公司依法应承担本案侵权的民事责任。五福坊公司与第三人今彩公司之间属另一法律关系,不属于本案的审理范围,当事人可另行主张解决。

四、本案的侵权责任方式如何判定

根据著作权法第四十七条、第四十八条规定,侵犯著作权或与著作权有关的权利的,应当根据案件的实际情况,承担停止侵害、消除影响、赔礼道歉、赔偿损失等民事责任。本案中,可以从三个方面进行判定:第一,原告方的部分著作人身权和财产权受到侵害,客观上产生相应的经济损失,对于原告方的第一项赔偿损失的请求,依法应当获得相应的支持;第二,无论侵权人有无过错,为防止损失的扩大,责令侵权人立即停止正在实施的侵犯他人著作权的行为,以保护权利人的合法权益,也是法律实施的目的,对于原告方第二项要求被告停止使用涉案图案,销毁涉案包装盒及产品册页的诉请,依法应予支持;第三,五福坊公司事实上并无主观故意,也没有重大过失,只是基于法律的规定对没有尽到合理的审查义务而承担侵权责任,洪福远也未举证证明被告侵权行为造成其声誉的损害,故对于洪福远要求五福坊公司在《贵州都市报》综合版面刊登声明赔礼道歉的第三项诉请,不予支持。

五、本案的赔偿数额如何确定

本案中,原告方并未主张为制止侵权行为所支出的合理费用,也没有举证证明为制止侵权行为所支出的任何费用。庭审中,原告方没有提交任何证据以证明其实际损失的多少,也没有提交任何证据以证明五福坊公司因侵权行为的违法所得。事实上,原告方的实际损失本身难以确定,被告方因侵权行为的违法所得也难以查清。根据《著作权纠纷案件解释》第二十五条第一款、第二款"权利人的实际损失或者侵权人的违法所得无法确定的,人民法院根据当事人的请求或者依职权适用著作权法第四十八条第二款(现为第四十九条第二款)的规定确定赔偿数额。人民法院在确定赔偿数额时,应当考虑作品类型、合理使用费、侵权行为性质、后果等情节综合确定"的规定,结合本案的客观实际,对侵犯著作权赔偿数额的影响主要考量以下五个方面:第一,洪福远的涉案《和谐共生十二》作品属于贵州传统蜡染艺术作品的衍生作品,著作权作品的创作是在传统蜡染艺术作品基础上的传承与创新,涉案作品中鸟图形的轮廓与对称的美感来源于传统艺术作品,作者构思的创新有一定的限度和相对局限的空间。第二,贵州蜡染有一定的区域特征和地理标志意义,以花、鸟、虫、鱼等为创作缘起的蜡染艺术作品在某种意义上属于贵州元素或贵州符号,五福坊公司作为贵州的本土企业,其使用贵州蜡染艺术作品符合民间文学艺术作品作为非物质文化遗产固有的民族性、区域性的基本特征要求。第三,根据洪福远与邓春香签订的《作品使用权转让合同》,洪福远已经将其创作的涉案《和谐共生十二》作品的使用权(蜡染上使用除外)转让给邓春香,即涉案作品的大部分著作财产权转让给了传统民间艺术传承区域外的邓春香,由邓春香维护涉案作品著作财产权。基于本案著作人身权与财产权的权利主体在传统民间艺术传承区域范围内和范围外客观分离的状况,传承区域范围内的企业侵权行为产生的后果与影响并不显著。第四,洪福远几十年来执着于民族蜡染艺术的探索与追求,在创作中将传统的民族蜡染与中国古典文化有机地糅合,从而使蜡染艺术升华到一定高度,对区域文化的发展起到一定的推动作用。尽管涉案作品的大部分著作财产权已经转让给了传统民间艺术传承区域外的邓春香,但洪福远的创作价值以及其在蜡染艺术业内的声誉应得到尊重。第五,五福坊公司涉案产品贵州辣子鸡、贵州小米渣、贵州猪肉干的生产经营规模、销售渠道等应予以参考。根据五福坊公司提交的五福坊公司与广州卓凡彩色印刷有限公司的采购合同,尽管上述证据不一定完全客观反映五福坊公司涉案产品的生产经营状况,但在原告方无任何相反证据的情形下,被告的证明主张在合理范围内应为法律所允许。综合考量上述因素,参照贵州省当前的经济发展水平和人们的生活水平,酌情确定由五福坊公司赔偿邓春香经济损失 10 万元。

律师支招

一、侵权损害赔偿应全方位主张

著作权法第四十九条规定:"侵犯著作权或者与著作权有关的权利的,侵权人应当按照权利人的实际损失给予赔偿;实际损失难以计算的,可以按照侵权人的违法所得给予赔偿。赔偿数额还应当包括权利人为制止侵权行为所支付的合理开支。权利人的实际损失或者侵权人的违法所得不能确定的,由人民法院根据侵权行为的情节,判决给予五十万元以下的赔偿。"

那么根据该规定,赔偿额的计算方式有三种:(1)以被侵权人的实际损失计算;(2)以侵权人违法所得计算;(3)法定赔偿,由法院根据情况判决给予 50 万元以下的赔偿。这三种计算方式是有顺序的,第一以被侵权人实际损失计算,第二以侵权人违法所得计算,第三进行法定赔偿。只有在前一种方式无法计算时,再考虑后面的计算方式。这里我们只能简单分析法律规定的赔偿计算方式:第一种以被侵权人实际损失计算,被侵权人的损失基本是无法计算的,市场的产品不是非此即彼,不是侵权产品销售多少,被侵权的产品就减少多少这么简单。整个市场非常庞大,销量的多少非常复杂,侵权对销售有多大的影响不可能有精确的计算公式。如果产品处于上升期,遭受侵权后的销售量可能继续在上升。以这种方法计算被侵权人的实际损失基本上是不可行的。第二种以侵权人的获利来计算,侵权人获利多少是可以计算的,制作了多少,卖出去多少,成本是多少,利益是多少,在侵权人那里一般都有记录,找到账目就可以了。但实际操作中侵权人不会主动提供账目,即使其提供了也无法判断账目真假,法律没有任何强制力可以要求侵权人提供账目,找不到账目的话这种方式也是不可适用的。第三种方式很简单,直接在一个数字内由法院来定,但法院似乎不太愿意冒这种险,怕自己确定的数字让两方都不满意。

因为著作权侵权案件赔偿计算的复杂性,在实践中对赔偿的计算方式有千百种不同,各个地方,甚至是同一个地方的两个法院在实践中都会有不同的计算方式。但进行全方位的权利主张,包括侵权损失、权利主张费用等是非常重要的,毕竟法院不会主动追加赔偿。

二、民间文学艺术作品拥有者要提高维权意识

民间文学艺术作为我国文化的重要组成部分具有举足轻重的地位,合理保护民间艺术是维护文化健康持续多样性发展的基础。民间艺术权利拥有者应提高维权意识,明晰权利范围和权利维护的途径和方法。

《民间文学艺术作品著作权保护条例(征求意见稿)》第二条规定,民间文学艺术作品是指由特定的民族、族群或者社群内不特定成员集体创作和世代传承,并体现其传统观念和文化价值的文学艺术的表达。民间文学艺术作品包括但不限于以下类型:

(一)民间故事、传说、诗歌、歌谣、谚语等以言语或者文字形式表达的作品;

(二)民间歌曲、器乐等以音乐形式表达的作品;

(三)民间舞蹈、歌舞、戏曲、曲艺等以动作、姿势、表情等形式表达的作品;

(四)民间绘画、图案、雕塑、造型、建筑等以平面或者立体形式表达的作品。

第五条规定,民间文学艺术作品的著作权属于特定的民族、族群或者社群。

第六条规定,民间文学艺术作品的著作权人享有以下权利:

(一)表明身份;

(二)禁止对民间文学艺术作品进行歪曲或者篡改;

(三)以复制、发行、表演、改编或者向公众传播等方式使用民间文学艺术作品。

第八条规定,使用民间文学艺术作品,应当取得著作权人的许可并支付合理报酬,或者向国务院著作权行政管理部门指定的专门机构取得许可并支付合理报酬。使用者向专门机构申请许可的,应当说明其使用民间文学艺术作品的名称、数量、范围以及期限等信息。除非有特殊原因,专门机构不得拒绝授权。使用者支付的合理报酬一般按照其使用民间文学艺术作品的经营额的百分比计算,具体比例由专门机构根据实际情况确定。

民间文学艺术作品的著作权人或者专门机构不得向任何使用者授予专有使用权。

特定的民族、族群或者社群的成员基于传承目的以传统或者习惯方法使用本民族、族群或者社群的民间文学艺术作品,无须履行第八条第一款程序。

必懂知识点

一、著作权行政处罚案件的管辖

著作权的违法行为,由侵权行为实施地、侵权结果发生地、侵权复制品储藏地或者依法

查封扣押地的著作权行政管理部门负责查处。法律、行政法规另有规定的除外。

国家版权局可以查处在全国有重大影响的违法行为,以及认为应当由其查处的其他违法行为。地方著作权行政管理部门负责查处本辖区发生的违法行为。

两个以上地方著作权行政管理部门对同一违法行为均有管辖权时,由先立案的著作权行政管理部门负责查处该违法行为。

地方著作权行政管理部门因管辖权发生争议或者管辖不明时,由争议双方协商解决;协商不成的,报请共同的上一级著作权行政管理部门指定管辖,其共同的上一级著作权行政管理部门也可以直接指定管辖。

上级著作权行政管理部门在必要时,可以处理下级著作权行政管理部门管辖的有重大影响的案件,也可以将自己管辖的案件交由下级著作权行政管理部门处理;下级著作权行政管理部门认为其管辖的案件案情重大、复杂,需要由上级著作权行政管理部门处理的,可以报请上一级著作权行政管理部门处理。

二、侵犯著作权行为的民事责任与行政责任的适用关系

民事责任是损害民事法律关系的法律后果,其责任形式主要是让责任人对受损害的另一方当事人填补物质或者精神损失,以恢复被民事违法行为所破坏的民事法律关系,属于私法责任。行政责任是因为行为人对国家政治、经济和社会管理秩序的侵犯和破坏但尚未达到犯罪程度的情况下对行为人进行的惩罚,被侵害的是公法秩序,属于公法责任。行政责任的主要形式是行政处罚。

侵犯他人民事权利的行为如果同时侵害了公共利益,但尚未构成犯罪的,也应当承担民事和行政责任双重责任。例如,轻微的盗窃行为,不仅侵犯了他人的财产权,而且这种行为损害了公共利益和公共秩序,所以应当承担民事和行政双重责任。这一原则也适用于著作权法第四十七条规定的著作权侵权行为。行政处罚法第七条第一款、著作权法第四十八条也作了有关规定。

此外,《最高人民法院关于审理著作权民事纠纷案件适用法律若干问题的解释》第三条、第二十九条也作了相应规定。但是,对于民事责任中的"民事制裁",实际上具有行政处罚的性质。所以,该解释第二十九条第二款规定,著作权行政管理部门对相同的侵权行为已经给予行政处罚的,人民法院不再予以民事制裁。

在实践中,违法行为人承担责任尤其是财产责任的能力可能是有限的,有时无法同时承担民事赔偿的私法责任和罚款或罚金的公法责任。根据宪法和行政法的理论,当公法责任与私法责任的适用发生冲突时,私法责任优先,即行为人的财产首先用于承担赔偿责任,剩余的部分承担公法责任。同样,参照这一原则,如果侵犯著作权的侵权人的责任能力有限,无法同时承担赔偿的民事责任和罚款等行政责任的,应当优先承担民事责任,然后再承担行政责任。

三、著作权民事纠纷案件的级别管辖

著作权民事纠纷案件(包括侵权纠纷案件、合同纠纷案件、权属纠纷等所有涉及著作权

的民事纠纷),由中级以上人民法院管辖。各高级人民法院根据本辖区的实际情况,可以确定若干基层人民法院管辖第一审著作权民事纠纷案件。

四、侵害财产的赔偿范围

对侵害财产的损害赔偿,其一般原则是全部赔偿原则,即财产损害赔偿的数额以所造成的客观损失为限,损失多少,赔偿多少,这种客观损失包括直接损失和可得利益的丧失。

计算直接损失的赔偿范围,首先须确定原物的价值。原物价值的计算,必须根据原物的原有价值、可以使用时间、已经使用时间等因素,综合判断。

判断是否为"可得利益",应看其是否具备以下条件:(1)必须是当事人已经预见或者能够预见的利益。不能预见到的利益,不能算作可得利益。(2)必须是可以期待,必须能够得到的利益。如果不可期待、非必然能够得到的利益,也不能算作可得利益。(3)作为计入赔偿范围的"可得利益",还必须是直接因侵害行为所丧失的"可得利益"。

五、著作权

著作权即版权,是指作者及其他著作权人依法对文学、艺术和科学作品依法所享有的各项专有权利。著作权权利内容丰富,既包括人身权又包括财产权。著作权是基于作品的创作而依法产生的一种专有权利,作品一经创作完成即获得著作权,不需要具体的国家行政授权,也无须履行任何手续。我国采用著作权自动产生原则,这一点使得著作权的产生不同于其他知识产权的产生。但也并非所有作品都从创作完成时即受我国著作权法保护,一些外国作者的作品受我国著作权法保护要以出版为要件。

为了协调著作权人利益和社会公众利益,著作权法对著作权的行使作了必要的限制,主要规定了合理使用和法定许可使用两种限制制度。合理使用是指在一定条件下,使用者使用他人享有著作权的作品,可不经著作权人许可,也不向其支付报酬,但应当指明作者姓名、作品名称,并且不得侵犯著作权人依法享有的其他权利。合理使用一般须具备以下要件:(1)使用的目的是非营业性的;(2)合理使用仅限制了著作权人的财产权,即许可使用权和获得报酬权;(3)使用的对象一般是已发表的作品。关于在什么情况下可以合理使用,我国著作权法第二十二条列举了十二种情形。法定许可使用是指依照法律的直接规定,使用者使用他人享有著作权的作品,不必征得著作权人许可而只需向其支付报酬。法定许可使用须具备以下要件:(1)使用的对象是已发表的作品;(2)法定许可使用仅限制著作权人的许可使用权,使用人不得侵犯著作权人的其他权利;(3)许可使用应当按照规定支付报酬,并指明作者姓名、作品名称;(4)著作权人声明不许使用的,不得进行法定许可使用。法定许可使用获得的使用权是非独占性的,即不得排除他人对作品进行相同方式的使用。我国著作权法第二十三条规定了法定许可使用的情形。

目前,我国保护著作权的法律体系已基本形成。主要的法律文件有:《中华人民共和国民法总则》《中华人民共和国民法通则》《中华人民共和国著作权法》《中华人民共和国著作权法实施条例》《计算机软件保护条例》《实施国际著作权条约的规定》《集成电路布图设计保护条例》《计算机软件著作权登记办法》《国家版权局关于对著作权经营许可问题的意见》《著作权行政处罚实施办法》《最高人民法院关于审理著作权民事纠纷案件适用法律若干问题的解释》等。

六、邻接权

邻接权,是指与著作权相邻、近似的一种专有权利,即作品的传播者对其在作品的传播过程中所作出的创造性劳动成果依法所享有的权利。邻接权以著作权保护的作品为前提,法律承认作为将作品内容传播给公众的图书、报刊、表演、录音录像和广播电视具有相当于作品的精神价值,并对之加以保护。邻接权与著作权密切相关,二者的区别主要在于邻接权是基于非独创性劳动产生的,权利的主体是作品的传播者,而著作权则是基于独创性劳动产生的,权利的主体是作品的创作者。邻接权人使用、传播他人作品,应当取得该作品著作权人的许可并向其支付报酬。邻接权主要包括下列四类:

1.出版者的权利。出版者是指图书出版社、报社、杂志社、音像出版社等制作并向公众提供作品复制件的单位。出版者权即是出版者对其出版作品依法所享有的专有权利。根据法律规定,出版者享有以下权利:(1)对其出版的图书、报刊享有注明出版单位名称的权利,该项权利的保护期不受限制;(2)在合同约定期间内享有专有出版权,未经其许可,他人不得出版该作品;(3)有权许可或禁止他人使用其出版的图书、期刊的版式设计。此权利的保护期为10年,截止于使用该版式设计的图书、期刊首次出版后第10年的12月31日。

2.表演者的权利。表演者是指演员、歌唱家、舞蹈家、演奏家、音乐家和以表演、歌唱、朗诵、演说、演奏或别的方式再现文学艺术作品的其他人员或演出单位。表演者权即是表演者对其表演依法所享有的专有权利。根据法律规定,表演者享有以下权利:(1)表明表演者身份;(2)保护表演形象不受歪曲;(3)许可他人从现场直播和公开传送其现场表演;(4)许可他人录音录像;(5)许可他人复制、发行录有其表演的录音录像制品;(6)许可他人通过信息网络向公众传播其表演。表演者行使后四项权利,有权向被许可人收取报酬。上述第(1)、(2)项权利的保护期不受限制,第(3)至(6)项权利的保护期为50年,截止于表演发生后第50年的12月31日。

3.音像制作者的权利。音像制作者是指将声音、形象或者声音和形象首次固定在耐久性的物质载体上的人。音像制作者权即是音像制作者对其制作的录音录像制品依法所享有的专有权利。根据法律规定,音像制作者享有以下权利:(1)对其制作的音像制品享有注明音像和制作单位名称的权利;(2)许可他人复制、发行、出租及通过信息网络向公众传播其制作的音像制品并获得报酬的权利。其中,第(1)项权利的保护期不受限制,第(2)项所述权利的保护期为50年,截止于音像制品首次制作完成后第50年的12月31日。

4.广播组织的权利。广播组织是指将特定节目的声音、图像转换为可以接收的无线电信号发射出去的专业机构,通常是指广播电台和电视台。广播组织权即是广播电台、电视台对其播放的广播或电视节目依法所享有的专有权利。根据法律规定,广播组织享有以下权利:(1)播放权,即对其制作的广播电视节目享有播放的专有权利,未经其许可,其他组织不得转播;(2)许可他人播放其制作的广播电视节目并获得报酬的权利;(3)许可他人复制、发行其制作的广播电视节目并获得报酬的权利。上述权利的保护期为50年,截止于广播、电视首次播放后第50年的12月31日。

七、非法发表他人作品

非法发表他人作品是指未经著作权人许可发表其作品的行为,是侵犯著作权人的发表权的行为。

发表权是著作权人的基本权利之一,是指决定是否将作品公之于众的权利。发表权是著作权人的人身权之一,主要由著作权人享有和行使。著作权人生前未发表的作品,如果未明确表示不发表的,发表权可以由其继承人或者受遗赠人行使。因此,未经著作权人(或者其继承人或者受遗赠人)许可而发表其作品,就构成了对发表权的侵犯。

应当注意的是,侵犯著作权人发表权的行为,主要是指他人未经其许可,以著作权人的名义进行发表。如果发表人明知是他人的作品以本人的名义进行发表,则属于剽窃他人作品的侵权行为。如果发表人在第三人不知情的情况下以第三人的名义进行发表,不仅侵犯了著作权人的发表权,而且侵犯了著作权人的署名权以及第三人的姓名权。由于发表权的行使往往会导致其他权利的行使,因此,侵犯发表权往往也会侵犯著作权人的财产权,如复制权、发行权、展览权等。

必知法规

◎ 《最高人民法院关于审理著作权民事纠纷案件适用法律若干问题的解释》

第十九条 出版者、制作者应当对其出版、制作有合法授权承担举证责任,发行者、出租者应当对其发行或者出租的复制品有合法来源承担举证责任。举证不能的,依据著作权法第四十六条、第四十七条的相应规定承担法律责任。

第二十条 出版物侵犯他人著作权的,出版者应当根据其过错、侵权程度及损害后果等承担民事赔偿责任。

出版者对其出版行为的授权、稿件来源和署名、所编辑出版物的内容等未尽到合理注意义务的,依据著作权法第四十八条的规定,承担赔偿责任。

出版者尽了合理注意义务,著作权人也无证据证明出版者应当知道其出版涉及侵权的,依据民法通则第一百一十七条第一款的规定,出版者承担停止侵权、返还其侵权所得利润的民事责任。

出版者所尽合理注意义务情况,由出版者承担举证责任。

第二十五条 权利人的实际损失或侵权人的违法所得无法确定的,人民法院根据当事人的请求或者依职权适用著作权法第四十八条第二款的规定确定赔偿数额。

人民法院在确定赔偿数额时,应当考虑作品类型、合理使用费、侵权行为性质、后果等情节综合确定。

当事人按照本条第一款的规定就赔偿数额达成协议的,应当准许。

◎ 《中华人民共和国著作权法》

第三条 本法所称的作品,包括以下列形式创作的文学、艺术和自然科学、社会科学、工程技术等作品:

(一)文字作品;

(二)口述作品;

(三)音乐、戏剧、曲艺、舞蹈、杂技艺术作品;

(四)美术、建筑作品;

(五)摄影作品;

(六)电影作品和以类似摄制电影的方法创作的作品;

(七)工程设计图、产品设计图、地图、示意图等图形作品和模型作品;

(八)计算机软件;

(九)法律、行政法规规定的其他作品。

第四十七条 有下列侵权行为的,应当根据情况,承担停止侵害、消除影响、赔礼道歉、赔偿损失等民事责任:

(一)未经著作权人许可,发表其作品的;

(二)未经合作作者许可,将与他人合作创作的作品当作自己单独创作的作品发表的;

(三)没有参加创作,为谋取个人名利,在他人作品上署名的;

(四)歪曲、篡改他人作品的;

(五)剽窃他人作品的;

(六)未经著作权人许可,以展览、摄制电影和以类似摄制电影的方法使用作品,或者以改编、翻译、注释等方式使用作品的,本法另有规定的除外;

(七)使用他人作品,应当支付报酬而未支付的;

(八)未经电影作品和以类似摄制电影的方法创作的作品、计算机软件、录音录像制品的著作权人或者与著作权有关的权利人许可,出租其作品或者录音录像制品的,本法另有规定的除外;

(九)未经出版者许可,使用其出版的图书、期刊的版式设计的;

(十)未经表演者许可,从现场直播或者公开传送其现场表演,或者录制其表演的;

(十一)其他侵犯著作权以及与著作权有关的权益的行为。

第四十八条 有下列侵权行为的,应当根据情况,承担停止侵害、消除影响、赔礼道歉、赔偿损失等民事责任;同时损害公共利益的,可以由著作权行政管理部门责令停止侵权行为,没收违法所得,没收、销毁侵权复制品,并可处以罚款;情节严重的,著作权行政管理部门还可以没收主要用于制作侵权复制品的材料、工具、设备等;构成犯罪的,依法追究刑事责任:

（一）未经著作权人许可，复制、发行、表演、放映、广播、汇编、通过信息网络向公众传播其作品的，本法另有规定的除外；

（二）出版他人享有专有出版权的图书的；

（三）未经表演者许可，复制、发行录有其表演的录音录像制品，或者通过信息网络向公众传播其表演的，本法另有规定的除外；

（四）未经录音录像制作者许可，复制、发行、通过信息网络向公众传播其制作的录音录像制品的，本法另有规定的除外；

（五）未经许可，播放或者复制广播、电视的，本法另有规定的除外；

（六）未经著作权人或者与著作权有关的权利人许可，故意避开或者破坏权利人为其作品、录音录像制品等采取的保护著作权或者与著作权有关的权利的技术措施的，法律、行政法规另有规定的除外；

（七）未经著作权人或者与著作权有关的权利人许可，故意删除或者改变作品、录音录像制品等的权利管理电子信息的，法律、行政法规另有规定的除外；

（八）制作、出售假冒他人署名的作品的。

第四十九条 侵犯著作权或者与著作权有关的权利的，侵权人应当按照权利人的实际损失给予赔偿；实际损失难以计算的，可以按照侵权人的违法所得给予赔偿。赔偿数额还应当包括权利人为制止侵权行为所支付的合理开支。

权利人的实际损失或者侵权人的违法所得不能确定的，由人民法院根据侵权行为的情节，判决给予五十万元以下的赔偿。

◎ 《中华人民共和国著作权法实施条例》

第二条 著作权法所称作品，是指文学、艺术和科学领域内具有独创性并能以某种有形形式复制的智力成果。

第四条 著作权法和本条例中下列作品的含义：

（一）文字作品，是指小说、诗词、散文、论文等以文字形式表现的作品；

（二）口述作品，是指即兴的演说、授课、法庭辩论等以口头语言形式表现的作品；

（三）音乐作品，是指歌曲、交响乐等能够演唱或者演奏的带词或者不带词的作品；

（四）戏剧作品，是指话剧、歌剧、地方戏等供舞台演出的作品；

（五）曲艺作品，是指相声、快书、大鼓、评书等以说唱为主要形式表演的作品；

（六）舞蹈作品，是指通过连续的动作、姿势、表情等表现思想情感的作品；

（七）杂技艺术作品，是指杂技、魔术、马戏等通过形体动作和技巧表现的作品；

（八）美术作品，是指绘画、书法、雕塑等以线条、色彩或者其他方式构成的有审美意义的平面或者立体的造型艺术作品；

（九）建筑作品，是指以建筑物或者构筑物形式表现的有审美意义的作品；

（十）摄影作品，是指借助器械在感光材料或者其他介质上记录客观物体形象的艺术作品；

（十一）电影作品和以类似摄制电影的方法创作的作品，是指摄制在一定介质上，由一系列有伴音或者无伴音的画面组成，并且借助适当装置放映或者以其他方式传播的作品；

（十二）图形作品，是指为施工、生产绘制的工程设计图、产品设计图，以及反映地理现象、说明事物原理或者结构的地图、示意图等作品；

（十三）模型作品，是指为展示、试验或者观测等用途，根据物体的形状和结构，按照一定比例制成的立体作品。

处理侵权不及时,电商平台需担责

随着我国互联网行业的迅猛发展,网络侵权问题越来越突出。如何有效防止和治理网络侵权行为,是整个社会面临的重大问题。网络侵权行为不同于传统侵权行为,其侵权行为实施具有易行性的特点,而且侵权主体难以及时查明,网络侵权行为责任主体可能众多,具体到每件案件即确定原、被告困难。网络侵权行为后果具有即时性,也难以取得救济。

网络侵权往往涉及网络服务提供者。网络服务提供者的行为分为两类:一类是为网络用户提供信息通道服务或者信息平台服务的行为,这类行为中,网络服务提供者只是提供平台或者通道,本身并不对传输或储存的信息进行主动编辑、组织或修改,全部内容均由网络用户提供;另一类是为网络用户提供内容服务的行为,此类行为中网络服务提供者自身直接向网络用户提供内容或者产品服务,其提供的内容和产品是该网络服务提供者自己主动进行编辑、组织或修改的。对于提供信息通道服务或者信息平台服务的网络服务提供者,接到网络用户的通知后及时采取了必要措施的,无须承担相应侵权责任。对于提供内容和产品服务的网络服务提供者而言,其发布的网络信息内容侵害他人权益的,应承担直接侵权责任。

案例介绍

一、网店侵权专利产品,店家电商双双被诉

2009年1月16日,佳一烤公司及其法定代表人李丽莉共同向国家知识产权局申请了名称为"红外线加热烹调装置"的发明专利,并于2014年11月5日获得授权,专利号为ZL20098000×××× .8。2015年1月26日,涉案发明专利的专利权人变更为佳一烤公司。该发明专利的权利要求书记载:"1.一种红外线加热烹调装置,其特征在于,该红外线加热烹调装置包括:托架,在其上部中央设有轴孔,且在其一侧设有控制电源的开关;受红外线照射就会被加热的旋转盘,作为在其上面可以盛食物的圆盘形容器,在其下部中央设有可拆装地插入到上述轴孔中的突起;支架,在上述托架的一侧纵向设置;红外线照射部,其设在上述支架的上端,被施加电源就会朝上述旋转盘照射红外线;上述托架上还设有能够从内侧拉出的接油盘;在上述旋转盘的突起上设有轴向的排油孔。"涉案专利年费缴纳至2016年1月15

日。后,佳一烤公司发现电商甜蜜网上一家名为"艺馨康旗舰店"的网上店铺所销售的一款3D烧烤炉涉嫌侵犯该专利,遂提起诉讼。佳一烤公司诉称:锦时代公司未经其许可,在甜蜜商城等网络平台上宣传并销售侵害其ZL20098000×××.8号专利权的产品,构成专利侵权;浙江甜蜜网络有限公司在佳一烤公司投诉锦时代公司侵权行为的情况下,未采取有效措施,应与锦时代公司共同承担侵权责任。请求判令:1.锦时代公司立即停止销售被诉侵权产品;2.锦时代公司立即销毁库存的被诉侵权产品;3.甜蜜公司撤销锦时代公司在甜蜜平台上所有的侵权产品链接;4.两被告连带赔偿佳一烤公司50万元;5.本案诉讼费用由两被告承担。

二、各方举证争权利,保护专利没争议

法院查明,2015年1月29日,佳一烤公司的委托代理机构北京某律师事务所向北京市海诚公证处申请证据保全公证,其委托代理人甲先生、乙先生在公证处监督下,操作计算机登入甜蜜网,在艺馨康旗舰店购买了售价为388元的3D烧烤炉,并拷贝了该网店经营者的营业执照信息。同年2月4日,乙先生在公证处监督下接收了寄件人名称为"艺馨康旗舰店"的快递包裹一个,内有韩文包装的3D烧烤炉及赠品、手写收据联和中文使用说明书、保修卡。公证员对整个证据保全过程进行了公证并制作了(2015)京海诚内民证字第014××号公证书。同年2月10日,佳一烤公司委托案外人丙先生向某宝网知识产权保护平台上传了包含专利侵权分析报告和技术特征比对表在内的投诉材料,但某宝网最终没有审核通过。同年5月5日,甜蜜公司向浙江省杭州市钱塘公证处申请证据保全公证,由其代理人丁女士在公证处的监督下操作电脑,在甜蜜网艺馨康旗舰店搜索"艺馨康3D烧烤炉韩式家用不粘电烤炉无烟烤肉机电烤盘铁板烧烤肉锅",显示没有搜索到符合条件的商品。公证员对整个证据保全过程进行了公证并制作了(2015)浙杭钱证内字第108××号公证书。

经过审理,一审法院判决:一、锦时代公司立即停止销售侵犯专利号为ZL20098000×××.8的发明专利权的产品的行为;二、锦时代公司于判决生效之日起十日内赔偿佳一烤公司经济损失150000元(含佳一烤公司为制止侵权而支出的合理费用);三、甜蜜公司对上述第二项中锦时代公司赔偿金额的50000元承担连带赔偿责任;四、驳回佳一烤公司的其他诉讼请求。

三、电商平台发难诉争再起,二审法院解难一锤定音

甜蜜公司以原审判决就佳一烤公司的投诉行为所作的事实认定不清,适用《中华人民共和国侵权责任法》第三十六条第二款的规定判决甜蜜公司应当对损害扩大的部分与锦时代公司承担连带责任属于法律适用错误为由提起上诉。

对于事实认定问题,甜蜜公司上诉称:1.由于佳一烤公司在投诉中并未提供"购买订单编号"及"交易双方会员名",甜蜜公司根本无法确认投诉方在对比表中用于比对侵权的对象实际为从涉案店铺购买的商品,而甜蜜公司从被投诉链接的商品信息中也无法看到涉案商品的内部构造,因此无法认定涉案商品存在专利侵权行为。2.佳一烤公司为证明涉案商品

链接地址中的商品侵犯了其专利权而进行了公证购买,其在能够提供包括交易日期、交易双方会员名、订单编号等购买行为的信息的情况下却故意不提供。3.甜蜜公司为了确保投诉方的合法权益,特地在"审核不通过原因"中要求投诉方进一步提供"购买订单编号"及"双方会员名",但是投诉方却一直未予提供。4.佳一烤公司在向甜蜜公司投诉后不久就直接向一审法院提起诉讼。甜蜜公司根据佳一烤公司提交的公证书,在确认涉案商品的卖家和订单编号后,对涉案商品链接及时进行了删除处理,尽到了合理的注意义务。

对于法律适用问题,甜蜜公司称:1.佳一烤公司提交的投诉材料明显不符合甜蜜公司的格式要求,也未能合理说明进行技术比对的商品来源于涉案店铺购买的商品。2.甜蜜公司在收到原审诉讼材料后及时采取了必要措施防止损害扩大,尽到了事后合理的注意义务。3."知道"作为网络服务提供者承担侵权责任的主观要件,而"知道"的前提往往是知识产权权利人的"有效通知",权利人除了要提供身份证明和权属证明之外,还需要提供"侵权成立"的初步证据材料。甜蜜公司对卖家所售商品是否侵犯发明专利权判断能力有限。平台方接到权利人通知后,如不需要进行侵权与否的审查就直接删除商品,显然没有平等保护平台卖家的合法权益。本案中,被诉侵权产品是否是侵权产品甜蜜公司难以确定,甜蜜公司也是在诉讼过程中,通过庭审和法庭组织的专业技术比对,在确认涉案商品确实存在侵权可能之后才对涉案商品采取了删除和屏蔽措施。甜蜜公司尽到了最大的审慎义务,主观上没有任何过错。

二审中,各方当事人均没有新的证据向法庭提交,二审法院查明的其他事实与原审判决认定的事实一致。

二审法院判决驳回上诉,维持原判。

争议与问题

对被诉侵权产品是否侵权应当如何认定?网络服务提供者就危害结果的不当扩大是否承担连带责任?

案例分析

一、对被诉侵权产品是否侵权的认定

佳一烤公司主张将涉案专利权利要求1作为本案要求保护的范围。

根据《最高人民法院关于审理侵犯专利权纠纷案件应用法律若干问题的解释》第七条第二款的规定:被诉侵权技术方案包含与权利要求记载的全部技术特征相同或者等同的技术特征的,人民法院应当认定其落入专利权的保护范围;被诉侵权技术方案的技术特征与权利要求记载的全部技术特征相比,缺少权利要求记载的一个以上的技术特征,或者有一个以上技术特征不相同也不等同的,人民法院应当认定其没有落入专利权的保护范围。

经庭审比对,被诉侵权产品的开关设置在红外线照射部的一侧,与涉案专利权利要求1载明的"该红外线加热烹调装置包括:托架,在其上部中央设有轴孔,且在其一侧设有控制电源的开关"的技术特征不相同。除此之外,被诉侵权产品包含了涉案专利权利要求1中其他全部技术特征。故被诉侵权产品是否落入涉案专利权利要求1的保护范围,关键在于开关位置的变化是否属于等同技术特征。涉案专利将开关设置在托架的一侧,本领域的普通技术人员在阅读权利要求后,很轻易就能联想到将开关设置在烹调装置的其他部位,且开关位置的变化并不会产生新的技术效果,其功能仍然是控制该烹调装置的电源。因此,被控侵权产品的技术特征完全落入了涉案专利权利要求1记载的保护范围,被控侵权产品的开关与涉案发明专利的开关,属于以基本相同的手段,实现基本相同的功能,达到基本相同的效果,并且本领域普通技术人员在被诉侵权行为发生时无须经过创造性劳动就能够联想到的特征,两者构成等同。因此,法院认为被诉侵权产品已落入涉案专利权利要求1的保护范围。

二、网络服务提供者就危害结果的不当扩大承担连带责任的条件

二审中,甜蜜公司认为:1.佳一烤公司提交的投诉材料并未提供"购买订单编号"及"交易双方会员名",明显不符合甜蜜公司的格式要求,也未能合理说明进行技术比对的商品来源于涉案店铺购买的商品。2.佳一烤公司在向甜蜜公司投诉后不久就直接向一审法院提起诉讼,甜蜜公司在收到一审诉讼材料后根据佳一烤公司提交的公证书,在确认涉案商品的卖家和订单编号后,对涉案商品链接及时进行了删除处理,及时采取了必要措施防止损害扩大,尽到了事后合理的注意义务。3."知道"作为网络服务提供者承担侵权责任的主观要件,而"知道"的前提往往是知识产权权利人的"有效通知",权利人除了要提供身份证明和权属证明之外,还需要提供"侵权成立"的初步证据材料。

对此,二审法院认为,《中华人民共和国侵权责任法》第三十六条第二款所涉及的"通知"是认定网络服务提供者是否存在过错及应否就危害结果的不当扩大承担连带责任的条件。本案中,投诉方是否提供购买订单编号或双方会员名并不影响投诉行为的合法有效。而且,甜蜜公司所确定的投诉规制并不对权利人维权产生法律约束力,权利人只需在法律规定的框架内行使维权行为即可,投诉方完全可以根据自己的利益考量决定是否接受甜蜜公司所确定的投诉规制。

三、甜蜜公司主观有无过错

二审中,甜蜜公司认为,甜蜜公司对卖家所售商品是否侵犯发明专利权判断能力有限。平台方接到权利人通知后,不需要进行侵权与否的审查就直接删除商品,显然没有平等保护平台卖家的合法权益。本案中,被诉侵权产品是否是侵权产品甜蜜公司难以确定,甜蜜公司也是在诉讼过程中,通过庭审和法庭组织的专业技术比对,确认涉案商品确实存在侵权可能之后才对涉案商品采取了删除和屏蔽措施。甜蜜公司尽到了最大的审慎义务,主观上没有任何过错。

对此，二审法院认为，发明或实用新型专利侵权的判断往往并非仅依赖表面或书面材料就可以作出，因此专利权人的投诉材料通常只需包括权利人身份、专利名称及专利号、被投诉商品及被投诉主体内容，以便投诉接受方转达被投诉主体。在本案中，佳一烤公司的投诉材料已完全包含上述要素。至于侵权分析比对，甜蜜公司一方面认为其对卖家所售商品是否侵犯发明专利判断能力有限，另一方面却又要求投诉方"详细填写被投诉商品落入贵方提供的专利权利要求的技术点，建议采用图文结合的方式一一指出"，法院认为，就权利人而言，甜蜜公司的前述要求并非权利人投诉通知有效的必要条件。况且，佳一烤公司在本案的投诉材料中提供了多达5页的以图文并茂的方式表现的技术特征对比表，甜蜜公司仍以教条的、格式化的回复将技术特征对比作为审核不通过的原因之一，处置失当。

律师支招

一、网络服务提供者应及时将有关投诉转达被投诉人

将有效的投诉通知材料转达被投诉人并通知被投诉人申辩当属网络服务提供者应当采取的必要措施之一。否则权利人投诉行为将失去任何意义，权利人的维权行为也将难以实现。被投诉人对于其或生产或销售的商品是否侵权，以及是否应主动自行停止被投诉行为，自会作出相应的判断及应对。

二、接到侵权投诉后及时采取必要措施防止损害扩大

网络服务提供者接到的通知内容包括权利人身份情况、权属凭证、证明侵权事实的初步证据以及指向明确的被诉侵权人网络地址等材料的，即应将其视为有效通知。网络服务提供者接到侵权投诉后应及时采取必要措施，防止损害扩大。

必懂知识点

一、网络服务提供者接到通知后所应采取的必要措施

《中华人民共和国侵权责任法》第三十六条第二款所规定的网络服务提供者接到通知后所应采取必要措施包括但并不限于删除、屏蔽、断开链接。"必要措施"应根据所侵害权利的性质、侵权的具体情形和技术条件等来加以综合确定。

二、被侵权人向网络服务提供者发出的通知的形式

《中华人民共和国侵权责任法》第三十六条第二款所涉及的"通知"是认定网络服务提供者是否存在过错及应否就危害结果的不当扩大承担连带责任的条件。"通知"是指被侵权人就他人利用网络服务商提供的服务实施侵权行为的事实向网络服务提供者所发出的要求其

采取必要技术措施,以防止侵权行为进一步扩大的行为。"通知"既可以是口头的,也可以是书面的。通常,"通知"内容应当包括权利人身份情况、权属凭证、证明侵权事实的初步证据以及指向明确的被诉侵权人网络地址等材料。符合上述条件的,即应视为有效通知。

三、权利人投诉材料的内容

发明或实用新型专利侵权的判断往往并非仅依赖表面或书面材料就可以作出,因此专利权人的投诉材料通常只需包括权利人身份、专利名称及专利号、被投诉商品及被投诉主体内容,以便投诉接受方转达被投诉主体。

必知法规

◎ 《中华人民共和国民法通则》

第一百一十八条 公民、法人的著作权(版权)、专利权、商标专用权、发现权、发明权和其他科技成果权受到剽窃、篡改、假冒等侵害的,有权要求停止侵害,消除影响,赔偿损失。

◎ 《中华人民共和国专利法》

第十一条 发明和实用新型专利权被授予后,除本法另有规定的以外,任何单位或者个人未经专利权人许可,都不得实施其专利,即不得为生产经营目的制造、使用、许诺销售、销售、进口其专利产品,或者使用其专利方法以及使用、许诺销售、销售、进口依照该专利方法直接获得的产品。

外观设计专利权被授予后,任何单位或者个人未经专利权人许可,都不得实施其专利,即不得为生产经营目的制造、许诺销售、销售、进口其外观设计专利产品。

第五十九条 发明或者实用新型专利权的保护范围以其权利要求的内容为准,说明书及附图可以用于解释权利要求的内容。

外观设计专利权的保护范围以表示在图片或者照片中的该产品的外观设计为准,简要说明可以用于解释图片或者照片所表示的该产品的外观设计。

第六十五条 侵犯专利权的赔偿数额按照权利人因被侵权所受到的实际损失确定;实际损失难以确定的,可以按照侵权人因侵权所获得的利益确定。权利人的损失或者侵权人获得的利益难以确定的,参照该专利许可使用费的倍数合理确定。赔偿数额还应当包括权利人为制止侵权行为所支付的合理开支。

权利人的损失、侵权人获得的利益和专利许可使用费均难以确定的,人民法院可以根据专利权的类型、侵权行为的性质和情节等因素,确定给予一万元以上一百万元以下的赔偿。

◎ 《中华人民共和国侵权责任法》

第三十六条 网络用户、网络服务提供者利用网络侵害他人民事权益的,应当承担侵权责任。

网络用户利用网络服务实施侵权行为的,被侵权人有权通知网络服务提供者采取删除、屏蔽、断开链接等必要措施。网络服务提供者接到通知后未及时采取必要措施的,对损害的扩大部分与该网络用户承担连带责任。

网络服务提供者知道网络用户利用其网络服务侵害他人民事权益,未采取必要措施的,与该网络用户承担连带责任。

◎ 《最高人民法院关于审理侵犯专利权纠纷案件应用法律若干问题的解释》

第二条 人民法院应当根据权利要求的记载,结合本领域普通技术人员阅读说明书及附图后对权利要求的理解,确定专利法第五十九条第一款规定的权利要求的内容。

第三条 人民法院对于权利要求,可以运用说明书及附图、权利要求书中的相关权利要求、专利审查档案进行解释。说明书对权利要求用语有特别界定的,从其特别界定。

以上述方法仍不能明确权利要求含义的,可以结合工具书、教科书等公知文献以及本领域普通技术人员的通常理解进行解释。

专利技术特征划太广,权利保护范围反不清

随着改革开放的深入推进,经济社会的不断发展,人们的知识产权意识逐渐觉醒。但商品经济繁荣的背后也隐藏着许多问题,涉及专利的案件层出不穷。如想通过专利保护自己的智力成果,专利权利要求保护的范围必须清楚明确。专利案件多涉及相关领域的专业知识,而正确解释权利要求依赖于准确的语言文字与符号、标点。如果对权利要求的表述出现错误或瑕疵,不能确定权利保护的范围,就无法将被诉侵权方案与其进行侵权对比,不能认定被诉侵权技术方案构成侵权。

案例介绍

一、实用新型获得专利,他人产品疑似侵权

该案起源于"防电磁污染服"实用新型专利权人柏某某。柏某某于2000年4月24日向中华人民共和国国家知识产权局(以下简称"国知局")申请了名称为"防电磁污染确保人体健康的方法"的实用新型专利,2002年5月8日以同样名称和内容再次提出申请,后以"防电磁污染服"和"防静电鞋"提出分案申请。国知局于2006年12月20日向其颁发了专利号为ZL200420091540.X的"防电磁污染服"的专利证书。权利要求为"一种防电磁污染服,它包括上装和下装,其特征在于所述服装在面料里设有由导磁率高而无剩磁的金属细丝或者金属粉末构成的起屏蔽作用的金属网或膜"。该实用新型专利权利要求1的技术特征可以归纳为:A. 一种防电磁污染服,包括上装和下装;B. 服装的面料里设有起屏蔽作用的金属网或膜;C. 起屏蔽作用的金属网或膜由导磁率高而无剩磁的金属细丝或者金属粉末构成。

柏某某在某物品营销服务中心购买了一件由某实业有限公司生产销售的×牌防辐射服,认为该服装所采用技术的技术特征与涉案专利特征相同,落入其保护范围,某物品营销服务中心和某实业有限公司的行为侵犯了柏某某的专利权。据此,柏某某请求人民法院判令某物品营销服务中心立即停止销售被控侵权产品;某实业有限公司停止生产销售被控侵权产品,并赔偿经济损失100万元。

二、保护范围未能举证,语言不详难以界定

一审法院认为,涉诉的×牌防辐射服其技术特征是:A. 一种防电磁污染服上装;B. 服装

的面料里设有起屏蔽作用的金属防护网；C. 起屏蔽作用的金属防护网由不锈钢金属纤维构成。柏某某并未明确涉案专利技术特征中"导磁率高"的标准，亦未证明被诉侵权产品所采用的不锈钢材料的导磁率达到了导磁率高的标准。故无法证明被诉侵权产品落入其专利保护范围，据此驳回柏某某的诉讼请求。

柏某某不服，提起上诉。二审法院认为，涉案专利权利要求1的技术特征C中采用的技术术语"导磁率高"含义不确定，既没有对这种金属材料导磁率的具体数值范围进行界定，也没有对影响导磁率的其他参数进行限定。柏某某也没有提供证据证明"导磁率高"在本领域中有公认的确切含义，本领域技术人员根据涉案专利权利要求书的记载无法确定其所表述"导磁率高"所表示的导磁率的具体数值范围。柏某某亦未能证明被诉侵权产品采用的不锈钢纤维的导磁率数值范围属于其权利要求保护范围，且该不锈钢纤维具有无剩磁的特性。故被诉侵权产品未落入涉案专利权利要求的保护范围，据此驳回上诉，维持原判。

三、提交专业术语新证据，再审条分缕析解难题

柏某某再审申请中提出了对涉案专利权利要求中的"导磁率高"的理解问题，并提出了相关证据以证明现有技术中确实采用了相关表述。他表示：(1)解释权利要求时应当站在本领域普通技术人员立场上，结合工具书、教科书等公知文献以及本领域普通技术人员的通常理解进行解释。(2)导磁率又称为磁导率，是国际标准的电磁学技术术语，包括相对磁导率与绝对磁导率。相对磁导率是磁体在某种均匀介质中的磁感应强度与在真空中磁感应强度之比值。绝对磁导率是在磁介质所在的磁场中某点的磁感应强度与磁场强度的比值。绝对磁导率更为常用，所以绝对磁导率在多数教科书与技术资料中简称为磁导率。(3)导磁率是磁感应强度与磁场强度之比值，是一个与磁感应强度和磁场强度都相关联的物理量。在特定的物理条件下，导磁率是可以描述、测量出的数值，可以有大小高低之分。(4)相关证据可以证明高导磁率是本领域普通技术人员公知的技术常识。国际标准单位意义上的高导磁率是国际公认的表达。相关现有技术中，从80高斯/奥斯特、1850高斯/奥斯特到$34×10^4$高斯/奥斯特或者$83.5×10^4$高斯/奥斯特，分别代表了高、很高、特高（极高）三个不同级别，但都属于高导磁率范围，都属于本领域普通技术人员理解的高导磁率范围内。(5)涉案专利权利要求1中限定了防电磁污染即防电磁辐射用途，高导磁率具有特定的具体环境，可以具体确定其含义。现实中，可以大致确定人们对各种辐射的防范需求。对于不同的防辐射环境需要，本领域普通技术人员可以先测定出辐射数值，然后选择能够实现防辐射目的的导磁率材料。涉案专利权利要求1中的"导磁率高"具有明确的含义。即首先确定出磁介质的导磁率数值的安全下限，然后高于这个下限数值的就是导磁率高。这个下限数值可以因使用环境不同而有所区别。

再审法院认为，根据柏某某提供的证据，虽然磁导率有时也被称为导磁率，但磁导率有绝对磁导率与相对磁导率之分，根据具体条件的不同还涉及起始磁导率 μ_i、最大磁导率 μ_m 等概念。不同概念的含义不同，计算方式也不尽相同。磁导率并非常数，磁场强度 H 发生变化时，即可观察到磁导率的变化。但是在涉案专利说明书中，既没有记载导磁率在涉案专

利技术方案中是指相对磁导率还是绝对磁导率或者其他概念,又没有记载导磁率高的具体范围,也没有记载包括磁场强度 H 等在内的计算导磁率的客观条件。本领域技术人员根据涉案专利说明书,难以确定涉案专利中所称的导磁率高的具体含义。其次,从柏某某提交的相关证据来看,虽能证明有些现有技术中确实采用了高磁导率、高导磁率等表述,但根据技术领域以及磁场强度的不同,所谓高导磁率的含义十分宽泛,从 80 高斯/奥斯特至 83.5×10^4 高斯/奥斯特均被柏某某称为高导磁率。柏某某提供的证据并不能证明在涉案专利所属技术领域中,本领域技术人员对于高导磁率的含义或者范围有着相对统一的认识。最后,柏某某主张根据具体使用环境的不同,本领域技术人员可以确定具体的安全下限,从而确定所需的导磁率。该主张实际上是将能够实现防辐射目的的所有情形均纳入涉案专利权的保护范围,保护范围过于宽泛,亦缺乏事实和法律依据。根据涉案专利说明书以及柏某某提供的有关证据,本领域技术人员难以确定权利要求 1 技术特征 C 中"导磁率高"的具体范围或者具体含义,不能准确确定权利要求 1 的保护范围,无法将被诉侵权产品与之进行有意义的侵权对比。二审判决认定柏某某未能举证证明被诉侵权产品落入涉案专利权的保护范围,并无不当。故再审法院驳回柏某某的再审申请。

争议与问题

如何判断侵权技术方案是否落入专利权的保护范围?如何确定权利要求保护范围?

案例分析

一、准确界定专利权的保护范围是认定被诉侵权技术方案是否构成侵权的前提条件

该案的焦点在于,被诉侵权技术方案是否落入专利权的保护范围。确定权利要求保护范围就是侵权判断的基础。如果权利要求的撰写存在明显瑕疵,结合涉案专利说明书、本领域的公知常识以及相关现有技术等,仍然不能确定权利要求中技术术语的具体含义,无法准确确定专利权的保护范围的,则无法将被诉侵权技术方案与之进行有意义的侵权对比。因此,对于保护范围明显不清楚的专利权,不应认定被诉侵权技术方案构成侵权。

二、权利要求是否清楚的认定

首先,要正确解释权利要求。在专利侵权诉讼中,人民法院往往需要对权利要求进行解释才能确定权利要求保护范围是否清楚。根据《中华人民共和国专利法》第五十九条第一款,发明或者实用新型专利权的保护范围以其权利要求的内容为准,说明书及附图可以用于解释权利要求的内容。根据《最高人民法院关于审理侵犯专利权纠纷案件应用法律若干问题的解释》第二条,人民法院应当根据权利要求的记载,结合本领域普通技术人员阅读说明

书及附图后对权利要求的理解,确定专利法第五十九条第一款规定的权利要求的内容。该解释第三条规定:"人民法院对于权利要求,可以运用说明书及附图、权利要求书中的相关权利要求、专利审查档案进行解释。说明书对权利要求用语有特别界定的,从其特别界定。以上述方法仍不能明确权利要求含义的,可以结合工具书、教科书等公知文献以及本领域普通技术人员的通常理解进行解释。"

其次,权利要求是否清楚的判断主体应当为本领域普通技术人员。我国专利法第二十六条第三款,以及上文所述《最高人民法院关于审理侵犯专利权纠纷案件应用法律若干问题的解释》第二条、第三条等均对此有所表述。

律师支招

一、被诉侵权,对方权利要求不清楚时可以采取的处理方式

可以向专利复审委员会提起专利无效的行政程序。由于权利要求是否清楚的认定具有较强的技术性,权利要求是否清楚的判断主体为本领域普通技术人员而非法律从业人员,在个案中对技术问题的认识和把握上行政机关相较人民法院具有一定优势。被诉侵权人以权利要求不清楚为由向专利复审委员会提起专利无效的行政程序,能在成本较低的情况下较好地维护自身合法权益。这种方法的弊端是,会导致案件审理中止,延长案件审理程序。

二、申请实用新型专利,权利要求应明确

通过实用新型专利申请,并不意味着权利要求一定清楚。由于实用新型专利申请只作初步审查,且初步审查中审查员只对权利要求是否清楚作明显实质性缺陷审查,所以获得授权的实用新型专利仍有可能出现权利要求不清楚的情况。

必懂知识点

一、专利侵权诉讼中如何认定是否侵权

首先,要确定专利权保护范围。这要求对权利要求进行解释。

其次,确定被诉侵权技术方案的技术特征。

最后,将被诉侵权技术方案的技术特征与权利要求中的技术特征进行对比,确定是否落入专利权的保护范围,是否构成侵权。

二、获得授权的实用新型专利权利要求不清楚,既是驳回专利申请的理由,也是专利授权后被宣告无效的理由

《中华人民共和国专利法实施细则》第四十四条规定,专利法第三十四条和第四十条所

称初步审查,是指审查专利申请是否具备专利法第二十六条或者第二十七条规定的文件和其他必要的文件,这些文件是否符合规定的格式,并审查下列各项:(一)……(二)实用新型专利申请是否明显属于专利法第五条、第二十五条规定的情形,是否不符合专利法第十八条、第十九条第一款、第二十条第一款或者本细则第十六条至第十九条、第二十一条至第二十三条的规定,是否明显不符合专利法第二条第三款、第二十二条第二款、第四款、第二十六条第三款、第四款、第三十一条第一款、第三十三条或者本细则第二十条、第四十三条第一款的规定,是否依照专利法第九条规定不能取得专利权;(三)……

《中华人民共和国专利法实施细则》第五十三条规定,依照专利法第三十八条的规定,发明专利申请经实质审查应当予以驳回的情形是指:(一)……(二)申请不符合专利法第二条第二款、第二十条第一款、第二十二条、第二十六条第三款、第四款、第五款、第三十一条第一款或者本细则第二十条第二款规定的;(三)……

《中华人民共和国专利法实施细则》第六十五条规定,依照专利法第四十五条的规定,请求宣告专利权无效或者部分无效的,应当向专利复审委员会提交专利权无效宣告请求书和必要的证据一式两份。无效宣告请求书应当结合提交的所有证据,具体说明无效宣告请求的理由,并指明每项理由所依据的证据。前款所称无效宣告请求的理由,是指被授予专利的发明创造不符合专利法第二条、第二十条第一款、第二十二条、第二十三条、第二十六条第三款、第四款、第二十七条第二款、第三十三条或者本细则第二十条第二款、第四十三条第一款的规定,或者属于专利法第五条、第二十五条的规定,或者依照专利法第九条规定不能取得专利权。

三、相关技术术语应以本技术领域中的通常理解或者普遍理解为准

权利要求的判断主体为本领域的普通技术人员,形式上看似含义不清的技术术语,对本领域技术人员而言具有普遍认可的,不宜认定为权利要求的保护范围不清。相关事实可以围绕当事人提交的技术手册、技术词典、国家标准或者行业标准等本领域的公知常识性证据加以认定。

必知法规

◎ 《中华人民共和国专利法》

第二十六条 申请发明或者实用新型专利的,应当提交请求书、说明书及其摘要和权利要求书等文件。

请求书应当写明发明或者实用新型的名称,发明人的姓名,申请人姓名或者名称、地址,以及其他事项。

说明书应当对发明或者实用新型作出清楚、完整的说明,以所属技术领域的技术人员能够实现为准;必要的时候,应当有附图。摘要应当简要说明发明或者实用新型的技术要点。

权利要求书应当以说明书为依据,清楚、简要地限定要求专利保护的范围。

依赖遗传资源完成的发明创造,申请人应当在专利申请文件中说明该遗传资源的直接来源和原始来源;申请人无法说明原始来源的,应当陈述理由。

第五十九条 发明或者实用新型专利权的保护范围以其权利要求的内容为准,说明书及附图可以用于解释权利要求的内容。

外观设计专利权的保护范围以表示在图片或者照片中的该产品的外观设计为准,简要说明可以用于解释图片或者照片所表示的该产品的外观设计。

◎ 《最高人民法院关于审理侵犯专利权纠纷案件应用法律若干问题的解释》

第二条 人民法院应当根据权利要求的记载,结合本领域普通技术人员阅读说明书及附图后对权利要求的理解,确定专利法第五十九条第一款规定的权利要求的内容。

第三条 人民法院对于权利要求,可以运用说明书及附图、权利要求书中的相关权利要求、专利审查档案进行解释。说明书对权利要求用语有特别界定的,从其特别界定。

以上述方法仍不能明确权利要求含义的,可以结合工具书、教科书等公知文献以及本领域普通技术人员的通常理解进行解释。

◎ 《中华人民共和国专利法实施细则》

第十七条 发明或者实用新型专利申请的说明书应当写明发明或者实用新型的名称,该名称应当与请求书中的名称一致。说明书应当包括下列内容:

(一)技术领域:写明要求保护的技术方案所属的技术领域;

(二)背景技术:写明对发明或者实用新型的理解、检索、审查有用的背景技术;有可能的,并引证反映这些背景技术的文件;

(三)发明内容:写明发明或者实用新型所要解决的技术问题以及解决其技术问题采用的技术方案,并对照现有技术写明发明或者实用新型的有益效果;

(四)附图说明:说明书有附图的,对各幅附图作简略说明;

(五)具体实施方式:详细写明申请人认为实现发明或者实用新型的优选方式;必要时,举例说明;有附图的,对照附图。

发明或者实用新型专利申请人应当按照前款规定的方式和顺序撰写说明书,并在说明书每一部分前面写明标题,除非其发明或者实用新型的性质用其他方式或者顺序撰写能节约说明书的篇幅并使他人能够准确理解其发明或者实用新型。

发明或者实用新型说明书应当用词规范、语句清楚,并不得使用"如权利要求……所述的……"一类的引用语,也不得使用商业性宣传用语。

发明专利申请包含一个或者多个核苷酸或者氨基酸序列的,说明书应当包括符合国务院专利行政部门规定的序列表。申请人应当将该序列表作为说明书的一个单独部分提交,并按照国务院专利行政部门的规定提交该序列表的计算机可读形式的副本。

实用新型专利申请说明书应当有表示要求保护的产品的形状、构造或者其结合的附图。

第十九条　权利要求书应当记载发明或者实用新型的技术特征。

权利要求书有几项权利要求的,应当用阿拉伯数字顺序编号。

权利要求书中使用的科技术语应当与说明书中使用的科技术语一致,可以有化学式或者数学式,但是不得有插图。除绝对必要的外,不得使用"如说明书……部分所述"或者"如图……所示"的用语。

权利要求中的技术特征可以引用说明书附图中相应的标记,该标记应当放在相应的技术特征后并置于括号内,便于理解权利要求。附图标记不得解释为对权利要求的限制。

第二十条　权利要求书应当有独立权利要求,也可以有从属权利要求。

独立权利要求应当从整体上反映发明或者实用新型的技术方案,记载解决技术问题的必要技术特征。

从属权利要求应当用附加的技术特征,对引用的权利要求作进一步限定。

第二十一条　发明或者实用新型的独立权利要求应当包括前序部分和特征部分,按照下列规定撰写:

(一)前序部分:写明要求保护的发明或者实用新型技术方案的主题名称和发明或者实用新型主题与最接近的现有技术共有的必要技术特征;

(二)特征部分:使用"其特征是……"或者类似的用语,写明发明或者实用新型区别于最接近的现有技术的技术特征。这些特征和前序部分写明的特征合在一起,限定发明或者实用新型要求保护的范围。

发明或者实用新型的性质不适于用前款方式表达的,独立权利要求可以用其他方式撰写。

一项发明或者实用新型应当只有一个独立权利要求,并写在同一发明或者实用新型的从属权利要求之前。

第二十二条　发明或者实用新型的从属权利要求应当包括引用部分和限定部分,按照下列规定撰写:

(一)引用部分:写明引用的权利要求的编号及其主题名称;

(二)限定部分:写明发明或者实用新型附加的技术特征。

从属权利要求只能引用在前的权利要求。引用两项以上权利要求的多项从属权利要求,只能以择一方式引用在前的权利要求,并不得作为另一项多项从属权利要求的基础。

故意仿冒老字号,侵权行为赖不掉

随着商业文明的发展,我国有一批品质极佳的老字号商品。如我们比较熟知的医药老店——同仁堂、绸布老店——瑞蚨祥和布鞋老店——内联升等等。这些老字号店经过几代从业者的艰苦奋斗才能够延续下来,均具有极高的知名度和极好的声誉。一些不法商家便产生了搭便车、傍名牌的想法,注册与老字号相同或近似的商标,引起消费者的混淆,从而获利。此行为与《中华人民共和国商标法》《中华人民共和国反不正当竞争法》及相关法律的基本目的相悖,应当依法受到严厉打击。

案例介绍

2016年5月20日,最高人民法院发布了指导案例58号《成都同德福合川桃片有限公司诉重庆市合川区同德福桃片有限公司、余晓华侵害商标权及不正当竞争纠纷案》。

一、"恶人"先告状,法院展立场

原告(反诉被告)成都同德福合川桃片食品有限公司(以下简称"成都同德福公司")诉称,成都同德福公司为"同德福 TONGDEFU 及图"商标权人,余晓华先后成立的个体工商户和重庆市合川区同德福桃片有限公司(以下简称"重庆同德福公司"),在其字号及生产的桃片外包装上突出使用了"同德福",侵害了原告享有的"同德福 TONGDEFU 及图"注册商标专用权,并构成不正当竞争。请求法院判令重庆同德福公司、余晓华停止使用并注销含有"同德福"字号的企业名称;停止侵犯原告商标专用权的行为,登报赔礼道歉、消除影响,赔偿原告经济、商誉损失50万元及合理开支5066.4元。

被告(反诉原告)重庆同德福公司、余晓华共同答辩并反诉称,重庆同德福公司的前身为始创于1898年的同德福斋铺,虽然同德福斋铺因公私合营而停止生产,但未中断独特技艺的代代相传。"同德福"第四代传人余晓华继承祖业先后注册了个体工商户和公司,规范使用其企业名称及字号,重庆同德福公司、余晓华的注册行为是善意的,不构成侵权。成都同德福公司与老字号"同德福"并没有直接的历史渊源,但其将"同德福"商标与老字号"同德福"进行关联的宣传,属于虚假宣传。而且,成都同德福公司擅自使用"同德福"知名商品名称,构成不正当竞争。请求法院判令成都同德福公司停止虚假宣传,在全国性报纸上登报消除影响;停止对"同德福"知名商品特有名称的侵权行为。

法院经审理查明:开业于1898年的同德福斋铺,在1916年至1956年期间,先后由余鸿春、余复光、余永祚三代人经营。在20世纪20年代至50年代期间,"同德福"商号享有较高知名度。1956年,由于公私合营,同德福斋铺停止经营。1998年,合川市桃片厂温江分厂获准注册了第1215206号"同德福TONGDEFU及图"商标,核定使用范围为第30类,即糕点、桃片(糕点)、可可产品、人造咖啡。2000年11月7日,前述商标的注册人名义经核准变更为成都同德福公司。成都同德福公司的多种产品外包装使用了"老字号""百年老牌"字样、"'同德福牌'桃片简介:'同德福牌'桃片创制于清乾隆年间(或1840年),有着悠久的历史文化"等字样。成都同德福公司网站中"公司简介"页面将《合川文史资料选辑(第二辑)》中关于同德福斋铺的历史用于其"同德福"牌合川桃片的宣传。

2002年1月4日,余永祚之子余晓华注册个体工商户,字号名称为合川市老字号同德福桃片厂,经营范围为桃片、小食品自产自销。2007年,其字号名称变更为重庆市合川区同德福桃片厂,后注销。2011年5月6日,重庆同德福公司成立,法定代表人为余晓华,经营范围为糕点(烘烤类糕点、熟粉类糕点)生产,该公司是第6626473号"余复光1898"图文商标、第7587928号"余晓华"图文商标的注册商标专用权人。重庆同德福公司的多种产品外包装使用了"老字号【同德福】商号,始创于清光绪23年历史悠久"等介绍同德福斋铺历史及获奖情况的内容,部分产品在该段文字后注明"以上文字内容摘自《合川县志》";"【同德福】颂:同德福,在合川,驰名远,开百年,做桃片,四代传,品质高,价亦廉,讲诚信,无欺言,买卖公,热情谈";"合川桃片""重庆市合川区同德福桃片有限公司"等字样。

二、偷鸡不成蚀把米,法院判决申正义

重庆市第一中级人民法院于2013年7月3日作出(2013)渝一中法民初字第00273号民事判决:一、成都同德福公司立即停止涉案的虚假宣传行为。二、成都同德福公司就其虚假宣传行为于本判决生效之日起连续五日在其网站刊登声明消除影响。三、驳回成都同德福公司的全部诉讼请求。四、驳回重庆同德福公司、余晓华的其他反诉请求。一审判决后,成都同德福公司不服,提起上诉。重庆高级人民法院于2013年12月17日作出(2013)渝高法民终字00292号民事判决,判决驳回上诉,维持原判。

争议与问题

原告享有"老字号"的在先商标权,与"老字号"具有关联关系的被告对外宣传使用"老字号"商标是否构成商标权侵权?

原告虽享有"老字号"的在先商标权,但与真正老字号公司完全没有关联,且对外宣称其产品来源指向老字号公司,是否构成虚假宣传?

案例分析

一、原告享有"老字号"的在先商标权，与"老字号"具有关联关系的被告对外宣传使用"老字号"商标是否构成商标权侵权？

原告成都同德福公司于 2000 年 11 月 7 日通过合法途径取得第 1215206 号"同德福 TONGDEFU 及图"商标，核定使用范围为第 30 类，即糕点、桃片（糕点）、可可产品、人造咖啡。其在产品上标明该商标属于合理使用，没有任何违法行为。

被告重庆同德福公司和余晓华在产品外包装使用了"老字号【同德福】商号，始创于清光绪 23 年历史悠久"等介绍同德福斋铺历史及获奖情况的内容，部分产品在该段文字后注明"以上文字内容摘自《合川县志》"；"【同德福】颂：同德福，在合川，驰名远，开百年，做桃片，四代传，品质高，价亦廉，讲诚信，无欺言，买卖公，热情谈"；"合川桃片""重庆市合川区同德福桃片有限公司"等字样。

根据上述情况介绍，看似被告侵犯了原告成都同德福的商标专用权，但值得注意的是，经法院查明，开业于 1898 年的同德福斋铺，在 1916 年至 1956 年期间，先后由余鸿春、余复光、余永祚三代人经营。在 20 世纪 20 年代至 50 年代期间，"同德福"商号享有较高知名度。1956 年，由于公私合营，同德福斋铺停止经营。被告余晓华系余复光之孙、余永祚之子，同德福斋铺的商号曾经获得良好的知名度，且同德福斋铺经营者与被告有直系亲属关系，被告将个体工商户字号登记为"同德福"具有合理性。余晓华登记个体工商户字号的行为是善意的，并未违反诚实信用原则，不构成不正当竞争。另外，从被告产品的外包装看，重庆同德福公司使用的是企业全称，标注在外包装正面底部，"同德福"三字位于企业全称之中，与整体保持一致，没有以简称等形式单独突出使用，也没有为突出显示而采取任何变化，且整体文字大小、字形、颜色与其他部分相比不突出。因此，此行为系企业名称的规范使用，不构成突出使用字号，也不构成侵犯商标权。

二、原告虽享有"老字号"的在先商标权，但与真正老字号公司完全没有关联，且对外宣称其产品来源指向老字号公司，是否构成虚假宣传？

该案件中，被告提出反诉。经法院审理查明，原告（反诉被告）成都同德福公司在网站上登载的部分"同德福牌"桃片的历史及荣誉，与史料记载的同德福斋铺的历史及荣誉一致，且在网站上标注了史料来源，但并未举证证明其与同德福斋铺存在何种关系。此外，成都同德福公司还在其产品外包装表明其为"百年老牌""老字号""创始于清朝乾隆年间"等字样，而其"同德福 TONGDEFU 及图"商标的核准时间为 1998 年，就其采取前述标注行为的依据，也没有举证证明。成都同德福公司的前述行为与事实不符，容易使消费者对于其品牌的起源、历史及其与同德福斋铺的关系产生误解，进而取得竞争上的优势，构成虚假宣传，应当承担停止侵权、消除影响的民事责任。

律师支招

一、"老字号"企业应当注重商标专用权申请

"老字号"企业往往都是经过几代人的艰苦卓绝的努力才延续至今,均具有极高的知名度。在此种情况下,经营者应当积极申请与"老字号"相同或包含"老字号"的商标,如果有在先权利商标,可以试着通过转让的形式获得商标专用权。例如本案,如果"同德福"商标在被告重庆同德福公司名下,则不会产生侵犯别人商标专用权的嫌疑。

二、应当积极制止搭便车行为,防止淡化商标价值

"老字号"具有极高的知名度,其他不法经营者可能借用与"老字号"相同或近似商标标明自己产品,或是通过虚假宣传试图误导消费者。这样的行为均违反了《中华人民共和国商标法》和《中华人民共和国反不正当竞争法》的规定,淡化了知名商标的商业价值,对"老字号"企业损害极大,应当建立市场监控机制,一旦发现,立即制止。

必懂知识点

商标权人的权利

商标权人的权利主要有注册商标的专有使用权、禁止权、许可权、转让权等内容。

(一)专有使用权

专有使用权是商标权最重要的内容,是商标权中最基本的核心权利。商标权人可在核定的商品上独占性地使用核准的商标,并通过使用获得其他合法权益。

专有使用权具有相对性,只能在法律规定的范围内使用。我国商标法第五十六条规定:"注册商标的专用权,以核准注册的商标和核定使用的商品为限。"即注册商标只能在注册时所核定的商品或者服务项目上使用,而不及于类似的商品或者服务项目。商标权人也不得擅自改变构成注册商标的标志,也不能使用与注册商标近似的商标。

(二)禁止权

禁止权是指注册商标所有人有权禁止他人未经其许可,在同一种或者类似商品或服务项目上使用与其注册商标相同或近似的商标。商标权具有与财产所有权相同的属性,即不受他人干涉的排他性,其具体表现为禁止他人非法使用、印制注册商标及其他侵权行为。由此可见,专有使用权和禁止权是商标权的两个方面。

专有使用权和禁止权的区别在于两者之间有着不同的效力范围。专有使用权涉及的是注册人使用注册商标的问题,禁止权涉及的是对抗他人未经其许可擅自使用注册商标的问题。根据我国商标法的规定,注册人的专有使用权以核准注册的商标和核定使用的商品为

限。这就是说,注册人行使专有使用权时受到两方面限制:第一,只限于商标主管机关核定使用的商品,而不能用于其他类似的商品;第二,只限于商标主管机关核准注册的文字、图形,而不能超出核准范围使用近似的文字、图形。但是,禁止权的效力范围则不同,注册人对他人未经许可在同一种商品或类似商品上使用与其注册商标相同或近似的商标,均享有禁止权。这就是说,禁止权的效力涉及以下四种情形:第一,在同一种商品上使用相同的商标;第二,在同一种商品上使用近似商标;第三,在类似商品上使用相同商标;第四,在类似商品上使用近似商标。

(三)许可权

许可权是指注册商标所有人通过签订许可使用合同,许可他人使用其注册商标的权利。许可使用是商标权人行使其权利的一种方式。许可人是注册商标所有人,被许可人根据合同约定,支付商标使用费后在合同约定的范围和时间内有权使用该注册商标。实质上,注册商标许可制度对于企业发展横向联合,发挥优势,扩大名牌商品生产,活跃流通,满足消费者需要,提高社会经济效益,具有积极的意义。

(四)转让权

转让,是指注册商标所有人按照一定的条件,依法将其商标权转让给他人所有的行为。转让商标权是商标所有人行使其权利的一种方式,商标权转让后,受让人取得注册商标所有权,原来的商标权人丧失商标专用权,即商标权从一主体转移到另一主体。转让注册商标,应由双方当事人签订书面合同,并应共同向商标局提出申请,经商标局核准公告后方为有效。

必知法规

◎ 《中华人民共和国商标法》

第七条 申请注册和使用商标,应当遵循诚实信用原则。

商标使用人应当对其使用商标的商品质量负责。各级工商行政管理部门应当通过商标管理,制止欺骗消费者的行为。

第十条 下列标志不得作为商标使用:

(一)同中华人民共和国的国家名称、国旗、国徽、国歌、军旗、军徽、军歌、勋章等相同或者近似的,以及同中央国家机关的名称、标志、所在地特定地点的名称或者标志性建筑物的名称、图形相同的;

(二)同外国的国家名称、国旗、国徽、军旗等相同或者近似的,但经该国政府同意的除外;

(三)同政府间国际组织的名称、旗帜、徽记等相同或者近似的,但经该组织同意或者不易误导公众的除外;

（四）与表明实施控制、予以保证的官方标志、检验印记相同或者近似的,但经授权的除外；

（五）同"红十字"、"红新月"的名称、标志相同或者近似的；

（六）带有民族歧视性的；

（七）带有欺骗性,容易使公众对商品的质量等特点或者产地产生误认的；

（八）有害于社会主义道德风尚或者有其他不良影响的。

县级以上行政区划的地名或者公众知晓的外国地名,不得作为商标。但是,地名具有其他含义或者作为集体商标、证明商标组成部分的除外；已经注册的使用地名的商标继续有效。

第三十条　申请注册的商标,凡不符合本法有关规定或者同他人在同一种商品或者类似商品上已经注册的或者初步审定的商标相同或者近似的,由商标局驳回申请,不予公告。

第五十七条　有下列行为之一的,均属侵犯注册商标专用权:

（一）未经商标注册人的许可,在同一种商品上使用与其注册商标相同的商标的；

（二）未经商标注册人的许可,在同一种商品上使用与其注册商标近似的商标,或者在类似商品上使用与其注册商标相同或者近似的商标,容易导致混淆的；

（三）销售侵犯注册商标专用权的商品的；

（四）伪造、擅自制造他人注册商标标识或者销售伪造、擅自制造的注册商标标识的；

（五）未经商标注册人同意,更换其注册商标并将该更换商标的商品又投入市场的；

（六）故意为侵犯他人商标专用权行为提供便利条件,帮助他人实施侵犯商标专用权行为的；

（七）给他人的注册商标专用权造成其他损害的。

◎ 《中华人民共和国反不正当竞争法》

第二条　经营者在生产经营活动中,应当遵循自愿、平等、公平、诚信的原则,遵守法律和商业道德。

本法所称的不正当竞争行为,是指经营者在生产经营活动中,违反本法规定,扰乱市场竞争秩序,损害其他经营者或者消费者的合法权益的行为。

本法所称的经营者,是指从事商品生产、经营或者提供服务（以下所称商品包括服务）的自然人、法人和非法人组织。

第六条　经营者不得实施下列混淆行为,引人误认为是他人商品或者与他人存在特定联系:

（一）擅自使用与他人有一定影响的商品名称、包装、装潢等相同或者近似的标识；

（二）擅自使用他人有一定影响的企业名称（包括简称、字号等）、社会组织名称（包括简称等）、姓名（包括笔名、艺名、译名等）；

（三）擅自使用他人有一定影响的域名主体部分、网站名称、网页等；

（四）其他足以引人误认为是他人商品或者与他人存在特定联系的混淆行为。

第八条　经营者不得对其商品的性能、功能、质量、销售状况、用户评价、曾获荣誉等作虚假或者引人误解的商业宣传,欺骗、误导消费者。

经营者不得通过组织虚假交易等方式,帮助其他经营者进行虚假或者引人误解的商业宣传。

外观设计需创新,整体效果判相近

外观设计也属于专利权的一种,但比较特殊。它不仅可以受到专利法保护,作为某种美学思想的表述,还可以受到版权法的保护;当它在市场上获得显著性或第二含义后,又可以作为商标得到商标法的保护,或作为商品外观得到反不正当竞争法的保护。但不同法律对外观设计保护的侧重点是不同的,本文仅讨论外观设计作为一种专利权受专利法保护的情形。

案例介绍

2017年3月6日,最高人民法院发布了指导案例85号《高仪股份公司诉浙江健龙卫浴有限公司侵害外观设计专利权纠纷案》。

高仪股份公司(以下简称"高仪公司")为"手持淋浴喷头(No.A4284410X2)"外观设计专利的权利人,该外观设计专利现合法有效。2012年11月,高仪公司以浙江健龙卫浴有限公司(以下简称"健龙公司")生产、销售和许诺销售的丽雅系列等卫浴产品侵害其"手持淋浴喷头"外观设计专利权为由提起诉讼,请求法院判令健龙公司立即停止被诉侵权行为,销毁库存的侵权产品及专用于生产侵权产品的模具,并赔偿高仪公司经济损失20万元。经一审庭审比对,健龙公司被诉侵权产品与高仪公司涉案外观设计专利的相同之处为:二者属于同类产品,从整体上看,二者均是由喷头头部和手柄两个部分组成,被诉侵权产品头部出水面的形状与涉案专利相同,均表现为出水孔呈放射状分布在两端圆、中间长方形的区域内,边缘呈圆弧状。两者的不同之处为:1.被诉侵权产品的喷头头部四周为斜面,从背面向出水口倾斜,而涉案专利主视图及左视图中显示其喷头头部四周为圆弧面;2.被诉侵权产品头部的出水面与面板间仅由一根线条分隔,涉案专利头部的出水面与面板间由两条线条构成的带状分隔;3.被诉侵权产品头部出水面的出水孔分布方式与涉案专利略有不同;4.涉案专利的手柄上有长椭圆形的开关设计,被诉侵权产品没有;5.涉案专利的喷头头部与手柄的连接虽然有一定的斜角,但角度很小,几乎为直线形连接,被诉侵权产品头部与手柄的连接产生的斜角角度较大;6.从涉案专利的仰视图看,手柄底部为圆形,被诉侵权产品仰视的底部为曲面扇形,涉案专利手柄下端为圆柱体,向与头部连接处方向逐步收缩压扁呈扁椭圆体,被诉侵权产品的手柄下端为扇面柱体,且向与喷头连接处过渡均为扇面柱体,过渡中的手柄中段有弧度的突起;7.被诉侵权产品的手柄底端有一条弧形的装饰线,将手柄底端与产品的背面连成一体,涉案专利的手柄底端没有这样的设计;8.涉案专利喷头头部和手柄的长度比例与被诉侵权产品有所差别,两者的头部与手柄的连接处弧面亦有差别。

浙江省台州市中级人民法院于 2013 年 3 月 5 日作出(2012)浙台知民初字第 573 号民事判决,驳回高仪公司诉讼请求。高仪公司不服,提起上诉。浙江省高级人民法院于 2013 年 9 月 27 日作出(2013)浙知终字第 255 号民事判决:1.撤销浙江省台州市中级人民法院(2012)浙台知民初字第 573 号民事判决;2.健龙公司立即停止制造、许诺销售、销售侵害高仪公司"手持淋浴喷头"外观设计专利权的产品的行为,销毁库存的侵权产品;3.健龙公司赔偿高仪公司经济损失(含高仪公司为制止侵权行为所支出的合理费用)人民币 10 万元;4.驳回高仪公司的其他诉讼请求。健龙公司不服,提起再审申请。最高人民法院于 2015 年 8 月 11 日作出(2015)民提字第 23 号民事判决:1.撤销二审判决;2.维持一审判决。

争议与问题

如何判断被诉侵权产品外观设计与涉案授权外观设计是否相同或者近似?

案例分析

《中华人民共和国专利法》第五十九条第二款规定:"外观设计专利权的保护范围以表示在图片或者照片中的该产品的外观设计为准,简要说明可以用于解释图片或者照片所表示的该产品的外观设计。"《最高人民法院关于审理侵犯专利权纠纷案件应用法律若干问题的解释》第八条规定:"在与外观设计专利产品相同或者相近种类产品上,采用与授权外观设计相同或者近似的外观设计的,人民法院应当认定被诉侵权设计落入专利法第五十九条第二款规定的外观设计专利权的保护范围";第十条规定:"人民法院应当以外观设计专利产品的一般消费者的知识水平和认知能力,判断外观设计是否相同或者近似。"

本案中,被诉侵权产品与涉案外观设计专利产品相同,均为淋浴喷头类产品,因此,本案的关键问题是对于一般消费者而言,被诉侵权产品外观设计与涉案授权外观设计是否相同或者近似,具体涉及以下四个问题。

一、关于涉案授权外观设计的设计特征

外观设计专利制度的立法目的在于保护具有美感的创新性工业设计方案,一项外观设计应当具有区别于现有设计的可识别性创新设计才能获得专利授权,该创新设计即是授权外观设计的设计特征。通常情况下,外观设计与现有设计相比具有不相同也不近似的设计内容,正是这部分设计内容使得该授权外观设计具有创新性,从而满足专利法第二十三条所规定的实质性授权条件;不属于现有设计也不存在抵触申请,并且与现有设计或者现有设计特征的组合相比具有明显区别。对于该部分设计内容的描述即构成授权外观设计的设计特征,其体现了授权外观设计不同于现有设计的创新内容,也体现了设计人对现有设计的创造

性贡献。由于设计特征的存在,一般消费者容易将授权外观设计区别于现有设计,因此,其对外观设计产品的整体视觉效果具有显著影响,如果被诉侵权设计未包含授权外观设计区别于现有设计的全部设计特征,一般可以推定被诉侵权设计与授权外观设计不近似。

对于设计特征的认定,一般来说,专利权人可能将设计特征记载在简要说明中,也可能会在专利授权确权或者侵权程序中对设计特征作出相应陈述。根据"谁主张、谁举证"的证据规则,专利权人应当对其所主张的设计特征进行举证。另外,授权确权程序的目的在于对外观设计是否具有专利性进行审查,因此,该过程中有关审查文档的相关记载对确定设计特征有着重要的参考意义。理想状态下,对外观设计专利的授权确权,应当是在对整个现有设计检索后的基础上确定对比设计来评判其专利性,但是,由于检索数据库的限制、无效宣告请求人检索能力的局限等原因,授权确权程序中有关审查文档所确定的设计特征可能不是在穷尽整个现有设计的检索基础上得出的,因此,无论是专利权人举证证明的设计特征,还是通过授权确权有关审查文档记载确定的设计特征,如果第三人提出异议,都应当允许其提供反证予以推翻。人民法院在听取各方当事人质证意见的基础上,对证据进行充分审查,依法确定授权外观设计的设计特征。

本案中,专利权人高仪公司主张跑道状的出水面为涉案授权外观设计的设计特征,健龙公司对此不予认可。对此,法院生效裁判认为,首先,涉案授权外观设计没有简要说明记载其设计特征,高仪公司在二审诉讼中提交了12份淋浴喷头产品的外观设计专利文件,其中7份记载的公告日早于涉案专利的申请日,其所附图片表示的外观设计均未采用跑道状的出水面。在针对涉案授权外观设计的无效宣告请求审查程序中,专利复审委员会作出第17086号决定,认定涉案授权外观设计与最接近的对比设计证据1相比:"从整体形状上看,与在先公开的设计相比,本专利喷头及其各面过渡的形状、喷头正面出水区域的设计以及喷头宽度与手柄直径的比例具有较大差别,上述差别均是一般消费者容易关注的设计内容",即该决定认定喷头出水面形状的设计为涉案授权外观设计的设计特征之一。其次,健龙公司虽然不认可跑道状的出水面为涉案授权外观设计的设计特征,但是在本案一、二审诉讼中其均未提交相应证据证明跑道状的出水面为现有设计。本案再审审查阶段,健龙公司提交第200630113512.5号淋浴喷头外观设计专利视图拟证明跑道状的出水面已被现有设计所公开,经审查,该外观设计专利公告日早于涉案授权外观设计申请日,可以作为涉案授权外观设计的现有设计,但是其主视图和使用状态参考图所显示的出水面两端呈矩形而非呈圆弧形,其出水面并非跑道状。因此,对于健龙公司关于跑道状出水面不是涉案授权外观设计的设计特征的再审申请理由,再审法院不予支持。

二、关于涉案授权外观设计产品正常使用时容易被直接观察到的部位

认定授权外观设计产品正常使用时容易被直接观察到的部位,应当以一般消费者的视角,根据产品用途,综合考虑产品的各种使用状态得出。本案中,首先,涉案授权外观设计是淋浴喷头产品外观设计,淋浴喷头产品由喷头、手柄构成,二者在整个产品结构中所占空间比例相差不大。淋浴喷头产品可以手持,也可以挂于墙上使用,在其正常使用状态下,对于

一般消费者而言,喷头、手柄及其连接处均是容易被直接观察到的部位。其次,第17086号决定认定在先申请的设计证据2与涉案授权外观设计采用了同样的跑道状出水面,但是基于涉案授权外观设计的"喷头与手柄成一体,喷头及其与手柄连接的各面均为弧面且喷头前倾,此与在先申请的设计相比具有较大的差别,上述差别均是一般消费者容易关注的设计内容",认定二者属于不相同且不相近似的外观设计。可见,淋浴喷头产品容易被直接观察到的部位并不仅限于其喷头头部出水面,在对淋浴喷头产品外观设计的整体视觉效果进行综合判断时,其喷头、手柄及其连接处均应作为容易被直接观察到的部位予以考虑。

三、关于涉案授权外观设计手柄上的推钮是否为功能性设计特征

外观设计的功能性设计特征是指那些在外观设计产品的一般消费者看来,由产品所要实现的特定功能这一因素唯一决定而不考虑美学因素的特征。通常情况下,设计人在进行产品外观设计时,会同时考虑功能因素和美学因素。在实现产品功能的前提下,遵循人文规律和法则对产品外观进行改进,即产品必须首先实现其功能,其次还要在视觉上具有美感。具体到一项外观设计的某一特征,大多数情况下均兼具功能性和装饰性,设计者会在能够实现特定功能的多种设计中选择一种其认为最具美感的设计,而仅由特定功能唯一决定的设计只有在少数特殊情况下存在。因此,外观设计的功能性设计特征包括两种:一是实现特定功能的唯一设计;二是实现特定功能的多种设计之一,但是该设计仅由所要实现的特定功能决定而与美学因素的考虑无关。对功能性设计特征的认定,不在于该设计是否因功能或技术条件的限制而不具有可选择性,而在于外观设计产品的一般消费者看来该设计是否仅仅由特定功能所决定,而不需要考虑该设计是否具有美感。一般而言,功能性设计特征对于外观设计的整体视觉效果不具有显著影响;而功能性与装饰性兼具的设计特征对整体视觉效果的影响需要考虑其装饰性的强弱,装饰性越强,对整体视觉效果的影响相对较大,反之则相对较小。

本案中,涉案授权外观设计与被诉侵权产品外观设计的区别之一在于后者缺乏前者在手柄位置上具有的一类跑道状推钮设计。推钮的功能是控制水流开关,是否设置推钮这一部件是由是否需要在淋浴喷头产品上实现控制水流开关的功能所决定的,但是,只要在淋浴喷头手柄位置设置推钮,该推钮的形状就可以有多种设计。当一般消费者看到淋浴喷头手柄上的推钮时,自然会关注其装饰性,考虑该推钮设计是否美观,而不是仅仅考虑该推钮是否能实现控制水流开关的功能。涉案授权外观设计的设计者选择将手柄位置的推钮设计为类跑道状,其目的也在于与其跑道状的出水面相协调,增加产品整体上的美感。因此,二审判决认定涉案授权外观设计中的推钮为功能性设计特征,适用法律错误,再审法院予以了纠正。

四、关于被诉侵权产品外观设计与涉案授权外观设计是否构成相同或者近似

《最高人民法院关于审理侵犯专利权纠纷案件应用法律若干问题的解释》第十一条规

定,认定外观设计是否相同或者近似时,应当根据授权外观设计、被诉侵权设计的设计特征,以外观设计的整体视觉效果进行综合判断;对于主要由技术功能决定的设计特征,应当不予考虑。产品正常使用时容易被直接观察到的部位相对于其他部位、授权外观设计区别于现有设计的设计特征相对于授权外观设计的其他设计特征,通常对外观设计的整体视觉效果更具有影响。

本案中,被诉侵权产品外观设计与涉案授权外观设计相比,其出水孔分布在喷头正面跑道状的区域内,虽然出水孔的数量及其在出水面两端的分布与涉案授权外观设计存在些许差别,但是总体上,被诉侵权产品采用了与涉案授权外观设计高度近似的跑道状出水面设计。关于两者的区别设计特征,一审法院归纳了八个方面,对此双方当事人均无异议。对于这些区别设计特征,首先,如前所述,第17086号决定认定涉案外观设计专利的设计特征有三点:一是喷头及其各面过渡的形状,二是喷头出水面形状,三是喷头宽度与手柄直径的比例。除喷头出水面形状这一设计特征之外,喷头及其各面过渡的形状、喷头宽度与手柄直径的比例等设计特征也对产品整体视觉效果产生显著影响。虽然被诉侵权产品外观设计采用了与涉案授权外观设计高度近似的跑道状出水面,但是,在喷头及其各面过渡的形状这一设计特征上,涉案授权外观设计的喷头、手柄及其连接各面均呈圆弧过渡,而被诉侵权产品外观设计的喷头、手柄及其连接各面均为斜面过渡,从而使得二者在整体设计风格上呈现明显差异。另外,对于非设计特征之外的被诉侵权产品外观设计与涉案授权外观设计相比的区别设计特征,只要其足以使两者在整体视觉效果上产生明显差异,也应予以考虑。其次,淋浴喷头产品的喷头、手柄及其连接处均为其正常使用时容易被直接观察到的部位,在对整体视觉效果进行综合判断时,在上述部位上的设计均应予以重点考查。具体而言,涉案授权外观设计的手柄上设置有一类跑道状推钮,而被诉侵权产品无此设计,因该推钮并非功能性设计特征,推钮的有无这一区别设计特征会对产品的整体视觉效果产生影响;涉案授权外观设计的喷头与手柄连接产生的斜角角度较小,而被诉侵权产品的喷头与手柄连接产生的斜角角度较大,从而使得两者在左视图上呈现明显差异。正是由于被诉侵权产品外观设计未包含涉案授权外观设计的全部设计特征,以及被诉侵权产品外观设计与涉案授权外观设计在手柄、喷头与手柄连接处的设计等区别设计特征,使得两者在整体视觉效果上呈现明显差异,两者既不相同也不近似,被诉侵权产品外观设计未落入涉案外观设计专利权的保护范围。二审判决仅重点考虑了涉案授权外观设计跑道状出水面的设计特征,而对于涉案授权外观设计的其他设计特征,以及淋浴喷头产品正常使用时其他容易被直接观察到的部位上被诉侵权产品外观设计与涉案授权外观设计专利的区别设计特征未予考虑,认定两者构成近似,适用法律错误。

律师支招

一、外观设计需功能性与装饰性兼具

外观设计属于专利权的一种,但与发明和实用新型完全不同,即外观设计不是技术方

案。我国专利法第二条第四款规定:"外观设计,是指对产品的形状、图案或者其结合以及色彩与形状、图案的结合所作出的富有美感并适于工业应用的新设计。"申请外观设计,必须具备以下要求:(1)必须是对产品的外表所作的设计;(2)是指形状、图案、色彩或其他结合的设计;(3)必须适用于工业上的应用;(4)必须富有美感。

分析外观设计时,一般考虑两个因素,即功能性因素和装饰性因素。功能性因素是指那些在外观设计产品的一般消费者看来,由产品所要实现的特定功能这一因素唯一决定而不考虑美学因素的特征。在此,重点是不考虑美学因素的特征,即功能性设计因素包括两种:一是实现特定功能的唯一设计;二是实现特定功能的多种设计之一,但是该设计仅由所要实现的特定功能决定而与美学因素的考虑无关。在判断外观设计与现有设计近不近似时,主要考虑装饰性因素,装饰性因素越强,对整体视觉效果的影响越大,反之则越小。对于主要由技术功能决定的设计特征,应当不予考虑。

二、属于同类或类似产品是进行外观设计侵权判定的前提

外观设计专利侵权判定中,应当首先审查被控侵权产品与专利产品是否属于同类或类似产品。不属于同类或类似产品的,一般不构成侵犯外观设计专利权。这是外观设计与发明和实用新型的专利侵权判定完全不同的地方。

三、对"一般消费者"的解读

《最高人民法院关于审理侵犯专利权纠纷案件应用法律若干问题的解释》第十条规定:"人民法院应当以外观设计专利产品的一般消费者的知识水平和认知能力,判断外观设计是否相同或者近似。""一般消费者的知识水平和认知能力"指的是以普通消费者的眼光和审美观察能力为标准,不应当以该外观设计专利所属领域的专业设计人员的眼光和审美观察能力为标准。判断被控侵权产品与外观设计专利产品是否相同或者相似,不同水平的人、站在不同的立场上、用不同的眼光,可能会得出完全相反的结论。因此,在外观设计侵权判断时,必须用相同的尺度,统一的标准,这就是以普通消费者的眼光和水平为尺度。其原因在于外观设计专利保护的目的,在于防止不正当的竞争,防止抄袭、仿冒行为的发生,这就要求生产者在设计其产品的外观时,应当尽量与其他生产者的产品的外观区别开来,使消费者不致混淆、误认、误购。所以,从普通消费者的水平出发,判断产品外观设计是否相同或者相近似是较为合理的标准。

必懂知识点

当工业品的外观设计属于一项新的发明创造时,毫无疑问应当受到专利法的保护。许多国家,包括中国和美国,都赋予了外观设计以专利权的保护。《中华人民共和国专利法》第二条第一款规定:"本法所称的发明创造是指发明、实用新型和外观设计。"美国专利法第十六章也专门规定了对于外观设计专利的保护,与发明专利和植物专利相并立。

根据《中华人民共和国专利法》第二条第四款，外观设计是指"对产品的形状、图案或者其结合以及色彩与形状、图案的结合所作出的富有美感并适于工业应用的新设计"。

外观设计是就产品的外表所作出的设计。所谓产品，就是人工制造出来的一切物品。美国有一个案例曾依据字典的定义说："产品是指人的双手利用原材料制成的任何物品，不论该物品是直接用手制成的，还是使用机器制成的。"产品实际上涵盖了除自然物之外的一切物品。

外观设计隐含了外观设计的工业实用性，即使用了某一外观设计或具有某一外观设计的产品是可以批量复制生产的。如果不能批量复制生产，不具有工业实用性，则不能申请专利。

外观设计是指形状、图案、色彩或其结合的设计。其中，形状是指三维产品的造型，如电视机、小汽车的外形。图案一般是指两维的平面设计，如床单、地毯的图案等。色彩可以是构成图案的成分，也可以是构成形状的部分。这样，外观设计可以是立体的造型，可以是平面的图案，可以辅以适当的色彩，还可以是三者的有机结合。

同时，外观设计还隐含着其必须富有美感。事实上，运用形状、图案、色彩对产品的外表进行装饰或设计，必然会为产品带来一定的美感。当然，对于外观设计中美感的要求不能定得太高。在美国1930年的一个案例中，申请人就一件混凝土搅拌器的外观设计提出专利申请，专利局以缺乏装饰性美感为由，驳回了申请。法院则推翻了专利局的决定，指出"对于外观设计专利中美感和装饰性的要求，不能定义为在美术品或艺术品中所见的美和装饰性"。法院认为，外观设计专利法的目的是鼓励人们尽可能消除许多机器或机械装置上不雅观和令人厌恶的特征。

必知法规

◎ 《中华人民共和国专利法》

第二条第四款 外观设计，是指对产品的形状、图案或者其结合以及色彩与形状、图案的结合所作出的富有美感并适于工业应用的新设计。

第五十九条第二款 外观设计专利权的保护范围以表示在图片或者照片中的该产品的外观设计为准，简要说明可以用于解释图片或者照片所表示的该产品的外观设计。

◎ 《最高人民法院关于审理侵犯专利权纠纷案件应用法律若干问题的解释》

第八条 在与外观设计专利产品相同或者相近种类产品上，采用与授权外观设计相同或者近似的外观设计的，人民法院应当认定被诉侵权设计落入专利法第五十九条第二款规定的外观设计专利权的保护范围。

第十条 人民法院应当以外观设计专利产品的一般消费者的知识水平和认知能力，判断外观设计是否相同或者近似。

第五部分
行政与国家赔偿案件

一审法院未查清事实作审判，上级法院发回重审

行政诉讼再审事由，是指由法律所规定的，由法院审查是否启动行政再审程序，从而对生效裁判进行重新审判的理由和依据。再审程序不是每一个案件必经的程序，也不是一般的审判程序，而是第一审、第二审以外的，不增加审级的特殊审判程序。人民法院的行政裁判生效后，为了保护司法的权威性，终局判决非经正当程序不能予以变更或撤销。然而，终局判决也可能存在错误，损害当事人的合法权益。有损害，就应当有救济。行政再审程序就是为了纠正生效裁判的错误，救济当事人合法权益而设立的正当程序。由于是对已经发生法律效力的裁判的否定，这就意味将破坏已经稳定的法律关系。因此，为了保持法律裁判的稳定性和权威性，作为一种事后的补救程序，就要求该程序的启动应有严格的限制。于是，再审事由便应运而生。

再审事由不同于一审的起诉理由，当事人的起诉理由，只要符合起诉的形式要件就可启动一审程序。而再审事由是启动再审程序的实质性理由，法院有权对再审事由进行审查并决定是否再审。再审事由与上诉事由也不同，由于二审程序只是普通的救济程序，对上诉事由没有严格的要求，只要当事人对一审判决不服，符合上诉的形式要件，法院就应当启动二审程序。而再审程序是一种非常规的特殊救济手段，因此必须要有法定的再审事由才能启动。

案例介绍

一、创立分公司开展业务，总公司要求撤销登记

2010年9月，佳立公司A省分公司负责人向立向B市工商行政管理局递交佳立公司B分公司的设立登记申请书。经审查，B市工商行政管理局于2010年10月核准了佳立公司B分公司的设立登记，佳立公司B分公司主要以承接公共工程为主，并且以佳立公司的名义承接了众多城市重点工程，在B市地区小有名气。然而，2013年11月，佳立公司向B市某区人民法院提起诉讼，请求人民法院撤销B市工商行政管理局对佳立公司B分公司的设立登记，佳立公司总公司认为向立系伪造公司印鉴，总公司对佳立公司B分公司的经营状况一概不知。在诉讼过程中，佳立公司以现有证据不能及时收集为由，撤回了起诉。2015年7月，佳立公司再次向B市某区人民法院提起诉讼，请求撤销B市工商行政管理局作出的核准"佳立公司B分公司"成立的注册登记行为。

二、破产清算人代替参加诉讼,行政机关不服申请再审

人民法院再次受理该案件之后不久,佳立公司被宣布破产,新立破产清算事务所代表佳立公司参加了诉讼。B市某区人民法院仍作出判决,支持了佳立公司的诉讼请求,撤销了B市工商行政管理局对于佳立公司B分公司的设立登记。

判决生效后,B市工商行政管理局认为佳立公司就同一事实重复起诉,并且原审法院并未采纳佳立公司B分公司在B市地区生产经营活动中均是以佳立公司的名义的证据,遂向B市中级人民法院申请再审,B市中级人民法院受理再审申请后,认为原审法院认定事实不清,遂裁定撤销原判决,并发回至原审法院重审。

争议与问题

在行政案件中,哪些再审事由会被法院认定?

案例分析

一、再审申请人行政行为证据充足,原审认定事实错误,适用法律错误

首先,根据公示信息,向立在申请设立佳立公司B分公司时,既是佳立公司的登记法定代表人,又是佳立公司在A省所设分公司的登记负责人。其申请设立B分公司,本身就是代表佳立公司的职务行为,也是其法人治理机关的真实意思表示。再审申请人在其提交齐全并符合法定形式的申请材料之后,为其核准设立登记,应当认定该行政行为证据充足。

原审法院认定向立采取欺骗手段取得登记且违法情节严重,并依据《中华人民共和国行政诉讼法》第七十条第一项有关"证据不足"的规定,及《中华人民共和国公司登记管理条例》(2014)第六十五条的规定判决撤销注册登记,适用法律错误。

其次,多年来,佳立公司B分公司在B市地区以佳立公司名义承揽了众多的公共工程,原告却诉称对于经营情况一概不知,本身极其不符合常理。在此情况下,原审法院对公司在B地区投标工程时提供的资质证明、相关文件等是否为公司真实所有,分公司业务收入是否与公司账目存在联系,设立分公司是否在公司登记地进行备案登记等与案件相关的事实均未查清,显系事实认定错误。

二、原审判决程序违法,适用法律错误

(一)佳立公司系重复起诉,原审法院立案错误,应当依法予以驳回

佳立公司曾于2013年11月就本案所诉同一事项向原审法院提起过行政诉讼,后又撤诉,原审法院于2014年9月裁定准予其撤回起诉,该案已告结案。但据原审法院判决书记载,2015年7月,佳立公司又因此事项重复向原审法院提起本案行政诉讼。依据《最高人民

法院关于执行〈中华人民共和国行政诉讼法〉若干问题的解释》(2000年发布,现已失效)第三十六条有关"人民法院裁定准许原告撤诉后,原告以同一事实和理由重新起诉的,人民法院不予受理"的规定,《最高人民法院关于适用〈中华人民共和国行政诉讼法〉若干问题的解释》(2015年发布,现已失效)第三条有关"有下列情形之一,已经立案的,应当裁定驳回起诉:……(六)重复起诉的"的规定,原审法院对佳立公司的重复起诉本不应当受理,即使已经立案,也应当裁定驳回其起诉。原审法院违反上述规定予以立案并作出判决,显然适用法律错误,且系程序违法。

(二)再审申请人已尽审慎审查义务,登记行为符合法律程序,依法对登记后果不承担法律责任

《中华人民共和国行政许可法》第三十一条规定:"申请人申请行政许可,应当如实向行政机关提交有关材料和反映真实情况,并对其申请材料实质内容的真实性负责。行政机关不得要求申请人提交与其申请的行政许可事项无关的技术资料和其他材料。"《中华人民共和国公司登记管理条例》第二条第二款规定:"申请办理公司登记,申请人应当对申请文件、材料的真实性负责。"《国家工商行政管理局关于登记主管机关对申请人提交的材料真实性是否承担相应责任问题的答复》(工商企字〔2001〕第67号)(现已失效)规定:"申请人提交的申请材料和证明文件是否真实的责任应由申请人承担。登记主管机关的责任是对申请人提交的有关申请材料和证明文件是否齐全,以及申请材料和证明文件及其所记载的事项是否符合有关登记管理法律法规的规定进行审查。因申请材料和证明文件不真实所引起的后果,登记主管机关不承担相应的责任。"上述规定,明确了公司的工商登记审查主要是对申请人提交的有关申请材料和证明文件是否齐全及是否符合法律规定进行审查,对于资料真实性引起的后果登记机关不承担责任。

本案中,再审申请人严格依据《中华人民共和国公司登记管理条例》《内资企业登记申请提交材料规范》规定的提交材料规范,要求设立佳立B分公司的申请人提交了设立分公司应当具备的相关材料;依据《企业登记程序规定》第九条有关"登记机关收到登记申请后,应当对申请材料是否齐全、是否符合法定形式进行审查"的标准,按照工作流程,再审申请人认真进行审查后,作出了准予登记的决定。在此过程中,再审申请人的审查标准完全符合相关法规规范和法定程序的规定,并无失职不当之处。根据前述法律、法规及有关答复,再审申请人当时已尽审慎审查义务,依法不应对登记后果承担法律责任。

(三)佳立公司B分公司的注册登记不应撤销

如撤销该注册登记不仅会导致发生群体性事件,更会产生帮助被申请人恶意逃避债务,严重损害国家利益、社会公共利益和第三人合法利益的不良后果。

佳立公司在B市地区承揽的大量公共工程,均与原审第三人佳立公司B分公司有关。期间,形成了众多的债权债务纠纷,有的已经诉讼或仲裁,且相关判决和裁决已经发生法律效力。在此情形下,被申请人作为破产管理人提起诉讼要求撤销分公司登记,恶意逃避债务的意图明显。而且,一旦撤销佳立公司B分公司的注册登记,必然会给相关善意第三人的合

法权益造成损害,甚至引发本地社会恐慌,导致群体性事件的发生,进而也会严重损害国家利益、社会公共利益。

律师支招

行政诉讼的再审事由思考

(一)程序性再审事由

鉴于用"可能影响案件裁判",带有很强的主观色彩,而且与"确有错误"所产生的弊端一样,有放纵法院无限再审之嫌,损害了裁判的既判力,破坏了司法权威,所以建议取消"可能影响案件裁判"表述,直接使用"严重违反法定程序"。所谓"严重违反法定程序"应当是指侵害基本程序权利、程序利益以及违反程序正义的基本要求。据此,行政诉讼法的程序性再审事由包括如下情形:(1)审判组织的组成不合法。包括:合议庭组成人员的人数、资格不符合法律规定的;法官在审理该案件的过程中有贪污受贿,徇私舞弊,枉法裁判行为的;依法应当回避的法官、书记员没有回避的。(2)当事人在行政诉讼中未被合法代理。包括:无诉讼行为能力或者限制行为能力的当事人未经过合法代理的情况下,直接进行诉讼;诉讼代理人没有经过特别授权而处分当事人的实体权利的。(3)违反行政诉讼法规定,没有给予当事人陈述、答辩的机会。包括:应当开庭审理没有开庭审理的;未经合法传唤当事人而缺席判决的;遗漏必须参加诉讼的当事人的。

(二)实体性再审事由

受大陆法系实体中心主义和追求实体真实的理念的影响,大陆法系国家、地区的行政再审事由大都是关于实体方面违法的。我国现行行政诉讼法的相关规定多是实体方面的事由,完善后的实体行政再审事由包括两个方面。

一方面,具体列举再审事由,明确确有错误的范围。取消再审事由"原判决、裁定确有错误"的规定,直接规定各项具体的再审事由,将"确有错误"具体化、明确化。具体可以表述为,原判决、裁定在认定主要事实上有下列情形之一的,应当予以再审:(1)原判决支持的被诉行政行为是没有行政主体资格或者未获得合法授权的机关或组织作出的;(2)原判决支持的被诉行政行为认定事实错误并导致错误处理的;(3)原判决支持的被诉行政行为的主体是超越职权或者是滥用职权作出的;(4)原判决支持的被诉行政行为认定的违法主体是错误的;(5)原判决支持的被诉行政行为认定相对人的违法行为性质错误;(6)原判决支持的被诉行政行为严重违反法定程序;(7)原判决撤销的被诉行政行为是合法正确的。

另一方面,原判决、裁定在适用法律上有下列情形之一的,应当予以再审:(1)引用法律条文错误。包括:应当适用此法,却适用彼法;应当适用此法的此款条款,却适用了此法的彼款;存在应当适用的法律,却没有适用。(2)适用没有效力的法律。包括:应当适用新法,却适用了旧法;适用了已经废除或尚未生效的法律;应当适用旧法,却适用了新法。(3)法律解释错误,如断章取义的适用该条规定等等。

必懂知识点

在行政诉讼中，原判决、裁定认定事实的"主要证据不足"主要指以下几点：(1)证明相对人违法事实的证据不足；(2)证明相对人违法事实与危害结果有因果关系的证据不足；(3)原判决是以行政主体作出具体行政行为之后或者在诉讼中调取的证据作为定案依据的；(4)相对人有证据证明行政主体未履行法定职责而原判决并未支持的。而对于新证据作为行政再审事由应当抱着慎之又慎的态度。由于行政诉讼的特殊性，行政诉讼的举证责任由作出具体行政行为的行政机关承担。行政机关涉诉后，其举证还应有严格的时限，因为行政机关按照依法行政的原则，应当先采证后裁决，在作出具体行政行为前就应当拥有所需要的各种证据，不得事后或在诉讼期间再去补充取证。既然行政机关不得事后补充证据，那么在再审程序中，行政机关如果以新证据为由提出再审是不恰当的，因此，只有原告才能以新的证据为由提起再审。

必知法规

◎ 《中华人民共和国行政诉讼法》

第七十一条 人民法院判决被告重新作出行政行为的，被告不得以同一的事实和理由作出与原行政行为基本相同的行政行为。

第九十条 当事人对已经发生法律效力的判决、裁定，认为确有错误的，可以向上一级人民法院申请再审，但判决、裁定不停止执行。

第九十一条 当事人的申请符合下列情形之一的，人民法院应当再审：

(一)不予立案或者驳回起诉确有错误的；

(二)有新的证据，足以推翻原判决、裁定的；

(三)原判决、裁定认定事实的主要证据不足、未经质证或者系伪造的；

(四)原判决、裁定适用法律、法规确有错误的；

(五)违反法律规定的诉讼程序，可能影响公正审判的；

(六)原判决、裁定遗漏诉讼请求的；

(七)据以作出原判决、裁定的法律文书被撤销或者变更的；

(八)审判人员在审理该案件时有贪污受贿、徇私舞弊、枉法裁判行为的。

第九十二条 各级人民法院院长对本院已经发生法律效力的判决、裁定，发现有本法第九十一条规定情形之一，或者发现调解违反自愿原则或者调解书内容违法，认为需要再审的，应当提交审判委员会讨论决定。

最高人民法院对地方各级人民法院已经发生法律效力的判决、裁定，上级人民法院对下级人民法院已经发生法律效力的判决、裁定，发现有本法第九十一条规定情形之一，或者发现调解违反自愿原则或者调解书内容违法的，有权提审或者指令下级人民法院再审。

◎ 《中华人民共和国行政许可法》

第三十一条 申请人申请行政许可,应当如实向行政机关提交有关材料和反映真实情况,并对其申请材料实质内容的真实性负责。行政机关不得要求申请人提交与其申请的行政许可事项无关的技术资料和其他材料。

第三十二条 行政机关对申请人提出的行政许可申请,应当根据下列情况分别作出处理:

(一)申请事项依法不需要取得行政许可的,应当即时告知申请人不受理;

(二)申请事项依法不属于本行政机关职权范围的,应当即时作出不予受理的决定,并告知申请人向有关行政机关申请;

(三)申请材料存在可以当场更正的错误的,应当允许申请人当场更正;

(四)申请材料不齐全或者不符合法定形式的,应当当场或者在五日内一次告知申请人需要补正的全部内容,逾期不告知的,自收到申请材料之日起即为受理;

(五)申请事项属于本行政机关职权范围,申请材料齐全、符合法定形式,或者申请人按照本行政机关的要求提交全部补正申请材料的,应当受理行政许可申请。

行政机关受理或者不予受理行政许可申请,应当出具加盖本行政机关专用印章和注明日期的书面凭证。

◎ 《中华人民共和国公司登记管理条例》

第二条 有限责任公司和股份有限公司(以下统称公司)设立、变更、终止,应当依照本条例办理公司登记。

申请办理公司登记,申请人应当对申请文件、材料的真实性负责。

第三条 公司经公司登记机关依法登记,领取《企业法人营业执照》,方取得企业法人资格。自本条例施行之日起设立公司,未经公司登记机关登记的,不得以公司名义从事经营活动。

第九条 公司的登记事项包括:

(一)名称;

(二)住所;

(三)法定代表人姓名;

(四)注册资本;

(五)公司类型;

(六)经营范围;

(七)营业期限;

(八)有限责任公司股东或者股份有限公司发起人的姓名或者名称。

第十条 公司的登记事项应当符合法律、行政法规的规定。不符合法律、行政法规规定的,公司登记机关不予登记。

第二十五条 依法设立的公司,由公司登记机关发给《企业法人营业执照》。公司营业执照签发日期为公司成立日期。公司凭公司登记机关核发的《企业法人营业执照》刻制印章,开立银行账户,申请纳税登记。

第四十五条 分公司是指公司在其住所以外设立的从事经营活动的机构。分公司不具有企业法人资格。

第四十六条 分公司的登记事项包括:名称、营业场所、负责人、经营范围。

分公司的名称应当符合国家有关规定。

分公司的经营范围不得超出公司的经营范围。

第四十七条 公司设立分公司的,应当自决定作出之日起 30 日内向分公司所在地的公司登记机关申请登记;法律、行政法规或者国务院决定规定必须报经有关部门批准的,应当自批准之日起 30 日内向公司登记机关申请登记。

设立分公司,应当向公司登记机关提交下列文件:

(一)公司法定代表人签署的设立分公司的登记申请书;

(二)公司章程以及加盖公司印章的《企业法人营业执照》复印件;

(三)营业场所使用证明;

(四)分公司负责人任职文件和身份证明;

(五)国家工商行政管理总局规定要求提交的其他文件。

法律、行政法规或者国务院决定规定设立分公司必须报经批准,或者分公司经营范围中属于法律、行政法规或者国务院决定规定在登记前须经批准的项目的,还应当提交有关批准文件。

分公司的公司登记机关准予登记的,发给《营业执照》。公司应当自分公司登记之日起 30 日内,持分公司的《营业执照》到公司登记机关办理备案。

第四十八条 分公司变更登记事项的,应当向公司登记机关申请变更登记。

申请变更登记,应当提交公司法定代表人签署的变更登记申请书。变更名称、经营范围的,应当提交加盖公司印章的《企业法人营业执照》复印件,分公司经营范围中属于法律、行政法规或者国务院决定规定在登记前须经批准的项目,还应当提交批准文件。变更营业场所的,应当提交新的营业场所使用证明。变更负责人的,应当提交公司的任免文件以及其身份证明。

第四十九条 分公司被公司撤销、依法责令关闭、吊销营业执照的,公司应当自决定作出之日起 30 日内向该分公司的公司登记机关申请注销登记。申请注销登记应当提交公司法定代表人签署的注销登记申请书和分公司的《营业执照》。公司登记机关准予注销登记后,应当收缴分公司的《营业执照》。

四年苦读丧失学位,学子母校对簿公堂

我国自1977年恢复高考起,已经过去了四十多年,期间公众对高等院校法律地位的认知也几经变化,在创建一流大学、一流学科的背景下,高等院校也取得了长足发展,高等教育也不断普及,在此情形下,高等院校成为行政诉讼被告的情况也不足为奇。2014年12月25日,最高人民法院就发布了指导案例38号《田永诉北京科技大学拒绝颁发毕业证、学位证案》。

案例介绍

一、考试作弊被抓现行,取消学籍继续上学

田永于1994年考取北京科技大学,取得本科生的学籍。1996年2月,田永在电磁学课程的补考过程中,随身携带写有电磁学公式的纸条。考试中,去上厕所时纸条掉出,被监考教师发现。监考教师虽未发现其有偷看纸条的行为,但还是按照考场纪律,当即停止了田永的考试。后北京科技大学根据原国家教委关于严肃考场纪律的指示精神,制定了校发(94)第068号《关于严格考试管理的紧急通知》(简称第068号通知)。该通知规定,凡考试作弊的学生一律按退学处理,取消学籍。北京科技大学据此于1996年3月5日认定田永的行为属作弊行为,并作出退学处理决定。同年4月10日,学校填发了学籍变动通知,但退学处理决定和变更学籍的通知未直接向田永宣布、送达,也未给田永办理退学手续,田永继续以该校大学生的身份参加正常学习及学校组织的活动。1996年9月,被告为田永补办了学生证,之后每学年均收取田永交纳的教育费,并为田永进行注册、发放大学生补助津贴,安排田永参加了大学生毕业实习设计,由其论文指导教师领取了学校发放的毕业设计结业费。田永还以该校大学生的名义参加考试,先后取得了大学英语四级、计算机应用水平测试BASIC语言成绩合格证书,并且在该校的四年学习中成绩全部合格,通过毕业实习、毕业设计及论文答辩,获得优秀毕业论文及毕业总成绩为全班第九名的好成绩。

二、申请学位未获准,原来学籍被取消

1998年6月,田永所在院系向学校报送田永所在班级授予学士学位表时,学校以田永已按退学处理、不具备北京科技大学学籍为由,拒绝为其颁发毕业证书,进而未向教育行政部

门呈报田永的毕业派遣资格表。田永所在院系认为其符合大学毕业和授予学士学位的条件,但由于当时田永因毕业问题正在与学校交涉,故暂时未在授予学位表中签字,待学籍问题解决后再签。学校因此未将田永列入授予学士学位资格的名单交该校学位评定委员会审核。因学校的部分教师为田永一事向原国家教委申诉,国家教委高校学生司于1998年5月致函学校,认为学校对田永违反考场纪律一事处理过重,建议复查。同年6月10日,学校复查后,仍然坚持原结论。田永认为自己符合大学毕业生的法定条件,北京科技大学拒绝给其颁发毕业证、学位证是违法的,遂向北京市海淀区人民法院提起行政诉讼。

三、法院审理主持公道,学校补发毕业证书

人民法院经审理认为高等学校依法具有相应的教育自主权,有权制定校纪、校规,并有权对在校学生进行教学管理和违纪处分,但是其制定的校纪、校规和据此进行的教学管理和违纪处分,必须符合法律、法规和规章的规定,必须尊重和保护当事人的合法权益。田永在补考中随身携带纸条的行为属于违反考场纪律的行为,学校可以按照有关法律、法规、规章及学校的有关规定处理,但其对田永作出退学处理决定所依据的该校制定的第068号通知,与《普通高等学校学生管理规定》(1990年发布,现已失效)第二十九条规定的法定退学条件相抵触,故学校所作退学处理决定违法,故人民法院判令学校向田永颁发大学本科毕业证书,并组织本校有关院、系及学位评定委员会对田永的学士学位资格进行审核。

争议与问题

高等院校是否是适格的行政主体?

案例分析

一、高等院校具有行政主体资格,是行政诉讼的适格被告

根据我国法律、法规规定,高等学校有对受教育者进行学籍管理、奖励或处分的权力,有代表国家对受教育者颁发学历证书、学位证书的职责。高等学校与受教育者之间属于教育行政管理关系,受教育者对高等学校涉及受教育者基本权利的管理行为不服的,有权提起行政诉讼,高等学校是行政诉讼的适格被告。

二、高等院校有自主教育权

高等学校依法具有相应的教育自主权,有权制定校纪、校规,并有权对在校学生进行教学管理和违纪处分,但是其制定的校纪、校规和据此进行的教学管理和违纪处分,必须符合法律、法规和规章的规定,必须尊重和保护当事人的合法权益。

三、高等院校对学生的行政处罚,应遵循程序正当原则

学校的退学处理决定涉及原告的受教育权利,为充分保障当事人权益,从正当程序原则

出发,学校应将此决定向当事人送达、宣布,允许当事人提出申辩意见。本案中,学校既未依此原则处理,也未实际给田永办理注销学籍、迁移户籍、档案等手续。学校后为田永补办学生证并注册的事实行为,应视为学校改变了对田永所作的按退学处理的决定,恢复了田永的学籍。学校又安排田永修满四年学业,参加考核、实习及毕业设计并通过论文答辩等。上述一系列行为虽系学校及其所属院系的部分教师具体实施,但因他们均属职务行为,故学校应承担上述行为所产生的法律后果。

律师支招

一、我国对于授予高等教育学位的规定

国家实行学历证书制度,作为国家批准设立的高等学校,对取得普通高等学校学籍、接受正规教育、学习结束达到一定水平和要求的受教育者,应当为其颁发相应的学业证明,以承认该学生具有的相当学历。学生符合上述高等学校毕业生的条件的,学校应当依《中华人民共和国教育法》《普通高等学校学生管理规定》的规定,为学生颁发相应的毕业证书。

国家实行学位制度,学位证书是评价个人学术水平的尺度。高等院校作为国家授权的高等学校学士学位授予机构,应依法定程序对达到一定学术水平或专业技术水平的人员授予相应的学位,颁发学位证书。依《中华人民共和国学位条例暂行实施办法》第四条、第五条、第十八条第三项规定的颁发学士学位证书的法定程序要求,学校首先应组织有关院系审核学生的毕业成绩和毕业鉴定等材料,确定学生是否已较好地掌握本门学科的基础理论、专业知识和基本技能,是否具备从事科学研究工作或担负专门技术工作的初步能力;再决定是否向学位评定委员会提名列入学士学位获得者的名单,学位评定委员会方可依名单进行审查,审查通过后,由高等院校对学生授予学士学位。

二、高等院校不授予学位的行为具有可诉性

根据《中华人民共和国学位条例》等法律、行政法规的授权,高等院校具有审查授予普通高校学士学位的法定职权。依据《中华人民共和国学位条例暂行实施办法》第四条第二款"非授予学士学位的高等院校,对达到学士学术水平的本科毕业生,应当由系向学校提出名单,经学校同意后,由学校就近向本系统、本地区的授予学士学位的高等院校推荐。授予学士学位的高等院校有关的系,对非授予学士学位的高等院校推荐的本科毕业生进行审查考核,认为符合本暂行办法第三条及有关规定的,可向学校学位评定委员会提名,列入学士学位获得者名单"的规定,对于符合本校学士学位授予条件的本科毕业生经审查合格授予普通高校学士学位。

必懂知识点

行政主体资格

行政主体资格,是指享有行政权力,能以自己的名义行使行政权,作出影响行政相对人权利义务的行政行为,并能独立承担由此产生的相应法律责任的社会组织。

行政主体具有下列三个特征:

1.行政主体是享有国家行政权力,实施行政活动的组织。这是行政主体与其他国家机关、组织的区别所在。

2.行政主体是能以自己的名义行使行政权的组织。这是行政主体与行政机关内部的组成机构和受行政机关委托执行某些行政管理任务的组织的区别。

3.行政主体是能够独立对外承担其行为所产生的法律责任的组织。这是行政主体具有独立法律人格的具体表现,也是一个组织成为行政主体的必备条件。

在我国,行政主体包括国家行政机关和法律、法规授权的组织。

必知法规

◎ 《中华人民共和国教育法》

第二十九条 学校及其他教育机构行使下列权利:

(一)按照章程自主管理;

(二)组织实施教育教学活动;

(三)招收学生或者其他受教育者;

(四)对受教育者进行学籍管理,实施奖励或者处分;

(五)对受教育者颁发相应的学业证书;

(六)聘任教师及其他职工,实施奖励或者处分;

(七)管理、使用本单位的设施和经费;

(八)拒绝任何组织和个人对教育教学活动的非法干涉;

(九)法律、法规规定的其他权利。

国家保护学校及其他教育机构的合法权益不受侵犯。

第三十条 学校及其他教育机构应当履行下列义务:

(一)遵守法律、法规;

(二)贯彻国家的教育方针,执行国家教育教学标准,保证教育教学质量;

(三)维护受教育者、教师及其他职工的合法权益;

(四)以适当方式为受教育者及其监护人了解受教育者的学业成绩及其他有关情况提供便利;

(五)遵照国家有关规定收取费用并公开收费项目；

(六)依法接受监督。

◎ 《中华人民共和国学位条例暂行实施办法》

第四条 授予学士学位的高等学校,应当由系逐个审核本科毕业生的成绩和毕业鉴定等材料,对符合本暂行办法第三条及有关规定的,可向学校学位评定委员会提名,列入学士学位获得者的名单。

非授予学士学位的高等学校,对达到学士学术水平的本科毕业生,应当由系向学校提出名单,经学校同意后,由学校就近向本系统、本地区的授予学士学位的高等学校推荐。授予学士学位的高等学校有关的系,对非授予学士学位的高等学校推荐的本科毕业生进行审查考核,认为符合本暂行办法第三条及有关规定的,可向学校学位评定委员会提名,列入学士学位获得者的名单。

第五条 学士学位获得者的名单,经授予学士学位的高等学校学位评定委员会审查通过,由授予学士学位的高等学校授予学士学位。

第十八条 学位授予单位的学位评定委员会根据国务院批准的授予学位的权限,分别履行以下职责：

(一)审查通过接受申请硕士学位和博士学位的人员名单；

(二)确定硕士学位的考试科目、门数和博士学位基础理论课和专业课的考试范围,审批主考人和论文答辩委员会成员名单；

(三)通过学士学位获得者的名单；

(四)作出授予硕士学位的决定；

(五)审批申请博士学位人员免除部分或全部课程考试的名单；

(六)作出授予博士学位的决定；

(七)通过授予名誉博士学位的人员名单；

(八)作出撤销违反规定而授予学位的决定；

(九)研究和处理授予学位的争议和其他事项。

◎ 《普通高等学校学生管理规定》

第六条 学生在校期间依法享有下列权利：

(一)参加学校教育教学计划安排的各项活动,使用学校提供的教育教学资源；

(二)参加社会实践、志愿服务、勤工助学、文娱体育及科技文化创新等活动,获得就业创业指导和服务；

(三)申请奖学金、助学金及助学贷款；

(四)在思想品德、学业成绩等方面获得科学、公正评价,完成学校规定学业后获得相应的学历证书、学位证书；

(五)在校内组织、参加学生团体,以适当方式参与学校管理,对学校与学生权益相关事

务享有知情权、参与权、表达权和监督权;

(六)对学校给予的处理或者处分有异议,向学校、教育行政部门提出申诉,对学校、教职员工侵犯其人身权、财产权等合法权益的行为,提出申诉或者依法提起诉讼;

(七)法律、法规及学校章程规定的其他权利。

第三十条 学生有下列情形之一,学校可予退学处理:

(一)学业成绩未达到学校要求或者在学校规定的学习年限内未完成学业的;

(二)休学、保留学籍期满,在学校规定期限内未提出复学申请或者申请复学经复查不合格的;

(三)经学校指定医院诊断,患有疾病或者意外伤残不能继续在校学习的;

(四)未经批准连续两周未参加学校规定的教学活动的;

(五)超过学校规定期限未注册而又未履行暂缓注册手续的;

(六)学校规定的不能完成学业、应予退学的其他情形。

学生本人申请退学的,经学校审核同意后,办理退学手续。

第三十一条 退学学生,应当按学校规定期限办理退学手续离校。退学的研究生,按已有毕业学历和就业政策可以就业的,由学校所在地省级毕业生就业部门办理相关手续;在学校规定期限内没有聘用单位的,应当办理退学手续离校。

退学学生的档案由学校退回其家庭所在地,户口应当按照国家相关规定迁回原户籍地或者家庭户籍所在地。

第六部分
综合类案件

资金占用是红线,企业资本运作避雷区

资金占用问题一直是资本市场的老问题,无论是上市公司还是新三板挂牌公司,在上市和挂牌之初或者在上市和挂牌之后,都是被监管机构和社会公众高度关注的问题。如果大家投资的钱都被人悄悄地占用或者转移,损害的不仅是上市公司和新三板挂牌公司的权益,也损害了广大的投资人的合法权益。多年以来,监管机构对此三令五申严格禁止。同时,随着中国资本市场的发展和进步,资金占用情况有所控制,但是新的情况也在不断涌现,仍然需要我们高度重视这个问题。资金占用一直都是资本市场的红线,不解决这个问题,企业很难达到上市或者新三板挂牌的要求。本文将以三个新三板挂牌公司涉及的案例进行分析。

案例介绍

华宿电气控股股东、实际控制人控制的关联方占用资金案

华宿电气(股票代码:430259)是一家新三板挂牌公司,在其申报新三板挂牌的过程中,存在控股股东、实际控制人控制的关联方占用资金的情况,详情如下:

公司控股股东、实际控制人余龙山:截至 2012 年 12 月 31 日,其向华宿电气公司的借款总额为 985821.68 元。截至公开转让说明书签署日,余龙山已经全部偿还以上欠款。

公司控股股东、实际控制人余龙山控制的上海研科:截至 2012 年 12 月 31 日,华宿电气公司其他应收上海研科款余额为 499877.83 元,截至公开转让说明书签署日,上海研科已经全部偿还以上欠款。

公司控股股东、实际控制人余龙山控制的上海攻之成:截至 2012 年 12 月 31 日,华宿电气公司的其他应收上海攻之成款项余额为 453079.80 元。截至公开转让说明书签署日,已经全部偿还以上欠款。

公司控股股东、实际控制人余龙山控制的上海之立:截至 2012 年 12 月 31 日,华宿电气公司应收上海之立款项余额为 450174.10 元。截至公开转让说明书签署日,已经全部偿还以上欠款。

争议与问题

华宿电气的控股股东一直向公司借款,不符合当前新三板基本的挂牌要求,如何解决?

案例分析

解决问题的办法是关联方在挂牌前归还公司借款,公司也不向其收取资金占用费。公司"其他应收款"科目下的款项不是经营性资金往来,是一个简单的资金占用,可以看出公司挂牌前法人治理结构不规范,关联交易严重,内部有效制约机制缺乏,公司为挂牌成功,让关联方偿还资金占用,属于明智之举。目前,部分公司为逃避监管,实行资金占用的方式发生变化,从以往的简单占用,变为虚拟交易,通过"预付账款""应收账款"方式让关联方占用资金。

案例介绍

传视影视存在关联方的资金拆借案

新三板挂牌公司——传视影视(股票代码:832455)在报告期内,存在对关联方的资金拆借,具体情况如下:

关联方名称	拆借金额(元)	起始日期	偿还日期
沈建平	5690000.00	2010-3-1	2013-5-8
苏州传扬影像广告有限公司	1500000.00	2012-10-3	2012-12-8
	4100000.00	2013-12-9	2014-3-21
王欣	10000000.00	2012-10-17	2013-7-13
	4879800.00	2013-7-22	2014-5-18
合计	26169800.00	—	—

王欣与沈建平的资金拆借并不符合公司法"公司不得直接或者通过子公司向董事、监事、高级管理人员提供借款"的规定,因此,王欣和沈建平作为公司的董事、监事或高级管理人员,公司向其提供借款不符合法律法规的规定。苏州传扬影像广告有限公司与苏州传视影视之间的资金拆借不符合中国人民银行1996年6月28日颁布的《贷款通则》,以及于1998年3月16日颁布的《关于对企业间借贷问题的答复》等相关规范性法律文件中关于禁止非金融机构之间的资金借贷的相关规定。

公司之所以存在资金拆借,主要是由于公司当时有一定富余的资金,而关联方存在资金需求,公司当时作为有限公司,内控制度尚不健全,因此向关联方提供了借款;该借款未收取利息,由于公司当时尚未改制为股份公司,未制定关联交易管理制度等决策程序文件,因此资金拆借未履行相关的程序;截至 2014 年 9 月 30 日,上述资金拆借款已经全部归还且之后未再发生资金拆借行为。

争议与问题

相关资金借贷是否符合相关法律法规要求,期末是否存在关联方占用公司资金的情形?

案例分析

《最高人民法院关于审理民间借贷案件适用法律若干问题的规定》第十一条中规定,法人之间、其他组织之间以及它们相互之间为生产、经营需要订立的民间借贷合同,除存在合同法第五十二条、本规定第十四条规定的情形外,当事人主张民间借贷合同有效的,人民法院应予支持。一般认为,合法的企业间借贷一般是为解决资金困难或生产急需为之,非常态。公司应制定完善的关联交易决策制度与资金拆借管理制度,以规范关联方的资金占用问题。

案例介绍

威控科技股东占款案

新三板报告期内,北京威控科技股份有限公司(股票代码:430292)与股东王涛、胡宇滢存在以下资金拆借情形:

(1)公司为股东王涛提供个人借款 127372.87 元,截至 2012 年 12 月 24 日,股东王涛已归还上述借款。在有限公司阶段,公司受限于北京市车辆限购政策未能通过摇号获得购车指标,公司所购车辆登记在王涛名下,但该车一直由公司实际使用。在公司股份制改造过程中,基于相应的规范要求,公司将车辆认定为王涛所有,并将相关车辆购置款调整为王涛的个人借款,之后王涛及时归还了上述款项。目前,该车辆仍然由公司继续使用。因此,该笔款项未约定利息,不存在股东侵占或损害公司利益的情形。

(2)2011 年 12 月 27 日,公司为股东胡宇滢提供个人借款 270000.00 元,截至 2012 年 9 月 15 日,股东胡宇滢已归还上述借款。公司向胡宇滢提供借款时未约定借款利息。为避免胡宇滢因上述借款侵占公司利益,2013 年 6 月 18 日,经全体股东一致同意,胡宇滢按银行同期贷款利率向公司支付利息总计 13369.75 元。

在有限公司阶段,公司相关治理机制并不完善,部分股东与公司之间存在资金拆借情形。股份公司成立后,股份公司的《公司章程》《股东大会议事规则》《董事会议事规则》《关联交易管理办法》对关联方的认定、关联交易的认定、关联交易的决策权限、关联交易信息披露、关联方表决权回避等内容进行了具体的规定,从公司制度层面避免日后类似情形的发生。为避免日后关联方与公司之间的资金拆借行为,2013 年 4 月 10 日,公司持股 5% 以上的股东王涛、李建明、胡宇滢出具了《关于禁止向关联方企业互借资金、互为代垫支付款项的承诺函》。

承诺：

1. 自本承诺函签署之日起，股份公司与其关联方之间不再发生资金拆借、代垫款项的行为，股份公司将严格遵守《关联交易管理制度》等公司制度，严禁股份公司与关联方之间从事资金拆借、代垫款项的行为。

2. 股份公司如存在与关联方之间因资金拆借、代垫款项而损害股份公司利益的情况，本人承诺以本人所拥有的股份公司外的个人财产优先承担全部损失。

3. 本人愿意承担因违反上述承诺而给股份公司造成的全部经济损失及其他相应的法律责任。

4. 本承诺函自签署之日即构成对承诺方具有法律效力的文件。

争议与问题

股东占款很常见，怎么规范才符合监管要求？

案例分析

很多新三板企业的实际控制人认为公司的钱就是自己的钱，观念上没有适应公司由非公众公司到公众公司的转变，受经济波动的影响，在现金流发生问题时习惯性拆东墙补西墙，新三板企业的经营比较稳定，就往往成了资金占用的重灾区。还有些股东实际并不想占用公司的钱，但有些钱必须先花出去，这样股东只好先借，最后拿发票去冲抵。从挂牌的审核要求来看，资金占用问题是条红线，必须得到规范，且越早越好。

律师支招

资金占用的形式很多，首先要认识哪些属于资金占用的情形，从而避免出现此种情形，或者，当你见到此种情形的时候，你就知道，有人在占用资金，侵害别人的合法权益。

第一是借款，最简单明了，公司的实际控制人、股东、关联方向公司借款，甚至还有上述这些人的亲戚、朋友向公司借款的。

第二是"代"形式的资金占用，例如代支、代垫、代收、代偿等。如让公司给实际控制人、股东、关联方等人代垫费用、代支款项等。监管机构对这些行为是明文禁止的，这样的行为往往会被处罚。

第三是比较常见的担保，公司为控股股东、实际控制人等人提供担保而形成的债权也是一种占款。这种形式多年来在上市公司中广泛存在，严重侵害了公众的合法权益。

第四是各种各样的其他方式，只要是占公司"便宜"，办法是各种各样的。

存在上述情况的，就是资金占用了。存在资金占用的企业，在问题没有解决前是不能开展上市，也不能进行新三板挂牌的。

必懂知识点

根据《全国中小企业股份转让系统挂牌公司信息披露细则》的规定，控股股东、实际控制人或其关联方占用资金是指：挂牌公司为控股股东、实际控制人及其附属企业垫付的工资、福利、保险、广告等费用和其他支出；代控股股东、实际控制人及其附属企业偿还债务而支付的资金；有偿或者无偿、直接或者间接拆借给控股股东、实际控制人及其附属企业的资金；为控股股东、实际控制人及其附属企业承担担保责任而形成的债权；其他在没有商品和劳务对价情况下提供给控股股东、实际控制人及其附属企业使用的资金或者全国股转公司认定的其他形式的占用资金情形。

目前，新三板的审核在"依法监管、从严监管、全面监管"的原则下愈加严格，其中资金占用问题已成为审核中的重中之重。这在目前股转系统对拟挂牌公司的反馈意见中也可以看出，由于涉及资金占用的企业比例占了一半以上，因此资金占用的审查越来越严格，且普遍对股东和关联方占用资金进行了严格的审查。

关联方的核查范围为全部关联方，包括关联企业和关联自然人，不应仅局限于拟挂牌公司的控股股东、实际控制人及其控制的企业；核查的事项范围包括关联资金占用、资源占用的情况，包括但不限于关联担保、其他利益输送等，不应仅局限于资金占用。

必知法规

◎ 《中国证监会关于进一步推进全国中小企业股份转让系统发展的若干意见》

七、加强市场监管

……加大对挂牌公司规范运作的培训，对信息披露、股票发行违规以及违规占用挂牌公司资金、违规对外担保等行为，及时采取监管措施；对涉嫌欺诈、虚假披露、内幕交易、操纵市场等违法行为，依法严厉打击，确保有异动必有反应、有违规必有查处。

◎ 《全国中小企业股份转让系统挂牌公司信息披露细则》

第四十八条 挂牌公司出现以下情形之一的，应当自事实发生或董事会决议之日起及时披露：

（一）挂牌公司控股股东、实际控制人及其一致行动人发生变更；

（二）挂牌公司控股股东、实际控制人或者其关联方占用资金；

……

挂牌公司发生违规对外担保，或者资金、资产被控股股东、实际控制人或其关联方占用的，应当披露相关事项的整改进度情况。

◎ 《全国中小企业股份转让系统股票挂牌条件适用基本标准指引》

公司的控股股东、实际控制人及其关联方存在占用公司资金、资产或其他资源情形的,应在申请挂牌前予以归还或规范(完成交付或权属变更登记)。

占用公司资金、资产或其他资源的具体情形包括:从公司拆借资金;由公司代垫费用、代偿债务;由公司承担担保责任而形成债权;无偿使用公司的土地房产、设备动产等资产;无偿使用公司的劳务等人力资源;在没有商品和服务对价情况下其他使用公司的资金、资产或其他资源的行为。

◎ 《〈上市公司重大资产重组管理办法〉第三条有关拟购买资产存在资金占用问题的适用意见——证券期货法律适用意见第 10 号》

一、上市公司重大资产重组时,拟购买资产存在被其股东及其关联方、资产所有人及其关联方非经营性资金占用的,前述有关各方应当在中国证监会受理重大资产重组申报材料前,解决对拟购买资产的非经营性资金占用问题。

二、上市公司应当在《上市公司重大资产重组报告书》第(十三)部分对拟购买资产的股东及其关联方、资产所有人及其关联方是否存在对拟购买资产非经营性资金占用问题进行特别说明。独立财务顾问应当对此进行核查并发表意见。

◎ 《中国证券监督管理委员会、国务院国有资产监督管理委员会关于规范上市公司与关联方资金往来及上市公司对外担保若干问题的通知》(2003 年发布,已被修订)

一、进一步规范上市公司与控股股东及其他关联方的资金往来

上市公司与控股股东及其他关联方的资金往来,应当遵守以下规定:

(一)控股股东及其他关联方与上市公司发生的经营性资金往来中,应当严格限制占用上市公司资金。控股股东及其他关联方不得要求上市公司为其垫支工资、福利、保险、广告等期间费用,也不得互相代为承担成本和其他支出;

(二)上市公司不得以下列方式将资金直接或间接地提供给控股股东及其他关联方使用:

1.有偿或无偿地拆借公司的资金给控股股东及其他关联方使用;

2.通过银行或非银行金融机构向关联方提供委托贷款;

3.委托控股股东及其他关联方进行投资活动;

4.为控股股东及其他关联方开具没有真实交易背景的商业承兑汇票;

5.代控股股东及其他关联方偿还债务;

6.中国证监会认定的其他方式。

(三)注册会计师在为上市公司年度财务会计报告进行审计工作中,应当根据上述规定

事项,对上市公司存在控股股东及其他关联方占用资金的情况出具专项说明,公司应当就专项说明作出公告。

二、严格控制上市公司的对外担保风险

……

三、加大清理已发生的违规占用资金和担保事项的力度

(一)上市公司应自本《通知》发布之日起一个月内,按照本《通知》规定,对上市公司与控股股东及其他关联方已经发生的资金往来、资金占用以及对外担保情况进行自查。

自查报告应在规定期限内上报公司所在地中国证监会派出机构备案,经各地派出机构审核或检查后,应在最近一期年度报告中作为重大事项予以披露。

(二)国有资产监督管理机构应当指导和协调国有控股上市公司解决违规资金占用、关联担保问题,要求有关控股股东尊重、维护上市公司经营自主权和合法权益,促进上市公司依法经营管理,完善法人治理结构,增强上市公司的市场竞争力。

(三)上市公司董事会应当针对历史形成的资金占用、对外担保问题,制定切实可行的解决措施,保证违反本《通知》规定的资金占用量、对外担保形成的或有债务,在每个会计年度至少下降百分之三十。

(四)上市公司被关联方占用的资金,原则上应当以现金清偿。在符合现行法律法规的条件下,可以探索金融创新的方式进行清偿,但需按法定程序报有关部门批准。

(五)严格控制关联方以非现金资产清偿占用的上市公司资金。关联方拟用非现金资产清偿占用的上市公司资金,应当遵守以下规定:

1.用于抵偿的资产必须属于上市公司同一业务体系,并有利于增强上市公司独立性和核心竞争力,减少关联交易,不得是尚未投入使用的资产或没有客观明确账面净值的资产。

2.上市公司应当聘请有证券期货相关业务资格的中介机构对符合以资抵债条件的资产进行评估,以资产评估值或经审计的账面净值作为以资抵债的定价基础,但最终定价不得损害上市公司利益,并充分考虑所占用资金的现值予以折扣。

审计报告和评估报告应当向社会公告。

3.独立董事应当就上市公司关联方以资抵债方案发表独立意见,或者聘请有证券期货相关业务资格的中介机构出具独立财务顾问报告。

4.上市公司关联方的以资抵债方案应当报中国证监会批准。中国证监会认为以资抵债方案不符本《通知》规定,或者有明显损害公司和中小投资者利益的情形,可以制止该方案的实施。

5.上市公司关联方以资抵债方案须经股东大会审议批准,关联方股东应当回避投票。

四、依法追究违规占用资金和对外担保行为的责任

(一)中国证监会与国务院国有资产监督管理委员会(以下简称"国资委")等部门加强监管合作,共同建立规范国有控股股东行为的监管协作机制,加大对违规占用资金和对外担保行为的查处力度,依法追究相关当事人的法律责任。

（二）上市公司及其董事、监事、经理等高级管理人员违反本《通知》规定，中国证监会将责令整改，依法予以处罚，并自发现上市公司存在违反本《通知》规定行为起12个月内不受理其再融资申请。

（三）上市公司控股股东违反本《通知》规定或不及时清偿违规占用上市公司资金的，中国证监会不受理其公开发行证券的申请或其他审批事项，并将其资信不良记录向国资委、中国银行业监督管理委员会和有关地方政府通报。

国有控股股东违反本《通知》规定的，国有资产监督管理机构对直接负责的主管人员和直接责任人依法给予纪律处分，直至撤销职务；给上市公司或其他股东利益造成损失的，应当承担相应的赔偿责任。非国有控股股东直接负责的主管人员和直接责任人违反本《通知》规定的，给上市公司造成损失或严重损害其他股东利益的，应负赔偿责任，并由相关部门依法处罚。构成犯罪的，依法追究刑事责任。

◎ 《深圳证券交易所股票上市规则》（2008年修订版，现已被修订）

第十三章 特别处理

第三节 其他特别处理

13.3.1 上市公司出现下列情形之一的，本所有权对其股票交易实行其他特别处理：

（一）最近一个会计年度的审计结果显示其股东权益为负值；

（二）最近一个会计年度的财务会计报告被注册会计师出具无法表示意见或否定意见的审计报告；

（三）按照本规则第十三章第二节的有关规定申请并获准撤销退市风险警示的公司或者按照14.2.1条申请并获准恢复上市的公司，其最近一个会计年度的审计结果显示其主营业务未正常运营或扣除非经常性损益后的净利润为负值；

（四）公司生产经营活动受到严重影响且预计在三个月以内不能恢复正常；

（五）公司主要银行账号被冻结；

（六）公司董事会无法正常召开会议并形成董事会决议；

（七）公司向控股股东或其关联方提供资金或违反规定程序对外提供担保且情形严重的；

（八）中国证监会或本所认定的其他情形。

13.3.4 上市公司因13.3.1第（七）项情形其股票交易被实行其他特别处理的，在特别处理期间，公司应当至少每月发布一次提示性公告，披露资金占用或违规对外担保的解决进展情况。

◎ 《关于对存在资金占用或违规担保情形的上市公司股票交易实行其他特别处理若干问题的通知》（2009年发布，现已失效）

一、控股股东或其关联方是指上市公司控股股东、实际控制人或其控制的附属企业。

二、提供资金是指上市公司为控股股东、实际控制人及其附属企业垫付的工资、福利、保险、广告等费用和其他支出；代控股股东、实际控制人及其附属企业偿还债务而支付的资金；有偿或无偿、直接或间接拆借给控股股东、实际控制人及其附属企业的资金；为控股股东、实际控制人及其附属企业承担担保责任而形成的债权；其他在没有商品和劳务对价情况下提供给控股股东、实际控制人及其附属企业使用的资金或证券监管机构认定的其他非经营性占用资金。

三、违反规定程序对外提供担保是指上市公司违反《关于规范上市公司对外担保行为的通知》（证监发〔2005〕120号）或《股票上市规则》等规定的对外担保行为。

四、情形严重是指上市公司存在以下情形之一，且无切实可行的解决方案或虽提出解决方案但预计无法在一个月内解决的：

（一）上市公司向控股股东或其关联方提供资金的余额在人民币1000万元以上，或占上市公司最近一期经审计净资产的5%以上；

（二）上市公司违反规定程序对外提供担保的余额（担保对象为上市公司合并范围内的除外）在人民币5000万元以上，且占上市公司最近一期经审计净资产的10%以上。

五、上市公司发生《股票上市规则》第13.3.1条第（七）项情形的，应当在事实发生之日起两个交易日内向本所报告、提交董事会意见并公告，同时刊登股票交易存在实行其他特别处理风险的提示性公告。

本所在收到相关材料后决定是否对该公司股票交易实行其他特别处理。

六、上市公司应当在其股票交易被实行其他特别处理之前一交易日作出公告，公告当日公司股票及其衍生品种停牌一天，自复牌之日起本所对该公司股票交易实行其他特别处理。

上市公司股票交易被实行其他特别处理期间，应当每月至少发布一次提示性公告，披露资金占用或违规担保的纠正进展情况。

七、上市公司已消除《股票上市规则》第13.3.1条第（七）项情形的，应当在两个交易日内对外公告，并可以向本所申请对其股票交易撤销其他特别处理。

上市公司向控股股东或其关联方提供资金事项已消除，向本所申请对其股票交易撤销其他特别处理的，应当提交以下文件：

（一）董事会关于撤销股票交易其他特别处理的申请；

（二）会计师事务所出具的专项审核报告；

（三）独立董事意见；

（四）收款凭证等证明提供资金事项已消除的证明文件；

（五）本所要求的其他相关文件。

上市公司违规担保事项已纠正，向本所申请对其股票交易撤销其他特别处理的，应当提交以下文件：

（一）董事会关于撤销股票交易其他特别处理的申请；

（二）独立董事意见；

（三）解除担保协议等证明违规担保事项已纠正的证明文件；

（四）本所要求的其他相关文件。

股权代持经常见，法律风险不可控

股权代持的情况现在特别多，在商业交往中已经是普遍存在的现象，因此而导致的种种法律问题也就随之出现。一般而言，在普通公司的层面，常见的是股东权益的保护问题，谁是真正的股东及其享有的权益是关注的重点。在资本市场运作的企业中，就涉及一个主体资格问题，法律、法规要求在资本市场运作的企业在实际控制人和控股股东、主要资产和业务、主要管理层构成方面应具有稳定性，并且股东对公司的出资以及因出资而形成的股权应具有确定性，不存在瑕疵和潜在的纠纷或风险。如果存在这样的问题而不能妥善解决，一方面会侵害股东的合法权益，另一方面它也不符合资本市场对企业股权清晰、稳定的要求。本文用两个案例来说明这个问题的重要性。

案例介绍

哈尔滨国家粮食交易中心与哈尔滨银行股份有限公司科技支行等执行异议纠纷上诉案

这个案例很有指导意义，也能对目前普遍存在的股权代持中的股东提个醒，让其认识到股权代持存在着重大法律的风险。在这个案子中，哈尔滨国家粮食交易中心是黑龙江三力期货经纪有限责任公司（以下简称"三力期货公司"）的实际出资人，但是其股权是由黑龙江粮油集团有限公司和黑龙江省大连龙粮贸易总公司进行代持的，在工商登记中没有显示为股东。当三力期货公司在商业活动中出现问题，哈尔滨银行股份有限公司科技支行要求执行按照工商登记的股东的股权的时候，哈尔滨国家粮食交易中心以自己是实际出资人为由阻止对其实际股权进行执行，最终被判决败诉，法院没有支持其主张。

争议与问题

当代持股权的股东需要对外承担责任的时候，实际出资人是否要为此承担最终责任？

案例分析

《中华人民共和国公司法》第三十二条第三款规定："公司应当将股东的姓名或者名称向公司登记机关登记；登记事项发生变更的，应当办理变更登记。未经登记或者变更登记的，不得对抗第三人。"

依据该条规定，依法进行登记的股东具有对外公示效力，隐名股东在公司对外关系上不具有公示股东的法律地位，不能以其与显名股东之间的约定为由对抗外部债权人对显名股东主张的正当权利。

当显名股东因其未能清偿到期债务而成为被执行人时，其债权人依据工商登记中记载的股权归属，有权向人民法院申请对该股权强制执行。

因此，本案中，哈尔滨国家粮食交易中心是否为三力期货公司的实际出资人，不影响哈尔滨银行股份有限公司科技支行实现其请求对三力期货公司股权进行强制执行的权利主张。故哈尔滨国家粮食交易中心关于停止对黑龙江粮油集团有限公司和黑龙江省大连龙粮贸易总公司所持有的三力期货公司股权强制执行的请求，没有事实和法律依据，法院不予支持。

案例介绍

新三板公司朋万科技（股票代码：836011）股权代持的解决，比较全面，可以作为参考的案例。

股权代持是中国证监会、股转中心监管的红线，是绝对不允许存在的。新三板挂牌条件中明确规定拟挂牌企业的股权要明晰，不能存在股权纠纷或者潜在纠纷，股权代持显然不符合要求，但是在实务中代持又是普遍存在的情况，那如何解决代持则成为需要关注的要点。

一、《法律意见书》中的案例情况

（一）股权代持的具体情况

孟书奇系投资者，认为成都朋万科技有限公司（以下简称"朋万科技"）的发展前景广阔，与其主要股东发展理念相符，拟对公司进行战略投资。2013年11月10日，孟书奇与成都朋万科技有限公司原股东刘刚、张勇、孙超、肖毅、孙欣鑫、李毅签订《投资协议书》，约定孟书奇以货币方式投资成都朋万科技有限公司37.2万元，占公司注册资本的31%。孟书奇仅进行战略投资，不参与公司实际经营和管理，表决权全部委托给公司执行董事刘刚行使，并承诺不管公司是否改制、是否在新三板挂牌或上市，其表决权委托均不得撤销。投资人只以其投资额为限享有投资收益及承担投资亏损。孟书奇作为隐名股东，其所享有的股权由赵庆彤代持。

2013年11月20日，孟书奇与赵庆彤签订《股权代持协议》，委托赵庆彤作为自己对成都朋万科技有限公司出资（实际出资人民币37.2万元，占公司注册资本的31%，享有公司31%

的股权)的名义出资人和名义股东,并代为行使出资人或股东权利。赵庆彤代为行使的权利包括:以自己的名义将受托行使的代持股权作为在公司股东登记名册上具名、在工商机关予以登记、代为收取股息或红利;不包括与股东身份相关的其他权利,如出席股东会并行使表决权,以及行使公司法与目标公司章程授予股东的其他权利。

2013年11月20日,孟书奇与刘刚签订《表决权委托协议》,将与股东身份相关的其他权利如出席股东会并行使表决权,以及行使公司法与目标公司章程授予股东的其他权利全部不可撤销地委托目标公司股东刘刚代为行使。

(二)股权代持的产生及解除

据律师核查,深圳市千奇网络科技有限公司(以下简称"千奇网络")持有成都朋万科技有限公司9.73%的股份,千奇网络系深圳第七大道科技有限公司(以下简称"第七大道")的全资子公司。

2009年7月1日,孟书奇与第七大道签订《劳动合同》(合同期限自2009年7月1日起至2011年6月30日止)及《员工保密协议》,其中《员工保密协议》第八条约定,孟书奇在职期间,非经第七大道同意,不在与第七大道生产、经营同类产品或提供同类服务的其他企业担任职务,包括股东;员工在离职后仍负有前款义务。

2010年3月3日,孟书奇入股第七大道,第七大道系上海永翀投资中心(有限合伙)(以下简称"永翀投资")的全资子公司,孟书奇对第七大道出资额为12238.232元,持股比例为1.972%。

2011年5月11日,孟书奇与第七大道再次签订《劳动合同》,期限自2011年5月11日至2015年5月10日,职位为首席运营官,有竞业限制的约定。2011年5月11日,孟书奇担任第七大道董事。2013年5月30日,孟书奇将所持第七大道股权全部转让给北京畅游时代数码技术有限公司并辞去董事职务。2014年2月29日,北京畅游时代数码技术有限公司管委会通过公司邮件告知全体员工,孟书奇不再担任首席执行官。

根据2011年4月22日通过的《深圳第七大道科技有限公司章程》第三十一条规定"首席运营官为公司管理层",第三十八条规定"未经股东同意,管理层不得自营或者为他人经营与所任职公司同类的业务或者损害本公司利益的活动;从事上述业务或活动的,所有收入应当归公司所有"。

第七大道于2013年5月1日通过经工商部门备案的《深圳第七大道科技有限公司章程》,将2011年4月22日通过的《深圳第七大道科技有限公司章程》第三十八条改为第三十三条,规定管理层不得自营或为他人经营与所任职公司同类的业务,否则所有收入归公司所有。

2013年11月20日,孟书奇采用让赵庆彤代持的方式投资成都朋万科技有限公司。2013年12月13日,第七大道出具《关于批准孟书奇投资成都朋万科技有限公司的股东会决议》,决议如下:"经公司全体股东讨论一致同意豁免孟书奇根据公司章程规定第三十三条:'未经股东同意,管理层不得自营或者为他人经营与所任职公司同类的业务或者损害本公司利益的活动;从事上述业务或活动的,所有收入应当归公司所有'义务,且准予孟书奇投资成都朋万科技有限公司,成为其股东。"

根据对孟书奇的访谈,虽然第七大道与朋万科技都是从事游戏行业的公司,但实际上所从事的领域不同,不存在竞争。具体而言,第七大道是回合制网页游戏研发商,朋万科技是ARPG网页游戏研发商。回合制网页游戏和ARPG网页游戏有着本质的区别,两种类型的游戏研发商在游戏设计理念积累和对市场的把握上都需要足够的积淀,很难有一家游戏研发商能同时做好不同类型的网页游戏。而且,第七大道既没有经营,也未打算经营ARPG网页游戏。因此,事实上两家公司不存在竞争,孟书奇入股朋万科技也不构成违约。但是,为了避免嫌疑,孟书奇请赵庆彤代为持股。

2014年2月19日,北京畅游时代数码技术有限公司群发邮件通知所有员工解除竞业限制。

2014年3月5日,第七大道与孟书奇签订《关于取消离职竞争限制义务的协议书》,双方确认并同意就孟书奇于录用及续签之时与第七大道签署的劳动合同、员工保密协议及其他相关协议或合同中约定的,以及第七大道各项规章制度的关于孟书奇在职期间及离职后竞业限制义务的相关内容在本协议书生效后立即失效。自签署本协议书之日起,无论因何事由,孟书奇无须向第七大道履行任何竞业限制义务。基于双方对竞业限制义务的取消确认,孟书奇同意并确认离职后不会就竞业限制补偿向第七大道提出任何仲裁、诉讼主张。该协议已于2014年3月5日生效。

2014年6月17日,孟书奇与赵庆彤签订《股权代持解除协议》,解除双方的股权代持关系,在本协议签订之日起三日内将赵庆彤代持的股权全部变更登记到孟书奇名下,所需税费由孟书奇承担,孟书奇不向赵庆彤支付任何费用,双方不存在纠纷或潜在纠纷。

2015年9月14日孟书奇出具《关于股权代持解除情况的承诺函》,承诺如下:

1.本人与赵庆彤就公司股权的代持安排已完全解除,本人与赵庆彤未因代持事项存在纠纷或潜在纠纷;

2.本人目前持有的公司股权权属清晰,不存在代持或其他权利安排;

3.自2014年3月5日后,本人不存在负担任何竞业限制义务以至于不可入股公司的情形;

4.本人未因入股公司而与第七大道或其他法律主体产生纠纷,如因入股公司而导致本人被起诉、被请求赔偿或产生法律纠纷的,所有法律责任将由本人承担,如因前述原因导致公司损失的,所有损失将由本人负责赔偿。

根据律师的核查和对相关人员的访谈,以及相关人员出具的书面承诺函,至此,公司不存在任何形式的股权代持。孟书奇投资朋万科技的行为不存在对第七大道的违约,正因为如此,2013年12月13日第七大道出具了《关于批准孟书奇投资成都朋万科技有限公司的股东会决议》;2014年3月5日,第七大道与孟书奇签订《关于取消离职竞争限制义务的协议书》。决议豁免了孟书奇竞业限制义务,对其投资行为予以追认,该豁免范围的起始期间应当自孟书奇投资朋万科技的行为发生之时即2013年11月10日起。同时双方签署的《关于取消离职竞争限制义务的协议书》也明确表示自签署本协议书之日起,无论因何事由,孟书奇无须向第七大道履行任何竞业限制义务,孟书奇离职后不会就竞业限制补偿向第七大道提出任何仲裁、诉讼主张。

综上所述,律师认为第七大道实质上已经明确表示放弃追究 2013 年 11 月 10 日至 2013 年 12 月 13 日即代持期间至竞业限制义务豁免期间孟书奇的责任。因而,未来第七大道、朋万科技与孟书奇之间不会因此存在纠纷或潜在纠纷,朋万科技股权清晰,孟书奇在投资朋万科技有限公司时,其投资行为、股权及股东身份不存在纠纷或潜在纠纷,不会对公司挂牌造成实质性障碍。

二、《补充法律意见书 1》的内容

公司历史上存在股权代持且是为规避竞业禁止的规定。请主办券商和律师核查公司股权是否存在潜在纠纷,并对其是否合法合规发表明确意见。

(一)股权代持的产生

据律师核查,2009 年 7 月 1 日,孟书奇与第七大道签订《劳动合同》(合同期限自 2009 年 7 月 1 日起至 2011 年 6 月 30 日止)及《员工保密协议》,其中《员工保密协议》第八条约定,孟书奇在职期间,非经第七大道同意,不在与第七大道生产、经营同类产品或提供同类服务的其他企业担任职务,包括股东;员工在离职后仍负有前款义务。

2010 年 3 月 3 日,孟书奇入股第七大道,出资额为 12238.232 元,持股比例为 1.972%。

2011 年 5 月 11 日,孟书奇与第七大道再次签订《劳动合同》,期限自 2011 年 5 月 11 日至 2015 年 5 月 10 日,职位为首席运营官,有竞业限制的约定。2011 年 5 月 11 日,孟书奇担任第七大道董事。

根据 2011 年 4 月 22 日通过的《深圳第七大道科技有限公司章程》第三十一条规定"首席运营官为公司管理层",第三十八条规定"未经股东同意,管理层不得自营或者为他人经营与所任职公司同类的业务或者损害本公司利益的活动;从事上述业务或活动的,所有收入应当归公司所有"。

第七大道于 2013 年 5 月 1 日通过、经工商部门备案的《深圳第七大道科技有限公司章程》,将 2011 年 4 月 22 日通过的《深圳第七大道科技有限公司章程》第三十八条改为第三十三条,规定管理层不得自营或为他人经营与所任职公司同类的业务,否则所有收入归公司所有。

2013 年 5 月 30 日,孟书奇将所持第七大道股权全部转让给北京畅游时代数码技术有限公司并辞去董事职务。但孟书奇仍担任公司首席运营官职务。

2013 年 11 月,孟书奇认为朋万科技有限公司的发展前景广阔,拟对公司进行战略投资。2013 年 11 月 10 日,孟书奇与朋万科技有限公司原股东刘刚、张勇、孙超、肖毅、孙欣鑫、李毅签订《投资协议书》,约定孟书奇以货币方式投资朋万科技有限公司 37.2 万元,占公司注册资本的 31%。但鉴于孟书奇在第七大道任职,为了避嫌,孟书奇作为隐名股东,其所享有的股权由赵庆彤代持。

2013年11月20日,孟书奇与赵庆彤签订《股权代持协议》,委托赵庆彤代其对朋万科技有限公司出资(实际出资人民币37.2万元,占公司注册资本的31%,享有公司31%的股权),成为名义出资人和名义股东,并代为行使出资人或股东的权利。赵庆彤代为行使的权利包括:以自己的名义将受托行使的代持股权作为在公司股东登记名册上具名、在工商机关予以登记、代为收取股息或红利;不包括与股东身份相关的其他权利,如出席股东会并行使表决权,以及行使公司法与目标公司章程授予股东的其他权利。

(二)股权代持的解除

2013年12月13日,第七大道出具《关于批准孟书奇投资成都朋万科技有限公司的股东会决议》,决议如下:"经公司全体股东讨论一致同意豁免孟书奇根据公司章程规定第三十三条:'未经股东同意,管理层不得自营或者为他人经营与所任职公司同类的业务或者损害本公司利益的活动;从事上述业务或活动的,所有收入应当归公司所有'义务,且准予孟书奇投资成都朋万科技有限公司,成为其股东。"

2014年2月19日,北京畅游时代数码技术有限公司群发邮件通知所有员工解除竞业限制。

2014年2月29日,北京畅游时代数码技术有限公司管委会通过公司邮件告知全体员工,孟书奇不再担任首席执行官。

2014年3月5日,第七大道与孟书奇签订《关于取消离职竞争限制义务的协议书》,双方确认并同意就孟书奇于录用及续签之时与第七大道签署的劳动合同、员工保密协议及其他相关协议或合同中约定的,以及第七大道各项规章制度的关于孟书奇在职期间及离职后竞业限制义务的相关内容在本协议书生效后立即失效。自签署本协议书之日起,无论因何事由,孟书奇无须向第七大道履行任何竞业限制义务。基于双方对竞业限制义务的取消确认,孟书奇同意并确认离职后不会就竞业限制补偿向第七大道提出任何仲裁、诉讼主张。该协议已于2014年3月5日生效。

在第七大道对孟书奇竞业限制取消的情况下,2014年6月17日,孟书奇与赵庆彤签订《股权代持解除协议》,解除了双方的股权代持关系。

(三)对是否存在潜在纠纷的意见

综上,根据股权代持产生以及解除原因的说明等可知,公司股权已不存在代持现象,无任何潜在纠纷:

1.第七大道与朋万科技业务并不相同,孟书奇选择代持仅仅是出于谨慎考虑。

根据对孟书奇的访谈,虽然第七大道与朋万科技都是从事游戏行业的公司,但实际上所从事的领域不同,不存在竞争。具体而言,第七大道是回合制网页游戏研发商,朋万科技是ARPG网页游戏研发商。回合制网页游戏和ARPG网页游戏有着本质的区别,两种类型的游戏研发商在游戏设计理念积累和对市场的把握上都需要足够的积淀,很难有一家游戏研发商能同时做好不同类型的网页游戏。而且,第七大道既没有经营,也未打算经营ARPG网页游戏。因此,事实上两家公司不存在竞争,孟书奇入股朋万科技也不构成违约。只是为了避免嫌疑,孟书奇才请赵庆彤代为持股。

2.第七大道对孟书奇竞业限制义务的豁免。

孟书奇并不存在违反竞业限制义务的情形,以下文件再次对此予以确认:

2013年12月13日第七大道出具《关于批准孟书奇投资成都朋万科技有限公司的股东会决议》;2014年3月5日,第七大道与孟书奇签订《关于取消离职竞争限制义务的协议书》。决议豁免了孟书奇竞业限制义务,对其投资行为予以追认,该豁免范围的起始期间应当自孟书奇投资朋万科技的行为发生之时即2013年11月10日起。同时双方签署的《关于取消离职竞争限制义务的协议书》也明确表示自签署本协议书之日起,无论因何事由,孟书奇无须向第七大道履行任何竞业限制义务。以上文件均明确表明第七大道实质上已经放弃追究2013年11月10日至2013年12月13日即代持期间至竞业限制义务豁免期间孟书奇的责任。第七大道已于2015年10月12日出具《确认函》,确认不追究2013年11月10日至2013年12月13日(即:股权代持起始日至竞业限制义务豁免日)期间孟书奇的责任,第七大道与孟书奇、朋万科技公司无纠纷或潜在纠纷。因而,未来第七大道不会因此与朋万科技、孟书奇之间产生纠纷。

3.代持双方孟书奇、赵庆彤已分别出具承诺函,承担潜在纠纷导致的法律责任。

2015年9月14日孟书奇出具《关于股权代持解除情况的承诺函》,其承诺与赵庆彤就公司股权的代持安排已完全解除,双方未因代持事项存在纠纷或潜在纠纷;其目前持有的公司股权权属清晰,不存在代持,如因入股公司而导致公司损失的,所有损失将由其本人负责赔偿。

赵庆彤于2015年9月14日出具《关于股权代持解除情况的承诺函》,承诺:"本人与孟书奇就公司股权的代持安排已完全解除,本人与孟书奇未因上述代持安排产生纠纷或潜在纠纷。"

4.公司及公司其他股东对孟书奇股权代持事宜的认可。

根据律师的核查和对公司当时股东的访谈,公司其他股东对于孟书奇代持事宜是认可的,各方一致签署了《股权投资协议》,各股东对孟书奇历史上存在的代持现象不存异议。

朋万科技已于2015年10月12日出具《确认函》,确认未因上述代持安排、孟书奇的竞业限制义务及解除、孟书奇入股本公司等事项与第七大道产生纠纷或潜在纠纷。

5.朋万科技已出具声明,确认公司股权清晰。

朋万科技于2015年9月14日出具《关于股权明晰的声明》,确认"经自查,公司的各股东持有的公司股权清晰,不存在股权质押、代持或其他安排。"

综上,孟书奇当时采用代持入股公司以及代持协议的解除不违反法律法规的强制性规定。目前,公司股权代持已消除,朋万科技股权不存在潜在纠纷,股权清晰。

争议与问题

存在股权代持很普遍,怎样解决才算完全的合法合规?

案例分析

股转公司对于公司挂牌前股权结构的清晰性和稳定性是非常关注的,"活在当下"在这里同样适用,至于公司历史沿革中存在的股权代持及解决,只要有合理解释就可以接受。

朋万科技案之所以作为案例来分析,就是其解决股权代持的方式完全合规,解决的步骤、方式均获得了监管机构的认可。

律师支招

股权代持有其存在的现实意义,如果没有挂牌的打算,股权代持根据合同法、信托法的规定并不必然导致无效,但如果到新三板进行挂牌,"股权清晰"是挂牌的前提条件,公司股东股权代持必须得到解除。代持的解除包括以下三个步骤:一是股权代持的形成,这个需要法律文件来支撑,例如《股权代持协议书》、银行资金流水等;二是股权代持解除的过程,一般建议使用《股权转让协议》加《股权代持解除协议书》来办理,《股权转让协议》签署后进行工商变更登记,股东变更登记完成后签署《股权代持解除协议书》;三是在挂牌前在中介机构的主导下就公司历史上存在的股权代持及解决进行访谈,形成《访谈笔录》,当事人于《确认函》中确认对目前的股权架构没有异议。

必懂知识点

股权转让,是公司股东依法将自己的股东权益有偿转让给他人,使他人取得股权的民事法律行为。股权转让是股东行使股权的普遍方式,《中华人民共和国公司法》规定股东有权通过法定方式转让其全部出资或者部分出资。

股权自由转让制度,是现代公司制度最为成功的表现之一。随着中国市场经济体制的建立,国有企业改革及公司法的实施,股权转让已成为企业募集资本、产权流动重组、资源优化配置的重要形式,但由此引发的纠纷在公司诉讼中也最为常见,其中股权转让合同的效力是该类案件审理的难点所在。

股权转让协议是当事人以转让股权为目的而达成的关于出让方交付股权并收取价金,受让方支付价金得到股权的意思表示。股权转让是一种物权变动行为,股权转让后,股东基于股东地位而对公司所发生的权利义务关系全部同时移转于受让人,受让人因此成为公司的股东,取得股东权。

但股权转让合同的生效并不等同于股权转让生效。股权转让合同的生效是指对合同当事人产生法律约束力的问题,股权转让的生效是指股权何时发生转移,即受让方何时取得股东身份的问题,所以,必须关注股权转让协议签订后的适当履行问题。

必知法规

◎ 《中华人民共和国公司法》

第七十一条 有限责任公司的股东之间可以相互转让其全部或者部分股权。

股东向股东以外的人转让股权,应当经其他股东过半数同意。股东应就其股权转让事项书面通知其他股东征求同意,其他股东自接到书面通知之日起满三十日未答复的,视为同意转让。其他股东半数以上不同意转让的,不同意的股东应当购买该转让的股权;不购买的,视为同意转让。

经股东同意转让的股权,在同等条件下,其他股东有优先购买权。两个以上股东主张行使优先购买权的,协商确定各自的购买比例;协商不成的,按照转让时各自的出资比例行使优先购买权。

公司章程对股权转让另有规定的,从其规定。

第七十二条 人民法院依照法律规定的强制执行程序转让股东的股权时,应当通知公司及全体股东,其他股东在同等条件下有优先购买权。其他股东自人民法院通知之日起满二十日不行使优先购买权的,视为放弃优先购买权。

第七十三条 依照本法第七十一条、第七十二条转让股权后,公司应当注销原股东的出资证明书,向新股东签发出资证明书,并相应修改公司章程和股东名册中有关股东及其出资额的记载。对公司章程的该项修改不需再由股东会表决。

第七十四条 有下列情形之一的,对股东会该项决议投反对票的股东可以请求公司按照合理的价格收购其股权:

(一)公司连续五年不向股东分配利润,而公司该五年连续盈利,并且符合本法规定的分配利润条件的;

(二)公司合并、分立、转让主要财产的;

(三)公司章程规定的营业期限届满或者章程规定的其他解散事由出现,股东会会议通过决议修改章程使公司存续的。

自股东会会议决议通过之日起六十日内,股东与公司不能达成股权收购协议的,股东可以自股东会会议决议通过之日起九十日内向人民法院提起诉讼。

第七十五条 自然人股东死亡后,其合法继承人可以继承股东资格;但是,公司章程另有规定的除外。

第一百三十七条 股东持有的股份可以依法转让。

第一百三十八条 股东转让其股份,应当在依法设立的证券交易场所进行或者按照国务院规定的其他方式进行。

第一百三十九条 记名股票,由股东以背书方式或者法律、行政法规规定的其他方式转让;转让后由公司将受让人的姓名或者名称及住所记载于股东名册。

股东大会召开前二十日内或者公司决定分配股利的基准日前五日内,不得进行前款规定的股东名册的变更登记。但是，法律对上市公司股东名册变更登记另有规定的，从其规定。

第一百四十条 无记名股票的转让，由股东将该股票交付给受让人后即发生转让的效力。

第一百四十一条 发起人持有的本公司股份，自公司成立之日起一年内不得转让。公司公开发行股份前已发行的股份，自公司股票在证券交易所上市交易之日起一年内不得转让。

公司董事、监事、高级管理人员应当向公司申报所持有的本公司的股份及其变动情况，在任职期间每年转让的股份不得超过其所持有本公司股份总数的百分之二十五；所持本公司股份自公司股票上市交易之日起一年内不得转让。上述人员离职后半年内，不得转让其所持有的本公司股份。公司章程可以对公司董事、监事、高级管理人员转让其所持有的本公司股份作出其他限制性规定。

第一百四十二条 公司不得收购本公司股份。但是，有下列情形之一的除外：

（一）减少公司注册资本；

（二）与持有本公司股份的其他公司合并；

（三）将股份奖励给本公司职工；

（四）股东因对股东大会作出的公司合并、分立决议持异议，要求公司收购其股份的。

公司因前款第（一）项至第（三）项的原因收购本公司股份的，应当经股东大会决议。公司依照前款规定收购本公司股份后，属于第（一）项情形的，应当自收购之日起十日内注销；属于第（二）项、第（四）项情形的，应当在六个月内转让或者注销。

公司依照第一款第（三）项规定收购的本公司股份，不得超过本公司已发行股份总额的百分之五；用于收购的资金应当从公司的税后利润中支出；所收购的股份应当在一年内转让给职工。

公司不得接受本公司的股票作为质押权的标的。

第一百四十三条 记名股票被盗、遗失或者灭失，股东可以依照《中华人民共和国民事诉讼法》规定的公示催告程序，请求人民法院宣告该股票失效。人民法院宣告该股票失效后，股东可以向公司申请补发股票。

第一百四十四条 上市公司的股票，依照有关法律、行政法规及证券交易所交易规则上市交易。

第一百四十五条 上市公司必须依照法律、行政法规的规定，公开其财务状况、经营情况及重大诉讼，在每会计年度内半年公布一次财务会计报告。

股权质押很严谨，不仔细研究会"吃亏"

股权质押在资本市场投资和并购领域很常见，尤其在投资界的对赌协议中经常出现，但是由于签约人对于股权质押法律层面的了解不够深入，虽然在协议中有股权质押条款或者类似的意思表示，但由于缺乏法定的形式和要件，以致引出一系列的法律问题，对簿公堂的不少。这里主要原因是市场上的信息不对称，投资人和企业在合作过程中不能保证投资的安全性，不得已而采取股权担保这种措施。要采用这种模式，就要对其中涉及的法律问题进行深入的研究，避免出现不必要的法律瑕疵，导致投资失败，企业受损。

案例介绍

本文引用《古交市跃峰洗煤有限公司、山西金业煤焦化集团有限公司、沁和投资有限公司与中国工商银行股份有限公司阳城支行、山西煤炭运销集团晋城阳城有限公司委托借款及担保合同纠纷案》二审判决分析此类问题。此案可以作为一个关于股权质押的重要参考案例。

2005年12月9日，山西省煤炭运销总公司晋城分公司阳城县公司（现更名为山西煤炭运销集团晋城阳城有限公司，以下简称"阳城煤运公司"）作为委托贷款人，古交市跃峰洗煤有限公司（以下简称"跃峰公司"）作为借款人，张文杨及山西金业煤焦化集团有限公司（以下简称"金业公司"）作为担保人，四方签订《委托贷款意向书》。合同约定：委托贷款人通过工行阳城支行向借款人发放28000万元人民币的委托贷款，以张文杨在山西金海能源有限公司（以下简称"金海公司"）享有的27%的股权和金业公司作为连带责任的保证人共同提供担保（股权质押合同和保证合同另行签订）。2006年12月19日、20日，阳城煤运公司、工行阳城支行和跃峰公司签订三份《委托贷款借款合同》，借款总额为20294万元，期限均为一年。合同还约定，要求将收回的贷款本息划入阳城煤运公司账户。同日，金业公司与工行阳城支行签订三份《保证合同》，为上述借款提供连带责任保证。合同签订后，上述20294万元委托贷款便划入借款人账户，至起诉前，未归还本金。2007年9月13日，金海公司6名股东阳城煤运公司、北京鑫业投资有限公司（以下简称"鑫业公司"）、张新明、张文杨、冯小林、王向东与沁和公司签订一份《股权转让协议书》。《股权转让协议书》约定：鑫业公司将其持有的金海公司25%的股权拿出15%，转让价款450万元，张新明将17%、张文杨将27%、冯小林将

2%的股权,转让给沁和公司,转让价款分别为510万元、810万元和60万元。据此,金海公司的持股结构变更为:沁和公司61%,阳城煤运公司28%,鑫业公司10%,王向东1%。上述《股权转让协议书》还载明:金海公司已获《采矿许可证》,煤田面积为53.6907平方千米,资源总储量40931.19万吨,应交纳采矿权有偿使用价款22428.49万元,实际已交50%,除获得采矿权外,未进行其他任何经营活动。2007年9月13日,金海公司2007年第四次股东会一致决议:同意沁和公司将其持有的金海公司11%的股权及其派生权益质押给阳城煤运公司,作为跃峰公司偿还28000万元委托贷款的担保,各股东在该决议上签字盖章。但沁和公司提供了金海公司工商登记资料,包括公司变更登记申请书和股东出资情况表各两份,以证明股权没有出质。

2007年9月30日,阳城煤运公司与跃峰公司及沁和公司三方签订一份《合同》,约定由沁和公司代跃峰公司于当日支付阳城煤运公司上述28000万元委托贷款的利息5315000元,2007年9月13日以后的利息由沁和公司于每年12月31日之前按银行同期定期存款利率一次性支付于阳城煤运公司直至清贷为止。后来,阳城煤运公司通过建设银行委托贷款给跃峰公司8000万元。2010年4月13日,山西省高级人民法院第一次开庭审理本案时,工行阳城支行称沁和公司已归还了5315000元的利息。

2009年8月17日,阳城煤运公司分别给借款人跃峰公司、保证人金业公司发出催告函,要求两公司继续履行28294万元委托贷款的还本付息义务;同年9月1日,又给跃峰公司发出一份催告函,要求两公司在一周内完善续签委托贷款手续;9月8日,给沁和公司发出完善质押手续、办理工商登记的催告函,阳城县公证处对邮寄过程进行了公证,并制作了(2009)阳公证字第163号公证书。但沁和公司称未收到。催告后,跃峰公司和金业公司未偿还本息。

2009年12月7日,工行阳城支行向山西省高级人民法院提起本案诉讼,请求判令跃峰公司偿还借款20294万元及相应利息和承担违约责任,金业公司承担连带责任,由跃峰公司和金业公司承担本案的诉讼费用。对于工行阳城支行的诉讼请求,金业公司主张工行阳城支行不是本案适格原告,本案原告应为委托人阳城煤运公司,并且应当追加沁和公司与吕中楼为本案当事人,28000万元的委托贷款本息债务已经转至沁和公司,跃峰公司已经起诉沁和公司,故请求中止本案的审理。本案一审期间,原审法院通知阳城煤运公司为本案的原告,沁和公司为第三人参加诉讼。阳城煤运公司请求判令跃峰公司立即归还本金28294万元及利息12676760元,担保人金业公司承担连带保证责任,沁和公司以其在金海公司11%的股权质押范围内承担连带责任,并请求追加中国建设银行股份有限公司阳城县支行为当事人。

一审法院认为,归纳本案焦点主要有三,并评判如下:1.合同效力。委托贷款人阳城煤运公司、受托人工行阳城支行与借款人跃峰公司签订的三份《委托贷款借款合同》及保证人金业公司与工行阳城支行签订的三份《保证合同》,当事人意思表示真实,且不违背法律法规强制性、禁止性规定,应当认定合同合法有效。借款人跃峰公司在本案中应承担20294万元的还款责任,担保人金业公司应当承担连带保证责任。2.股权质押是否生效。2007年9月

13日金海公司全体4名股东,就股权质押问题召开2007年第四次股东会议,一致同意沁和公司将其持有的金海公司11%的股权质押给阳城煤运公司,作为跃峰公司向阳城煤运公司偿还28000万元委托贷款的担保,并签字加盖了公章。之后,未就决议内容再签合同,工商行政管理机关未变更登记。那么,是否意味着沁和公司未出质,11%的股权及其派生权益质押未生效?根据合同法第二条的规定,所谓合同是当事人之间设立、变更、终止民事权利义务关系的协议。也就是说合同就是协议,就是当事人之间达成的一种意思表示。从这个意义上讲,股东在会议决议上签字盖章与签合同没有什么区别,该决议完全具备合同的特征。至于股权变更之事,从沁和公司提供的证据上看,金海公司提供了变更申请,未变更是行政机关的事,而不能把责任归于当事人。另一方面,变更登记与否的区别在于,不变更登记的不能对抗第三人,本案并不存在这种情况。需要指出的是,沁和公司对阳城煤运公司的质押权担保是从原股东张文杨转移来的。当初委贷时,张文杨的股权就设置了质押担保。如果沁和公司受让股权却不承继质押担保,其他股东是不会同意这种股权转让的。从另一个角度上讲,金海公司需缴纳的采矿权有偿使用价款每股为2242849元,而股权转让每股仅30万元,从中不难看出当事人之间还有其他经济往来,如果以某些形式上的要件不完备而认定股权质押不生效,从现有证据上来看,则失公平。3.关于委托贷款产生的利息由谁支付的问题。沁和公司支付的5315000元利息是代借款人跃峰公司偿还的。按2007年9月30日阳城煤运公司与跃峰公司及沁和公司签订的合同,约定2007年9月13日以后委托贷款利息由沁和公司于每年12月31日之前按银行同期定期存款利率一次性付与阳城煤运公司,直至清贷为止,但实际上未履行。从诉讼请求上看,工行阳城支行和阳城煤运公司未主张沁和公司偿还,从时效上看,已超两年的诉讼时效。从该合同上看,银行未签字盖章,因而不产生效力。因此,利息还应由跃峰公司支付。另,关于8000万元的委托贷款。阳城煤运公司作为原告参加本案诉讼后,提出了追加建设银行为原告、增加8000万元的请求,因该请求属另一法律关系,也未交诉讼费,应另行处理。至于被告提出的中止本案的申请,经审查和了解,另一案并不影响本案的审理。据此,一审法院依照《中华人民共和国民法通则》第一百零六条第一款、《中华人民共和国合同法》第二百零六条、第二百零七条、《中华人民共和国担保法》第十八条、参照《最高人民法院关于适用〈中华人民共和国担保法〉若干问题的解释》第一百零四条的规定,判决如下:一、跃峰公司偿还阳城煤运公司和工行阳城支行20294万元的本金及利息(利息从2007年9月14日起,按年利率1.44%计算);二、金业公司对上述还款承担连带责任;三、沁和公司对判决第一项以其持有的金海公司7.89%(本案20294万元与总计贷款28294万元之比)的股权质押范围内承担质押担保责任。案件受理费1056500元,由跃峰公司、金业公司及沁和公司负担。

跃峰公司、金业公司与沁和公司均不服山西省高级人民法院的上述民事判决,分别向最高人民法院提起上诉。

跃峰公司、金业公司上诉称:一、跃峰公司、阳城煤运公司、沁和公司在2007年9月30日签订的《合同》中已经明确约定本案所涉及的利息由沁和公司承担,一审判决让跃峰公司和金业公司承担利息明显不当。一审期间各方当事人均承认该合同真实有效,因此委托贷款利息偿还义务已经全归于沁和公司,并且《合同》签订后沁和公司向阳城煤运公司支付了531.5万元利息,实际履行了《合同》的约定。根据《委托贷款意向书》的约定,阳城煤运公司向跃峰公司发放的是委托贷款,工行阳城支行仅仅是名义上的贷款人,即使《合同》没有工行阳城支行盖章也不影响其效力,且约定的贷款期限为六年,一审判决认定阳城煤运公司、工行阳城支行对利息的请求超过诉讼时效不当。二、本案诉争的债权以沁和公司享有的金海公司11%的股权出质,实质上就是履行股权转让协议的约定,是沁和公司应当支付张新明及金业公司转让给其的金海公司股权的部分价款,因此利息由沁和公司承担符合客观实际,也符合公平原则。综上,提出如下上诉请求:1.撤销一审判决第一项、第二项中要求跃峰公司和金业公司承担利息的部分内容;2.改判沁和公司偿还阳城煤运公司和工行阳城支行20294万元本金的利息;3.本案诉讼费用由工行阳城支行、阳城煤运公司、沁和公司共同承担。

沁和公司上诉称:一审判决沁和公司以其持有金海公司7.89%的股权为跃峰公司的20294万元借款本金及利息承担质押担保责任错误。一、原审法院判决沁和公司承担质押担保责任的主要依据是金海公司2007年第四次股东会决议,该决议作出的时间是2007年9月13日,发生在物权法实施之前,因此本案应当适用担保法及其司法解释的规定。沁和公司与阳城煤运公司没有订立书面形式的质押合同,金海公司的股东名册中也没有记载过任何股权质押的事项,按照法律规定金海公司2007年第四次股东会决议中关于股权质押担保的约定并没有发生法律效力,沁和公司不应承担质押担保的责任。二、一审判决认定金海公司2007年第四次股东会决议完全具备合同的特征,并以此认定沁和公司应当承担质押担保责任是错误的。质押合同是要式合同,应当符合担保法的规定,具备担保法第六十五条规定的内容,而股东会决议是关于公司内部重要事项的决议,不具备质押合同的构成要件。且本案中阳城煤运公司未向沁和公司提交过向跃峰公司发放28000万元人民币委托贷款的主合同,因此作为从合同的质押合同也不应成立。三、一审判决认定"至于股权变更之事,从沁和公司提供的证据上看,金海公司提供了变更申请,未变更是行政机关的事,而不能把责任归于当事人",这一认定错误,一审期间没有相应的证据证明一审法院认定的上述事实。四、一审判决认定"沁和公司对阳城煤运公司的质押担保是从原股东张文杨转移来的,当初委托贷款时,张文杨的股权就设置了质押担保。如果沁和公司受让股权却不承继质押担保,其他股东是不会同意这种股权转让的",这一认定完全是原审法院的主观臆断。张文杨是否持有金海公司的股权、是否质押与本案没有关系,一审对此也未进行调查,金海公司的股东名册中从未有过张文杨股权质押的记载。五、一审判决认定"金海公司需缴纳的采矿权有偿使用价款每股为2242849元,而股权转让每股仅30万元,从中不难看出当事人之间还有其他经济往来,如果以某些形式上的要件不完备而认定股权质押不生效,从现有的证据上来看有失公平",这一认定完全违背事实、违反法律。担保法有关权利质押的规定不是"某些形式上的要件",且沁和公司代金海公司的原股东缴纳了部分资源价款,并未以低价受让股权。六、阳城煤运公司请求沁和公司承担质押担保的责任,已超过法律规定的诉讼时效。沁和公司在2007年9月13日以股东会决议的形式同意为跃峰公司向阳城煤运公司的借款提供质押担保,但在长达两年多的时间里阳城煤运公司没有主张权利,已经超过了法定的诉讼时效。综上所述,原审法院判决沁和公司以其持有的金海公司7.89%的股权为跃峰公司20294万元委托借款本金和利息承担质押担保责任错误,应当予以撤销,请求二审法院依法改判。

对于跃峰公司、金业公司的上诉请求及理由,沁和公司答辩称:跃峰公司和金业公司的依据是2007年9月30日签订的《合同》,工行阳城支行作为贷款银行没有在上述《合同》上签章,即工行阳城支行并没有同意沁和公司代为偿还。阳城煤运公司在一审期间并没有向沁和公司提出偿还利息的诉讼请求,人民法院基于不告不理的原则应不予处理,且该项内容已经超过诉讼时效。

对于跃峰公司和金业公司的上诉请求及理由,工行阳城支行和阳城煤运公司答辩称:工行阳城支行、阳城煤运公司与跃峰公司、金业公司之间的委托贷款和担保关系合法有效。沁和公司和跃峰公司、金业公司2007年9月30日签订的《合同》约定了利息的内容,根据约定沁和公司有义务代跃峰公司承担偿还责任。该《合同》并未约定免除跃峰公司和金业公司对于借款利息的偿还责任,因此对于利息的支付应由跃峰公司、金业公司和沁和公司承担连带责任。

对于沁和公司的上诉请求及理由,跃峰公司和金业公司答辩称:金海公司2007年第四次股东会决议中,沁和公司同意以金海公司11%的股权为阳城煤运公司给跃峰公司的28000万元委托贷款提供质押担保。阳城煤运公司、沁和公司都参加了这次股东会,股东会决议中借款人、数额都很清楚,股东会决议就应当视为确认质押的书面合同。至于股东名册的问题,沁和公司作为金海公司最大的股东,未能提交股东名册,可以推定股东名册实际上并不存在,股东会决议应该可以起到股东名册登记的效果,因此即使没有股东名册质押也应认定成立。上述股东会决议记载要求将决议提交给工商部门备案,沁和公司作为金海公司的控股股东,对于本案股权质押未及时办理工商登记具有过错,即使从这一点来看也应当依据《中华人民共和国合同法》第四十二条及《最高人民法院关于适用〈中华人民共和国合同法〉若干问题的解释(二)》第八条承担缔约过失责任。

对于沁和公司的上诉请求及理由,阳城煤运公司答辩称:阳城煤运公司与沁和公司存在股权质押关系,该关系成立并生效。金海公司2007年第四次股东会决议既是股东会决议,也是股权质押的协议,作为质权人的阳城煤运公司和作为质押人的沁和公司都在决议上签字盖章,且该决议具备了质押合同的主要内容,符合质押担保的书面要求。沁和公司的股权是从原股东张文杨那里转让取得的,张文杨持有股份时已经提供了质押担保,该股份上本来就有权利负担。至于登记的情况,沁和公司没有在法庭上出示金海公司的股东名册,无法证明股权质押是否在股东名册上记载。股东会是公司的最高权力机关、是公司的意思形成机关,即使沁和公司的股权质押没有登记在金海公司的股东名册上,股东会决议也足以使该股权质押发生效力。此外,股权质押没有登记也是沁和公司的过错,是沁和公司恶意拖延的结果。根据《最高人民法院关于适用〈中华人民共和国合同法〉若干问题的解释(二)》第八条的规定,经登记才能生效的合同成立后,有义务办理登记手续的当事人未按约定申请登记的,属于违背诚实信用原则的行为,人民法院可以根据案件的具体情况和相对人的请求,判决相对人自己办理有关手续,对方当事人承担相应的损害赔偿责任。对于时效的问题,根据《委托贷款意向书》的约定,本案20294万元的借款期限为6年,还款期限为2011年12月8日,届时才应开始计算诉讼时效。由于跃峰公司在委托贷款到期之后不与阳城煤运公司以及工行阳城支行办理委托贷款的续展手续,已构成预期违约。根据《中华人民共和国合同法》第九十四条和第一百零八条的规定,阳城煤运公司可以解除合同并要求债务人承担违约责任。综上,沁和公司的上诉请求和理由均不成立,请求二审法院予以驳回。

二审期间,沁和公司和阳城煤运公司均提交了新证据材料。

沁和公司提交了记载时间分别为2007年9月13日、2009年4月27日的两份金海公司股东名册以及2007年9月13日签订的一份《补充协议》。沁和公司主张上述两份股东名册可以证明沁和公司持有的金海公司股权从未在股东名册上记载质押,《补充协议》证明张文杨持有的金海公司股权在转让给沁和公司时已经解除了质押担保。阳城煤运公司提交了记载时间为2005年12月9日的一份金海公司股东名册,并主张该股东名册证明张文杨持有的金海公司27%股权在转让给沁和公司之前已经设定了质押并记载于金海公司的股东名册。上述文件中,沁和公司提交的两份股东名册均为复印件,但加盖了金海公司的公章;沁和公司提交的《补充协议》和阳城煤运公司提交的一份股东名册均对原件进行了质证。

对于沁和公司提交的证据材料,跃峰公司、金业公司质证认为,两份股东名册是复印件,真实性不予认可,沁和公司作为金海公司的控股股东应承担提交股东名册的举证责任;《补充协议》的提交超过了举证期限,不属于新证据,且《补充协议》的内容印证了沁和公司当时同意提供11%的股权进行质押。阳城煤运公司质证认为,沁和公司提交的两份股东名册不属于新证据,且系复印件,真实性不予认可;对于《补充协议》的真实性没有异议,该协议证明存在质押合同。对于阳城煤运公司提交的金海公司股东名册,跃峰公司、金业公司和沁和公司对其真实性均予以认可。

二审法院对沁和公司和阳城煤运公司在二审提交的新证据材料认证如下:沁和公司提交的两份股东名册均为复印件,真实性难以确认,但阳城煤运公司主张质押成立,应承担相应的举证责任,即举证证明质押事项已经记载于金海公司的股东名册,且阳城煤运公司作为金海公司的股东具有相应的举证能力,故可以认定沁和公司将其持有的金海公司11%股权质押给阳城煤运公司的事项没有记载于金海公司的股东名册。阳城煤运公司提交的股东名册和沁和公司提交的《补充协议》均系原件,其他当事人未对其真实性提出异议,应予以确认。

二审法院对原审法院查明的事实予以确认。另查明:阳城煤运公司、张文杨、跃峰公司、金海公司、沁和公司于2007年9月13日签订了一份《补充协议》,约定:鉴于阳城煤运公司、张文杨、跃峰公司三方签署的《委托贷款意向书》《委托贷款借款合同》《股权质押合同》和《保证合同》,阳城煤运公司通过银行委托贷款方式向跃峰公司提供借款28000万元人民币,张文杨将持有金海公司27%的股权及派生权益质押于阳城煤运公司为跃峰公司的借款提供担保,金海公司决定通过股权重组引进沁和公司为金海公司股东,各方达成如下协议:一、阳城煤运公司同意解除张文杨为跃峰公司28000万元委托贷款提供质押的金海公司27%股权,并同意沁和公司以持有金海公司11%的股权为上述贷款提供质押;二、沁和公司同意将持有金海公司11%的股权向阳城煤运公司提供质押担保；……四、金海公司保证在协议签订后3个工作日内将本次股权质押变更事宜登记于公司股东名册，并将股东名册复印件提供于阳城煤运公司、张文杨和沁和公司；五、除上述事项外，阳城煤运公司、张文杨、跃峰公司签署的《委托贷款意向书》《委托贷款借款合同》《股权质押合同》和《保证合同》其他内容不变。

张文杨持有的金海公司27%股权自2005年12月9日起质押给阳城煤运公司，该股权质押事项记载于金海公司的股东名册。张文杨将其持有的金海公司股权转让给沁和公司后，没有证据证明金海公司的股东名册上记载沁和公司将其股权质押的事项。

二审质证时，阳城煤运公司确认上述28000万元委托贷款在2007年9月13日以前的利息已经全部支付。

二审法院认为：阳城煤运公司与跃峰公司、金业公司、张文杨签订的《委托贷款意向书》中约定，阳城煤运公司通过银行向跃峰公司发放28000万元人民币委托贷款的协议，金业公司为上述贷款提供连带责任保证。基于《委托贷款意向书》，阳城煤运公司、工行阳城支行与跃峰公司签订了三份《委托贷款借款合同》，工行阳城支行与金业公司签订了三份《保证合同》，阳城煤运公司实际通过工行阳城支行向跃峰公司发放了20294万元人民币的委托贷款。上述《委托贷款意向书》及《委托贷款借款合同》《保证合同》的内容均为各方当事人真实的意思表示，且不违反法律法规的禁止性规定，合法有效。跃峰公司至今未归还20294万元委托贷款，原审法院判令其偿还借款本金、金业公司承担连带清偿责任，符合合同约定，各方当事人均无异议，应予维持。

关于上述委托贷款的利息，阳城煤运公司确认2007年9月13日以前的利息已经全部支付，阳城煤运公司、跃峰公司与沁和公司在2007年9月30日签订的《合同》第二条中约定，2007年9月13日以后的利息由沁和公司于每年12月31日之前按银行同期定期存款利率一次性付于阳城煤运公司直至清贷为止。该项约定明确将偿还2007年9月13日以后借款利息的义务转移给沁和公司，且作为债权人的阳城煤运公司在《合同》上盖章表示同意，符合《中华人民共和国合同法》第八十四条关于债务承担的规定。工行阳城支行作为受托发放贷款的中介机构，不是借款关系的真正债权人，即使其未参与《合同》的签订也不影响沁和公司承担偿还委托贷款利息的义务。阳城煤运公司主张跃峰公司、金业公司与沁和公司应对委托借款利息的偿还承担连带责任，与上述《合同》约定内容不符，二审法院不予支持。原审法院判令跃峰公司偿还委托借款利息并由金业公司承担连带清偿责任错误，应予纠正。沁和公司作为承接利息债务的一方应当偿还2007年9月13日以后的委托借款利息，但本案一审期间工行阳城支行和阳城煤运公司均未依据上述《合同》就利息问题对沁和公司提起诉讼，本院对工行阳城支行和阳城煤运公司与沁和公司的利息关系不予审理，债权人对此可以另行起诉。

按照《委托贷款意向书》的约定，阳城煤运公司通过银行向跃峰公司发放的28000万元委托贷款，由案外人张文杨以其持有的金海公司27%的股权提供质押担保。该项股权质押自2005年12月9日起记载于金海公司的股东名册，并且根据2007年9月13日《补充协议》的内容，阳城煤运公司、跃峰公司和张文杨均确认该项质押担保成立，张文杨在其持有的金海公司27%的股权上设立了质权当无疑义。从2007年9月13日签订的《股权转让协议书》《补充协议》及金海公司于同日作出的2007年第四次股东会决议的内容看,张文杨持有的金海公司全部股权已于当日转让给沁和公司,且股权上设有的质权负担已经解除,沁和公司同意以其受让的金海公司11%的股权为上述28000万元委托贷款提供质押担保。鉴于张文杨在转让其持有的金海公司股权之前已经解除了此前设立的质押,沁和公司承诺以受让的股权设立质押并不是原有质权的延续,应重新履行设立质权的相应手续。上述股权转让及设立质押的协议均订立于2007年9月13日,早于《中华人民共和国物权法》的施行时间,应适用《中华人民共和国担保法》第七十八条第三款的规定,即:"以有限责任公司的股份出质的,适用公司法股份转让的有关规定。质押合同自股份出质记载于股东名册之日起生效。"阳城煤运公司在本案中主张沁和公司已将其持有的金海公司11%的股权出质,但未能举证证明该项股权质押事项记载于金海公司的股东名册,其作为金海公司的股东称不具有提交金海公司股东名册的能力,与常理不符,应承担举证不能的法律后果。有限责任公司股份上设立的质权,记载于公司股东名册不仅可达对外公示的法律效果,更是质权产生的法定条件,与记载于股东会决议等公司内部文件存在本质区别,阳城煤运公司主张股东会决议可以代替股东名册的记载没有法律依据。沁和公司虽然承诺将其持有的金海公司11%的股权出质,但该项质押未记载于金海公司的股东名册,阳城煤运公司与沁和公司之间设定质押的协议未生效,质权并未设立,阳城煤运公司要求沁和公司承担质押担保责任,法律依据不足,应不予支持。

综上,原审法院适用法律错误,跃峰公司、金业公司和沁和公司的上诉请求及理由成立,二审法院予以支持。根据《中华人民共和国民事诉讼法》第一百五十三条第一款第二项,判决如下:

一、维持山西省高级人民法院(2010)晋民初字第1号民事判决第一项关于本金的判决内容,撤销关于利息的判决内容,即:古交市跃峰洗煤有限公司自本判决生效之日起7日内偿还山西煤炭运销集团晋城阳城有限公司或中国工商银行股份有限公司阳城支行借款本金20294万元;

二、维持山西省高级人民法院(2010)晋民初字第1号民事判决第二项,即:山西金业煤焦化集团有限公司对上述第一判项的还款承担连带责任;

三、撤销山西省高级人民法院(2010)晋民初字第1号民事判决第三项;

四、驳回山西煤炭运销集团晋城阳城有限公司和中国工商银行股份有限公司阳城支行的其他诉讼请求。

本案一审案件受理费1056500元,由古交市跃峰洗煤有限公司、山西金业煤焦化集团有限公司负担;二审案件受理费1056500元,由山西煤炭运销集团晋城阳城有限公司负担。

争议与问题

质权的形成是否必须依照法定的要件?

案例分析

以股权出质的,应履行法定的质押登记程序,方能产生设立质权的法律效果。《中华人民共和国物权法》施行以前发生的质押行为,应适用《中华人民共和国担保法》的相关规定。以依法可以转让的股票出质的,质押合同自向有关登记机构办理出质登记之日起生效;以有限责任公司的股份出质的,质押合同自股份出质记载于股东名册之日起生效。

物权法施行以后发生的质押行为,应适用物权法的相关规定,以基金份额、证券登记结算机构登记的股权出质的,质权自证券登记结算机构办理出质登记时设立;以其他股权出质的,质权自工商行政管理部门办理出质登记时设立。如果未履行法定的登记手续,虽然质权尚未设立,但质押合同的效力不受影响,出质人未履行合同义务应承担相应的违约责任。

根据担保法和物权法的规定,设立质权,应当订立书面的质权合同。古交市跃峰洗煤有限公司、山西金业煤焦化集团有限公司、沁和投资有限公司与中国工商银行股份有限公司阳城支行、山西煤炭运销集团晋城阳城有限公司委托借款及担保合同纠纷案的当事人,就是由于没有深入的了解股权质押形成质权的详细法律要求,最终要承担败诉的结果。

律师支招

在实务中,关于股权质押存在的法律问题很多,主要集中在三点上:第一,没有适格的质权人,形成质权的前提是当事方有债权债务关系,现在很多并购协议的所谓的质权相关方并没有真实的债权债务关系存在,这就为合同的履行埋下了隐患。第二,没有签订合法的质权合同,大多数情况下当事人仅仅约定一个质押的条款,一两句话,表达了一个意思表示,却缺乏关键的书面合同。第三,没有在证券登记结算机构办理出质登记。我们认为,缺乏上述三点的任何一个,质权都无法形成,这需要我们高度重视。

《中国农业发展银行安徽省分行诉张大标、安徽长江融资担保集团有限公司保证金质权确认之诉案》可以作为参考案例。该案件的裁判要旨是:根据担保法第六十三条、第六十四条及《最高人民法院关于适用〈中华人民共和国担保法〉若干问题的解释》第八十五条的规定,质押合同成立并生效须符合两个条件,一是签订书面的质押合同,二是完成质押物的交付。

必懂知识点

股权质押,又称股权质权,是指出质人以其所拥有的股权作为质押标的物而设立的质押。按照目前世界上大多数国家有关担保的法律制度的规定,质押以其标的物为标准,可分为动产质押和权利质押。股权质押就属于权利质押的一种。

一般观点认为,以股权为质权标的时,质权的效力并不及于股东的全部权利,而只及于其中的财产权利。换言之,股权出质后,质权人只能行使其中的受益权等财产权利,公司重大决策和选择管理者等非财产权利则仍由出质股东行使。

从事实上判断股权质押的标的要注意以下几点。

首先,当股权出质的时候,出质的究竟是什么权利?无论出质的是财产权利还是全部权利,权利都不可能像实体物那样转移占有,只能是通过转移凭证或者是登记的做法来满足。因此究竟转移了什么,我们从设质的活动中无法辨明,但可以从质权执行进行考察。

其次,当债务清偿期届满,但是设质人无力清偿债务时,就涉及质权执行的问题。担保法对于权利质押的执行没有规定,但允许比照动产质押的一般规定进行。对于动产质押的执行问题,担保法第七十一条规定,债务履行期届满质权人未受清偿的,可以与出质人协议以质物折价,也可以依法拍卖、变卖质物。因此,股权质押的质权人也可以与出质人协议转让质押的股权,或者拍卖、变卖质押的股权。无论协议转让质押的股权还是拍卖、变卖质押的股权都会发生同样的结果,就是受让人成为公司的股东。否则,受让人如果取得的是所谓的财产权利,但是既没有决策权,也没有选择管理者的权利,而这些权利却由一个与公司财产都没有任何关系的当事人来享有,这不是非常荒谬的吗?因此,这也就反证出从一开始设质的就是全部的权利,而不仅仅是财产权利。因为一项待转让的权利如果一开始就是不完全的,但是经过转让却变成了完全的,这是不可能的。有学者亦指出,作为质权标的的股权,决不可强行分割而只能承认一部分是质权的标的,而无端剔除另一部分。

再次,当公司的股东会作出决议同意出质股权时,实际上就已经蕴含了允许届时可能出现的股权转让,其中包括了对于公司人合性的考虑。我国担保法规定,以有限责任公司的股份出质的,适用于公司法股份转让的有关规定。质押合同自股份出质记载于股东名册之日起生效。而公司法关于股份转让的规定是,有限责任公司股东间可以相互转让其全部出资和部分出资;股东向股东以外的人转让其出资时,必须经全体股东过半数同意。比照公司法的规定,股份设质也应当分为两种情况:其一,质权人为公司的其他股东,此时以公司的股份设质无须经过他人同意;其二,当以公司股份向公司股东以外的人设立质权的,则应当需要全体股东过半数同意。因为如果届期债务人无法清偿债务,质权人就可能行使质权,从而成为公司的股东。鉴于有限责任公司一定的人合性,需要经过全体股东过半数同意。而公司股东的过半数同意,就意味着实际上公司股份的设质与公司的人合性不冲突。

最后,从观念上来分析,传统的观念认为公司的股份设质仅仅包括财产权利,这是将权利孤立地进行分割。实际上,在市场经济中的交易主体是不可能如同法学家一般将权利分割成诸多部分,并且进行考虑的。另外,假如真是只能转让财产权利,那么这种设想必然会在质权执行时产生纠纷,从而与民法定纷止争的社会功能相冲突。所以有限责任公司股权质押的标的应该包括全部的股东权利。

必知法规

◎ 《中华人民共和国物权法》

第二百零八条 为担保债务的履行,债务人或者第三人将其动产出质给债权人占有的,债务人不履行到期债务或者发生当事人约定的实现质权的情形,债权人有权就该动产优先受偿。

前款规定的债务人或者第三人为出质人,债权人为质权人,交付的动产为质押财产。

第二百一十条 设立质权,当事人应当采取书面形式订立质权合同。

质权合同一般包括下列条款:

(一)被担保债权的种类和数额;

(二)债务人履行债务的期限;

(三)质押财产的名称、数量、质量、状况;

(四)担保的范围;

(五)质押财产交付的时间。

第二百一十二条 质权自出质人交付质押财产时设立。

第二百二十六条 以基金份额、股权出质的,当事人应当订立书面合同。以基金份额、证券登记结算机构登记的股权出质的,质权自证券登记结算机构办理出质登记时设立;以其他股权出质的,质权自工商行政管理部门办理出质登记时设立。

基金份额、股权出质后,不得转让,但经出质人与质权人协商同意的除外。出质人转让基金份额、股权所得的价款,应当向质权人提前清偿债务或者提存。

◎ 《中华人民共和国担保法》

第六十三条 本法所称动产质押,是指债务人或者第三人将其动产移交债权人占有,将该动产作为债权的担保。债务人不履行债务时,债权人有权依照本法规定以该动产折价或者以拍卖、变卖该动产的价款优先受偿。

前款规定的债务人或者第三人为出质人,债权人为质权人,移交的动产为质物。

第六十四条 出质人和质权人应当以书面形式订立质押合同。

质押合同自质物移交于质权人占有时生效。

第六十五条 质押合同应当包括以下内容:

(一)被担保的主债权种类、数额;

(二)债务人履行债务的期限;

(三)质物的名称、数量、质量、状况;

(四)质押担保的范围;

(五)质物移交的时间;

(六)当事人认为需要约定的其他事项。

质押合同不完全具备前款规定内容的,可以补正。

高息融资有陷阱，非法集资后果重

　　资金是企业进行生产经营不可缺少的资源和生产要素，企业通过银行进行"间接融资"往往受到很多的限制，无法满足资金需求，导致一些企业铤而走险通过向社会大众"直接融资"的方式来解决资金困难的问题，但一旦资金链断裂，后果则不堪设想，很多企业高级管理人员因此被处以刑罚；随着经济的发展，社会闲散资金增多，一些图谋不轨者，使用各种手段进行非法集资、诈骗，且此类犯罪案件逐年增多，已经成了国家机关重点打击的对象。

案例介绍

一、披着合法经营的外衣，进行非法集资活动

　　租赁业在国外早已非常成熟，被认为是前程远大的朝阳产业，但是在中国却始终处于一种朝阳产业不见"朝气"的尴尬境地。姜某正是看到了中国市场存在的无限商机，以"以租代买、低碳环保、循环消费"的理念，以注册资本7000万元人民币于2002年创建了帮家租赁服务有限公司（以下简称"帮家集团"），主要从事租赁和保健品销售，业务范围有汽车租赁、保健品销售等。但是，姜某伙同张某、王某以及其余20多名被告人，在经营过程中以公司的汽车等实物租赁、保健品和有机食品销售等业务为掩护，在未取得政府部门融资行政许可的情况下，进行集资活动。他们抓住了公众追求高投资回报的心理，以高息为诱饵，采取诸如：以会员制消费的名义，虚构购买会员卡后每季度可获得年利率为16%至30%的固定回报，合同期满可收回本金等事实；诱骗公众与帮家集团签订《会员制消费合同》《兼职租赁顾问聘用合同》等；以800元至40万元不等的价格购买水晶卡、白金卡、VIP卡、"九星连珠"等会员卡；以出资建立、运营"帮家租赁体验店"和进行区域合作为名，虚构25%至47.5%的年收益率、保证一定期限返还本金等事实，以诱骗公众签订《区域合作合同》等为手段，进行大规模的非法集资活动。

二、疯狂扩张资金链断裂，企业高管纷纷落网

　　姜某、张某等人通过上述一系列非法活动尝到了甜头，为不断扩大非法集资的规模，相继在全国16个省、直辖市设立了64家分公司及24家子公司，广泛招募员工，将集资款用于

419

支付公司员工的奖金和业绩提成以及参与集资的社会公众的到期本息,从而制造集资款得到高额回报的假象,达到进一步吸取社会公众集资款的目的。募集的资金绝大部分流入姜某指定的私人账户,姜某将大量集资款用于其个人及家庭的肆意挥霍。2011年,公司资金链出现问题,2012年初,全国多地爆出帮家集团会员顾客的投资金被拖欠的消息。同年5月,警方突查帮家集团总部和多家分公司,姜某被刑事拘留。帮家集团的多米诺骨牌至此开始倒下,公司骨干人员接连被起诉,涉案数额、受害人数不断增多,且绝大多数是中老年人。姜某被认定为主犯,被法院以集资诈骗罪判处无期徒刑,没有争议;但是人民检察院对张某(姜某的情人,管理财务)以集资诈骗罪向人民法院提起公诉,则存在诸多争议,下面针对张某的案例进行分析。

争议与问题

张某构成集资诈骗罪还是非法吸收公众存款罪?本案是个人犯罪还是单位犯罪?如何认定张某违法所得金额?

案例分析

一、张某构成非法吸收公众存款罪

1.帮家集团没有吸收社会公众存款的资格,以高息回报为诱饵,向社会上的不特定对象借款或变相吸收存款,其行为属于非法集资行为。

2.诸多证人均没有指证张某在参与帮家集团的经营过程中具有骗取客户财物的非法占有的故意,还证实帮家集团的财务由姜某一个人控制,张某无权调拨客户的投资款。上述证据与被告人张某关于自己无权管理客户投资款、未领取工资的供述能够相互印证,表明现有证据不足以证实张某具有非法占有的故意。

3.根据被告人的供述、同案人的供述及证人证言均证实帮家集团收取的客户投资款由姜某个人控制,对于款项的去向、用途,张某并不清楚。虽然张某的个人账户曾接收过客户的投资款,但是帮家集团成立后,财务制度极不健全,没有完整和清晰地记录集资款的用途和去向,证据不足以证实张某有非法占有客户投资款的故意。

综上,根据《最高人民法院关于审理非法集资刑事案件具体应用法律若干问题的解释》第四条的规定,在现有证据不足以证实张某具有非法占有故意的情况下,张某参与实施非法集资行为应该认定为构成非法吸收公众存款罪。

二、本案是单位犯罪

1.帮家集团是经工商登记具有法人资格的企业,根据同案人姜某、被告人张某关于"公司的经营方案是由曹某、王某、陈某等人参与制订,由姜某决策通过"的供述,证实帮家集团进行非法集资的经营模式是以姜某为首的公司高层管理人员集体决定的,是单位的决策行为。

2.帮家集团从事租赁等业务和实施非法集资的活动,均是以公司名义与客户签订合同并收取投资款,不是以姜某或者张某的个人名义实施犯罪活动。

3.尽管目前证据显示帮家集团收取的投资款最终归集到姜某的个人账户,但是公司经营、运作所使用的资金就是姜某个人账户内的资金,所以应该认定是公司使用个人账户经营。

4.帮家集团前后有保健品和有机食品销售、实物租赁、汽车租赁等合法经营行为,在全国所非法集资的资金与用于生产、经营的资金并非明显不成比例,认定帮家集团是为犯罪而成立的公司的证据不充分。

综上,帮家集团在本案的非法集资活动是由单位决策、以单位名义实施、利益归本单位的单位行为,而不是本案被告人的个人行为,故本案应该认定是单位犯罪。被告人张某作为帮家集团管理财务工作的人员,应对其负责管理公司财务工作期间公司的非法集资数额负责,但属于其他直接责任人员。

三、张某的违法所得金额的问题

鉴于本案同案人均证实张某是总公司的财务负责人,故张某虽然没有直接从事非法集资的活动,但现有证据足以证实其协助姜某负责财务管理工作。尽管姜某和张某均提出张某在公司没有提成、工资等收入,但是张某供述姜某同意其使用帮家集团的资金3294581元用于购买位于东莞市南城区水濂山景观路8号的一处房产。姜某使用非法集资的赃款所购买并赠予的房屋,是张某在本案中的违法所得,应予追缴。

律师支招

如何识别非法集资

1.没有明确标的的虚拟理财

"月收益30%""1万元一年变23万元""满15天即可提现"……一家名为"MMM金融互助社区"的虚拟理财企业凭借高额收益,曾一度吸引投资者趋之若鹜。2015年以来,与之类似的虚拟理财相继出现。此类虚拟理财多以"互助""慈善""复利"为噱头,无实体项目支撑,无明确投资标的,无实体经营机构,以高收益、低门槛、快回报为诱饵,靠不断发展新的投资者实现虚高利润,完全依托网络进行宣传推广、资金运转等活动。

2.利用P2P平台编造项目融资

近年,互联网金融尤其是P2P网络借贷机构野蛮生长,违法违规经营问题突出。此前曝出的"e租宝"案,非法集资额达500多亿元,涉及约90万名投资人。此类非法集资案的特点是:通过虚构投资项目,采用借新还旧的庞氏骗局模式,为平台母公司或关联企业融资;先归集资金、再寻找借款对象,私设资金池,非法吸收公众存款;一些平台私设资金池,违规自融自担,宣称风险备用金由银行监管但却未充分披露相关监管信息,以高息为诱饵,进行集资诈骗。

3.打"养老"旗号诱老年人加盟

2015年,一家名为成吉大易的公司在国内多地借"养老项目"为名进行集资,诱使许多老年人参与,最终却"人去楼空"。

4.号称内购VIP,实则房企变相融资

有的购房人还在为获得"内部认购"资格欢欣鼓舞,其实可能已在不知不觉中落入了骗子的圈套。一些房地产企业在项目未取得商品房预售许可证前,有的甚至是项目还没进行开发建设前,以内部认购、发放VIP卡等形式,变相进行销售融资,有的还存在"一房多卖"的现象。

房地产领域的非法集资模式还有承诺售后包租或回购和项目融资两种形式。手法是将整幢商业、服务业建筑划分为若干个小商铺进行销售,通过承诺售后包租、定期高额返还租金或到一定年限后回购等方式诱导公众购买。一些房地产企业打着房地产项目开发等名义,直接或通过中介机构向社会公众集资。

5.非法股权众筹、买卖原始股

目前,一些非法股权众筹、买卖原始股的集资诈骗手段也不断出现。这类骗术往往打着境外投资、高新科技开发旗号,假冒或者虚构国际知名公司设立网站,并在网上发布销售境外基金、原始股、境外上市、开发高新技术等信息,虚构股权上市增值前景或者许诺高额预期回报,诱骗群众向指定的个人账户汇入资金,然后关闭网站,携款逃匿。

6.地方交易场所包装理财产品向公众出售

昆明一非法集资案案发,涉及数十个地区,集资金额达数百亿元。目前,有的电子交易场所通过授权服务机构及网络平台将某些业务包装成理财产品向社会公众出售,承诺较高的固定年化收益率,涉嫌非法集资。

7.假"互助计划"收取小额捐助费用

一些以"某某互助""某某联盟"等为名的非保险机构,基于网络平台推出多种与相互保险形式类似的"互助计划",但这些所谓"互助计划"只是简单收取小额捐助费用,没有经过科学的风险定价和费率厘定,不订立保险合同,更不具备合法的保险经营资质,相关承诺履行和资金安全难以得到有效保障。

8.假冒民营银行,借国家支持民间资本发起设立金融机构的政策,谎称已获得或正在申办民营银行牌照,以虚构民营银行的名义发售原始股或吸收存款。

9.以毫无价值或价格低廉的纪念币、纪念钞、邮票等所谓的收藏品为工具,声称有巨大升值空间,承诺在约定时间后高价回购,引诱群众购买,然后携款潜逃。

必懂知识点

一、如何界定集资的合法与否

非正规渠道融资行为包含:合法融资和非法融资。界定合法与非法的条件是:

1.未经有关部门依法批准吸收资金或者借用合法经营的形式非法吸收资金;

2.通过媒体、推介会、传单、手机短信等途径向社会公开宣传;

3.承诺在一定期限内以货币、实物、股权等方式还本付息或者给付回报;

4.向社会公众即社会不特定对象吸收资金。

以上四个条件很简单:1和3是交易的性质,看它是不是一个集资交易或者它是不是一个投资性的交易;2和4是向社会公开发行、公开募集,也就是看它是否涉及公众。所以,简单总结界定非法集资活动就两个条件:(1)这个交易是什么性质,如果是一个正常的商品买卖行为,它肯定不是集资交易,属于合法范畴;(2)如果不涉及公众,即为私募性质,也是合法的。

二、非法集资在我国非常活跃的原因

"非法集资"可以更准确地称之为"非正规融资",因为它不是通过公开发行去注册或者核准的途径融资,而是在正规途径之外做融资。在中国,非正规融资很活跃,原因有:

1.直接融资的门槛太高。当然门槛高也不是核心问题,核心问题是它不但高,而且还存在很多不确定因素,导致在融资过程中就耗费了相当高的成本,很多企业就是在这个过程中被拖垮的。

2.我国的主体金融机构或者正规金融机构由国家控股。在国家控股下,它的融资对象是偏向国有企业的,当然民间企业从正规金融机构获得融资的也有,但是往往会受到很多的限制。

3.中国经过长期的经济发展,民间积累了不少的闲散资金,这些民间闲散资金缺乏投资渠道。而对私募豁免的合法与非法没有明确的界线,导致非正规融资非常活跃。

三、非法集资涉及的诸多罪名

向社会公众非法集资,以集资诈骗罪、非法吸收公众存款罪定罪处罚。如果是向特定对象集资,虚构资金用途,则不属于非法集资行为;如果构成犯罪,一般以诈骗罪定罪处罚。下面对集资诈骗罪与非法吸收公众存款罪作如下介绍:

(一)集资诈骗罪及非法占有目的的认定

集资诈骗罪,是指以非法占有为目的,采用虚构事实或者隐瞒真相等欺诈手段非法集资,骗取集资款,数额较大的行为。

集资诈骗罪中的非法占有目的,应当区分情形进行具体认定。行为人部分非法集资行为具有非法占有目的的,对该部分非法集资行为所涉集资款以集资诈骗罪定罪处罚;非法集资共同犯罪中部分行为人具有非法占有目的,其他行为人没有非法占有集资款的共同故意和行为的,对具有非法占有目的的行为人以集资诈骗罪定罪处罚。

(二)非法吸收公众存款罪及构成要件

非法吸收公众存款罪,是指违反国家金融管理法规非法吸收公众存款或者变相吸收公众存款,扰乱金融秩序的行为。

非法吸收公众存款罪的构成要件：

1.本罪侵犯的客体，是国家金融管理制度和信贷秩序。本罪的犯罪对象是公众存款。所谓存款是指存款人将资金存入银行或者其他金融机构，银行或者其他金融机构向存款人支付利息的一种经济活动。

2.本罪在客观方面表现为行为人实施了非法吸收公众存款或者变相吸收公众存款的行为（《非法金融机构和非法金融业务活动取缔办法》第四条）。一是非法吸收公众存款，即未经中国人民银行批准，向社会不特定对象吸收资金，出具凭证，承诺在一定期限内还本付息的活动。包括两种情况：一种是没有吸收公众存款资质的个人或法人吸收公众存款，另一种是具有吸收公众存款资质的法人采用违法的方法吸收存款。二是变相吸收公众存款，即未经中国人民银行批准，不以吸收公众存款的名义，向社会不特定对象吸收资金，但承诺履行的义务与吸收公众存款相同，即都是还本付息的活动。

"非法"一般表现为主体不合法（主体不具有吸收存款的资格）或者行为方式、内容不合法（如擅自提高存款利率吸收存款）。具体表现为：(1)以非法提高存款利率的方式吸收存款——吸收存款人在当场交付存款人或在储户的存单上开出高于央行法定利率的利率数。因而此种方式又可简称为"账面上有反映"方式；(2)以变相提高存款利率的方式吸收存款——指吸收存款人虽未在开付出去的存单上直接提高存款利率，但却通过存款之际先行扣付、允诺事后一次性地给付、许诺以其他物质或经济利益好处的方式来招揽存款，此种方式，又可简称为"账面上无反映"方式；(3)依法无资格从事吸收公众存款业务的单位非法吸收公众存款——本罪是行为犯，行为人只要实施了非法吸收公众存款或者变相吸收公众存款，扰乱金融秩序的行为，即构成本罪既遂。

"公众"是指不特定对象，包括不特定的个人与不特定的单位。至于非法吸收某一单位内部成员的存款的行为能否成立本罪，则应通过考察单位成员的数量、吸收方法等因素，判断是否面对不特定对象吸收存款。

3.本罪的主体为一般主体，既可以是已满16周岁并具有辨认控制能力的自然人，也可以是单位。这里的单位，既可以是可以经营吸收公众存款业务的商业银行等银行金融机构，也可以是不能经营吸收公众存款业务的证券公司等非银行金融机构，还可以是其他非金融机构。

4.本罪的主观方面只能是故意，明知自己不具有吸收存款的资格或者吸收存款的方式、内容不合法，明知非法吸收或者变相吸收公众存款的行为会发生扰乱金融秩序的结果，并且希望或者放任这种结果发生。行为人主观上必须不具有非法占有不特定对象资金的意图。

四、非法吸收公众存款罪与其他罪名界定的区别

1.非法吸收公众存款罪与集资诈骗罪的区别

两者的区别主要表现在犯罪的主观故意不同。集资诈骗罪是行为人采用虚构事实、隐瞒真相的方法意图永久非法占有社会不特定公众的资金，具有非法占有的主观故意；而非法吸收公众存款罪的行为人只是临时占用投资人的资金，行为人承诺而且也愿意还本付息。

2.非法吸收公众存款罪与非法经营罪的区别

非法吸收公众存款罪和非法经营罪之间存在一定的竞合关系,主要体现在未经批准,非法从事银行业务。因刑法第一百七十六条对非法吸收公众存款的行为以特别条款的形式作了规定,所以非法吸收公众存款罪和非法经营罪是特别法和普通法的竞合关系,非法吸收公众存款的行为在一般情况下应当适用特别法,即以非法吸收公众存款罪处罚。但是,如果行为虽然构成非法吸收公众存款罪,但该罪只能对犯罪行为进行部分评价,不能涵括犯罪行为的整体,则要适用非法经营罪。

必知法规

◎ 《中华人民共和国刑法》

第二十六条 组织、领导犯罪集团进行犯罪活动的或者在共同犯罪中起主要作用的,是主犯。

三人以上为共同实施犯罪而组成的较为固定的犯罪组织,是犯罪集团。

对组织、领导犯罪集团的首要分子,按照集团所犯的全部罪行处罚。

对于第三款规定以外的主犯,应当按照其所参与的或者组织、指挥的全部犯罪处罚。

第二十七条 在共同犯罪中起次要或者辅助作用的,是从犯。

对于从犯,应当从轻、减轻处罚或者免除处罚。

第六十四条 犯罪分子违法所得的一切财物,应当予以追缴或者责令退赔;对被害人的合法财产,应当及时返还;违禁品和供犯罪所用的本人财物,应当予以没收。没收的财物和罚金,一律上缴国库,不得挪用和自行处理。

第六十七条 犯罪以后自动投案,如实供述自己的罪行的,是自首。对于自首的犯罪分子,可以从轻或者减轻处罚。其中,犯罪较轻的,可以免除处罚。

被采取强制措施的犯罪嫌疑人、被告人和正在服刑的罪犯,如实供述司法机关还未掌握的本人其他罪行的,以自首论。

犯罪嫌疑人虽不具有前两款规定的自首情节,但是如实供述自己罪行的,可以从轻处罚;因其如实供述自己罪行,避免特别严重后果发生的,可以减轻处罚。

第一百七十六条 非法吸收公众存款或者变相吸收公众存款,扰乱金融秩序的,处三年以下有期徒刑或者拘役,并处或者单处二万元以上二十万元以下罚金;数额巨大或者有其他严重情节的,处三年以上十年以下有期徒刑,并处五万元以上五十万元以下罚金。

单位犯前款罪的,对单位判处罚金,并对其直接负责的主管人员和其他直接责任人员,依照前款的规定处罚。

第一百九十二条 以非法占有为目的,使用诈骗方法非法集资,数额较大的,处五年以下有期徒刑或者拘役,并处二万元以上二十万元以下罚金;数额巨大或者有其他严重情节的,处五年以上十年以下有期徒刑,并处五万元以上五十万元以下罚金;数额特别巨大或者有其他特别严重情节的,处十年以上有期徒刑或者无期徒刑,并处五万元以上五十万元以下罚金或者没收财产。

◎ 《最高人民法院关于审理非法集资刑事案件具体应用法律若干问题的解释》

第一条 违反国家金融管理法律规定,向社会公众(包括单位和个人)吸收资金的行为,同时具备下列四个条件的,除刑法另有规定的以外,应当认定为刑法第一百七十六条规定的"非法吸收公众存款或者变相吸收公众存款":

(一)未经有关部门依法批准或者借用合法经营的形式吸收资金;

(二)通过媒体、推介会、传单、手机短信等途径向社会公开宣传;

(三)承诺在一定期限内以货币、实物、股权等方式还本付息或者给付回报;

(四)向社会公众即社会不特定对象吸收资金。

未向社会公开宣传,在亲友或者单位内部针对特定对象吸收资金的,不属于非法吸收或者变相吸收公众存款。

第二条 实施下列行为之一,符合本解释第一条第一款规定的条件的,应当依照刑法第一百七十六条的规定,以非法吸收公众存款罪定罪处罚:

(一)不具有房产销售的真实内容或者不以房产销售为主要目的,以返本销售、售后包租、约定回购、销售房产份额等方式非法吸收资金的;

(二)以转让林权并代为管护等方式非法吸收资金的;

(三)以代种植(养殖)、租种植(养殖)、联合种植(养殖)等方式非法吸收资金的;

(四)不具有销售商品、提供服务的真实内容或者不以销售商品、提供服务为主要目的,以商品回购、寄存代售等方式非法吸收资金的;

(五)不具有发行股票、债券的真实内容,以虚假转让股权、发售虚构债券等方式非法吸收资金的;

(六)不具有募集基金的真实内容,以假借境外基金、发售虚构基金等方式非法吸收资金的;

(七)不具有销售保险的真实内容,以假冒保险公司、伪造保险单据等方式非法吸收资金的;

(八)以投资入股的方式非法吸收资金的;

(九)以委托理财的方式非法吸收资金的;

(十)利用民间"会"、"社"等组织非法吸收资金的;

(十一)其他非法吸收资金的行为。

第三条 非法吸收或者变相吸收公众存款,具有下列情形之一的,应当依法追究刑事责任:

(一)个人非法吸收或者变相吸收公众存款,数额在20万元以上的,单位非法吸收或者变相吸收公众存款,数额在100万元以上的;

(二)个人非法吸收或者变相吸收公众存款对象30人以上的,单位非法吸收或者变相吸

收公众存款对象 150 人以上的;

(三)个人非法吸收或者变相吸收公众存款,给存款人造成直接经济损失数额在 10 万元以上的,单位非法吸收或者变相吸收公众存款,给存款人造成直接经济损失数额在 50 万元以上的;

(四)造成恶劣社会影响或者其他严重后果的。

具有下列情形之一的,属于刑法第一百七十六条规定的"数额巨大或者有其他严重情节":

(一)个人非法吸收或者变相吸收公众存款,数额在 100 万元以上的,单位非法吸收或者变相吸收公众存款,数额在 500 万元以上的;

(二)个人非法吸收或者变相吸收公众存款对象 100 人以上的,单位非法吸收或者变相吸收公众存款对象 500 人以上的;

(三)个人非法吸收或者变相吸收公众存款,给存款人造成直接经济损失数额在 50 万元以上的,单位非法吸收或者变相吸收公众存款,给存款人造成直接经济损失数额在 250 万元以上的;

(四)造成特别恶劣社会影响或者其他特别严重后果的。

非法吸收或者变相吸收公众存款的数额,以行为人所吸收的资金全额计算。案发前后已归还的数额,可以作为量刑情节酌情考虑。

非法吸收或者变相吸收公众存款,主要用于正常的生产经营活动,能够及时清退所吸收资金,可以免予刑事处罚;情节显著轻微的,不作为犯罪处理。

第四条 以非法占有为目的,使用诈骗方法实施本解释第二条规定所列行为的,应当依照刑法第一百九十二条的规定,以集资诈骗罪定罪处罚。

使用诈骗方法非法集资,具有下列情形之一的,可以认定为"以非法占有为目的":

(一)集资后不用于生产经营活动或者用于生产经营活动与筹集资金规模明显不成比例,致使集资款不能返还的;

(二)肆意挥霍集资款,致使集资款不能返还的;

(三)携带集资款逃匿的;

(四)将集资款用于违法犯罪活动的;

(五)抽逃、转移资金、隐匿财产,逃避返还资金的;

(六)隐匿、销毁账目,或者搞假破产、假倒闭,逃避返还资金的;

(七)拒不交代资金去向,逃避返还资金的;

(八)其他可以认定非法占有目的的情形。

集资诈骗罪中的非法占有目的,应当区分情形进行具体认定。行为人部分非法集资行为具有非法占有目的的,对该部分非法集资行为所涉集资款以集资诈骗罪定罪处罚;非法集资共同犯罪中部分行为人具有非法占有目的,其他行为人没有非法占有集资款的共同故意和行为的,对具有非法占有目的的行为人以集资诈骗罪定罪处罚。

◎ 《最高人民法院、最高人民检察院、公安部关于办理非法集资刑事案件适用法律若干问题的意见》

为解决近年来公安机关、人民检察院、人民法院在办理非法集资刑事案件中遇到的问题，依法惩治非法吸收公众存款、集资诈骗等犯罪，根据刑法、刑事诉讼法的规定，结合司法实践，现就办理非法集资刑事案件适用法律问题提出以下意见：

一、关于行政认定的问题

行政部门对于非法集资的性质认定，不是非法集资刑事案件进入刑事诉讼程序的必经程序。行政部门未对非法集资作出性质认定的，不影响非法集资刑事案件的侦查、起诉和审判。

公安机关、人民检察院、人民法院应当依法认定案件事实的性质，对于案情复杂、性质认定疑难的案件，可参考有关部门的认定意见，根据案件事实和法律规定作出性质认定。

二、关于"向社会公开宣传"的认定问题

《最高人民法院关于审理非法集资刑事案件具体应用法律若干问题的解释》第一条第一款第二项中的"向社会公开宣传"，包括以各种途径向社会公众传播吸收资金的信息，以及明知吸收资金的信息向社会公众扩散而予以放任等情形。

三、关于"社会公众"的认定问题

下列情形不属于《最高人民法院关于审理非法集资刑事案件具体应用法律若干问题的解释》第一条第二款规定的"针对特定对象吸收资金"的行为，应当认定为向社会公众吸收资金：

（一）在向亲友或者单位内部人员吸收资金的过程中，明知亲友或者单位内部人员向不特定对象吸收资金而予以放任的；

（二）以吸收资金为目的，将社会人员吸收为单位内部人员，并向其吸收资金的。

四、关于共同犯罪的处理问题

为他人向社会公众非法吸收资金提供帮助，从中收取代理费、好处费、返点费、佣金、提成等费用，构成非法集资共同犯罪的，应当依法追究刑事责任。能够及时退缴上述费用的，可依法从轻处罚；其中情节轻微的，可以免除处罚；情节显著轻微、危害不大的，不作为犯罪处理。

五、关于涉案财物的追缴和处置问题

向社会公众非法吸收的资金属于违法所得。以吸收的资金向集资参与人支付的利息、分红等回报，以及向帮助吸收资金人员支付的代理费、好处费、返点费、佣金、提成等费用，应当依法追缴。集资参与人本金尚未归还的，所支付的回报可予折抵本金。

将非法吸收的资金及其转换财物用于清偿债务或者转让给他人，有下列情形之一的，应当依法追缴：

（一）他人明知是上述资金及财物而收取的；

（二）他人无偿取得上述资金及财物的；

（三）他人以明显低于市场的价格取得上述资金及财物的；

（四）他人取得上述资金及财物系源于非法债务或者违法犯罪活动的；

（五）其他依法应当追缴的情形。

查封、扣押、冻结的易贬值及保管、养护成本较高的涉案财物，可以在诉讼终结前依照有关规定变卖、拍卖。所得价款由查封、扣押、冻结机关予以保管，待诉讼终结后一并处置。

查封、扣押、冻结的涉案财物，一般应在诉讼终结后，返还集资参与人。涉案财物不足全部返还的，按照集资参与人的集资额比例返还。

六、关于证据的收集问题

办理非法集资刑事案件中，确因客观条件的限制无法逐一收集集资参与人的言词证据的，可结合已收集的集资参与人的言词证据和依法收集并查证属实的书面合同、银行账户交易记录、会计凭证及会计账簿、资金收付凭证、审计报告、互联网电子数据等证据，综合认定非法集资对象人数和吸收资金数额等犯罪事实。

七、关于涉及民事案件的处理问题

对于公安机关、人民检察院、人民法院正在侦查、起诉、审理的非法集资刑事案件，有关单位或者个人就同一事实向人民法院提起民事诉讼或者申请执行涉案财物的，人民法院应当不予受理，并将有关材料移送公安机关或者检察机关。

人民法院在审理民事案件或者执行过程中，发现有非法集资犯罪嫌疑的，应当裁定驳回起诉或者中止执行，并及时将有关材料移送公安机关或者检察机关。

公安机关、人民检察院、人民法院在侦查、起诉、审理非法集资刑事案件中，发现与人民法院正在审理的民事案件属同一事实，或者被申请执行的财物属涉案财物的，应当及时通报相关人民法院。人民法院经审查认为确属涉嫌犯罪的，依照前款规定处理。

八、关于跨区域案件的处理问题

跨区域非法集资刑事案件，在查清犯罪事实的基础上，可以由不同地区的公安机关、人民检察院、人民法院分别处理。

对于分别处理的跨区域非法集资刑事案件，应当按照统一制定的方案处置涉案财物。

国家机关工作人员违反规定处置涉案财物，构成渎职等犯罪的，应当依法追究刑事责任。

虚构债权兴讼不止，恶意诉讼昭然若揭

英国著名大法官丹宁·勋爵认为："每个人在法律中应该拥有自由，而所谓的自由，是每一个守法的公民在合法的时候不受任何其他人干涉，想其所愿想、说其所愿说、去其所愿去的自由。"回望历史，司法改革者们均肩负双担——一面是公民的权利（自由），一面是对滥用权利者的制裁，他们寻求自由与限制之间的利益平衡点，试图构建出符合历史发展规律的法律秩序。而诉讼是法律秩序之构建在实务中的表现形式之一，通过诉讼，当事人之间原本紧张对立的法益有所缓和，司法机关可以实现案结事了的目标，进而推动构建和谐的法治环境的进程。然而，随着人们对法律认识的深入，一些人不再将法律作为护佑自己合法权益的工具，而是行走在是与非的灰色地带，近来这种现象主要表现为通过伪造证据构建虚假诉讼，严重损害国家、集体、第三人的合法权益，阻碍社会主义法治进程。

案例介绍

一、虚假诉讼第一案，源起于投资被骗

2015年10月27日，"全国虚假诉讼第一案"终于在最高人民法院落下了帷幕，一场由原被告策划、制造的"闹剧"以失败告终，且涉案人员都受到了法律制裁。

该案最初起源于一场合同纠纷案。2006年6月，谢某经人介绍认识了特来为公司的实际控制人王某，当时特来为公司正在开发一个房地产项目，双方约定谢某投资270万与特来为公司合作开发该项目，无论项目运作如何，将来都会返还本金，并按照投资比例分享项目利润。但是，该房产项目建成后，特来为公司并未履行承诺，经多次索要未果，谢某遂起诉至法院要求特来为公司返还本金270万元及支付900万元利润款，经二审法院审理，判决特来为公司返还谢某270万元，并按银行同期贷款利率一倍支付利息，谢某对此结果不服。当时该案尚在辽宁省高级人民法院审理中，此起诉讼还未了结，却发现特来为公司被欧贝公司起诉，且判决特来为公司败诉的判决已经生效，特来为公司的房产、银行账户等大额财产被法院查封、冻结。也就是说，特来为公司清偿谢某债务将变为不可能。

二、败诉方为逃债，伪造假借贷

特来为公司主要经营房地产开发、销售业务，其除了欠谢某钱款外，还有其他多笔债务

未清偿。为了逃避债务,其与欧贝公司串通,将2007年至2011年间两公司发生的正常资金往来,通过事后补充《借款合同》的方式,虚构为两公司之间的借贷关系。

三、老赖先"告状",庭审现异常

欧贝公司向辽宁省高级人民法院起诉被告特来为公司,诉称:欧贝公司自2007年7月24日起分9次陆续借款给特来为公司,数额共计8650万元,用于开发某房地产项目,借期届满后经多次催要,特来为公司以效益不好拒绝偿还。请求判令特来为公司返还借款本金8650万元及利息。特来为公司则对欧贝公司的诉请及事实全部认可,仅称因房屋销售情况不好无法偿还,愿意筹款积极清偿。辽宁省高级人民法院一审认为,欧贝公司的诉讼请求有理应得到支持,遂作出判决。判决生效后,因债权人谢某以"特来为公司与欧贝公司恶意串通,通过虚构债务的方式,恶意侵害房地产项目投资人谢某的合法权益"为由向辽宁省高级人民法院提起申诉,请求法院查明真相;在此期间,其他债权人(如房地产项目施工单位世安建设集团有限公司,承包单位江西临川建筑安装工程总公司、东港市前阳建筑安装工程总公司)也先后以提交执行异议或者通过人大代表申诉等形式,向辽宁省高级人民法院反映欧贝公司与特莱为公司虚构债权进行虚假诉讼,损害建设工程承包人债权。鉴于此,辽宁省高级人民法院裁定再审。再审中,欧贝公司与特来为公司在庭上依然没有发生正常的激烈对抗、争辩局面。2012年1月4日,辽宁省高级人民法院作出再审裁定。

经再审后,法院查明,王某、曲某夫妻二人对特来为公司、欧贝公司、汉黄公司具有完全控制权,据此认定欧贝公司与特来为公司双方之间不存在真实的借款法律关系,判决撤销一审判决,驳回欧贝公司的诉讼请求,但对是否构成虚假诉讼未作出认定。

四、最高院查真相,造假方受重罚

欧贝公司不服上述判决,向最高人民法院提起上诉。最高人民法院发现了本案存在重大疑点和不符合常理的庭审现象,非常重视,便及时调取了欧贝公司、特来为公司以及两公司的共同关联公司汉黄公司等几个公司的银行账户交易明细和工商档案等证据,又查明了大量新的事实,包括关于欧贝公司和特来为公司之间关系及资金往来等情况。其中发现欧贝公司与特来为公司均由王某和曲某夫妻二人控制,且两个公司的高管和普通员工存在混同;公司之间的转款情况存在双方或多方账户循环转款等问题的事实。最终,最高人民法院认定欧贝公司和特来为公司的企业借贷纠纷案为虚假诉讼案,依法判决对欧贝公司和特来为公司各罚款人民币50万元。

争议与问题

欧贝公司与特来为公司之间是否存在关联关系?其争议的8650万元是否存在真实的借贷关系?

案例分析

一、欧贝公司与特来为公司之间存在关联关系

公司法（2005）第二百一十七条对关联关系进行了基本界定："关联关系，是指公司控股股东、实际控制人、董事、监事、高级管理人员与其直接或者间接控制的企业之间的关系，以及可能导致公司利益转移的其他关系。但是，国家控股的企业之间不仅因为同受国家控股而具有关联关系。"

除了对关联关系作出界定和判断外，公司法还明确了禁止不正当关联交易的基本态度。该法第二十一条第一款明确规定："公司的控股股东、实际控制人、董事、监事、高级管理人员不得利用其关联关系损害公司利益"。这一强制性规定，体现了法律对关联交易的基本态度，即对不公正关联交易予以禁止。

《国家税务总局关于印发〈特别纳税调整实施办法（试行）〉的通知》（国税发〔2009〕2号，已被修订）第九条对关联关系作了详细的规定，关联关系主要是指企业与其他企业、组织或个人具有下列之一关系：

（一）一方直接或间接持有另一方的股份总和达到25%以上，或者双方直接或间接同为第三方所持有的股份达到25%以上。若一方通过中间方对另一方间接持有股份，只要一方对中间方持股比例达到25%以上，则一方对另一方的持股比例按照中间方对另一方的持股比例计算。

（二）一方与另一方（独立金融机构除外）之间借贷资金占一方实收资本50%以上，或者一方借贷资金总额的10%以上是由另一方（独立金融机构除外）担保。

（三）一方半数以上的高级管理人员（包括董事会成员和经理）或至少一名可以控制董事会的董事会高级成员是由另一方委派，或者双方半数以上的高级管理人员（包括董事会成员和经理）或至少一名可以控制董事会的董事会高级成员同为第三方委派。

（四）一方半数以上的高级管理人员（包括董事会成员和经理）同时担任另一方的高级管理人员（包括董事会成员和经理），或者一方至少一名可以控制董事会的董事会高级成员同时担任另一方的董事会高级成员。

（五）一方的生产经营活动必须由另一方提供的工业产权、专有技术等特许权才能正常进行。

（六）一方的购买或销售活动主要由另一方控制。

（七）一方接受或提供劳务主要由另一方控制。

（八）一方对另一方的生产经营、交易具有实质控制，或者双方在利益上具有相关联的其他关系，包括虽未达到本条第（一）项持股比例，但一方与另一方的主要持股方享受基本相同的经济利益，以及家族、亲属关系等。

本案中，曲某为欧贝公司的控股股东，王某是特来为公司的原法定代表人、实际控制人，王某与曲某系夫妻关系，说明欧贝公司与特来为公司由夫妻二人控制。同时，欧贝公司股东

兼法定代表人宗某等人与特来为公司的实际控制人王某、法定代表人姜某等共同投资设立了上海特来为护肤品股份有限公司,说明欧贝公司与特来为公司之间、前述两公司与涉案相关公司之间均存在关联关系。

二、欧贝公司与特来为公司之间不存在真实的借贷关系

欧贝公司与特来为公司及其他关联公司之间还存在人员混同的问题。有证据证实,欧贝公司、特来为公司以及其他关联公司的人员之间未进行严格区分,他们均服从王某、曲某夫妻二人的指挥,根据不同的工作任务,随时转换为不同关联公司的工作人员。

欧贝公司要求特来为公司偿还债务的请求,其自述及提交的证据之间存在诸多无法消除的矛盾,且当事人在诉讼前后的诸多行为违背常理,表现为:从借款合意形成过程来看,借款合同存在虚假的可能性;从借款时间上看,证据前后矛盾;从借款数额上看,当事人的主张前后矛盾;从资金往来情况看,欧贝公司存在单向统计账户流出资金而不统计流入资金的问题;从所有关联公司之间的转款情况看,存在双方或者多方账户循环转款问题;从借款的用途看,与合同约定相悖;从执行上来看,也存在违背常理的现象。上述矛盾和违反常理之处,欧贝公司与特来为公司均未作出合理解释。由此可见,欧贝公司没有提供足够的证据证明其就案涉争议款项与特来为公司之间存在真实的借贷关系。

根据欧贝公司与特来为公司及其他关联公司账户之间随意转款、款项用途随意填写的事实,结合其他证据,最高人民法院确信,该案债权系欧贝公司截取两公司之间的往来款项虚构而成。同时,结合欧贝公司和特来为公司对谢某及其他债权人与特来为公司的债权债务关系明知,以及欧贝公司与特来为公司人员混同、银行账户同为王某、曲某夫妻二人控制的事实,欧贝公司与特来为公司构成恶意串通意图通过虚假诉讼损害他人合法权益的行为。

律师支招

一、我国对虚假诉讼进行规制的规定

(一)虚假诉讼符合侵权责任的构成,民法中可适用侵权归责

"诚实信用原则"在民法领域被称为"帝王条款",《中华人民共和国民法总则》第七条规定:"民事主体从事民事活动,应当遵循诚信原则,秉持诚实,恪守承诺。"《中华人民共和国民法通则》第四条规定:"民事活动应当遵循自愿、公平、等价有偿、诚实信用的原则。"对此,王利明教授认为,诚实信用要求处于法律上特殊联系的民事主体应忠诚、守信,做到谨慎维护对方的利益、满足对方的正当期待、给对方提供必要的信息等。这虽属法律原则而不能直接适用,但这种法治精神是贯穿在整个诉讼过程中的。虚假诉讼是对诚实信用原则的践踏,笔者认为在民法领域其完全可归为侵权责任领域,适用"过错归责"。

(二)《中华人民共和国民事诉讼法》2012年修订时对虚假诉讼的最新规定

《中华人民共和国民事诉讼法》2012年修订时在第十三条增加一款"民事诉讼应当遵循

诚实信用原则"。从而以法条的形式确定了诚实信用原则在诉讼法中的地位。宋朝武教授认为,诚实信用原则在民事诉讼法中主要体现在:当事人真实陈述义务;促进诉讼进行的义务;禁止以欺骗方法形成不正当的诉讼状态;诉讼上权能的滥用等。尽管法律以条文的形式规定了当事人的诚信义务,但囿于经济利益的诱惑,许多人倾向于利用虚假诉讼的外衣掩盖其非法获取利益的行为。对此,民事诉讼法2012年修订时,在法律层面上对其作出了明确规定。其中该法第一百一十二条规定:"当事人之间恶意串通,企图通过诉讼、调解等方式侵害他人合法权益的,人民法院应当驳回其请求,并根据情节轻重予以罚款、拘留;构成犯罪的,依法追究刑事责任。"第一百一十三条规定:"被执行人与他人恶意串通,通过诉讼、仲裁、调解等方式逃避履行法律文书确定的义务的,人民法院应当根据情节轻重予以罚款、拘留;构成犯罪的,依法追究刑事责任。"这两条规定了对虚假诉讼的司法性处置措施。

(三)《中华人民共和国刑法修正案(九)》新增了"虚假诉讼罪",对虚假诉讼的行为进行罪行化规制

从上述民事诉讼法规定中不难看出,第一百一十二条和第一百一十三条规定还对虚假诉讼的行为进行了附属刑法的规定。虽然这两条规定并未直接指明构成犯罪后所应当适用的条款,但是附属刑法作为连接刑法和其他部门法的纽带,指明了刑法之中必然应当存有与之对应的刑罚规范。为了倡导社会诚信,树立民众正确的民事诉讼观,加大对虚假民事诉讼行为的打击力度,以及有效衔接民事诉讼法和刑法的规定,《中华人民共和国刑法修正案(九)》第三十五条在刑法第三百零七条之后增加一条,对虚假民事诉讼行为进行犯罪化。

现行刑法第三百零七条之一为:"以捏造的事实提起民事诉讼,妨害司法秩序或者严重侵害他人合法权益的,处三年以下有期徒刑、拘役或者管制,并处或者单处罚金;情节严重的,处三年以上七年以下有期徒刑,并处罚金。单位犯前款罪的,对单位判处罚金,并对其直接负责的主管人员和其他直接责任人员,依照前款的规定处罚。有第一款行为,非法占有他人财产或者逃避合法债务,又构成其他犯罪的,依照处罚较重的规定从重处罚。司法工作人员利用职权,与他人共同实施前三款行为的,从重处罚;同时构成其他犯罪的,依照处罚较重的规定定罪从重处罚。"

二、对特殊人员参与制造虚假诉讼案件的处理

(一)对于参加制造虚假诉讼案件的律师,在诉讼过程中应当如何处理

律师作为法律职业者,与其他司法工作人员一样,应当遵守基本的法律道德和法律职业操守,《中华人民共和国律师法》对此有明文规定。律师拥有专业的法律知识,他们运用专业技术为当事人进行诉讼代理。一旦律师参与策划或者亲自办理虚假诉讼,对于虚假诉讼的识别与防范治理的难度必然剧增,危害无穷。

实务中,有的律师被当事人提供的虚假证据材料或当事人之间的恶意串通所蒙蔽,在不知情的情况下参与当事人会谈、搜集证据,已经发现该案系虚假诉讼,但受利益驱动仍然违规进行诉讼代理;也有个别律师是在巨额利益的诱惑下,或在当事人的怂恿蛊惑下,直接导

演操纵、出谋划策、参与制造虚假诉讼,甚至不惜铤而走险亲自上阵进行虚假诉讼代理活动。尽管这属于极个别现象,但仍然严重影响人民群众对律师行业的客观评价,损害了整个律师行业的外部形象。因此,对于操控、制造、教唆、帮助或者参与虚假诉讼的律师,应当从以下几个方面进行处理:首先,人民法院应当向律师行业协会发出司法建议,对参与虚假诉讼的律师进行重点关注,加强对其行为的监管,防止出现其他虚假诉讼的风险;其次,人民法院还应当向司法行政部门发出司法建议,依照律师法有关规定对其予以惩戒,从严处理;再次,人民法院还要按照民事诉讼法第一百一十二条的规定,对其予以从重罚款、拘留;最后,构成刑事犯罪的,依法移交公安、检察机关追究刑事责任。因此,任何律师都应当恪守职业约束与执业纪律,坚决制止自己的当事人进行虚假诉讼的企图和尝试,同时不断提高虚假诉讼识别能力和应对能力,指导帮助当事人采取必要措施,理性诉讼,阻止并终结虚假诉讼,维护好当事人的合法权益。

(二)对于参与制造虚假诉讼案件的法官,应当如何处理

法治取决于甚至可以说等同于法院的公信力。摧毁公众对法律的信任,也就摧毁了法治的基础。法官是公平正义的代言人,法官要严格按照《中华人民共和国法官法》和法院内部制度规范审判行为,防止出现偏私审判。虚假诉讼是对司法这一公权力的公然挑战,虚假诉讼欺骗的直接对象是法官,通过使法官陷入错误判断来实现其非法目的。因此,在审理民间借贷和其他案件中,法官应当严格审查核实双方当事人提供的证据,不仅要了解掌握纠纷事实,还要对诉讼标的进行一定的实质性审查。

如果法官参与了虚假诉讼,应当依照《人民法院工作人员处分条例》的规定,给予相应的行政处分,并予以从重处理。此外,还要根据虚假诉讼的具体情节及危害程度,审查其是否构成犯罪,如枉法裁判罪等。构成犯罪的,应当追究其刑事责任,并依照法律规定予以从重处罚。从司法自身层面杜绝因法官参与虚假诉讼而导致的司法不公。总之,法官面对虚假诉讼,绝不能是始作俑者,而应当是终结者。

需要注意的是,对法官而言,如果其善意地、无重大过失地履行职责,其过失责任应当具有豁免权。在民事虚假诉讼案件中,法官除非履行职责确有恶意,或者明知当事人恶意而纵容,其履行职责不应被追究,更不能动辄以玩忽职守罪对法官提起刑事追诉。尽管这些观点与我们所实施的错案责任追究制度大相径庭,但应当看到,在审判程序中之所以虚假诉讼很难被发现,与我们采取的法院被动式诉讼规则、当事人主义诉讼模式扩张密切相关。我们应当从更深层次的制度构建入手,解决困扰司法的虚假诉讼,而不是只考虑如何对法官追责。相反,国家应当尽快建立健全法官职业保障体系建设,以切实回应司法改革的总体目标要求。

必懂知识点

一、何为虚假诉讼

狭义的虚假诉讼指当事人双方或多方,或当事人与案外人相互勾结,通过伪造、篡改证据,虚构证言等方式获得相应裁判,以此得到非法利益;广义的虚假诉讼即恶意诉讼,一方面包括了狭义的虚假诉讼,另一方面是指当事人之间并不存在合法有效的法律关系,一方为获取不法利益而恶意诉讼或者当事人之间虽存在合法有效的法律关系,但一方当事人为不执行裁判结果而滥用诉讼权利如管辖异议、执行异议,实现拖延诉讼的目的。

二、从证据视角分析虚假诉讼

虚假诉讼表现形式之一即"通过对证据材料的非法处理,如通过隐匿、伪造、变造、毁损等行为,为虚构的法律关系提供支撑,以获取非法利益"。作为认定案件事实的恒定标准,证据是实现司法公平公正的重要基石,也是当事人维护自己合法权利的重要依据。就何种资质的证据材料可以被法官所采纳的问题,西南政法大学潘金贵教授在《证据法学》一书中指出:"原则上一个证据要转化为法院据悉认定案件事实的根据,都必须同时具备双重证据资格,即证据能力与证明力。"

(一)符合司法需求的证据

同时具备证明能力和证明力的证据才可以作为定案的根据。理论上,证据能力涉及证据资格问题,具有法定性,即一种证据材料能否为法官所采用;证明力解决的是事实问题,即一种证据能否对案件事实起到证明作用,若有证明作用,又有多大的证明作用,法官在对其评判过程中享有较大的裁量权。但可以确定的是,符合司法需求的证据必须具有"三性"——客观性、关联性、合法性。所谓客观性,即证据必须是一种客观事实,不以主观意志为转移;其次,要求证据与待证案件事实有较强的关联性、逻辑性,从而能够说明案件事实;合法性则表明证据的收集来源、使用方式等符合法律规定。

当然,不同部门法对证据能否作为认定案件事实依据的标准有不同的要求。就民法所调整的法律关系而言,民事诉讼法对所需证据之立法精神体现为"高度盖然性",即在符合证据"三性"的基础上,要求具有可被推定的认可性;就刑法所调整的法律关系而言,刑事诉讼法要求所列证据能够绝对排除合理怀疑,因为证据扮演了证明案件事实真实性之唯一方式的角色,在符合"三性"的基础上,高度盖然性已不再适用对生命处罚的标准。由此我们可以看出,刑事诉讼法对证据的证明力要求更为严格。

(二)虚假证据出现之成因分析

刑诉证据标准与民诉证据标准有所区别,但这种区别也只是体现在要求证据组合严密的标准上,本质上并无差别,均是本着"依证据断案"的原则。笔者认为,虚假证据之所以近年大量出现,有这样几种原因:其一是由于经济、科技的发展,出现了一些新的证据种类,如电子证据,这种证据形式的便捷化与信息网络的发展让行为人伪造证据的难度降低、成本降低,用低成本造假,却能换来高的收益;其二,现行登记体系的不完善让行为人有机可乘,虚假证据多表现为虚假合同、虚假债权债务,当双方串通提起虚假诉讼时,由于登记制度在区域与区域之间衔接不当,造成信息沟通不对称,法官难以察觉;其三,法律法规对制造虚假证据的行为人惩戒力度不够,"当一种不当行为愈演愈烈时,应该采取普遍性的威慑制度",然而针对时下虚假证据的泛滥,我们并没有建立起这种普遍性的威慑规制体系。

必知法规

◎ 《中华人民共和国民法总则》

第七条 民事主体从事民事活动,应当遵循诚信原则,秉持诚实,恪守承诺。

◎ 《中华人民共和国民法通则》

第四条 民事活动应当遵循自愿、公平、等价有偿、诚实信用的原则。

◎ 《中华人民共和国民事诉讼法》

第十三条 民事诉讼应当遵循诚实信用原则。
当事人有权在法律规定的范围内处分自己的民事权利和诉讼权利。

第一百一十二条 当事人之间恶意串通,企图通过诉讼、调解等方式侵害他人合法权益的,人民法院应当驳回其请求,并根据情节轻重予以罚款、拘留;构成犯罪的,依法追究刑事责任。

第一百一十三条 被执行人与他人恶意串通,通过诉讼、仲裁、调解等方式逃避履行法律文书确定的义务的,人民法院应当根据情节轻重予以罚款、拘留;构成犯罪的,依法追究刑事责任。

◎ 《最高人民法院关于适用〈中华人民共和国民事诉讼法〉的解释》

第一百一十条 人民法院认为有必要的,可以要求当事人本人到庭,就案件有关事实接受询问。在询问当事人之前,可以要求其签署保证书。
保证书应当载明据实陈述、如有虚假陈述愿意接受处罚等内容。当事人应当在保证书上签名或者捺印。
负有举证证明责任的当事人拒绝到庭、拒绝接受询问或者拒绝签署保证书,待证事实又欠缺其他证据证明的,人民法院对其主张的事实不予认定。

第一百九十条 民事诉讼法第一百一十二条规定的他人合法权益,包括案外人的合法权益、国家利益、社会公共利益。
第三人根据民事诉讼法第五十六条第三款规定提起撤销之诉,经审查,原案当事人之间恶意串通进行虚假诉讼的,适用民事诉讼法第一百一十二条规定处理。

第一百九十一条 单位有民事诉讼法第一百一十二条或者第一百一十三条规定行为的,人民法院应当对该单位进行罚款,并可以对其主要负责人或者直接责任人员予以罚款、拘留;构成犯罪的,依法追究刑事责任。

第三百零一条 第三人撤销之诉案件审理期间,人民法院对生效判决、裁定、调解书裁定再审的,受理第三人撤销之诉的人民法院应当裁定将第三人的诉讼请求并入再审程序。但有证据证明原审当事人之间恶意串通损害第三人合法权益的,人民法院应当先行审理第三人撤销之诉案件,裁定中止再审诉讼。

◎ 《最高人民法院关于审理民间借贷案件适用法律若干问题的规定》

第十九条 人民法院审理民间借贷纠纷案件时发现有下列情形,应当严格审查借贷发生的原因、时间、地点、款项来源、交付方式、款项流向以及借贷双方的关系、经济状况等事实,综合判断是否属于虚假民事诉讼:

(一)出借人明显不具备出借能力;

(二)出借人起诉所依据的事实和理由明显不符合常理;

(三)出借人不能提交债权凭证或者提交的债权凭证存在伪造的可能;

(四)当事人双方在一定期间内多次参加民间借贷诉讼;

(五)当事人一方或者双方无正当理由拒不到庭参加诉讼,委托代理人对借贷事实陈述不清或者陈述前后矛盾;

(六)当事人双方对借贷事实的发生没有任何争议或者诉辩明显不符合常理;

(七)借款人的配偶或合伙人、案外人的其他债权人提出有事实依据的异议;

(八)当事人在其他纠纷中存在低价转让财产的情形;

(九)当事人不正当放弃权利;

(十)其他可能存在虚假民间借贷诉讼的情形。

第二十条 经查明属于虚假民间借贷诉讼,原告申请撤诉的,人民法院不予准许,并应当根据民事诉讼法第一百一十二条之规定,判决驳回其请求。

诉讼参与人或者其他人恶意制造、参与虚假诉讼,人民法院应当依照民事诉讼法第一百一十一条、第一百一十二条和第一百一十三条之规定,依法予以罚款、拘留;构成犯罪的,应当移送有管辖权的司法机关追究刑事责任。

单位恶意制造、参与虚假诉讼的,人民法院应当对该单位进行罚款,并可以对其主要负责人或者直接责任人员予以罚款、拘留;构成犯罪的,应当移送有管辖权的司法机关追究刑事责任。

◎ 《中华人民共和国刑法》

第三百零七条之一 以捏造的事实提起民事诉讼,妨害司法秩序或者严重侵害他人合法权益的,处三年以下有期徒刑、拘役或者管制,并处或者单处罚金;情节严重的,处三年以上七年以下有期徒刑,并处罚金。

单位犯前款罪的,对单位判处罚金,并对其直接负责的主管人员和其他直接责任人员,依照前款的规定处罚。

有第一款行为,非法占有他人财产或者逃避合法债务,又构成其他犯罪的,依照处罚较重的规定从重处罚。

司法工作人员利用职权,与他人共同实施前三款行为的,从重处罚;同时构成其他犯罪的,依照处罚较重的规定定罪从重处罚。

企业贷款险破产，担保贷款需谨慎

银行选择大中型企业放贷是其趋利避害的本能选择，以致大多数中小企业面临融资难、融资渠道单一的困境。对于缺乏抵押担保的企业而言，想从银行获取贷款就更是难上加难了。因此，骗取担保获得银行贷款进而金蝉脱壳的大戏就此上演。担保贷款，是指由借款人或第三方依法提供担保而发放的贷款。担保贷款包括保证贷款、抵押贷款、质押贷款。对于行为人骗取担保获取金融机构贷款的情形，应该按照实际案情判断行为人非法占有的具体目的，确定行为的属性及相互关系，并根据最终受损人的不同，为被告人的行为定性。

案例介绍

一、企业缺钱难运转，银行贷款是优选

浙江富邦集团有限公司（以下简称"富邦公司"）成立于2004年，企业注册资本为人民币3000万元，主要从事电线电缆研究、开发、生产、销售，以及电子产品、建材生产。2011年7月，富邦公司资金链断裂，对外负债累累，很多债权人纷纷到企业讨债，大批员工也集结起来讨要拖欠的工资款。为了稳定局面，该企业实际操控人刘平找到当地的渤海银行行长张明请求其帮忙提供资金救急，但是富邦公司信用太差，在银行已有巨额的贷款没有偿还，且公司已经资不抵债，不符合贷款条件。

二、恶意串通构陷阱，骗取担保来避险

恰巧此时，浙江堃原房地产开发有限公司（以下简称"堃原公司"）也急需资金，向渤海银行提出贷款申请，因国家调控房地产市场，其不符合房地产企业贷款的条件，但该房地产企业有大量的房产可以作抵押。张明便将堃原公司的情况及信息告诉了刘平，得知此消息的刘平找到堃原公司的实际操控人冯智，并隐瞒自己和富邦公司背负巨额债务且资不抵债的事实，与冯智约定：由冯智委托刘平以富邦公司名义向渤海银行申请贷款，同时提供堃原公司的房产作为抵押，贷款资金到账后七个工作日内，由刘平将贷款资金转给堃原公司，再由堃原公司借部分贷款资金给刘平使用。

随后,刘平向渤海银行申请贷款,并提供了虚假的审计报告、会计报表以及作废的煤炭购销贷款资料。行长张明在刘平得到贷款后为其偿还一笔指定的97.3万元陈年旧账的前提下,篡改了人民银行征信系统关于富邦公司的不良信用记录,对富邦公司进行了信用评估、贷款调查和贷款审批等手续。2011年7月20日,刘平以其妻子杨群、富邦公司和垦原公司的名义与渤海银行签订综合授信合同、流动资金借款合同、银行承兑协议、不动产最高额抵押协议等合同和协议。同月26日,渤海银行按照约定,委托中国工商银行开具5张出票人为富邦公司,收款人为嘉兴煤炭公司,票面总金额为5000万元的银行承兑汇票。获取承兑汇票的当日,刘平使用伪造印章,通过背书形式套取现金4725.2120万元。而后,刘平将套取的现金绝大部分用于归还个人债务等,导致绝大部分资金灭失。事后,刘平向渤海银行提供了46份增值税专用发票复印件,用以证明该5000万元承兑汇票已全部购买煤炭的虚假事实。

三、金蝉脱壳把款贷,留下欠款由谁还

2012年1月16日,渤海银行以垦原公司为被告向法院提起民事诉讼。自接受垦原公司的授权委托后,律师发现本案属于刑民交叉案件,并立即启动了刑事立案。同年3月27日,刘平被公安机关抓获归案。人民法院依照刑法第一百九十三条、第五十七条第一款、第六十四条之规定,最终以贷款诈骗罪判处刘平无期徒刑,剥夺政治权利终身,并处没收个人全部财产;将由法院代管的人民币1750万元,发还给垦原公司;责令刘平退赔违法所得,发还给垦原公司。

争议与问题

被告人刘平获取贷款的行为应如何定性?本案最终应定合同诈骗罪还是贷款诈骗罪?

案例分析

一、什么是刑民交叉案件

刑民交叉案件,是指在人民法院审理的民商事纠纷中,又发现相关法律事实涉嫌刑事犯罪的案件。刑、民法律关系是两种性质截然不同的法律关系,所涉及的法律责任也完全不同。

从诉讼的角度看,对两种法律关系的处理,原则上应通过刑事诉讼、民事诉讼程序分别进行。从司法实践及相关司法解释的规定看,对刑民交叉案件的处理,有两种方式:一是裁定驳回民事起诉,全案移送公安、检察机关;二是分案处理,仅将刑事部分移送公安、检察机关,民商事部分继续审理。前一种处理方式,实际上否定了民事部分的独立性;后一种处理方式,则承认刑、民诉讼可以并存,并行不悖,不能相互替代、相互取消。从刑、民诉讼程序的

进行顺序上看,存在着"先刑后民""民刑并行""先民后刑"等各种处理方式。如果民商事纠纷案件的审理必须以刑事犯罪案件的审理结果为依据,而刑事犯罪案件尚未审结的,人民法院可以裁定中止审理,待刑事犯罪案件审理终结后,再继续审理民商事纠纷案件。相反,如果刑事犯罪案件的审理需要以民商事纠纷案件的审理结果为参照,而民商事纠纷尚未审结的,公安机关、检察机关、人民法院也可以待民商事纠纷案件审结后,再继续办理刑事犯罪案件。如果不存在上述一案的审理必须以另一案的审理结果为依据的任何情形,则应"民刑并行",即刑事、民事两个诉讼同时存在、同时进行、并行不悖。

二、何为贷款诈骗罪,何为合同诈骗罪

贷款诈骗罪,是指以非法占有为目的,使用欺诈方法,诈骗银行或者其他金融机构的贷款,数额较大的行为。合同诈骗罪,是指以非法占有为目的,在签订、履行合同过程中,骗取对方当事人财物,数额较大的行为。本案中,刘平为了获取银行贷款,向银行提交了虚假的审计报告、会计报表、作废的煤炭交易合同等,在取得银行承兑汇票当日即予贴现,所得款项被刘平控制、占有并将大部分用于归还个人债务,其具有非法占有该笔款项的故意。同时,刘平编造虚假事实,隐瞒真相,以获得贷款资金后将款项交予冯智控制的堃原公司使用为诱饵,诱使冯智提供堃原公司名下的房产作为抵押,并对贷款资金进行非法处置,后无力归还贷款。从行为表象上看,刘平的行为既符合贷款诈骗罪的表现情形又符合合同诈骗罪的表现情形。

三、担保人化险为夷,及时撤销抵押合同

在律师的建议下,因两单位提供虚假资料导致抵押登记错误,堃原公司及时向人民法院申请撤销抵押担保合同。本案中,渤海银行隐瞒了债务人富邦公司的不良信用记录,没有尽到审查义务,且在没有告知抵押人的前提下改变了借款的用途(其中97.3万元用于归还银行行长张明的陈年旧账),渤海银行明显存在欺诈行为。富邦公司伪造了审计报告、会计报表、作废的煤炭交易合同,伪造了土地出让金的收款收据,伪造了相关政府部门出具的书面材料,这些均证明富邦公司存在造假行为。堃原公司在与渤海银行、富邦公司签订抵押贷款合同时均不知情,富邦公司明显存在欺诈行为。

渤海银行和富邦公司采用了欺诈的手段,使堃原公司违背真实意愿签订了最高额抵押担保合同。根据《中华人民共和国合同法》第五十四条之规定,一方以欺诈、胁迫的手段或者乘人之危,使对方在违背真实意思的情况下订立的合同,受损害方有权请求人民法院或者仲裁机构变更或者撤销。本案中,渤海银行和富邦公司明显存在欺诈行为,损害第三人堃原公司的利益,使堃原公司在违背真实意思的情况下签订了担保合同。同时,本案中还存在乘人之危的事实,即富邦公司乘堃原公司处于急于贷款之机,故意谋取不正当利益,迫使堃原公司作出不真实的意思表示,严重损害堃原公司的利益。根据《中华人民共和国合同法》第五十五条之规定,具有撤销权的当事人应当自知道或者应当知道撤销事由之日起一年内行使撤销权。

本案中，尽管合同诈骗罪与贷款诈骗罪在法条上存在竞合关系，但被告人刘平骗取的钱财数额巨大，对应的法定刑幅度及刑事处罚并不受罪名选择的影响。然而，在民事责任承担上，区别较大。本案认定被告人的行为构成贷款诈骗罪，银行与担保人的最高额抵押合同被撤销，担保人无过错的，担保人不承担民事责任，担保人有过错的，承担责任不应超过债务人不能清偿债务部分的三分之一。此即意味着，银行作为受害单位，却只能获得三分之一的债务清偿。但如果认定被告人的行为构成合同诈骗罪，被告人与银行的贷款合同继续有效，由于贷款人不能清偿债务，银行可以通过行使抵押物权利获得全部救济。从本案的情况来看，被告人与银行在贷款过程中明显存在重大过错，而担保人并无明显过错。如果认定被告人的行为构成合同诈骗罪，在刑民关系上似乎存在矛盾，即担保人没有明显过错却不能获得更有利的权利救济，而银行有过错，却承担了更小的民事责任。从此角度来看，认定本案被告人的行为构成贷款诈骗罪较为合适。

四、尘埃落定，债务人、银行、担保人应获得哪些启示

在本案中，我们不难发现企业信用对申请银行贷款有重大影响，其直接影响到企业经营困难时能否通过银行获得资金支持，因此，平时企业应当及时清偿银行债务，不要出现逾期还款行为或其他不良信用记录。另外，企业经营者不得有伪造公文、证件、虚假审计报告、虚假票据、私刻印章等违法犯罪行为，做到诚信经营，依法经营。如果企业严重负债，确实无法继续经营，可以申请进入破产程序，即便如此，也不要铤而走险伪造相关证据以获取资金支持。

对于银行方面来讲，每一笔贷款均应认真审查：借款人是否符合贷款条件？其所提供的材料是否真实和有效？必要时可以请法律、财务等方面的专业人士进行调查和审核，另外，要求借款人提供担保也是非常必要的。

纵观本案，虽然最终受害方是银行，但是，对于担保人一方，如果因为利益需要为他人提供担保的情况，也要让对方提供相应的反担保，以免债务人逃避债务或无力偿还债务而给担保人带来经济损失。

律师支招

近年，随着借贷市场的日益活跃，借贷方式愈加多种多样，骗子的诈骗手段也是越来越新颖，有的手段并不高明，但却让人防不胜防。其中，骗取担保获取银行贷款的手段，让银行和担保人遭受了巨大的损失，甚至导致担保人的公司处于破产的边缘。骗子们往往利用担保人缺乏金融知识、急需周转资金、银行和监管部门防范不力等有利条件，通过伪造资产负债表、利润表、土地出让金的收款收据、政府部门的证明材料等虚假的证明文件，甚至有时借助银行内部员工之手转交给担保人，以此骗取担保人信赖其具有还款能力从而签订担保协议。而当借款人获取贷款逃逸时，银行作为债权人便会启动民事诉讼向担保人追索债权，使银行和担保人陷入诉累之中。为此，我们通过查看最高人民法院经办的同类案例，总结其裁判规则，提出预防此类案件发生的建议。

一、最高人民法院经办同类案例的裁判规则

1.借款人骗取贷款构成犯罪,但无证据证明发放贷款的金融机构参与借款人骗贷等不法行为,在金融机构未主张撤销权的情况下,应认定借款担保合同有效,担保人应承担相应的担保责任。

2.民间借贷涉嫌或构成非法吸收公众存款罪,合同一方当事人可能被追究刑事责任的,并不当然影响民间借贷合同及相对应的担保合同效力。如果民间借贷纠纷案件的审理并不必须以刑事案件审理结果为依据,则民间借贷纠纷案件无须中止审理。

3.法定代表人私刻公章骗取贷款,所签合同应认定为无效。表见代理是指行为人没有代理权、超越代理权或者代理权终止后仍以代理人名义订立合同,而善意相对人客观上有充分的理由相信行为人具有代理权的,该代理行为有效,被代理人应按照合同约定承担其与相对人之间的民事责任。但如果合同系以合法形式掩盖非法目的,依法被认定为无效合同的,在此情况下不应适用合同法关于表见代理的规定。

4.银行上级主管领导受贿,不免除借款人的还款义务。在刑民交叉情形下,涉案银行的上级主管领导存在经济犯罪行为,虽然贷款流向与犯罪分子约定的使用方向一致,但无证据证明本案贷款银行在贷款过程中有任何违法犯罪问题,若无贷款银行明知经济犯罪的事实并指令借款人将所贷款项划转给实际用款人的情况,借款人的还款义务不能免除。

5.借款人的个别经办人员涉及伪造印章等刑事犯罪的,不影响贷款人依据合法有效的借款抵押合同行使民事诉讼的权利。

6.名义借款人未占有、支配、使用贷款,亦未参与贷款诈骗等犯罪活动,故贷款人要求其连带清偿的诉请不予支持。名义借款人虽收取"过桥费",但未占有、支配、使用贷款,且生效刑事判决认定其未参与违法放贷及贷款诈骗等犯罪活动,故贷款人要求该名义借款人承担连带清偿责任的诉讼请求不予支持。

7.借款人法定代表人涉嫌犯罪不影响借款担保案审理。借款人的法定代表人涉嫌犯罪被追究刑事责任并不影响借款人承担民事责任,不需要中止民事诉讼程序。

8.借款人在取得担保人出具的担保时是否存在诈骗行为,不影响贷款合同的效力,亦不影响贷款人与担保人之间担保合同的效力。

二、为防止企业被骗,避免担保风险事件发生的建议

1.不要轻易给不熟悉的自然人或企业提供担保。

2.签订担保协议前审查借款机构的资质,借款机构的注册资本金必须是实缴资本。

3.要充分了解借款人的借款用途,保证借款不被非法使用。因为法律上对"明知借款用于非法活动,仍然借款给对方"的行为不予保护。

4.向银行业金融机构申请调取关于借款人资信、经营情况、财务状况、偿债能力、代偿情况等调查情况信息。如发放贷款的金融机构的相关业务人员有参与伪造、篡改企业征信信息等行为,提前保存证据。

5.如借款人向担保人出示了土地出让金的收款收据、大额的购销合同、政府部门的证明等材料,要尽量去核实真伪。

6.签订担保协议时,应尽可能要求借款人提供有效抵押物作为反担保,并依法办理抵押登记,以保障债权实现。

7.当借款人提供的反担保抵押物不足以保障债权实现时,要求借款人提供一个或几个有一定偿还能力的反担保保证人。

8.在反担保合同中要写明保证方式为"连带责任保证"。我国担保法第十九条规定:当事人对保证方式没有约定或者约定不明确的,按照连带责任保证承担保证责任。实践中一些担保公司的合同条款中对保证方式不进行明确约定,而通常表述为"债务人到期不能履行债务的,由保证人承担保证责任",认为此种情形即属于"没有约定"而适用连带责任保证的规定,但依据担保法第十七条规定,此种约定属于一般保证,不属于第十九条的无约定即为连带责任保证。因此,在合同中要明确写明保证方式为"连带责任保证"。

9.借款到期后债务人办理续期的,保证人需要同时签字时,应要求反担保保证人同时签字。实践中,一些借款人在债务到期后并不能按合同约定归还借款,请求担保公司办理续期。依据担保法第二十四条:"债权人与债务人协议变更主合同的,应当征得保证人书面同意,未经保证人书面同意的,保证人不再承担保证责任。保证合同另有约定的,按照约定。"《最高人民法院关于适用〈中华人民共和国担保法〉若干问题的解释》第三十条对此做了一些限制性规定:债权人与债务人对主合同履行期限作了变动,未经保证人书面同意的,保证人仍按原合同约定或法律规定的保证期间承担保证责任;合同的其他条款变更的,对加重债务人债务的情况保证人对加重部分不承担保证责任,对减轻债务人债务的情况保证人按照变更后的合同承担保证责任。因此,对有反担保保证人的保证合同,在办理续期时,应同时要求反担保保证人在续期合同上签字同意,否则有可能发生反担保保证人因合同变更而不再承担保证责任的情形。

必懂知识点

行为人构成贷款诈骗罪与合同诈骗罪有何区别

对于涉贷案件,结合实务中的办案经验来看,法院不仅会从行为表象推定行为人是否有非法占有银行款项的目的,往往还会结合被告人供述及其实施的各种行为综合分析行为人是否具有非法占有的目的。对提供真实有效贷款担保的情形,法院通常会谨慎把握行为人的主观内容,并结合具体个案的事实及证据情况,认定行为人的主观内容及案件性质。具体可分以下情形:

1.如果行为人以其意思表示及外在行为表露,确凿印证其主观目的并不在于诈骗银行款项,而是以贷款为由骗取担保人钱财,且行为人在贷款中没有使用虚假证明文件等手段,那么其获取贷款的行为并不构成贷款诈骗犯罪,行为人的行为仅构成合同诈骗罪。在这种情况下，行为人合法合规地获取贷款和使用贷款，且提供了真实的担保，而银行亦正常地审查贷款及放贷，自身亦无过错，事后，又可通过抵押物实现权利救济，没有实际受损，不宜认定行为人的行为构成贷款诈骗罪。否则，不仅有客观归罪之嫌，在实务中也带来大量问题，即导致因担保行为涉及犯罪而推定贷款行为违法犯罪，又导致贷款合同无效，造成银行等金融机构不能正常进行权利救济，带来不少现实问题。

2. 如果在案证据确凿印证行为人没有非法占有银行款项的目的，但其在贷款行为中使用了欺骗手段，其行为构成骗取贷款罪，与合同诈骗行为形成牵连犯，最终定性为合同诈骗罪。骗取贷款罪与贷款诈骗罪的主要区别在于行为人主观上是否具有非法占有的目的。如果行为人不具有非法占有银行款项的目的，但实施了编造引进资金、项目等虚假理由，使用虚假的经济合同等行为，符合骗取贷款罪构成特征。同时，行为人骗取担保的行为构成合同诈骗罪，两者形成牵连关系，按照从一重罪从重处罚的原则，选择合同诈骗罪定性。

3. 如果行为人明确表露，其骗取担保的最终目的在于非法占有银行的贷款，且其实施了使用虚假的证明文件等行为，则其获取贷款的行为构成贷款诈骗罪，与合同诈骗行为形成牵连关系，按照目的行为与手段行为的牵连关系，最终认定为贷款诈骗罪。在这种情况下，由于行为人明确其主观目的在于诈骗银行，并且实施了编造项目资金虚假理由及使用虚假的经济合同等行为，符合贷款诈骗罪的特征，其骗取担保的行为成为实现贷款诈骗的一种手段。

4. 如果在案证据并不能证明行为人的目的系诈骗担保人还是银行，或者行为人具有诈骗担保人和银行的概括故意，可以实际损失承担者认定最终诈骗对象，从而确定案件性质。当行为人具有诈骗担保人和银行的概括故意时，两者并不必然存在目的行为与手段行为的牵连关系，既可能行为人以诈骗担保人为目的，也可能行为人以骗取银行贷款为目的，并不能按照一般的牵连关系确定罪名。从评判的角度推定损失在谁即认定行为人具有占有该人钱财的主观目的，便于司法操作，也颇具合理性。司法实践中已有指导性案例，法院依据实际损失承担者认定诈骗对象。如刊登于《刑事审判参考》的《秦文虚报注册资本、合同诈骗案》，江苏省南京市中级人民法院审理后认为，秦文以欺骗手段获得东航江苏公司的真实担保后取得贷款，放贷银行在东航江苏公司的担保前提下放贷，并无不当，秦文在上述贷款操作中的诈骗对象仍是东航江苏公司，故认定秦文的行为构成合同诈骗罪。

在行为人对具体诈骗对象具有概括的故意时，可对实际损失人进行考量。由于行为人向银行提供了有效的担保，银行可以事后通过民事途径进行救济，实际损失在担保人，从而导致法院推定诈骗对象系担保人，认定其行为构成合同诈骗罪。如果行为人提供的抵押物并不能足额或担保不能完全清偿债务，最终导致银行及担保人均承担了经济损失，应判断行为人同时具有诈骗银行及担保人的目的，以合同诈骗与贷款诈骗形成牵连犯定性。但如果行为人与银行工作人员恶意串通，诱骗担保人提供担保，那么抵押人在法定期限内可以申请撤销抵押担保合同。

必知法规

◎ 《中华人民共和国刑法》

第一百九十三条 有下列情形之一,以非法占有为目的,诈骗银行或者其他金融机构的贷款,数额较大的,处五年以下有期徒刑或者拘役,并处二万元以上二十万元以下罚金;数额巨大或者有其他严重情节的,处五年以上十年以下有期徒刑,并处五万元以上五十万元以下罚金;数额特别巨大或者有其他特别严重情节的,处十年以上有期徒刑或者无期徒刑,并处五万元以上五十万元以下罚金或者没收财产:

(一)编造引进资金、项目等虚假理由的;
(二)使用虚假的经济合同的;
(三)使用虚假的证明文件的;
(四)使用虚假的产权证明作担保或者超出抵押物价值重复担保的;
(五)以其他方法诈骗贷款的。

第二百二十四条 有下列情形之一,以非法占有为目的,在签订、履行合同过程中,骗取对方当事人财物,数额较大的,处三年以下有期徒刑或者拘役,并处或者单处罚金;数额巨大或者有其他严重情节的,处三年以上十年以下有期徒刑,并处罚金;数额特别巨大或者有其他特别严重情节的,处十年以上有期徒刑或者无期徒刑,并处罚金或者没收财产:

(一)以虚构的单位或者冒用他人名义签订合同的;
(二)以伪造、变造、作废的票据或者其他虚假的产权证明作担保的;
(三)没有实际履行能力,以先履行小额合同或者部分履行合同的方法,诱骗对方当事人继续签订和履行合同的;
(四)收受对方当事人给付的货物、货款、预付款或者担保财产后逃匿的;
(五)以其他方法骗取对方当事人财物的。

◎ 《中华人民共和国刑法修正案(六)》

第十条 在刑法第一百七十五条后增加一条,作为第一百七十五条之一:"以欺骗手段取得银行或者其他金融机构贷款、票据承兑、信用证、保函等,给银行或者其他金融机构造成重大损失或者有其他严重情节的,处三年以下有期徒刑或者拘役,并处或者单处罚金;给银行或者其他金融机构造成特别重大损失或者有其他特别严重情节的,处三年以上七年以下有期徒刑,并处罚金。

"单位犯前款罪的,对单位判处罚金,并对其直接负责的主管人员和其他直接责任人员,依照前款的规定处罚。"

◎ 《贷款通则》

第六十九条 借款人采取欺诈手段骗取贷款,构成犯罪的,应当依照《中华人民共和国商业银行法》第八十条等法律规定处以罚款并追究刑事责任。

◎ 《全国人民代表大会常务委员会关于惩治破坏金融秩序犯罪的决定》

第十条 有下列情形之一，以非法占有为目的，诈骗银行或者其他金融机构的贷款，数额较大的，处五年以下有期徒刑或者拘役，并处二万元以上二十万元以下罚金；数额巨大或者有其他严重情节的，处五年以上十年以下有期徒刑，并处五万元以上五十万元以下罚金；数额特别巨大或者有其他特别严重情节的，处十年以上有期徒刑或者无期徒刑，并处没收财产：

（一）编造引进资金、项目等虚假理由的；

（二）使用虚假的经济合同的；

（三）使用虚假的证明文件的；

（四）使用虚假的产权证明作担保的；

（五）以其他方法诈骗贷款的。

◎ 《最高人民检察院、公安部关于公安机关管辖的刑事案件立案追诉标准的规定（二）》

第二十七条 ［骗取贷款、票据承兑、金融票证案（刑法第一百七十五条之一）］以欺骗手段取得银行或者其他金融机构贷款、票据承兑、信用证、保函等，涉嫌下列情形之一的，应予立案追诉：

（一）以欺骗手段取得贷款、票据承兑、信用证、保函等，数额在一百万元以上的；

（二）以欺骗手段取得贷款、票据承兑、信用证、保函等，给银行或者其他金融机构造成直接经济损失数额在二十万元以上的；

（三）虽未达到上述数额标准，但多次以欺骗手段取得贷款、票据承兑、信用证、保函等的；

（四）其他给银行或者其他金融机构造成重大损失或者有其他严重情节的情形。